Hamburg, 10.6.05

Helga Nowotny
mit herzlichen Grüßen,
Christine Landfried

Christine Landfried

Das politische Europa

Differenz als Potential der Europäischen Union

2., überarbeitete und erweiterte Auflage

Nomos

Bildnachweis Umschlagfoto:
Max Ernst, Grätenblumen (Fleurs-arêtes), 1928

Die Deutsche Bibliothek – CIP-Einheitsaufnahme

Die Deutsche Bibliothek verzeichnet diese Publikation in der Deutschen Nationalbibliografie; detaillierte bibliografische Daten sind im Internet über http://dnb.ddb.de abrufbar.

ISBN 3-8329-1040-9

2. Auflage 2005

Für Reinhart Koselleck

Vorwort zur ersten Auflage

Die Arbeit an diesem Buch begann in Florenz am Europäischen Hochschulinstitut. Yves Mény danke ich für die Gastfreundschaft am dortigen Robert Schuman Zentrum. Ich konnte mich hier in aller Ruhe in das Thema einlesen und habe aus den Diskussionen mit Kolleginnen und Kollegen viel gelernt. Die Reise ging weiter über das Wissenschaftskolleg in Berlin, dann zurück nach Hamburg, und nach einem Aufenthalt in Paris habe ich die Arbeit im Frühjahr 2002 abgeschlossen. Dazwischen lagen Reisen nach Brüssel, wo ich die Gelegenheit hatte, mit den Mitgliedern der Kommission Santer und der Kommission Prodi Interviews zu führen. Ich möchte den Kommissionsmitgliedern sehr herzlich danken, daß sie mir einen Teil ihrer knappen Zeit für ein Interview oder das Ausfüllen eines Fragebogens zur Verfügung stellten. Dimitris Th. Tsatsos, den das Europäische Parlament als einen seiner beiden Vertreter für die Regierungskonferenz von Nizza im Dezember 2000 wählte, und seiner Mitarbeiterin Maria Panagiotou, danke ich für die Vermittlung der Interviews und für die herzliche Aufnahme in ihrem Brüsseler Büro.

Wolf Lepenies prägte bis zum Sommer 2001 die Atmosphäre am Wissenschaftskolleg in Berlin. Ich danke ihm und seinem Team für die Möglichkeit, fern der Routine mit Forschern aus verschiedenen Disziplinen und verschiedenen Ländern ein Jahr verbringen zu können. Das Kolleg ist ein Paradies für jeden Wissenschaftler und jede Wissenschaftlerin. Mit meiner Kollegin Nilüfer Göle aus Istanbul bummelte ich durch das nächtliche Berlin. Sie hat mit ihrer Interpretation der Verschleierungsbewegung der muslimischen Studentinnen zu meinem Verständnis der spezifisch türkischen Form der Modernisierung viel beigetragen. Der Gewinn unserer gemeinsamen Zeit auch für meine Sicht auf Europa stellte sich erst später heraus. Denn wie dies ein Paradies so an sich hat, begann die Arbeit nach der Vertreibung aus dem Paradies.

In Paris konnte ich mit Renaud Dehousse, Dieter Grimm und Joseph Weiler über die europäische Integration debattieren. Renaud Dehousse danke ich für die Einladung in das Institut am Place Thomas d'Aquin. Joseph Weilers Vorlesung über European Citizenship konnte ich hören, und ich habe seine konzentrierte Art des freien Vortrages bewundert. Dieter Grimm hat mich mit seiner skeptischen Haltung gegenüber einer Europäischen Verfassung und seiner präzisen Argumentation angespornt, meine eigene Position deutlicher zu machen.

Gesine Schwan hat den theoretischen Teil der Arbeit gelesen und wichtige Anregungen gegeben. Ihr Engagement für die ihr nahestehenden Menschen und die ihr anvertrauten Aufgaben ist großartig und half mir über gelegentlichen Mangel an Arbeitsmotivation hinweg.

Das Buch ist Reinhart Koselleck gewidmet. Er ist mit seiner Freude an der Wissenschaft seit nunmehr dreißig Jahren mein Vorbild. Wichtiger noch war seine Freundschaft. In langen Gesprächen hat er mich mit Verständnis und manchem guten Rat begleitet. Und so widme ich ihm dieses Buch in der Vorfreude auf die Wegstrecke, die noch vor uns liegt.

Hamburg, im Mai 2002 Christine Landfried

Vorwort zur zweiten Auflage

Der Zufall wollte es, daß die Neuauflage dieses Buches vorbereitet wurde, als der Konvent zur Zukunft der Europäischen Union am 10. Juli 2003 seine Arbeit beendete. Dies gab mir die Möglichkeit, das Buch durch ein Kapitel über den Konvent zu aktualisieren (vgl. Kapitel VII.4) und den differenztheoretischen Ansatz zur Analyse der politischen Steuerung in der Europäischen Union zu präzisieren (vgl. Kapitel I).

Die Arbeit des Konventes und der Entwurf des Verfassungsvertrages sind weitere Schritte auf dem Weg zu einem politischen Europa. Das technische Europa herrschte vor, solange es nur um den effektivsten Weg zur Verwirklichung des Binnenmarktes ging. Politisch wird die Europäische Union in dem Maße, in dem über die Priorität von Zielsetzungen und über die Kombination unterschiedlicher Ziele kollektiv verbindlich entschieden wird. Solche Entscheidungen über die politische Gesamtordnung der Europäischen Union werden immer stärker durch eine demokratische Kommunikation über Differenz vorbereitet. Im Konvent war Raum für eine solche demokratische und kommunikative Auseinandersetzung mit Differenz. Der Konventsentwurf eines Verfassungsvertrages war wiederum die Basis für die Verhandlungen über den Vertrag auf den folgenden Regierungskonferenzen. Die Staats- und Regierungschefs konnten sich auf ihrer Gipfelkonferenz in Brüssel im Juni 2004 auf einen europäischen Verfassungsvertrag einigen. Doch erst nach der Ratifikation des Verfassungsvertrages durch die Mitgliedstaaten wird sich beurteilen lassen, inwieweit demokratische, kommunikative und Differenz achtende Strukturen die europäische Verfassungsgebung beeinflußt haben.

Der VolkswagenStiftung danke ich für die großzügige Übernahme der Reisekosten nach Brüssel. So war es möglich, bei den Plenarsitzungen des Konventes in Brüssel anwesend zu sein und die seltene Chance zu nutzen, als Wissenschaftlerin den Prozeß einer Verfassungsgebung jenseits des Nationalstaates zu beobachten. Für die hier vorgelegte erweiterte Auflage der Untersuchung „Das politische Europa“ kann die Arbeit des Konventes nur in einem Kapitel behandelt werden. Die Ergebnisse der Begleitforschung des Konventes werde ich in einer eigenen Studie vorstellen.

Wieder einmal zeigte sich, daß für empirisches Arbeiten das Engagement der Beteiligten vor Ort von großer Bedeutung ist. Kirsten Tingstedt-Andersen, im Europäischen Parlament für die Beziehungen zu den europäischen Fernsehsendern, Akkreditierungen und allgemeine Information in der Audiovisuellen Abteilung verantwortlich, hat auf die regelmäßig vor den Konventssitzungen eintreffende Mail „Hamburg stürmt Brüssel“ für das „Laissez-Passer“ gesorgt. Ornella Manzo, Mitarbeiterin im Planungsstab des audiovisuellen Dienstes des Europäischen Parlamentes, hat die Videos der Plenarsitzungen des Konventes zur Verfügung gestellt. Klaus Hänsch, Mitglied des Europäischen Parlamentes und des Konventspräsidiums, hat meine Bitte an die Konventsmitglieder, einen umfangreichen Fragebogen auszufüllen, tatkräftig unterstützt. Erste Interviews mit Mitgliedern des Konventes konnten geführt werden: Jean-Luc Dehaene, Mitglied im Präsidium des Konventes, und Jürgen Meyer, Vertreter des Deutschen Bundestages im Konvent, haben sich Zeit für ein Gespräch genommen. Ihnen allen möchte ich herzlich danken. Sie haben nicht unwesentlich dazu beigetragen, daß wissenschaftliches Arbeiten über den Konvent Spaß gemacht hat.

Schließlich danke ich sehr herzlich dem kleinen Team an der Universität Hamburg für vielfältige Hilfe bei der Überarbeitung des Buches: Anna Hollmann, Saskia Mestern, Kolja Raube und Florian Spohr. Persons make the difference!

Wie die erste Auflage sei die erweiterte Fassung meinem Lehrer Reinhart Koselleck gewidmet.

Hamburg, im August 2004 Christine Landfried

Inhalt

Einleitung

Die Europäische Union wandelt sich von einem Binnenmarkt zu einer politischen Ordnung. Seit der Verabschiedung der Einheitlichen Europäischen Akte im Februar 1986 wird das Projekt des Marktes in einem relevanten Maße durch die Ideen der Sozialpolitik, der Ökologie und der Kultur ergänzt. Die Öffnung der europäischen Programme für nichtökonomische Ideen ist ein Indiz für das Werden des politischen Europa. Auch außenpolitische Fragen gelangen zunehmend auf die europäische Agenda. Es stellt sich jetzt die Frage, wieviel Markt, wieviel Sozialpolitik, wieviel Umweltschutz, wieviel Kulturpolitik oder wieviel gemeinsame Außenpolitik die Europäer verwirklichen wollen. Diese Entscheidungen über die Kombination verschiedener und auch gegensätzlicher Ideen und Interessen können nicht bürokratisch und technokratisch erarbeitet werden, sondern erfordern eine politische Debatte über eine europäische Gesamtordnung.

In dieser Debatte wird es darauf ankommen, daß Differenz in ihren möglichen positiven und negativen Folgen für die Steuerungs- und Problemlösungsfähigkeit der europäischen Politik ernst genommen wird. Differenz darf zunächst einmal nicht vertuscht werden. Sodann ist nach den Bedingungen zu fragen, die erfüllt sein müssen, um Differenz als Potential für das Lösen von Problemen in der Europäischen Union einzusetzen. Eine dieser Bedingungen ist ein demokratischer und kommunikativer Umgang mit Differenz. Wer heute an kollektiven Entscheidungen mitwirken möchte, die verbindlich und darüberhinaus anerkennungswürdig sind,[1] muß in der Lage sein, Differenz wahrzunehmen und über sie in demokratischen Verfahren mit Personen und Organisationen zu kommunizieren. Und ebenso wird es für die Lösung komplexer Probleme immer wichtiger, die Prozesse und Programme der Politik so zu gestalten, daß Einseitigkeit vermieden und Differenz sichtbar wird. Politische Dezision muß auf demokratischer Kommunikation über Differenz basieren.

Differenz verwende ich im Singular,[2] wenn allgemeine und theoriebezogene Aussagen gemacht werden, die auf mehrere konkrete Differenzen gleichermaßen zutreffen. Ich unterscheide zwischen Typen struktureller Differenz und aktualisierten Differenzen. Es gibt strukturelle Differenz der Ideen, der Interessen, der Institutionen, der Probleme, des Wissens, der Macht und strukturelle Differenz in Zeit und Raum. Diese Typen struktureller Differenz

1 Ulrich K. Preuß, Wo bleibt das Volk? Erwartungen an demokratische Repräsentation. In: Margarete Fabricius-Brand, Bertram Börner (Hrsg.), 4. Alternativer Juristinnen- und Juristentag, Baden-Baden: Nomos 1996, S. 95.

2 Vgl. zum Zusammenhang von „Geschichte“ und „Geschichten“ Reinhart Koselleck, Geschichte, Geschichten und formale Zeitstrukturen. In: ders., Vergangene Zukunft. Zur Semantik geschichtlicher Zeiten, Frankfurt: Suhrkamp 1989, S. 130-143.

realisieren sich konkret in Bereichen wie der Geschichte, der Religion, der Sprache, der Kultur, der Öffentlichkeit, der Zivilgesellschaft, der Politik, der Verwaltung, der Interessenvermittlung, der sozialen Schichtung und der Ökonomie.

So unterscheidet sich die deutsche Geschichte durch die Institution des Föderalismus von den Geschichten der Nachbarstaaten Frankreich und Großbritannien.[3] Wegen der konkret aktualisierten Differenzen in Geschichte, Geographie und Ökonomie der Entwicklungsländer, die sich wiederum auf unterschiedliche Typen struktureller Differenz zurückführen lassen, ist die Liberalisierung nicht überall ein erfolgversprechendes Konzept der Entwicklungszusammenarbeit.[4] Oder um ein Beispiel aus dem Bereich der europäischen Integration zu nennen: Die strukturelle Differenz der Interessen zwischen großen und kleinen Mitgliedstaaten der Europäischen Union wurde während des Brüsseler Gipfels im Dezember 2003 in den Differenzen über die Abstimmungsmodalitäten im Ministerrat aktualisiert. Der heuristische Zugriff, um das Maß an erfolgreicher Steuerung in der Europäischen Union zu klären, liegt in dem vorausgesetzten Zusammenhang zwischen der Art und Weise des Umganges mit Differenz in der Entscheidungsvorbereitung und der Steuerungsfähigkeit auf der Basis der schließlich getroffenen Entscheidungen. Wir brauchen eine Theorie möglicher Folgen von Differenz, um beurteilen zu können, unter welchen Bedingungen strukturelle Differenz und konkret aktualisierte Differenzen ein Potential für die Steuerungsfähigkeit europäischer Politik sind.

Da politisches Handeln in der Europäischen Union mit einer besonders großen Vielfalt an struktureller Differenz und aktualisierten Differenzen konfrontiert ist, könnte die Europäische Union zu einem Modell für transnationales Regieren werden,[5] in dem Heterogenität, Komplexität und Reflexivität als Ressourcen für politische Steuerung eingesetzt werden. Eine europäische Gesamtordnung hätte die Aufgabe, Differenz auf demokratische Weise zu organisieren.[6] „Ordnung aus dem Chaos" lautet die Devise in Anlehnung an die Theorie des Naturwissenschaftlers Ilya Prigogine. Er entwickelt ein neues

3 Reinhart Koselleck, Europäische Umrisse deutscher Geschichte, Heidelberg: Manutius Verlag 2000, S. 37-78.

4 Joseph E. Stiglitz, Quis Custodiet Ipsos Custodes? Corporate Governance Failures in the Transition. In: Joseph E. Stiglitz, Pierre-Alain Muet (Hrsg.), Governance, Equity, and Global Markets, Oxford: Oxford University Press 2001, S. 22-54. Vgl. zu den Folgen unterschiedlicher Zeithorizonte und Ressourcen für die Interaktionen zwischen Europäischem Parlament und Rat im Mitentscheidungsverfahren Henry Farrell and Adrienne Héritier, Formal and Informal Institutions under Codecision: Continuous Constitution Building in Europe, Max-Planck-Project Group – Common Goods: Law, Politics and Economics, Bonn 2002.

5 Jeremy Rifkin, Der europäische Traum. Die Vision einer leisen Supermacht, Frankfurt, New York: Campus 2004, S. 215.

6 Helmut Willke, Supervision des Staates, Frankfurt: Suhrkamp 1997, S. 274.

Verständnis von Zeit und Komplexität in den Naturwissenschaften und untersucht Systeme des Nichtgleichgewichtes in einer Physik vom „Sein zum Werden."[7]

Es ist die *Hypothese dieser Untersuchung*, daß der Erfolg der politischen Steuerung in der Europäischen Union mit der Art und Weise des Umganges mit Differenz bei der Vorbereitung und der Umsetzung von Entscheidungen zusammenhängt. Die zu erklärende, abhängige Variable der Hypothese ist das Maß an Steuerungs- und Problemlösungsfähigkeit der europäischen Politik. Die unabhängigen Variablen sind der Umgang mit Differenz in den Prozessen der Willensbildung, der Entscheidungsfindung und der Implementation der Entscheidungen. Ein demokratischer und kommunikativer Umgang mit Differenz bei der Vorbereitung und der Umsetzung von Entscheidungen, so die Annahme, trägt zu einem höheren Maß an Steuerungs- und Problemlösungsfähigkeit bei als ein nichtdemokratischer und nichtkommunikativer Umgang mit Differenz.

Die Verluste an nationaler Steuerungs- und Problemlösungsfähigkeit sind nur dann im Rahmen von Programmen auf europäischer Ebene zu kompensieren, wenn zwei Voraussetzungen erfüllt sind. Zum einen darf sich die Europäische Union nicht einseitig an der Ökonomie ausrichten. Im europäischen Projekt müssen auch Politikbereiche wie die Außen-, die Sozial-, die Umwelt- und die Kulturpolitik zum Tragen kommen. Genau darin besteht ja das „politische" Europa, daß nicht ein einzelner Bereich wie die Wirtschaft europäisiert, sondern ein relevanter Teil des Zusammenlebens der Bürger in seinen vielfältigen Aspekten durch europäische Entscheidungen mit gestaltet wird. Zum anderen sind die demokratischen Strukturen der Europäischen Union auszubauen. Die europäischen Programme müssen nicht nur für das Lösen der Probleme geeignet sein und erfolgreich umgesetzt werden. Diese Programme bedürfen neben der Legitimation durch effektives Problemlösen auch der Legitimation durch ein Zustandekommen in demokratischen Verfahren. Ein erfolgversprechender Weg, um diese doppelte Legitimation europäischer Politik zu erreichen, ist nach meiner Hypothese ein demokratischer und kommunikativer Umgang mit Differenz während der Vorbereitung und Umsetzung von Entscheidungen. Dabei ist auch im Bereich der demokratischen Legitimation grundsätzlich Differenz denkbar.

Die Europäische Union ist eine Gemeinschaft von Bürgern und von Staaten.[8] Deshalb gibt es wiederum zwei Quellen der Legitimation durch demokrati-

7 Ilya Prigogine, Vom Sein zum Werden. Zeit und Komplexität in den Naturwissenschaften, München, Zürich: Piper 1979, insbesondere Kapitel VI: Physik des Werdens – Nichtgleichgewichts-Schwankungen und Ordnung aus dem Chaos, S. 145-164.

8 Dimitris Th. Tsatsos, Die Europäische Unionsgrundordnung im Schatten der Effektivitätsdiskussion. In: EuGRZ 27 (2000), S. 518.

sche Verfahren.[9] Die Bürger in den Mitgliedstaaten sind der Ausgangspunkt für die demokratische Legitimation der nationalen und der europäischen Politik. Sie werden in den nationalen Parlamenten und Regierungen repräsentiert. Die erste Quelle der Legitimation europäischer Politik ist also die nationale Demokratie. Die Regierungen erledigen jedoch einen wachsenden Teil ihrer Aufgaben im Rahmen der europäischen Institutionen. Souveränität wird teilbar, auch wenn dies per definitionem ein Widerspruch in sich selbst ist.[10] „Staat und Souveränität sind nicht mehr zur Gänze aufeinander beziehbar. Letzte Entscheidungsfähigkeit nach innen und unabhängige Handlungsfähigkeit nach außen, also die alten Kriterien der Souveränität, decken sich nicht mehr mit dem tatsächlich und rechtlich eingeschränkten Handlungsraum der Staaten."[11] Wird staatliche Souveränität geteilt, dann wird immer wieder neu zu bestimmen sein, welches Maß an gemeinsamer europäischer Politik notwendig ist, um ein Höchstmaß an nationaler und europäischer Steuerungs- und Problemlösungsfähigkeit insgesamt zu erreichen.[12] Und es wird immer wieder neu zu überlegen sein, auf welche Weise die demokratische Legitimation der Aufteilung von Kompetenzen und der Ausübung der geteilten Herrschaft realisiert werden kann. Zur Legitimation der europäischen Politik durch eine demokratische Willensbildung in den Mitgliedstaaten kommt als zweite Quelle die Legitimation durch eine demokratische Willensbildung in der Europäischen Union hinzu.[13]

Die *theoretische Frage* dieser Arbeit lautet: Welches sind die Bedingungen, die es möglich machen, Differenz in der Europäischen Union als Potential für die Steuerungs- und Problemlösungsfähigkeit europäischer Politik zu nutzen? Zu den Bedingungen dieser Möglichkeit gehören nach der Hypothese meiner Arbeit der demokratische und kommunikative Umgang mit Differenz in der Vorbereitung und Umsetzung der politischen Entscheidungen.

Die *empirische Frage* lautet dann: Gehen die Akteure in den realen Prozessen der europäischen Willensbildung, Entscheidungsfindung und Implementation von Entscheidungen demokratisch und kommunikativ mit Differenz

---

9 Joseph H. H. Weiler, To be a European Citizen – Eros and Civilization. In: ders., The Constitution of Europe, Cambridge: Cambridge University Press 1999, S. 510 .

10 Reinhart Koselleck, Staat und Souveränität. In: Otto Brunner, Werner Conze, Reinhart Koselleck (Hrsg.), Geschichtliche Grundbegriffe. Historisches Lexikon zur politisch-sozialen Sprache in Deutschland, Bd. 6, Stuttgart: Klett 1990, S. 3.

11 Ebd., S. 3ff.

12 Reinhart Koselleck, Diesseits des Nationalstaats. Föderale Strukturen der deutschen Geschichte. In: Transit. Europäische Revue, Heft 7, 1994, S. 76 bringt föderale Strukturen auf den Nenner: „Föderale Lösungen bieten den Vorteil, sich auf ein Mindestmaß an gemeinsamem Recht und gemeinsamer Politik zu einigen, das es erst erlaubt, ein Höchstmaß an Autonomie der Teilhaber zu sichern."

13 Dimitris Th. Tsatsos, Die Europäische Unionsgrundordnung im Schatten der Effektivitätsdiskussion, a. a. O., S. 520. Vgl. S. 519: „Demokratie im Mitgliedstaat ist nicht mehr möglich ohne Demokratie in der Unionsgrundordnung und umgekehrt entsprechend."

um, und inwieweit sind die Strukturen der europäischen Politik für eine solche demokratische Kommunikation über Differenz geeignet?

Bei der Suche nach einem theoretischen Ansatz für die Analyse habe ich nicht bei den klassischen Integrationstheorien angeknüpft. Die Theorie des Intergouvernementalismus hat nur begrenzte Erklärungskraft für die Entwicklung der Europäischen Union. Denn die europäische Integration läßt sich nicht mehr von den Regierungen der Mitgliedstaaten allein steuern. Aber auch der neofunktionalistische Ansatz kann den Charakter dieser Integration nicht hinreichend erklären, weil der Integrationsprozeß nicht kontinuierlich mit stets derselben Geschwindigkeit und Richtung zu einer stärkeren Europäisierung aller Politikbereiche führt, sondern einen nichtlinearen Verlauf mit unterschiedlichen Geschwindigkeiten in unterschiedlichen Politikbereichen nimmt.[14]

Die Theorien zur Erklärung des Verlaufes der europäischen Integration sind zu sehr auf lineare Prozesse und auf Dichotomien fixiert. Nationalität versus Supranationalität, Technokratie versus Politik und negative versus positive Integration sind die Gegensatzpaare. Die Dynamik der europäischen Integration läßt sich nicht auf der Basis solcher Dichotomien analysieren. Ganz ähnlich hat Nilüfer Göle für die Verschleierungsbewegung der muslimischen Frau in der modernen Türkei gezeigt, daß diese Bewegung nicht mit Dichotomien wie Tradition und Moderne zu erfassen ist. Vielmehr ist die Entscheidung der jungen, gebildeten islamischen Frau, den „türban" zu tragen, das Zeichen eines Frauenbildes, das traditionelle und moderne Elemente zu etwas Neuem verknüpft.[15]

In der Europaforschung wird in der Regel davon ausgegangen, daß zwischen den Organen der Europäischen Union ein Gleichgewicht bestehe, das man aufrechterhalten müsse. Der Zustand des Gleichgewichtes, in dem die Anordnung von Elementen oder Eigenschaften zeitlich unverändert bleibt, hat für die europäischen Institutionen immer nur eine geringe Rolle gespielt.[16] Häufiger finden sich Zustände des Ungleichgewichtes, in denen sich das System der Europäischen Union zeitlich verändert. Die Veränderungen eines Systems im Ungleichgewicht können auf ein neues Gleichgewicht zulaufen. Das Vorhandensein eines neuen Gleichgewichtes bestimmt dann die Richtung der Entwicklung. Es kann auch sein, daß kein neues Gleichgewicht entsteht. Theorien zur Erklärung des Verlaufes der europäischen Integration

---

14 So auch Alec Stone Sweet, Wayne Sandholtz, European integration and supranational governance. In: Journal of European Public Policy 4 (1997), S. 299.

15 Nilüfer Göle, Republik und Schleier. Die muslimische Frau in der modernen Türkei, Berlin: Babel Verlag 1995, S. 111.

16 Vgl. Helen Wallace, Designing Institutions for an Enlarging European Union. In: Bruno de Witte (Hrsg.), Ten Reflections on the Constitutional Treaty for Europe, Robert Schuman Centre for Advanced Studies and Academy of European Law, Florence 2003, S. 90.

müssen sowohl Zustände des Gleichgewichtes als auch Zustände des Ungleichgewichtes berücksichtigen.

Die Theorie, die sich für meine Analyse der Entwicklung des politischen Europa am ehesten eignet, nenne ich Differenztheorie. Mit dieser Theorie, die auf der Komplexitätstheorie[17] aufbaut, ist es möglich, die politische Steuerung in der Europäischen Union zu beschreiben und zu erklären. Die Integration Europas läßt sich als ein Prozeß interdependenter Entwicklungen verstehen. Ausgangspunkt der Integration sind die Probleme, die im Rahmen des Nationalstaates nicht mehr zu lösen sind. Die politischen Eliten von sechs Staaten haben daher nach dem 2. Weltkrieg begonnen, supranationale Wege zu beschreiten. Ihre Motivation war die Sicherung des Friedens nach zwei verheerenden Weltkriegen. Die Überzeugung der Akteure, daß Krieg zwischen den Mitgliedstaaten einer supranationalen Gemeinschaft ausgeschlossen sei, beflügelte den Start Europas.

Das grenzüberschreitende Handeln nationaler und europäischer Eliten, die europäischen Normen, die Gemeinschaftsorgane, die nationalen wie europäischen Öffentlichkeiten werden zu Teilen eines dynamischen Systems. Die Teilelemente sind aufeinander bezogen und können in Phasen des Ungleichgewichtes neue Strukturen ausbilden.[18] Die neuen Strukturen beeinflussen wiederum die Richtung der Entwicklung. In die gemeinsame Entwicklung, die man als „Ko-Evolution“ bezeichnen kann, sind auch die europäischen Programme eingebunden, weil sie im Zusammenspiel der Eliten, des europäischen Primärrechts, der Gemeinschaftsorgane und der sich europäisierenden nationalen Öffentlichkeiten entstehen.[19]

Im Prozeß der Ko-Evolution entwickeln sich die autonomen Teile der Europäischen Union durch Selbstorganisation, ungeplante soziale Dynamiken und politische Gestaltung zu einer Gesamtordnung.[20] In jedem Teilsystem können Entwicklungsimpulse initiiert werden, die die anderen Systeme „mitreißen“.[21] Wichtig ist im Prozeß der Ko-Evolution, daß die Teile des Ganzen bei allen

---

17 Carl Böhret, Götz Konzendorf, Ko-Evolution von Gesellschaft und funktionalem Staat. Ein Beitrag zur Theorie der Politik, Opladen: Westdeutscher Verlag 1997. Roger Lewin, Die Komplexitätstheorie. Wissenschaft nach der Chaosforschung, Hamburg: Hoffmann und Campe 1993. Helmut Willke, Supervision des Staates, a. a. O.

18 Carl Böhret, Götz Konzendorf, Ko-Evolution von Gesellschaft und funktionalem Staat, a. a. O., S. 243 sprechen von einer „evolutorischen Komplexitätstheorie“.

19 Wayne Sandholtz, Alec Stone Sweet (Hrsg.), European Integration and Supranational Governance, Oxford: Oxford University Press 1998, Kapitel 1.

20 Zu den Wechselwirkungen zwischen bewußter politischer Gestaltung und nichtintendierten sozialen Entwicklungen vgl. Roland Czada und Uwe Schimank, Institutionendynamiken und politische Institutionengestaltung: Die zwei Gesichter sozialer Ordnungsbildung. In: Raymund Werle, Uwe Schimank (Hrsg.), Gesellschaftliche Komplexität und kollektive Handlungsfähigkeit, Frankfurt, New York: Campus 2000, S. 23-43.

21 Carl Böhret, Götz Konzendorf, Ko-Evolution von Gesellschaft und funktionalem Staat, a. a. O., S. 242.

Unterschieden eine gemeinsame Struktur besitzen.[22] Die Einteilung in Strukturen, Prozesse und Inhalte der Politik, wie sie sich in der Politikwissenschaft herausgebildet hat, ist ein erster Schritt für die Untersuchung eines evolutorischen Prozesses. Es ist zusätzlich zu fragen, welches das Gemeinsame der einzelnen Elemente der europäischen Politik ist.

Dieses Gemeinsame ist demokratische Kommunikation über Differenz. Es handelt sich dabei um eine Grundstruktur, die ansatzweise in der europäischen Politik realisiert ist, und sich in einigen Aspekten sowohl auf der Makroebene der europäischen Programme als auch auf der Mikroebene individueller Handlungsorientierungen findet. Ideal und Wirklichkeit werden nicht diametral gegenübergestellt. Eine demokratische Kommunikation über Differenz, die in dieser Arbeit als normative Voraussetzung einer steuerungs- und problemlösungsfähigen europäischen Politik verstanden wird, läßt sich „in den politischen Praktiken, wie verzerrt auch immer, bereits ... identifizieren."[23]

Der Zusammenhang zwischen einer demokratischen, kommunikativen und Differenz achtenden Entscheidungsfindung und -umsetzung in der europäischen Politik einerseits und der Steuerungs- und Problemlösungsfähigkeit andererseits wird unterschätzt, wenn man annimmt, die Experten allein könnten die Effektivität der Entscheidungen gewährleisten. Die Effektivität der Programme hat nicht nur Folgen für die Legitimität eines politischen Systems, sondern umgekehrt beeinflußt auch die demokratische Legitimität der Entscheidungsfindung und -umsetzung die Effektivität der Programme. Dieser Zusammenhang von output-orientierter und input-orientierter Legitimität ist noch wenig untersucht.[24] Für die Europäische Union ist zu vermuten, daß ein Ausbau der bisher nur ansatzweise vorhandenen demokratischen Kommunikation über Differenz in der Europäischen Union die Effektivität europäischer Politik steigert.

Methodisch werden in dieser Arbeit Policy-Analysen mit Elitenforschung verbunden. Auf diese Weise möchte ich eine Analyse der Strukturen mit einer Analyse des Handelns der Akteure nicht nur nebeneinander abhandeln, sondern beide Herangehensweisen miteinander verbinden.[25] Für die Analyse

22 Benoît B. Mandelbrot, Die fraktale Geometrie der Natur, Basel, Boston: Birkhäuser Verlag 1987. Vgl. Niklas Luhmann, Die Politik der Gesellschaft, Frankfurt: Suhrkamp 2000, S. 227.

23 Jürgen Habermas, Faktizität und Geltung, Frankfurt: Suhrkamp, 2. Aufl. 1992, S. 349: „Eine rekonstruktiv verfahrende Soziologie der Demokratie muß deshalb ihre Grundbegriffe so wählen, daß sie die in den politischen Praktiken, wie verzerrt auch immer, bereits verkörperten Partikel und Bruchstücke einer ‚existierenden Vernunft' identifizieren kann."

24 So auch Renate Mayntz, New Challenges to Governance Theory, Jean Monnet Paper, Robert Schuman Centre, No. 98/50, European University Institute, Florence 1998, S. 5.

25 Klaus von Beyme, Theorie der Politik im 20. Jahrhundert, Frankfurt: Suhrkamp 3. Aufl. 1996, S. 343.

des Handelns der Akteure wurden qualitative Interviews mit 17 Mitgliedern der Kommission Santer und 13 Mitgliedern der Kommission Prodi geführt. Diese Interviews, die zwischen einer und anderthalb Stunden dauerten, habe ich anhand eines strukturierten Fragebogens geführt. In den Fällen, in denen es nicht möglich war, einen Interviewtermin zu vereinbaren, haben die Mitglieder der Kommissionen den Fragebogen ausgefüllt. Die neuen Mitglieder der Kommission aus den mittel- und osteuropäischen Ländern, die von Mai bis Oktober 2004 in Brüssel arbeiteten, konnten nicht mehr interviewt werden. Ich habe aber in vier Tabellen die beruflichen und politischen Erfahrungen der neuen Mitglieder der Kommission Prodi zusammengestellt.

Die Arbeit umfaßt folgende *Untersuchungsschritte*: Nach einer Klärung der Begriffe und des theoretischen Ansatzes (Kapitel I) werden die rechtlichen Grundlagen für die Entwicklung des politischen Europa dargestellt (Kapitel II). Im folgenden Kapitel wird das Programm des Binnenmarktes analysiert und gezeigt, daß dieses Programm noch nicht durch Kommunikation über Differenz zustandegekommen ist (Kapitel III). Die Bedeutung der Sozial-, Umwelt- und Kulturpolitik wird in den nächsten Kapiteln als Indikator für die Entwicklung des politischen Europa interpretiert, das zunehmend eine Gesamtordnung unterschiedlicher Funktionssysteme repräsentiert (Kapitel IV bis VI). Anschließend wird die allmähliche Öffnung der europäischen Politik für eine demokratische Kommunikation über Differenz beschrieben. Die Europäisierung der Parteien, der Verbände und der Medien werden thematisiert und als Anzeichen eines stärker gesellschaftlich verankerten Europa interpretiert. Die lebhafte Debatte über eine europäische Verfassung wird als Ausdruck einer entstehenden europäischen Öffentlichkeit verstanden, und der Konvent zur Zukunft der Europäischen Union wird unter dem Gesichtspunkt analysiert, inwieweit im Konvent auf demokratische und kommunikative Weise mit Differenz umgegangen wurde (Kapitel VII). Die Ergebnisse der Interviews mit Mitgliedern der Kommission Santer und der Kommission Prodi werden vorgestellt und die Fragebögen ausgewertet, um zu belegen, daß diese neue Elite im wesentlichen politisch und nicht technokratisch an ihre Aufgaben herangeht (Kapitel VIII). Nach einer Zusammenfassung der empirischen Befunde schließt die Arbeit mit dem Vorschlag, eine Konferenz der Parlamente in Europa einzurichten (Kapitel IX). Diese Reform könnte dazu beitragen, daß die Politik in der Europäischen Union stärker als bisher durch eine demokratische Kommunikation über Differenz charakterisiert ist.

Der *Untersuchungszeitraum* beginnt mit der Einheitlichen Europäischen Akte vom 17. Februar 1986. Zwar ist die Verwirklichung des Binnenmarktes das zentrale Anliegen der Einheitlichen Europäischen Akte. Doch auch die soziale und die ökologische Dimension werden in diesem Vertrag in relevantem Maße zur Geltung gebracht (Artikel 21 und 22 der Einheitlichen Europäischen Akte).[26] Wichtige Etappen auf dem Weg einer Entwicklung des politischen Europa sind die Verträge von Maastricht und Amsterdam und in ihrer Folge die Wirtschafts- und Währungsunion, die Übertragung neuer Kompetenzen in der Sozial- und Umweltpolitik und der wachsende Einfluß des Europäischen Parlamentes. Der Rücktritt der Kommission Santer am 16. März 1999 ist ebenfalls ein Symbol für die Entstehung des politischen Europa. Mit diesem Rücktritt übernahm die Kommission die politische Verantwortung für Fälle von Mißwirtschaft der Verwaltung während ihrer Amtszeit. Der Einfluß des Europäischen Parlamentes und der Demokratie in der Europäischen Union wurden gestärkt. Der Konvent zur Zukunft der Europäischen Union war ein weiterer Schritt hin zu einem politischen Europa. In diesem Konvent wurde auf kommunikative Weise ein Text zur Gestaltung der europäischen Gesamtordnung und zu den Zielen der Integration erarbeitet. Eine Verfassungsdebatte wurde bis Maastricht „tunlichst vermieden"[27] und spielte auch in den Jahren danach keine große Rolle. In einer politisierten Europäischen Union wird die Verfassung zum öffentlichen Thema. Der Untersuchungszeitraum endet mit der Regierungskonferenz vom 17./18. Juni 2004. Auf dieser Konferenz haben die Staats- und Regierungschefs der 25 Mitgliedstaaten der Europäischen Union den Konventsentwurf eines europäischen Verfassungsvertrages in leicht geänderter Fassung angenommen.

Es ist das *Ziel der Untersuchung*, die vorhandenen Defizite an demokratischer Kommunikation über Differenz in der europäischen Politik zu zeigen, ohne die Chancen für einen allmählichen Abbau dieser Defizite zu unterschätzen. Die These von der politischen Handlungsunfähigkeit der Europäischen Union in Bereichen der Marktkorrekturen ist durch die Wirklichkeit überholt. Es trifft die Realität nicht, von einer „Niederlage der sozialen Dimension" in der Europäischen Union zu sprechen.[28] In einer Kommunikation über Differenz, die zunehmend demokratisch strukturiert ist, finden die europäischen Eliten häufig innovative und weitreichende Lösungen etwa in der Sozialpolitik oder in der Umweltpolitik.[29] Trotz der divergierenden Interessen der Mitgliedstaaten kommt es bei regulativen Maßnahmen mit marktkorrigie-

---

26 Nach M. Rainer Lepsius beginnt die „Politisierung der Europäischen Union" erst mit dem Vertrag von Maastricht. M. Rainer Lepsius, Die Europäische Union. Ökonomisch-politische Integration und kulturelle Pluralität. In: Reinhold Viehoff, Rien T. Segers (Hrsg.), Kultur, Identität, Europa, Frankfurt: Suhrkamp 1999, S. 209/210.

27 M. Rainer Lepsius, Die Europäische Union, a. a. O., S. 206.

28 Wolfgang Streeck, Vom Binnenmarkt zum Bundesstaat? Überlegungen zur politischen Ökonomie der europäischen Sozialpolitik. In: Stephan Leibfried, Paul Pierson (Hrsg.), Standort Europa. Sozialpolitik zwischen Nationalstaat und Europäischer Integration, Frankfurt: Suhrkamp 1998, S. 377: „Die Niederlage der sozialen Dimension."

29 Vgl. Adrienne Héritier, Policy-Making by Subterfuge: Interest Accomodation, Innovation and Substitute Democratic Legitimation In Europe – Perspectives from different Policy Areas. In: Journal of European Public Policy 4 (1997), S. 171-172: „How are potential policy-making dead-locks avoided...? Which factors, process patterns, and actor strategies promote policy innovation, given that Europe set out to solve problems of interdependence that could not be dealt with successfully by member states on their own?"

render Funktion zur Einigung auf der europäischen Ebene.[30] Die Europäische Union ist nicht mehr allein ein Binnenmarkt, wie dies noch häufig in der Wissenschaft und der öffentlichen Meinung perzipiert wird. Und auch die „Bürokraten- und Beamtenherrschaft" wie sie von Manfred G. Schmidt als typisch für den „bürokratisch-konsoziativen Staat" der Europäischen Union erachtet wird, ist nicht in allen europäischen Handlungskontexten dominant.[31]

Die Berücksichtigung nichtökonomischer Ideen in den europäischen Steuerungsprozessen ist einerseits ein Indikator für das Werden des politischen Europa und stärkt andererseits die Voraussetzungen für eine weitere Politisierung. Auf der Basis der empirischen Analyse werde ich für eine Reform plädieren, die den Weg zu einer demokratischeren Ordnung in Europa ebnen könnte. Es wäre ein Weg, der von einer fragmentierten und demokratisch kaum legitimierten Vielfalt von Akteuren, Ebenen, Ideen und Interessen zu einer in der Souveränität der Völker begründeten politischen Gestaltung des Zusammenspiels[32] der Vielfalt führte.

Die Öffnung der europäischen Programme für die Ideen der Sozialpolitik, der Ökologie und der Kultur geschieht nicht immer explizit. Die Politik wird von den Akteuren regelrecht hinter den ökonomischen Begründungen von Programmen versteckt. Die Realität der weitreichenden Folgen europäischer Politik für das Leben der Bürger in den Mitgliedstaaten fordert die Akteure heraus, in ihrem praktischen Handeln Europa nicht mehr als einen ökonomischen Zweckverband zu betrachten. Doch über die faktische Herausbildung des politischen Europa wird wenig reflektiert. Fast könnte man sagen, daß der Versuch, in der Europäischen Union einen Binnenmarkt zu realisieren, ohne sich der politischen Implikationen bewußt zu sein, der Hobbes'schen Teilung des Menschen in eine private und in eine öffentliche Hälfte nicht unähnlich ist.[33] Und ebenso wie im Verlauf der Aufklärung die im absoluti-

30 Volker Eichener, Die Rückwirkungen der europäischen Integration auf nationale Politikmuster. In: Markus Jachtenfuchs, Beate Kohler-Koch (Hrsg.), Europäische Integration, Opladen: Leske + Budrich 1996, S. 249-280. In der zweiten Auflage des Bandes von 2003 ist dieser Beitrag nicht mehr enthalten.

31 Manfred G. Schmidt, Der konsoziative Staat. Hypothesen zur politischen Struktur und zum politischen Leistungsprofil der Europäischen Union. In: Edgar Grande, Markus Jachtenfuchs (Hrsg.), Wie problemlösungsfähig ist die EU? Regieren im europäischen Mehrebenensystem, Baden-Baden: Nomos 2000, S. 43. Der Begriff des konsoziativen Staates trifft die Realität des politischen Systems der EU nur unzureichend. Die Mitgliedstaaten sind in ihrer Gesamtheit nicht „tief zerklüftet", es entstehen durchaus gemeinschaftsbezogene Loyalitäten, und darüberhinaus wird der Zusammenhang von Autonomie und Interdependenz unterschätzt.

32 Helmut Willke, Supervision des Staates, a. a. O., S. 333: „Das Problem ist, ..., wie die Organisation einer Gesellschaft gestaltet werden müßte, welche zugleich die Bedingung generiert für die Möglichkeit eines konstruktiven und zukunftsorientierten Zusammenspiels ihrer spezialisierten Funktionssysteme."

33 Reinhart Koselleck, Kritik und Krise, Freiburg, München: Karl Alber Verlag, 2. Aufl. 1969, S. 29.

stischen Staat „bewußt akzeptierte Dualität“[34] von Gewissen und Politik nicht mehr verstanden wurde, so ist die Teilung der Mitgliedstaaten der Europäischen Union in eine supranational organisierte ökonomische und eine national organisierte politische Hälfte nicht mehr überzeugend.

Es wird somit zur Aufgabe der Wissenschaftlerinnen und Wissenschaftler, Unbewußtes und „Undurchsichtiges transparent zu machen“[35], und eine erst in Ansätzen existierende Entwicklung den Akteuren vor Augen zu führen. Die neue Perspektive des politischen Europa möchte ich in einer Weise darstellen und begründen, daß die Analyse zu einer Herausforderung für die Akteure wird, ihre objektiv erklärbaren Verhaltensweisen zu verstehen und auf Defizite aufmerksam zu werden.[36]

Das Ölbild „Grätenblumen“ von Max Ernst aus dem Jahre 1928, das im Museum für Moderne Kunst in Brüssel hängt, wurde für den Umschlag ausgewählt. Es kann als Symbol für die Hypothese des Buches interpretiert werden. Max Ernst zeigt uns mit seinem Bild, daß aus Differenz durchaus eine Ordnung entstehen kann. Ähnlich wie sich unterschiedliche Ideen und Interessen in der Kommunikation der verantwortlichen Akteure zu einer politischen Ordnung zusammenführen lassen, so ergeben in dem Bild „Grätenblumen“ die einzelnen Elemente in ihrer Gesamtheit eine Struktur. Seit der Entdeckung der Frottage im Jahre 1925[37] gestaltete Max Ernst die Natur in neuen Formen und mit ungewohnten Assoziationen.[38] Auch beim Betrachten des Ölgemäldes „Grätenblumen“ stellen sich neue Assoziationen ein. Es entstehen Blumenphantasien aus abstrakten Formen, und diese Blumen verbinden sich mit der Landschaft im Hintergrund. Dies könnte auch eine Vision für Europa sein: Auf der Basis eines soliden Binnenmarktes mit Phantasie und in demokratischer Kommunikation über Differenz ein soziales, ökologisch verantwortungsbewußtes, kulturell vielseitiges und außenpolitisch handlungsfähiges Europa zu entwickeln. Aus dem „Gerippe“ oder aus den „Gräten“ des Binnenmarktes müßte eine politische Gesamtordnung der Europäischen Union entstehen. Diese Vision ist nicht völlig losgelöst von der Wirklichkeit der europäischen Integration. Schon heute gibt es Hinweise für das Werden eines politischen Europa, in dem Differenz als Potential genutzt wird.

---

34 Ebd.

35 Nilüfer Göle, Republik und Schleier, a. a. O., S. 36.

36 Karl-Otto Apel, Szientistik, Hermeneutik, Ideologiekritik. Entwurf einer Wissenschaftslehre in erkenntnisanthropologischer Sicht. In: ders., Transformation der Philosophie, Bd. 2, Frankfurt: Suhrkamp, 2. Aufl. 1981, S. 127.

37 Robert Motherwell (Hrsg.), Max Ernst, Beyond Painting and other Writings by the Artist and his Friends, New York: Wittenborn, Schultz, Inc. 1948, S. 7 und S. 9.

38 Uwe M. Schneede, Max Ernst, Stuttgart: Gerd Hatje 1972, S. 74.

I. Politische Steuerung in der Europäischen Union

1. Differenz als Grundstruktur europäischer Politik

Die Forschung zeigt, daß politische Steuerung in der Europäischen Union mit Differenz rechnen muß. Fritz W. Scharpf hat die ideologischen, ökonomischen und institutionellen Differenzen zwischen den Mitgliedstaaten der Europäischen Union in ihren Folgen für die Handlungsfähigkeit der europäischen Politik untersucht.[1] Differenzen in den nationalen politischen Strukturen sind der Grund für die unterschiedliche Reichweite des institutionellen Wandels, der durch europäische Programme hervorgerufen wird.[2] In einer vergleichenden Studie zur Europäisierung der Regionen[3] kommt Beate Kohler-Koch zu dem Ergebnis, daß unterschiedlich starke nationale und regionale Beharrungskräfte die Implementation europäischer Politik beeinflußten. Die unterschiedlichen Interpretationen der Idee einer Mitbestimmung der Regionen und eines partnerschaftlichen Regierens seien auf die „Befangenheit aller Akteure in national gefärbten Ideengeschichten" zurückzuführen. Aus dem Gemeinschaftskonzept sei eine „schillernde Varianz gemeinschaftlicher Konzepte" entstanden.[4]

Differenz wird in den empirischen Studien als „Hürde für einheitliche europäische Lösungen"[5] interpretiert. Diese Sicht hat ihre Berechtigung. Differenz kann aber auch ein positives Potential für den Erfolg der politischen Steuerung und die Lösung von Problemen in der Europäischen Union sein. Die Perspektive des Potentials von Differenz wird bisher nicht hinreichend in die Analysen der europäischen Politik einbezogen. Die „gravierenden Differenzen der nationalen Interessen und Präferenzen" führen nach der herr-

1 Fritz W. Scharpf, Regieren in Europa. Effektiv und demokratisch? Frankfurt, New York: Campus 1999, Kapitel 2.

2 Maria Green Cowles, James A. Caporaso, Thomas Risse (Hrsg.), Transforming Europe. Europeanization and Domestic Change, Ithaca and London: Cornell University Press 2001.

3 Vgl. zur Bedeutung der unterschiedlichen institutionellen Kulturen in Deutschland und Spanien für die Reaktionen der Regionen auf Kompetenzverluste durch die europäische Integration Tanja A. Börzel, Europäisierung und innerstaatlicher Wandel. Zentralisierung und Entparlamentarisierung? In: PVS 41 (2000), S. 225-250.

4 Beate Kohler-Koch, Leitbilder und Realität der Europäisierung der Regionen. In: dies. et al., Interaktive Politik in Europa. Regionen im Netzwerk der Integration, Opladen: Leske + Budrich 1998, S. 253.

5 Fritz W. Scharpf, Regieren in Europa, a. a. O., S. 77: „Die dritte Hürde für einheitliche europäische Lösungen sind gravierende Unterschiede der Verwaltungspraxis, der Politikmuster, und der zur Implementation nationaler Politik aufgebauten institutionellen Strukturen ... Die Schwierigkeiten einer Harmonisierung werden noch viel größer, wenn die Regelungs- und Leistungsstrukturen der nationalen Politik differieren, und wenn die möglichen Veränderungen eine große Zahl von Bürgern und Wählern in erheblichem Maße betreffen würden."

schenden Meinung dazu, daß europäische Lösungen etwa in der Sozialpolitik als schwierig oder unmöglich eingeschätzt werden.[6] Als einzigen Ausweg sieht man eine flexible Integration, in der mit der Methode der „verstärkten Zusammenarbeit" unterschiedliche Lösungen für Gruppen von Mitgliedstaaten gefunden werden. Dies bedeutet, daß man auf Lösungen setzt, in denen die Übereinstimmung etwa in der sozioökonomischen Entwicklung zur Voraussetzung einer verstärkten Integration gemacht wird.[7] Der Weg, der hier geprüft werden soll, verfolgt eine andere Richtung. Im Mittelpunkt steht nicht die Frage, wie sich Differenz vermeiden läßt, sondern welches die Bedingungen sind, die das Nutzen des Potentials von Differenz ermöglichen.

„Differenz" kommt aus dem Lateinischen und bedeutet in einem neutralen Sinn Unterschied (lat. differre, verschieden sein).[8] In der Systemtheorie wird mit „Differenz" der Unterschied zwischen System und Umwelt gefaßt.[9] Differenz ist von Diversität, Divergenz und Konflikt zu unterscheiden. Mit „Diversität" wird die Vielfalt beispielsweise von Meinungen beschrieben, und mit „Divergenz" bezeichnen wir den Prozeß des Auseinandergehens im Gegensatz zur „Konvergenz" als einem Prozeß der Annäherung.[10] Konflikt (von lat. confligere, zusammenstoßen) ist eine streitige Auseinandersetzung zwi-

---

6 Fritz W. Scharpf, Was man von einer europäischen Verfassung erwarten und nicht erwarten sollte. In: Blätter für deutsche und internationale Politik 48(2003), S. 55.

7 Fritz W. Scharpf, Legitimate Diversity: The New Challenge of European Integration. In: Tanja A. Börzel, Rachel A. Cichowski, The State of the European Union. Law, Politics, and Society, Oxford: Oxford University Press 2003, S. 99.

8 Das charakteristische Merkmal der Politik in der Moderne ist m. E. nicht der Intensitätsgrad von Assoziation und Dissoziation, sondern der Intensitätsgrad von Konkordanz und Differenz. Carl Schmitt, Der Begriff des Politischen. Berlin: Duncker & Humblot 1963, S. 38: „Das Politische ... bezeichnet ... den Intensitätsgrad einer Assoziation oder Dissoziation von Menschen, deren Motive religiöser, nationaler..., wirtschaftlicher oder anderer Art sein können und zu verschiedenen Zeiten verschiedene Verbindungen und Trennungen bewirken ... Politisch ist jedenfalls immer die Gruppierung, die sich an dem Ernstfall orientiert."

9 Niklas Luhmann, Die Politik der Gesellschaft, Frankfurt: Suhrkamp 2000, S. 106: „Nur geschlossene Systeme, die sich selbst von ihrer Umwelt unterscheiden können, können sich mit ihren Operationen auf das einstellen, was sie als Information der Umwelt (und nicht sich selbst) zurechnen." Die Geschlossenheit eines Systems wird bei Luhmann nicht als kausale Isolierung verstanden. Es sei zu beachten, daß es „auf die Differenz von System und Umwelt ankommt, die nur an Interdependenzen bemerkt werden kann." (Die Politik der Gesellschaft, S. 105). Die Differenz von System und Umwelt wiederum wird im System erzeugt.

10 Der Gegenbegriff zu „Differenz" ist „Konkordanz" im Sinne von Übereinstimmung. Ein möglicher Gegensatz von Differenz ist Ähnlichkeit. Wolf Lepenies danke ich für den Hinweis auf Lévi-Strauss: „Nicht die Ähnlichkeiten ähneln sich, sondern die Unterschiede." Im Englischen werden „difference" und „resemblance" gegenübergestellt. Vgl. Shorter Oxford Dictionary on historical principles, 5. Aufl. 2002. In der Soziolinguistik bezeichnet die „Differenzhypothese" eine Konzeption, die im Gegensatz zur „Defizithypothese" die Gleichwertigkeit der sprachlichen Ausdrucksmöglichkeiten von Angehörigen unterschiedlicher sozialer Schichten im Kommunikationsprozeß betont. Vgl. Brockhaus, 20. Aufl. 1996, Leipzig, Mannheim, Bd. 5. Zur Bedeutung der Gleichwertigkeit der Kulturen für eine „Politik der Differenz" Charles Taylor, Multikulturalismus und die Politik der Anerkennung, Frankfurt: Fischer Taschenbuch 1997, S.28-29 und S.70.

schen individuellen und kollektiven Akteuren um die Geltung von Normen oder die Verteilung von Gütern, in der die Akteure gegensätzliche Ziele anstreben.[11]

Es gibt bisher noch keine Typologie unterschiedlicher Arten von struktureller Differenz. Eine solche Typologie sollte auf den Ergebnissen empirischer Forschung aufbauen und immer wieder an die Empirie zurückgebunden sein. Es gibt strukturelle Differenz der Ideen, der Interessen, der Institutionen, der Probleme, des Wissens, der Macht sowie Differenz in Zeit und Raum. Diese Typen struktureller Differenz sind von den konkret aktualisierten Differenzen zu unterscheiden. Aktualisiert werden die Differenzen in einer Vielzahl gesellschaftlicher Bereiche. Zu diesen Bereichen zählen u. a. die Geschichte, die Religion, die Sprache, die Kultur, die Öffentlichkeit, die Zivilgesellschaft, die Politik, die Verwaltung, die Systeme der Interessenvermittlung, die soziale Schichtung und die Ökonomie. Die Unterscheidung zwischen struktureller Differenz und aktualisierten Differenzen möchte ich mit Beispielen veranschaulichen, die dann in der folgenden Analyse des politischen Europa ausführlich behandelt werden.

Die *strukturelle Differenz der Ideen* aktualisiert sich z. B. im Prozeß des Entstehens einer europäischen Sozialpolitik. In einer gesellschaftlichen Ordnung kommen unterschiedliche Ideen zur Geltung, die kontradiktorisch sein können.[12] In der Gegenüberstellung von Kapitalismus und Sozialpolitik sei dies veranschaulicht. Kapitalismus und Sozialpolitik sind mit unterschiedlichen Wertvorstellungen verknüpft. Wenn sich die kapitalistische Wirtschaftsweise mit ihren Kriterien der Rentabilität, der Aufwands- und Ertragskalkulation im Handlungskontext der Wirtschaft durchsetzt, dann entstehen Folgeprobleme wie die Arbeitslosigkeit. Mit wachsendem Problemdruck wird eine neue Idee, die Idee der Sozialpolitik, an Einfluß gewinnen. Kollektive Akteure wie z. B. die Gewerkschaften setzen sich für die Idee der Sozialpolitik und die mit dieser Idee verbundenen Ziele ein. Die strukturelle Differenz zwischen Wirtschaftlichkeit und Sozialstaatlichkeit wird in Auseinandersetzungen über die konkrete Gestaltung der Sozialpolitik einer Gesellschaft aktualisiert.[13] So läßt sich die gegenwärtige Debatte über die Sozialpolitik, die in allen Mitgliedstaaten der Europäischen Union und auf der europäischen Ebene stattfindet, als eine Debatte über die Reichweite der Gel-

---

11 Lewis A. Coser, Theorie sozialer Konflikte, Darmstadt: Luchterhand 1965 (englische Ausgabe 1956). Coser sieht „Konflikt“ nicht nur als negativen Faktor, sondern analysiert die negativen und positiven Funktionen des sozialen Konflikts für die Struktur und Entwicklung von Gruppen (S. 10, S. 35).

12 M. Rainer Lepsius, Institutionenanalyse und Institutionenpolitik. In: Sonderheft 35(1995) der KZfSS, S. 397.

13 Ebd., S. 399. M. Rainer Lepsius spricht von den gegensätzlichen „Leitideen“ des Kapitalismus und der Sozialpolitik. Für ihn besteht eine Gesellschaftsordnung in der Differenzierung verschiedener Leitideen und ihrer jeweiligen Kombination.

tungskraft kontradiktorischer Ideen interpretieren. Soll die strukturelle Differenz zwischen den Zielen des Kapitalismus und den Zielen der Sozialpolitik innerhalb des Handlungskontextes der Wirtschaft ausgetragen werden? Ist es sinnvoll, daß die Unternehmen sozialpolitisch gesetzte Kosten tragen oder wählt man den Weg einer Externalisierung der sozialpolitischen Probleme des kapitalistischen Wirtschaftens?[14]

Auf der europäischen Ebene hat sich die strukturelle Differenz zwischen Kapitalismus und Sozialpolitik u. a. in der Auseinandersetzung über die Europäischen Betriebsräte aktualisiert. Über viele Jahre war die Geschichte der Europäischen Betriebsräte eine Geschichte des Scheiterns. Die Geschichte begann 1980 mit dem Entwurf der sog. „Vredeling-Richtlinie“ zur Mitbestimmung der Arbeitnehmer und fand ihren vorläufigen Abschluß mit der Verabschiedung der Richtlinie über Europäische Betriebsräte im Jahr 1994. In den Auseinandersetzungen über die Mitwirkung der Arbeitnehmer in transnationalen Unternehmen aktualisierte sich die strukturelle Differenz zwischen Kapitalismus und Sozialpolitik in einem zentralen Bereich der industriellen Beziehungen. Während sich Großbritannien und der europäische Industrie- und Arbeitgeberverband sehr lange gegen jede Partizipation der Arbeitnehmer durch Europäische Betriebsräte in transnationalen Unternehmen wehrten, plädierten die Gewerkschaften für weitreichende Mitbestimmungsrechte.

Die Entscheidungsblockade wurde erst durchbrochen, als mit dem Abkommen über die Sozialpolitik neue Akteure ins Spiel kamen, und die Zahl der aktualisierten Differenzen der Interessen quasi erhöht wurde. Die Dynamisierung des Entscheidungsprozesses durch neue Differenzen und die neue Möglichkeit einer Entscheidung mit qualifizierter Mehrheit im Ministerrat brachten die gewohnten Mechanismen aus dem Gleichgewicht. Auf der Basis neuer Entscheidungsstrukturen wurde eine kollektiv verbindliche Entscheidung möglich, die allerdings den Arbeitnehmern im Vergleich zum ursprünglichen Entwurf aus dem Jahr 1980 weniger Mitbestimmung sicherte (vgl. ausführlich Kapitel IV.4).

Kapitalismus und Sozialpolitik als zwei strukturell unterschiedliche Ideen einer Gesellschaftsordung haben sich wiederum ausdifferenziert. Es sind unterschiedliche Arten von „Kapitalismen“ und unterschiedliche Arten von „Sozialpolitiken“ entstanden. So herrscht Marktkapitalismus in Großbritannien, organisierter Kapitalismus in Deutschland und Staatskapitalismus in Frankreich. Die Europäische Union hat mit ihren wirtschaftspolitischen und sozialpolitischen Entscheidungen die „Kapitalismen“ und die „Sozialpolitiken“ der Mitgliedstaaten nachhaltig verändert. Doch die strukturellen Unterschiede zwischen den Mitgliedstaaten sind erhalten geblieben, weil die Mit-

14 Ebd., S. 399.

gliedstaaten auf die europäische Wirtschafts- und Sozialpolitik sehr unterschiedlich reagiert haben. Vivien A. Schmidt kommt auf der Basis eines Vergleiches der Anpassungsprozesse in Deutschland, Frankreich und Großbritannien zu dem Ergebnis, daß weder die Europäisierung noch die Globalisierung zu einer Konvergenz in den nationalen Politiken von Kapitalismus und Sozialpolitik geführt haben. Die drei unterschiedlichen Modelle des Kapitalismus blieben erhalten, auch wenn sich weitreichende Änderungen in Richtung einer stärkeren Marktorientierung in den drei Varianten des Kapitalismus beobachten lassen.[15]

Die Differenz von Ideen steht in engem Zusammenhang mit der *strukturellen Differenz von Interessen*. Die Differenz von Interessen wird am deutlichsten bei den wirtschaftlichen Interessen. Die Machtbalance zwischen den Interessen von Arbeit und Kapital verschiebt sich in einer entgrenzten Welt zugunsten des multinationalen Kapitals.[16] Diese Verschiebung der Machtbalance zwischen Arbeit und Kapital trägt zu immer größeren Ungleichheiten in den globalen Verteilungsstrukturen bei.[17] Auch in den Mitgliedstaaten der Europäischen Union finden sich enorme ökonomische Unterschiede. „Seit ihrer Süderweiterung umfaßt die Europäische Gemeinschaft nicht nur einige der leistungsfähigsten Volkswirtschaften der Welt, sondern auch Mitglieder, deren Wirtschaft das Niveau von Schwellenländern noch kaum überschritten hat."[18] Mit dem Beitritt von 10 neuen Ländern aus Mittel- und Osteuropa am 1. Mai 2004 hat sich die strukturelle Differenz zwischen armen und reichen Mitgliedstaaten noch vergrößert. Das Bruttoinlandsprodukt (BIP) pro Einwohner in Kaufkraftparitäten beträgt in Luxemburg 194 Prozent des durchschnittlichen BIP der EU-15 im Jahr 2001 gegenüber 41 Prozent in Polen. Lettland erreicht nur 32 % des EU-Durchschnitts. Die ökonomischen Unterschiede führen zu unterschiedlichen Präferenzen für ökonomische Interventionen in den Mitgliedstaaten der Europäischen Union.[19]

Die strukturelle Differenz der Interessen zwischen reichen und armen Ländern der Europäischen Union aktualisiert sich u. a. in der Umweltpolitik.[20] Ärmere Länder können sich die umweltpolitischen Standards der reichen

15 Vivien A. Schmidt, The Futures of European Capitalism, Oxford: Oxford University Press 2002.

16 David Held et al., Global Transformations. Politics, Economics and Culture, Cambridge: Polity Press 2000, Kapitel 5: Corporate Power and Global Production Networks, S. 236-282.

17 Vgl. die Daten der Berichte des Entwicklungsprogramms der Vereinten Nationen. Zuletzt UNDP-Bericht über die menschliche Entwicklung, Vereinte Nationen, New York, Oxford: Oxford University Press 2003.

18 Fritz W. Scharpf, Regieren in Europa, a. a. O., S. 76.

19 Europäische Kommission, 3. Bericht über den wirtschaftlichen und sozialen Zusammenhalt. KOM (2004) 107 endg. vom 18.2.2004.

20 Fritz W. Scharpf, Regieren in Europa, a. a. O., S. 154ff.

Länder nicht leisten.[21] Dies zeigte sich beispielsweise bei der Umsetzung des fünften Umweltaktionsprogrammes der Europäischen Union. Das Ziel einer umweltverträglichen Landwirtschaft wurde nicht erreicht. Nach einer Studie des europäischen Rechnungshofes ist einer der Gründe für den Mißerfolg der Berücksichtigung von Umweltbelangen in der Agrarwirtschaft eine fehlgeleitete Verteilung der europäischen Finanzmittel für umweltbezogene Maßnahmen. Da die Höhe der europäischen Finanzmittel von der Kofinanzierung durch die Mitgliedstaaten abhängt, profitieren von den EU-Mitteln die reichen Staaten mit einem ohnehin fortgeschrittenen Umweltschutz, während die ärmeren Staaten mit gravierenden Umweltproblemen sich die Kofinanzierung nicht leisten können. Es fehlt in der europäischen Umweltpolitik also an Beachtung der Differenz der ökonomisch beeinflußten Interessen zwischen den Mitgliedstaaten (vgl. ausführlich Kapitel V.2).

Die *strukturelle Differenz der Macht* bezieht sich auf zwei Aspekte von Macht. Nach der Definition von Max Weber bedeutet Macht „jede Chance, innerhalb einer sozialen Beziehung den eigenen Willen auch gegen Widerstreben durchzusetzen, gleichviel worauf diese Chance beruht."[22] Macht läßt sich aber auch als „individuelle und gemeinsame Ermächtigung (das englische Wort ‚empowerment' ist treffender) zur gemeinsamen Lebensgestaltung" begreifen.[23] Beide Bedeutungen von Macht bleiben sehr allgemein, und es ist zu fragen, worauf die Chance des Durchsetzens gegen andere und worauf die Gestaltungsmacht mit anderen beruhen. Macht kann auf Positionen oder Status beruhen. Wer in einem Parlament eine Schlüsselposition wie z. B. die Fraktionsführung einnimmt, wird in der Regel die Gestaltung der Politik stärker beeinflussen als Abgeordnete ohne eine solche hervorgehobene Position. Macht kann aber auch auf ökonomischen und strategischen Ressourcen beruhen. In der Europäischen Union spielt neben der ökonomischen Macht auch die Größe eines Mitgliedstaates eine Rolle für die Fähigkeit, sich bei Konflikten durchzusetzen oder auf die gemeinsame europäische Politik Einfluß zu nehmen. Im Konvent zur Zukunft der Europäischen Union aktualisierte sich die strukturelle Differenz der Macht in der Auseinandersetzung zwischen großen und kleinen Mitgliedstaaten in Fragen wie der Größe der Europäischen Kommission, der Abstimmungsmodalitäten im Rat und der Frage des Vorsitzes des Europäischen Rates (vgl. ausführlich Kapitel VII.4).

Die *strukturelle Differenz der Institutionen* kommt in den unterschiedlichen politischen Institutionen, rechtlichen Regeln und sozialen Normen der Mit-

21 Fritz W. Scharpf, Regieren in Europa, a. a. O., S. 76.

22 Max Weber, Wirtschaft und Gesellschaft, Tübingen: J. C. B. Mohr 1956, Bd. 1, S. 38.

23 Gesine Schwan, Entgrenzungen des Politischen? Die liberale Demokratietheorie und – praxis muß feministisch erweitert werden. In: Eva Kreisky, Birgit Sauer (Hrsg.), Geschlechterverhältnisse im Kontext politischer Transformation, Sonderheft 28/1997 der PVS, Opladen: Westdeutscher Verlag 1998, S. 79.

gliedstaaten zum Ausdruck.[24] So beeinflussen die Parlamente der Mitgliedstaaten der Europäischen Union auf unterschiedliche Weise die europäische Politik.[25] Auch die Umsetzung einmal beschlossener europäischer Politik hängt von dem jeweiligen parlamentarischen System des Mitgliedstaates ab. Die Differenz institutioneller Konzepte aktualisierte sich konkret während der Arbeiten des Konventes zur Zukunft der Europäischen Union z. B. in der Frage einer stärkeren Beteiligung der nationalen Parlamente auf europäischer Ebene. Die Herkunft der Mitglieder des Konventes aus Ländern mit unterschiedlichen politischen Institutionen erwies sich als Vorteil. So konnten die Vertreter der skandinavischen Länder ihre Erfahrungen mit einer weitreichenden Beteiligung der Parlamente an der europäischen Politik schildern und Befürchtungen entkräften, eine solche Beteiligung der Parlamente führe zu Ineffizienz des Handelns der Regierungen im Ministerrat (vgl. ausführlich Kapitel VII.4).

Die Differenz zwischen den Institutionen der Mitgliedstaaten ist auch ein wichtiger Grund für die unterschiedlichen Folgen europäischer Programme in den Mitgliedstaaten.[26] Ein Vergleich der Umsetzung der europäischen Verkehrspolitik in Großbritannien, Frankreich, Deutschland, Italien und Holland hat ergeben, daß die europäische Politik die Problemlösungsphilosophien, die Steuerungsinstrumente, die Verwaltung und die Strukturen der Interessenvermittlung in den Mitgliedstaaten verändert. Die Europäisierung der Verkehrspolitik führt zu einem Wandel der nationalen Politikmuster. Dieser Wandel hat jedoch in jedem der untersuchten Länder ein anderes Gesicht. Es sind erhebliche Differenzen in den Folgen der europäischen Programme für die Mitgliedstaaten festzustellen. Diese aktualisierten Differenzen hängen mit den unterschiedlichen nationalen Politikprozessen zusammen. Auch die jeweilige Art der Verkehrspolitik, die vor der europäischen Regelung in einem Mitgliedstaat existierte, spielt eine Rolle. Adrienne Héritier und die Mitarbeiterinnen und Mitarbeiter des Projektes gaben ihrem Buch daher den Titel: „Differential Europe."[27]

Die strukturelle Differenz der Institutionen ist schließlich ein Faktor für den Aufbau demokratischer Institutionen jenseits des Nationalstaates.[28] Die Ge-

24 Den Begriff der Institution verwende ich im Anschluß an Michael Zürn, Regieren jenseits des Nationalstaates, Frankfurt: Suhrkamp 1998, S. 174 als Oberbegriff sowohl für rechtliche Regeln und soziale Normen als auch für formale Organisationen.

25 Andreas Maurer, Parlamentarische Demokratie in der Europäischen Union. Der Beitrag des Europäischen Parlamentes und der nationalen Parlamente, Baden-Baden: Nomos 2002.

26 Vgl. die Studie zur Europäisierung der Regionen von Beate Kohler-Koch et al., Interaktive Politik in Europa, a. a. O.

27 Adrienne Héritier et al., Differential Europe. The European Union Impact on National Policymaking, Lanham, Boulder, New York, Oxford: Rowman & Littlefield Publishers 2001.

28 Bis hin zu der Frage, ob sich globale Zusammenhänge demokratisch organisieren lassen. Vgl. Rainer Tetzlaff, Globalisierung – ‚Dritte Welt'-Kulturen zwischen Zukunftsängsten

staltung einer europäischen Demokratie kann nur gelingen, wenn die Akteure berücksichtigen, daß es nicht darum gehen kann, nationale Institutionen für eine supranationale Demokratie zu kopieren. „We have to invent new paradigms, rules and institutions rather than try to duplicate national recipes."[29]

Die *strukturelle Differenz der Probleme* erfordert je nach Art des Problems unterschiedliche Mittel der politischen Gestaltung. Es gibt Probleme, die einer Steuerung schwer zugänglich sind und solche, die eher steuerbar sind. Wird die Differenz zwischen den Problembereichen unterschätzt, hat dies negative Folgen für die Problemlösungsfähigkeit. Die Differenz der Probleme aktualisierte sich in der Europäischen Union z. B. in der Unterschätzung des Unterschiedes zwischen dem Rundfunk und einer Dienstleistung. Indem die Kommission den Rundfunk mit einer Dienstleistung gleichsetzte, hat sie bei der Liberalisierung des Rundfunks wichtige Besonderheiten der Probleme des Rundfunks nicht hinreichend beachtet. Die spezifische Problematik des Rundfunks, die darin besteht, daß wirtschaftliche und kulturelle Elemente gleichermaßen zur Geltung kommen müssen, wurde verkannt. Die Dominanz der ökonomischen Interpretation des Rundfunks zieht sich wie ein roter Faden seit der Fernsehrichtlinie von 1989 durch die europäische Rundfunkpolitik. Das Prinzip des Marktes wird auf ein nicht allein ökonomisches Problem angewandt. Im Ergebnis hat die Tatsache, daß Kultur in der Europäischen Union vorwiegend als Ware betrachtet wird, nicht zu mehr Wettbewerb geführt, sondern zu noch mehr Einfluß der marktbeherrschenden amerikanischen Produktionsgesellschaften im europäischen Fernsehen. Die Differenz der Ideen im Bereich der Kultur wurde auf diese Weise eingeschränkt, und die wirtschaftliche Macht zum bestimmenden Faktor für die Einschätzung der Qualität des Rundfunks in den Mitgliedstaaten der Europäischen Union (vgl. ausführlich Kapitel VI.3 und VI.4).

Die *strukturelle Differenz des Wissens* spielt wegen der Bedeutung des Wissens für alle Politikbereiche eine wichtige Rolle für die Steuerungs- und Problemlösungsfähigkeit europäischer Politik. Es lassen sich u. a. Information und Wissen,[30] Theorie- und Handlungswissen,[31] Experten- und Laienwissen sowie das Wissen der Natur- und Geisteswissenschaften unterscheiden.

---

und Aufholhoffnungen. In: ders. (Hrsg.), Weltkulturen unter Globalisierungsdruck, a. a. O., S. 57.

29 Yves Mény, De la démocratie en Europe: Old Concepts and New Challenges. In: Journal of Common Market Studies 41 (2002), S. 11.

30 Zur Unterscheidung zwischen Informations- und Wissensgesellschaft Max Kaase, Deutschland als Informations- und Wissensgesellschaft. Konzepte, Probleme, Perspektiven. In: Max Kaase, Günther Schmid (Hrsg.), Eine lernende Demokratie. 50 Jahre Bundesrepublik Deutschland, WZB-Jahrbuch 1999, Berlin: Edition sigma 1999, S. 529-559.

31 Vgl. grundsätzlich zu den Unterschieden der Wissensarten Helmut F. Spinner, Die Wissensordnung. Ein Leitkonzept für die dritte Grundordnung des Informationszeitalters, Opladen: Leske + Budrich 1994, S. 79 Abbildung 2.

Die Zugangschancen zum Wissen unterscheiden sich für gesellschaftliche Gruppen wie auch die internationale Verteilung von Wissen ungleich ist.[32]

Die Differenz des Wissens kann auf unterschiedlichen Arten des Wissens oder auf unterschiedlichen Interpretationen desselben Wissens beruhen. In der BSE-Krise erwies es sich als Nachteil für die Problemlösungsfähigkeit der Europäischen Union, daß nur eine sehr eingeschränkte Bandbreite an Wissen berücksichtigt und die strukturelle Differenz des Wissens eben nicht aktualisiert wurde. Das vorhandene Maß an Differenz der Informationen und des Wissens über BSE wurde für die Bekämpfung der Seuche nicht ausgeschöpft. Im ständigen Veterinärausschuß der Kommission war die Bandbreite des Wissens schon dadurch verkürzt, daß die Veterinärexperten unter sich blieben. BSE wurde als Tierkrankheit betrachtet, und die Querverbindungen zur neuen Variante der Creuzfeldt-Jakob-Krankheit kamen nicht in den Blick. Aber auch im wissenschaftlichen Veterinärausschuß war ein breites Spektrum an Wissen nicht erwünscht. Abweichende Meinungen wurden nicht dokumentiert. Wissenschaftler, die eine Minderheitenmeinung vertraten, galten als Störenfriede, und es wurde sogar versucht, die Freiheit der Wissenschaft einzuschränken (vgl. ausführlich Kapitel III.4).

Wissen kann auf unterschiedliche Weise entstehen, und schon die Differenz in der Produktion des Wissens kann Hinweise für die Unterschiede in der Verwendung des Wissens geben. Nach Jürgen Habermas hat Rationalität „weniger mit Erkenntnis und dem Erwerb von Wissen als damit zu tun, wie sprach- und handlungsfähige Subjekte Wissen verwenden.“[33] Dasselbe Wissen könne für rationales Handeln mit dem Ziel der instrumentellen Verfügung oder mit dem Ziel der kommunikativen Verständigung eingesetzt werden. In dieser Argumentation wird die strukturelle Differenz des Wissens unterschätzt. Nicht jedes Wissen, das sich für den Zweck der instrumentellen Verfügung eignet, ist gleichermaßen für den Zweck der Verständigung zu nutzen. Expertenwissen mag für eine Rationalität im Sinne des instrumentellen Verfügens genügen. Für eine Politik, die ihr Handeln verständlich machen möchte, ist Expertenwissen allein unzureichend. Wenn immer mehr

32 Rainer Tetzlaff, Globalisierung – „Dritte Welt“-Kulturen zwischen Zukunftsängsten und Aufholhoffnungen. In: ders. (Hrsg), Weltkulturen unter Globalisierungsdruck, a. a. O., S. 55 beschreibt die Abkopplung Afrikas von Bildung und Wissen: „Wenn die Differenz zwischen den ‚durchschnittlichen‘ oder ‚normalen‘ Kenntnissen auf Weltniveau und den lokal verfügbaren Kenntnissen in Afrika südlich der Sahara nicht rasch und energisch verringert wird, steht zu befürchten, daß Globalisierung zur sozio-ökonomischen Exklusion eines ganzen Subkontinents mit destabilisierenden Wirkungen für das ganze internationale System führen wird.“

33 Jürgen Habermas, Theorie des kommunikativen Handelns. Handlungsrationalität und gesellschaftliche Rationalisierung, Frankfurt: Suhrkamp 1981, Bd. 1, S. 25.

Bürger in immer mehr Fragen zu Laien werden, dann wird der Laiensachverstand zu einer „zweiten Form des Wissens“[34] und muß berücksichtigt werden.

Die *strukturelle Differenz in der Zeit* spiegelt sich in den unterschiedlichen „Veränderungsgeschwindigkeiten“ der politischen, der sozialen, der ökonomischen, der sprachlichen und der rechtlichen Entwicklung einer Gesellschaft.[35] Und auch innerhalb der politischen oder sozialen Entwicklung spielen unterschiedliche Zeithorizonte eine Rolle. Für den europäischen Gesetzgebungsprozeß hat eine wissenschaftliche Analyse der Interaktionen zwischen Rat und Europäischem Parlament gezeigt, daß die Kürze der Dauer der Ratspräsidentschaft für den Rat Nachteile mit sich bringt. Die unterschiedlichen Zeithorizonte der beiden Gemeinschaftsorgane beeinflussen den Gesetzgebungsprozeß. Während der Rat mit seinen halbjährlich wechselnden Präsidentschaften auf schnelle Erfolge angewiesen ist, kann das Parlament abwarten und den Gang der Gesetzgebung verzögern oder mit einer solchen Verzögerung drohen. Diese unterschiedlichen Zeitstrukturen hat das Parlament zur Ausweitung seines Einflusses auf die Gesetzgebung genutzt.[36]

Die Differenz in der Zeit zwischen der kurzfristigen Ratspräsidentschaft und den langfristigen europäischen Entscheidungsprozessen hat sich im Konvent in der Frage der Dauer der Ratspräsidentschaft empirisch aktualisiert. Während auf der einen Seite argumentiert wurde, die halbjährliche Präsidentschaft verhindere die Kontinuität und Kohärenz des politischen Handelns des Rates, wurde auf der anderen Seite die Meinung vertreten, das gleiche Recht aller Mitgliedstaaten auf Mitgestaltung der europäischen Politik erfordere auch in Zukunft die halbjährliche Rotation im Vorsitz des Europäischen Rates (vgl. ausführlich Kapitel VII.4).

Die *strukturelle Differenz im Raum* zwischen Nationalstaaten, supranationalen und internationalen Organisationen ist besonders groß. Schon innerhalb der Europäischen Union werden durch die verstärkte Zusammenarbeit und die partielle Integration etwa im Bereich der Wirtschafts- und Währungsunion unterschiedliche räumliche Bezüge politischen Handelns ermöglicht.[37] Es stellt sich in der Europäischen Union immer häufiger die Frage, welches die optimalen „Regulierungsräume“ für die Lösung grenzüberschreitender Probleme sind.[38] Die Europäische Union wiederum ist eingebettet in eine globale

---

34 Carl Böhret, Folgen. Entwurf für eine aktive Politik gegen schleichende Katastrophen, Opladen: Leske + Budrich 1990, S. 236.

35 Reinhart Koselleck, Geschichte, Recht und Gerechtigkeit. In: ders., Zeitschichten, Frankfurt: Suhrkamp 2000, S. 358.

36 Henry Farrell, Adrienne Héritier, Formal and Informal Institutions under Codecison, a. a. O., S. 12.

37 Dimitris Th. Tsatsos (Hrsg.), Verstärkte Zusammenarbeit. Flexible Institutionen oder Gefährdung der Integration? Baden-Baden: Nomos 1999.

38 Katharina Holzinger, Optimale Regulierungsräume für Europa. Flexible Kooperation territorialer und funktionaler Jurisdiktion. In: Christine Landfried, Politik in einer entgrenz-

Welt, in der die räumlichen Bezüge des Handelns von internationalen Organisationen und transnationalen Akteuren eine große Spannbreite besitzen. Die Differenz in den räumlichen Bezügen politischen Handelns führt in Verbindung mit der „Aggregation massenhafter unkoordinierter Anpassungsreaktionen" wie z. B. den Migrationsströmen zu einem globalen System, das durch Unbestimmtheit und wenig regulierte Prozesse geprägt ist.[39]

Ein hohes Maß an struktureller Differenz und aktualisierten Differenzen ist also für die Mitgliedstaaten der Europäischen Union charakteristisch.[40] Die genannten unterschiedlichen Arten von struktureller Differenz zwischen den Mitgliedstaaten in Bereichen wie der Politik, der Ökonomie und der Kultur können, so die Hypothese dieser Arbeit, unter bestimmten Bedingungen die Steuerungs- und Problemlösungsfähigkeit der Europäischen Union verbessern. Nicht die Einebnung von Differenz kann das Ziel der europäischen Integration sein, sondern die Organisation und Koordination von Differenz zugunsten einer Bewältigung derjenigen Probleme, die nur noch gemeinsam zu lösen sind. Genau dafür plädiert beispielsweise Konrad Schily mit seiner Idee eines Verbundes europäischer Hochschulen: „Wir wollen mit dem Verbund nur verhindern, daß in Europa ein System gleichartiger Unis entsteht. Vielmehr sollen sich polnische, spanische, deutsche Hochschulen in ihrer Eigenart für Europa öffnen."[41]

Differenz ist freilich nicht nur eine Chance für die Steuerungs- und Problemlösungsfähigkeit der Akteure in der Europäischen Union. Die Unterschiede zwischen den Mitgliedstaaten können ein Maß annehmen, das die Steuerungs- und Problemlösungsfähigkeit der Akteure überfordert. Auch spielt der Kontext, in dem Differenz zum Tragen kommt, eine Rolle für die Folgen von Differenz. Differenz besitzt ein positives wie ein negatives Potential für den Erfolg der Steuerung in der Europäischen Union. Ähnlich spricht Neil Walker von den Gefahren und Chancen des zunehmenden „constitutional pluralism". Die wachsenden Interdependenzen zwischen unterschiedlichen politischen Ordnungen wie Nationalstaaten, supranationalen und internationalen Organisationen könnten zur Abkapselung führen oder aber einen fruchtbaren

ten Welt. 21. Wissenschaftlicher Kongreß der Deutschen Vereinigung für Politische Wissenschaft, Köln: Verlag Wissenschaft und Politik 2001, S. 153-180.

39 Renate Mayntz, Politikwissenschaft in einer entgrenzten Welt. In: Christine Landfried (Hrsg.), Politik in einer entgrenzten Welt, a. a. O., S. 44.

40 Klaus Eder, Konstitutionsbedingungen einer transnationalen Gesellschaft in Europa. Zur nachholenden Modernisierung Europas. In: Wolfgang Heyde, Thomas Schaber (Hrsg.), Demokratisches Regieren in Europa? Baden-Baden: Nomos 2000, S. 90: „Die vergleichende Forschung zur Sozialstruktur Europas verweist grundsätzlich auf die generelle Verschiedenheit der nationalstaatlich organisierten Gesellschaften in Europa ... Europa besteht – so die paradoxe Schlußfolgerung – aus Differenzen. Dieses Paradox läßt sich auflösen, wenn wir diese Differenzen nicht als chaotische, sondern als koordinierte Differenzen verstehen."

41 Interview mit Konrad Schily in „Die Zeit" vom 13.7.2000, S. 34.

Dialog provozieren. „On the one hand, it may indeed encourage a strident fundamentalism, a refusal of dialogue with other sites and processes or with internal challenges to their authority, a striving for metaconstitutional roots merely to entrench their difference and self-righteous superiority. On the other hand ... it may free up debate, encouraging greater resort to the ample tool-kit of state-constitutionalism, more active cross-fertilization of ideas between sites – including state sites themselves as their previous authority is challenged and they are increasingly drawn into the process of metaconstitutional reflection.“[42] Will man das positive Potential von Differenz für den Erfolg der politischen Steuerung in der Europäischen Union nutzen, dann müssen ganz bestimmte Bedingungen erfüllt sein. Diese Bedingungen sind das Thema des nächsten Abschnittes.

2. Die Bedingungen für das Nutzen des Potentials von Differenz

Die leitende Fragestellung des differenztheoretischen Ansatzes lautet: Unter welchen Bedingungen können die strukturellen und die aktualisierten Differenzen in der Europäischen Union eine Energie entfalten, die das Maß an Steuerungs- und Problemlösungsfähigkeit europäischer Politik stärkt? Eine vergleichbare Forschungsfrage formulieren Antje Wiener und Thomas Diez für die Analyse des politisierten Prozesses der europäischen Verfassungsgebung: „A normative analytical standpoint would focus on the question of whether it is possible, and if so, how to establish particular constitutional principles to keep such a diverse polity with its different understandings together.“[43] Ich möchte fünf Bedingungen nennen, die erfüllt sein müssen, wenn es gelingen soll, das positive Potential von Differenz für den Erfolg der Steuerung in der Europäischen Union zur Geltung zu bringen.[44]

Erstens müssen die beteiligten Akteure, insbesondere Akteure mit Einfluß auf die politische Gestaltung, ein Interesse daran haben, Differenz nicht zu vertuschen und darüberhinaus für eine erfolgreiche Steuerung einzusetzen. Es sollte nicht vergessen werden, daß es Akteure gibt, die an Dominanz und Ausbeutung und keineswegs an der Lösung gesellschaftlicher Probleme interessiert sind. „Die derzeitigen Untersuchungen zum Thema Global Governance blicken mit Entdeckerfreude noch auf die bescheidensten Ansätze

42 Neil Walker, The Idea of Constitutional Pluralism. In: The Modern Law Review 65 (2002), S. 358.

43 Antje Wiener and Thomas Diez, Taking stock of Integration Theory. In: dies. (Hrsg.), European Integration Theory, Oxford: Oxford University Press 2004, S. 246.

44 Max Miller, Some Theoretical Aspects of Systemic Learning. In: Sozialer Sinn 3 (2002), S. 396 sieht es als eine zentrale Aufgabe der Beschäftigung mit dem Potential von Differenzen an, empirisch überprüfbare Bedingungen zu nennen , die erfüllt sein müssen, um Differenzen als Potential für systemisches Lernen nutzen zu können.

zur kollektiven Problemlösung, während Machtprozesse seit dem Einschwenken der Theorie internationaler Beziehungen auf das Global Governance-Thema in den Hintergrund gerückt zu sein scheinen."[45] Was Renate Mayntz für die Analysen von Global Governance zu bedenken gibt, gilt auch für die Analysen des Regierens in der Europäischen Union. Nur Akteure, die Probleme lösen wollen, werden ein Interesse daran haben, Differenz als positives Potential für die Steigerung der Steuerungs- und Problemlösungsfähigkeit zu nutzen.

Zweitens sind Strukturen der Entscheidungsfindung und -umsetzung, die für das Wahrnehmen von Differenz geeignet sind, eine Bedingung für das Nutzen des positiven Potentials. Das Wahrnehmen von Differenz ist keine Selbstverständlichkeit. Es kann sein, daß Differenz übersehen oder nicht ernstgenommen wird. Josef Stiglitz, Nobelpreisträger für Ökonomie und bis 1999 Chefökonom der Weltbank, hat schon früh darauf hingewiesen, daß die Unterschätzung der strukturellen Differenz zwischen der Finanzkrise Lateinamerikas in den achtziger Jahren und der Finanzkrise Ostasiens Ende der neunziger Jahre verheerende Folgen für die Problemlösungskapazität der Politik des Internationalen Währungsfonds mit sich brachte.[46]

Die dritte Bedingung für das Nutzen des Potentials von Differenz ist der demokratische Umgang der Akteure mit Differenz. In der Europäischen Union waren demokratische Strukturen bis in die 90er Jahre des letzten Jahrhunderts schwach ausgebildet. Die europäische Integration fand vor allem durch das Recht und durch die Rechtsprechung des Europäischen Gerichtshofes in Kooperation mit den nationalen Gerichten statt.[47] Einen „demokratischen" Umgang der politischen Akteure mit Differenz definiere ich im Anschluß an die Kriterien von Robert A. Dahl als einen Umgang mit Differenz, in dem das gleiche Stimmrecht bei Entscheidungen, die gleiche Chance der Bürger zur effektiven Partizipation am politischen Prozeß, das Vorhandensein hinreichender Informationen für das Verständnis einer Materie, das gleiche Recht der Kontrolle der politischen Tagesordnung und die Inklusion aller von einer Entscheidung Betroffenen gewährleistet sind.[48]

Demokratische Strukturen haben nicht nur den Vorzug der Legitimation von Herrschaft durch das Volk, sondern auch einen „Produktivitätsvorsprung" vor anderen Regierungsformen. Dieser Vorsprung variiert nach Art der De-

45 Ebd., S. 41.

46 Josef E. Stiglitz, More Instruments and Broader Goals Moving toward the Post-Washington Consensus, United Nations University World Institute for Development of Economics Research (UNU/WIDER), Helsinki 1998, S. 3. Vgl. ders., Die Schatten der Globalisierung, Berlin: Siedler 2002, S. 125.

47 Alec Stone, The Judicial Construction of Europe, Oxford: Oxford University Press 2004, insbesondere Kapitel 1 und 2.

48 Robert A. Dahl, A Preface to Economic Democracy, Cambridge: Polity Press 1985, S. 59.

mokratie und gilt nicht für alle Politikbereiche. Aber die Zusammenhänge zwischen demokratischen Strukturen einerseits und politischen Leistungsprofilen von der Gewährleistung der Grundrechte über die Wahl und Abwahl der politischen Eliten bis hin zu vielfältigen Mitwirkungschancen der Bürger andererseits sind auffallend. Im Vergleich mit anderen Regierungsformen sind Demokratien eher in der Lage, Fehler zu korrigieren und zu lernen.[49]

Ein demokratischer Umgang mit Differenz läßt sich auf unterschiedliche Weise realisieren. Robert A. Dahl betont, daß mit seinen Kriterien keine bestimmte Organisation von Demokratie verbunden ist.[50] Freilich haben die Kriterien weitreichende Implikationen für einen Prozeß, den man als demokratisch charakterisieren kann. Insbesondere der Zusammenhang zwischen Demokratie und Öffentlichkeit ist für den Dahl'schen Kriterienkatalog entscheidend.[51] Denn ein „aufgeklärtes Verständnis" („enligthened understanding") der zu entscheidenden Materien können die Bürger nur entwickeln, wenn eine Öffentlichkeit existiert, in der eine Vielfalt an Informationen und Meinungen von unabhängigen Medien vermittelt wird.

Viertens ist ein kommunikativer Umgang mit Differenz eine notwendige Bedingung für die Entfaltung des positiven Potentials von Differenz. Einen „kommunikativen" Umgang der Akteure mit Differenz definiere ich als einen Umgang mit Differenz während der Willensbildung, Entscheidungsfindung und Umsetzung der Entscheidungen, in dem Argumentieren und Verhandeln eine Rolle spielen und die kollektiv verbindlichen Entscheidungen und ihre Implementation am Ende auch beeinflussen. Argumentieren und Verhandeln sind beides Formen der Kommunikation.[52] Ein „nichtkommunikativer" Umgang mit Differenz hingegen bedeutet, daß Macht, Status und Geld die politische Willensbildung, Entscheidungsfindung und -umsetzung stärker prägen als Argumentieren und Verhandeln.

Wenn Differenz als Grundstruktur europäischer Politik gelten kann, dann ist es eine wichtige Voraussetzung für erfolgreiche Steuerung, Differenz nicht als unüberwindbare Schranke zu betrachten, sondern zu versuchen, die „Sprache" eines anderen Systems oder einer anderen Kultur zu verstehen.[53]

49 Manfred G. Schmidt, Das politische Leistungsprofil der Demokratie. In: Michael Th. Greven (Hrsg.), Demokratie – eine Kultur des Westens? 20. Wissenschaftlicher Kongreß der Deutschen Vereinigung für Politische Wissenschaft, Opladen: Leske + Budrich 1998, S. 183.

50 Robert A. Dahl, A Preface to Economic Democracy, a. a. O., S. 61.

51 Jürgen Habermas, Faktizität und Geltung, a. a. O., S. 383.

52 Katharina Holzinger, Verhandeln statt Argumentieren oder Verhandeln durch Argumentieren? Eine empirische Analyse auf der Basis der Sprechakttheorie. In: PVS 42 (2001), S. 414-446.

53 Niklas Luhmann, Die Politik der Gesellschaft, Frankfurt: Suhrkamp 2000, S. 106 hingegen betont den Abgrenzungscharakter von „Differenz" zwischen System und Umwelt. Information ist für ihn immer ein „systeminternes Konstrukt".

Ein kommunikativer Umgang mit Differenz setzt bei allen Beteiligten den „aktiven, initiativ werdenden Willen zur Gemeinsamkeit, die willentliche Zuwendung,“[54] voraus. Diese Zuwendung verlangt, sich auf den anderen, auf andere Ideen, Interessen und auf andere Kulturen, zuzubewegen und sich mit der jeweiligen Differenz auseinanderzusetzen. Nicht das passive Akzeptieren anderer Kulturen ist gefragt, sondern die aktive Suche nach dem Beitrag anderer Kulturen zur Gestaltung des Zusammenlebens der Gesellschaften.[55]

Jacques Derrida spricht vom anderen Kap. „Die Wendung, das andere ‚Kap‘ kann auch zu verstehen geben, daß sich eine andere Richtung ankündigt, daß man das Ziel ändert und für ein anderes Kap sich entscheidet oder daß man den Kapitän auswechselt und – weshalb eigentlich nicht – einen Kapitän anderen Alters und anderen Geschlechtes; ... Vielleicht ist das Kap des anderen die wichtigste Bedingung für eine Identität oder für eine Identifikation, die nicht auf einen zerstörerischen Egozentrismus angelegt ist, auf einen Egozentrismus, der das Selbst und den anderen zerstört.“[56] Die Politisierung der Europäischen Union müßte dazu genutzt werden, die Nationalstaaten für Differenz zu öffnen, damit die Bürger und die politischen Eliten auf andere und anderes zusteuern könnten.

Mit der Qualifizierung des kommunikativen Umganges mit Differenz als einer notwendigen Bedingung für das Nutzen des positiven Potentials von Differenz knüpfe ich bei Hannah Arendt an. Sie versteht Politik als Freiheit des Miteinanderredens über unterschiedliche Ideen und als Freiheit, „etwas Neues und Unerhörtes zu beginnen.“[57] Hannah Arendt geht es um die Erfahrung, „daß niemand all das, was objektiv ist, von sich her und ohne seinesgleichen adäquat in seiner vollen Wirklichkeit erfassen kann, weil es sich ihm immer nur in einer Perspektive zeigt und offenbart, die seinem Standort in der Welt gemäß und inhärent ist. Will er die Welt, so wie sie „wirklich“ ist, sehen und erfahren, so kann er es nur, indem er sie als etwas versteht, was Vielen gemeinsam ist, zwischen ihnen liegt, sie trennt und verbindet, sich jedem anders zeigt und daher nur in dem Maß verständlich wird, als Viele miteinander über sie reden und ihre Meinungen, ihre Perspektiven miteinander und gegeneinander austauschen.“[58]

---

54 Gesine Schwan, Politik und Schuld. Die zerstörerische Macht des Schweigens, Frankfurt: Fischer Taschenbuch 1997, S. 221.

55 Udo Steinbach, Von der Belehrungs- zur Lernkultur. In: Eckart von Vietinghoff, Hans May (Hrsg.), Zeitenwende – Wendezeiten. Hans-Lilje-Forum, Bd. 2, Hannover 1998, S. 112 argumentiert, daß es nicht auf das passive Akzeptieren anderer Kulturen ankomme, sondern auf eine aktive Suche nach dem Beitrag anderer Kulturen zur Globalisierung.

56 Jacques Derrida, Das andere Kap. Die vertagte Demokratie. Zwei Essays zu Europa, Frankfurt: Suhrkamp 1992, S. 16.

57 Hannah Arendt, Was ist Politik? Fragmente aus dem Nachlaß, München: Piper 1993, S. 52.

58 Ebd.

Politik bedeutet für Hannah Arendt in erster Linie Kommunikation und Dialog. Diese Kommunikation muß „im Sinne empathischer Gegenseitigkeit und der Stärkung vertrauenswürdiger Beziehungen zur Bekräftigung sozialer Integration" verstanden werden.[59] Politik bedarf der „Verständigungsfähigkeit"[60] der Bürger, der sozialen Gruppen, der politischen Eliten, der Nationen und Kulturen. Die von Gesine Schwan betonte Verständigungsfähigkeit ist etwas anderes als die von Helmut Willke geforderte Verstärkung der Beobachtungskapazität.[61] Eine hohe Beobachtungskapazität ist ohne Verständigung möglich und setzt Informationen und Wissen, aber nicht unbedingt Empathie voraus. Freilich, und hier sehe ich eine mögliche Verknüpfung von Verständigung und Beobachtung, gewinnt die Beobachtung an Qualität, wenn verständigungsfähige Menschen oder auch „verständigungsfähige" Organisationen beobachten. Und umgekehrt kann die Verständigungsfähigkeit durch genaues Beobachten und präzise Informationen wachsen.

Nicht Verständigung durch Konformismus, sondern durch den Austausch von Argumenten ist gefragt.[62] Eine „Verödung" der Politik ist die Folge, wenn beispielsweise in einem Kabinett nur noch einstimmige Beschlüsse gefaßt und immer „Ja" gesagt wird.[63] Effektives Lösen komplexer Probleme erfordert nicht nur die Wahl zwischen gegebenen Lösungen, sondern ist zunehmend auf kommunikative Strukturen und Prozesse angewiesen, die es denkbar machen, daß während der Willensbildung, Entscheidungsfindung und -umsetzung neue Alternativen entwickelt werden.[64]

Ein kommunikativer Umgang mit Differenz ist für den Erfolg europäischer Politik auch deshalb so wichtig, weil in der Europäischen Union Bürger unterschiedlicher Kulturen miteinander kooperieren, und diese Kooperation eine Verständigung zwischen den Kulturen erfordert. Die empirische Forschung zeigt, daß Huntingtons These von der Unverträglichkeit und Verstän-

---

59 Gesine Schwan, Entgrenzungen des Politischen? Die liberale Demokratietheorie und -praxis muß feministisch erweitert werden. In: Eva Kreisky, Birgit Sauer (Hrsg.), Geschlechterverhältnisse im Kontext politischer Transformation. Sonderheft 28/1997 der PVS, Opladen: Westdeutscher Verlag 1998, S. 69.

60 Ebd., S. 73.

61 Helmut Willke, Supervision des Staates, a. a. O., S. 11.

62 Jon Elster, Introduction, In: ders. (Hrsg.), Deliberative Democracy, Cambridge: Cambridge University Press 1998, S. 11 stellt die wichtige Frage: „What institutional mechanisms could ensure that an agreement following deliberations is induced by argument rather than by inner and outer conformism?" Vgl. Hans-Georg Gadamer, Kultur und Medien. In: Axel Honneth et al. (Hrsg.), Zwischenbetrachtungen im Prozeß der Aufklärung. Jürgen Habermas zum 60. Geburtstag, Frankfurt: Suhrkamp 1989, S. 729: Zu selbständigem Denken und Urteilen gehöre, „daß wir die Anpassungsqualitäten nicht allzusehr privilegieren dürfen."

63 Wilhelm Hennis, Totenrede des Perikles auf ein blühendes Land. In: Frankfurter Allgemeine Zeitung vom 27.9.1997, S. 36.

64 Jon Elster, Introduction, a. a. O., S. 11.

digungsunfähigkeit zwischen den Kulturen nicht haltbar ist.[65] Differenzen zwischen den Kulturen und innerhalb von Kulturen haben „andere Ursachen als etwa die unentrinnbare Ankettung der Gruppen an bestimmte Dogmen ihrer kulturellen Tradition,“[66] und daher ist ein Austausch über Differenzen möglich.

Die fünfte Bedingung für das Nutzen des Potentials von Differenz sind Prozesse der Willensbildung, der Entscheidungsfindung und der Umsetzung von Entscheidungen, die das Vertrauen der beteiligten Akteure in einen fairen Umgang mit Differenz fördern.[67] Offenheit für die Unterschiede beispielsweise der Ideen, der Interessen und der Institutionen ist nur möglich, wenn die Akteure Vertrauen in einen wechselseitig fairen Umgang mit Differenz haben können. Dieses Vertrauen erfordert individuelles Selbstvertrauen und eine kollektive nationale Identität. Die nationale Identität ist wiederum die Voraussetzung für das Entstehen zusätzlicher Identitäten wie z. B. einer europäischen Identität. „Der gleiche Respekt für jedermann erstreckt sich nicht auf Gleichartige, sondern auf die Person des Anderen in seiner Andersartigkeit.“[68] Das Vertrauen in einen fairen Umgang mit Differenz kann durch die Gestaltung der politischen Strukturen und Prozesse gefördert oder vermindert werden. Für einen fairen Umgang mit Differenz sind Strukturen notwendig, die das „brückenbauende“ Sozialkapital, wie Robert D. Putnam dies nennt, stärken.[69]

Die erläuterten fünf Bedingungen müssen erfüllt sein, wenn es gelingen soll, Differenz in der Europäischen Union so zu nutzen, daß im Ergebnis ein möglichst hohes Maß an erfolgreicher Steuerung und Problemlösung in der Europäischen Union erzielt wird. Der Zusammenhang von Differenz und Steuerung wird in Abbildung I.1 in einem analytischen Modell dargestellt. Differenz wurde oben in Abgrenzung von Diversität, Divergenz und Konflikt als Unterschied in einem neutralen Sinn definiert. Politische Steuerung definiere ich als die absichtsvolle Intervention staatlicher und nichtstaatlicher Akteure in die Strukturen und Prozesse gesellschaftlicher Teilbereiche.[70]

---

65 Thomas Meyer, Die Politisierung kultureller Differenz. Fundamentalismus, Kultur und Politik. In: Heiner Bielefeldt und Wilhelm Heitmeyer (Hrsg.), Politisierte Religion. Ursachen und Erscheinungsformen des modernen Fundamentalismus. Frankfurt: Suhrkamp 1998, S. 37-66.

66 Ebd., S. 63.

67 Gesine Schwan, Politik und Vertrauen. In: Frankfurter Allgemeine Zeitung vom 14.5.2004, S. 8.

68 Jürgen Habermas, Die Einbeziehung des Anderen, Frankfurt: Suhrkamp 1999, S. 7.

69 Robert D. Putnam, Bowling Alone. The Collapse and Revival of American community, New York: Simon & Schuster 2000, S. 22 und S. 350-363.

70 Renate Mayntz, Politische Steuerung: Aufstieg, Niedergang und Transformation einer Theorie. In: Klaus von Beyme, Claus Offe (Hrsg.), Politische Theorien in der Ära der Transformation. Sonderheft 26/1995 der PVS, Opladen: Westdeutscher Verlag 1996, S. 163, Fußnote 16, weist darauf hin, daß es im Zusammenhang mit politischer Steuerung eine nicht unproblematische Vereinfachung sei, weiterhin von „staatlichen“ Akteuren zu

In der Soziologie und in der Politikwissenschaft wird seit einigen Jahren der Begriff „Governance" verwendet. Während „Governance" zunächst ein Synonym für politische Steuerung war, wird seit den neunziger Jahren mit „Governance" ein umfassenderes Verständnis von Steuerung auf den Begriff gebracht. Insbesondere neue Formen der Koordination des individuellen und kollektiven Handelns, die sich von Hierarchie und Marktkonkurrenz unterscheiden, werden mit dem Begriff „Governance" verbunden.

Renate Mayntz nennt fünf Erweiterungen des ursprünglichen Begriffs von Governance: Erstens werde die Perspektive „von unten", also die Sicht der Akteure aus den Sektoren der Gesellschaft, in denen gesteuert werden soll, beachtet. Zweitens beziehe man die Entwicklung und Umsetzung politischer Programme in öffentlich-privaten Netzwerken und sich selbst regulierenden gesellschaftlichen Systemen in die Analysen ein. Drittens untersuche man die Folgen europäischer Politik für die Strukturen und Politiken in den Mitgliedstaaten. Viertens werde die europäische Ebene des politischen Handelns erforscht, und fünftens berücksichtigten die Wissenschaftler zunehmend die input-orientierte Legitimation des politischen Handelns auf der europäischen und der nationalstaatlichen Ebene.[71]

Die genannten Erweiterungen des ursprünglichen Begriffs „Governance" lassen sich m. E. ohne weiteres auch mit einem erweiterten Begriff der politischen Steuerung erfassen. Denn in „Regieren" als der deutschen Übersetzung von „Governance" schwingt doch eine stark auf staatliches und exekutives Handeln orientierte Bedeutung mit, die ja gerade nicht mit dem Begriff „Governance" gemeint ist. Aus diesem Grund werde ich an dem Begriff der politischen Steuerung festhalten, und diesen Begriff in einem erweiterten Sinn definieren.

Politische Steuerung habe ich oben als die absichtsvolle Intervention staatlicher und nichtstaatlicher Akteure in die Strukturen und Prozesse gesellschaftlicher Teilbereich definiert. Diese zielgerichtete Intervention kann durch Steuerungshandeln und kollektiv verbindliches Entscheiden der Akteure auf den nationalen und europäischen Ebenen stattfinden.[72] Die Folgen politischer

---

sprechen. Die Alternative, stattdessen das Wort „politisch" zu benutzen, sei ebenfalls ungenau, da „vielfach eben nicht politische Akteure im engeren Sinn, sondern Instanzen der Exekutive gemeint sind." Daher wird hier der Ausweg gewählt, von staatlichen und nichtstaatlichen Akteuren zu sprechen. Denn auch mit „Akteuren in Staat und Verwaltung" ist nur ein Teil der Akteure erfaßt.

71 Renate Mayntz, New Challenges to Governance Theory, European University Institute, Jean Monnet Chair Paper, Robert Schuman Centre No. 98/50, Abbildung 2: „The governance paradigm and its extensions."

72 Vgl. Markus Jachtenfuchs, Beate Kohler-Koch, Regieren und Institutionenbildung. In: dies. (Hrsg.), Europäische Integration, 2. Aufl., a. a. O., S. 15 zu einer Definition von „Regieren", die meiner Definition der politischen Steuerung ähnlich ist.

Steuerung können erwünscht sein, sie können unerwünscht sein und es können unvorhergesehene Folgen auftreten.[73] Der von Renate Mayntz übernommene Steuerungsbegriff[74] trennt systematisch zwischen Steuerungshandeln und Steuerungsfolgen. Auch wenn die Steuerung erfolglos bleibt, handelt es sich um Steuerung. Das in meiner Untersuchung zugrundegelegte Erkenntnisinteresse besteht in der Aufklärung über die Bedingungen erfolgreicher Steuerung im Hinblick auf den Umgang mit Differenz während des Steuerungshandelns.

Die Akteure in Staat und Verwaltung können ein erwünschtes Verhalten der gesellschaftlichen Teilbereiche immer seltener durch eine hierarchische Steuerung erreichen. Zur politischen Steuerung gehören daher neben der absichtsvollen Intervention des Staates zunehmend Formen der Selbstorganisation. Mit dem Begriff der politischen Steuerung möchte ich sowohl die Steuerung durch staatliche Akteure als auch die gesellschaftliche Selbstorganisation erfassen.[75]

Nach Renate Mayntz ist es ein Defizit der Governance Theorie, daß man sich bisher zu sehr auf die Ergebnisse des politischen Prozesses konzentriert habe, während die input-Seite der Entscheidungsfindung und die Beziehungen zwischen input und output zu kurz gekommen seien.[76] Genau auf diese Beziehungen zwischen input und output des kollektiv verbindlichen Entscheidens in der Europäischen Union im Hinblick auf die Rolle von Differenz kommt es in meinem analytischen Modell „Differenz und Steuerung“ an (vgl. Abbildung I.1).

In diesem Modell ist das Maß an Steuerungs- und Problemlösungskapazität[77] der politischen Entscheidungen in der Europäischen Union die abhängige Variable im ersten Analyseschritt. Die unabhängigen Variablen, mit denen diese Kapazität der kollektiv verbindlichen Entscheidungen erklärt werden soll, sind die Eignung der Strukturen der Willensbildung und Entscheidungsfindung für das Wahrnehmen von Differenz und der Umgang der Akteure mit

73 Die unvorhergesehenen Folgen sind nicht immer unerwünscht. Vgl. Robert Merton, Die unvorhergesehenen Folgen zielgerichteter sozialer Handlung. In: Hans Peter Dreitzel (Hrsg.), Sozialer Wandel. Zivilisation und Fortschritt als Kategorien der soziologischen Theorie, Neuwied: Luchterhand 1967, S. 170.

74 Renate Mayntz, Politische Steuerung und gesellschaftliche Steuerungsprobleme – Anmerkungen zu einem theoretischen Paradigma. In: Jahrbuch zur Staats- und Verwaltungswissenschaft 1 (1987), S. 94.

75 Renate Mayntz, Fritz W. Scharpf, Steuerung und Selbstorganisation in staatsnahen Sektoren. In: dies.(Hrsg.), Gesellschaftliche Selbstregelung und politische Steuerung, Frankfurt, New York: Campus 1995, S. 16.

76 Ebd., S. 5. Dieses Defizit thematisiert auch Beate Kohler-Koch, The Evolution and Transformation of European Governance. In: dies. and Rainer Eising (Hrsg.), The Transformation of Governance in the European Union, London, New York: Routledge 2002, S. 16.

77 „Kapazität“ kommt aus dem Lateinischen „capere“. Capere bedeutet u. a. geeignet, brauchbar sein.

Differenz in der Vorbereitung der Entscheidungen. Im zweiten Analyseschritt ist das Maß an erfolgreicher Steuerung und Problemlösung die abhängige, zu erklärende Variable. Nun wird die abhängige Variable des ersten Schrittes, die Steuerungs- und Problemlösungskapazität der Entscheidungen, zu einer der unabhängigen Variablen, die den Erfolg der Steuerung und Problemlösung erklären. Denn die sachliche Eignung einer politischen Entscheidung zur Steuerung und Problemlösung ist die erste Voraussetzung für den Erfolg der Steuerung und Problemlösung. Weitere unabhängige Variablen, mit denen das Maß des Erfolges der Steuerung in der Europäischen Union erklärt werden kann, sind dann analog zum ersten Analyseschritt die Eignung der Umsetzungsstrukturen für die Berücksichtigung von Differenz und der Umgang der Akteure mit Differenz bei der Umsetzung der politischen Entscheidungen (vgl. Abbildung I.1).

Abbildung I.1: Differenz und Steuerung – ein analytisches Modell

a) Erster Analyseschritt

Unabhängige Variablen		Abhängige Variable
1) Akteure, die Differenz erkennen/nicht erkennen und ein Interesse/Desinteresse am positiven Potential von Differenz haben;	→	
2) Strukturen, die sich für die Wahrnehmung und für die Organisation von Differenz eignen/nicht eignen;	→	
3) Prozesse der Willensbildung und Entscheidungsfindung, in denen die Akteure demokratisch/nicht demokratisch mit Differenz umgehen;	→	Das Maß an Steuerungs- und Problemlösungskapazität der politischen Entscheidungen in der Europäischen Union
4) Prozesse der Willensbildung und Entscheidungsfindung, in denen die Akteure kommunikativ/nicht kommunikativ mit Differenz umgehen;	→	
5) Prozesse der Willensbildung und Entscheidungsfindung, die das Vertrauen der Akteure in einen fairen Umgang mit Differenz fördern/nicht fördern.	→	

Abbildung I.1: Differenz und Steuerung – ein analytisches Modell

b) *Zweiter Analyseschritt*

Unabhängige Variablen

1) Das Maß an Steuerungs- und Problemlösungskapazität der politischen Entscheidungen in der Europäischen Union;

2) Akteure, die bei der Umsetzung Differenz erkennen/nicht erkennen und ein Interesse/ Desinteresse am positiven Potential von Differenz haben;

3) Strukturen der Umsetzung, die sich für die Wahrnehmung und für die Organisation von Differenz eignen/nicht eignen;

4) Prozesse der Umsetzung, in denen die Akteure demokratisch/ nicht demokratisch mit Differenz umgehen;

5) Prozesse der Umsetzung, in denen die Akteure kommunikativ/ nicht kommunikativ mit Differenz umgehen;

6) Prozesse der Umsetzung, die das Vertrauen der Akteure in einen fairen Umgang mit Differenz fördern/nicht fördern.

Abhängige Variable

Das Maß an erfolgreicher politischer Steuerung und Problemlösung in der Europäischen Union (Steuerungs- und Problemlösungsfähigkeit)

3. Die differenztheoretische Perspektive der Steuerung

Die Chance, daß die staatlichen und nichtstaatlichen Akteure das Potential von Differenz nutzen, um das Maß an erfolgreicher Steuerung und Problemlösung zu erhöhen, besteht freilich nur, wenn die Politik in komplexen Systemen überhaupt noch einen Einfluß auf die Gestaltung der Gesellschaft besitzt. Die Probleme der modernen Gesellschaften werden sich nach der Diagnose von Carl Böhret ohne umfassende Reformen, die temporär der Staat stimulieren und partiell auch steuern müsse, verstärken.[78] Ohne staatliche Steuerung drohe den Gesellschaften „der Absturz."[79] Nur ein „entwicklungssteuernder Staat" könne den Zusammenbruch verhindern.[80] Diese Annahme ist umstritten. Kann die Politik, selbst nur ein Teilbereich in einer pluralistischen und differenzierten Gesellschaft,[81] andere Teilbereiche steuern?

Niklas Luhmann hält es für unmöglich, daß das politische System andere gesellschaftliche Systeme steuert. Die einzelnen Systeme redeten notwendigerweise aneinander vorbei, weil jedes System einen eigenen Code besitze. Differenz wird bei Luhmann als Grenze betrachtet, die nur für Irritationen aus der Umwelt durchlässig sei und über die hinweg man nicht wirklich kommunizieren könne.

Auch dem politischen System werde es nicht gelingen, seine Steuerungsintentionen an gesellschaftliche Teilbereiche weiterzugeben. Politische Steuerung müsse scheitern.[82] Dieses ändere sich auch nicht durch die interne Differenzierung des politischen Systems. Sobald die Staatsorganisation neben Parteien und Verbänden nur noch ein Teil des politischen Systems sei, würden neue Probleme erzeugt. Nun würden nämlich die Parteien immer neue Probleme auf die Agenda setzen und dem Staat bleibe gar nichts anderes übrig, als den Ansprüchen nachzukommen. Dies lasse sich am Beispiel des Wohlfahrtsstaates demonstrieren. „Der Staat wird zum Bezugspunkt der Universalisierung von Politik. Man dokumentiert guten Willen im Bekenntnis zu Werten. Es geht längst nicht mehr nur um kompensatorische Leistungen sozialstaatlicher Prägung. Es geht auch um Naturparke und Frauenfragen, Industriestandorte und Risikobegrenzung in Produktion und Forschung

---

78 Carl Böhret, Götz Konzendorf, Ko-Evolution von Gesellschaft und funktionalem Staat, a. a. O., S. 144. Welchen Begriff man auch für die heutige Gesellschschaft wählt, ob „transindustrielle Gesellschaft" (S. 137 bei Böhret, Konzendorf) oder „Wissensgesellschaft" (S. 9 bei Willke, Supervision des Staates) – die Begriffe sollen deutlich machen, daß die Bedeutung des Wissens für die Wohlfahrt einer Gesellschaft zunimmt und die Bedeutung der industriellen Produktion abnimmt.

79 Ebd., S. 144.

80 Ebd., S. 141-143.

81 Klaus von Beyme, Theorie der Politik im 20. Jahrhundert, a. a. O., S. 341.

82 Niklas Luhmann, Politische Steuerung: Ein Diskussionsbeitrag. In: PVS 30 (1989), S. 8: komplexe Systeme könnten nicht Gegenstand von Steuerung sein.

... Alles in allem gleicht der Wohlfahrtsstaat dem Versuch, die Kühe aufzublasen, um mehr Milch zu bekommen."[83] In Wirklichkeit seien die Probleme unlösbar. Die guten Absichten der Politiker, so ernst sie auch gemeint seien, änderten nichts an der Tatsache, daß der Staat als ein Teilsystem der funktional differenzierten Gesellschaft nicht in der Lage sei, ein anderes System mit einer anderen Operationsweise zu steuern.[84]

Mit der autopoietischen Systemtheorie kann man nicht erklären, weshalb trotz der behaupteten Unmöglichkeit politische Steuerung stattfindet und auch nicht grundsätzlich ohne Erfolg.[85] Luhmann unterschätzt die Interdependenzen zwischen den Systemen. Er überschätzt die wechselseitige Undurchschaubarkeit der Systeme. Im politischen System sind Staatsorganisation und Parteien gerade keine voneinander abgeschotteten Teilsysteme. Parteien und Staat sind in den Parteiendemokratien eher zu eng miteinander verknüpft. Die Familie als Beispiel für ein System, an dem sich die Grenze der politischen Steuerungsfähigkeit nach Luhmann besonders gut demonstrieren läßt, ist eher ein Beispiel für den weitreichenden Einfluß der Politik auf die Familie. „Selbst relativ einfache Systeme wie etwa Familien bieten der Politik unübersteigbare Schwierigkeiten, wenn ihre Selbststeuerung nicht klappt."[86] Die Schwierigkeiten in den Familien sind aber nicht in diesen „einfachen Systemen" entstanden und haben sich nicht ausschließlich selbst erzeugt. Die Probleme werden mit verursacht durch eine Familienpolitik, die es in Deutschland kaum zuläßt, Kinder und Beruf miteinander zu vereinbaren.[87]

Die autopoietische Systemtheorie ist nicht komplex genug, um die Realität differenzierter Gesellschaften oder gar eines Systems wie der Europäischen Union zu beschreiben und zu erklären. Mit der einseitigen Betonung der Selbststeuerung und der Intra-System-Beziehungen werden die Intersystem-Beziehungen vernachlässigt. Gerade die Beziehungen zwischen den Systemen[88] müssen jedoch im Mittelpunkt einer Analyse der politischen Steuerung in der Europäischen Union stehen. Ganz ähnlich wird in neueren Arbeiten zur internationalen Politik die wachsende Bedeutung der relationalen Dimension zwischen Nationalstaaten, supranationalen und internationalen Organisatio-

---

83 Niklas Luhmann, Die Politik der Gesellschaft, a. a. O., S. 215.

84 Ebd., S. 113.

85 Fritz W. Scharpf, Politische Steuerung und politische Institutionen. In: PVS 30 (1989), S. 12.

86 Niklas Luhmann, Die Wirtschaft der Gesellschaft, Frankfurt: Suhrkamp 2. Aufl. 1989, S. 337.

87 Ulrich Beck, Elisabeth Beck-Gernsheim, Das ganz normale Chaos der Liebe, Frankfurt: Suhrkamp 1990, S. 54: „Mit einer gewissen Zwangsläufigkeit wird so alles, was von außen – vom Arbeitsmarkt, Beschäftigungssystem, Recht usw. – in die Familie hineinschlägt, ins Persönliche verdreht und verkürzt."

88 Walter L. Bühl, Sozialer Wandel im Ungleichgewicht. Zyklen, Fluktuationen, Katastrophen. Stuttgart: Enke 1990, S. 51 plädiert dafür, daß die Priorität von Intra- und Intersystem-Beziehungen in der Theoriebildung umzukehren ist.

nen betont.[89] In der Realität ist es zwar häufig so, daß die politischen Akteure ein anderes System durch die jeweils eigene Brille betrachten und auf diese Weise die Eigenheiten des zu steuernden Systems übersehen. Dies ist jedoch keine Notwendigkeit. Auch wenn Niklas Luhmann es für ein „Verzweiflungskonzept" hält, wenn man „angesichts intransparenter Komplexität" noch immer von Steuerung spreche,[90] läßt sich aus den praktischen Schwierigkeiten, die bei politischer Steuerung auftreten, nicht auf die theoretische Unmöglichkeit dieser Steuerung schließen.

Bevor wir verzweifeln, sollten wir analysieren, wo und weshalb in der Europäischen Union politische Steuerung mit Erfolg stattfindet. Ebenso sollten die Mißerfolge der Steuerung und deren Ursachen empirisch untersucht werden. Politische Steuerung muß man sich dabei als einen „sozialen Teilprozeß"[91] denken, der im Zusammenspiel mit anderen Entwicklungen zum sozialen Wandel beiträgt, ohne ihn insgesamt zu lenken. Renate Mayntz hat dies auf den treffenden Nenner gebracht: „Das bedeutet, daß es zwar Steuerung *in* der funktionell differenzierten Gesellschaft gibt, aber keine politische Steuerung *der* Gesellschaft."[92] In diesem eingeschränkten Sinn ist politische Steuerung ein Faktor unter anderen, der die europäische Integration beeinflußt.

Diese politische Steuerung in der Europäischen Union hat es zusätzlich zu den oben beschriebenen Differenzen mit nichtlinearen Prozessen und Strukturen des Ungleichgewichtes zu tun. Die europäische Integration verläuft nicht kontinuierlich mit stets derselben Geschwindigkeit in derselben Richtung einer stärkeren Europäisierung ehemals nationaler Entscheidungskompetenz.[93] Wie Alec Stone und Wayne Sandholtz zeigen, kann die europäische Kompetenz zu kollektiv verbindlichen Entscheidungen je nach Politikbereich mehr oder weniger ausgeprägt sein.[94] Auch in ein und demselben

89 Neil Walker, The Idea of Constitutional Pluralism, a. a. O., S. 317-359. Vgl. S. 355: „At the most extreme level of remove from state constitutionalism, there are relations between state and post-state constitutional polities and processes ... and also relations amongst post-state constitutional polities and processes ... These developments ... are symptomatic of the increasing significance of the **relational dimension** generally within the post-Westphalian configuration, the ‚units' are no longer isolated, constitutionally self-sufficient monads" (Hervorhebung von der Verfasserin).

90 Niklas Luhmann, Die Gesellschaft der Gesellschaft, Frankfurt: Suhrkamp 1997, S. 777.

91 Renate Mayntz, Politische Steuerung: Aufstieg, Niedergang und Transformation einer Theorie. In: Klaus von Beyme, Claus Offe (Hrsg.), Politische Theorien in der Ära der Transformation, a. a. O., S. 165.

92 Ebd.

93 Für den globalen Kontext hat Ulrich Beck schon 1997 auf den „Mythos Linearität" hingewiesen: „Globalisierung hat überall auch zu einer neuen Bedeutung des Lokalen geführt. Der Ausdruck ‚globale Kultur' ist sowieso irreführend. Es entstehen transnationale, translokale Kulturen bzw. soziale Räume und ‚Landschaften.'" Ulrich Beck, Was ist Globalisierung? Frankfurt: Suhrkamp 1997, S. 206.

94 Alec Stone Sweet, Wayne Sandholtz, Integration, Supranational Governance and the Institutionalization of the European Policy. In: dies. (Hrsg.), European Integration and Supranational Governance, a. a. O., S. 9.

Politikbereich kann die Entwicklung einen nichtlinearen Verlauf nehmen. Die politische Steuerung muß sich auf die „ups, downs, and plateaus of the integration process“[95] einstellen.

Wie die Linearität so spielt auch der Zustand des Gleichgewichtes, in dem die Anordnung von Elementen und Eigenschaften zeitlich unverändert bleibt, im Verlauf der europäischen Integration eine geringe Rolle. Situationen des Ungleichgewichtes, in denen sich die Anordnung der Elemente und Eigenschaften zeitlich verändert, sind sehr viel häufiger. Im Resümee zu dem Standardwerk über Steuerung in den europäisierten Politikfeldern fragt William Wallace als Mitherausgeber, ob der ständige Wandel des institutionellen Umfeldes, innerhalb dessen politisch gesteuert werde, nicht den Erfolg der Steuerung von vornherein beeinträchtige. „The question for policy-makers ... is whether such a pattern of governance can produce policy outcomes that are sufficiently innovatory to maintain their own stability within such an unstable environment.“[96] Typisch sei also die Instabilität als Kontext für die politische Steuerung.

Die Forschung zeigt, daß die politische Steuerung in der Europäischen Union nicht nur Differenz, sondern auch Ungleichgewicht und Nichtlinearität einkalkulieren muß. Im Gegensatz zu diesem empirischen Befund wird in den theoretischen Ansätzen zur Erklärung der europäischen Integration die Bedeutung von Gleichgewicht und Linearität hervorgehoben.

Das Gleichgewicht zwischen den Gemeinschaftsorganen spielt in den Theorien[97] über die Europäische Union eine große Rolle. In einem bis heute einflußreichen Aufsatz über die Transformation Europas argumentiert J. H. H. Weiler, daß bis zur Verabschiedung der Einheitlichen Europäischen Akte ein Gleichgewicht zwischen der rechtlichen und der politischen Integration Eu-

95 James A. Caporaso, Regional Integration Theory: Understanding our Past and Anticipating our Future, In: Wayne Sandholtz and Alec Stone Sweet (Hrsg.), European Integration and Supranational Governance, a. a. O., S. 345.

96 William Wallace, Government without Statehood: The Unstable Equilibrium. In: Helen Wallace and William Wallace (Hrsg.), Policy-Making in the European Union, Oxford: Oxford University Press, 3. Aufl. 1998, S. 451. In der 4. Auflage des Buches aus dem Jahr 2000 findet sich die zitierte Stelle nicht mehr. William Wallace betont zwar noch immer den fragmentierten und komplexen Charakter des politischen Systems der EU. Die mikropolitische Perspektive ergebe ein unübersichtliches Bild der unterschiedlichsten Aktivitäten. „a Breughel, rather than a Monet.“(S. 528) Doch die politische Struktur habe sich inzwischen zu einem relativ stabilen Provisorium entwickelt: „Ambiguity of objectives, agreement to disagree, the postponement of difficult but non-urgent decisions until later, are characteristic features of this relatively stable provisorum.“ (S. 531-532).

97 Auch in der Praxis spielen Gleichgewichtsvorstellungen eine Rolle. Liest man die offiziellen Dokumente, gewinnt man den Eindruck, daß die europäischen Eliten das Gleichgewicht zwischen den Institutionen wie ein Ritual beschwören. Vgl. für viele andere Quellen den Verhaltenskodex für eine europäische Politik- und Verwaltungskultur der Kommission, http://www.eu.int/com/codesofconduct/index.de.htm vom 3.12.1999.

ropas bestanden habe. Er spricht von einem „equilibrium theorem."[98] Da die Mitgliedstaaten bis zur Einheitlichen Europäischen Akte im Besitz eines Vetos bei der Verabschiedung von Normen waren, hätten sie den integrationsfördernden Aktivismus des Europäischen Gerichtshofes (EuGH) akzeptiert. Schließlich hätte ja jeder Staat mit seiner Stimme im Ministerrat ein Gesetz verhindern können. In dem Maße, in dem sich die qualifizierte Mehrheit als Abstimmungsmodus im Rat durchsetzte, sei der EuGH unter Druck geraten. J. H. H. Weiler formuliert seine These eines neuen Gleichgewichtes von „constitutionalism" und „institutionalism" für die 90er Jahre sehr vorsichtig. Es gebe einige Evidenz, daß die Mitgliedstaaten, da sie nun überstimmt werden können, den Aktivismus des Gerichtshofes kritischer betrachteten. Die Mitgliedstaaten seien nun zurückhaltend gegenüber der Ausweitung von Kompetenzen des EuGH etwa im Bereich der Außenpolitik.[99]

Die Theorie des Intergouvernementalismus geht ebenfalls von der Prämisse aus, daß sich die Anordnung der Elemente und Eigenschaften im System der Europäischen Union seit den Anfängen zeitlich nicht prinzipiell verändert habe. Drei Faktoren werden für die Entwicklung der Integration seit 1955 als ausschlaggebend betrachtet: der kommerzielle Nutzen der Europäischen Union für die Mitgliedstaaten, die relative Verhandlungsmacht der einflußreichen Regierungen und die Glaubwürdigkeit der Staaten, die Verpflichtungen einzuhalten.[100] Andrew Moravcsik kommt mit seinem theoretischen Ansatz das große Verdienst zu, die Rolle der ökonomischen und politischen Macht bei der Beschreibung und Erklärung der europäischen Integration in den Mittelpunkt zu stellen. Aspekte der Macht sind allzuoft in den Integrationstheorien an den Rand gedrängt worden.[101] Die Protokolle der Verhandlungen der großen Verträge zeigen nach Moravcsik den weiterbestehenden Einfluß der ökonomisch und politisch mächtigen Nationalstaaten. Die Analyse des Entstehens der großen Verträge erfaßt freilich nur einen Teil der europäischen Integration. Für die Entwicklung in den Phasen zwischen der Verabschiedung der Verträge kann nicht angenommen werden, daß sich das System der Europäischen Union zeitlich nicht verändert.

---

98 J. H. H. Weiler, The Transformation of Europe. In: ders., The Constitution of Europe, Cambridge: Cambridge University Press, 1999, S. 99. Der Aufsatz erschien zuerst im Yale Law Journal 100 (1991), S. 2403-2483.

99 Ebd., S. 100. Die Annahme eines Gleichgewichtes zwischen den Gemeinschaftsorganen liegt auch den Analysen von Tsebelis und Garrett zugrunde, die vom Machtgewinn des Parlamentes auf den Machtverlust der Kommission schließen. George Tsebelis, Geoffrey Garrett, The Institutional Foundations of Intergovernmentalism and Supranationalism in the European Union. In: International Organization 55 (2001), S. 357-390.

100 Andrew Moravcsik, The Choice for Europe. Social Purpose and State Power from Messina to Maastricht, London: University College London Press 1999.

101 So auch James A. Caporaso, Regional Integration Theory: Understanding Our Past and Anticipating Our Future, a. a. O., S. 347.

Die Frage, auf welche Weise die Regeln der Verträge in der Praxis für die politische Steuerung in der Europäischen Union genutzt werden, wird ausgeblendet. So hat das formell im Vertrag von Maastricht festgelegte Mitentscheidungsverfahren zu informellen Regeln der Zusammenarbeit zwischen Parlament und Rat geführt. Diese informellen Regeln haben wiederum den Weg für eine Vereinfachung des Verfahrens im Vertrag von Amsterdam geebnet.[102] Die Strategie, formelle Verfahren als Ausgangspunkt für informelle Regeln zu nutzen und diese dann in den Verhandlungen über den nächsten Vertrag als Joker einzusetzen, hat den Einfluß des Parlamentes auf die Gesetzgebung im Laufe der Zeit vergrößert. Die Folgen solcher Strategien[103] sind für die politische Steuerung nicht unerheblich. In der Theorie des Intergouvernementalismus, in der nur die großen Verträge zur Erklärung des Einflusses der Akteure auf die politische Gestaltung in der Europäischen Union herangezogen werden, bleiben wichtige Faktoren zur Erklärung der politischen Steuerung in Europa unterbelichtet.

Die Prämisse der Linearität kommt am deutlichsten in den Theorien des Funktionalismus und des Neofunktionalismus zum Ausdruck. Die Entstehung und Dynamik der europäischen Kooperation wird durch den Funktionalismus gut beschrieben und plausibel erklärt. Es seien die gesellschaftlichen Probleme, die zu Kooperation und der Bildung supranationaler Organe führten. Die europäischen Organe erhielten einen eigenständigen Einfluß, der nicht durch die Interessen der Mitgliedstaaten determiniert sei. Jeder neue Funktionsbereich, der auf die europäische Ebene übertragen werde, ziehe benachbarte Bereiche nach.[104] Sukzessive würden die Steuerungskompetenzen von den Mitgliedstaaten auf die europäische Ebene verlagert. Die Aufgabenexpansion der Europäischen Union nimmt aber nicht linear mit stets derselben Geschwindigkeit und Funktionslogik zu.[105] Programme mit umverteilender Wirkung sperren sich gegen die Europäisierung. Die „funktionalen Kettenreaktionen“ sind eine angemessene Beschreibung für die Steuerungsaufgaben, die mit dem Binnenmarkt zusammenhängen.[106] Die neuen Aufgaben im Be-

102 Henry Farrell, Adrienne Héritier, Formal and Informal Institutions under Codecision: Continuous Constitution Building in Europe, a. a. O.

103 Auch die täglichen Routineentscheidungen, die den Verlauf der europäischen Integration nicht unwesentlich prägen, werden im theoretischen Ansatz von Moravcsik nicht berücksichtigt. Vgl. Adrienne Héritier et al., Differential Europe, a. a. O., S. 3.

104 Ernst B. Haas, Turbulant Fields and the Theory of Regional Integration. In: International Organization 30 (1976), S. 209.

105 So auch Philippe C. Schmitter, Neo-Neofunctionalism. In: Antje Wiener, Thomas Diez (Hrsg.), European Integration Theory, a. a. O., S. 55.

106 Gerda Zellentin, Der Funktionalismus – eine Strategie gesamteuropäischer Integration? In: Michael Kreile (Hrsg.), Die Integration Europas. Sonderheft 23/1992 der PVS, Opladen: Westdeutscher Verlag 1992, S. 69: „Im Unterschied zum gemeinsamen Markt, den die Neofunktionalisten vor Augen hatten, sind die in Gang gesetzten Kettenreaktionen im derzeitigen Binnenmarktgeschehen zwar grundsätzlich ähnlicher, aber doch weitaus komplexerer Natur.“

reich der Sozial- und Umweltpolitik unterliegen nicht der Logik einer linear fortschreitenden Europäisierung von Steuerungskompetenzen.

Die Unterschätzung des politischen Charakters der europäischen Integration ist neben der einseitigen Prämisse der Linearität ein theoretisches Defizit des Funktionalismus. Die Steuerung erscheint als technische Angelegenheit, in der es nur um die Funktion des möglichst effektiven und effizienten Problemlösens und nicht um die politischen Ziele des Steuerns gehe. Die Anhänger des Funktionalismus neigen dazu, die Gewinne und Verluste, die mit manchen Programmen für gesellschaftliche Gruppen verbunden sind, zu übersehen. Hatte die Praxis des oft technischen Charakters europäischer Integration die Theorie zu einer funktionalistischen Interpretation angeregt, so haben umgekehrt die Theoretiker durch ihre technische Brille die zunehmenden politischen Aspekte der europäischen Integration nicht mehr wahrgenommen.[107] Insbesondere die wichtige und oft anti-integrationistische Rolle der Staats- und Regierungschefs der Mitgliedstaaten in einer politisierten Europäischen Union lag außerhalb des Blickfeldes der Anhänger der funktionalistischen Integrationstheorie.[108]

Eine Theorie zur Beschreibung und Erklärung der politischen Steuerung in der Europäischen Union muß die grundlegenden Strukturen dieser supranationalen Organisation als Basis und Bezug der Steuerung berücksichtigen. Sie muß also von den Strukturen der Differenz, der Nichtlinearität und des Ungleichgewichtes ausgehen und die analytischen Kategorien zur Verfügung stellen, mit denen diese Strukturen im Hinblick auf ihre Bedeutung für politische Steuerung untersucht werden können. Es ist zu klären, unter welchen Bedingungen Differenz, Nichtlinearität und Ungleichgewicht zum Erfolg der Steuerung im politischen System der Europäischen Union beitragen und unter welchen Bedingungen sie diesem Erfolg abträglich sind.

Um diese Bedingungen zu klären, müssen die Steuerungsprozesse über einen längeren Zeitraum verfolgt werden, weil die Richtung der Entwicklung von der Vergangenheit des Systems abhängt.[109] Dies bedeutet, es ist ein theoreti-

---

107 Diese Kritik einer zu einseitig technischen Orientierung des Funktionalismus formuliert James A. Caporaso, Regional Integration Theory: Understanding Our Past and Anticipating Our Future, a. a. O., S. 345-347.

108 Philippe C. Schmitter, Neo-Neofunctionalism, a. a. O., S. 56.

109 Ilya Prigogine, Isabelle Stengers, Dialog mit der Natur. Neue Wege naturwissenschaftlichen Denkens, München, Zürich: Piper 5. Aufl. 1986, S. 204: „Jenseits der Schwelle der Stabilität wird der Begriff der universalen Gesetze jedoch durch die Erkundung von qualitativ verschiedenen Verhaltensweisen ersetzt, welche nicht nur von den beteiligten detaillierten Mechanismen, sondern auch von der Vergangenheit des Systems abhängen. Gerade, weil die Definition des Zustands, in dem ein System sich befindet, sich nicht mehr ausschließlich auf den Augenblick beziehen kann, sondern die aufeinanderfolgenden Verzweigungen berücksichtigen muß, die es in der Vergangenheit durchlaufen hat, kann man nicht mehr behaupten, daß in jedem Augenblick alles gegeben ist."

scher Ansatz zu entwickeln, der es erlaubt, den Prozeß der politischen Steuerung in der Europäischen Union und damit auch das Entstehen einer immer wieder neuen europäischen Ordnung aus Strukturen der Differenz, der Nichtlinearität und des Ungleichgewichtes zu beschreiben und zu erklären.[110]

In Situationen des Ungleichgewichtes und während nichtlinearer Prozesse, die in der Europäischen Union häufig vorkommen und daher von einer zielgerichteten politischen Steuerung einkalkuliert werden müssen, spielt nun wiederum Differenz die zentrale Rolle. Die strukturelle Differenz etwa von Interessen im Bereich der Ökonomie kann beispielsweise das System der europäischen Sozialpolitik aus dem Gleichgewicht bringen. In diesem Moment setzt Bewegung ein. Es beginnt eine Phase des Ungleichgewichtes. In welche Richtung sich die Bewegung entwickelt, steht nicht fest. Eine lineare Entwicklung in immer dieselbe Richtung ist ebenso möglich wie eine Bewegung, in der sich die Richtung der bisherigen Sozialpolitik ändert. Aktualisieren sich im Verlauf des Ungleichgewichtes zahlreiche konkrete Differenzen, dann ist eine nichtlineare Entwicklung, in der sich die Richtung ändert, wahrscheinlich. In jedem Fall werden die Wahrnehmung von Differenz und die Art und Weise des Umganges mit Differenz zu Variablen, die das Maß an Erfolg oder Mißerfolg der Steuerung in der europäischen Sozialpolitik beeinflussen.

Differenz ist also die Struktur, die für nichtlineare Prozesse und Situationen des Ungleichgewichtes in der Europäischen Union von besonderer Bedeutung ist und in meinem analytischen Modell der politischen Steuerung im Mittelpunkt steht. Als Theorie, die sich für die Analyse der politischen Steuerung in der Europäischen Union eignet, schlage ich deshalb die Differenztheorie vor. Mit diesem theoretischen Ansatz läßt sich der Zusammenhang zwischen dem Umgang der Akteure mit Differenz auf der einen Seite und dem Maß an erfolgreicher Steuerung und Problemlösung in der Europäischen Union auf der anderen Seite klären (vgl. Abbildung I.1). Der theoretische Ansatz knüpft an die Komplexitätstheorie an, die insbesondere Carl Böhret für die Politikwissenschaft fruchtbar gemacht hat.[111]

Entscheidend ist zunächst die Erkenntnis aus den Naturwissenschaften, daß in Situationen fern des Gleichgewichtes geringfügige Differenzen, die im Gleichgewicht bedeutungslos wären, für die Entwicklung eines Systems eine

110 Renate Mayntz, Politikwissenschaft in einer entgrenzten Welt, a. a. O., S. 40 argumentiert, daß wir zur Beschreibung und Erklärung globaler Prozesse eine Theorie bräuchten, die Fehlentwicklungen, Katastrophen und Systemzusammenbrüche erklärt. Eine Theorie der Ordnungsbildung sei für die wenig regulierten globalen Prozesse ungeeignet. Der Prozeß der europäischen Integration hingegen läßt sich m. E. mit einer Theorie der Ordnungsbildung beschreiben und erklären.

111 Carl Böhret, Götz Konzendorf, Ko-Evolution von Gesellschaft und funktionalem Staat, a. a. O., passim.

Rolle spielen. „Das hat einen ganz einfachen Grund. Im Gleichgewicht oder in seiner Nähe haben wir nur eine Struktur, die verändert werden kann, wenn wir ihre Umgebung ändern. Fern vom Gleichgewicht gestatten uns Schwankungen, Differenzen in der Umgebung zu nutzen, um verschiedene Strukturen hervorzurufen. Noch einmal sei die einzigartige Bedeutung der gleichgewichtsfernen Bedingungen betont – ‚Kommunikation' und ‚Wahrnehmung' sind die für das neue Verhalten der Materie fern vom Gleichgewicht entscheidenden Begriffe."[112]

In ungleichgewichtigen Situationen gibt es „potentiell eine Vielzahl von unterschiedlichen Strukturen."[113] Die von Ilya Prigogine und Isabelle Stengers beschriebene „Ordnung durch Schwankungen" ist das Problem, das sich einer politischen Steuerung in der Europäischen Union stellt. Das europäische Institutionengefüge befindet sich häufig im Ungleichgewicht, und politische Steuerung findet dann unter Bedingungen statt, in denen damit zu rechnen ist, daß schon geringfügige Ereignisse zu Veränderungen des Systems führen.[114] In einem dynamischen Prozeß der Interaktionen zwischen individuellen, kollektiven und korporativen Akteuren und der Interdependenzen zwischen Teilsystemen kann am Ende wieder eine neue Ordnung in der Europäischen Union auf Zeit entstehen.[115] Die Richtung, in der sich die Europäische Union im Zusammenspiel äußerer Einflüsse und zielgerichteter politischer Steuerung verändert, ist dabei nicht vorgegeben. Rückschritte wie Fortschritte der Integration sind ebenso denkbar wie lange Phasen der Instabilität.

Während der Differenzbegriff von Niklas Luhmann sich an den Strukturen innerhalb eines Systems orientiert, sollen mit dem Begriff der Differenz in dem hier entwickelten Ansatz Strukturen innerhalb und zwischen Systemen erfaßt werden. Systeme konstituieren sich, so Luhmann, indem sie sich von der Umwelt abgrenzen. Überspitzt formuliert könnte man sagen, daß für Luhmann die Differenz das System ausmacht. Auch die Evolution eines Systems beziehe sich stets auf die Differenz von System und Umwelt. „Evolution ist denn auch immer: Abweichungsverstärkung im Verhältnis zur Umwelt."[116]

Da sich aber im Prozeß der Evolution die Differenz zwischen System und Umwelt verstärke, werde eine zielgerichtete politische Steuerung der Funktionssysteme immer schwieriger und schließlich unmöglich. Entwicklung sei nur durch die Stärkung von Differenz möglich. Das „systemisch koordinierte

112 Ilya Prigogine, Isabelle Stengers, Dialog mit der Natur, a. a. O., S. 177.
113 Ebd., S. 180.
114 Ebd., S. 179.
115 Carl Böhret, Götz Konzendorf, Ko-Evolution von Gesellschaft und funktionalem Staat, a. a. O., S. 229.
116 Niklas Luhmann, Die Politik der Gesellschaft, a. a. O., S. 411.

Zusammenwirken"[117] der Systeme befähige gerade nicht zur Entwicklung. Komme es zu einem solchen Zusammenwirken, dann sei dies Zufall.[118]

Es ist jedoch die Aufgabe politischer Steuerung, das Zusammenwirken der Funktionssysteme einer Gesellschaft nicht dem Zufall zu überlassen, sondern durch zielgerichtete Steuerung der staatlichen und nichtstaatlichen Akteure in den Funktionssystemen das Zusammenwirken zu gestalten. Auf der Basis der Funktionssysteme, deren Differenz zur Umwelt es zu erhalten gilt, kommt es für erfolgreiche Steuerung darauf an, die Kommunikation zwischen den Systemen über Differenzen zu ermöglichen. Die Überlebensfähigkeit eines Funktionssystems hängt sowohl von der Differenz zu anderen Systemen als auch vom Zusammenwirken mit anderen Systemen zusammen. Nicht nur die „Autopoiesis", sondern auch die „Sympoiesis" ist für die Existenz der Systeme von Bedeutung. Sympoiesis definiere ich als das Zusammenwirken der Systeme über ihre Differenz hinweg.

Die zunehmende Ausdifferenzierung gesellschaftlicher Funktionssysteme und darüberhinaus die vielfältige Differenz zwischen den Mitgliedstaaten der Europäischen Union lassen es nicht als aussichtsreich erscheinen, wenn sich politische Steuerung allein auf die alten Konzepte von staatlichen Verboten und Geboten verläßt. Politische Steuerung in der Europäischen Union ist auf neue Wege angewiesen, die über die traditionellen Formen einer hierarchischen Steuerung hinausführen. Herbert Simon, der die Vorteile hierarchisch organisierter komplexer Systeme erklärt, geht von der Prämisse aus, daß komplexe Systeme in Subsysteme zerlegt werden können und eben diese „Existenz stabiler Zwischenformen" ihre Entwicklungsfähigkeit bedingt. Er veranschaulicht die Evolution komplexer Systeme mit der Parabel der beiden Uhrmacher Hora und Tempus. Beide stellten wertvolle Uhren her, und so klingelte in ihren Werkstätten ständig das Telefon, weil sich neue Kunden meldeten. Horas Geschäft florierte, während Tempus Pleite ging. Was ist des Rätsels Lösung? Die Uhren bestanden aus etwa 1000 Teilen. Hora hatte seine komplexen Uhren so entworfen, daß er Untergruppen von je 10 Elementen zusammenbaute. Wurde er ans Telefon gerufen, verlor er bei einer teilweise zusammengesetzten Uhr nur einen Bruchteil seiner Arbeit. Tempus hingegen hatte keine Untergruppen und keine stabilen Zwischenformen eingebaut. Immer wenn er ans Telefon gehen mußte, fiel die in Arbeit befindliche Uhr in alle Teile auseinander.[119]

Immer mehr komplexe Systeme sind nicht nach dem Muster der Uhren des Uhrmachers Hora zerlegbar. Die Europäische Union ist durch partielle Auto-

---

117 Ebd., S. 410.

118 Ebd.

119 Herbert A. Simon, Die Architektur der Komplexität. In: Kommunikation 3 (1967), S. 60ff. für die Parabel.

nomie und Interdependenz der Teilsysteme gekennzeichnet. Die Interaktionen der Akteure zwischen verschiedenen Teilsystemen sind so häufig und wichtig, daß eine modulare Struktur nicht mehr zu realisieren ist.[120] Spezifisch für die Europäische Union sind gerade häufige Interaktionen über die Differenz von Organisationen, von Sektoren und Nationen hinweg.[121]

An die Stelle hierarchischer Steuerung und Koordination tritt in komplexen Systemen wie der Europäischen Union, die keine modulare Struktur besitzen, vielfach Selbstkoordination durch Verhandlungen. Staatliche Steuerung wird dadurch aber nicht überflüssig. Der „fidele Steuerungspessimismus der Postmoderne"[122] wird leicht zu einem wissenschaftlichen und politischen Alibi für den Rückzug des Staates aus der Verantwortung für die gesellschaftliche Entwicklung.[123] Spontane Evolution würde in unseren Gesellschaften, in denen die Akteure nicht nur Individuen, sondern auch Organisationen sind, zur völligen Deregulierung und zu einer „pseudo-liberalen" Gesellschaft führen.[124] Die Frage lautet: „Welche Art von Steuerungsregime läßt sich in einer heterogen und polyzentrisch organisierten Gesellschaft etablieren, wenn hierarchische Steuerung als nicht realisierbar oder suboptimal ebenso ausgeschlossen wird wie bloßes evolutionäres Dahintreiben?"[125]

Helmut Willke beschreibt die Mechanismen, die als Anreize für ein kooperatives Verhalten der individuellen und kollektiven Akteure dienen können. Denn es gehe darum, die Teilsysteme zur wechselseitigen Rücksichtnahme anzuspornen und die „ungebremsten Egoismen der Subsysteme"[126] zu zügeln. Beispielsweise sei es sinnvoll, kooperatives und egoistisches Verhalten sichtbar zu machen. Neben der Sichtbarkeit sei es wichtig, die „Erwartbarkeit von Nutzen" für kooperatives Verhalten und die „Erwartbarkeit der Kosten" für egoistisches Verhalten der Teilsysteme deutlich zu machen.[127] Sichtbarkeit könne durch Wissen, Beobachten und Vorausschau ermöglicht werden. Er-

---

120 Fritz W. Scharpf, Positive und negative Koordination in Verhandlungssystemen. In: Adrienne Héritier (Hrsg.), Policy-Analyse. Kritik und Neuorientierung, Sonderheft 24/1993 der PVS, Opladen: Westdeutscher Verlag 1993, S. 64.

121 Ebd., S. 67 spricht von intra- und interorganisatorischen, intra- und intersektoralen, intra- und internationalen Grenzen. Vgl. Paul A. Sabatier, Advocacy-Koalitionen, Policy-Wandel und Policy-Lernen. In: Adrienne Héritier (Hrsg.), Policy-Analyse. Kritik und Neuorientierung, a. a. O., S. 126: „Subsysteme sind nur zum Teil autonom. Tatsächlich sind die Entscheidungen und Wirkungen aus anderen Politiksektoren eines der wichtigen dynamischen Elemente, die die einzelnen Subsysteme beeinflussen."

122 Renate Mayntz, Fritz W. Scharpf, Steuerung und Selbstorganisation in staatsnahen Sektoren. In: dies.(Hrsg.), Gesellschaftliche Selbstregelung und politische Steuerung, a. a. O., S. 33.

123 Walter L. Bühl, Sozialer Wandel im Ungleichgewicht, a. a. O., S. 143.

124 Karl-Heinz Ladeur, Post-Modern Constitutional Theory: A Prospect for the Self-Organising Society. In: The Modern Law Review 60 (1997), S. 627.

125 Helmut Willke, Supervision des Staates, a. a. O., S. 127.

126 Ebd., S. 337.

127 Ebd., S. 339.

wartbarkeit entstehe durch „Vertrauen in gemeinsame Projektionen möglicher Zukünfte."[128] Damit Sichtbarkeit und Vertrauen für das Handeln der Individuen, der Institutionen und der Teilsysteme relevant würden, müßten Erfahrungen mit Diskursen und Interaktionen gemacht werden. Insbesondere Diskurse zwischen Nationen und Kulturen seien für das Lernen wichtig, da sich das Steuerungswissen heute nicht mehr allein auf nationale Kontexte beziehen könne.[129]

Es ist auch denkbar, daß Selbstkoordination in hierarchische Strukturen eingebunden ist. Fritz W. Scharpf spricht von „Selbstkoordination im Schatten der Hierarchie."[130] Die Koordination kann in pluralistischen Politiknetzwerken mit mehreren Akteuren auf der staatlichen wie auf der gesellschaftlichen Ebene geleistet werden. In solchen Netzwerken staatlicher und nichtstaatlicher Akteure wurde die Bildung gemeinsamer Ziele und Situationsdeutungen unter bestimmten Bedingungen beobachtet.[131] Wahrscheinlicher sind nach Renate Mayntz und Fritz W. Scharpf jedoch Konstellationen zwischen staatlichen und nichtstaatlichen Akteuren, „die unter unterschiedlichen normativen Anforderungen stehen, sich in ihren Eigeninteressen und Identitäten unterscheiden, und die auch von unterschiedlichen Situationsdeutungen ausgehen."[132]

Selbstorganisation, Netzwerke, die Kooperation zwischen staatlichen und nichtstaatlichen Akteuren, Wissen über die Architektur komplexer Systeme und Anreize für kooperatives Verhalten zwischen den Funktionssystemen reichen für eine legitime politische Steuerung nicht aus. Kollektiv verbindliche Entscheidungen, auf denen Steuerung ja beruht, erfordern demokratische Legitimation und damit Staatlichkeit. Es muß in demokratischen Gesellschaften ein demokratisch legitimiertes Funktionssystem geben, das kollektiv verbindlich den Rahmen für das Handeln in den anderen Systemen immer wieder neu setzt. Selbst Helmut Willke kommt in seinem Konzept einer Supervision des Staates trotz gegenteiliger Beteuerung nicht daran vorbei, dem Staat in einer polyzentrischen Gesellschaft eine besondere Rolle zuzuschreiben, für die sich kein anderer Akteur verantwortlich fühlt. Der Staat übernehme die Rolle eines „Mediators" bei der Herstellung einer Einheit.[133] Dieses Festhalten an der Einheit als der Aufgabe des Staates ist nicht mehr zeitgemäß. „Sähen wir uns gezwungen", so Willke, „die gesellschaftliche Funktion des Staates nicht als Herstellung von Einheit, sondern als Ermöglichung

128 Ebd.

129 Ebd., S. 340.

130 Fritz W. Scharpf, Positive und negative Koordination in Verhandlungssystemen, a. a. O., S. 67.

131 Renate Mayntz, Fritz W. Scharpf, Steuerung und Selbstorganisation in staatsnahen Sektoren, a. a. O., S. 27.

132 Ebd., S. 32.

133 Helmut Willke, Supervision des Staates, a. a. O., S. 350.

von Vielfalt zu bestimmen, dann wäre für die Staatstheorie in der Tat ein neues Kapitel zu beginnen."[134] Dann schlagen wir das neue Kapitel doch auf!

Staatlichkeit ist selbstverständlich nicht allein als nationale Staatlichkeit zu verstehen. Die Souveränität der Nationalstaaten ist teilbar. Die Europäische Union ist eine Realität, die uns diese Teilbarkeit der Souveränität mit ihren Nachteilen und Vorteilen vor Augen führt. In den letzten Jahrzehnten sind sukzessive immer mehr Kompetenzen zur Gestaltung des gesellschaftlichen Zusammenlebens in den Mitgliedstaaten auf die europäische Ebene verlagert worden. Es sind nun in der Europäischen Union immer häufiger kollektiv verbindliche Entscheidungen über die Geltung von Normen und die Verteilung von Gütern in den Mitgliedstaaten zu treffen. Bei diesen Entscheidungen kommt das Ganze der politischen Ordnung der Europäischen Union in den Blick.[135] Eine politische Ordnung ergibt sich aus der Geltung verschiedener Ideen und ihrer jeweiligen Kombination und Koordination.[136] Eine solche politische Ordnung ist in der Europäischen Union im Entstehen begriffen.

In diesem politischen Europa ist es die Aufgabe der staatlichen und nichtstaatlichen Akteure, die vorhandenen unterschiedlichen Formen struktureller Differenz zwischen den Mitgliedstaaten ernst zu nehmen und diese so zu organisieren und aufeinander zu beziehen, daß ein hohes Maß an erfolgreicher Steuerung und Problemlösung möglich wird. Man muß die „Zukunft nicht einfach so kommen lassen, wie sie komme."[137] Naturgemäß ist die politische Ordnung der Europäischen Union im Vergleich zur Ordnung der Nationalstaaten durch zusätzliche Differenz und Komplexität gekennzeichnet. Diese Steigerung von Differenz könnte als Potential für eine Steigerung des Erfolges der politischen Steuerung genutzt werden. Die Europäische Union wird zum Testfall einer politischen Steuerung, deren Aufgabe es auch in anderen Kontexten einer globalen Welt zunehmend sein wird, Differenz im Rahmen einer „Ordnung durch Fluktuation" zu ermöglichen.[138] Daher ist eine Analyse der Steuerung im heterarchisch strukturierten System der Europäischen Union mit seinen gleichberechtigten Teilsystemen[139] zugleich die

---

134 Ebd., S. 94.

135 Christian Meier, Die Entstehung des Politischen bei den Griechen, Frankfurt: Suhrkamp 1983, S. 14. Bei den Griechen bedeutete das Politische, „die Fähigkeit, das Ganze einer Ordnung zu denken, ohne es beherrschen zu wollen."

136 M. Rainer Lepsius, Institutionenanalyse und Institutionenpolitik, a. a. O., S. 403.

137 So aber Niklas Luhmann, Die Wirtschaft der Gesellschaft, a. a. O., S. 324. Es falle zwar schwer, die Zukunft einfach so kommen zu lassen, wie sie komme, doch sei nicht zu erkennen, wie die mit der Steuerung verbundenen Erwartungen noch zu retten seien. Freilich geht auch Luhmann nicht von einer völligen Beliebigkeit der Entwicklung aus. Er macht einen Unterschied zwischen Kontingenz und Zufall. Kontingenz beinhaltet eine Vielzahl, keine Beliebigkeit von Entwicklungsmöglichkeiten.

138 Helmut Willke, Supervision des Staates, a. a. O., S. 306. Vgl. S. 92.

139 Helmut Willke, Supervision des Staates, a. a. O., S. 340 vgl. ders., Ironie des Staates. Grundlinien einer Staatstheorie polyzentrischer Gesellschaft, Frankfurt: Suhrkamp 1996, S. 65ff.

Analyse eines zwar reformbedürftigen, doch möglicherweise zukunftsweisenden Modells der politischen Steuerung in komplexen Systemen.[140]

Nach der Klärung der zentralen Begriffe und der Erläuterung des theoretischen Ansatzes meiner Arbeit möchte ich im nächsten Kapitel die rechtlichen Grundlagen für die Entwicklung des politischen Europa beschreiben. Die europäischen Verträge und die Änderungen dieser Verträge geben Hinweise für das Werden des politischen Europa. Die rechtlichen Regeln sind darüberhinaus Faktoren, die den Umgang mit Differenz in den Prozessen der politischen Willensbildung und Entscheidungsfindung beeinflussen.

„Aux barricades!" antwortete der deutsche Außenminister Joschka Fischer dem ehemaligen französischen Innenminister Jean-Pierre Chevènement auf seine Frage, ob er mit seinem Plädoyer für ein föderales Europa eine Revolution vom Zaune brechen wolle. Das Ancien Régime von Brüssel, so Fischer, müsse in der Tat überwunden werden.[141] „Aux documents!" ist das eher bescheidene Motto der Wissenschaftlerin im nächsten Kapitel.

140 Helmut Willke, Supervision des Staates, a. a. O., S. 341.

141 Streitgespräch zwischen Joschka Fischer und Jean-Pierre Chevènement. In: Die Zeit vom 21.6.2000, S. 14.

II. Die rechtlichen Grundlagen für die Entwicklung des politischen Europa

1. Die Einheitliche Europäische Akte

„Der viel zitierte ‚Euro-Pessimismus' ist im Abklingen. So lautet das wichtigste Fazit der Eurobarometer-Umfrage vom Frühjahr 1986."[1] Das positive Ergebnis der zweimal im Jahr von der Kommission in Auftrag gegebenen Umfrage[2] zeigte sich darin, daß in allen Mitgliedstaaten der Anteil der Bürger, die die Mitgliedschaft in der Europäischen Gemeinschaft im Frühjahr 1986 für eine gute Sache hielten, über dem seit 1973 ermittelten Durchschnitt lag.

Die Kommission führte das europafreundliche Ergebnis der Umfrage auf die Verbesserung der wirtschaftlichen Situation, den Beitritt Spaniens und Portugals zur Europäischen Union und die Einigung der Regierungen über die Einheitliche Europäische Akte (EEA) zurück. Carlo Ripa di Meana, damals in der Kommission verantwortlich für die Umfrage des Eurobarometers, schreibt im Vorwort, daß man die Einigung „leider etwas restriktiv" die Einheitliche Europäische Akte genannt habe. Es klingt durch, daß er der Meinung ist, man hätte besser einen klanghafteren Namen für das Vertragswerk gewählt.

Hätte der Vertrag von 1986 einen zündenderen Namen verdient? Ganz gewiß. Denn mit der Einheitlichen Europäischen Akte vom 17. Februar 1986[3] wurden in der Tat für die europäische Integration neue Weichen gestellt. Mit diesem Vertrag ist es gelungen, das Projekt des Binnenmarktes mit Reformen der Gemeinschaftsorgane und mit sozialer Regulation zu verbinden. Die Einheitliche Europäische Akte ist also nicht allein ein Dokument der Deregulierung, sondern ein Schritt hin zur Öffnung der Europäischen Union für nichtökonomische Ziele.[4]

---

1 Europäische Kommission, Eurobarometer Nr. 25 (1986), Vorwort.

2 Die Umfrage wird im Frühjahr und im Herbst unter 1000 repräsentativ ausgewählten Personen je Mitgliedsland zu Fragen der Zufriedenheit mit der Demokratie und zu Einstellungen zu Europa durchgeführt.

3 Der Vertrag trat am 1. Juli 1987 in Kraft.

4 Renaud Dehousse, Giandomenico Majone, The Institutional Dynamics of European Integration: From the Single Act to the Maastricht Treaty. In: Stephen Martin (Hrsg.), The Construction of Europe. Essays in Honour of Emile Noël, Dordrecht, Boston, London: Kluwer Academic Publishers 1994, S. 95 vertreten sogar die weitergehende These, daß die Einheitliche Europäische Akte eine Übung in Regulierung gewesen sei. „we shall argue, the 1992 programme is less an exercise in deregulation than in regulatory reform."

Für den Verhandlungserfolg der Kommission und die Kompromißbereitschaft der Staats- und Regierungschefs der Mitgliedsländer war es entscheidend, daß die materielle Politik des Binnenmarktes mit der qualifizierten Mehrheitsregel im Ministerrat gekoppelt wurde. Großbritannien wollte weder eine Reform der EG-Verträge noch die Mehrheitsabstimmung im Ministerrat. Nun mußte Großbritannien akzeptieren, daß beim Gipfeltreffen in Mailand im Juni 1985 gegen die Stimmen Großbritanniens, Dänemarks und Griechenlands beschlossen wurde, eine Regierungskonferenz mit dem Ziel einer Reform der Verträge einzuberufen. Margaret Thatcher verließ Mailand zornerfüllt. Doch am Ende nahm auch sie an den Verhandlungen teil. Die englische Premierministerin scheint nicht ernsthaft angenommen zu haben, daß die geplante Reform, bei den Entscheidungen zum Binnenmarkt in Zukunft die Mehrheitsregel anzuwenden, Erfolg haben könnte.[5] Für Großbritannien kam es in erster Linie darauf an, den Binnenmarkt zu verwirklichen. Die Idee des Binnenmarktes entsprach der eigenen Deregulierungsphilosophie und war daher ein willkommenes europäisches Projekt.

Die Regierungskonferenz vom Herbst 1985 muß als Durchbruch bewertet werden. Denn bei den fünf Treffen der Staats- und Regierungschefs zwischen dem 21. Oktober 1985 und dem 1. Dezember 1985 wurde die Abstimmung mit qualifizierter Mehrheit im Rat bei Fragen des Binnenmarktes beschlossen. Wie weitreichend dieser Beschluß war, läßt sich daran ablesen, daß Dänemark, Großbritannien und Griechenland noch ein halbes Jahr zuvor bei der Verabschiedung des Berichtes des Dooge-Ausschusses Mehrheitsvoten abgelehnt hatten.[6] In diesem Ausschuß, benannt nach seinem irischen Vorsitzenden James Dooge, erarbeiteten die Vertreter der Regierungschefs der Mitgliedstaaten die Grundlagen für die Vertragsreformen. In wenigen Monaten fand also ein Wandel von der Ablehnung der Mehrheitsregel durch einige Mitgliedstaaten zu einer allgemeinen Akzeptanz der Mehrheitsregel statt. Jean de Ruyt, als Mitarbeiter des belgischen Delegationschefs ein exzellenter Kenner der Verhandlungen, ist der Meinung, daß es seit Mailand einen erstaunlichen Stimmungswechsel zugunsten einer stärkeren Integration gegeben habe. Nur dieser für alle Beteiligten spürbare neue Akzent könne erklären, daß Großbritannien, Dänemark und Griechenland, die noch im Juni in Mailand grundsätzlich gegen eine Vertragsrevision waren, nun kooperierten, das Verhandlungsergebnis mittrugen und vor ihren nationalen Parlamenten verteidigten.[7] Die Beschränkung der Abstimmung mit qualifizierter Mehrheit auf den Bereich des Binnenmarktes rechtfertigt es nicht, die Reform als mi-

---

5 Andrew Moravcsik, Negotiating the Single European Act: National Interests and Conventional Statecraft in the European Community. In: International Organization 45 (1991), S. 41.

6 Bericht des Ad-hoc-Ausschusses für institutionelle Fragen an den Europäischen Rat in Brüssel am 29. und 30. März 1985. In: Europa-Archiv 40 (1985), S. 249.

7 Jean de Ruyt, L'Acte Unique Européen, Brüssel: Editions de l'Université de Bruxelles, 2. Aufl. 1989, S. 70.

nimalistisch abzuqualifizieren.[8] Das Ergebnis der Verhandlungen muß mit dem Status quo ante verglichen werden. In Relation zur Praxis der siebziger Jahre und in Relation zum Bericht des Dooge-Ausschusses muß die Einheitliche Europäische Akte als Beitrag zu einer vertieften europäischen Integration beurteilt werden. Von einer Einigung auf dem kleinsten gemeinsamen Nenner kann keine Rede sein.

Welches sind nun die Reformen des neuen Vertrages, die als rechtliche Grundlage für die Entwicklung des politischen Europa betrachtet werden können? Als Indiz für das Entstehen des politischen Europa soll die Öffnung der europäischen Politik für nichtökonomische Ideen und Interessen gelten. Natürlich ist der Binnenmarkt nicht unpolitisch. Aber mit dem Binnenmarkt allein entsteht in der Europäischen Union noch keine politische Ordnung. Erst wenn auf der europäischen Ebene nicht nur wirtschaftliche Fragen, sondern auch soziale, kulturelle und umweltpolitische Fragen kollektiv verbindlich entschieden werden, entwickelt sich in der Kombination und Koordination der unterschiedlichen Ideen und Interessen eine politische Gesamtordnung in der Europäischen Union.

Die Verträge möchte ich also daraufhin befragen, ob sie allmählich zur rechtlichen Basis einer politischen Ordnung mit ausdifferenzierten Funktionssystemen werden. Die Verträge sind zeitgeschichtliche Quellen, die uns die Architektur der politischen Ordnung in Europa in Umrissen erkennen lassen. Auch Vertragstexte gehören wie Verfassungen zur Realität des Regierens, da auf der Basis dieser Vereinbarungen die praktische Politik stattfindet. Verfassungspolitik läßt sich nicht auf symbolische Politik reduzieren. Das Steuerungspotential von Verfassungen hat sich auf eindrucksvolle Weise während der Transformationsprozesse in den mittel- und osteuropäischen Ländern nach 1989 gezeigt.[9]

In der empirischen Analyse der Einheitlichen Europäischen Akte wie auch der Verträge von Maastricht, Amsterdam und Nizza werde ich zum einen prüfen, inwieweit die Verträge den Handlungsradius europäischer Politik von der Ökonomie auf andere Politikbereiche ausdehnen. Zum anderen wird untersucht, ob die rechtlichen Grundlagen geschaffen werden, mit denen zu erreichen ist, daß die Akteure in der Vorbereitung und Umsetzung politischer Entscheidungen demokratisch und kommunikativ mit Differenz umgehen.

Die Einheitliche Europäische Akte hatte in erster Linie das Ziel, den Binnenmarkt bis zum 31.12.1992 schrittweise zu verwirklichen. Das Binnen-

8 Andrew Moravcsik, Negotiating the Single European Act: National Interests and Conventional Statecraft in the European Union, a. a. O., S. 42.

9 Jon Elster, Claus Offe, Ulrich K. Preuß, Institutional Design in Post-communist Societies. Rebuilding the Ship at Sea, Cambridge: Cambridge University Press 1998, Kapitel 3.

marktprogramm mit seinen 282 Einzeltiteln schreibt zunächst die ökonomische Idee fest. Der Pragmatismus des Weißbuches zum Binnenmarkt erklärt zum Teil den Erfolg des Projektes.[10] Die Devise lautet: „Die Zeit für Reden ist nun vorbei. Es ist Zeit zu handeln. Darum geht es in diesem Weißbuch."[11] Die ökonomische Idee wird noch einmal klar formuliert. Die Mitgliedstaaten mit damals 320 Millionen Einwohnern schließen sich zu einem Binnenmarkt zusammen, der expandierend und flexibel ist, „so daß Ressourcen, sowohl menschliche als auch materielle, Kapital- und Investitionsmittel den wirtschaftlich rentabelsten Bereichen zufließen."[12] Die materiellen Schranken (Zollgrenzstellen), die technischen und steuerlichen Schranken sollen vollständig abgebaut werden.

Der Binnenmarkt wird durch die Einheitliche Europäische Akte von 1986 mit der sozialstaatlichen Idee verbunden. Neu sind die Kompetenz der Europäischen Union auf dem Gebiet des Arbeitsschutzes, die Einführung des sozialen Dialoges und der Abschnitt über den „wirtschaftlichen und sozialen Zusammenhalt" (Titel V).[13] Das Urteil Andrew Moravcsiks, in der Sozialpolitik habe man nur das Gewohnheitsrecht kodifiziert,[14] geht an der Realität vorbei. Auf der Basis des neuen Art. 21 der Einheitlichen Europäischen Akte[15] wurde drei Jahre später eine Rahmenrichtlinie zum Arbeitsschutz verabschiedet, die als Grundgesetz des Europäischen Arbeitsschutzes gilt.[16] Etwa alle drei Monate wurde eine Richtlinie zum Arbeitsschutz verabschiedet, und 1993 war der Arbeitsschutz im wesentlichen europäisiert. Die Bedeutung des Arbeitsschutzes für die Situation der Arbeitnehmer am Arbeitsplatz darf nicht unterschätzt werden. So gab es, um nur eine Zahl zu nennen, zum Zeitpunkt der Verabschiedung der Rahmenrichtlinie in der Europäischen Gemeinschaft etwa 4,5 Millionen Arbeitsunfälle im Jahr.[17] Die europäischen Richtlinien zum Arbeitsschutz enthalten wichtige Innovationen für die Realisierung der Sicherheit und des Gesundheitsschutzes am Arbeitsplatz, auf die ich im dritten Kapitel bei der Analyse der sozialpolitischen Programme eingehen werde. Hier möchte ich nur betonen, daß der beachtliche sozialpolitische Fortschritt, der mit der neuen Kompetenz des Arbeitsschutzes verbunden war, in der Umsetzung noch vervielfacht wurde. Ein Praktiker der europäischen Sozialpolitik kommt zu dem Urteil: „Bedauerlich ist, daß dieser große Fortschritt in

---

10 Renaud Dehousse, Giandomenico Majone, The Institutional Dynamics of European Integration: From the Single Act to the Maastricht Treaty, a. a. O., S. 103.

11 Europäische Kommission, Weißbuch „Vollendung des Binnenmarktes" KOM (1985) 310 endg. vom 14.6.1985, S. 5.

12 Ebd.

13 Jean de Ruyt, L'Acte Unique Européen, a. a. O., S. 191ff.

14 Andrew Moravcsik, Negotiating the Single European Act: National Interests and Conventional Statecraft in the European Community, a. a. O., S. 43.

15 entspricht Art. 118 a EWG-Vertrag, Art. 138 EGV in der Fassung von Amsterdam.

16 Otto Schulz, Maastricht und die Grundlagen einer Europäischen Sozialpolitik, Köln, Berlin, Bonn, München: Carl Heymanns 1996, S. 42.

17 Ebd.

der breiten Öffentlichkeit wenig gewürdigt, ja kaum zur Kenntnis genommen wurde.“[18]

Die Richtlinien zum Arbeitsschutz machen deutlich, daß es voreilig ist, der Sozialpolitik auf europäischer Ebene keine Chance zu geben. Natürlich kann über europäische Sozialpolitik in den Bereichen der Sozialversicherung und des kollektiven Arbeitsrechtes nur einstimmig entschieden werden. Denn wie oben erwähnt, bedürfen nach Art. 100 a Abs. 2 EWG-Vertrag Bestimmungen „über die Rechte und Interessen der Arbeitnehmer“ der Einstimmigkeit im Rat. Wer aber möchte behaupten, daß Sicherheit und Gesundheitsschutz am Arbeitsplatz nichts mit den Rechten der Arbeitnehmer zu tun haben? Kann man ernsthaft der Meinung sein, mit einer Richtlinie zur Gewährleistung der Sicherheit und des Gesundheitsschutzes bei der Arbeit an Bildschirmgeräten würden die Rechte der Arbeitnehmer nicht berührt?[19] Über wichtige Bereiche der Sozialpolitik kann seit der Einheitlichen Europäischen Akte mit qualifizierter Mehrheit nach Artikel 118 a EWG-Vertrag entschieden werden.

Der soziale Dialog hatte mit Gesprächen in Val Duchesse zwischen den wichtigsten Vertretern der Sozialpartner und dem Präsidenten der Kommission begonnen. „Ich gebe zu, daß sich dieser Dialog nach einem vielversprechenden Beginn äußerst enttäuschend weiterentwickelt hat, so daß ich mich zunächst gefragt habe, ob die Kommission seine Fortsetzung überhaupt unterstützen sollte.“ Diese Frage stellte sich der Vorkämpfer des sozialen Dialoges, Jacques Delors.[20] Die Einführung dieses Dialoges in die Einheitliche Europäische Akte mit Art. 21[21] kann auch nur als zaghafter Anfang betrachtet werden. Schon die Formulierung des Artikels ist vage. Die Kommission soll den Dialog der Sozialpartner auf europäischer Ebene fördern. Wenn die Sozialpartner es wünschen, kann der Dialog zu vertraglichen Beziehungen führen. Freilich kann ein sozialer Dialog auch nicht per Dekret entstehen, sondern muß sich auf Initiative der Interessenverbände entwickeln.[22]

Im Abschnitt über den wirtschaftlichen und sozialen Zusammenhalt (Titel V)[23] wird als neues Ziel formuliert, den Rückstand der am stärksten benachteiligten Regionen der Europäischen Union zu verringern. Zur Erreichung dieses Zieles wollte man die drei Strukturfonds effektiver einsetzen. Die Kommission forderte daher eine Verdoppelung der Finanzmittel der Strukturfonds. Doch erst im Februar 1988 wurde auf der europäischen Gip-

18 Ebd.

19 Ebd., S. 45.

20 Jacques Delors, Das neue Europa, München, Wien: Carl Hanser Verlag 1993, S. 75.

21 Entspricht Art. 118 b EWG-Vertrag, Art. 139 EGV in der Fassung von Amsterdam.

22 Jean de Ruyt, L'Acte Unique Européen, a. a. O., S. 195.

23 Entspricht Art. 130 a bis 130 e EWG-Vertrag, Art. 158 bis Art. 162 EGV in der Fassung von Amsterdam.

felkonferenz in Hannover die Entscheidung gefällt, im Zusammenhang mit einer Reform der Strukturfonds die Mittel zu verdoppeln.[24]

Wie für die Sozialpolitik so werden auch für die Umweltpolitik mit der Einheitlichen Europäischen Akte die rechtlichen Grundlagen geschaffen. Umweltpolitik wird nicht länger als Anhang der Wirtschaftspolitik interpretiert. In Artikel 25 EEA[25] werden das Verursacher-, das Vorsorge- und das Ursprungsprinzip als Grundsätze der europäischen Umweltpolitik genannt. Umweltschutz wird als Querschnittsaufgabe definiert und ist auf einem hohen Niveau zu gewährleisten (Art. 130 r und Art. 100 a Abs. 3 EWG-Vertrag). Für Entscheidungen über den Umweltschutz gilt die Einstimmigkeitsregel im Ministerrat. Der Rat kann höchstens beschließen, und dies wiederum einstimmig, für bestimmte umweltpolitische Entscheidungen die qualifizierte Mehrheit vorzusehen. Die Umweltpolitik sollte nicht ohne das Einverständnis aller Mitgliedstaaten europäisiert werden. Claus-Dieter Ehlermann sieht hierin die „schwächste Stelle der EEA."[26]

Läßt sich also in der Einheitlichen Europäischen Akte eine Ausdehnung der europäischen Kompetenzen auf die Politikbereiche der Sozial- und Umweltpolitik beobachten, so gewinnt auch die demokratische Kommunikation über Differenz an Terrain.

Die demokratische Komponente der Einheitlichen Europäischen Akte liegt in der Verbindung der qualifizierten Mehrheitsregel im Rat bei Fragen des Binnenmarktes mit der Beteiligung des Parlamentes durch das Kooperationsverfahren. Drei Ausnahmen, bei denen weiter einstimmig abgestimmt wird, bleiben bestehen: Steuerfragen, Bestimmungen über die Freizügigkeit und Bestimmungen über die Rechte und Interessen der Arbeitnehmer. Die Ausweitung der Abstimmung mit qualifizierter Mehrheit im Rat bedeutet zunächst weniger Demokratie, da nun einzelne Mitgliedstaaten überstimmt werden können, und damit für die Völker dieser Staaten in solchen Fällen die Volkssouveränität eingeschränkt wird. Zur Schonung der Autonomie der Mitgliedstaaten wird die Regel der gegenseitigen Anerkennung eingeführt.

Nach dem Prinzip der gegenseitigen Anerkennung (Artikel 100 b EEA)[27] kann der Rat beschließen, daß Vorschriften, die in einem Mitgliedstaat als angemessen gelten, auch in den anderen Mitgliedstaaten als gleichwertig und dem Binnenmarkt gemäß anerkannt werden müssen. Dieses Prinzip, das der

---

24 Ingeborg Tömmel, Staatliche Regulierung und europäische Integration. Die Regionalpolitik der EG und ihre Implementation in Italien. Baden-Baden: Nomos 1994, S. 56.

25 Entspricht Art. 130 r bis 130 t EWG-Vertrag, Art. 174 bis Art. 176 EGV in der Fassung von Amsterdam.

26 Claus-Dieter Ehlermann, Die institutionelle Entwicklung der EG unter der Einheitlichen Europäischen Akte. In: Außenpolitik 41 (1990), S. 146.

27 Dieser Artikel wurde im Vertrag von Amsterdam aufgehoben.

Europäische Gerichtshof in seinem Urteil „Cassis de Dijon" formuliert hat, machte die Realisierung des Binnenmarktes sehr viel einfacher. Vor der Geltung dieser Formel wurde alles harmonisiert. „If it moves, harmonise it!" kommentierte Lord Cockfield das umständliche und zeitraubende Verfahren der Harmonisierung von allem und jedem.[28] Seit der Entscheidung Cassis-de-Dijon des Europäischen Gerichtshofes vom 20.2.1979[29] gilt die einfache Regel, daß ein Johannisbeerlikör, der in Frankreich mit einem Alkoholgehalt zwischen 15 und 20 % als Likör verkauft wird, auch in Deutschland als Likör verkauft werden kann, und der Export des Likörs den freien Warenverkehr nicht beeinträchtigt. Die Richter des Europäischen Gerichtshofes ließen sich von der windigen Argumentation der deutschen Kläger, ein Likör mit einem niedrigen Alkoholgehalt erhöhe die Suchtgefahr, weil man von diesem Likör mehr trinke, nicht beeindrucken. Sie entschieden, daß auch die deutschen Bürgerinnen und Bürger das Recht haben, mit Johannisbeerlikör dem Alkohol zu verfallen und schufen zugleich eine Regel, die der Realisierung des Binnenmarktes sehr zugute kommen sollte.

Während die gegenseitige Anerkennung den Versuch darstellt, die Autonomie der Mitgliedstaaten zu schonen, so kann das Verfahren der Zusammenarbeit als Versuch interpretiert werden, den Einfluß des Europäischen Parlamentes und damit die demokratische Komponente der Europäischen Union geringfügig zu verbessern. Nach Artikel 6 der EEA ist das Verfahren der Zusammenarbeit an die Voraussetzung gebunden, daß der Rat mit qualifizierter Mehrheit entscheiden kann. Die Kooperation gilt aber nicht für alle Bereiche, in denen der Rat mit qualifizierter Mehrheit beschließen kann, sondern nur für die ausdrücklich genannten Politikbereiche. Es handelt sich um folgende Materien: das Verbot jeglicher Diskriminierung aus Gründen der Staatsangehörigkeit (Art. 7), die Freizügigkeit der Arbeitnehmer innerhalb der Gemeinschaft (Art. 49), die Aufhebung noch bestehender Beschränkungen der freien Niederlassung (Art. 54 Abs. 2), die Koordinierung nationaler Vorschriften für Ausländer aus Gründen der öffentlichen Ordnung, Sicherheit und Gesundheit (Art. 56 Abs. 2), die gegenseitige Anerkennung von Diplomen und Zertifikaten für die Ausübung selbständiger Berufe (Art.57), die Angleichung oder gegenseitige Anerkennung von Vorschriften zur Verwirklichung des Binnenmarktes (Art. 100 a und Art. 100 b), die Verbesserung der Arbeitsumwelt (Art. 118 a), die Durchführungsbeschlüsse für den Regionalfonds (Art. 130 e) und die Beschlüsse im Forschungs- und Technologiebereich über spezifische Programme (Art. 130 q Abs. 2).[30]

---

28 Renaud Dehousse, Giandomenico Majone, The Institutional Dynamics of European Integration: National Interests and Conventional Statecraft in the European Union, a. a. O. S. 95.

29 Urteil des Gerichtshofes der Europäischen Gemeinschaften vom 20.2.1979 in der Rechtssache 120/78.

30 Deutscher Bundestag, Drucksache 10/6392 vom 10.11.1986, S. 22.

Das Verfahren der Zusammenarbeit in diesen Politikfeldern[31] gibt dem Parlament nur die Möglichkeit, die Abstimmungsregeln im Rat zu beeinflussen. Das Parlament besitzt mit diesem Verfahren also nicht einmal ein Veto. Es werden zwei Lesungen eingeführt. Die Kommission hat die Gesetzesinitiative und legt einen Entwurf vor. Das Parlament nimmt in einer ersten Lesung Stellung. Auf dieser Basis erarbeitet der Rat einen Gemeinsamen Standpunkt. Das Parlament kann nun in einer zweiten Lesung diesen Standpunkt annehmen, ablehnen oder Änderungen vorschlagen. Einen abgelehnten Text kann der Rat nur einstimmig beschließen. Am häufigsten ist der Fall, daß das Parlament eine große Zahl von Änderungen beschließt. Bei Änderungsvorschlägen des Parlamentes geht die nächste Runde an die Kommission. Die Kommission kann zwischen zwei Alternativen wählen. Im ersten Fall übernimmt die Kommission die Änderungsvorschläge des Parlamentes, und nun kann der Rat diesen geänderten Entwurf mit einer qualifizierten Mehrheit verabschieden. Einstimmigkeit ist nur notwendig, wenn der Rat von dem geänderten Entwurf abweichen möchte. Im zweiten Fall übernimmt die Kommission die Vorschläge des Parlamentes nicht. Auch in diesem Fall kann der Rat mit qualifizierter Mehrheit den Kommissionsvorschlag annehmen oder mit Einstimmigkeit davon abweichen. Es ist also denkbar, daß der Rat einstimmig Vorschläge des Parlamentes akzeptiert, die die Kommission zuvor abgelehnt hat. Das Verfahren ist so kompliziert, daß selbst ein ehemaliger Richter am Europäischen Gerichtshof in der Neuen Zürcher Zeitung kommentierte: „Die Entschlüsselung der entsprechenden Vorschriften der Akte stellt sich wie die Lösung eines verzwickten Kreuzworträtsels dar.“[32] Und welcher Gewinn ist mit der Lösung des Kreuzworträtsels verbunden? Die Zusammenarbeit bringt dem Parlament formal nur einen dürftigen Zugewinn an Einfluß auf die Gesetzgebung. Das Verfahren hat jedoch wegen der Erfolgsrate der Änderungsanträge des Parlamentes die Mitgestaltungsmöglichkeiten der Abgeordneten real leicht verbessert (vgl. Tabelle II.1).

31 Art. 7 Einheitliche Europäische Akte (entspricht Art. 149 EWG-Vertrag, Art. 189 c EGV in der Fassung von Maastricht und Art. 152 EGV in der Fassung von Amsterdam).

32 Pierre Pescatore, Die Einheitliche Europäische Akte. Fortschritt oder Rückschritt bei der EG-Reform? In: Neue Zürcher Zeitung vom 15./16.3.1986 (Soweit bei Zeitungsartikeln keine Seite angegeben wird, fehlt die Seitenangabe auf der im HWWA – Hamburger Weltwirtschaftsarchiv – vorhandenen Kopie).

Tabelle II.1: Erfolgsraten parlamentarischer Änderungsanträge im Rahmen des Kooperationsverfahrens 1987 - 1997

	400 abgeschlossene Kooperationsverfahren im Zeitraum von Juli 1987 bis Juli 1997	
Erfolgsrate der Änderungsanträge des EP aus der ersten Lesung	Kommission: (+ 0,6 % teilweise) Rat: (+ 0,4 % teilweise)	54 % 41 %
Erfolgsrate der Änderungsanträge des EP aus der zweiten Lesung	Kommission: (+ 4 % teilweise) Rat: (+ 3 % teilweise)	43 % 21 %

Quelle: Andreas Maurer, Regieren nach Maastricht: Die Bilanz des Europäischen Parlaments nach fünf Jahren Mitentscheidung. In: Integration 21 (1998), S. 220.

Claus-Dieter Ehlermann, als ehemaliger Generaldirektor für Wettbewerb bei der Kommission ein Kenner der Praxis europäischen Regierens, urteilte vier Jahre nach Verabschiedung der Einheitlichen Europäischen Akte: „Alle Beobachter der Straßburger Szene sind sich darüber einig, daß das Verfahren der Zusammenarbeit dem EP sehr viel mehr Einfluß gebracht hat, als bei rein juristischer Betrachtungsweise zu erwarten gewesen wäre.“[33] Dies sei darauf zurückzuführen, daß es dem Parlament erstens gelungen sei, die Mehrheiten für Änderungsanträge in der zweiten Lesung zustandezubringen, zweitens die Zusammenarbeit zwischen Parlament und Kommission schon während der ersten Lesung zu beginnen und drittens vom Funktionieren der Mehrheitsabstimmung im Rat zu profitieren.[34] Darüberhinaus erhält das Parlament mit der Einheitlichen Europäischen Akte erstmals ein wirkliches Mitentscheidungsrecht. Beitrittsverträge und Assoziierungsabkommen der Gemeinschaft mit

33 Claus-Dieter Ehlermann, Die institutionelle Entwicklung der EG unter der Einheitlichen Europäischen Akte. In: Außenpolitik 41 (1990), 141.

34 Ebd.

Drittstaaten können nur mit Zustimmung des Parlamentes abgeschlossen werden.[35]

So farblos wie der Name der Einheitlichen Europäischen Akte war auch die Zeremonie bei der Unterzeichnung des Vertrages in Luxemburg. „Es war eine seltsame Veranstaltung: keine Feierlichkeit, kein Glanz, gedrückte Stimmung. ... Bemerkenswert, wer alles nicht an diesem unfeierlichen Akt teilnahm: Der Präsident des Europaparlaments, Pflimlin, hatte aus Protest gegen die nach seiner Ansicht unzureichende Reform, soweit sie die Rechte der Abgeordneten betraf, seinen Stellvertreter entsandt. Kommissionspräsident Delors hatte es vorgezogen, nach Straßburg zum Parlament zu fahren, ... Der britische Außenminister Howe war mit der Königin auf Reisen in Nepal, und der dänische und der griechische Außenminister hatten es vorgezogen, zu Hause zu bleiben."[36] Nun sollte man nicht aus der Farblosigkeit der Feierlichkeiten auf die Bedeutung der Einheitlichen Akte schließen. Glanz und Gloria bei der Unterzeichnung eines Vertrages sind nicht mit Glanz und Gloria des Vertrages selbst zu verwechseln. Gemessen am Inhalt hätte die Unterzeichnung der Einheitlichen Europäischen Akte durchaus einen feierlichen Rahmen verdient. Und auch die Debatte über die Ratifizierung des Vertrages im Bundestag hätte mehr als 60 Minuten Dauer verdient.[37] Nachdem Irland als letzter Mitgliedstaat den Vertrag ratifiziert hatte, konnte die Akte am 1.7.1987 in Kraft treten. „Eine Chance – mehr nicht" kommentierte die Neue Zürcher Zeitung.[38]

Schon für die Einheitliche Europäische Akte läßt sich die These, die Europäische Union organisiere ein ökonomisches Imperium und gebe den Anspruch auf soziale Kohäsion und Partizipation auf,[39] widerlegen. Welche Änderun-

35 Art. 8 und 9 EEA (entspricht Art. 237 Abs. 1 und Art. 238 Abs. 2 EWG-Vertrag, Art. 228 und Art. 238 EGV in der Fassung von Maastricht, Art. 300 und Art. 310 EGV in der Fassung von Amsterdam).

36 Heinz Stadlmann, Der Meilenstein von Luxemburg – nur ein Wegkreuz an dem die Europäer schon öfter gestanden haben? In: Frankfurter Allgemeine Zeitung vom 19.2.1986.

37 Stenographische Berichte der Verhandlungen des Deutschen Bundestages, 10. Wahlperiode, 253. Sitzung am 4.12.1986, S. 19716, 2. Beratung und Schlußabstimmung über den Gesetzentwurf zur EEA.

38 Die Einheitliche Europäische Akte in Kraft. In: Neue Zürcher Zeitung vom 3.7.1987.

39 Sonja Puntscher Riekmann, Die kommissarische Neuordnung Europas, Wien, New York: Springer 1998 vertritt in ihrem Buch die These, daß es sich bei der europäischen Integration weder institutionell noch verfahrenstechnisch um etwas historisch völlig Neues handle. Schon immer habe man sich bei Integrationsprojekten in modernen Nationalstaaten auf die kommissarische Verwaltung gestützt. Die Arbeit kommt durch den historischen Blick auf die europäische Integration zu interessanten Ergebnissen, unterschätzt aber durch die Betonung der historischen Analogie die neuen Elemente der europäischen Integration. Dies wird besonders deutlich in der Reduzierung europäischen Regierens auf eine „technokratische Verwaltung eines großen Marktes" (S. 55) und in der Analyse der zu sehr durch die Brille der frühen Neuzeit betrachteten Wissensproblematik (S. 85ff.).

gen brachte der Vertrag von Maastricht für die Entwicklung des politischen Europa?

2. Der Vertrag von Maastricht

Während die Einheitliche Europäische Akte sang- und klanglos und ohne große Resonanz in der Öffentlichkeit ratifiziert wurde, trat der Vertrag von Maastricht mit einem Paukenschlag auf die europäische Bühne. So beginnt Philippe C. Schmitter einen Vergleich der beiden Verträge.[40] In der Tat: Der Vertrag von Maastricht war sowohl bei den politischen Eliten als auch bei den Bürgern der Mitgliedstaaten heftig umstritten. Referenden in Dänemark und Frankreich haben erstmals die „negative Politisierung“[41] der Europäischen Union zu einem öffentlichen Thema gemacht. Noch lange nach der Verabschiedung des Vertrages am 7.2.1992 herrschte Skepsis, ob der Vertrag von Maastricht überhaupt ratifiziert werde. In der Süddeutschen Zeitung prognostizierte Winfried Münster am 8.11.1992: „Die EG befindet sich nicht mehr auf dem Weg zur Politischen Union. Der Vertrag von Maastricht tritt vermutlich gar nicht erst in Kraft.“[42] Im Dezember 1992 las man in Le Monde, der europäische Elfenbeinturm habe Risse bekommen.[43] Und im selben Monat kommentierte der Economist: „A rough year“. Während man sich ein Jahr zuvor auf dem Gipfel von Maastricht auf eine engere Europäische Union zubewegt habe, müsse man nun wohl sagen: „Goodbye to optimism.“[44]

Schon die Verhandlungen zur Vorbereitung der Regierungskonferenz von Maastricht im Dezember 1991 waren sehr kontrovers. Es fanden parallele Konferenzen zur Politischen Union und zur Wirtschafts- und Währungsunion statt. Auch wenn diese Aufteilung in zwei Vorbereitungskonferenzen es sicher nicht leichter gemacht hat, am Ende ein integriertes Vertragswerk zu verabschieden, so lag der Grund für die Probleme weniger im Verfahren als

40 Philippe C. Schmitter, The Single European Act, the Maastricht Accord and the Emerging European Polity. In: Berhanu Abegaz et al. (Hrsg.), The Challenge of European Integration. Internal and External Problems of Trade and Money, Boulder, San Francisco, Oxford: Westview Press 1994, S. 256: „The Single European Act came in with a whimper; the Maastricht Accord with a bang.”

41 Claus Offe, Demokratie und Wohlfahrtsstaat: Eine europäische Regimeform unter dem Streß der europäischen Integration. In: Wolfgang Streeck (Hrsg.), Internationale Wirtschaft, nationale Demokratie. Herausforderungen für die Demokratietheorie, Frankfurt, New York: Campus 1998, S. 113.

42 Winfried Münster, Europa hält Frankreichs Egozentrik nicht aus. Der Vertrag von Maastricht ist scheintot, seine Ziele sind entschwunden. In: Süddeutsche Zeitung vom 8.11.1992.

43 Pierre Servent, Déboires et espoirs de la construction européenne. La tour d'ivoire fissurée. In: Le Monde, 5.12.1992.

44 A rough year. In: The Economist vom 19.12.1992.

in den Inhalten.[45] Großbritannien war gegen die geplante Wirtschafts- und Währungsunion, gegen institutionelle Reformen und gegen inhaltliche Reformen im Bereich der Sozialpolitik. Margaret Thatcher nannte die Wirtschafts- und Währungsunion „ a cloud cuckoo land."[46] Nach ihrem Rücktritt im November 1990 erwies sich John Major als ebenso entschlossen in seiner Ablehnung einer vertieften Integration wie seine Vorgängerin. Der niederländische Ministerpäsident Lubbers, der die Regierungskonferenz in Maastricht am 9. Dezember 1991 eröffnete, nannte John Major mit Spitznamen „Mrs. Thatcher ohne Handtasche".[47] Eine Einigung schien in letzter Minute an der Ablehnung neuer sozialpolitischer Kompetenzen durch Großbritannien zu scheitern.[48] Als Jacques Delors plötzlich die Idee eines Abkommens von 11 Mitgliedstaaten über die Sozialpolitik aus dem Hut zauberte, war der Vertrag gerettet.[49] Freilich ein Vertrag, der für Nichtexperten mit all seinen Zusatzprotokollen und Ausnahmeregeln nur schwer zu verstehen ist.[50]

Im Vertrag von Maastricht vom 7.2.1992 wird der Binnenmarkt mit dem Konzept der Wirtschafts- und Währungsunion verbunden. In einer Denkschrift der deutschen Bundesregierung zum Vertrag wird die ökonomische Idee noch einmal betont: „Wichtig ist, daß das dem gesamten Vertrag zugrunde liegende Prinzip einer marktwirtschaftlichen Ordnung sowohl für die Wirtschafts- und Währungsunion als auch für die übrigen Gemeinschaftskompetenzen gilt."[51] Die Staats- und Regierungschefs waren in Maastricht „zu geradezu revolutionären Zugeständnissen in bezug auf die Geld-, Kredit- und Zinspolitik bereit."[52] Die Währungsunion bedeutet uneingeschränkte Konvertibilität der Währungen, die Liberalisierung des Kapitalverkehrs und die Fixierung der Wechselkurse der beteiligten Währungen. Voraussetzung der Währungsunion ist eine weitgehende wirtschaftliche Konvergenz der Mitgliedstaaten. Die Kriterien der Konvergenz beziehen sich auf die Preis-, Zins- und Währungsstabilität sowie auf begrenzte Haushaltsdefizite. Konkret wird festgelegt, daß die Inflationsrate eines Landes nicht mehr als 1,5 % über

---

45 Roy Pryce, The Treaty Negotiations. In: Andrew Duff, John Pinder, Roy Pryce (Hrsg.), Maastricht and Beyond. Building the European Union, London, New York: Routledge 1994, S. 39.

46 Ebd., S. 43.

47 Ebd., S. 50.

48 Otto Schulz, Maastricht und die Grundlagen einer europäischen Sozialpolitik, a. a. O., S. 93.

49 Richard Corbett, The Intergovernmental Conference on Political Union. In: Journal of Common Market Studies 30 (1992), S. 286. Vgl. Otto Schulz, Maastricht und die Grundlagen einer europäischen Sozialpolitik, a. a. O., S. 93. Helmut Kohl, François Mitterand und Jacques Delors machten den überraschenden Vorschlag.

50 Roy Pryce, The Treaty Negotiations, a. a. O., S. 39 nennt den Vertrag „an inelegant, complex and messy affair."

51 Bundestags-Drucksache 12/3334 vom 1.10.1992, S. 83.

52 Hans-Hermann Hartwich, Die Europäisierung des deutschen Wirtschaftssystems. Alte Fundamente, neue Realitäten, Zukunftsperspektiven, Opladen: Leske + Budrich 1998, S. 169.

der Inflationsrate und der durchschnittliche langfristige Zinssatz nicht mehr als 2 % über dem Zinssatz der drei Länder mit der niedrigsten Inflationsrate liegen dürfen. Die Währungsstabilität ist erreicht, wenn ein Land mindestens zwei Jahren ohne Abwertung gegenüber der Währung eines anderen Mitgliedstaates die normalen Bandbreiten des europäischen Wechselkursmechanismus eingehalten hat. Die Haushaltsdefizite müssen sich in folgenden Grenzen halten: Die kumulierten Staatsschulden dürfen nicht mehr als 60 % und das jährliche Nettodefizit nicht mehr als 3 % des Bruttoinlandproduktes des jeweiligen Landes betragen.

Es ist umstritten, ob neben der Wirtschaftspolitik mit dem Vertrag von Maastricht auch die Finanzpolitik der Mitgliedstaaten koordiniert werden muß. Ich möchte mich der Meinung anschließen, daß die Limitierung der Budgetdefizite auch einen Eingriff in die Finanzpolitik mit sich bringt.[53] In Art. 104 c EGV wird die Vermeidung übermäßiger Budgetdefizite festgeschrieben. Überschreitet ein Staat die Referenzwerte, dann wird die Kommission prüfen, „ob das öffentliche Defizit die öffentlichen Ausgaben für Investitionen übertrifft; berücksichtigt werden ferner alle sonstigen einschlägigen Faktoren, einschließlich der mittelfristigen Wirtschafts- und Haushaltslage eines Mitgliedstaats" (Art. 104 c Abs. 3 EGV). Weder die Zentralbanken der Mitgliedstaaten noch die Europäische Zentralbank dürfen Kredite zur Finanzierung von Haushaltsdefiziten vergeben (Art. 104 EGV). Da die Haushaltspolitik der nationalen Regierungen ein Instrument der Finanzpolitik sein kann, bedeutet die Festlegung von Referenzwerten für die Budgetdefizite, daß die Finanzhoheit der Mitgliedstaaten von den europäischen Regelungen öffentlicher Defizite nicht unberührt bleibt. Die Regierungen der Mitgliedstaaten müssen nun die Finanzpolitik koordinieren. Auch die Koordinierung durch ein europäisches Regelsystem läßt sich als Beeinträchtigung der nationalen Finanzhoheit interpretieren.[54]

Die Gegenthese vertritt Hans-Hermann Hartwich. Er entwickelt das Argument, daß in der Wirtschafts- und Währungsunion des Vertrages von Maastricht die Europäisierung genau da haltmache, wo der „Kern nationalstaatlicher Innenpolitik berührt war, nämlich in der Finanz-, Steuer- und Haushaltspolitik."[55] Er begründet seine These mit der Unterscheidung zwischen den Befugnissen der Europäischen Zentralbank und den Befugnissen des Ministerrates. Immer wenn es um hoheitliche Funktionen gehe, entscheide der Ministerrat. Nicht die Leitung der europäischen Notenbank, sondern der Ministerrat schaffe die Grundlagen für die unverzinslichen Pflichtguthaben,

53 Bettina von Harder, Die Interdependenzen zwischen Währungsunion und Politischer Union in der Europäischen Union des Maastrichter Vertrages, Frankfurt, Berlin, Bern, New York, Paris, Wien: Peter Lang 1997, S. 37.

54 Ebd., S. 251.

55 Hans-Hermann Hartwich, Die Europäisierung des deutschen Wirtschaftssystems, a. a. O. S. 169.

die Mindestreserven, die von den nationalen Kreditinstituten auf Konten der europäischen Zentralbank oder bei den nationalen Zentralbanken zu hinterlegen sind.[56] Die Mindestreservenpolitik ist ein hoheitlicher Eingriff in die Geldschöpfungsmöglichkeiten der Privatbanken und damit ein finanzpolitisches Instrument. Die Basis für die Mindestreserven und für die Sanktionen bei Nichteinhaltung wird jedoch durch Entscheidung des Ministerrates mit qualifizierter Mehrheit nach Art. 42 in Verbindung mit Art. 19 Abs. 2 des Protokolls über die Satzung des Europäischen Systems der Zentralbanken und der Europäischen Zentralbank festgelegt. Dies bedeutet, daß ein Mitgliedstaat überstimmt werden kann und damit potentiell einen Teil seiner Finanzhoheit nicht mehr ausübt. Dieses Einfallstor in die nationalstaatliche Finanzhoheit übersieht Hans-Hermann Hartwich, da er nur davon spricht, es bedürfe eines „komplizierten Procedere" bevor die Europäische Zentralbank die Mindestreservenpolitik anwenden könne.[57] Entscheidend ist aber hier die Abstimmungsregel im Ministerrat. Nur bei Einstimmigkeit ließe sich die These von der unangetasteten nationalen Finanzhoheit halten. Die Finanzhoheit ist nicht länger allein in der Hand der Mitgliedstaaten. Die Regierungen der Mitgliedstaaten koordinieren nun mit den europäischen Organen die Finanzpolitik.[58]

Die Idee des Binnenmarktes wird im Vertrag von Maastricht durch die Ziele einer gemeinsamen Währung und einer koordinierten Wirtschafts- und Finanzpolitik stärker verankert. Doch auch die sozialpolitische Idee spielt im Vertrag von Maastricht eine bedeutende Rolle. Die erste wichtige Innovation findet sich in Artikel 2 über die Aufgaben der Europäischen Union. War es nach der EEA die Aufgabe der Gemeinschaft, „eine harmonische Entwicklung des Wirtschaftslebens ..., eine beständige und ausgewogene Wirtschaftsausweitung, eine größere Stabilität, eine beschleunigte Hebung der Lebenshaltung ..." zu fördern, enthält der Artikel mit Maastricht den entscheidenden Zusatz, daß es zu den Aufgaben der Gemeinschaft gehört, neben einem hohen Beschäftigungsniveau auch ein „hohes Maß an sozialem Schutz" zu gewährleisten. Es gehört nun nicht nur zu den Zielen der Gemeinschaft, die „Lebenshaltung", sondern auch die „Lebensqualität" zu erhöhen. Es geht nicht nur um eine „engere Beziehung zwischen den Staaten", sondern um „den wirtschaftlichen und sozialen Zusammenhalt und die Solidarität zwischen den Mitgliedstaaten" (Art. 2 EGV in der Fassung von Maastricht). Gemeinschaftsrechtliche Grundsätze wie Artikel 2 besitzen nach der rechtswissenschaftlichen Literatur Verfassungsrang.[59] Man kann daher die Innova-

56 Ebd., S. 170.

57 Ebd.

58 Andrew Duff, The Main Reforms. In: Andrew Duff, John Pinder, Roy Rryce (Hrsg.), Maastricht and Beyond, a. a. O., S. 23.

59 Carsten Nowak, Perspektiven einer umweltverfassungskonformen Auslegung der europäischen Wirtschaftsverfassung. In: Thomas Bruha, Joachim Jens Hesse, Carsten Nowak (Hrsg.), Welche Verfassung für Europa? Baden-Baden: Nomos 2001, S. 217.

tion des Maastrichter Vertrages auf den kurzen Nenner bringen: Die Europäische Union basiert nun auf einer Wirtschaftsverfassung und auf einer Sozialverfassung.[60] Wirtschafts- und Sozialverfassung sind gleichberechtigte Partnerinnen. Zumindest nach den rechtlichen Grundlagen ist keine Priorität gegeben.

Neben der Sozialpolitik wird die Umweltpolitik im Vertrag von Maastricht ausgebaut. Das Gewicht des Umweltschutzes wird durch die Aufnahme in die Präambel des Vertrages über die Europäische Union und durch die Artikel 2 und 3 des EG-Vertrages hervorgehoben. Die Tätigkeit der Gemeinschaft umfaßt nun auch „eine Politik auf dem Gebiet der Umwelt" (Art. 3 k EGV).[61] Das Mitentscheidungsverfahren und damit ein größerer Einfluß des Parlamentes gilt für die Allgemeinen Aktionsprogramme und für die Angleichung umweltpolitischer Normen, die der Verwirklichung des Binnenmarktes dienen (Art. 100 a EGV). Für die anderen Bereiche der Umweltpolitik wird nach dem Kooperationsverfahren entschieden. Einstimmigkeit ist für Vorschriften steuerlicher Art, für Raumordnung und Bodennutzung sowie die Energiepolitik auch weiterhin erforderlich (Art. 130 s EGV). Schließlich wird ein Kohäsionsfonds eingerichtet, der wirtschaftlich schwächeren Mitgliedstaaten finanzielle Hilfe für Umweltprojekte gewährt. Alles in allem sind dies nur erste rechtliche Grundlagen für eine mögliche Berücksichtigung des Umweltschutzes im Binnenmarkt. „Ungeachtet aller umweltfreundlichen Erklärungen, mit denen der Vertragstext dekoriert wurde", so der Abgeordnete Otto Schily, sei „keine klare Zielvorgabe auf eine ökologische Ökonomie erkennbar."[62]

Die europäische Kulturpolitik hat in Maastricht Premiere. Erstmals wird mit Artikel 128 EGV eine kulturpolitische Zuständigkeit der Europäischen Union begründet. Nach diesem Artikel ist es das Ziel der europäischen Kulturpolitik, einen Beitrag „zur Entfaltung der Kulturen der Mitgliedstaaten unter Wahrung ihrer nationalen und regionalen Vielfalt sowie gleichzeitiger Hervorhebung des gemeinsamen kulturellen Erbes" zu leisten. Dieser Text läßt sich nicht auf das Schlagwort von der „Einheit in der Vielfalt" reduzieren. Europäische Kulturpolitik soll sich in der Kommunikation der Bürger auf allen Ebenen über ihre ganz spezifischen und vielfältigen Kulturen entfalten. Vielfalt hat Vorrang vor Einheit. In der Kommunikation über die Kulturen können sich Gemeinsamkeiten zeigen, die jedoch nicht die Existenz eines

60 Hans von der Groeben, Jochen Thiesing, Claus-Dieter Ehlermann, Kommentar zum EU-/EG-Vertrag, 5. Aufl. Baden-Baden: Nomos 1997, Bd. 1, S. 181.

61 Entspricht Art. 3 l EGV in der Fassung von Amsterdam.

62 Verhandlungen des Deutschen Bundestages, 12. Wahlperiode, 126. Sitzung am 2.12.1992, S. 10874.

festen europäischen Kulturkanons suggerieren.[63] In diesem Sinn läßt sich der Kulturartikel des Vertrages von Maastricht durchaus verstehen. In der Kommunikation über europäische Kulturen kann etwas Neues entstehen, und auch der Blick auf die eigene Kultur kann sich durch die Differenz der Kulturen in Europa ändern. Die kulturelle Idee soll nach Artikel 128 Abs. 4 auch in anderen Politikbereichen eine Rolle spielen. Das Zögern der Mitgliedstaaten, der Europäischen Union eine kulturpolitische Kompetenz zuzuerkennen, läßt sich an der Einstimmigkeitsregel für den Ministerrat trotz der Mitentscheidung ablesen (Art. 128 Abs. 5 EGV).

Mit der Ausweitung der Sozial- und Umweltpolitik und den neuen Kompetenzen im kulturellen Bereich wird das politische Europa gestärkt. Es wird immer deutlicher, daß auf der europäischen Ebene verbindlich über konkurrierende Ideen und Interessen entschieden wird. Dominierte in der Europäischen Union bisher der Binnenmarkt, so entsteht mit dem Vertrag von Maastricht eine neue Gewichtung zwischen Ökonomie und Sozialpolitik. Umwelt und Kultur werden auf der europäischen Ebene mitgestaltet. In der Auseinandersetzung über die jeweilige Austarierung unterschiedlicher Ideen und Interessen zeichnet sich ab, daß hier eine politische Ordnung im Entstehen begriffen ist. Mit dem Vertrag von Maastricht sind die ersten rechtlichen Schritte zu einer politischen Gesamtordnung in der Europäischen Union getan. „The point-of-no-return" ist für die politische Integration erreicht.[64]

Im Vertrag von Maastricht erhalten demokratische Verfahren eine größere Relevanz. Insbesondere das Abkommen über die Sozialpolitik ist nicht nur ein Schritt zu mehr Sozialpolitik, sondern auch ein wichtiger Schritt auf dem Weg zu mehr Demokratie in der Europäischen Union. Das Parlament gewinnt an Einfluß auf die sozialpolitischen Entscheidungsprozesse, und die Sozialpartner werden zu wichtigen Akteuren auf der europäischen Bühne.

Mit dem Abkommen über die Sozialpolitik erhält die Europäische Union für 11 Mitgliedstaaten wesentlich erweiterte sozialpolitische Zuständigkeiten.[65] Mit qualifizierter Mehrheit im Ministerrat und in Zusammenarbeit mit dem Parlament können Normen in folgenden Politikfeldern verabschiedet werden: Verbesserungen der Arbeitsumwelt zum Schutz der Gesundheit und der Sicherheit der Arbeitnehmer, Arbeitsbedingungen, Unterrichtung und Anhörung der Arbeitnehmer, Chancengleichheit von Männern und Frauen auf dem Arbeitsmarkt, Gleichbehandlung am Arbeitsplatz und berufliche Eingliederung der aus dem Arbeitsmarkt ausgegrenzten Personen (Art. 2 Abs. 1 des

---

63 Zu einem solchen Verständnis europäischer Kultur als einer „Polykultur" vgl. Dirk Frenzel, Kulturelle Eye-dentity: Die Kulturpolitik der EU am Beispiel der Filmförderung, Frankfurt, Berlin, Bern, New York, Paris, Wien: Peter Lang 1999, S. 9.

64 Philippe C. Schmitter, The Single European Act, the Maastricht Accord and the Emerging European Polity, a. a. O., S. 257.

65 Das Vereinigte Königreich ist 1997 unter der Regierung Blair dem Abkommen beigetreten.

Abkommens über die Sozialpolitik). Insbesondere der Bereich der „Arbeitsbedingungen" ist umfassend zu verstehen, und „es darf daher nicht unterschätzt werden, welch ein dynamisches Entwicklungspotential europäischer Sozialpolitik hier schlummert angesichts der Tatsache, daß über die Arbeitsbedingungen mit qualifizierter Mehrheit abgestimmt werden kann."[66] Einstimmig beschließt der Ministerrat nach Anhörung des Parlamentes nur noch in Fragen der sozialen Sicherung, der Mitbestimmung und des kollektiven Arbeitsrechtes (vgl. Tabelle II.2).

66 Otto Schulz, Maastricht und die Grundlagen einer europäischen Sozialpolitik, a. a. O., S. 97.

Tabelle II.2: Die sozialpolitischen Kompetenzen der Europäischen Union bis zum Vertrag von Maastricht

	EWG-Vertrag	EEA	EGV	Abkommen über die Sozialpolitik
Arbeitsbedingungen (außerhalb Art. 118 a)	–	–	–	++
Unterrichtung und Anhörung der Arbeitnehmer	–	–	–	++
Chancengleichheit von Männern und Frauen auf dem Arbeitsmarkt	–	–	–	++
Berufliche Eingliederung der aus dem Arbeitsmarkt ausgegrenzten Personen	–	–	–	++
Soziale Sicherheit und sozialer Schutz der Arbeitnehmer	–	–	–	+
Schutz der Arbeitnehmer bei Beendigung des Arbeitsvertrages	–	–	–	+
Kollektives Arbeitsrecht und Mitbestimmung	–	–	–	+
Beschäftigung der Staatsangehörigen dritter Länder	–	–	–	+
Arbeitsumwelt	–	++	++	++
Koordination der sozialen Sicherung	+	+	+	
Freizügigkeit der Arbeitnehmer	++	++	++	

++bedeutet qualifizierte Mehrheit
+ bedeutet Einstimmigkeit
– bedeutet keine Kompetenz

Quelle: Gerda Falkner, EU Social Policy in the 1990s. Towards a corporatist policy community, London/New York: Routledge 1998, S. 82.

Ein Durchbruch ist bei der Beteiligung der Sozialpartner gelungen. Ein Experte der europäischen Sozialpolitik kommentiert sogar: „Vorfahrt für die Sozialpartner.“[67] Der Europäische Gewerkschaftsbund (EGB), die Europäische Union der Arbeitgeber und Industrieverbände (UNICE) und der Europäische Zentralverband der öffentlichen Wirtschaft (CEEP) hatten 1991 eine Vereinbarung getroffen, die nun in das Abkommen über die Sozialpolitik übernommen wurde. Wenn die Kommission Vorschläge im Bereich der Sozialpolitik machen möchte, muß sie vorher die Sozialpartner anhören. Eine zweite Anhörung findet statt, wenn die Kommission einen konkreten Entwurf formuliert hat. Die Sozialpartner können der Kommission auch mitteilen, daß sie selbst eine Vereinbarung treffen wollen. Für die Ausarbeitung einer Vereinbarung haben die Sozialpartner neun Monate Zeit. Mit Maastricht werden die Sozialpartner zu Akteuren der europäischen Sozialpolitik. Ohne ihre Zustimmung kann auf der europäischen Ebene Sozialpolitik nicht gestaltet werden.[68] Die Sozialpartner haben die Möglichkeit, über die Differenz ihrer Standpunkte zu kommunizieren. Die Kommission wiederum kann nur nach Gesprächen mit den Sozialpartnern dem Rat sozialpolitische Entwürfe vorlegen.

Die demokratischen Grundlagen europäischer Politik werden auch durch die Einführung des Mitentscheidungsverfahrens erweitert. Das Verfahren bringt dem Europäischen Parlament im Vergleich zur Kooperation den Vorteil, daß Entwürfe zu Fall gebracht werden können.[69] Kündigt das Parlament in der zweiten Lesung an, daß es einen Entwurf ablehnen werde, dann beruft der Rat einen Vermittlungsausschuß aus Mitgliedern des Rates und ebenso vielen Vertretern des Parlamentes ein. Wird keine Einigung erzielt und lehnt das Parlament anschließend den Entwurf mit der absoluten Mehrheit ab, dann ist die Richtlinie oder Verordnung gescheitert. Schlägt das Parlament Änderungen vor, dann ist die Kommission am Zuge. Akzeptiert sie die Änderungen, kann der Rat mit qualifizierter Mehrheit den Rechtsakt annehmen. Änderungen des Parlamentes, die die Kommission abgelehnt hat, kann der Rat nur noch einstimmig beschließen. Sagt der Rat zu dem geänderten Entwurf des Parlamentes nein, dann wird wiederum der Vermittlungsausschuß einberufen. Kommt es jetzt zu einer Einigung, müssen der Rat mit qualifizierter Mehrheit und das Parlament mit absoluter Mehrheit zustimmen, und die Richtlinie oder Verordnung ist verabschiedet. Kommt es nicht zu einer Einigung, hat der Rat die Möglichkeit, seinen ursprünglichen Gemeinsamen Standpunkt mit qualifizierter Mehrheit zu verabschieden. Jetzt hat das Parlament ein Veto. Es kann den vom Rat verabschiedeten Entwurf mit absoluter Mehrheit ablehnen.

67 Ebd., S. 99.

68 Gerda Falkner, EU Social Policy in the 1990s, a. a. O., S. 83.

69 Selbst aus der Sicht des Parlamentes bedeutete Maastricht einen Machtzuwachs. Richard Corbett, The Intergovernmental Conference on Political Union. In: Journal of Common Market Studies 30 (1992), S. 298: „In terms of the powers of the EP it makes a significant breakthrough.”

In diesem Verfahren gibt es also eine dritte Lesung. Formal ist die Mitentscheidung kein großer Zugewinn für das Parlament. Real aber hat sich gezeigt, daß es durch die Möglichkeit des Vetos gelingt, den Änderungsvorschlägen des Parlamentes größeres Gewicht als bei der Zusammenarbeit zu verschaffen. Dies gilt insbesondere für die zweite Lesung, in der die Sanktionsmöglichkeiten gegenüber dem Rat zu Buche schlagen. In 82 abgeschlossenen Mitentscheidungsverfahren vom November 1993 bis Juli 1997 wurden von der Kommission 61 % und vom Rat 46,9 % der Änderungsanträge des Parlamentes aus der zweiten und dritten Lesung angenommen (vgl. Tabelle II. 3).

Tabelle II.3: Erfolgsraten parlamentarischer Änderungsanträge im Rahmen des Mitentscheidungsverfahrens 1993 - 1997

Erfolgsrate der Änderungsanträge des EP aus der ersten Lesung	Kommission: (+ 3,9 % teilweise)	52,5 %
	Rat: (+ 3,7 % teilweise)	42,7 %
Erfolgsrate der Änderungsanträge des EP aus der zweiten und dritten Lesung	Kommission: (+ 1,9 % teilweise)	61 %
	Rat: (Gemeinsame Texte aus Vermittlung: 12,5 %)	46,9 %

Quelle: 82 abgeschlossene Mitentscheidungsverfahren im Zeitraum von November 1993 bis Juli 1997. Andreas Maurer, Regieren nach Maastricht: Die Bilanz des Europäischen Parlaments nach fünf Jahren „Mitentscheidung". In: Integration 21 (1998), S. 220.

Ein Pluspunkt für das Europäische Parlament ist auch die mit Maastricht eingeführte obligatorische Anhörung der designierten Mitglieder der Europäischen Kommission. Die erste Anhörung fand im Januar 1995 statt. Die Abgeordneten des Europäischen Parlamentes haben es den zukünftigen Kommissaren nicht leicht gemacht. Der damalige Präsident des Parlamentes, Klaus Hänsch, empfand die Anhörungen als „relativ rigoros".[70] Die Abgeordneten fragten nach der politischen und beruflichen Erfahrung der Kandi-

70 Die Zitate des folgenden Abschnittes sind entnommen: Europäisches Parlament, Info Memo Sonderausgabe Nr. 8, 11.1.1995.

daten und ihrer Unabhängigkeit, nach dem Standpunkt zur Zukunft der Europäischen Union, der Beziehung zwischen Kommission und Parlament und den spezifischen Befugnissen der Kandidaten innerhalb der Kommission.

Massive Kritik richtete sich gegen die designierten Mitglieder der Kommission Anita Gradin, Ritt Bjerregaard, Yves Thibault de Silguy, Erkki Liikanen und Padraig Flynn. Frau Gradin habe auf Fragen „eher vage“ geantwortet, Frau Bjerregaard habe die Dossiers des Parlamentes zu Umweltfragen nicht gelesen, Herr de Silguy habe die Frage zur Zukunft der Europäischen Union „sehr vorsichtig, um nicht zu sagen übertrieben zaghaft“ beantwortet, Herr Liikanen sei in seinen Antworten zur Verteilung der haushaltspolitischen Kompetenzen „wenig entgegenkommend“ gewesen. Am schlechtesten schnitt Padraig Flynn ab. Der Vorsitzende des Parlamentsausschusses für soziale Angelegenheiten und Beschäftigung schrieb an den Präsidenten des Parlamentes: „In diesem Zusammenhang muß ich Ihnen mitteilen, daß der Auftritt des Kommissars bei der Anhörung im Ausschuß allgemeine Enttäuschung hervorgerufen hat. Der Kommissar zeigte sich fast durchweg unfähig oder abgeneigt, auf die ihm gestellten Fragen direkt zu antworten.“[71]

In der Plenardebatte zu den Anhörungen kamen die Vor- und Nachteile des Verfahrens zur Sprache. Die Abgeordnete Green von der Sozialistischen Fraktion betonte die Vorteile des offenen und informativen Verfahrens. Sie hätte sich gewünscht, man könne in Großbritannien die Minister der britischen Regierung auf diese Weise befragen.[72] Der Abgeordnete Christodoulou von der Christdemokratischen Fraktion machte auf die Nachteile aufmerksam. Man habe nicht genügend Zeit gehabt, und es sei zu keinem richtigen Dialog gekommen.[73] Für die Fraktion Die Grünen plädierte die Abgeordnete Roth für die Ablehnung der Kommission: „Wollen täten wir schon, aber dürfen haben wir uns nicht getraut! Mir scheint, als hätte der bayerische Volksschauspieler Karl Valentin unserem Parlament einen Besuch abgestattet und genau diesen Eindruck bekommen. ... Gerade in kritischen, in schwierigen und politisch bedeutenden Situationen haben wir uns immer wieder als ein Scheinriese erwiesen. Denn je näher eine Abstimmung rückt, umso kleiner werden unsere Ansprüche, umso leisetreterischer wurde unsere Kritik, und zu guter Letzt ist die Mehrheit vor der eigenen Courage eingeknickt! ... Wenn die öffentlichen Anhörungen nicht bloßes Ritual sein sollen, wenn die heftigen Einsprüche vieler Kolleginnen und Kollegen hier im Hause berechtigt waren, dann müssen wir heute mit Nein stimmen. Was hat Karl Valentin gesagt? Wollen täten wir schon, aber dürfen haben wir uns nicht getraut. Wir

71 Europäisches Parlament, Info Memo Sonderausgabe 8, 11.1.1995, Anhang.

72 Verhandlungen des Europäischen Parlaments vom 17.1.1995, Amtsblatt der EG, Nr. 4-456, S. 23.

73 Ebd., S. 35.

wollen, wir dürfen, also tun wir es! Stimmen wir mit Nein!“[74] Die Kommission Santer wurde mit 416 Ja-Stimmen gegen 103 Nein-Stimmen bei 59 Enthaltungen bestätigt.[75]

Trotz der genannten Pluspunkte für die europäische Demokratie bleibt im Vertrag von Maastricht das Defizit einer mangelnden Verankerung der europäischen Politik in der Souveränität der Völker bestehen. Europäische Politik, die auf der Grundlage des Maastrichter Vertrages stattfindet, wird nicht hinreichend durch Kommunikation über Differenz gekennzeichnet sein. Es ist kein Zufall, daß die Bürger in den Mitgliedstaaten, die Referenden zur Ratifizierung des Vertrages durchführten, ihre Kritik deutlich zum Ausdruck brachten.

Am 2. Juni 1992 entschieden sich die Bürger Dänemarks in einem Referendum mit 50,7 % zu 49,3 % gegen den Vertrag von Maastricht. Das Nein wirkte wie ein Schock. Es waren 47.000 Stimmen gegen die weitere europäische Integration, die den Ausschlag gaben. Das Ergebnis zeigte die Kluft zwischen den Bürgern und der politischen Elite. Alle maßgeblichen Parteien Dänemarks hatten für den Vertrag plädiert. Die Meinungsumfragen ergaben, daß in Dänemark weitverbreitete Befürchtungen existierten, in der Folge des Vertrages könnten die hohen sozialen und umweltpolitischen Standards in Dänemark Schaden nehmen.[76] Die Staats- und Regierungschefs haben daraufhin Anfang Dezember 1992 in Edinburgh mit einer Erklärung akzeptiert, daß Dänemark nicht an der Währungsunion teilnehmen werde.

Die Skepsis, wie es mit dem Vertrag weitergehen werde, blieb groß. „Wir machen unseren Wählern etwas vor. Da mag der Herr Außenminister noch so tapfer im europäischen Walde pfeifen, der Maastrichter Vertrag werde in Dänemark und England dann doch noch ratifiziert. Herr Kinkel, in allen europäischen Hauptstädten pfeifen es die Spatzen von den Dächern, daß dieser Vertrag gescheitert ist.“ So kommentierte Peter Conradi die Lage in der Schlußdebatte des Bundestages zur Ratifizierung des Vertrages.[77] Mit 547 Ja-Stimmen gegen 18 Nein-Stimmen bei einer Enthaltung wurde der Vertrag vom Bundestag angenommen. Die Klage eines ehemaligen Kabinettschefs der Kommission und von vier Abgeordneten des Europäischen Parlamentes beim Bundesverfassungsgericht gegen die Verfassungsmäßigkeit der Ratifizierung wurde mit dem Urteil vom 12. Oktober 1993 abgelehnt.

---

74 Verhandlungen des Europäischen Parlaments vom 18.1.1995, Amtsblatt der EG, Nr. 4-456, S. 153.

75 Ebd., S. 158.

76 Andrew Duff, Ratification. In: Andrew Duff, John Pinder, Roy Pryce (Hrsg.), Maastricht and Beyond, a. a. O., S. 55.

77 Verhandlungen des Deutschen Bundestages, 12. Wahlperiode, 126. Sitzung am 2.12.1992, S. 10855.

Die ausführliche Debatte über das Urteil muß hier nicht wiederholt werden.[78] Entscheidend ist die methodische Schwäche des Urteils, die in der Regel als ein Indiz für eine Kompetenzüberschreitung des Gerichtes gelten kann. Die Richter verwickeln sich in einen folgenschweren Widerspruch. Der europäischen Integration seien Grenzen gesetzt, weil gegenwärtig die Volkssouveränität nur durch die nationalen Parlamente vermittelt werde. Gleichzeitig basiert das Urteil auf einem völkischen Verständnis von Volkssouveränität. Demokratie könne es nur in einem Staat geben, dessen Volk „relativ homogen – geistig, sozial und politisch" sei.[79] Unter dieser Prämisse kann es eine Demokratie in der Europäischen Union gar nicht geben, da die Völker der Mitgliedstaaten nicht homogen sind. Im Widerspruch zu seiner eigenen Prämisse hält das Gericht die Entwicklung einer europäischen Identität durch eine europäische Öffentlichkeit oder durch europäische Parteien für möglich.[80]

Nur in neun der zwölf Mitgliedstaaten war im Laufe des Jahres 1992 der Ratifizierungsprozeß abgeschlossen. In Frankreich hatte der Vertrag schon alle Hürden genommen als mit Mitterands Entscheidung, ein Referendum abzuhalten, die Ratifizierung erneut in Frage gestellt wurde. Um den Vertrag ratifizieren zu können, hatte das Verfassungsgericht eine Änderung der französischen Verfassung für notwendig erachtet. Nationalversammlung und Senat nahmen die Verfassungsänderung an. 70 Senatoren klagten daraufhin vor dem Verfassungsgericht. Nach ihrer Meinung war der Vertrag von Maastricht verfassungswidrig. Die Idee der nationalen Souveränität lasse sich mit der europäischen Integration nicht in Einklang bringen. Wenn die Souveränität nur noch eine Ansammlung von Kompetenzen sei und man diese Kompetenzen wie die Blätter einer Artischocke nach und nach entfernen könne, dann stelle sich doch die Frage, wann man bei dem Herzen der Artischocke angekommen sei. Die Verfassungsrichter ließen sich jedoch auf eine Diskussion der „Artischocken-Theorie" der Souveränität gar nicht ein und entschieden für den Vertrag.[81] Etwa zwei Wochen später, am 20. September 1992, fand das Referendum statt.

Das Referendum fiel denkbar knapp aus. Für den Vertrag stimmten 50,8 %. 500.000 Stimmen retteten den Vertrag. Die öffentliche Meinung in Frankreich zu den Vor- und Nachteilen der europäischen Integration war gespalten.

78 Vgl. Ingo Winkelmann (Hrsg.), Das Maastricht-Urteil des Bundesverfassungsgerichtes vom 12. Oktober 1993. Dokumentation des Verfahrens mit Einführung, Berlin: Duncker & Humblot 1994.

79 BVerfGE 89, 155 (186).

80 BVerfGE 89, 155 (185).

81 Alec Stone, Ratifying Maastricht. France Debates European Union. In: French Politics & Society 11 (1993), S. 82. Stone merkt an, daß man sich vorstellen könne, daß britische Parlamentarier sich ganz ähnlich über die Bedrohung der Souveränität durch die europäische Integration äußerten „but probably not by way of gastronomy."

Besonders deutlich war das Stadt-Land-Gefälle. Mehr als zwei Drittel der Ja-Stimmen kamen allein aus der Region Paris.[82]

Nach der Einschätzung von Alec Stone macht das Referendum deutlich, daß Europa zu einem innenpolitischen Thema geworden war.[83] Zugleich könne man erkennen, daß es eine Mehrheit in Frankreich gebe, die Souveränität heute flexibler betrachte als dies traditionell in Frankreich der Fall gewesen sei. Man akzeptiere, daß Kompetenzen gemeinsam mit anderen Staaten ausgeübt werden müssen, um Handlungsfähigkeit zurückzugewinnen.[84]

Sowohl die Referenden in Dänemark und Frankreich als auch die Debatte in Deutschland sind Indizien für die Herausbildung des politischen Europa. In Deutschland wurde die politische Debatte über den Vertrag zwar mit juristischen Mitteln ausgetragen, doch ist diese Verrechtlichung der Politik ein charakteristisches Merkmal der deutschen politischen Kultur. Die Bürger erkennen, daß europäische Entscheidungen weitreichende Folgen für die Verteilung von Gütern und die Geltung von Normen in den Gesellschaften der Mitgliedstaaten haben. Daraus ergibt sich das Interesse an einer öffentlichen Debatte über die europäische Integration. Seit Maastricht melden sich die Bürgerinnen und Bürger in europäischen Fragen zu Wort. Die Europäische Union ist nicht länger eine Angelegenheit ausschließlich für Politiker, Industrielle und Experten.

3. Der Vertrag von Amsterdam

Als nach allen Umwegen der Vertrag von Maastricht am 1. November 1993 in Kraft trat, war es schon an der Zeit, die vereinbarte Vertragsrevision vorzubereiten. Am 2. Mai 1995 begannen die „achtzehn Weisen“ einer Reflexionsgruppe ihre Arbeit im Kloster San Domenico zu Taormina. Die Mitglieder der Gruppe hatten die Aufgabe, die Agenda für die Regierungskonferenz zu erarbeiten und die Optionen für mögliche Reformen des Vertrages von Maastricht zu prüfen. Am 5. Juni wurden sie in Messina von den Außenministern der Mitgliedstaaten offiziell eingesetzt. Mit Messina hatte man einen historischen Ort gewählt. Vierzig Jahre zuvor hatten hier die Außenminister Spaak (Belgien), Beyen (Niederlande), Martino (Italien), Pinay (Frankreich), Bech (Luxemburg) und der deutsche Staatssekretär Hallstein die Europäische Wirtschaftsgemeinschaft ins Leben gerufen. Klaus Hänsch erinnerte an die große Skepsis, mit der schon 1955 ein britischer Beobachter die europäische Integration betrachtet habe: „Ich werde Messina mit einem Gefühl der Zufriedenheit verlassen, weil sie sich auch nach längeren Verhand-

82 Ebd., S. 83.
83 Ebd., S. 85.
84 Ebd., S. 86.

lungen nicht einigen können; selbst wenn sie sich einigen, wird nichts dabei herauskommen; und wenn etwas dabei herauskommt, wird es ein Desaster sein."[85] Wie so oft im Verlauf der europäischen Integration war die Realität weniger desaströs als die Prognose.

Zu den Mitgliedern der Reflexionsgruppe gehörten Vertreter der Außen- und Europaministerien. Elisabeth Guigou und Elmar Brok nahmen für das Europäische Parlament und Marcelino Oreja für die Kommission teil. Den Vorsitz der Reflexionsgruppe führte Carlos Westendorp, der spanische Staatssekretär für die Europäischen Gemeinschaften. Über Material konnten die achtzehn Weisen nicht klagen. Das Europäische Parlament, die Kommission, der Ministerrat, der Gerichtshof und der Ausschuß der Regionen hatten umfangreiche Berichte über das Funktionieren des Vertrages von Maastricht vorgelegt.

Die Kommission betonte im Vorwort ihres Berichtes, daß sich die europäische Integration seit Maastricht nicht mehr allein auf die Ökonomie beschränke.[86] Als die beiden wichtigsten Herausforderungen für die weitere Entwicklung sah die Kommission ein stärkeres Einbeziehen der Bürger in den Prozeß der Integration und die Osterweiterung. Die Kommission gab zu, daß „die Öffentlichkeit der Union mit Skepsis begegnet."[87] Eine „offene, kontrovers geführte Debatte über Europafragen ist eine echte Chance: Die Weiterentwicklung Europas muß durch mehr Öffentlichkeit abgesichert werden."[88]

Einige Defizite der Funktionsweise wurden auf die noch kurze Phase der Geltung des Vertrages, einige Defizite auf die mangelnde Umsetzung des Vertrages und einige Defizite auf strukturelle Schwächen zurückgeführt. Zu den strukturellen Schwächen zählte die Kommission die zahlreichen Entscheidungsverfahren, die zu Intransparenz und nicht erkennbarer Verantwortlichkeit führten.[89] Auch das Abkommen über die Sozialpolitik sei ein Beispiel für mangelnde Kohärenz europäischer Politik, da die Nichtbeteiligung eines Mitgliedstaates ein gefährlicher Präzedenzfall sei. Die Kommission äußerte zwei Befürchtungen. Erstens habe sich die intergouvernementale Zusammenarbeit als nicht zureichend erwiesen. Und zweitens sei es nicht gelungen, die Europäische Union den Bürgern nahezubringen.[90]

---

85 Peter Hort, Mut und Furchtsamkeit, Vergangenheit und Zukunft. In Messina erinnert Europa sich der Anfänge. In: Frankfurter Allgemeine Zeitung vom 6.6.1995.

86 Commission of the European Communities, Report on the Operation of the Treaty on European Union, Brussels, 10.5.1995, SEC (95) 731 final, S. 1, S. 14.

87 Ebd., S. 1 Vgl. Europäisches Parlament, Weißbuch zur Regierungskonferenz 1996, Bd. 1, S. 242.

88 Ebd., S. 2.

89 Ebd., S. 87.

90 Ebd.

Das Europäische Parlament plädierte ebenfalls für eine „bürgernähere Form" des Vertrages von Maastricht.[91] Die „Aufsplitterung des institutionellen Systems" solle beendet, und die Außen- und Sicherheitspolitik sowie der Bereich Justiz und Inneres sollten in das Gemeinschaftssystem einbezogen werden.[92] Einer wirksameren Gestaltung der Politik bedurfte es nach Meinung des Europäischen Parlamentes in einer Reihe von Politikfeldern wie z. B. der Sozial-, Umwelt-, Verkehrs- und Kulturpolitik.[93] Das Parlament sprach sich bei den institutionellen Fragen für eine stärkere Rolle des Kommissionspräsidenten, eine interne Umstrukturierung der Kommission[94] und für eine erweiterte Anwendung der Mitentscheidung aus. Die Mitentscheidung habe sich bewährt und nicht zu einer Verlangsamung der Gesetzgebung geführt.[95] Auch der Europäische Rat war mit dem Funktionieren der Mitentscheidung insgesamt zufrieden. Der Rat kritisierte, daß Abgeordnete des Parlamentes im Vermittlungsausschuß Änderungsvorschläge noch einmal auf die Agenda gesetzt hätten, die das Plenum des Parlamentes zuvor schon abgelehnt habe.[96] Das Verfahren der Zustimmung des Parlamentes zu den designierten Mitgliedern der Kommission habe mit sieben Monaten zu viel Zeit in Anspruch genommen.[97]

Vergleicht man die Berichte der Institutionen, dann fällt auf, daß sich der Europäische Rat auf eine Zustandsbeschreibung konzentrierte, die Kommission die Defizite zu erklären versuchte, und das Parlament die weitreichendsten Vorschläge für die Zukunft entwickelte. So schlug das Parlament beispielsweise vor, ein europaweites Referendum über die Ratifizierung des neuen Vertrages durchzuführen. Eine Analyse der Regierungskonferenz von 1996/97 kommt zu dem Ergebnis, daß nur das Parlament im Vorfeld der Konferenz ein kohärentes Gesamtkonzept vorgelegt habe.[98]

Die Reflexionsgruppe mußte sich durch einen Berg von Materialien arbeiten und obendrein den unterschiedlichen Positionen der Mitgliedstaaten gerecht werden. Die Bandbreite der Positionen der Mitgliedstaaten reichte von Belgiens Plädoyer für eine generelle Mehrheitsabstimmung im Rat und für ein Programm zur Herstellung der Konvergenz auf sozialem Gebiet über die

---

91 Europäisches Parlament, Bericht über die Funktionsweise des Vertrags über die Europäische Union im Hinblick auf die Regierungskonferenz 1996, Dok. A4-0102/95, Teil I.A, S. 6.

92 Ebd., S. 12.

93 Ebd., S. 10ff.

94 Ebd., S. 13.

95 Europäisches Parlament, Dok. A4-0102/95, Teil I.B, S. 3.

96 Report of the Council on the Functioning of the Treaty on European Union Brussels, 1995, S. 18.

97 Ebd., S. 19.

98 Nina Basedahl, Einflußnahme bei begrenzter Partizipation. Die Beteiligung des Europäischen Parlaments an der Regierungskonferenz 1996/97, Baden-Baden: Nomos 2000, S. 384.

deutsche Position, daß nicht der langsamste Mitgliedstaat das Tempo der europäischen Integration bestimmen dürfe bis hin zur Ablehnung aller Fortschritte in Richtung einer politischen Union durch Großbritannien. „Eine Union der Nationen" und nicht mehr sollte nach Meinung der britischen Regierung die Europäische Union sein. Der allmählichen Entwicklung einer Art Vereinigter Staaten müsse Einhalt geboten werden.[99]

Die Reflexionsgruppe plädierte zwar für eine transparentere Union, hielt sich aber in ihrem eigenen Bericht mit Transparenz vornehm zurück. Statt klipp und klar zu sagen, welcher Mitgliedstaat jeweils wie votiert hat, liest man z. B. im Abschnitt über die Mitentscheidung: „Eine große Mehrheit befürwortet eine Ausweitung des Verfahrens. Die meisten Mitglieder möchten dieses Verfahren auf alle Rechtsvorschriften ausdehnen, die vom Rat mit qualifizierter Mehrheit angenommen werden... Ein Mitglied ist grundsätzlich gegen jede Ausweitung."[100]

Das Vereinigte Königreich war nicht nur gegen die Ausweitung der Mitentscheidung, sondern auch gegen die häufigere Anwendung der qualifizierten Mehrheit im Ministerrat. „Ein Mitglied sieht keinen Bedarf für eine Ausdehnung der qualifizierten Mehrheit und führt an, qualifizierte Mehrheit sei im Vergleich zur Einstimmigkeit nicht immer mit einer effizienteren Entscheidungsfindung gleichzusetzen."[101] Die Abneigung in Großbritannien gegen zuviel Aufgabe nationaler Souveränität ist auch in den Verhandlungen des Europaausschusses des House of Lords erkennbar. Während der Anhörung von Sir Leon Brittan, des damaligen Vizepräsidenten der Europäischen Kommission, fragte z. B. Lord Tebbit, ob ein nationales Parlament überhaupt noch souverän sein könne, wenn ihm Gesetze gegen seinen Willen von außen vorgeschrieben werden könnten.[102] Und als die Europaexpertin Helen Wallace das Argument vortrug, daß die Osterweiterung nur erfolgversprechend sei, wenn die europäischen Institutionen effektiv arbeiteten, sah Lord Stoddart of Swindon sofort das Gespenst des Föderalismus am Horizont: „Really what you are saying is that you cannot have eastern enlargement without more federalism?" „That would be my view", antwortete Helen Wallace, fügte jedoch hinzu: „I was explicitly not using the word ‚federal' because I think that is a confusing word in the British discussion. My argument – you may say it is the same thing – is that one needs the ability to have effective

99 Parlement Européen, Groupe de Travail du Secretariat General, Conference Intergouvernementale, 31. Juli 1995, Aufzeichnung über die Positionen der Mitgliedstaaten der Europäischen Union vor der Regierungskonferenz 1996. Vgl. Europäisches Parlament, Weißbuch zur Regierungskonferenz 1996, Bd. II, S. 179-186.

100 Bericht der Reflexionsgruppe, Brüssel 5. Dezember 1995, S. 24.

101 Ebd., S. 27.

102 House of Lords, Select Committee on the European Communities, Session 1994-95, 18th report: „1996 Inter-Governmental Conference", Minutes of Evidence, London: HMSO 1995, S. 70.

collective policies in those areas that are central to making a success of an eastern enlargement."[103] Bei der Debatte im House of Lords zur Regierungskonferenz kamen die unterschiedlichsten Standpunkte zur Sprache. Neben Sir Leon Brittan und Helen Wallace wurden u. a. auch Elmar Brok, Elisabeth Gigou und David Martin vom Europäischen Parlament, der Generalsekretär der Kommission, David Williamson, der Europaexperte Alan Dashwood sowie Vertreter von Interessenverbänden angehört.

Insgesamt sind bei der Vorbereitung der Regierungskonferenz durch die Berichte der europäischen Organe, die Debatten in den nationalen Parlamenten und die Arbeit der Reflexionsgruppe eine Vielzahl von Positionen diskutiert worden. Es läßt sich also durchaus sagen, daß die Vorbereitungen der Konferenz durch eine Kommunikation über Differenz geprägt waren.

Dieser Befund wird zusätzlich durch zwei öffentliche Anhörungen bestätigt, die das Europäische Parlament im Oktober 1995 und im Februar 1996 durchführte. An diesen Anhörungen nahmen mehr als 200 Nichtregierungsorganisationen teil wie z. B. Menschenrechtsorganisationen, kirchliche Einrichtungen, Umweltschutzverbände, Arbeitgeberverbände und Gewerkschaften. Das Parlament hat es den Organisationen freigestellt, sich zu der Anhörung anzumelden. In den Anhörungen äußerten die Vertreter der Organisationen ihr Interesse an einem Ausbau des Grundrechtsschutzes und der Unionsbürgerschaft. Eine stärkere Beachtung der Sozialpolitik und der Umweltpolitik wurde gefordert.[104]

Einige der Vorschläge der Nichtregierungsorganisationen nahm das Parlament in eine Entschließung vom 13.3.1996 auf. Die Anregung, in den Vertrag einen Grundrechtskatalog zu integrieren, wurde vom Parlament ebenso akzeptiert wie die stärkere Beachtung der öffentlichen Dienstleistungen. Insbesondere hatten die Vorschläge zur Beschäftigungspolitik den Effekt, daß das Parlament die Einfügung eines eigenständigen Beschäftigungskapitels in den Vertrag auf seine Fahnen schrieb. Als Resultat der Anhörungen der Nichtregierungsorganisationen hat das Parlament in seiner neuen Entschließung nichtökonomischen Ideen größere Bedeutung zugemessen. Auf der Basis dieser Position hat das Parlament die Vertragsrevision mit beachtlichem Erfolg beeinflußt.

Freilich ist es mit zwei Anhörungen im Europäischen Parlament nicht gelungen, ein hohes Niveau an Kommunikation über Differenz in den Öffentlichkeiten der Mitgliedstaaten zu erreichen. Über den Vertrag von Amsterdam als Ergebnis der Regierungskonferenz von 1996/97 hatten nur 34 % der Bürger der Mitgliedstaaten der Europäischen Union überhaupt etwas gehört. Nur in

103 Ebd., S. 110.

104 Nina Basedahl, Einflußnahme bei begrenzter Partizipation, a. a. O., S. 273-275.

Dänemark war der Bekanntheitsgrad des Vertrages wegen der für Mai 1998 geplanten Volksabstimmung über den Vertrag und in den Niederlanden wegen des Gipfels in der Hauptstadt und einer umfangreichen Berichterstattung in den Medien besser. In Dänemark hatten 91 % der Bürger und in den Niederlanden 74 % der Bürger etwas über den Vertrag gehört. Die deutschen Bürger erwiesen sich nicht als gute Europäer: Nur 25 % wußten etwas über den Vertrag. Damit lag Deutschland gemeinsam mit Irland am unteren Ende der Skala.[105]

Vergleicht man die Einstellung der Bürger zur europäischen Integration zum Zeitpunkt der Unterzeichnung des Amsterdamer Vertrages mit ihrer Beurteilung zum Zeitpunkt der Unterzeichnung der Einheitlichen Europäischen Akte, dann zeigt sich eine deutliche Abnahme der Europabegeisterung. Im Durchschnitt der 15 Mitgliedstaaten waren im Herbst 1997 nur noch 49 % der Bürger im Vergleich zu 63 % im Herbst 1986 der Meinung, die Mitgliedschaft ihres Landes in der EU sei eine „gute Sache".[106]

Die Regierungskonferenz wurde am 29. März 1996 in Turin eröffnet und nach Zwischenstationen in Florenz und Dublin in Amsterdam auf dem Gipfeltreffen am 16. und 17. Juni 1997 beendet. In Amsterdam wurde der Vertragsentwurf der niederländischen Präsidentschaft abschließend behandelt, und am 2. Oktober 1997 konnte der Vertrag von den Außenministern unterzeichnet werden. Das Ergebnis zeigt in den zahlreichen Formelkompromissen des Vertrages noch immer die konkreten Differenzen zwischen den Mitgliedstaaten. Insbesondere bestand zwischen Deutschland und Frankreich Dissens über die Einfügung eines Beschäftigungskapitels in den Vertrag. Der schließlich gefundene Kompromiß einer besseren Abstimmung der Arbeitsmarktpolitik ohne den Einsatz zusätzlicher EU-Haushaltsgelder und ohne die Schaffung neuer Gemeinschaftskompetenzen sollte es beiden Ländern recht machen. Doch trägt ein solcher Formelkompromiß zukünftige Konflikte schon in sich. „L'Allemagne a gagné. La France a gagné," kommentierte Le Monde."[107] Der damalige französische Wirtschafts- und Finanzminister Dominique Strauss-Kahn betonte in einem Zeit-Interview, daß es nicht darum gehe, auf europäischer Ebene mehr Geld für Beschäftigungsprogramme auszugeben. „Vor allem in Deutschland dachte man, Frankreich wollte mehr europäische Großprojekte aus Gemeinschaftsmitteln finanzieren. Das ist falsch. Für die Beschäftigung können wir auch anders etwas tun – etwa den Steuerwettbewerb unter EU-Staaten begrenzen oder die Arbeitsgesetzgebung angleichen."[108]

---

105 Europäische Kommission, Eurobarometer Nr. 48 (1998), S. 11.

106 Ebd., S. 19.

107 Le Monde, 18.6.1997, S. 16. vgl. Frankfurter Allgemeine Zeitung vom 17.6.1997, S. 1: „Dünnes Einverständnis."

108 Zeit-Gespräch mit Dominique Strauss-Kahn. In: Die Zeit vom 25.7.1997, S. 11.

Die Regierungskonferenz hat in der Presse durchweg schlechte Noten bekommen. Über den „Gipfel der Reförmchen“ war in der Süddeutsche Zeitung zu lesen. „EU-Gipfel verfehlt grundlegende Reformen“ stand in der Frankfurter Rundschau. Die Frankfurter Allgemeine Zeitung nannte den Kompromiß zur Beschäftigungspolitik ein „dünnes Einverständnis.“ In den parlamentarischen Öffentlichkeiten gab es vereinzelt heftige Kritik am Vertrag. Peter Conradi plädierte im Deutschen Bundestag für die Ablehnung des Vertrages, weil die Abgeordneten deutlich machen müßten, „daß wir keine Union der Massenarbeitslosigkeit, keine Union der Reichen, keine Union der Bürokratie und keine Union ohne Demokratie wollen.“[109] Valéry Giscard d’Estaings Charakterisierung des Vertrages in der Assemblée Nationale war ebenfalls nicht schmeichelhaft: „Touffu, diffus, confus ... et pourtant incomplet.“[110] Trotz solch vereinzelt negativer Stimmen wurde der Vertrag von Amsterdam in den Parlamenten aller Mitgliedstaaten mit großen Mehrheiten angenommen (vgl. Tabelle II.4).

109 Verhandlungen des Deutschen Bundestages, 13. Wahlperiode, 222. Sitzung am 5.3.1998, S. 20283 (C).

110 Assemblée Nationale, Débats Parlementaires, 11e Législature, Session Ordinaire de 1998-1999, Compte Rendu Intégral Des Séances du Mercredi 3 Mars 1999, S. 1957.

Tabelle II.4: Abstimmungen der nationalen Parlamente über den Vertrag von Amsterdam

Land	Parlament	Datum	Ja-Stimmen	Nein-Stimmen	Enthaltungen
Belgien	Chambre des Représentants	09.07.1998	105	23	-
Dänemark[1]	Folketing	07.05.1998	92	22	4
Deutschland	Bundestag	05.03.1998	561	34	50
Finnland	Eduskunta	12.06.1998	110	4	-
Frankreich	Assemblée Nationale + Sénat (Congrès)	18.01.1999	758	111	-
Griechenland	Vouli ton Ellinon	17.02.1999	246	19	9
Irland[2]	Dail Éireann + Seanad Éireann (Oireachtas)	05.06.1998	Annahme durch Resolution ohne Abstimmung		
Italien	Camera dei Deputati	25.03.1998	429	1	44
Luxemburg	Chambre des Députés	14.07.1998	55	-	4
Niederlande	Eerste Kamer	21.12.1998	67	8	(nicht möglich)
Österreich	Nationalrat	18.06.1998	133	44	(nicht möglich)
Portugal	Assembleia da República	06.01.1999	205	24	-
Schweden	Riksdag	29.04.1998	226	40	7
Spanien	Congreso de los Diputados	01.10.1998	284	15	2
Vereinigtes Königreich	House of Commons	12.11.1997 19.01.1998	392 370	162 145	(nicht registriert)

[1]Zusätzliches Referendum am 28.05.1998: 55,1 % dafür
[2]Zusätzliches Referendum am 22.05.1998: 61,7 % dafür

Quelle: Europäisches Parlament, Generaldirektion für Ausschüsse und Delegationen, Brüssel. Angaben zu Österreich nach Auskunft der Österreichischen Botschaft, Berlin.

In welchen Punkten wurden mit dem Vertrag von Amsterdam, der erst am 1. Mai 1999 in Kraft getreten ist, die rechtlichen Grundlagen für die Entwicklung des politischen Europa erweitert?

In der Einleitung zum Bericht des Europäischen Parlamentes über den Vertrag von Amsterdam, unterstreicht der Verfasser, Dimitris Th. Tsatsos von der Sozialdemokratischen Partei Europas, daß der neue Vertrag keine Endstation sei. Der Unionsvertrag befinde sich „in einem ständigen politischen und verfassungsgenetischen Prozeß", und konstruktive Kompromisse setzten die „Offenlegung, nicht die Vertuschung von Divergenzen voraus."[111] Als besonderer Erfolg des Parlamentes wird es gewertet, daß die Europäische Union „nicht nur und nicht im engeren Sinne als Ordnung eines gemeinsamen Marktes"[112] betrachtet werde. Die Einführung eines Titels zur Beschäftigung, die auf die Initiative des Parlamentes zurückgehe, belege die wachsende Bedeutung des Kriteriums der sozialen Gerechtigkeit in einer Europäischen Union, deren Schwerpunkt „bis dahin eher auf wirtschaftlichen Fragen zu liegen schien."[113]

Die rechtliche Grundlage für die soziale Dimension wird in der Tat ausgedehnt.[114] Mit der Übernahme des Abkommens über die Sozialpolitik in den Vertrag über die Europäische Union können im Verfahren der Mitentscheidung und damit unter maßgeblicher Einflußnahme des Parlamentes die Arbeitsumwelt, die Arbeitsbedingungen, die Unterrichtung und Anhörung der Arbeitnehmer, die berufliche Eingliederung der aus dem Arbeitsmarkt ausgegrenzten Personen und die Chancengleichheit von Männern und Frauen auf europäischer Ebene gestaltet werden. Im Rat kann mit qualifizierter Mehrheit über entsprechende Richtlinien oder Verordnungen abgestimmt werden.

Auch die Einfügung des neuen Artikels 16 in den Vertrag von Amsterdam zur Bedeutung der Dienste von allgemeinem wirtschaftlichen Interesse vergrößert die rechtliche Basis für sozialpolitisches Handeln der Europäischen Union. Die Bedeutung dieser Dienste für die „Förderung des sozialen und territorialen Zusammenhalts" und der Stellenwert der Dienste für die gemeinsamen Werte der Union mache es zur Pflicht der Mitgliedstaaten und der Gemeinschaft, dafür zu sorgen, daß diese sozialen Dienste ihren Aufgaben gerecht werden können (Art. 16 EGV in der Fassung von Amsterdam).

Adrienne Héritier hat die wichtige Rolle Frankreichs für die Einfügung dieses Artikels in den Vertrag gezeigt. Es läßt sich ein Zwei-Ebenen-Prozeß nachzeichnen, der sich zunächst in Frankreich abspielte. Verbände wie das Centre

111 Europäisches Parlament, Bericht über den Vertrag von Amsterdam. Institutioneller Ausschuß, 5.11.1997, Dok. A4-0347/97, S. 12ff. Die Einleitung stammt von Dimitris Th. Tsatsos, die anderen Teile des Berichtes wurden gemeinsam mit Mendez de Vigo von der Europäischen Volkspartei verfaßt.

112 Ebd., S. 14.

113 Ebd., S. 27.

114 Ebd., S. 34 wird zu Artikel 16 des Vertrages zu den öffentlichen Diensten angemerkt, daß damit Dienste von allgemeinem Interesse im Rahmen der gemeinschaftlichen Wertordnung ausdrücklich anerkannt würden und es in Zukunft leichter sei, ein Gleichgewicht zwischen Wettbewerbsordnung und öffentlicher Daseinsvorsorge zu finden.

Européen des Entreprises à Participation Publique (CEEP) und eine Vereinigung ehemaliger Studenten der Polytechnique setzten sich für eine Berücksichtigung der öffentlichen Dienste ein. In einem nächsten Schritt wurde das Thema auf die europäische Ebene transferiert. Der damalige Kommissionspräsident Jacques Delors bat den Verband CEEP, Prinzipien für Dienste von öffentlichem Interesse zu erarbeiten. Die Bestrebungen des Kommissionspräsidenten wurden vom Europäischen Parlament unterstützt. Die Kommission machte dann den Vorschlag, einen neuen Absatz über die Dienste in Artikel 3 zu den Zielen der Gemeinschaft einzufügen. Auf der Regierungskonferenz sprachen sich Frankreich, Belgien, Spanien und Italien für die Berücksichtigung der Dienste von allgemeinem Interesse aus, während Großbritannien sich dagegen aussprach und Schweden, die Niederlande und Deutschland eine Mittelposition einnahmen. Am Ende des Entscheidungsprozesses der Regierungskonferenz stand der neue Artikel im Vertrag von Amsterdam.[115]

Ein weiterer Pluspunkt für die soziale Dimension ist das neue Beschäftigungskapitel. In diesem Kapitel werden die rechtlichen Grundlagen für eine koordinierte Beschäftigungs- und Arbeitsmarktpolitik der Mitgliedstaaten gelegt. Es werden jährlich Leitlinien festgelegt, die die Mitgliedstaaten in ihrer Beschäftigungspolitik berücksichtigen sollen und über die die Mitgliedstaaten Berichte vorlegen (Artikel 128 Abs. 2 und 3 EGV). Dies mag zunächst nach reiner Informationssammlung aussehen. Doch sollten die Bedeutung einer systematischen Information und eines Vergleiches für eine europäische Beschäftigungspolitik nicht unterschätzt werden. Auch die Initiativen und Pilotvorhaben, die der Rat mit qualifizierter Mehrheit gemeinsam mit dem Parlament nach dem Mitentscheidungsverfahren zur Förderung der Beschäftigungspolitik beschließen kann, beziehen sich im wesentlichen auf den Austausch von Informationen und Erfahrungen (Artikel 129 EGV). Genau damit könnte aber die Kommunikation über Differenz gestärkt werden. Die im Vertrag von Amsterdam angestrebten kommunikativen und interaktiven Steuerungsformen als technokratisch und „Best-Practice-Kapitalismus“[116] zu disqualifizieren, entbehrt bisher der empirischen Belege. Keineswegs müssen internationale Vergleiche und institutionalisiertes Lernen ausschließlich an „Kennziffern“ orientiert oder allein ökonomisch legitimiert sein.[117] Im jetzigen Stadium der ersten Schritte einer koordinierten europäischen Beschäftigungspolitik sind solche Urteile verfrüht. Ebenso wie meine These der Herausbildung des politischen Europa nur auf der Basis einer empirischen Ana-

115 Adrienne Héritier, The Politics of Public Services in European Regulation. Bonn, Max-Planck-Projektgruppe „Gemeinschaftsgüter: Recht, Politik und Ökonomie,“ Januar 2001, S. 11-15.

116 Stefan Tidow, Benchmarking als Leitidee. Zum Verlust des Politischen in der europäischen Perspektive. In: Blätter für deutsche und internationale Politik 44 (1999), S. 308.

117 Ebd.

lyse Plausibilität gewinnen kann, so bedürfte auch die These vom „Verlust des Politischen" einer empirischen Fundierung.

Auf dem Beschäftigungsgipfel von Luxemburg, der kurz nach der Unterzeichnung des Vertrages von Amsterdam vom 20. bis zum 21. November 1997 stattfand, wurden vier beschäftigungspolitische Leitlinien formuliert. Sie bilden in Verbindung mit dem Beschäftigungskapitel des Amsterdamer Vertrages die rechtliche Basis für die Chance, im Binnenmarkt auch die Sozialpolitik zur Geltung bringen zu können. Der damals amtierende Ratsvorsitzende, der luxemburgische Ministerpräsident Jean-Claude Juncker, hatte vor dem Gipfel klare Ziele einer koordinierten Beschäftigungspolitik genannt. „Zum Beispiel können wir uns verpflichten, jedem Arbeitslosen innerhalb von zwölf Monaten eine Stelle zuzuweisen – entweder einen regulären Job oder eben eine staatlich geförderte Beschäftigung. Und für junge Arbeitslose sollten wir das binnen sechs Monaten schaffen." Die Realisierung eines solchen Zieles koste nicht mehr als die Bezahlung des Arbeitslosengeldes. Es komme darauf an, daß jedes Land auf ein Aktionsprogramm verpflichtet werde. „Bisher haben Europas Staats- und Regierungschefs sich immer nur auf breite literarische Übungen verständigt. ... Einen weiteren Literaturgipfel lasse ich nicht zu."[118]

Wurde es dann doch ein Literaturgipfel? Dieses Urteil wäre ungerecht. Wer angenommen hatte, in Luxemburg werde das „Job-Wunder"[119] gefunden, wurde enttäuscht. Und auch die Schlagzeile des Herald Tribune, es gebe neue Leitlinien, aber wenig Hoffnung für die Arbeitslosen,[120] ging von übertriebenen Erwartungen aus. Die Staats- und Regierungschefs haben zum einen beschlossen, daß die Europäische Investitionsbank Darlehen im Umfang von 10 Mrd. ECU im Laufe der nächsten drei Jahre an kleine und mittlere Unternehmen für arbeitsintensive Projekte im Dienstleistungssektor vergeben solle.[121] Zum anderen wurden vier Leitlinien für die Beschäftigungspolitik der Mitgliedstaaten formuliert: erstens eine Verbesserung der Beschäftigungschancen durch den Übergang von passiven zu aktiven Arbeitsmarktmaßnahmen, zweitens die Entwicklung des Unternehmergeistes z. B. durch eine beschäftigungsfreundlichere Gestaltung des Steuersystems, drittens die Förderung der Anpassungsfähigkeit der Unternehmen und ihrer Arbeitnehmer etwa durch die Organisation der Arbeitszeit als Jahresarbeitszeit, und viertens die Stärkung der Maßnahmen für Chancengleichheit z. B. durch die Erleichterung der Vereinbarkeit von Beruf und Familie.[122]

---

118 Jean-Claude Juncker, Zeit-Gespräch. In: Die Zeit vom 24.10.1997.
119 Peter Hort, Frankfurter Allgemeine Zeitung vom 22.11.1997.
120 Barry James, International Herald Tribune vom 22.11.1997.
121 Lionel Barber et al., Financial Times vom 23.11.1997.
122 Beschäftigungspolitische Leitlinien. In: Eurostat, Sozialporträt Europas 1998, Luxemburg 1998, S. 104.

Der Gipfel in Luxemburg war ein erster zaghafter Schritt in der Koordination der Beschäftigungspolitik der Mitgliedstaaten der Europäischen Union. Frankreich erwies sich in diesem Bereich als Motor der europäischen Integration und unterstützte die Initiative der Kommission. Deutschland hingegen ist mit „seinem Attentismus in Europa zum Außenseiter avanciert, wenn es um die Sorge für die Arbeitsplätze geht."[123] Immerhin war der Beschäftigungsgipfel in der Öffentlichkeit weitaus bekannter als der Vertrag von Amsterdam. Während nur 34 % der Bürger der Mitgliedstaaten der EU etwas über den Vertrag von Amsterdam gehört hatten, war der Beschäftigungsgipfel immerhin 55 % der Bürger in den 15 Staaten bekannt.[124] Es zeigt sich einmal mehr, daß die Bürger sich durchaus für Europa interessieren, wenn es aus der Sicht der Bürger um zentrale Anliegen geht. 92 % der Bürger der 15 Mitgliedstaaten waren nach der Eurobarometer-Umfrage vom Herbst 1997 der Meinung, daß die Bekämpfung der Arbeitslosigkeit auf der Agenda der Europäischen Union Priorität haben müsse. In Frankreich lag dieser Prozentsatz mit 98 % der Bürger über und im Vereinigten Königreich mit 89 % der Bürger unter dem europäischen Durchschnitt.[125]

Auch die Umweltpolitik wurde durch den Amsterdamer Vertrag entscheidend gestärkt. Die umweltrechtliche Querschnittsklausel gehört nun zu den im ersten Teil des Vertrages genannten Grundsätzen der Gemeinschaft. Diese Aufwertung der ökologischen Querschnittsklausel in Artikel 6 EGV wird durch den neu gefaßten Artikel 2 EGV weiter betont. Es gilt nun als Verfassungsziel, daß die wirtschaftliche Entwicklung Nachhaltigkeit, ein hohes Maß an Umweltschutz und eine Verbesserung der Qualität der Umwelt gewährleisten soll. Das wirtschaftliche Handeln der Gegenwart muß nach dem Grundsatz der Nachhaltigkeit die ökologischen, ökonomischen und sozialen Interessen zukünftiger Generationen beachten. Dies bedeutet, daß freier Wettbewerb und Umweltschutz zu gleichrangigen Zielen europäischer Politik werden. Zur Wirtschafts- und Sozialverfassung kommt nun die europäische Umweltverfassung als gleichberechtigte Grundsatznorm der Europäischen Union hinzu.[126] Geraten die Ziele des Wettbewerbs und des Umweltschutzes miteinander in Konflikt, dann ist im Einzelfall über die jeweilige Setzung von Prioritäten zu entscheiden. Freilich ist die Gleichrangigkeit von freiem Wettbewerb und Umweltschutz in der europäischen Realität noch nicht gewährleistet.[127]

---

123 Hans-Hermann Hartwich, Die Europäisierung des deutschen Wirtschaftssystems, a. a. O., S. 300.

124 Europäische Kommission, Eurobarometer Nr. 48 (1998), S. 11 und S. 13.

125 Ebd., S. B.39.

126 Carsten Nowak, Perspektiven einer umweltverfassungskonformen Auslegung der europäischen Wirtschaftsverfassung, a. a. O., S. 215-239.

127 Ebd., S. 232.

Der kulturpolitische Artikel 128 des Maastrichter Vertrages wurde in den Amsterdamer Vertrag als Artikel 151 mit der Ergänzung übernommen, daß bei der Berücksichtigung kultureller Aspekte die Vielfalt der Kulturen zu wahren und zu fördern ist. Auch für den kulturpolitischen Artikel sah der ursprüngliche Vertragsentwurf die qualifizierte Mehrheit im Rat vor. Doch auch hier wurde in nächtlicher Sitzung der Rotstift angelegt, und es galt weiterhin die Einstimmigkeit im Rat trotz des Mitentscheidungsverfahrens.

Im Vertrag von Amsterdam wurden die rechtlichen Grundlagen für die Entwicklung des politischen Europa durch die Stärkung der Kompetenzen in den sozialen, umweltpolitischen und kulturellen Bereichen erneut ausgedehnt. Zugleich sind demokratische Verfahren fester verankert worden.

Zunächst einmal ist festzuhalten, daß mit der neuen Fassung der Generalklausel des ehemaligen Artikel F in Art.6 EUV die Demokratie zu den Grundsätzen der Europäischen Union gehört. Dieser Grundsatz hat nun wie der Grundsatz der Rechtsstaatlichkeit verpflichtenden Charakter.[128]

Sodann hat das Parlament in mehr Bereichen Mitentscheidungsbefugnisse erhalten, und das Mitentscheidungsverfahren ist zugunsten des parlamentarischen Einflusses geändert worden. Dies bedeutet einen geringfügigen Zuwachs an Demokratie. Für acht neue und 15 bestehende Bestimmungen des Vertrages wird die Mitentscheidung eingeführt. Zu den neuen Bestimmungen zählen u. a. die Maßnahmen zur Förderung der Beschäftigung (Artikel 129),[129] die Anwendung des Grundsatzes eines gleichen Entgelts für Männer und Frauen (Artikel 141) und Bestimmungen über das Gesundheitswesen (Artikel 152 Abs. 4). Zu den alten Bestimmungen, für die nun die Mitentscheidung gilt, gehören u. a. die Freizügigkeit (Artikel 18), die gegenseitige Anerkennung von Diplomen und Zeugnissen (Art. 47), die Maßnahmen zur Erreichung der umweltpolitischen Ziele (Artikel 175 Abs. 1), das Diskriminierungsverbot (Artikel 12), die soziale Sicherheit für Wanderarbeitnehmer (Artikel 42) und die Bereiche des in den Vertrag eingefügten Abkommens über die Sozialpolitik, über die bisher mit dem Verfahren der Zusammenarbeit entschieden wurde (Artikel 2 Abs. 2 des Sozialabkommens und nun Artikel 137 EGV in der Fassung von Amsterdam). Da nach dem Vertrag von Maastricht das Verfahren der Mitentscheidung schon für 15 Artikel galt, erweitert sich nun der Anwendungsbereich des Mitentscheidungsverfahrens auf 38 Artikel des Vertrages.[130]

---

128 Meinhard Hilf, Die Union und die Bürger: Nicht viel Neues, aber immerhin. In: Integration 4 (1997), S. 248.

129 Die Artikelnummern entsprechen dem EG-Vertrag in der Fassung von Amsterdam.

130 Europäisches Parlament, Weißbuch zur Regierungskonferenz 1996, Bd. I, S. 98.

Aus einem Vorbereitungsdokument der niederländischen Präsidentschaft vom 12. Juni 1997 geht hervor, daß aus der vorgeschlagenen Liste von Mehrheitsabstimmungen im Rat in der letzten Nacht des Gipfels sechs Rechtsgrundlagen wieder herausgestrichen wurden. Vier dieser Bereiche waren auch für die Mitentscheidung des Parlamentes vorgesehen: Die Bestimmungen zur Freizügigkeit, die soziale Sicherheit für Wanderarbeitnehmer, die Anerkennung von Diplomen und die Fördermaßnahmen in der Kulturpolitik. Konsequenterweise hätte man nach der Regel „Mitentscheidung des Parlamentes nur bei Mehrheitsentscheidung im Rat" diese vier Bestimmungen wieder von der Liste der Mitentscheidungsfälle ausschließen müssen. Faktisch blieb es jedoch bei der Mitentscheidung des Parlamentes trotz der weiterbestehenden Einstimmigkeit im Rat.[131] Über die Gründe für die unkoordinierte Streichaktion kann man nur spekulieren. Entweder hat man in nächtlicher Sitzung aus Zeitknappheit oder Müdigkeit vergessen, in den Akten umzublättern und den Rotstift auch bei der Mitentscheidung anzusetzen, oder man wollte das Parlament mit einer Reduzierung der Mitentscheidungsfälle nicht verärgern. Beteiligte Akteure halten die zweite Variante für plausibler.[132]

Das Mitentscheidungsverfahren ist nach Artikel 251 des Amsterdamer Vertrages zugunsten des Parlamentes vereinfacht worden. Das Parlament kann in der zweiten Lesung den vom Rat formulierten Gemeinsamen Standpunkt mit absoluter Mehrheit ablehnen. Der Rechtsakt ist dann gescheitert. Schlägt das Parlament Änderungen des Gemeinsamen Standpunktes vor, so nimmt zunächst die Kommission zu den Änderungen Stellung. Für den Fall, daß die Kommission einige Änderungsvorschläge des Parlamentes ablehnt, kann der Rat über diese Änderungen nur noch einstimmig beschließen. Wenn der Rat die Änderungen des Parlamentes nicht alle akzeptiert, wird ein Vermittlungsausschuß einberufen. Dieser Ausschuß besteht aus den Mitgliedern des Rates und ebenso vielen Vertretern des Parlamentes. Gelingt es dem Ausschuß, einen gemeinsamen Entwurf zu formulieren, dann müssen das Parlament mit absoluter Mehrheit und der Rat mit qualifizierter Mehrheit diesem Entwurf zustimmen. Kommen die entsprechenden Mehrheiten nicht zustande, ist der Rechtsakt abgelehnt. Der Rechtsakt gilt auch dann als gescheitert, wenn sich der Vermittlungsausschuß nicht auf einen gemeinsamen Entwurf einigen kann. Die bisherige Möglichkeit, daß der Rat nach dem Scheitern des Vermittlungsausschusses seinen alten Vorschlag wieder aus dem Hut zaubert und

131 Es gibt dadurch im Vertrag von Amsterdam vier weitere atypische Fälle von Einstimmigkeit im Rat und Mitentscheidung des Parlamentes.

132 Nina Basedahl, Einflußnahme bei begrenzter Partizipation, a. a. O., S. 376-377. Die Autorin bezieht sich auf einen Schriftwechsel mit Georg Birgelen, einem Vertreter Deutschlands beim Amsterdamer Gipfel. Birgelen hält es für möglich, daß die Staaten die Kopplung von Mitentscheidung und Einstimmigkeit aus „Angst" oder „Respekt" vor der politischen Macht des Parlamentes bewußt geduldet haben.

eine dritte Lesung im Parlament stattfindet, wurde mit dem Vertrag von Amsterdam abgeschafft (vgl. Abbildung II.1).[133]

---

133 Artikel 251 des Vertrages von Amsterdam ist identisch mit Artikel 251 des Vertrages von Nizza.

Abbildung II.1: Mitentscheidungsverfahren nach Art. 251 des Vertrages von Amsterdam

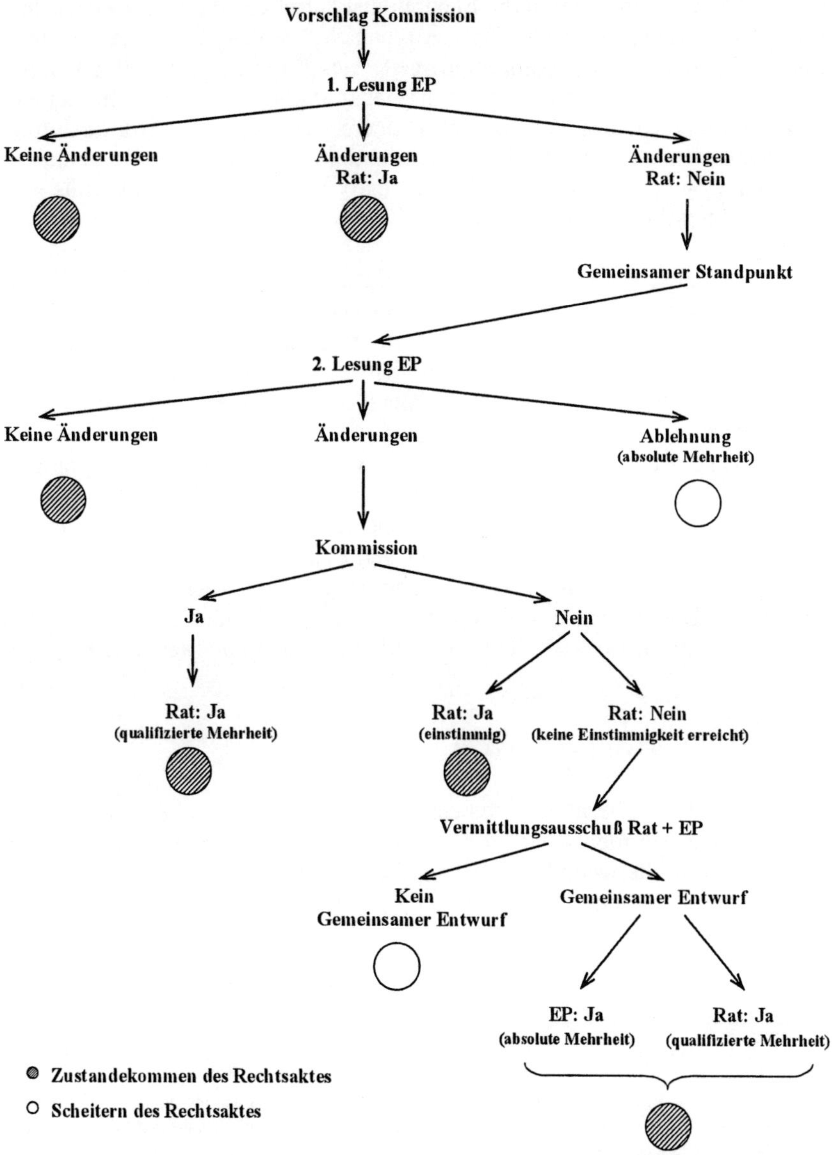

Mit dem Vertrag von Amsterdam ist es nicht gelungen, die Entscheidungsfähigkeit der Gemeinschaftsorgane grundlegend zu verbessern. Wichtige Reformen wurden vertagt. Über die Zusammensetzung der Kommission soll ein Jahr vor der ersten Osterweiterung entschieden werden.[134] Die nicht geglückten Reformen können durch die Flexibilitätsklausel des Artikels 43 über die verstärkte Zusammenarbeit nicht wettgemacht werden. Wichtiger als die Möglichkeit der engeren Zusammenarbeit eines Teiles der Mitgliedstaaten in einigen Gebieten wäre es gewesen, sehr viel konsequenter die Einstimmigkeit im Rat durch die qualifizierte Mehrheit zu ersetzen und mehr Bereiche durch Übernahme in die erste Säule des Amsterdamer Vertrages zu vergemeinschaften. „By comparison with these primary interests, the mechanisms for closer cooperation are only a sugar pill."[135]

Eine systematische Überarbeitung des Vertrages von Maastricht ist auf den Regierungskonferenzen von 1996/97 nicht gelungen. Sir Leon Brittans Plädoyer im House of Lords, auf den Regierungskonferenzen der Frage nachzugehen, auf welche Weise die Institutionen im Hinblick auf die Osterweiterung verändert werden müssen, blieb folgenlos.[136] Auch die Worte von Helen Wallace waren Kassandrarufe: „I think if you are going to go for the radical overhaul argument, which is really the area we have been getting on to, rather than a 5,000 mile service, there is a case for saying that there are core areas of policy that individual countries cannot deliver very well on their own, where in relation to collective interests and objectives there really is a case for a degree of collective action and some common rules."[137] Doch eine gründliche Überholung des Vertrages von Maastricht fand auf den Regierungskonferenzen 1996/97 nicht statt. Es blieb beim 5.000 Meilen-Service.

4. Der Vertrag von Nizza

Eine gründliche Überholung des europäischen Vertragswerkes sollte unter französischer Präsidentschaft in Nizza im Dezember 2000 nachgeholt werden. Es war mittlerweile höchste Zeit, die Gemeinschaft für die Osterweiterung institutionell fit zu machen. Doch die „left-overs" von Amsterdam ende-

134 Vgl. 1. Protokoll über die Organe im Hinblick auf die Erweiterung der Europäischen Union.

135 Claus Dieter Ehlermann, Differentiation, Flexibility, Closer Cooperation: The New Provisions of the Amsterdam Treaty, European University Institute, Robert Schuman Centre, Florence 1998, S. 6.

136 House of Lords, Select Committee on the European Communities, Session 1994-95, 18th Report, „1996 Inter-Governmental Conference", Minutes of Evidence, London: HMSO 1995, S. 69-70.

137 Ebd., S. 110.

ten im „hang-over“ von Nizza.[138] „Hang-over“ läßt sich in diesem Zusammenhang am besten mit „Katerstimmung“ übersetzen. Wie ist es zu dieser Katerstimmung gekommen?

In Nizza standen die nationalen Egoismen im Mittelpunkt der Debatten der Staats- und Regierungschefs. Ein Auszug aus dem Protokoll der Verhandlungen in der letzten Nacht der Regierungskonferenz am 11. Dezember 2000 kann dies veranschaulichen. Das Protokoll wurde in der spanischen Zeitung „El Pais“ am 12. Dezember 2000 abgedruckt und ist nach der Aussage eines hohen Beamten der Verwaltung des Europäischen Parlamentes authentisch.

„Jacques Chirac (Frankreich): ‚Heute ist der Tag der Wahrheit. Wenn wir zu keiner Einigung kommen, wird es eine schwere Krise der Union und eine schwere Krise des Euro geben. Und eine Vertagung der Erweiterung.‘
António Guterres (Portugal): ‚Ich bedaure. Der Vorschlag der Stimmengewichtung im Rat ist ein Staatsstreich.‘
Wim Kok (Niederlande): ‚Man behandelt uns nicht einmal wie Rumänien. Das ist unannehmbar.‘
Giuliano Amato (Italien): ‚Jeder hat seine Probleme. Wir werden uns mit einem Scheitern vor unsere Parlamente stellen, wenn wir die Erweiterung vertagen ... Das muß bedacht werden.‘
José María Aznar (Spanien): ‚Bezüglich der Kommission ist der Verlust eines zweiten Kommissars ein großes Opfer. Über den Rat ist eine substantielle Neugewichtung notwendig.‘
Jacques Chirac: ‚Praktisch niemand hat sich bewegt. Um Europa zu bauen, braucht es Wille und Vision und die Visionäre sind müde ...‘
Göran Persson (Schweden): Der Vorschlag der Präsidentschaft ist unausgewogen.‘
José María Aznar: ‚Was die großen Fünf anbelangt, scheint sich abzuzeichnen, daß sie einen Kommissar verlieren, und das vergißt man im Gespräch über die Neugewichtung. Im Rat und in der Kommission besteht doppelte Legitimation: Die Staaten und die Bevölkerung. Das ist objektiv. Spanien wird nicht zweifach bezahlen: In der Kommission und im Rat.‘
(...)
Romano Prodi (Kommission): ‚Nur den Ausgleich für den Verlust eines Kommissars zu betrachten, ist kein guter Blickwinkel.‘
Giuliano Amato: ‚Wenn man Entscheidungen ohne Bevölkerungsmehrheit trifft, wird das Volk das nicht akzeptieren.‘
(...)
Tony Blair (Großbritannien): ‚Wenn man das Gewicht der kleinen Staaten erhöht, verändert man das System.‘

---

138 „From the left-overs of Amsterdam to the hang-over of Nizza“, kommentierte ein Abgeordneter des Europäischen Parlamentes. Vgl. Dietmar Nickel, Generaldirektor des Europäischen Parlamentes, Vortrag im Europakolleg in Hamburg am 2.2.2001.

Gerhard Schröder (Deutschland): ‚Der Unterschied zwischen Deutschland und dem nächstfolgenden Land liegt bei 22 Millionen Einwohnern. Wie können wir diese Vorschläge rechtfertigen?‘
Paavo Lipponen (Finnland): ‚Die Großen verschanzen sich.‘
(...)
Jacques Chirac: ‚Wir müssen alle Anstrengungen unternehmen. Hier haben die Großen jeden Tag neun von zehn Schritten unternommen. Es ist ein großer Sieg für die Kleinen...‘
Paavo Lipponen: ‚Das Zugeständnis der Großen wurde in Amsterdam gemacht. Niemand verliert jetzt einen Kommissar.‘
Gerhard Schröder: ‚Gut, wer weiß, Prodi kann noch einen hinauswerfen...‘
(...)
Wolfgang Schüssel (Österreich): ‚Auf jeden Fall muß ich mein Parlament konsultieren.‘
Giuliano Amato: ‚Ich muß auch vor mein Parlament treten, das Fortschritte erwartet.‘
(...)
Jacques Chirac: ‚Die großen Staaten haben einen weiten Weg zurückgelegt. Die kleinen Staaten haben diesen Zugewinn eingesteckt.‘
António Guterres: ‚Frankreich beschwört die Geschichte herauf. Ich muß meine öffentliche Meinung im Lichte der Geschichte berücksichtigen: Man muß das Verhältnis Spanien-Portugal betrachten. Die portugiesische Geschichte handelt von nationaler Selbstbehauptung auf einer Halbinsel während achteinhalb Jahrhunderten. Ich muß erklären, daß man von einem Verhältnis von 8 zu 5 (gegenwärtigen Stimmen) zu einem anderen von 28 zu 11 kommt. Das werde ich im Parlament nicht ratifiziert bekommen.‘
Tony Blair: ‚Ich möchte daran erinnern, daß mit diesem Vorschlag das Vereinigte Königreich eine Stimme für zwei Millionen Einwohner hat und Portugal eine Stimme für jeweils 0,8 Millionen Einwohner...‘
(...)
António Guterres: ‚ So kann ich den Vertrag nicht annehmen.‘
Guy Verhofstadt (Belgien): ‚ Ich auch nicht.‘
Gerhard Schröder: ‚Manchmal ist es schwierig, das Konzept Europa zu verkaufen. Dieser Situation muß man sich stellen. Wenn wir scheitern, wird die Erweiterung deutlich verzögert. Daher habe ich akzeptiert, daß 22 Millionen Personen vergessen und ihrer Stimme beraubt werden. Deutschland hat Zugeständnisse gemacht, die schmerzen.‘
(...)
Guy Verhofstadt: ‚Wir müssen alle Zugeständnisse machen. Der Schmerz zählt dabei wenig. Aber das Wichtige ist, ob die Vereinbarung gut ist für die Union nach ihrer Erweiterung.‘
Gerhard Schröder: ‚Symbolisch müssen wir das Gesicht wahren und die Resultate den Parlamenten verkaufen.‘
Jean-Claude Juncker (Luxemburg): ‘Ich fürchte ein Scheitern...‘

Tony Blair: ‚Wir haben alle Probleme von nationalem Interesse und erkennen das an, aber das Gesamtpaket ist ausgewogen.‘
Romano Prodi: ‚Die Erweiterung kann vollzogen werden, aber nicht mit dem notwendigen Impuls.‘
Jacques Chirac: ‚Man kann nicht sagen, daß es Begeisterung gibt. Müßten wir nicht noch ein oder zwei Monate nachdenken?‘
Guy Verhofstadt: ‚Die Änderung der Stimmgewichtung muß nach einem nicht-diskriminierenden Modus geschehen. Und wenn sie nicht alle Staaten betrifft, kann ich nicht zustimmen.‘
Gerhard Schröder: ‚Mir wird schlecht, wenn ich diese Streitereien höre. Dies hat nichts mit der Organisation Europas zu tun. Ich werde dies noch lange erinnern. Es ist zwei Uhr morgens und ich kann zustimmen, aber dies verspricht nichts Gutes für die Zukunft.‘
Jacques Chirac: ‚Die Kommission und 14 Staaten sind für die Verabschiedung des Gesamtvertrages. Belgien legt ein Veto ein. Ich unterbreche die Sitzung für weitere Kontakte.‘
Es ist zwei Uhr morgens am Montag, den 11. Dezember 2000. Gut zwei Stunden später kommen die Staats- und Regierungschefs erneut zusammen. Es besteht Einvernehmen über den belgischen Vorschlag, die Stimmen Litauens auf 7 und Rumäniens auf 14 zu erhöhen. 4.20 Uhr kommt es zu einer Einigung über das Gesamtpaket.“[139]

Der Auszug aus dem Protokoll vermittelt einen Eindruck des Schlagabtausches, der zwischen den Staats- und Regierungschefs stattfand. Die Positionen waren festgezurrt, und es ging nicht um eine offene Kommunikation über unterschiedliche Ideen und Interessen. Der ehemalige Richter am Gerichtshof der Europäischen Gemeinschaften, Ulrich Everling, spricht von einem „unwürdigen Gefeilsche um Prestige.“ Freilich, so fügt er hinzu, habe es das schon immer gegeben.[140]

Für die Beantwortung der Frage dieser Arbeit ist zu prüfen, ob der Vertrag von Nizza die rechtliche Basis für die Entwicklung des politischen Europa erweitert hat. Eine politische Ordnung repräsentiert die Wertbeziehungen, die in der Durchsetzungskraft unterschiedlicher Ideen zum Ausdruck kommen. Das politische Europa entsteht in dem Maße, in dem Ideen und Interessen jenseits der Ökonomie eine Bedeutung gewinnen. Erst dann stellen sich die Fragen nach der Gestaltung einer politischen Ordnung.[141] Es ist also erstens zu untersuchen, ob der Vertrag von Nizza politischen Ideen und Interessen jenseits der Ökonomie zusätzliche Geltung verschafft und damit das politi-

139 Mitschrift des Protokolls der Verhandlungen von Nizza in: El Pais vom 12.12.2000, Nr. 1684, Internet-Ausgabe: ‚El Pais digital‘.

140 Ulrich Everling, Das Europäische Parlament ist der Gewinner von Nizza. In: Frankfurter Allgemeine Zeitung vom 20.1.2001, S. 8.

141 M. Rainer Lepsius, Institutionenanalyse und Institutionenpolitik, a. a. O., S. 402.

sche Europa voranbringt. Und zweitens werde ich analysieren, inwieweit mit den Regeln des Vertrages von Nizza die Chance steigt, daß europäische Politik durch demokratische Kommunikation über Differenz geprägt ist.

Eine tiefere Verankerung der Sozial-, Umwelt- und Kulturpolitik läßt sich für den Vertrag von Nizza selbst nicht beobachten. Kleine Änderungen etwa bei der Sozialpolitik durch die neue Kompetenz der Europäischen Union, Maßnahmen zur Bekämpfung der sozialen Ausgrenzung und zur Modernisierung des Systems des sozialen Schutzes zu ergreifen (Art. 137 EGV), könnten langfristig durchaus Folgen haben. Im Bereich der rechtlichen Grundlagen für die Umweltpolitik wurde für Maßnahmen zur Erreichung der umweltpolitischen Ziele auf Drängen Österreichs die Einstimmigkeit beibehalten (Art. 175 Abs.2 EGV). Im Vergleich zur Schaffung der Sozialverfassung durch den Vertrag von Maastricht und der Umweltverfassung durch den Vertrag von Amsterdam sind im Vertrag von Nizza keine Innovationen bei den nichtökonomischen Politikbereichen zu verzeichnen.

Das Bild ändert sich, wenn man die in Nizza proklamierte Charta der Grundrechte der Europäischen Union hinzunimmt.[142] Diese Charta ist zwar noch nicht Teil des Vertrages. Aber schon im Dezember 2001 haben die Staats- und Regierungschefs während des EU-Gipfels in Laeken die Frage auf die Agenda gesetzt, ob man die Charta in einen europäischen „Basisvertrag“[143] aufnehmen solle. In der Charta spielen sowohl soziale Teilhaberechte als auch ökologische und kulturelle Grundrechte eine hervorgehobene Rolle. Die sozialen Rechte werden in einem umfassenden Sinn verstanden. So haben Arbeitnehmerinnen und Arbeitnehmer z. B. das Recht auf „gesunde, sichere und würdige Arbeitsbedingungen“ (Artikel 31). Das Kapitel zum Thema „Solidarität“ (Artikel 27 bis Artikel 38) liest sich in der Tat wie ein „Kompendium heutigen Sozial- bzw. Arbeitsverfassungsrechts.“[144]

Wie steht es mit den vertraglichen Bestimmungen, die dazu beitragen könnten, daß europäische Politik durch eine demokratische Kommunikation über Differenz charakterisiert ist? Zunächst einmal akzeptieren die politischen Eliten mit dem Ziel der Osterweiterung die Öffnung der Europäischen Union für neue Differenzen ökonomischer, sozialer und kultureller Art.[145] 43 % der Bürger der Mitgliedstaaten plädierten im Frühjahr 2001 für die Erweiterung,

142 Charta der Grundrechte der Europäischen Union, unterzeichnet am 7.12.2000, Amtsblatt der EG, Nr. C 364 vom 18.12.2000, S. 1.

143 Europäischer Rat, Erklärung von Laeken – „Die Zukunft der Europäischen Union“ vom 15.12.2001, SN 273/01, Anlage 1, S. 7: „Ferner muß darüber nachgedacht werden, ob die Charta der Grundrechte in den Basisvertrag aufgenommen werden soll...“

144 Peter Häberle, Europäische Verfassungslehre, Baden-Baden: Nomos 2002, S. 486.

145 Nur 38 % der Bevölkerung der 15 EU-Mitgliedstaaten stimmten im Frühjahr 2000 der Erweiterung zu. Die Zustimmung war am höchsten in Schweden und am niedrigsten in Frankreich. Europäische Kommission, Eurobarometer Nr. 53 (2000), S. 55.

während 35 % der Bürger die Ansicht vertraten, die Europäische Union solle nicht erweitert werden.[146]

Demokratische Strukturen der Willensbildung und Entscheidungsfindung werden mit dem Vertrag von Nizza zum Teil ausgeweitet und zum Teil eingeschränkt. Mit der in Nizza proklamierten Charta der Grundrechte machen die Mitgliedstaaten deutlich, daß sich die Europäische Gemeinschaft auf die universellen Werte der Würde des Menschen, der Freiheit, der Gleichheit und der Solidarität gründet. Die Grundsätze der Demokratie und der Rechtsstaatlichkeit sind ein wichtiger Bestandteil der Charta und werden in einem dynamischen Sinn verstanden. „Die Union trägt zur Erhaltung und zur Entwicklung dieser gemeinsamen Werte unter Achtung der Vielfalt der Kulturen und Traditionen der Völker Europas sowie der nationalen Identität der Mitgliedstaaten und der Organisationen ihrer staatlichen Gewalt auf nationaler, regionaler und lokaler Ebene bei."[147] Auch wenn die Charta kein Bestandteil des Vertrages ist, so kann sie zum Ausgangspunkt für die Rechtsprechung und für eine zukünftige europäische Verfassung werden. Die Charta wurde von einem Konvent ausgearbeitet, in dem 16 Mitglieder des Europäischen Parlamentes, 30 Mitglieder der nationalen Parlamente und 15 Beauftragte der Staats- und Regierungschefs vertreten waren. Ein Mitglied der Kommission und zwei Richter des EuGH nahmen beobachtend an der Arbeit des Konventes teil. Der Konvent veranstaltete öffentliche Anhörungen, zu denen Vertreter gesellschaftlicher Gruppen eingeladen wurden. Der Konvent organisierte also eine Kommunikation über Differenz und kann als Methode betrachtet werden, das politische Europa zu festigen.[148]

Die für eine Union mit 27 Mitgliedern beschlossene Zusammensetzung des Europäischen Parlamentes bedeutet eine den realen Größenverhältnissen besser entsprechende Repräsentanz der Völker der Mitgliedstaaten als dies bisher der Fall war. In diesem Punkt sind sich die Kommentatoren einig. Auch Elmar Brok, der das Europäische Parlament bei der Regierungskonferenz vertreten hat und insgesamt den Vertrag für einen Rückschritt hält, wertet die neue Sitzverteilung im Parlament als positiv: „Die Herstellung eines erhöhten Maßes an Proportionalität im Verhältnis von Sitzzahl im Europäischen Parlament und Bevölkerung ist ein Fortschritt."[149] Zwei Ausnahmen von der Regel der demographischen Repräsentativität im Europaparlament

---

146 Europäische Kommission, Eurobarometer Nr. 55 (2001), S. 53. In den Beitrittsländern sind 59 % der Bürger der Meinung, die Mitgliedschaft in der EU wäre eine gute Sache (gegenüber 49 % der Bürger in den Mitgliedstaaten). Europäische Kommission, Eurobarometer der Kandidatenländer, Brüssel 2002, 2001, S. 3.

147 Präambel der Charta der Grundrechte der Europäischen Union, Amtsblatt der EG, Nr. C 364 vom 18.12.2000, S. 1.

148 Meinhard Hilf, Die Parlamente in einer zentralen Position. Das Konventverfahren als Modell. In: Frankfurter Allgemeine Zeitung vom 6.12.2000, S. 11.

149 Elmar Brok, Der Vertrag von Nizza: Wird die EU handlungsunfähig? In: Frankfurter Allgemeine Zeitung vom 13.1.2001, S. 11.

sind Tschechien und Ungarn. Obwohl diese Beitrittskandidaten in der Bevölkerungsgröße Belgien und Portugal gleichkommen, erhalten sie jeweils zwei Sitze im Parlament weniger. Elmar Brok spricht von einem „Prinzip der Willkür." Es wird davon ausgegangen, daß bei den Beitrittsverhandlungen Tschechien und Ungarn zwei Sitze mehr erhalten werden als es nach dem Vertrag von Nizza vorgesehen ist.[150]

Als Rückschritt für die Demokratie kann die Ausdehnung der qualifizierten Mehrheitsabstimmung im Rat ohne gleichzeitige Einführung des Mitentscheidungsverfahrens interpretiert werden. Dimitris Th. Tsatsos, griechischer Sozialist und gemeinsam mit Elmar Brok Vertreter des Europaparlamentes bei der Regierungskonferenz, hatte genau diesen Punkt für besonders wichtig gehalten. „Entscheidend ist die Abkehr vom Vetorecht im Rat und die mutige Ausweitung der Mehrheitsentscheidung auf Steuern, Sozialpolitik oder Inneres. Dies muß jeweils von der Ausweitung des Mitentscheidungsrechts des Parlaments begleitet sein, sonst reicht es nicht."[151]

Nach diesem Urteil des erfahrenen Parlamentariers und renommierten Verfassungsrechtlers muß der Vertrag von Nizza schlechte Noten bekommen. In 35 Artikeln ist im Vertrag von Nizza der Übergang von der Einstimmigkeit zur qualifizierten Mehrheit im Rat geglückt.[152] Doch nur in 6 Artikeln wird die Abstimmung mit qualifizierter Mehrheit im Rat mit dem Mitentscheidungsrecht im Parlament gekoppelt: Bei den Antidiskriminierungsmaßnahmen (Art. 13), der Justiziellen Zusammenarbeit in Zivilsachen (Art. 56), der Förderung der Wettbewerbsfähigkeit der Industrie durch spezifische Maßnahmen (Art. 157 Abs.3), der Aktionen außerhalb der Strukturfonds (Art. 159 Abs.3), des Status und der Finanzierung der politischen Parteien auf europäischer Ebene (Art. 191) und der Rechtsstellung von Flüchtlingen und Asylmaßnahmen (Art. 63 Abs. 1 und 2).[153] Auf der Basis des Vertrages von Nizza ist das Europaparlament bei 34 % der EG-Materien und 63 % aller EU-Materien nicht beteiligt.[154]

Mehrheitsentscheidungen wurden in Nizza auch für Personalentscheidungen vereinbart. Mit qualifizierter Mehrheit können in Zukunft die als Europäischer Rat versammelten Staats- und Regierungschefs der Mitgliedstaaten den Präsidenten der Kommission benennen. Ein „Knüller", so der Generaldirek-

---

150 So Dietmar Nickel, Generaldirektor des EP am 2.2.2001 bei einem Vortrag im Europakolleg in Hamburg.

151 Spiegel-Interview mit Dimitris Th. Tstatsos. In: Der Spiegel 48/2000, S. 19.

152 Es bleibt bei der Einstimmigkeit im Rat für die Sozialpolitik, für die Steuergesetzgebung und bis zum Jahr 2007 auch für die Strukturfonds.

153 Die Numerierung der Artikel entspricht der Fassung des EG-Vertrages in der Fassung von Nizza.

154 Wolfgang Wessels, Die Vertragsreformen von Nizza. Zur institutionellen Erweiterungsreife. In: Integration 24 (2001), Heft 1, S. 17.

tor des Europäischen Parlamentes, Dietmar Nickel. Das Beharren auf den eigenen Personalvorstellungen ist den nationalen Regierungen damit nur noch begrenzt möglich.[155]

Die Zusammensetzung des Parlamentes, die Benennung des Kommissionspräsidenten und die Proklamation einer Charta der Grundrechte bedeuten einen Fortschritt für die Demokratie in der Europäischen Union. Die fehlende Mitentscheidung des Parlamentes bei Verfahren mit qualifizierter Mehrheit im Rat hingegen ist als Rückschritt für die europäische Demokratie zu werten.

In der Kommission wird zunächst jeder Mitgliedstaat mit einem Kommissar oder einer Kommissarin repräsentiert sein. Erst bei einer Gesamtzahl von 27 Mitgliedstaaten will man zu einem Rotationsverfahren übergehen. Das Entscheiden im Ministerrat droht durch die Regelungen des Vertrages von Nizza stärker als bisher durch Sperrminoritäten überschattet zu werden. Für die politischen Akteure könnte Entscheiden im Schatten von Vetomacht eine größere Rolle spielen als dies bisher der Fall war. Eine Entscheidungssituation, die von Mißtrauen und Abwehrhaltungen charakterisiert ist, scheint wenig geeignet, eine Kommunikation über Differenz als charakteristische Eigenschaft der Entscheidungsfindung zu fördern.

Bei der Stimmengewichtung im Ministerrat haben die bevölkerungsreichen Staaten an Einfluß gewonnen, weil die Stimmenzahl der großen Mitgliedstaaten stärker erhöht wurde als die der kleinen Mitgliedstaaten.[156] Deutschland, Frankreich, Großbritannien und Italien werden ab dem 1.1.2005 jeweils 29 Stimmen, Spanien 27 Stimmen, die Niederlande 13, Griechenland, Belgien und Portugal 12, Schweden und Österreich 10, Dänemark, Finnland und Irland 7 und Luxemburg 4 Stimmen besitzen. Für eine qualifizierte Mehrheit werden weiterhin 71,3 % der Stimmen, also 169 von 237 Stimmen benötigt. Eine Entscheidung im Ministerrat kommt zustande, wenn neben dieser Stimmenzahl die Mehrheit der Mitgliedstaaten und 62 % der EU-Bevölkerung erreicht werden.

Sobald die Europäische Union 27 Mitglieder haben wird, werden bei einer Entscheidung, die im Rat auf Vorschlag der Kommission zu treffen ist, 255 von dann 345 Stimmen notwendig sein, um eine qualifizierte Mehrheit zu erreichen. Die Sperrminorität im Rat wird bei 91 Stimmen liegen.[157] Diese Regeln öffnen Tür und Tor für zahlreiche Blockaden im Entscheidungsprozeß. Deutschland könnte mit nur zwei weiteren großen Mitgliedstaaten wie

---

155 Ebd., S. 11.

156 Klemens H. Fischer, Der Vertrag von Nizza, a. a. O., S. 191: Die Stimmenzahl der Großen wurde um den Faktor 2,9, diejenigen der mittelgroßen und kleinen Staaten um den Faktor 2 erhöht.

157 Erklärung Nr. 21 des Vertrages von Nizza.

z. B. Großbritannien und Italien eine Entscheidung verhindern, weil ohne diese drei Staaten die notwendigen 62 % der EU-Bevölkerung nicht erreicht würden. Zahlreiche andere Modelle möglicher Blockaden wurden errechnet.

Nun mag man einwenden, daß der Rat stets einen Konsens angestrebt habe, und dies auch in Zukunft ganz unabhängig von den Abstimmungsregeln so sein werde. Die Annahme, der Streit um die Abstimmungsmodalitäten sei bizarr, weil es bisher nicht darauf angekommen sei, ob einige Stimmen mehr oder weniger für die qualifizierte Mehrheit erforderlich waren, ist einem statischen Denken verhaftet.[158] Zweierlei wird dabei übersehen. Zum einen hat die Möglichkeit einer Abstimmung mit qualifizierter Mehrheit den Prozeß des Konsensfindens oder des Aushandelns eines Kompromisses beschleunigt. Der kompromißfördernde Effekt von Mehrheitsregeln wird mit den in Nizza neu eingeführten Hürden für eine qualifizierte Mehrheit verringert. Zum anderen darf man nicht von einer linearen Fortschreibung des bisherigen Abstimmungsverhaltens im Rat ausgehen. Sowohl der Stil der Verhandlungen von Nizza als auch die neuen Abstimmungsregeln machen deutlich, daß „die Architekten des Vertrags in einer ängstlichen Abwehrhaltung ihre jeweilige nationale Vetomacht absichern wollten."[159] Es ist daher nicht auszuschließen, daß sich in Zukunft entgegen bisheriger Abstimmungsmuster feste Interessenkoalitionen herausbilden, die Entscheidungen blockieren. Die neuen Verfahren für eine verstärkte Zusammenarbeit von mindestens 8 Mitgliedstaaten der Europäischen Union sind noch immer so schwerfällig, daß sie als „Rettungsanker in Blockadesituationen"[160] schlecht geeignet sind.

Es könnte sich herausstellen, daß der Stil der Verhandlungen in Nizza, wie er in dem oben zitierten Protokoll zum Ausdruck kommt, nur der Vorbote einer Situation in der Europäischen Union ist, in der nationale Egoismen, Mißtrauen und das Denken in Hierarchien an Bedeutung zunehmen.[161] Jacques Chirac charakterisierte in seiner Rede über den Vertrag von Nizza im Europäischen Parlament die Verhandlungen selbst als „unangenehm."[162] Während derselben Debatte im Europaparlament gab Kommissionspräsident Romano Prodi zu bedenken, wenn man so weitermache wie in Nizza, dann werde Europa zu einem einzigen Verrechnungsbüro – „Chi vede l'Europa come una semplice camera di compensazione".[163] Klaus Hänsch von der Sozialdemokratischen Fraktion machte aus seiner Enttäuschung keinen Hehl: „Die Hand-

158 Ulrich Everling, Das Europäische Parlament ist der Gewinner von Nizza. In: Frankfurter Allgemeine Zeitung vom 20.1.2001, S. 8.

159 Wolfgang Wessels, Die Vertragsreformen von Nizza, a. a. O., S. 14.

160 Ebd., S. 15.

161 Jacques Delors, Beitrag während des Seminars „Zur Reform des Ministerrats", Notre Europe, Paris, April 2001, S. 17 und S. 37.

162 Verhandlungen des Europäischen Parlaments vom 12.12.2000, http://www.europarl.eu.int/plenary/default_de.htm (Beitrag Jacques Chirac).

163 Ebd., Beitrag Romano Prodi. (Das Zitat in italienischer Sprache findet sich in der „Regenbogenversion" der Verhandlungen des Europäischen Parlaments vom 12.12.2000, S. 23.)

lungsfähigkeit in wirklich entscheidenden Fragen ist nicht verbessert worden. Das Ergebnis der Kompromisse von Nizza ist nicht mehr Transparenz, sondern mehr Verschleierung. Die demokratische Legitimation der europäischen Politik ist nicht erhöht worden. Stattdessen wurde das Tor geöffnet zu einer schleichenden Intergouvernementalisierung (...) Die Erweiterung hat (...) uns alle vor die gleiche Aufgabe gestellt, vor der Monnet und Schuman und andere vor fünfzig Jahren standen: nämlich eine Methode, eine Struktur und eine Vision für die Zukunft Europas zu entwickeln. (...) Die Erweiterung wäre eine Chance dazu, und diese Chance, Herr Ratspräsident, haben Sie in Nizza vertan."[164] Auf die Gefahr einer erneuten Intergouvernementalisierung hatte schon Jacques Delors drei Monate zuvor auf einer Tagung von „Notre Europe" hingewiesen hatte. Auch er sieht eine Tendenz, daß zwischenstaatliche Verfahren der Gemeinschaftsmethode den Rang ablaufen könnten.[165]

Mit dem Vertrag von Nizza verschlechtert sich die Ausgangsbasis für eine demokratische Kommunikation über Differenz als Merkmal der politischen Willensbildung in der Europäischen Union. Denn durch die neuen Abstimmungsregeln wird es extrem schwierig werden, überhaupt die notwendigen Mehrheiten zu finden. Wenn es aber schon schwierig ist, zu Entscheidungen zu gelangen, dann wird die Offenheit der Kommunikation darunter leiden. Es besteht die Gefahr, daß die politischen Eliten Blöcke bilden und den Blick für Alternativen aus dem Auge verlieren. Mißtrauen, das Beharren auf nationalen Interessen und das Denken in Hierarchien sind keine guten Voraussetzungen für die Handlungs- und Problemlösungsfähigkeit der europäischen Politiker.

Der Vertrag von Nizza besitzt Pluspunkte und Minuspunkte für die Entwicklung einer europäischen Politik, die sich durch eine demokratische Kommunikation über Differenz auszeichnet. Die Pluspunkte bestehen in den oben skizzierten, kleinen Schritten zu mehr Demokratie in der Europäischen Union. Die Minuspunkte bestehen in der Stärkung der Vetomacht nationaler Interessen und der damit verbundenen Beeinträchtigung einer gemeinschaftsorientierten und kommunikativen Art und Weise der Entscheidungsfindung. In der Bilanz komme ich zu dem Ergebnis, daß die Nachteile des Vertrages von Nizza für eine demokratische Kommunikation in der Vorbereitung europäischer Entscheidungen gewichtiger sind als die Vorteile.

Mit Nizza ist die Europäische Union an einem Verzweigungspunkt angelangt. Verzweigungspunkte sind diejenigen Umbruchsituationen in der Entwicklung eines Systems, in denen eine qualitativ neue Struktur erreicht werden kann. „Der geschichtliche Weg, auf dem das System sich entwickelt..., ist charakterisiert durch eine Aufeinanderfolge von stabilen Bereichen, in denen deterministische Gesetze herrschen, und instabilen Bereichen in der

164 Ebd., Beitrag Klaus Hänsch.
165 Jacques Delors. In: Notre Europe, Zur Reform des Ministerrats, April 2001, S. 37.

Nähe von Verzweigungspunkten, wo das System zwischen mehr als einer möglichen Zukunft wählen kann."[166] Bei zunehmendem Ungleichgewicht nähern sich die dissipativen Strukturen Verzweigungspunkten, an denen der Umschlag in eine neue Ordnung erfolgen kann.

In der Europäischen Union beobachten wir zum Zeitpunkt der Verabschiedung des Vertrages von Nizza eine solche instabile Situation. Diese Instabilität könnte zur Bildung einer qualitativ neuen Stufe der europäischen Integration genutzt werden. Wichtig wären jetzt Reformen im Sinne einer „gesellschaftsverändernden Niveauerhöhung im evolutionären Prozeß" der europäischen Integration.[167] Reformen im Sinne eines „punktuellen Reformismus", wie sie noch in Nizza auf der Tagesordnung standen, sind überholt. Bleibt es bei solchen punktuellen Reformen, dann besteht die Gefahr eines „evolutionären Rückfalls".[168]

In welche Richtung sich die Europäische Union an dem jetzt erreichten Verzweigungspunkt tatsächlich weiterentwickelt, hängt von der bisherigen Geschichte der Integration, den Institutionen und dem Verhalten der Akteure ab.[169] Von einem linearen Prozeß der immer gleich schnell voranschreitenden Integration ist dabei keineswegs auszugehen. Es wird ganz wesentlich darauf ankommen, ob die politischen Eliten erkennen, daß eine adäquate Lösung der sich auftürmenden Probleme eine europäische Gesamtordnung erfordert.[170] Die Gestaltung dieser „Ordnung durch Schwankungen"[171] darf nicht länger hinausgeschoben werden. Die Verfahren, die für die Willensbildung und Entscheidungsfindung über eine europäische Gesamtordnung gewählt werden, müßten für einen demokratischen und kommunikativen Umgang mit Differenz geeignet sein.

Just zu einem Zeitpunkt, da die nationalen und europäischen Eliten an Kraft zur Gestaltung der Europäischen Union einbüßten, gewannen die Öffentlichkeiten in den Mitgliedstaaten wieder eine etwas positivere Einstellung zur europäischen Integration. Der Prozentanteil der Bürger, die die Mitgliedschaft ihres Landes in der Europäischen Union für eine gute Sache halten, betrug Ende der 80er mehr als 60 % und erreichte im Frühjahr 1991 den

166 Ilya Prigogine, Isabelle Stengers, Dialog mit der Natur, a. a. O., S. 170.

167 Carl Böhret, Götz Konzendorf, Ko-Evolution von Gesellschaft und funktionalem Staat, a. a. O., S. 245.

168 Ebd., S. 144.

169 Ilya Prigogine, Isabelle Stengers, Dialog mit der Natur, a. a. O., S. 170: Welche neuen Strukturen letztlich aus dem „Meer von Schwankungen" hervorgehen, hängt von der Geschichte des Systems, dem Verhalten der Akteure und den Mikrostrukturen ab. Gerade die Mikrostrukturen sind für Veränderungen auf der Makroebene von entscheidender Bedeutung (ebd., S. 177).

170 Die Schlagzeile im International Herald Tribune vom 12.12.2000, S. 1 ist zutreffend: „Europe without Direction. Leaders Tinker but Fail to Find a Shared Goal."

171 Ilya Prigogine, Isabelle Stengers, Dialog mit der Natur, a. a. O., S. 204.

Spitzenwert von 72 %. Von da an ging's bergab. Im Frühjahr 1997 erreichte die Zustimmung der Bürger zur Mitgliedschaft in der Europäischen Union mit 46 % ihren bisherigen Tiefpunkt. Seit Herbst 1997 ist ein leichter Anstieg zu verzeichnen, und im Herbst 2001 waren im Durchschnitt der 15 Mitgliedstaaten wieder 54 % der Bürger der Meinung, die Mitgliedschaft in der EU sei eine gute Sache (vgl. Abbildung II.2). Natürlich ist dieser leichte Anstieg nach einer langen Flaute noch kein verläßlicher Trend.

Und in der Tat: Die Aktualisierung der Daten für die neue Auflage zeigt, daß der Trend nicht anhält. Die Zustimmung der Bürger in den Mitgliedstaaten zur Europäischen Union nimmt seit Frühjahr 2003 leicht ab, und im Herbst 2003 hielten nur noch 48 % der befragten Bürger die Mitgliedschaft in der Europäischen Union für eine gute Sache.

Abbildung II.2: Zustimmung zur Mitgliedschaft in der Europäischen Union 1986 bis 2003 (Durchschnittswert)

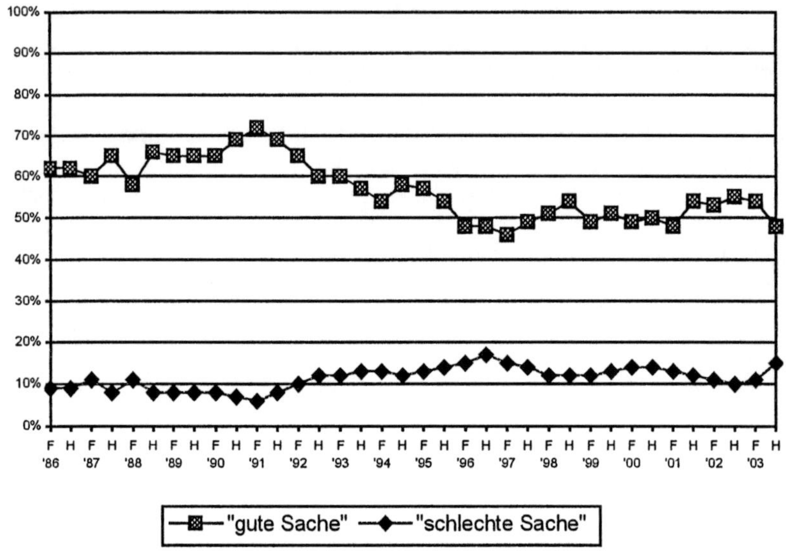

F = Umfrage im Frühjahr des entsprechenden Jahres
H = Umfrage im Herbst des entsprechenden Jahres

Quelle: Eurobarometer Nr. 25 (1986) bis Nr. 60 (2004)

Es konnte in diesem Kapitel gezeigt werden, daß trotz der Rückschläge in Nizza mit den europäischen Verträgen die rechtlichen Grundlagen für die Entwicklung des politischen Europa geschaffen wurden. Wie sieht es bei den europäischen Programmen aus? Wandelt sich die Europäische Union von einem Binnenmarkt zu einer politischen Ordnung mit ausdifferenzierten Funktionssystemen? Oder bleiben Sozial-, Umwelt- und Kulturpolitik doch nur Randerscheinungen in einem großen Binnenmarkt? Sind die Programme in politischen Prozessen entstanden, in denen die Akteure demokratisch und kommunikativ mit Differenz umgegangen sind? Ein Vergleich zwischen dem Programm des Binnenmarktes (Kapitel III) und den Programmen der Sozial-, Umwelt- und Kulturpolitik (Kapitel IV bis VI) soll Antworten auf diese Fragen geben.

III. Das Programm des Binnenmarktes

Der Binnenmarkt sollte die Antwort auf die steigende Inflation, die wachsenden Arbeitslosenzahlen und die sinkende internationale Wettbewerbsfähigkeit in den Mitgliedstaaten der Europäischen Union zu Beginn der 80er Jahre sein.[1] Die ökonomischen Impulse wurden durch die Interessen der Regierungen der Mitgliedstaaten an Deregulierung verstärkt. Es zeigte sich bald, daß mit der Deregulierung im Binnenmarkt ein umfangreiches Programm an Reregulierung einherging. Großbritannien und Dänemark favorisierten eine völlige Deregulierung der nationalen Ökonomien ohne Reregulierung auf der europäischen Ebene. Frankreich, Deutschland und die Benelux-Staaten traten für eine Deregulierung der nationalen Volkswirtschaften bei einer Reregulierung auf der europäischen Ebene ein, und die südeuropäischen Staaten und Irland setzten auf eine nationale Deregulierung bei einer umfassenden europäischen Reregulierung. Als Folge dieser gleichgerichteten Interessen an Deregulierung bei unterschiedlichen Interessen an Reregulierung wurde das Ziel des Binnenmarktes recht allgemein und ohne detaillierte Vorgaben für die Implementation formuliert.[2]

Bei der Europäischen Kommission herrschte ungebremster Optimismus über den Vorteil eines großen integrierten Marktes. Man dachte über die „Kosten der Nichtverwirklichung“ des Binnenmarktes nach. Die Kosten der Verwirklichung des Binnenmarktes wurden kaum bedacht. Das Weißbuch der Kommission „Vollendung des Binnenmarktes“ vom Juni 1985 enthält das Programm zur Schaffung eines integrierten europäischen Marktes für damals 320 Millionen und seit Mai 2004 für 453,2 Millionen Bürger.

Im folgenden Abschnitt wird am Beispiel des Binnenmarktprogramms geprüft, auf welche Weise im Prozeß der Entscheidungsfindung mit Differenz umgegangen wurde und welche Folgen dies für das Problemlösungspotential des Programms mit sich brachte. Am Beispiel der BSE-Krise werde ich abschließend zeigen, daß die einseitige Orientierung des Binnenmarktprogramms am ökonomischen Wachstum seinen politischen Preis hatte.

---

1 Helen Wallace, Alasdair R. Young, The Single Market: A New Approach to Policy. In: Helen Wallace, William Wallace (Hrsg.), Policy-Making in the European Union, Oxford: Oxford University Press, 4. Aufl. 2000, S. 85-114.

2 Geoffrey Garrett, International Cooperation and Institutional Choice: The European Community's Internal Market. In: International Organization 46 (1992), S. 542ff.

1. Die Ziele

Das Programm des Binnenmarktes basiert auf der Idee eines europäischen Raumes ohne Binnengrenzen mit dem übergeordneten Ziel des Wachstums.[3] Alle anderen Ziele wie der Zusammenschluß der damals noch zehn Einzelmärkte, der Wettbewerb, die Flexibilität und die Mobilität sollen dem Ziel dienen, durch Wachstum die Wohlfahrt der Bürger zu steigern. Die Idee eines großen Marktes soll nach Art. 13 der Einheitlichen Europäischen Akte (später Art.7a des Vertrages von Maastricht und Art. 14 des Vertrages von Amsterdam) durch die Freizügigkeit von Personen und den freien Verkehr von Waren, Dienstleistungen und Kapital verwirklicht werden. Die Instrumente zur Erreichung der Ziele sind Richtlinien und Verordnungen, mit denen bis zum 31. Dezember 1992 erreicht werden soll, die materiellen, technischen und steuerlichen Schranken abzuschaffen, die einer Freizügigkeit von Personen, dem freien Verkehr von Waren und Kapital sowie der Dienstleistungsfreiheit im Wege stehen könnten. Neben der Verabschiedung von Rechtsnormen wird noch einmal das Prinzip der gegenseitigen Anerkennung als Alternative zur Harmonisierung festgeschrieben (vgl. Abbildung III.1).

3 Europäische Kommission, Weißbuch „Vollendung des Binnenmarktes", KOM (1985) 310 endg. vom 14.6.1985, S. 5.

Abbildung III.1: Die Ziele des Binnenmarktes

Normatives Kriterium / Operative Kriterien	W a c h s t u m		
Ziele	Freizügigkeit von Personen	Freier Verkehr von Waren und Dienstleistungen	Freier Kapitalverkehr
Instrumente	Beseitigung materieller, technischer und steuerlicher Schranken, Angleichung von Rechtsvorschriften, Prinzip der gegenseitigen Anerkennung z. B. von Diplomen und Examen für den Zugang zu Berufen	Beseitigung materieller, technischer und steuerlicher Schranken, Wettbewerbs-politik, Angleichung von Rechtsvorschriften, Prinzip der gegenseitigen Anerkennung, Wirtschaftsunion	Angleichung von Rechtsvorschriften über die Tätigkeit der Finanz-einrichtungen und Finanzmärkte, Prinzip der gegenseitigen Anerkennung, Währungsunion, Einführung des Euro
Indikatoren	Reale Situation von Grenzkontrollen, technischen und steuerlichen Handelsschranken, Arbeitskräfte-mobilität, Mobilität der Aus-zubildenden und der Studenten, Umsetzung der Binnenmarkt-richtlinien	Entwicklung des BIP, Beschäftigungs-quote, Intra-EU-Handel, Investitionsströme, Häufigkeit europa-weiter Ausschrei-bungen öffentlicher Aufträge, Preisunterschiede, Umsetzung der Binnenmarkt-richtlinien	Preise der Finanz-dienstleistungen, Preise für Kredite und Hypothekenkredite, Zahl der Auslands-zweigstellen von Banken, Kapitalströme, Umsetzung der Binnenmarkt-richtlinien

Im Weißbuch der Kommission zur Vollendung des Binnenmarktes werden 306 Einzelmaßnahmen aufgelistet, mit denen in den Zeiträumen von 1985 bis 1986 und von 1987 bis 1992 ein integrierter Markt realisiert werden soll. Später hat man die Zahl der Maßnahmen auf 282 reduziert. Das Programm enthält Freizügigkeitsregelungen für Arbeitnehmer und für andere Personengruppen. So soll z. B. die Mobilität von Studenten durch die gegenseitige

Anerkennung von Bildungsabschlüssen unterstützt werden.[4] Personen- und Warenkontrollen an den Grenzen sollen wegfallen,[5] Normungen und technische Regeln vereinheitlicht,[6] Verbrauchssteuern angeglichen,[7] und öffentliche Aufträge ab einer bestimmten Höhe europaweit ausgeschrieben werden.[8]

Dieses so technisch erscheinende und detaillierte Programm beinhaltet die Entscheidung für eine angebotsorientierte Wirtschaftspolitik der Europäischen Union. Die Folgen dieser Entscheidung und dieser „genau genommen recht radikalen europäischen Wirtschaftsordnungspolitik“[9] für den Sozial- und Umweltbereich werden ausgeklammert. Man möchte den Binnenmarkt in Reinkultur verwirklichen.

Die Betonung des ökonomischen Wachstums als des vorrangigen Zieles des Binnenmarktes hat zur Folge, daß die Wohlfahrtssteigerung ebenfalls ökonomisch definiert wird. Die Architekten des Binnenmarktes, Lord Cockfield und seine Mitarbeiter, wollten es nicht wahrhaben, daß in dem Programm mehr als Technik und Fakten stecken. In der Einleitung zum Weißbuch schreiben sie: „Dem Willen, alle materiellen und anderen Schranken zwischen den Mitgliedstaaten vollständig abzubauen, liegen weder ideologische noch schönfärberische Gründe, sondern die schlichte Tatsache zugrunde, dass die Fortdauer jedweder Kontrollen an den Binnengrenzen die Kosten und Nachteile des aufgespaltenen Marktes verewigt.“[10] Im Weißbuch wird zwar erwähnt, daß sich mit der Liberalisierung das wirtschaftliche Gefälle zwischen den Regionen verschlimmern könne. Doch es sollen im Programm nur Fragen berücksichtigt werden, die sich „unmittelbar auf die Funktionsweise des Binnenmarktes auswirken“.[11]

Die Zielsetzung des Programms läßt sich zum Teil mit seiner Entstehung erklären. Die Formulierung des Binnenmarktprogrammes wurde nämlich ganz entscheidend von der Industrie beeinflußt. Während bis in die 70er Jahre die Industrie in der europäischen Willensbildung keine große Rolle spielte, änderte sich dies zu Beginn der 80er Jahre. Das Programm wurde maßgeblich durch die multinationalen Konzerne mit gestaltet, die sich Anfang der 80er Jahre zum „European Roundtable of Industrialists“ zusammen-

4 Ebd., Anhang S. 30 zur gegenseitigen Anerkennung von Hochschulabschlüssen.
5 Ebd., Anhang S. 15.
6 Ebd., Anhang S. 16ff.
7 Ebd., Anhang S. 40ff.
8 Ebd., Anhang S. 27.
9 Gisela Färber, Anmerkungen zur Politik der europäischen Strukturfonds. In: Winfried Schmähl, Herbert Rische (Hrsg.), Europäische Sozialpolitik, Baden-Baden: Nomos 1997, S. 92-93.
10 Europäische Kommission, Weißbuch „Vollendung des Binnenmarktes“, a. a. O., S. 6.
11 Ebd., S. 8.

geschlossen hatten.[12] Während eines Treffens mit Vertretern des europäischen Industrieverbandes hatten die späteren Gründungsmitglieder des Roundtable zu Protokoll gegeben, daß die Europäische Gemeinschaft nicht gegründet worden sei, um die Dekadenz Europas zu verwalten. Pehr Gyllenhammar, der Vorstandsvorsitzende von Volvo, traf sich 1982 mit Kommissionsmitglied Etienne Davignon, um nach Wegen für eine Verbesserung der Wettbewerbsfähigkeit der europäischen Industrie zu suchen.

Etienne Davignon, der 1977 zum Kommissionsmitglied für Industriepolitik ernannt worden war, hatte sich einen Namen mit seinen Projekten zur Modernisierung der europäischen Stahlindustrie und zur Entwicklung der europäischen Informationstechnologie gemacht. Der Erfolg seiner Programme brachte ihm den Spitznamen „Stevie Wonder" ein.[13] In Kooperation mit dem Kabinettschef von Etienne Davignon und Fernand Braun, Direktor der Generaldirektion für den Binnenmarkt, stellte Pehr Gyllenhammar eine erste Liste möglicher Mitglieder des Runden Tisches zusammen. Zu den ersten Mitgliedern des Roundtable zählten u. a. Umberto Agnelli (Fiat), Carlo de Benedetti (Olivetti), Kenneth Durham (Unilever), Helmut Maucher (Nestlé), Dieter Spethmann (Thyssen), Sir Peter Baxendell (Shell), Wisse Dekker (Philips), Bernard Hanon (Renault) und Wolfgang Seelig (Siemens).[14] Obwohl Schweden noch nicht Mitglied der Europäischen Union war, ging die Initiative von industrieller Seite für das Binnenmarktprogramm also von einem schwedischen Manager aus.

In einem Memorandum vom 1. Juni 1983 an Kommissionsmitglied Davignon formulierten die Mitglieder des neu gegründeten Roundtable: „...despite ambitions to liberalise trade, and the measures taken by the EEC, Europe remains a group of separated national markets with separated national policies and separated industrial structures. This prevents many firms from reaching the scale necessary to resist pressure from non-European competitors. ... A halt to market fragmentation and the creation of unified European markets is essential."[15] Vom Sekretariat des Roundtable in Paris aus wurde ein Netzwerk mit Beamten der Kommission geknüpft. Beamte der Kommission nahmen an den Sitzungen des Roundtable teil. Im Januar 1985 trug Wisse Dekker in Brüssel das Programm „Europe 1990" vor. Unter den etwa 500 Zuhörern befanden sich viele der gerade neu ernannten Kommissionsmitglieder. Der Plan sah vier Schritte vor, um in 5 Jahren einen europäischen Binnenmarkt zu verwirklichen: die Abschaffung der Grenzkontrollen und -formalitäten, die Harmonisierung technischer Standards, die steuerliche Harmo-

12 Die folgenden Abschnitte basieren auf der Dissertation von Maria Green Cowles, The Politics of Big Business in the European Community: Setting the Agenda for a New Europe, Washington 1994, Kapitel 5.

13 Ebd., S. 142. Etienne ist das französische Äquivalent für Stephen.

14 Vgl. ebd., S. 215 die Liste der Gründungsmitglieder vom April 1983.

15 Ebd., S. 219.

nisierung und die Öffnung des europäischen Marktes für öffentliche Aufträge. Es war ein detaillierter Plan, den vier Europaexperten von Philips erarbeitet hatten. Die Mitarbeiter des multinationalen Konzernes besprachen ihr Projekt während informeller Treffen mit Kommissionsbeamten.

Der Runde Tisch europäischer Industrieller übernahm Dekkers Programm. Um die Ziele des Programmes zu diskutieren, lud Jacques Delors im März 1985 die Mitglieder des Runden Tisches zu einem offiziellen Treffen ein. Dieses für Juni vorgesehene Treffen bereitete das Sekretariat des Runden Tisches in mehreren Zusammenkünften mit Delors Kabinett vor. In der Öffentlichkeit setzten sich Mitglieder des Runden Tisches für das Binnenmarktprojekt ein. Wisse Dekker wurde in einer Rede in München, über die die Financial Times auf der ersten Seite berichtete, konkret. Wenn es nicht gelinge, einen Binnenmarkt zu schaffen, gebe es nicht viele Gründe, weshalb Philips weiterhin seinen Sitz in den Niederlanden haben müsse. „Believe me, I am European enough to wait until the last possible moment ... I am, however, a businessman. If Europe is neither able nor willing to develop its economic structure, then the consequences of that must be drawn.“[16]

Lord Cockfield legte als zuständiges Mitglied der Kommission im Juni 1985 das Weißbuch zur Vollendung des Binnenmarktes vor. Die Verfahren, die für eine Umsetzung des Programms notwendig waren, standen auf dem Gipfel von Luxemburg im Dezember 1985 zur Abstimmung. Die Mitglieder des Runden Tisches der europäischen Industriellen fürchteten ein Scheitern der Verhandlungen und schickten folgendes Telegramm an die Regierungs- und Staatschefs: „As leading industrialists based in the European Communities ... we urge you to exercise your full influence so that the forthcoming topmeeting will produce concrete results. Stop. Not only is the credibility of European political leaders at stake but European industry badly needs a clear signal that the major objectives of the Treaty of Rome will be realised within the next 5 years. Stop.“[17]

Maria Green Cowles kann auf der Basis der Auswertung zahlreicher Dokumente und Interviews belegen, daß der Runde Tisch der europäischen Industriellen die treibende Kraft des Binnenmarktprojektes war. Die Industrievertreter nahmen insbesondere auf den zeitlichen Ablauf Einfluß, indem sie auf eine rasche Verabschiedung des Programmes drängten und sogar mit Abwanderung drohten. Auch inhaltlich hat das oben skizzierte Projekt des Runden Tisches „Europa 1990“ das schließlich verabschiedete Binnenmarktprogramm stark beeinflußt. Die Politikformulierung lag jedoch bei Kommissionsmitglied Lord Cockfield und drei Mitarbeitern, die einen Plan vorlegten,

16 Zit. nach Maria Green Cowles, The Politics of Big Business in the European Union: Setting the Agenda for a new Europe, a. a. O., S. 243.

17 Ebd., S. 247.

der beim European Roundtable nicht auf ungeteilte Zustimmung traf. Die Vertreter der Industrie hielten den Plan für zu ehrgeizig und fürchteten, daß die Mitgliedstaaten dieses Programm nie in die Tat umsetzen würden. Sie schlugen Lord Cockfield vor, sich auf einige Gesetzesvorhaben zu konzentrieren. Doch Lord Cockfield ließ sich nicht auf Korrekturen ein. „The Commissioner's message to the industrialists was the same as to the Member States – ‚take it or leave it'."[18]

Die Einflußnahme der Industrie erfolgte auch über den Umweg der nationalen Regierungen. In den Unterlagen über die Interviews, die Keith Middlemas für sein Buch „Orchestrating Europe" führte, finden sich die Notizen über ein Interview mit einem ehemaligen hohen Beamten der für den Binnenmarkt zuständigen Generaldirektion III vom November 1993. Dieser Beamte betonte, daß die großen Firmen sich nicht nur direkt an die Kommission wandten, sondern auch an ihre nationalen Regierungen.[19] Auf die Frage, wer die Hauptakteure bei der Entstehung des Binnenmarktes gewesen seien, antwortete er: „The Actors? Dekker was important, but not crucial. The same goes for members of the ERT in their direct relationships with the Commission (Maria Green's paper ignores the fact that the more important initiatives went from firms to Member State governments). This is the main point: The big firms worked on their governments at least as much as directly to the Commission."[20] Auch Verbände wie UNICE hätten eine wichtige Rolle gespielt. Der ehemalige Kommissionsbeamte berichtet, er habe den Generalsekretär von UNICE angerufen, um ihn zu warnen, daß die Idee des Binnenmarktes scheitern könne, wenn UNICE nicht die Argumente zur Verfügung stellte. „This they did i. e. they were useful but in a response mode. Delors and Cockfield were of course vital; but before them there were three elements, firms, Parliament and Member States (...) A consciousness spread among Member States and players that they must go ahead. (...) In this sense no one was the main actor because all were habituated to the EC-process-momentum (except Margaret Thatcher). Then came the genius of Delors and Cockfield to see that the fruit was ripe and gave it form."[21]

Aus dem Interview mit einem „früheren britischen Premierminister" geht ganz ähnlich hervor, daß die Unternehmen sowohl direkt als auch auf dem Umweg über ihre Regierungen bei der Kommission mit Erfolg Einfluß nahmen. Die britischen Firmen seien allerdings selten direkt nach Brüssel gegangen „because of the cultural gap when shifting from Whitehall to Brus-

18 Ebd., S. 245.

19 Die ausführlichen Notizen der mehr als 400 Interviews sind im Historischen Archiv des Europäischen Hochschulinstitutes in Florenz einzusehen unter dem Stichwort „Interviewaufzeichnungen Keith Middlemas".

20 Historisches Archiv des Europäischen Hochschulinstitutes in Florenz, a. a. O., IT/KM/97.

21 Ebd.

sels."[22] Ein anderer Interviewpartner, der in der Generaldirektion III für den Binnenmarkt zuständig war, betonte, daß seine Generaldirektion sowohl mit Dachorganisationen wie UNICE als auch mit einzelnen Unternehmen auf der nationalen Ebene Kontakt hatte. „How to combat the lobbies? By contacts with the organisations, but mainly through the European Parliament which is an excellent forum for the diffusion of opinion about Europe. It is a multilevel struggle always ending in compromises at the level of the Council."[23]

Waren es die ökonomischen Probleme der Mitgliedstaaten zu Beginn der 80er Jahre, die den Impuls für das Projekt des Binnenmarktes gaben, so beförderten anschließend die interdependenten Handlungen von staatlichen und nichtstaatlichen, individuellen und kollektiven, nationalen und europäischen Akteuren das Projekt. Freilich dominierten bei der Formulierung des Programms die Interessen der Industrie. Für diese Einseitigkeit, so das Urteil von Helen Wallace, mußte ein Preis gezahlt werden, als die erste Begeisterung für das Projekt realistischeren Einschätzungen Platz machte.[24]

2. Die Wissensbasis

Das dem Binnenmarktprogramm zugrundeliegende Wissen kann nicht als vielfältig beurteilt werden. Man kann noch nicht einmal davon sprechen, daß das Programm auf Wissen basierte. Das Wissen über die Wirkungszusammenhänge des Programmes wurde nämlich erst im Nachhinein „geliefert". Drei Jahre nach der Verabschiedung des Weißbuches über die Vollendung des Binnenmarktes wurden die Studien vorgelegt, die die Vorteile des Binnenmarktes belegen sollten. Der Cecchini-Bericht wurde von einem Ausschuß unter dem Vorsitz des Sonderberaters und ehemaligen Beamten der Generaldirektion III Paolo Cecchini vorgelegt. Die Mitglieder des Ausschusses analysierten in Zusammenarbeit mit Mitgliedern der Kommission und Mitgliedern einiger Generaldirektionen die Auswirkungen der Vollendung des Binnenmarktes. Im Endbericht für die Öffentlichkeit wird ein durchweg positives Bild gezeichnet. „Bereits binnen weniger Jahre läßt sich aufgrund der Dynamik der Marktintegration ein zusätzliches Wachstum von 4 bis 7 % des Bruttoinlandsproduktes (BIP) (...) der Gemeinschaft erwarten. Dies ist keine utopische Zukunftsvision, sondern eine realistische Vorgabe."[25]

Im Cecchini-Bericht wurden die voraussichtlichen Wirkungen der Integration mit großer Siegesgewißheit verkündet. Es wurde versucht, sehr exakte Pro-

---

22 Ebd., UK/KM/95.
23 Ebd., EC/KM/31.
24 Helen Wallace, Alasdair R. Young, The Single Market, a. a. O., S. 98.
25 Paolo Cecchini, Europa '92, Der Vorteil des Binnenmarktes, Baden-Baden: Nomos 1988, S. 15.

gnosen zu stellen. So ging man davon aus, daß die Preissenkungen durch den „Angebotsschock" z. B. im Bereich der Pharmaindustrie 52 % in Deutschland und 40 % in Großbritannien betragen würden.[26] Billigere Kredite sollten Investitionen begünstigen. Die zu erwartenden Steigerungen des Wohlstandes für 7 Mitgliedstaaten (Belgien, Deutschland, Frankreich, Italien, Luxemburg, Niederlande und Vereinigtes Königreich) wurden bis eine Stelle hinter dem Komma berechnet. Die möglichen Effekte der Vollendung des Binnenmarktes sollten nach den Schätzungen 5,3 % des Bruttoinlandsproduktes für die 7 genannten Staaten betragen. Dieser Wachstumsgewinn ergebe sich aus den direkten Vorteilen des Abbaus von Handelsschranken, durch den Abbau von Grenzbarrieren, durch die Nutzung von Größenvorteilen und die Auswirkungen des verstärkten Wettbewerbs etwa durch innerbetriebliche Rationalisierungsmaßnahmen.[27] Doch nicht nur eine Steigerung des Bruttoinlandsproduktes wurde erwartet. Es sollten auch 1,8 Millionen neue Arbeitsplätze geschaffen werden. Man ging in dem Bericht von einem Rückgang der Erwerbslosenquote um etwa 1,5 % aus.[28]

Angesichts dieser Euphorie ist man überrascht, wenn man die 16 Einzelstudien zur Hand nimmt, auf denen der Cecchini-Bericht basiert. In diesen Studien wird durchaus Skepsis zum Ausdruck gebracht. Insbesondere die quantitativen Schätzungen über die Folgen des integrierten Marktes seien mit Vorsicht zu betrachten. Schon im Vorwort zu der ausführlichen Studie „The Economics of 1992" schreibt Antonio Maria Costa, Generaldirektor für Wirtschafts- und Finanzfragen: „First, the overall quantitative estimates should be considered potential and conditional, not inevitable, consequences of the internal market programme. ... Second, the figures should be viewed as being only very approximate and illustrative."[29]

Die Untersuchungsergebnisse sind oft nicht so positiv wie dies nach dem Cecchini-Bericht erscheint. Interessante Informationen werden weggelassen. Als Beispiel möchte ich die Umfrage unter 11.000 Unternehmen zu den erwarteten Auswirkungen des Binnenmarktes nennen. Diese Umfrage wurde in Auftrag gegeben, um die Wirtschaftspolitiker darüber zu informieren, welche Erwartungen, Hoffnungen und Ängste die Unternehmen mit dem Binnenmarkt verknüpften. Am Ende seien es diese Erwartungen, selbst wenn sie nicht immer wohl begründet seien, die die Entscheidungen der Unternehmen über Investitionen, Forschungsaktivitäten und Produktstrategien beeinflußten.

---

26 Ebd., S. 41.
27 Ebd., S. 122.
28 Ebd., S. 131.
29 European Commission, The Economics of 1992. The E. C. Commission's Assessment of the Economic effects of Completing the Internal Market, Oxford: Oxford University Press 1988, Volume 7.

Bis zu einem gewissen Grad seien die Erwartungen der Unternehmen „self-fulfilling."[30]

Auf die Frage, ob die Chancen oder die Risiken des Binnenmarktes größer seien, antworteten 56 % der 11.000 Unternehmen in den damals 12 Mitgliedstaaten, daß sie die Chancen für ihr Unternehmen als höher betrachteten, aber 37 % der Unternehmen gaben zu, dies nicht beantworten zu können. Für ihren Staat waren 49 % der Meinung, der Binnenmarkt berge mehr Chancen als Risiken, und auf diese Frage gaben wiederum 38 % keine Antwort. Der hohe Prozentsatz der Unternehmen, die über die Folgen des Binnenmarktes unschlüssig waren, liegt für einzelne Staaten noch höher. 42 % der dänischen, 41 % der deutschen, 49 % der französischen und 44 % der niederländischen Unternehmen gaben an, die Frage nicht beantworten zu können.[31] Die Skepsis, die in der Umfrage zum Ausdruck kommt, wird im zusammenfassenden Cecchini-Bericht unterschlagen. Erwähnung finden die von den Unternehmern erwarteten 5 % Umsatzsteigerung durch den Abbau der Handelsbarrieren und die Beurteilung der Bedeutung der verschiedenen Handelshürden. Als wichtigste Hürden wurden im europäischen Durchschnitt administrative Schranken und nationale technische Vorschriften und Normen genannt.[32]

Der Eindruck, daß die Daten der Basisstudien für den Endbericht geglättet wurden, wird von dem oben zitierten ehemaligen hohen Beamten der Generaldirektion III bestätigt. Der Cecchini-Bericht habe vor allem die Debatte über den Binnenmarkt angestoßen. „It made clear that there was substance in what was proposed and gave statistics to prove it, even if these statistics were ‚topped' i. e. modulated for political reasons."[33] Die Öffentlichkeit erhielt also zurechtgestutzte Daten! Diese „Modulierung" von Daten kann nur das Ziel gehabt haben, der Öffentlichkeit über mögliche Nachteile des Binnenmarktes keinen reinen Wein einzuschenken.

Von einer Vielfalt des Wissens als Grundlage des Binnenmarktprogramms kann keine Rede sein. Angesichts der vielen Expertisen vermißt man die Gegenexpertisen. Ideen und Interessen, die das Programm beeinflußten, waren einseitig. Die Verbraucher, die doch die Nutznießer des Binnenmarktes sein sollten, kommen in den 16 Studien zu den Folgen des integrierten Marktes nicht vor.[34]

---

30 European Commission, Research on the „Cost of NON-Europe". Basic Findings, Volume 3: A Survey of European Industry's Perception of the Likely Effects", Luxemburg 1988, S. 2.

31 Ebd., S. 30.

32 Ebd., Tabelle 1, S. 6.

33 Historisches Archiv des Europäischen Hochschulinstitutes in Florenz, Interviewaufzeichnungen Keith Middlemas, IT/KM/97.

34 European Commission, Research on the „Cost of NON-Europe", a. a. O., S. 300-302.

3. Die Problemlösungskapazität

Im politischen System der Europäischen Union mit seiner Vielzahl an Entscheidungsebenen und Akteuren ist es schwierig, zu beurteilen, ob durch ein bestimmtes Programm am Ende ein Problem in der Realität gelöst wurde, und in welchem Maß die Europäische Union die Lorbeeren für eine erfolgreiche Problemlösung ernten kann. Es ist daher sinnvoll, den Erfolg politischen Handelns auf europäischer Ebene zunächst an der Entscheidungsfähigkeit der Akteure und an der Problemlösungskapazität der Programme zu messen. Es ist zu prüfen, ob das Programm des Binnenmarktes wenigstens potentiell ein geeigneter Weg war, die zu Beginn der 80er Jahre sinkende internationale Wettbewerbsfähigkeit der Mitgliedstaaten der Europäischen Union zu verbessern.[35]

Die Entscheidungsfähigkeit der Europäischen Union war wegen der qualifizierten Mehrheit im Ministerrat für Entscheidungen zum Binnenmarkt hoch. Von den 282 Vorschlägen im Weißbuch zur Vollendung des Binnenmarktes von 1985 wurden zwar wichtige Vorschläge wie z. B. die Schaffung eines europäischen Gesellschaftsrechts erst während der Konferenz von Nizza im Dezember 2000 realisiert. Der Dienstleistungssektor, auf den etwa 70 % der Arbeitsplätze in der Europäischen Union entfallen, gilt als Sektor, in dem die Binnenmarktvorschriften „am wenigsten gegriffen haben."[36] Doch die meisten Maßnahmen wurden durch eine große Zahl von Richtlinien – 1.530 Binnenmarktrichtlinien bis zum 15. April 2003 – umgesetzt.[37]

In den Mitgliedstaaten wurden die Richtlinien mit unterschiedlichen Geschwindigkeiten in nationale Normen transferiert. Nach dem jüngsten Binnenmarktanzeiger sind 9 % der Binnenmarktrichtlinien bis Mai 2004 noch nicht von allen Mitgliedstaaten in nationales Recht übertragen worden.[38] Nachzügler sind Frankreich, Griechenland, Deutschland und Luxemburg, die im Mai 2004 die letzten Plätze einnehmen. Vorbildlich bei der Umsetzung sind Dänemark, Spanien, das Vereinigte Königreich und Irland auf den ersten Plätzen (vgl. Tabelle III.1). In den Bereichen Verkehr und Verbraucherschutz ist das Umsetzungsdefizit besonders hoch. Im Bereich öffentliches Vergabewesen wurde in den letzten Jahren bei der Implementation aufgeholt. Wäh-

---

35 Zur Unterscheidung zwischen Beschlußfähigkeit, Problemlösungspotential und Problemlösungsfähigkeit vgl. Gerda Falkner, Problemlösungsfähigkeit im europäischen Mehrebenensystem: Die soziale Dimension. In: Edgar Grande, Markus Jachtenfuchs (Hrsg.), Wie problemlösungsfähig ist die EU? Baden-Baden: Nomos 2000, S. 283.

36 Europäische Kommission, Der Binnenmarkt und das Europa von morgen. Ein Bericht, vorgelegt von Mario Monti, Köln: Bundesanzeiger, 1997, S. 157.

37 Europäische Kommission, Binnenmarktanzeiger Nr. 12 vom Mai 2003, S. 7. Es wird davon ausgegangen, daß 1.530 Richtlinien und 377 Verordnungen direkte Auswirkungen auf den Binnenmarkt haben. Im Binnenmarktanzeiger Nr. 13 vom Mai 2004 sind diese Daten nicht aktualisiert.

38 Binnenmarktanzeiger Nr. 13 vom Mai 2004, S. 9.

rend 1997 nur drei Mitgliedstaaten alle Vergaberichtlinien umgesetzt hatten, haben im Oktober 2001 alle Staaten Vollzug gemeldet.[39] Hohe Defizite der Umsetzung bestehen in der Sozialpolitik. Bei den Richtlinien aus dem Bereich des Umweltschutzes steht es ebenfalls nicht zum Besten. Deutschland hatte bis Mai 2001 sogar 12 % der Umweltschutzrichtlinien noch nicht implementiert und schnitt damit am schlechtesten von allen Mitgliedstaaten ab.[40] Im Oktober 2001 lag dieser Anteil in Deutschland bei 10 % und damit noch immer deutlich über dem durchschnittlichen Umsetzungsdefizit für Umweltrichtlinien von 6,2 %.[41]

Tabelle III.1: Implementation der Binnenmarktrichtlinien (Anteil der in den Mitgliedstaaten nicht umgesetzten Richtlinien in %)

	Mai 2004	Mai 2002	Mai 2001	Mai 2000	Mai 1999
Dänemark	0,7	0,7	1,2	2,0	1,4
Spanien	0,8	1,5	1,8	1,5	1,8
Vereinigtes Königreich	1,2	1,5	3,3	3,0	3,3
Irland	1,2	2,4	3,3	4,0	3,9
Finnland	1,3	0,9	1,4	1,4	1,3
Österreich	1,7	2,1	3,2	3,6	4,5
Schweden	1,8	0,7	0,5	1,5	2,1
Portugal	1,9	2,1	2,8	3,4	2,4
Belgien	2,1	1,5	2,4	3,1	3,5
Niederlande	2,8	1,3	2,0	3,0	2,4
Italien	3,1	1,7	2,6	3,4	5,5
Luxemburg	3,2	2,3	2,0	4,6	4,8
Deutschland	3,5	2,4	2,8	3,4	2,4
Griechenland	3,9	2,7	4,8	7,3	5,2
Frankreich	4,1	3,1	3,5	5,2	4,8

Quelle: Europäische Kommission, Binnenmarktanzeiger, Nr. 9, November 2001, S. 6; Binnenmarktanzeiger Nr. 10, Mai 2002, S. 6 und Binnenmarktanzeiger Nr. 13, Mai 2004, S. 10.

Die Übertragung des Binnenmarktprogrammes in Richtlinien sagt noch nichts darüber aus, ob mit diesen Richtlinien und ihrer Implementation in den Mitgliedstaaten das Potential für ökonomisches Wachstum freigesetzt wurde.

39 Europäische Kommission, Binnenmarktanzeiger Nr. 9, November 2001, S. 8. In Griechenland stand die Implementation der letzten Richtlinie kurz vor dem Abschluß.

40 Ebd., S. 10.

41 Ebd.

Auf der Basis der von der Kommission in Auftrag gegebenen Studien „The Single Market Review Series", die im wesentlichen auf Fallstudien beruhen, läßt sich kein Gesamtbild gewinnen.[42] Es gibt keine empirische Studie zu der Frage, wer die Gewinner und Verlierer des Binnenmarktes sind. Auch zu den Folgen für die Verbraucher liegt keine systematische Untersuchung vor.[43]

Mit den wirtschaftlichen Daten in der Europäischen Union nach der Vollendung des Binnenmarktes am 31.12.1992 läßt sich zwar nicht beweisen, aber mit Plausibilität argumentieren, daß die Ziele des Binnenmarktes nur zum kleineren Teil erreicht werden konnten. Auch wenn zwischen der ökonomischen Entwicklung und dem Binnenmarktprogramm kein direkter kausaler Zusammenhang besteht, und der wirkliche Effekt der Maßnahmen des Binnenmarktes nur schwer abzuschätzen ist, so kann das Verfehlen zentraler Elemente des selbstgesteckten Zieles als Indiz für Defizite des Programms gelten.

Bei den Wachstumsraten des BIP und bei den Beschäftigungsquoten als Kriterien des Binnenmarktes (vgl. oben Abbildung III.1) haben die Mitgliedstaaten der Europäischen Union bei einem Vergleich der wirtschaftlichen Situation der Jahre 1985 bis 1990 und der Zeit nach 1992 keine Fortschritte erzielt. Betrugen die realen Wachstumsraten des BIP in der Europäischen Union im Zeitraum von 1986 bis 1990 durchschnittlich 3,3 % pro Jahr, so liegen die jährlichen prozentualen Veränderungen des realen BIP im Zeitraum von 1992 bis 1996 bei durchschnittlich 1,5 % und erreichen in den Jahren von 1997 bis 2001 durchschnittlich 2,6 %.[44]

Die Beschäftigungsquote konnte durch das Binnenmarktprogramm nicht entscheidend erhöht werden. 1985 – im Jahr der Verabschiedung des Weißbuches zur Vollendung des Binnenmarktes – lag die Beschäftigungsquote bei 57,6 %, stieg dann bis 1990 auf 61,6 %, pendelte in den 90er Jahren um die 60 %-Marke, erreichte im Jahr 1999 den Wert von 62,2 % und im Jahr 2002 den Wert von 64,4 % (vgl. Abbildung III.2).[45] Im Jahr 2002 hatten die Mitgliedstaaten der Europäischen Union eine Beschäftigungsquote, die nur 3,2 % über der Quote von 1980 (61,2 %) lag. Im Vergleich dazu betrug die Be-

42 Helen Wallace, Alasdair R. Young, The Single Market, a. a. O., S. 104.

43 Ebd., S. 105.

44 Eurostat, Sozialporträt Europas 1998, S. 5 für den Zeitraum von 1986-1990. Für 1992-2001 eigene Berechnungen nach Daten von Eurostat sowie: Europäische Kommission. Generaldirektion Beschäftigung und Soziales, Referat A.1 Beschäftigungsanalyse, Beschäftigung in Europa 2001, Dezember 2001. Die erst 1995 der EU beigetretenen Länder Österreich, Finnland und Schweden sind in alle Durchschnitte mit einberechnet.

45 Eurostat, Sozialporträt 1998, S. 17. Daten für 1998 und 1999 finden sich in: Europäische Kommission, Generaldirektion Beschäftigung und Soziales, Gemeinsamer Beschäftigungsbericht 2000, S. 6. Die Daten der Europäischen Kommission liegen geringfügig unter den Daten der OECD. Hier liegen die Daten der OECD zugrunde. OECD Labour Force Statistics, Paris, 2003.

schäftigungsquote in den USA im Jahr 1990 schon 72,2 % und fiel leicht auf 70,95 % im Jahr 2002.[46]

Abbildung III.2: Beschäftigungsquoten in den 15 Mitgliedstaaten der EU, in Japan und in den USA von 1980 bis 2002[47]

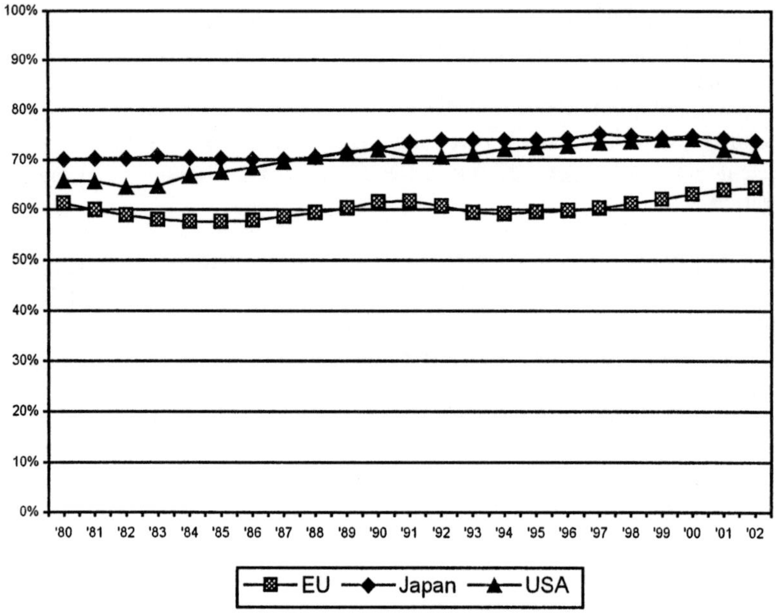

Quelle: OECD Labour Force Statistics, Paris, 2003, eigene Berechnungen.

Im öffentlichen Auftragswesen blieb die Wirkung des Binnenmarktes ebenso begrenzt wie bei der Angleichung der Preise für Finanzdienstleistungen. Die Zahl der im EG-Amtsblatt veröffentlichten Ausschreibungen ist zwischen 1987 und 1995 zwar von 12.000 auf 95.000 angestiegen. Doch der Anteil ausländischer Lieferungen bei öffentlichen Aufträgen ist von 6 % im Jahr

46 OECD Labour Force Statistics 2003. Die Beschäftigungsquote wurde errechnet aus „Civilian Employment" dividiert durch „Total Population from 15 to 64 years" mal 100.

47 Beim Vergleich mit Japan ist folgendes zu berücksichtigen: Für Japan wird in den OECD-Statistiken „Labour Force Statistics" für „Civilian Employment" dieselbe Zahl wie für „Total Employment" angegeben. Dies hängt damit zusammen, daß Japan kein Militär besitzt und die „Selbstverteidigungsstreitkräfte" in einer Stärke von 236.700 Mann (Stand: September 2001) zu „Civilian Employment" hinzugezählt werden.

1987 nur auf 10 % im Jahr 1994 gestiegen.[48] Selbst die Kommission betrachtet dies als enttäuschend.[49]

Der Warenverkehr zwischen den Mitgliedstaaten als Indikator für den Erfolg des Binnenmarktes hat von 1985 bis 1995 bei der Ausfuhr von Industriegütern um 14 % und bei der Ausfuhr von Dienstleistungen um knapp 8 % zugenommen. Die Einfuhren stiegen im selben Zeitraum um 7 % bei den Industriegütern und um 3 % bei den Dienstleistungen.[50] Das Wachstum des innereuropäischen Warenhandels ist vor allem ein „Intra-Branchen-Handel", d. h. der zusätzliche Austausch der Waren findet in einzelnen Branchen wie z. B. der Autoindustrie zwischen Luxuskarossen und einfachen Autos statt.[51]

Das Recht auf Freizügigkeit von Personen hat nicht zu einer Arbeitskräftemobilität im großen Maßstab geführt. Trotz der Anerkennung gleichwertiger Diplome und der Übertragung von Ansprüchen in der Sozialversicherung ist die Zahl der EU-Bürger, die in einem anderen als ihrem Heimatland arbeiten, nur langsam gestiegen. Die Migration beschränkt sich auf Manager, freiberuflich Tätige, Fachkräfte und Arbeiter im Baugewerbe. In Grenzregionen hat die innergemeinschaftliche Migration zwischen 1987 und 1994 um 18 % zugenommen. Insgesamt gilt jedoch: „Faktisch ist es ... zu keiner größeren Migration von Arbeitskräften innerhalb der Gemeinschaft gekommen."[52] Selbst die finanziell geförderte studentische Mobilität hat bisher nur in geringem Maße zugenommen. Im Studienjahr 1995/96 nahmen 85.000 Studierende an dem europäischen Hochschulaustauschprogramm Erasmus teil. Diese Zahl entspricht 1 % aller Hochschulstudenten der beteiligten Länder. 26 % aller Erasmus-Studenten wählten das Vereinigte Königreich als Studienort.[53]

Zieht man eine Bilanz der Folgen des Binnenmarktprogramms für das angestrebte Ziel einer deutlichen Zunahme des ökonomischen Wachstums in den Mitgliedstaaten der Europäischen Union, dann ist festzustellen, daß der Binnenmarkt bisher das Klassenziel nicht erreicht hat.

Es kann daher nicht überraschen, daß die Unternehmer enttäuscht waren. Auch wenn die Umfragen nicht ganz vergleichbar sind, so waren 1988 von 11.000 Unternehmern in 12 Mitgliedstaaten der Europäischen Union 56 % der Meinung, daß der Binnenmarkt für ihre eigene Firma mehr Chancen als Risiken mit sich bringe. Nach einer Umfrage von 1995 unter 13.500 Unter-

---

48 Europäische Kommission, Der Binnenmarkt und das Europa von morgen, a. a. O., S. 39.

49 Europäische Kommission, Wirkung und Wirksamkeit der Binnenmarktmaßnahmen. Mitteilung der Kommission an das Europäische Parlament und den Rat, 30.10.1996, Punkt 3.6.

50 Europäische Kommission, Der Binnenmarkt und das Europa von morgen, a. a. O., S. 93.

51 Ebd., S. 95.

52 Europäische Kommission, Wirkung und Wirksamkeit der Binnenmarktmaßnahmen, a. a. O., Punkt 2.1.

53 Eurostat, Sozialporträt Europas 1998, S. 97.

nehmen waren nur 33 % der Unternehmen aus dem Bereich der Industrie und 16 % aus dem Dienstleistungssektor der Meinung, daß der Binnenmarkt für ihr Unternehmen ein Erfolg sei. Auffallend ist auch hier wie bei der im Cecchini-Bericht publizierten Befragung der hohe Prozentsatz an Unternehmen, die keine Meinung äußerten (vgl. Tabelle III.2). Natürlich beeinflußt die Größe der Unternehmen ihre Einstellung zu den Folgen des Binnenmarktes. Je größer ein Unternehmen, desto häufiger ist es grenzüberschreitend tätig und umso positiver fällt das Urteil über den Binnenmarkt aus. Doch auch von den Unternehmen mit 500 bis 999 Beschäftigten äußerten nur 38 % aus der Industrie und 21 % aus dem Dienstleistungssektor die Meinung, der Binnenmarkt sei für ihr Unternehmen ein Erfolg. Bei 1000 und mehr Beschäftigten betrachteten 46 % der Unternehmen aus der Industrie und 35 % aus dem Dienstleistungssektor den Binnenmarkt als Erfolg.

Tabelle III.2: Meinung der Unternehmen zu der Aussage: „Das Binnenmarktprogramm ist für Ihr Unternehmen ein Erfolg" im Jahr 1995 (Anteile in %)

	Industrie			Dienstleistungssektor		
	Stimmt	Keine Meinung	Stimmt nicht	Stimmt	Keine Meinung	Stimmt nicht
Belgien	13	66	22	13	76	10
Dänemark	33	41	27	27	54	20
Deutschland	41	40	18	-	-	-
Frankreich	20	41	38	8	61	31
Griechenland	42	39	19	49	46	5
Irland	46	38	15	22	64	14
Italien	54	23	23	45	38	17
Luxemburg	21	42	37	35	51	14
Niederlande	17	64	19	6	72	23
Portugal	12	54	34	1	54	44
Spanien	38	23	40	26	31	43
Vereinigtes Königreich	16	59	25	9	79	12
Insgesamt	33	40	27	16	63	21

Quelle: Europäische Kommission, Der Binnenmarkt und das Europa von morgen, Köln: Bundesanzeiger 1997, S. 174.

Sowohl die ökonomischen Daten als auch die Umfrageergebnisse sind keine Belege für eine Erfolgsgeschichte des Binnenmarktes. Wurden schon die im Programm genannten Ziele nur zum kleinen Teil erreicht, dann ist über die immanente Kritik hinaus zu fragen, ob das Weißbuch zur Vollendung des Binnenmarktes überhaupt ein adäquates Programm zur Steigerung des Wohlstandes der Bürger enthält.[54]

Das zentrale Defizit des Programms ist die einseitige Orientierung an einem ökonomischen Verständnis des Wohlstandes und die damit zusammenhängende Vernachlässigung der sozialen und ökologischen Folgen des Binnenmarktes. Mögliche Nachteile des Programms wurden heruntergespielt. Gegenmeinungen wurden nicht in die Überlegungen aufgenommen. Eine demokratische Kommunikation über Differenz fand bei der Entstehung des Programms nicht statt. „The argument focused on the overall, long-term welfare gains, thus downplaying the estimated costs of adjustment."[55] Diesen Mangel an einer offenen Diskussion über die Vor- und Nachteile des Binnenmarktes monierte schon eine Expertengruppe, die unter dem Vorsitz von Peter Sutherland, einem ehemaligen Kommissar für Wettbewerb, 1992 berufen wurde.

Die „Sutherland-Kommission" sollte eine Strategie zur Umsetzung des Binnenmarktprogramms entwickeln. Die im Programm fehlenden Kriterien für die Implementation[56] und Evaluation sollten nachträglich von einer Expertenkommission erarbeitet werden. Die „Beratergruppe Binnenmarkt"[57] hat das Europäische Parlament, Vertreter der Wirtschaft und der Verbraucher in ihre Beratungen einbezogen. Um zu einem raschen Ergebnis zu kommen, beschränkte sich die Expertengruppe auf Probleme des freien Warenverkehrs und auf Probleme der Dienstleistungsfreiheit. Die Beteiligung von Verbraucherverbänden beim Projekt des Binnenmarktes ist ein Novum. So haben z. B. das „Bureau europèen des Unions de consommateurs", die „Consumers in the European Community Group" und der Ausschuß für öffentliche Dienstleistungen des Europäischen Gewerkschaftsbundes den Experten Beiträge zur Verfügung gestellt. Nach wie vor blieben die Unternehmen in der Mehrzahl, doch immerhin war ein Anfang in der Beteiligung der Verbraucher gemacht.

Die Expertengruppe plädierte für eine offene Diskussion der Vor- und Nachteile des Binnenmarktes. Die Probleme müßten benannt, die Regeln präzisiert und den Verbrauchern und den Unternehmern müsse „unmißverständlich" gesagt werden, was sie erwarte. Die Experten setzten auf Kommunikation. Die öffentliche Reaktion auf den Vertrag von Maastricht habe deutlich ge-

54 Europäische Kommission, Weißbuch „Vollendung des Binnenmarktes", a. a. O., S. 8.

55 Helen Wallace, Alasdair R. Young, The Single Market: A New Approach to Policy, a. a. O., S. 99.

56 Ebd., S. 101 kommen ebenfalls zu dem Ergebnis: „The bulk of the activity to achieve the goals of 1992 was focused on the legislative program rather than on the follow through, on designing rather than implementing policy rules."

57 Der Binnenmarkt nach 1992. Bericht der hochrangigen Beratergruppe Binnenmarkt an die Kommission der Europäischen Gemeinschaften, 1992, S. 1.

macht, daß die Kommunikation nicht funktioniere. Es sei nicht damit getan, Programme zu verabschieden und dann auf die Realisierung zu hoffen. „Was nottut, ist ein wirksamerer und deutlich geführter Dialog zwischen den Gemeinschaftsorganen, den europäischen Bürgern und der Wirtschaft."[58] Die Experten mahnten an, daß es versäumt wurde, lokale und sektorale Widerstände gegen den Binnenmarkt ernst zu nehmen.

Die 38 Empfehlungen der Experten sind in vier Teile gegliedert. Erstens müsse die Rechtsetzung der Gemeinschaft auf präzisen Analysen der Vor- und Nachteile einer Regelung beruhen, zweitens müsse das Vertrauen der Verbraucher und der Unternehmer durch eine umfassende Informationsstrategie gestärkt werden, drittens müsse den Bürgern deutlich gemacht werden, wie sie ihre Ansprüche aus Gemeinschaftsrecht geltend machen können und viertens müsse die Implementation des Binnenmarktprogrammes auf einer engen Zusammenarbeit zwischen den Verwaltungen der Mitgliedstaaten und der Kommission beruhen. Bei der Vorbereitung der europäischen Programme sei es wichtig, „daß die Kommission den Kreis der Betroffenen möglichst weit faßt und mit allen Interessenten Gespräche führt."[59]

Der Sutherland-Bericht enthält eine substantielle Evaluation des Programms und sinnvolle Vorschläge für die Verbesserung der Implementation. Die Verbraucher werden neben den Unternehmern als Adressaten des Programmes ernst genommen.[60] Mögliche Widerstände bei den Adressaten gegen das Programm werden thematisiert. Die Nachteile des Binnenmarktes kommen zur Sprache. Es wird kritisiert, daß das Programm und die darin enthaltene Problemanalyse auf einseitigem Wissen und der einseitigen Berücksichtigung der Interessen der Unternehmer beruhen. Die Gefahr der Fragmentierung der Binnenmarktpolitik durch die sektorbezogene Konzeption wird erkannt, und die Experten plädieren dafür, in Zukunft der Kohärenz der Programme Priorität einzuräumen.[61]

Besonders weitblickend sind die Überlegungen der Experten zur Erhaltung der Vielfalt in einem Binnenmarkt. Sie sehen einen möglichen Konflikt zwischen einem großen Binnenmarkt und der lokalen, regionalen und nationalen Vielfalt, die es zu bewahren gelte. Das Prinzip der gegenseitigen Anerkennung könne hier zwar hilfreich sein, doch gerate dieses Prinzip an Grenzen, wenn der gegenseitigen Anerkennung von Produkten übergeordnete Erfordernisse wie Gesundheits-, Umwelt- und Verbraucherschutz entgegenstünden. Wenn es vorkomme, daß Mitgliedstaaten aus guten Gründen die gegenseitige Anerkennung nicht gelten lassen können, dann solle die Kommission

58 Ebd., S. 7.
59 Ebd., S. 13.
60 Ebd., S. 20.
61 Ebd., S. 15.

nicht auf einer Rechtsetzungsinitiative bestehen und so weit als möglich die Vielfalt favorisieren.[62]

Die Experten empfehlen Gesetzestests bei allen Maßnahmen im Rahmen des Binnenmarktes anhand der Kriterien der Notwendigkeit, der Effizienz, der Verhältnismäßigkeit, der Kohärenz und der Kommunikation. Den Verbrauchern und den Unternehmern müßten vorgeschlagene Maßnahmen einleuchten, und alle Einzelheiten eines Programms sollten mit den Betroffenen schon frühzeitig diskutiert werden.[63] Als hätten die Experten die Versäumnisse auf nationaler und europäischer Ebene in der Reaktion auf BSE vorhergesehen, raten sie der Kommission, möglichst bald die Vorgehensweisen bei Gefährdungen der Gesundheit der Verbraucher durch den freien Warenaustausch im Binnenmarkt effektiver als bisher zu gestalten.[64]

Der Bericht der Sutherland-Kommission wäre eine Gelegenheit gewesen, das Programm nachzubessern und parallel zur Vollendung des Binnenmarktes den Verbraucher- und den Umweltschutz zu stärken. Die von den Experten entwickelten Kriterien für die Implementation und Evaluation hätten die Kommission veranlassen müssen, diese Kriterien zur Geltung zu bringen. Doch die Chance wurde vertan.

Statt die Empfehlungen der Experten ernst zu nehmen, legte die Kommission mal wieder ein Papier vor. Die Kommission publizierte im Dezember 1993 eine Mitteilung an den Rat, das Europäische Parlament und den Wirtschafts- und Sozialausschuß über „Folgemaßnahmen zum Sutherland-Bericht." In dieser Mitteilung wird das gemeinschaftliche „System zum raschen Austausch von Informationen über Gefahren bei der Verwendung von Konsumgütern"[65] dargestellt. Es wird lediglich der Ist-Zustand der wichtigsten Verfahren beim Umgang mit gesundheitsgefährdenden Lebensmitteln beschrieben. „Stellen die Behörden eines Mitgliedstaates fest, daß ein Erzeugnis eine ernste und unmittelbare Gefahr darstellt oder daß bestimmte Vorfälle, welche die Sicherheit gefährden, auf dieses Erzeugnis zurückzuführen sind, und sorgen sie für die erforderliche Abhilfe, so müssen sie unbedingt sofort die übrigen Mitgliedstaaten unterrichten können. Nur dann sind diese in der Lage, ebenfalls rasch zu reagieren."[66] Wie wahr! Was aber geschieht, wenn ein Mitgliedstaat keine Abhilfe schafft und die anderen Mitgliedstaaten nicht sofort unterrichtet? Die Kommission räumt ein, daß bei einigen Warnsystemen eine Modernisierung des Frühwarnsystems nötig wäre. Doch im konkre-

62 Ebd., S. 25.

63 Ebd., S. 28.

64 Ebd., S. 77: „Die Kommission sollte dem Rat und dem Parlament alsbald eine Mitteilung darüber vorlegen, wie die Befugnisse der Gemeinschaft bei der Behandlung dringlicher und ernster Verbraucherprobleme im Zusammenhang mit Produkten ausgeübt werden."

65 KOM (93) 430 endg. vom 16.12.1993.

66 Ebd., S. 3.

ten Fall wird abgewiegelt. So arbeite man an einer Richtlinie zu den Kontrollen im Bereich der Tierernährung: „In Erwartung des Inkrafttretens der neuen Richtlinie ... stellt das derzeitige Verfahren eine adäquate sektorielle Lösung dar."

Die Kommission hat es versäumt, das europäische Kontrollsystem bei Gefährdungen der Verbraucher durch Konsumgüter im Binnenmarkt zu evaluieren und auf der Basis der Evaluation der neuen Situation anzupassen. Eine Evaluation wäre aber dringend notwendig gewesen. Die Mitglieder der Sutherland-Kommission hatten die Kommission auch zum Handeln aufgefordert. Wenn der innergemeinschaftliche Warenverkehr zunehme, dann müßten Informationen z. B. über gesundheitsgefährdende Lebensmittel schnell in allen Mitgliedstaaten verbreitet, und die nationalen Maßnahmen müßten auf andere Weise kontrolliert werden als vor der Vollendung des Binnenmarktes. Trotz des Handlungsbedarfes blieb es beim „Europa der Broschüren".

So wurden in der Mitteilung der Kommission im Abschnitt zu den Veterinärkontrollen, die sich bald als unzureichend herausstellen sollten, nur die Rechtsgrundlagen zusammengefaßt, die Existenz der nationalen Kontaktstellen bei Gefahren für die menschliche oder tierische Gesundheit erwähnt und das Verfahren erläutert. Die Entscheidungsbefugnis lag bei der Kommission, die in Zusammenarbeit mit dem Ständigen Veterinärausschuß über die Maßnahmen im Fall einer Tierseuche zu beschließen hatte. Die Beurteilung des Warnsystems beschränkte sich auf wenige Sätze. Seit der Harmonisierung der gesundheitlichen und tierseuchenrechtlichen Vorschriften habe die Kommission zahlreiche Erfahrungen im Umgang mit den Schutzklauseln zur Wahrung der Gesundheit von Mensch und Tier in der Gemeinschaft sammeln können. So habe man in den ersten drei Monaten des Jahres 1993 sieben Entscheidungen zur Maul- und Klauenseuche im ehemaligen Jugoslawien, zur Schweinekrankheit in den Niederlanden und zu Toxin bei Austern in Marokko erlassen.[67]

Die Kommission ist ohne wirkliche Evaluation von der Effektivität des Systems der Veterinärkontrollen ausgegangen. Eine reine Aufzählung von Rechtsgrundlagen und von zurückliegenden Entscheidungen sagt jedoch wenig über die Effektivität und Effizienz des Kontrollsystems aus. Am 14. Juli 1993 wurde in Großbritannien der hunderttausendste Fall von BSE gemeldet. Am 16. Dezember 1993 legte die Kommission ihre Mitteilung über Lebensmittel- und Veterinärkontrollen vor, in der mögliche neuartige Seuchen und neuartige Gefährdungen der Verbraucher durch den freien Warenverkehr im Binnenmarkt nicht mit einem Wort vorkommen.

67 Ebd., S. 30.

Der Verlauf der BSE-Krise und die unzureichenden Reaktionen sowohl der Mitgliedstaaten als auch der Europäischen Union sind u. a. auf das Binnenmarktprogramm zurückzuführen. Es ist ein Programm, in dem die Wohlfahrt der Bürger einseitig ökonomisch definiert, und die Vielfalt der sozialen und ökologischen Folgen des Binnenmarktes vernachlässigt wird. Die Einflußnahme der Industrie auf die Formulierung des Programms erklärt die Betonung des ökonomischen Wachstums. Parallele Programme zum Schutz der Verbraucher und zum Schutz der Umwelt wurden nicht verabschiedet. Was wir auf der Mikroebene der Handlungsorientierungen der Akteure beobachten können, zeigt sich ganz ähnlich auf der Makroebene des Binnenmarktprogrammes selbst.

Im Programm sind keine Verfahren der Implementation und Evaluation unter Beteiligung der betroffenen Verbraucher vorgesehen. Auch die von der Kommission in Auftrag gegebenen Studien thematisieren ausschließlich die Erfahrungen der Unternehmen mit der Umsetzung des Binnenmarktprogrammes, nicht aber die Erfahrungen der Verbraucher. Es wurde eine Umfrage unter 24.000 Unternehmen in 12 Mitgliedstaaten mit einer Rücklaufquote von 56 % durchgeführt.[68] Eine Studie zum Bereich der Nahrungsmittelzubereitung beschränkt sich auf Fallstudien zu Industrieunternehmen wie z. B. der Danone-Gruppe in Frankreich und Schöller Lebensmittel in Deutschland.[69] Nach meiner These kommt es darauf an, daß ein Programm in Kommunikation über Differenz entsteht und im Programm wiederum demokratische Verfahren der Implementation vorgesehen sind, die eine Auseinandersetzung mit unterschiedlichen Ideen und Interessen während des Prozesses der Umsetzung ermöglichen. Eine demokratische Kommunikation über Differenz spielte jedoch weder bei der Entstehung noch bei der Umsetzung des Programms eine Rolle. Selbst als die BSE-Krise in einem dynamischen Prozeß der Ausbreitung der Seuche die Versäumnisse des Binnenmarktprogramms unübersehbar werden ließ, haben nationale und europäische Politiker den Interessen des Marktes Vorrang vor den Interessen der Verbraucher gegeben.[70] Am Beispiel der BSE-Krise möchte ich im letzten Abschnitt dieses Kapitels die Defizite des Binnenmarktprogramms und die Versäumnisse der Politiker bei der Umsetzung des Programms veranschaulichen.

68 European Commission, The Single Market Review, Results of the Business Survey, London: Kogan Page 1997, S. 3.

69 European Commission, The Single Market Review, Subseries I: Volume 7, Processed Foodstuffs, London: Kogan Page 1997, S. 241ff.

70 So auch Jürgen Neyer, Postnationale politische Herrschaft. Vergesellschaftung und Verrechtlichung jenseits des Staates, Baden-Baden: Nomos 2004, S. 134.

4. Die Defizite

Die Rinderkrankheit BSE, Bovine Spongiforme Enzephalopathie, weitete sich in den 80er und 90er Jahren in Großbritannien zu einer Epidemie aus. Auf dem Höhepunkt der Krise im Jahr 1992 wurden im Vereinigten Königreich 37.057 Fälle von BSE bestätigt.[71] Bis zum 31. Mai 2003 wurden in den Mitgliedstaaten der Europäischen Union insgesamt 185.261 BSE-Fälle gemeldet. Davon entfielen 181.877 Fälle auf das Vereinigte Königreich, 729 Fälle auf Portugal und 1.175 Fälle auf Irland. In der Schweiz wurden 432 Fälle bis Mai 2003 nachgewiesen.[72] Wurden bis zum Jahr 2001 im Vereinigten Königreich stets erheblich mehr BSE-Fälle als in allen anderen Mitgliedstaaten zusammen festgestellt, so ändert sich der Trend seit Frühjahr 2001. Im Jahr 2000 meldete das Vereinigte Königreich 1.428 Fälle gegenüber 482 Fällen aus den anderen Mitgliedstaaten. Im Jahr 2001 ist der Unterschied nicht mehr so groß: 1.194 Fällen im Vereinigten Königreich stehen nun 968 Fälle in den übrigen Mitgliedstaaten gegenüber. „Wenn dieser Trend sich fortsetzt, wäre das ein Anhaltspunkt dafür, daß die in den übrigen Mitgliedstaaten gemeldete BSE-Inzidenz deutlich im Steigen begriffen ist.“[73] Nach den neuesten Daten, die die Europäische Kommission im Juni 2003 veröffentlicht hat, hält der Trend an.[74]

Noch erschreckender als die gemeldeten BSE-Fälle sind die Zahlen der Rinder, die wegen des Verdachtes auf BSE oder zur Stützung des Marktes geschlachtet wurden.[75] Allein im Rahmen des Programms zur Schlachtung von Rindern, die älter sind als 30 Monate, wurden im Vereinigten Königreich vom April 1996 bis Dezember 1997 fast 2 Millionen Rinder getötet.[76] Mit

71 Rechnungshof der EG, Sonderbericht Nr. 19/98 „über die Finanzierung bestimmter infolge der BSE-Krise getroffener Maßnahmen durch die Gemeinschaft, zusammen mit den Antworten der Kommission“, Amtsblatt der EG, Nr. C 383 vom 9.12.1998, S. 18.

72 Rechnungshof der EG, Sonderbericht Nr. 14/2001 „Weiterverfolgung zum Sonderbericht Nr. 19/98 des Hofes über BSE, zusammen mit den Antworten der Kommission“, Amtsblatt der EG, Nr. C 324 vom 20.11.2001, Abbildung 4, S. 7. Vgl. die leicht nach unten abweichenden Daten im Internet: Number of Cases of Bovine Spongiform Encephalopathy, 1987-2001, Internet http://www.europa.eu.int/comm/food/fs/bse/index_en.html. Für die Entwicklung seit 2001 vgl. Europäische Kommission, Report on the monitoring and testing of ruminants for the presence of transmissible spongiform encephalopathy (TSE) in 2002, Juni 2003, S. 14, Tabelle 8: „Evolution of positive cases world-wide since BSE was recognised.“

73 Rechnungshof der EG, Sonderbericht Nr. 14/2001 vom 20.11.2001, a. a. O., S. 5.

74 Für 2002 lauten die Zahlen: 1.125 BSE-Fälle im Vereinigten Königreich, 1.001 Fälle insgesamt in den anderen Mitgliedstaaten der Europäischen Union.

75 Am 16.3.2001 fiel die Entscheidung der Europäischen Kommission, in den Mitgliedstaaten zur Entlastung des Rindfleischmarktes 1,2 Millionen Rinder, die älter sind als 30 Monate, aufzukaufen und zu schlachten. Vgl. Frankfurter Allgemeine Zeitung vom 17.3.2001, S. 1.

76 Die genaue Zahl beträgt 1 983 636 Tiere. Rechnungshof der EG, Sonderbericht Nr. 19/98 vom 9.12.98, a. a. O., S. 22.

BSE verbinden wir die Bilder der brennenden Tierkadaver, des Keulens ganzer Herden und gespenstisch verkleideter Arbeiter.

Einhundertdreißig Briten,[77] sechs Franzosen, ein Ire und ein Italiener starben bis Februar 2003 an einer neuen Variante der Creutzfeldt-Jakob-Krankheit, die wie BSE zu einer schwammartigen Veränderung des Gehirns und zum Tod führt.[78] Die Möglichkeit eines Zusammenhanges zwischen BSE und der neuen Variante der Creutzfeldt-Jakob-Krankheit hat die Regierung des Vereinigten Königreiches erstmals im März 1996 anerkannt. In dem 16 Bände umfassenden BSE-Bericht der britischen Kommission unter Vorsitz von Lord Phillips wird festgestellt, daß eine Übertragung von BSE auf den Menschen für sehr unwahrscheinlich gehalten wurde, aber gleichwohl vorgekommen sei: „The transmission of BSE to humans was considered most unlikely, but it has happened.“[79]

BSE ist eine neuartige Tierkrankheit, deren Entstehen und Verbreitung bisher nicht eindeutig geklärt ist. Den Ursprung der Krankheit vermuten einige Wissenschaftler in der Mutation einer Kuh in Südwestengland in den siebziger Jahren, die zu Tiermehl verarbeitet und an ihre Artgenossen verfüttert wurde. Auf diese Weise sei die Seuche ausgelöst worden. Andere Wissenschaftler vertreten die Hypothese, daß die Krankheit BSE schon immer in den Herden sporadisch vorgekommen sei und sich durch Umweltfaktoren und veränderte Farmpraktiken zu einer aggressiven Krankheit gewandelt habe. Nach der Prionentheorie sind es körpereigene Eiweißpartikel, die sich aus noch ungeklärten Gründen im Gehirn zu einer krankhaften Form verwandeln. Einige Forscher bringen die Degeneration der Eiweiße wiederum mit Umweltfaktoren in Zusammenhang. Von einer Erklärung der Tierkrankheit und möglicher Wechselwirkungen mit Veränderungen in den Kreisläufen des Ökosystems ist die Wissenschaft noch weit entfernt. Der Zusammenhang zwischen BSE und der neuen Variante der Creutzfeldt-Jakob-Krankheit gilt als gesichert. Unklar bleibt die Art der Übertragung.[80]

Die BSE-Krise zeigt einen für nichtlineare Prozesse typischen Verlauf. Schon um 1900 hatte man mit der Verfütterung von Tiermehl an Rinder begonnen. Lange Zeit wurde scheinbar ohne Folgen das Tiermehl an Wiederkäuer verfüttert, und die Rinder lebten oft zusammengepfercht auf viel zu kleinen

77 http://www.doh.gov.uk/cjd/stats/jun01.htm

78 European Medicines Agency, London, Position statement on Creutzfeldt-Jakob disease and plasma-derived and urine-derived medicinal products, London 20.2.2003, S. 2.

79 Lord Phillips of Worth Matravers et al., The BSE Inquiry, Volume 1: Findings and Conclusions, London: Her Majesty's Stationary Office, October 2000, S. 258.

80 Ebd., S. XVIII: „The link between BSE and vCJD is now clearly established, though the manner of infection is not clear.“

Weideflächen.[81] Ein neues Produktionsverfahren von Tiermehl in Großbritannien, das billiger war und die BSE-Erreger nicht mehr zerstörte, war der Auslöser für den katastrophischen Umschlag in eine Epidemie. Der plötzliche Verlust des Gleichgewichtes ist dabei auf kontinuierliche Ursachen eines lang bestehenden naturwidrigen Umgangs der Menschen mit Rindern zurückzuführen. Eine „kleine" Änderung bei der Herstellung von Tiermehl in Großbritannien führte zur weitreichenden Folge der BSE-Krise.

Graham Chambers, Leiter der Forschungsabteilung des Europäischen Parlamentes für Gesundheits- und Verbraucherprobleme, vertritt die These, daß ein Zusammenhang zwischen der raschen Vollendung des Binnenmarktes und der unzureichenden Reaktion auf die BSE-Seuche besteht. Die Umsetzung des Binnenmarktprogramms habe so viele Ressourcen in Anspruch genommen, daß für die Schaffung der notwendigen Kontrollmechanismen im Bereich der Lebensmittelsicherheit Personal und Finanzmittel fehlten.[82]

Doch die unzureichende Reaktion sowohl der Mitgliedstaaten und hier natürlich insbesondere des Vereinigten Königreiches als auch der Europäischen Union auf die BSE-Krise läßt sich nicht allein mit einem Mangel an Personal und Finanzen erklären. Die Reaktionen der Akteure sind auch eine Folge der Defizite des Binnenmarktprogrammes selbst und eines Handelns in der Logik dieses Programmes. Die Komplexität der neuartigen Krankheit und die nichtlineare Dynamik der BSE-Krise hätten zur Bekämpfung ein politisches Handeln erfordert, das für eine demokratische Kommunikation über Differenz offen ist. Doch weder die Architekten des Binnenmarktprogramms noch die Politiker und Verwaltungsfachleute, die das Programm in die Realität umsetzten, orientierten sich in ihrem Handeln an einer solchen Kommunikation. Die Differenz der Ideen, der Interessen und der Wissensarten war weder während der Vorbereitung noch bei der Umsetzung der Entscheidungen gefragt.

Die Deregulierungsphilosophie des Binnenmarktprogramms trug dazu bei, daß die europäischen Akteure mögliche Gefahren des Binnenmarktes für die Verbraucher unterschätzten und daher keine Pläne zur effektiven Vorbeugung eventueller Gefährdungen entwickelten.[83] Das mangelnde Bewußtsein

81 Vgl. die anschauliche Beschreibung des Umganges mit Rindern in einem Betrieb in der Nähe von Hannover von Sievert Lorenzen, BSE ist keine Seuche. In: Zeitdokument 4 (2000), S. 43. Nach Lorenzen ist BSE im strengen Sinn keine Seuche, da die Ansteckung nicht „im Sinne einer natürlichen Übertragung unter lebenden Artgenossen" erfolgt, sondern durch verseuchte Nahrung.

82 Graham R. Chambers, The BSE Crisis and the European Parliament. In: Christian Joerges, Ellen Vos (Hrsg.), EU Committees: Social Regulation, Law and Politics, Oxford: Hart Publishing 1999, S. 98.

83 Die Deregulierungsphilosophie des Binnenmarktes schuf auch das Klima, in dem es möglich war, daß die britische Futtermittelindustrie 1981 die Verfahren zur Herstellung von

möglicher negativer Folgen des Binnenmarktes spiegelte sich in den europäischen Richtlinien zu veterinärrechtlichen Kontrollen wider, die von der Annahme ausgingen, die Mitgliedstaaten sorgten für verläßliche Inspektionen der Betriebe und präzise Analysen der tierischen Erzeugnisse.

Die Deregulierungsphilosophie kommt z. B. in der europäischen Richtlinie über die Veterinärkontrollen von 1989 zum Ausdruck. Die veterinärrechtlichen Kontrollen an den Binnengrenzen der Gemeinschaft sollten abgeschafft werden. „Das reibungslose Funktionieren der gemeinsamen Marktorganisationen für tierische Erzeugnisse und Erzeugnisse tierischen Ursprungs erfordert die Beseitigung veterinärrechtlicher Hindernisse, die der Entwicklung des innergemeinschaftlichen Handels mit den betreffenden Erzeugnissen im Wege stehen."[84] In der Logik des oben beschriebenen Binnenmarktprogramms hatte man die Vorteile der Abschaffung von Grenzkontrollen im Auge, ohne die möglichen Nachteile auf umfassende Weise zu berücksichtigen. Die Kontrollen sollten in Zukunft im „Versandmitgliedstaat" erfolgen. „Diese Lösung erfordert ein größeres Vertrauen in die veterinärrechtlichen Kontrollen des Versandmitgliedstaats. Diesem obliegt es, dafür Sorge zu tragen, daß diese veterinärrechtlichen Kontrollen in angemessener Weise erfolgen."[85]

Die Mitgliedstaaten sollen nach der Richtlinie Programme vorlegen, aus denen ersichtlich ist, auf welche Weise die veterinärrechtlichen Kontrollen realisiert werden. Die Kommission prüft die Programme.[86] Beim Auftreten einer Seuche ist ein Mitgliedstaat gehalten, die anderen Staaten und die Kommission unverzüglich zu informieren. Hält die Kommission die Maßnahmen, die der Mitgliedstaat im Fall einer Seuche trifft, für unzureichend, so beschließt die Kommission eigene Maßnahmen und ruft den Ständigen Veterinärausschuß ein.[87] So steht es in der Richtlinie.

In der Realität aber wurde das Vertrauen in die Selbstkontrolle der Betriebe und in die Verwaltungen der Mitgliedstaaten für die Europäische Kommission zum Alibi, gar nicht erst zu prüfen, ob das Vertrauen in die nationalen Inspektionen gerechtfertigt war. Unter der Flagge des Subsidiaritätsprinzips verfolgte die Europäische Union einen Kurs, der den Verbraucherschutz im Binnenmarkt vernachlässigte. Die Kommission hätte sich darüber im klaren sein müssen, daß sie mit ihren 40 Veterinärinspektoren kaum in der Lage sein würde, die nationalen Systeme der Veterinärkontrollen auch nur annähernd

---

Tiermehl aus Kostengründen vereinfachte. Man produzierte Tiermehl, das zwar billig, aber verseucht war.

84 Richtlinie des Rates 89/662/EWG vom 11.12.1989, Erwägungsgründe.

85 Ebd.

86 Ebd., Artikel 16.

87 Ebd., Artikel 9 Absatz 3.

zu überprüfen. Wegen der höheren Gefahr für Verbraucher in einem Markt ohne Grenzen hätte die Europäische Union mit Neueinstellungen von Personal und zusätzlichen Finanzmitteln sicherstellen müssen, daß effektive veterinärmedizinische Kontrollen in den Mitgliedstaaten stattfinden.

Genau dies ist im Fall von BSE in der Phase von 1990 bis 1994 nicht geschehen. Diese Jahre waren für die Ausbreitung der Seuche entscheidend. Der nichtständige Untersuchungsausschuß des Europäischen Parlamentes kommt in seinem Bericht vom Februar 1997 zu dem Ergebnis: „Die Vorschriften der Richtlinie 89/662/EWG über die veterinärmedizinischen Kontrollen im Hinblick auf die Verwirklichung des Binnenmarktes wurden nicht eingehalten.“[88] Die Kommission führte von 1990 bis 1994 keine BSE-relevanten Inspektionen der Schlachthäuser im Vereinigten Königreich durch.[89] Europäische Kontrollen hätten zu Tage fördern können, daß die britischen veterinärrechtlichen Kontrollen in der Theorie besser funktionierten als in der Praxis.[90]

Das Vereinigte Königreich untersagte am 18. Juli 1988 die Verfütterung von Wiederkäuerprotein an Rinder, da es als sicher galt, daß BSE über infiziertes Fleisch- und Knochenmehl übertragen wird. Dieses Verbot wurde jedoch nicht wirksam umgesetzt. Die verantwortlichen Politiker der Europäischen Union fragten nicht nach der Wirksamkeit des Verbotes und verhängten 1989 ein Exportverbot für diejenigen britischen Rinder, die vor dem 18. Juli 1988 geboren waren. Für danach geborene Rinder ging man ja davon aus, daß sich diese nun nicht mehr durch verseuchtes Tiermehl mit BSE anstecken konnten. Doch weit gefehlt. Es war im Vereinigten Königreich nicht gelungen, das Verfütterungsverbot von Wiederkäuerprotein an Rinder zu realisieren. Fleisch- und Knochenmehl wurde für andere Nutztiere weiter hergestellt. In den Futtermittelbetrieben wurde das Futter für Wiederkäuer in denselben Maschinen hergestellt wie das Futter für andere Tiere, und so gelangten durch Reste und Verschmutzungen in den Maschinen auch weiterhin Säugetierproteine in das Futter für Rinder. Der Kannibalismus nahm kein Ende.

Das Exportverbot der EU von 1989 lief damit ins Leere. Fünf Jahre später entschied die Europäische Kommission, die Verfütterung von Säugetierprotein an Wiederkäuer in allen Mitgliedstaaten zu verbieten. Auch diese Entscheidung war für das Vereinigte Königreich zwei Jahre lang ein Papiertiger. Die Behörden des Vereinigten Königreiches geben inzwischen zu, daß sie es bis zum Sommer 1996 nicht erreicht haben, das Fütterungsverbot von Tier-

88 Europäisches Parlament, Bericht über behauptete Verstöße gegen das Gemeinschaftsrecht bzw. Mißstände bei der Anwendung desselben im Zusammenhang mit BSE unbeschadet der Zuständigkeiten der nationalen und gemeinschaftlichen Gerichte (zit. als „BSE-Bericht“), Dok. A4-0020/97, Teil A, 7.2.1997, S. 13.

89 Ebd., S. 10.

90 Graham R. Chambers, The BSE-Crisis and the European Parliament, a. a. O., S. 99.

mehl an Rinder durchzusetzen.[91] Die Europäische Union wiederum hat die Einhaltung des Verbotes nicht hinreichend kontrolliert. „Das Versäumnis, das Verfütterungsverbot von Wiederkäuerprotein an Rinder im Vereinigten Königreich angemessen zu überwachen, hatte zur Folge, daß sich viele nach Erlaß dieses Verbots geborene Tiere (36 000) mit BSE infizierten."[92] Der Schwindel hatte erst ein Ende, als es im März 1996 im Vereinigten Königreich generell verboten wurde, Futtermittel für landwirtschaftliche Nutztiere unter Verwendung von Säugetierprotein herzustellen. Ein Verstoß gegen dieses Verbot gilt seit dem 1. August 1996 im Vereinigten Königreich als strafbare Handlung.

Wie war es möglich, daß Rechtsvorschriften über lange Zeit und mit erheblichen Folgen für Tiere und Menschen nicht in die Praxis umgesetzt wurden? Mit der Antwort auf diese Frage komme ich zu einem weiteren Aspekt eines Mangels an Beachtung von Differenz in den Reaktionen der Politiker auf die BSE-Krise. Es fehlte in den für die Ausweitung der Krise entscheidenden Jahren von 1990 bis 1994 an einer Beachtung der Differenz der Interessen zwischen den Politikern im Vereinigten Königreich und den Politikern auf der europäischen Ebene. Während es prinzipiell als Chance für die Lösung von Problemen zu betrachten ist, daß durch eine neue Ebene politischen Handelns neue Gesichtspunkte ins Spiel kommen, wurde diese Chance im Fall der BSE-Krise nicht genutzt.

Das Vereinigte Königreich beeinflußte mit seiner Deregulierungsphilosophie und seinen ökonomischen Interessen das Handeln der Europäischen Union. Eine europäische Gegenstrategie mit effektiven europäischen Kontrollen der Futtermittelherstellung und der Schlachthöfe im Vereinigten Königreich unterblieb. Waren also schon die rechtlichen Vorschriften für den Verbraucherschutz defizitär, dann schuf die Deregulierungsphilosophie der nationalen und europäischen Akteure ein Klima, in dem es bei der Umsetzung nicht allzu korrekt zuging.

Für das Vereinigte Königreich werden im BSE-Bericht der Phillips-Kommission die Folgen der Deregulierungsphilosophie für die Implementation beschrieben. Seit Beginn der 80er Jahre und verstärkt mit der Wahl von John Major im April 1992 sei es ein Anliegen der Regierung gewesen, die Wirtschaft von der Last der Regulierung zu befreien. Es wurde eine Check-Liste erstellt, um den Regierungsstellen einen Leitfaden an die Hand zu geben, mit dem es erreicht werden könne, die europäischen Vorschriften nicht

---

91 Rechnungshof der EG, Sonderbericht Nr. 19/98 vom 9.12.1998, a. a. O., S. 8.
92 Ebd., S. 16.

zu genau umzusetzen. Die Check-Liste sollte vor einer „Über-Implementation“ des europäischen Rechtes bewahren.[93]

Beamte des staatlichen Veterinärdienstes gaben bei den Anhörungen der Phillips-Kommission zu Protokoll, daß man in einem Klima gearbeitet habe, in dem die Regierung erwartet habe, daß man mit einer lockeren Haltung die Vorschriften umsetze. Stellvertretend für andere sei hier Alick Simmons, ein leitender Veterinärbeamter des Vereinigten Königreiches von 1991-1995, zitiert: „It is worth pointing out that we were also working in a culture in which Ministers had made public announcements where they said that veterinary officers will be sensible, pragmatic and flexibel in their interpretation when it comes to licensed slaughterhouses. That message could not be ignored.“[94]

Die Gefahr einer „Über-Implementation“ der veterinärmedizinischen Vorschriften der Europäischen Union wurde vom Vereinigten Königreich mit Erfolg bekämpft. So hatten die Inspektionen der Europäischen Kommission im Juni 1990 Schwächen bei der Notifizierung von BSE-infizierten Rindern ergeben. Es stellt sich daher die Frage, weshalb in den folgenden Jahren die Inspektionen nicht wiederholt wurden. Der Direktor der Generaldirektion Landwirtschaft, Hoelgaard, sagte vor dem Untersuchungsausschuß des Europäischen Parlamentes aus, daß seine Mitarbeiter ihm später von einem Treffen zwischen den europäischen Inspektoren und den britischen Veterinärdienststellen berichteten. „Als die Inspektoren im Zusammenhang mit Schwachstellen auch BSE ansprachen, reagierte Keith Meldrum, Leiter des Veterinärdienstes im Vereinigten Königreich,[95] anscheinend sehr verärgert. Er erklärte, die Inspektoren der Kommission seien nicht befugt, Nachforschungen über BSE anzustellen. Bei BSE handele es sich nicht um eine technische, sondern um eine politische Frage.“[96]

Die Mängel im britischen Registrierungssystem entpuppten sich in einigen Fällen als eine bewußte Umgehung der europäischen Bestimmungen. Als die Europäische Union im Juni 1990 ein Exportverbot für Rindfleisch aus Betrieben verhängte, in denen man in den vorhergehenden zwei Jahren BSE diagnostiziert hatte, entstanden sog. Auffangbetriebe. Dies waren Betriebe mit einer hohen Zahl von BSE-Fällen, die nun Tiere im Anfangsstadium der Krankheit aus anderen Betrieben aufkauften. Auf diese Weise konnten Betriebe, in denen BSE diagnostiziert wurde, weiter exportieren. Die Seuchen-

93 Lord Phillips of Worth Matravers et al., The BSE Inquiry, a. a. O., Volume 15, S. 63: „a check-list had been formulated that is now applied to ensure that EC requirements are not over-implemented.“

94 Ebd., S. 67.

95 Keith Meldrum war von 1988-1997 Chief Veterinary Officer.

96 Europäisches Parlament, BSE-Bericht, Dok. A4-0020/97, Teil A, a. a. O., S. 10.

statistik verlor an Aussagekraft, und die Verbraucher wurden einem vermeidbaren Risiko ausgesetzt.[97]

Die Priorität des Exportes vor den Interessen der Verbraucher zeigte sich auch in dem plötzlichen Anstieg des Exportes von Tiermehl aus dem Vereinigten Königreich in die Mitgliedstaaten der Europäischen Union im Jahr 1989. Ein Jahr zuvor hatte man im Vereinigten Königreich die Verfütterung von Tiermehl an Rinder verboten. Der Export von Tiermehl in die Mitgliedstaaten der Europäischen Union stieg daraufhin von 12.553 Tonnen Tiermehl[98] im Jahr 1988 auf 25.005 Tonnen im Jahr 1989 an. Auch 1990 gab es noch Exporte britischen Tiermehls in die Mitgliedstaaten der Europäischen Union im Umfang von 10.072 Tonnen. Ab 1991 ist dann zu beobachten, daß die Exporte in die EU-Mitgliedstaaten abnehmen, und nun die Exporte britischen Tiermehls in Länder der Dritten Welt zunehmen.[99] Vergleiche von Export-Statistiken stützen die Vermutung, daß Tiermehl auf Umwegen auch wieder in europäische Länder gelangte.[100] Die Ausbreitung von BSE in der Schweiz, das nur wenig Tiermehl direkt aus dem Vereinigten Königreich importierte, ließe sich mit solchen Umwegen erklären.[101]

Es rächte sich nun, daß ein Entwurf für eine Entscheidung der Kommission vom Februar 1990, Ausfuhren von Fleisch- und Knochenmehl mit Ursprung im Vereinigten Königreich zu verbieten, gescheitert war. Der Vorschlag für eine Kommissionsentscheidung stützte sich auf die oben skizzierte Richtlinie zu Veterinärkontrollen im Binnenmarkt von 1989 und wurde mit der Vorbeugung gegen Gesundheitsrisiken in den Mitgliedstaaten begründet. Der Juristische Dienst der Kommission argumentierte jedoch, daß die Kommission keine Kompetenz für eine solche Entscheidung habe, da 1990 die Frist zur Umsetzung der Richtlinie in nationales Recht noch nicht verstrichen sei.[102]

Auch hier zeigt sich, daß das Vertrauen der europäischen Akteure in nationale Maßnahmen außerordentlich hoch war. Ein Vertrauen, das gegenüber der Regierung des Vereinigten Königreiches in den entscheidenden Jahren der Ausbreitung von BSE nicht gerechtfertigt war. Denn selbstverständlich war der Gesundheitsschutz nicht das primäre Anliegen der britischen Exporteure von Tiermehl. In einer solchen Situation waren das politische Handeln der britischen Regierung und der Europäischen Kommission das Gebot der Stun-

97 Ebd., S. 12.

98 Ebd., Teil A/Anlagen, S. 8.

99 Ebd., S. 9-11 Exportstatistik.

100 Sylvia Schreiber, Import aus dem Nirgendwo. Wie Futtermittelbroker Tiermehl über alle Grenzen verschieben. In: Der Spiegel, 8/2001, S. 44.

101 Dies vermutet auch der Direktor der Generaldirektion VI für Landwirtschaft, Hoelgaard, bei der Anhörung vor dem BSE-Untersuchungsausschusses des Europäischen Parlamentes. Protokoll der Anhörungen vom 19.9.1996, Europäisches Parlament, Dok. 220.554/fin./C/Ann., S. 25.

102 Europäisches Parlament, BSE-Bericht, Dok. A4-0020/97, Teil A, S. 32.

de. Die Passivität der britischen und der europäischen Institutionen gegenüber dem freien Handel mit einer Ware, die bekanntermaßen ein hohes Risiko für die Tiere und die Verbraucher bedeutete, bringt die in den 90er Jahren vorherrschende einseitige Orientierung am ökonomischen Wachstum im Binnenmarkt noch einmal auf den Punkt. Völlig zu Recht messen die Mitglieder des nichtständigen Untersuchungsausschusses des Europaparlamentes den Versäumnissen der nationalen und europäischen Akteure in der Exportfrage besondere Bedeutung zu. Ein rechtzeitiges Tätigwerden durch ein wirksames Exportverbot für Tiermehl aus dem Vereinigten Königreich hätte die Ausbreitung der Seuche möglicherweise verhindern können.[103]

Die Mitglieder der britischen BSE-Kommission unter Vorsitz von Lord Phillips stellen in ihrem Bericht die Frage, ob es nicht zumindest die Aufgabe des britischen Veterinärdienstes gewesen sei, nach dem Verfütterungsverbot von Tiermehl an Rinder im Vereinigten Königreich alle Länder, in die Tiermehl exportiert wurde, rechtzeitig und effizient über die Gefahren des Tiermehls zu informieren. Nach der Richtlinie über die Veterinärkontrollen mußte das Vereinigte Königreich die Mitgliedstaaten der Europäischen Union informieren. Was aber war mit den Ländern, die nicht Mitglieder der Europäischen Union waren? Der Leiter des Veterinärdienstes des Vereinigten Königreiches, Keith Meldrum, antwortete der Kommission, daß man sich auf die normalen Wege der Kommunikation bei Tierseuchen verlassen habe.[104] Normale Wege waren wohl kaum geeignet, die weitere Ausbreitung einer neuartigen Krankheit zu verhindern. Erst im Februar 1990 insistierte der neue Landwirtschaftsminister im Vereinigten Königreich auf einem Warnbrief an alle Länder, die britisches Tiermehl importierten. Diese Warnung kam eindeutig zu spät. Das Argument, man hätte eine solche Warnung eher aussprechen müssen, beurteilt die Phillips-Kommission als „akademisch". Schließlich sei die Schweiz das einzige Land, in dem sich Rinder vermutlich durch importiertes Tiermehl auf dem Umweg über Belgien mit BSE infiziert hätten. In beiden Ländern sei jedoch das Risiko der Tiermehlverfütterung bekannt gewesen.[105] Dieses Urteil der Phillips-Kommission läßt sich nicht nachvollziehen.

Der empirische Befund, daß die Europäische Union gegenüber dem Vereinigten Königreich nicht auf der korrekten Umsetzung aller Maßnahmen zur Eindämmung der BSE-Seuche bestand, wurde durch das europäische Aus-

---

103 Ebd.

104 Lord Phillips of Worth Matravers et al., The BSE-Inquiry, a. a. O., Volume 1, S. 42.

105 Ebd.: „There is scope for arguing that Mr. Meldrum should have done this earlier. We think the argument is academic. The only country outside the EU where it is suspected that cattle were infected with BSE as a result of importing MBM is Switzerland, and it seems that the MBM in question reached Switzerland via Belgium. If this occured after the ruminant feed ban, both Belgium and Switzerland were aware that ruminant protein was suspected to be the cause of BSE. Accordingly we have seen no need to pursue the issue further."

schußsystem begünstigt. Das System der „Komitologie“ erwies sich im Fall der BSE-Krise als kontraproduktiv für die effektive Umsetzung der europäischen Politik.

Das intransparente Ausschußsystem war eine der Möglichkeiten, über die sich die nationalen Interessen des Vereinigten Königreiches ihren Weg bahnten. In der Untergruppe „BSE“ des Wissenschaftlichen Veterinärausschusses besaßen britische Sachverständige und Beamte des britischen Landwirtschaftsministeriums ein Übergewicht. Den Vorsitz in der BSE-Gruppe führte fast immer ein Angehöriger des Vereinigten Königreiches, und die Protokolle der Sitzungen zeigen ein eindeutiges Übergewicht der Teilnehmer aus dem Vereinigten Königreich.[106] Die Empfehlungen des Wissenschaftlichen Veterinärausschusses wiederum spielten für die Entscheidungen der Kommission eine große Rolle. In der Regel übernahm die Kommission die Empfehlungen des Ausschusses in der BSE-Problematik.[107]

Die Zusammensetzung und Arbeitsweise des Ständigen Veterinärausschusses förderten die Einflußnahme der nationalen Akteure. Die Experten des Ständigen Veterinärausschusses wurden von den Mitgliedstaaten ernannt. Es waren in der Regel Vertreter des wissenschaftlichen „mainstream“, die in engem Kontakt mit den nationalen Agrarministerien standen. Die Überspezialisierung der Ausschüsse führte im Fall der BSE-Seuche dazu, daß ein Unterausschuß des Ständigen Veterinärausschusses gebildet wurde, in dem nur Veterinärexperten und noch dazu vorwiegend aus Großbritannien saßen.[108] Diese Zusammensetzung resultierte in der Orientierung des Ausschusses an den Vorstellungen des britischen Landwirtschaftsministeriums. Das Ministerium wiederum war beeinflußt von der regierenden Konservativen Partei, die in Europafragen so zerstritten war, daß ihre Haltung zu Europa und BSE manchmal als bizarr anmuten mußte.[109]

Die gemeinsame Deregulierungsphilosophie und die Strukturen der Willensbildung und Entscheidungsfindung trugen zu einer Einebnung von Differenz zwischen der Europäischen Union und dem Vereinigten Königreich bei. So konnte es geschehen, daß die Europäische Kommission in einem Klima der „wohlwollenden Untätigkeit“[110] die Arbeit des Veterinärdienstes im Vereinigten Königreich nicht prüfte, und folgenreiche Versäumnisse für die Gesundheit von Tieren und Menschen ihren Lauf nahmen.

---

106 Europäisches Parlament, BSE-Bericht, Dok. A4-0020/97, a. a. O., Teil A, S. 11.

107 Ebd., S. 26 Vgl. die Kritik des Europäischen Parlamentes an diesem „minimalistischen Ansatz“ der Kommission, die über die Empfehlungen des Ausschusses nicht hinausging, obwohl sie dazu rechtlich nicht verpflichtet war.

108 Graham R. Chambers, The BSE-Crisis and the European Parliament, a. a. O., S. 102.

109 Ebd.

110 Europäisches Parlament, BSE-Bericht, Dok. A4-0020/97, a. a. O., Teil A, S. 10.

Wegen der zahlreichen offenen Fragen zur Rinderseuche BSE und zur neuen Variante der Creutzfeldt-Jakob-Krankheit bestand nur dann eine Chance, problemadäquat zu handeln, wenn man von Anfang an unterschiedliche Erklärungen und auch unwahrscheinliche Annahmen über Ursachen und Übertragung der Krankheiten in die Überlegungen einbezogen hätte. Die Komplexität der Probleme erforderte zur Lösung ein möglichst hohes Maß an Differenz der Informationen und des Wissens. Differenzen der wissenschaftlichen Erkenntnisse zu BSE und zur Creutzfeldt-Jakob-Krankheit beachteten jedoch weder die verantwortlichen Politiker im Vereinigten Königreich noch die Politiker der Europäischen Union in hinreichender Weise. Wissenschaftler, die eine Minderheitenmeinung vertraten, hatten es schwer.

Im BSE-Unterausschuß des Ständigen Veterinärausschusses der Europäischen Union war die Bandbreite des Wissens schon durch die Tatsache eingeschränkt, daß die Veterinärexperten unter sich blieben.[111] Dies hatte zur Folge, daß BSE nur als Tierkrankheit betrachtet wurde, und die Querverbindungen zur neuen Variante der Creutzfeldt-Jakob-Krankheit nicht in den Blick kamen. Doch auch im Wissenschaftlichen Veterinärausschuß war ein breites Spektrum an Wissen nicht erwünscht. Es galt das Konsensprinzip, und abweichende Meinungen wurden in der Regel nicht dokumentiert.

Zu einer Sitzung des Wissenschaftlichen Veterinärausschusses am 11. Juli 1994 wurde der Direktor des Bundesinstitutes für Gesundheitlichen Verbraucherschutz und Veterinärmedizin, Prof. Somogyi, als Sachverständiger eingeladen. In dieser Sitzung ging es um die Interpretation einer Kommissionsentscheidung. In der Entscheidung von 1994 wurden Auflagen für den Handel mit Rindfleisch aus Großbritannien gemacht. Prof. Somogyi plädierte für eine strikte Anwendung der Entscheidung und vertrat die Meinung, daß nur Muskelfleisch in den Handel kommen dürfe, bei dem „die anhängenden Gewebe einschließlich der erkennbaren Nerven- und Lymphgewebe entfernt wurden." Indem die Mitglieder des Ausschusses nun verkündeten, es müsse nur das „sichtbare Gewebe" entfernt werden, umgehe man die wichtigste Auflage der Kommissionsentscheidung.

Da man sich auf der Sitzung nicht einigen konnte, lud der stellvertretende Direktor der Generaldirektion VI für Landwirtschaft, Fernando Mansito, am 19. Oktober 1994 zu einer erneuten Debatte der Auflagen für die Ausfuhr von entbeintem Rindfleisch aus Großbritannien ein. Auch während dieser Sitzung erreichte man keinen Konsens. Trotz des ausdrücklichen Wunsches des Sachverständigen Somogyi, seine abweichende Meinung in das Protokoll aufzunehmen, wurden im Protokoll nur die Sitzungsteilnehmer aufgelistet

111 Graham R. Chambers, The BSE-Crisis and the European Parliament, a. a. O., S. 102: „Scientifically there seems to have been a lack of a sufficiently broad approach to a very difficult problem."

und am Ende eine Empfehlung für die Handelsauflagen formuliert. Es wurde nicht erwähnt, daß der Wortlaut der Empfehlung strittig blieb. Der Sachverständige Somogyi schrieb daraufhin am 2. November 1994 an den Stellvertretenden Direktor der GD VI: „Ich wehre mich jetzt genau wie in der Sitzung gegen ungerechtfertigte Versuche, von der Begriffsbestimmung für Rindfleisch aus Herden mit BSE-Befall im Zusammenhang mit den Auflagen für das Inverkehrbringen in den innergemeinschaftlichen Handel abzuweichen. ... Obwohl in der Vergangenheit beachtliche Fortschritte erzielt worden sind, bleibt die Pathogenese von BSE in vielerlei Hinsicht immer noch im Dunkeln. All das, was wir in den jüngsten Monaten über die Krankheit gelernt haben, kann unsere Befürchtungen nicht zerstreuen. Ganz im Gegenteil: Die spontane orale Übertragung von BSE auf eine immer größere Zahl von phylogenetisch entfernten Arten, ... sowie eine statistische Übereinstimmung zwischen dem Konsum von Kalbfleisch/Nieren/Rindfleisch und dem Vorkommen von CJK müssen für uns Anlaß sein, bei unserer Bewertung mit der größtmöglichen Sorgfalt vorzugehen, noch mehr Daten zusammenzutragen und die Lage weiter im Auge zu behalten... Zumindest vorläufig ist eine strenge Einhaltung der in der Entscheidung 94/474/EG festgelegten Anforderungen erforderlich.“[112] Dieses Schreiben wurde dem Protokoll der Sitzung des Wissenschaftlichen Veterinärausschusses am 3. November 1994 als Anlage beigefügt.[113]

Während der Anhörungen vor dem Untersuchungsausschuß des Europäischen Parlamentes wiederholte der Wissenschaftler seinen Rat, daß man bei BSE große Vorsicht walten lassen müsse und nicht zu schnell zu viel in wissenschaftliche Ergebnissse hineinlesen dürfe.[114] Gerade in einem Wissenschaftlichen Veterinärausschuß sollte Offenheit für unterschiedliche Hypothesen selbstverständlich sein. Mit einer solchen Offenheit hat es nichts zu tun, wenn Wissenschaftler, die eine abweichende Meinung vertreten, nicht ernst genommen werden. Der Sachverständige Somogyi mußte den Eindruck gewinnen, daß er als „troublemaker“ gelte und man seinen Argumenten nicht zuhöre. Aber damit nicht genug. Die Europäische Kommission hat sogar versucht, den Sachverständigen daran zu hindern, seine wissenschaftliche Meinung in der Öffentlichkeit zu äußern.

Der Sachverständige hatte während einer gemeinsamen Tagung der Weltgesundheitsorganisation und des Internationalen Tiergesundheitsamtes in Paris im September 1994 die Meinung vertreten, daß Fleisch von Rindern aus dem Vereinigten Königreich, die nach dem 1.1.1991 in Herden mit einem Fall von BSE geboren worden waren, nicht in die Nahrungsmittelkette gelangen dürfe.

---

112 Europäisches Parlament, BSE-Bericht, Dok. A4-0020/97, a. a. O., Teil /A/Anlagen vom 7.2.1997, S. 105-106.

113 Ebd., S. 103.

114 Europäisches Parlament, Anhörungen zu BSE am 9.10.1996, Dok. PE 220.544/fin./C/Ann., S. 142.

Der Wissenschaftler begründete dies mit dem Hinweis, daß schon während der Inkubationszeit auch das Muskelfleisch infektiös sein könne. Soviel Meinungsfreiheit war für den Direktor der Generaldirektion für Landwirtschaft, Guy Legras, zuviel. Er schrieb an das Bundesministerium für Gesundheit: „Ich halte es für völlig unvertretbar, daß Beamte einer nationalen Regierung versuchen, auf diese Weise die Rechtsvorschriften der Gemeinschaft zu untergraben, vor allem wenn es um ein so heikles Thema geht. Die betroffenen Personen haben in den Ausschüssen die Gelegenheit gehabt, ihre Positionen zur Debatte zu stellen. Sie sind jedoch von einer breiten Mehrheit der EU-Sachverständigen abgelehnt worden. Ich möchte Sie deshalb bitten, daß die Debatte nicht fortgesetzt wird, vor allem nicht in einem internationalen Forum."[115]

Differenz der wissenschaftlichen Meinungen war in der Europäischen Kommission zu BSE nicht gefragt. Selbst die wichtige Entscheidung, das Exportverbot für Gelatine aufzuheben, wurde ohne hinreichend sorgfältige Beachtung aller wissenschaftlichen Erkenntnisse getroffen.

Am 27. März 1996 hatte die Europäische Kommission unter Präsident Santer die Ausfuhr von Rinderprodukten und Tier- und Knochenmehl von Säugetieren aus dem Vereinigten Königreich vorübergehend verboten. Dies war u. a. eine Reaktion auf die Feststellung des Wissenschaftlichen Veterinärausschusses, daß BSE eine schwere Gefahr für die menschliche Gesundheit sein könne. Am 11. Juni 1996 entschied die Kommission, das Ausfuhrverbot für Nebenprodukte wie Gelatine unter bestimmten Bedingungen aufzuheben. Gelatine wird aus Knochen und Knochenmark von Schafen und Rindern hergestellt, und es ist offenbar möglich, daß Infektionserreger im Rohstoff bei der Herstellung von Gelatine nicht inaktiviert werden.

Wenn man die verschlungenen Pfade verfolgt, die zur Aufhebung des Embargos für Gelatine geführt haben, dann ist es sehr schwierig, sich ein Urteil darüber zu bilden, ob der Europäischen Kommission vorzuwerfen ist, daß sie sich nicht ausreichend über die Gefahren für die Verbraucher durch Gelatine informiert hat. Die Analyse der umfangreichen Dokumente ergibt m. E. zwei kritische Punkte. Erstens hat der europäische Verband der Gelatinehersteller die Europäische Kommission nicht rechtzeitig über neue Erkenntnisse zu den Risiken von Gelatine informiert. Der Verband hatte im Jahr 1994 einen Zwischenbericht vorgelegt, den er bei der Firma Invaresk in Auftrag gegeben hatte. Als die Kommission im Dezember 1995 nachfragte, ob es mittlerweile einen endgültigen Bericht über die Inaktivierung von Erregern der Traberkrankheit bei der Herstellung von Gelatine gebe, antwortete der Verband: „Die Studie mußte verlängert werden, weil eine unerwartet hohe Anfangsin-

115 Europäisches Parlament, BSE-Bericht, Dok. A4-0020/97, a. a. O., Teil A/Anlagen vom 7.2.1997, S. 107.

effektivität aufgetreten ist, die nicht durch ausreichende Verfügungsschritte aufgefangen wurde. Infolgedessen sind die Ergebnisse nicht klar genug, und wir mußten den Gegenstand der Studie ausdehnen."[116]

Der Schlußbericht der Firma Invaresk wurde im April 1996 dem europäischen Verband der Gelatinehersteller übergeben. In diesem Bericht wird empfohlen, mehr Daten zu sammeln und neue Experimente durchzuführen, da mit den bisherigen Erkenntnissen die Unschädlichkeit von Gelatine nicht bewiesen werden könne. Die Kommission hat den Bericht erst am 14. Juni 1996 per Fax erhalten, nachdem die Entscheidung zur Aufhebung des Exportverbotes schon getroffen war.

Natürlich hätte die Kommission vor ihrer Entscheidung beharrlicher nachhaken müssen, ob es neue Erkenntnisse gibt. Warnsignale wie der oben erwähnte Brief des Industrieverbandes wurden übersehen. Bedenkt man die Personalausstattung und die Arbeitsbelastung im Zusammenhang mit BSE im Jahr 1996, dann wird man fairerweise sagen müssen, daß die Versäumnisse der Kommission verständlich sind.[117] Der Verband der Gelatinehersteller hingegen muß sich vorwerfen lassen, Informationen über ein mögliches Gelatinerisiko nicht sofort an die Kommission weitergeleitet zu haben. Auch wenn ein Verband kein Interesse daran hat, für ihn nachteilige Erkenntnisse zu verbreiten, so ging es in diesem Fall um erhebliche Risiken für die Gesundheit von Menschen. Aus einem Vermerk über ein Treffen zwischen zwei Beamten der Generaldirektion Landwirtschaft und einem leitenden Mitarbeiter des Verbandes der Gelatinehersteller wird deutlich, daß der Verband die für ihn unerfreulichen Ergebnisse des Endberichtes nicht wahrhaben wollte. Der Industrieverband habe die Ergebnisse des Endberichtes nicht für „aufschlußreich" gehalten und daher die Kommission nicht unterrichtet. Inzwischen habe sein Verband, so die Mitteilung des Mitarbeiters, eine neue Studie in Auftrag gegeben.[118] Es zeigt sich einmal mehr, daß Sachverstand als Grundlage politischen Handelns nicht allein Sachverstand von Interessenten sein darf.

Zweitens wird im Verlauf des Entscheidungsprozesses zur Aufhebung des Exportverbotes für Gelatine deutlich, daß es an ausreichender Skepsis der europäischen Akteure in der Risikoeinschätzung fehlte. Schon die Mitteilung des Verbandes der Gelatinehersteller an die Generaldirektion Landwirtschaft, daß die bisherigen Ergebnisse zur Risikoeinschätzung nicht klar genug seien, hätte die Kommission zu äußerster Vorsicht bei Entscheidungen motivieren müssen. Es war in der Generaldirektion Landwirtschaft durchaus Wissen vorhanden, das einer Aufhebung des Exportverbotes für Gelatine entgegen-

116 Ebd., S. 206.

117 Ebd., S. 203: „Das für das BSE-Dossier zuständige Personal arbeitete stundenlang, auch an den Wochenenden, um die Akten auf dem neuesten Stand zu halten. Es blieb wenig Zeit zum Nachdenken." (Aufzeichnungen von Herrn Cloos vom 19.11.1996).

118 Ebd., S. 208.

stand. Der stellvertretende Generaldirektor Mansito hatte im Mai 1996, also rechtzeitig vor der Entscheidung, die Erkenntnisse zu den Risiken durch Gelatine zusammengestellt. Diese Aufzeichnungen enthalten zahlreiche Belege für die Einschätzung der Wissenschaftler, daß der BSE-Erreger bei der Gelatine-Herstellung nicht 100 %ig zu inaktivieren ist. Der Beamte rät daher auch zur Vorsicht „bis im Zusammenhang mit den Herstellungsverfahren der Nachweis erbracht worden ist, daß der BSE-Erreger inaktiviert wurde und keine Übertragung auf den Menschen möglich ist.“[119] In den wissenschaftlichen Gutachten und in den mit BSE befaßten Ausschüssen wurde das Risiko durch Gelatine als „vernachlässigbar“ eingestuft. Der BSE-Erreger könne „beträchtlich inaktiviert“ werden. Es sei gelungen, die Verfahren so zu gestalten, daß die „Infektiosität um mehrere Größenordnungen verringert würde.“[120] Nach diesen Aussagen war ein Risiko nicht auszuschließen. Die vorsichtigen Formulierungen haben die politischen Akteure aber möglicherweise veranlaßt, das Risiko zu unterschätzen.

Politiker handeln häufig in der Annahme, daß soziale Prozesse immer mit derselben Geschwindigkeit fortschreiten. Mit unwahrscheinlichen Abläufen rechnet man eher nicht, und die Chance, in Situationen des Ungleichgewichtes eine neue Ordnung zu bilden, wird oft vertan. Die Bildung einer neuen Ordnung aus dem „turbulenten Meer der Schwankungen“[121] im Verlauf der BSE-Krise hätte es erfordert, auch Details auf der Mikroebene ernst zu nehmen. Mit Wahrscheinlichkeitsrechnungen und mit der statistischen Methode der Durchschnitte konnte man die Komplexität des Problems nicht erfassen. Wenn die Übertragbarkeit des BSE-Erregers durch Gelatine als „vernachlässigbar“ galt, dann hätte dies ein Grund sein müssen, die Möglichkeit der Ansteckung gerade nicht auszuschließen. Wenn der Erreger bei der Herstellung von Gelatine „beträchtlich inaktiviert“ werden kann, bleibt ein Risiko, das in Betracht gezogen werden muß, selbst wenn es gering sein mag. So sah es auch der stellvertretende Direktor der Generaldirektion Landwirtschaft, der seine Kollegen von dieser angemessenen Sichtweise nicht überzeugen konnte.

Die Mitglieder des BSE-Untersuchungsausschusses des Europaparlamentes warfen der Kommission vor, daß sie es bei der Aufhebung des Embargos für Gelatine nicht nur an Sorgfalt habe fehlen lassen, sondern dem politischen Druck des Vereinigten Königreiches nachgegeben habe. Premierminister John Major hatte in einem Schreiben von Anfang Mai 1996 an den damaligen Präsidenten der Kommission, Jacques Santer, deutliche Worte gefunden: „Zu meinem Bedauern muß ich auf das Thema Rindfleisch zurückkommen, das in allen unseren Ländern so gewaltige Marktstörungen hervorruft ... Ich betone

119 Ebd., S. 218.
120 Ebd., S. 219-222.
121 Ilya Prigogine, Isabelle Stengers, Dialog mit der Natur, a. a. O., S. 177.

daher, daß es dringend geboten ist, das Exportverbot für Gelatine, Talg und Rindersamen völlig aufzuheben und den Zeitplan für eine weitere rasche Lockerung und eine völlige Aufhebung des Exportverbots klar festzulegen. Die erste Voraussetzung dafür ist ein Vorschlag der Kommission.(...) Sie werden aufgrund unserer Gespräche und der Berichte Ihrer Vertreter hier wissen, wie sich diese Krise auf das Europabild der Briten auswirkt, auch jener, die im allgemeinen eifrige Verfechter der Europäischen Union sind. Wenn nicht bald Fortschritte erzielt werden, läßt sich die Frustration hierzulande einfach nicht länger im Zaum halten... Es ist völlig klar, daß Fortschritte nicht ohne Impulse von höchster politischer Ebene erzielt werden können."[122]

Zusammenfassend kann man sagen, daß die Reaktionen der Politiker auf die BSE-Krise durch die Nichtbeachtung von Differenz bei der Entscheidungsvorbereitung und bei der Umsetzung der Entscheidungen charakterisiert waren. Bei der Vorbereitung der Entscheidungen wurden Differenzen der Interessen und des Wissens unterschlagen. Bei der Umsetzung der Entscheidungen hat man es versäumt, die unterschiedlichen politischen Kulturen der Mitgliedstaaten in Betracht zu ziehen. Diese Mißachtung unterschiedlicher Arten von Differenz hat dazu beigetragen, daß die BSE-Krise nicht auf adäquate Weise gelöst wurde. Hinzukam als weiteres Defizit des politischen Handelns der Versuch, die Information und Kommunikation über BSE innerhalb der europäischen Institutionen und in den Öffentlichkeiten der Mitgliedstaaten einzuschränken.[123] Nach den Unterlagen des BSE-Untersuchungsausschusses des Europäischen Parlamentes gab der ehemalige Kommissar MacSharry im September 1990 dem Generaldirektor für Landwirtschaft die Anweisung: „BSE – alle Sitzungen stoppen."[124]

Als eine gemeinsame Aussprache des Wissenschaftlichen Lebensmittelausschusses mit dem Wissenschaftlichen Veterinärausschuß über das Risiko einer Übertragung von BSE auf den Menschen im März 1996 geplant wurde, versuchte der Generaldirektor für Landwirtschaft eine solche Aussprache zu verhindern. „Nach meiner Erfahrung verursacht jedwede Diskussion über

122 Europäisches Parlament, BSE-Bericht, Dok. A4-0020/97, a. a. O., Teil B, S. 52-53.

123 Belege für eine Beschwichtigung der Öffentlichkeit im Vereinigten Königreich in: Lord Phillips of Worth Matravers et al., The BSE-Inquiry, Volume 1, S. 150ff. Auch in Deutschland wurde die Öffentlichkeit nicht hinreichend informiert. Seit einem Bericht des Wissenschaftlichen Lenkungsausschusses der EU vom 6.7.2000 war den Behörden bekannt, daß Deutschland in BSE-Risikogruppe III eingestuft wurde, und die Wissenschaftler davon ausgingen, daß es in Deutschland wahrscheinlich BSE gebe, obwohl noch keine Fälle bestätigt worden waren. Final Opinion of the Scientific Steering Committee on the Geographical Risk of BSE, 6.7.2000, S. 25. Vgl. S. 48: „It is ... assumed that BSE entered the system and was amplified. Therefore, it is likely that BSE is currently present in the domestic cattle population, at levels below the detection limits of the passive BSE surveillance system in place."

124 Europäisches Parlament, BSE-Bericht, Dok. A4-0020/97, a. a. O., Teil A/Anlagen, S. 90.

BSE zwangsläufig Probleme auf dem Fleischmarkt. Im Januar wurde die Öffentlichkeit bereits durch einen Beitrag im deutschen Fernsehen beunruhigt, und nur dank unseres vorsichtigen und diskreten Handelns konnten wir fürs erste eine Panik vermeiden. ... Wir müssen also vorsichtig sein, und mir wäre an Deiner Unterstützung gelegen, um die angesprochene Diskussion der beiden wissenschaftlichen Ausschüsse zu vermeiden."[125] Der Generaldirektor für den Binnenmarkt ließ sich jedoch nicht beeindrucken und antwortete, daß es ganz im Sinne der Empfehlungen der Sutherland-Kommission sei, daß die wissenschaftlichen Ausschüsse zusammenarbeiteten.[126]

Am haarsträubendsten sind die Aussagen, die nach dem Aktenvermerk eines europäischen Beamten in einer Sitzung des Ständigen Veterinärausschusses am 9. Oktober 1990 von einem Vertreter der Kommission gemacht wurden: „Man sollte mit kühlem Kopf an die Angelegenheit herangehen, um keine nachteilige Reaktion auf den Märkten zu provozieren. Man sollte es künftig vermeiden, über BSE zu sprechen ... Generell ist die BSE-Problematik durch eine Politik der Desinformation herunterzuspielen. Man sollte darauf hinweisen, daß die Presse zu Übertreibungen neigt."[127] Während der Anhörungen vor dem Untersuchungsausschuß des Europaparlamentes erklärten die Vertreter der Kommission solche Aussagen mit dem Hinweis, daß es nicht notwendig gewesen sei, BSE in jeder Sitzung des Ständigen Veterinärausschusses anzusprechen.[128]

Die Ergebnisse des BSE-Untersuchungsausschusses führten zum 3. Mißtrauensantrag in der Geschichte des Europäischen Parlamentes gegen die Europäische Kommission. 118 Abgeordnete stimmten für den Mißtrauensantrag, 326 Abgeordnete stimmten gegen den Antrag, und 15 Abgeordnete enthielten sich der Stimme.[129] Die Kommission freilich gewann einen Pyrrhussieg. Denn zwei Jahre später mußte die Kommission Santer dann doch zurücktreten.[130]

Die Befürworter eines Mißtrauensvotums im Europäischen Parlament begründeten ihre Position in der Debatte am 18. Februar 1997 mit dem Vertrauen der Bürger in die Europäische Union, das nur durch einen Rücktritt der

125 Ebd., S. 91.
126 Ebd., S. 92.
127 Ebd., S. 97.
128 Europäisches Parlament, BSE-Bericht, Dok. A4-0020/97, a. a. O., Teil A, S. 25.
129 Verhandlungen des Europäischen Parlamentes vom 20.2.1997. Die Abstimmungsergebnisse sind veröffentlicht in: Amtsblatt der EG, Nr. C 85 vom 17.3.97, S. 103.
130 Vgl. die Einschätzung von Renate Künast, die Kommission Santer sei auch wegen der BSE-Krise und der Defizite des Verbraucherschutzes gestürzt. Renate Künast, Global denken, lokal essen. In: Frankfurter Allgemeine Zeitung vom 15.3.2001: „Eine Europäische Kommission ist darüber gestürzt, daß sie diese Verschiebung hin zum Verbraucherschutz nicht erkannt hatte. Die Regierungen der Mitgliedstaaten haben noch länger gebraucht, diese Veränderung als Tatsache zu akzeptieren."

Kommission wieder zu gewinnen sei. „Herr Santer, ... ich werde meine Parlamentskolleginnen und -kollegen ersuchen, für den Mißtrauensantrag gegen Sie und gegen die Kommission zu stimmen. Weshalb dies? Nun, die Verantwortung des Vereinigten Königreichs ist zwar enorm, und die Verantwortung der Kommission unter Herrn Delors ist offenkundig, doch trägt Ihre Kommission ebenfalls einen Teil der Verantwortung... Die Europäische Union hat die öffentliche Gesundheit ihrer Bürger nicht geschützt. Das ist in ganz Europa bekannt. Aus diesem Grund würden es die europäischen Bürger nicht verstehen, wenn angesichts eines solchen Fehlers keine Sanktionsmaßnahmen ergriffen würden."[131]

Die Mehrheit der Abgeordneten plädierte für ein Vertrauensvotum unter der Bedingung, daß die Empfehlungen des Parlamentes zu BSE umgesetzt würden. Der Abgeordnete Graefe zu Baringdorf von der Fraktion Die Grünen machte den Vorschlag eines „Mißtrauensvotums auf Bewährung". Die Kommission dürfe allerdings Reformen nicht nur ankündigen. „Wenn wir nun sagen, wir wollen dieses Mißtrauensvotum nicht jetzt durchziehen, dann hat es auch damit zu tun, Herr Santer, daß wir wissen: Sie sind ein Meister der Ankündigung! Sie haben heute eine glänzende Rede gehalten, und es ist etwas schwierig, Sie nach dieser Rede in die Wüste zu schicken. Aber die Botschaft hören wir, allein, uns fehlt der Glaube. Wir wollen keine Worte, wir wollen Taten... Herr Santer, täuschen Sie sich nicht! Sie können sich nicht wie in der Vergangenheit die Rosinen hier aus dem Parlament heraussuchen, machen, was Ihnen paßt, und das, was Ihnen nicht paßt, wird ad acta gelegt. Dieses Parlament hat durch diesen Untersuchungsausschuß ein neues Selbstbewußtsein bekommen."[132]

Folgten den Worten des Kommissionspräsidenten die Taten? Aus der wenig adäquaten Reaktion auf die BSE-Krise hat die Kommission personelle, inhaltliche und institutionelle Konsequenzen gezogen. Zunächst einmal wurde die Zahl der Veterinärinspektoren von etwa 40 vor der BSE-Krise auf 100 Inspektoren im Jahr 1999 erhöht.[133] Die inhaltlichen Maßnahmen wie das EU-weite Verfütterungsverbot für aus Säugetiergeweben gewonnene Proteine an Wiederkäuer von 1994 wurde insbesondere durch Gemeinschaftsvorschriften über spezifizierte Risikomaterialien ergänzt. Bei diesen Materialien handelt es sich um bestimmte Rindergewebe, die für den BSE-Erreger besonders anfällig sind und daher aus der Futter- und Nahrungsmittelkette ent-

131 Verhandlungen des Europäischen Parlaments vom 18.2.1997, Amtsblatt der EG, Nr. 4-495, S. 90. (Beitrag des Abgeordneten Bébear von der Fraktion der Europäischen Volkspartei)

132 Ebd., S. 73.

133 Emma Bonino, Mitglied der Kommission Santer für Verbraucherschutz, betonte in einem Interview mit dem Handelsblatt vom 18.6.1999, S. 10, daß die Lebensmittel- und Veterinärkontrollen grundsätzlich Aufgaben der Mitgliedstaaten bleiben müßten. Wenn die EU jede zugelassene Betriebsstätte nur einmal im Jahr besuchen wolle, dann bräuchte die Kommission 1.400 Kontrolleure. „Das will keiner..."

fernt werden sollen. Allerdings ist viel Zeit verstrichen, bis die entsprechenden Maßnahmen realisiert wurden. Die ersten Vorschläge der Kommission zur Entnahme der spezifizierten Risikomaterialien datieren von 1996. Die Umsetzung der Entscheidung der Kommission von 1997 wurde vom Rat viermal verschoben. Erst im Juni 2000 wurde die Entscheidung durch eine neue Entscheidung „zur Regelung der Verwendung von bestimmtem Tiermaterial angesichts des Risikos der Übertragung von BSE-Erregern" ersetzt. Es vergingen also fast vier Jahre bevor man sich über EU-weite Bestimmungen zur Entfernung des Risikomaterials einigte.[134] Ein Rechtsrahmen für die Strategien zur BSE-Bekämpfung wurde schließlich im Mai 2001 mit der Verordnung über transmissible spongiforme Enzephalopathien (TSE) geschaffen.[135] Ausschlaggebend ist für die Maßnahmen zur BSE-Bekämpfung nach dieser Verordnung die Klassifizierung eines Mitgliedstaates als „BSE-frei" oder als Land mit geringer bis hoher BSE-Inzidenz. So wird beispielsweise das Verfütterungsverbot von aus Säugetieren gewonnenen Proteinen an Wiederkäuer nach Artikel 7 der Richtlinie auf alle Nutztiere ausgedehnt, wenn in einem Mitgliedstaat hohe BSE-Inzidenz herrscht. Die Differenz zwischen den Mitgliedstaaten in der Gefährdung wird also nun zur Basis der Strategien zur Verhütung und Tilgung von BSE!

Die institutionellen Strategien, die in der Konsequenz der BSE-Krise verfolgt wurden, betrafen die Zuständigkeiten der Generaldirektionen und das Ausschußwesen. Die Zuständigkeit für Lebensmittelsicherheit und Veterinärkontrollen wurde aus der für die Marktverwaltung zuständigen Abteilung der Generaldirektion Landwirtschaft in eine eigene Generaldirektion übertragen, die für Gesundheit und Verbraucherschutz verantwortlich ist. Es ist also eine Veränderung von einer eher ökonomischen Betrachtungsweise der Lebensmittelsicherheit hin zu einer verbraucherschutzorientierten Betrachtungsweise zu beobachten.

Das Ausschußwesen im Bereich des Verbraucherschutzes wurde noch im Jahr 1997 „generalüberholt."[136] Zum Thema BSE arbeiten jetzt 9 Ausschüsse. Für die Aufgabe der Koordination wurde ein Wissenschaftlicher Lenkungsausschuß für Fragen der Verbrauchergesundheit und Lebensmittelsicherheit (SSC) eingerichtet. Dieser Ausschuß wird von einer für BSE zuständigen Ad-hoc-Gruppe unterstützt. Die 131 Mitglieder der Ausschüsse werden nach öffentlichen Ausschreibungen und nach zuvor definierten Kriterien ausgewählt. Die Ausschüsse sind nicht mehr der Generaldirektion Landwirtschaft, sondern der Generaldirektion Gesundheit und Verbraucherschutz

---

134 Kommissionsentscheidung 2000/418/EG vom 29.6.2000. Vgl. die Übersicht zu den Verzögerungen bei der Gesetzgebung im Bericht des Rechnungshofes Nr. 14/2001 vom 20.11.2001, Anhang 3.

135 Verordnung EG Nr. 999/2001 vom 22.5.2001.

136 Interview mit Horst Reichenbach, Generaldirektor für Verbraucherschutz. In: Frankfurter Allgemeine Zeitung vom 21.5.1999 und KOM (2001) 486 endg. vom 23.8.2001, S. 10.

angegliedert und arbeiten in Unabhängigkeit von der Kommission. Dies zeigt sich z. B. darin, daß im Gegensatz zu den Verfahren vor der BSE-Krise nicht das Ausschußsekretariat und damit die Kommission, sondern die Wissenschaftler selbst die Stellungnahmen vorbereiten.[137] Die Stellungnahmen der Ausschüsse werden im Internet veröffentlicht.[138]

Der Wissenschaftliche Lenkungsausschuß tagt zehnmal pro Jahr und behandelt insbesondere die gesundheitlichen Aspekte von BSE. Der Präsident des Lenkungsausschusses, Gérard Pascal, sieht im interkulturellen Vergleich den Reiz der Aufgabe. Insbesondere bei der Risikobewertung gebe es nationale Unterschiede. In der angelsächsischen Welt werde nicht gehandelt, solange es keine Beweise für ein Risiko gibt. In den romanischen Ländern neige man zur Vorsicht, wenn ein Risiko nicht erwiesen, aber möglich ist. „In den USA haben Sie im Prinzip immer ein und dieselbe Denkweise. Wahrscheinlich ist für Europa gerade der Reichtum der Methoden, der verschiedenen Ansätze kennzeichnend: monokulturell die Amerikaner, polyzentrisch die Europäer, wenn Sie so wollen.“[139]

Es bleibt abzuwarten, ob mit der Reform der Ausschüsse von 1997 in der Realität das Ziel einer größeren Unabhängigkeit und Transparenz der Arbeit erreicht wurde. Noch scheinen nicht alle Probleme bei der Beachtung von Minderheitsmeinungen überwunden zu sein. Die Auseinandersetzung über die Entscheidung der Europäischen Kommission, das Exportverbot für britisches Rindfleisch zum 1. August 1999 aufzuheben, kann dies veranschaulichen. Frankreich und Deutschland protestierten. Frankreich kritisierte, daß die Kommission den Wissenschaftlichen Lenkungsausschuß nicht konsultiert habe und legte einen 600-seitigen Bericht der französischen Agentur für Lebensmittelsicherheit vor. In diesem Bericht seien neue Informationen über die Gefährlichkeit des britischen Rindfleisches enthalten. Nun sollten die Wissenschaftler der BSE-Arbeitsgruppe der Europäischen Union klären, ob die Bedenken der französischen Agentur berechtigt seien. Die Arbeitsgruppe hatte die Aufgabe, die Empfehlung des Wissenschaftlichen Lenkungsausschusses vorzubereiten. In der Neuen Zürcher Zeitung lautete die Schlagzeile: „Die EU wartet auf den Wissenschaftlichen Lenkungsausschuß.“[140] Der Wissenschaftliche Lenkungsausschuß empfahl der Kommission am 29. Oktober 1999 einstimmig, die Entscheidung über die Aufhebung des Exportverbotes gegen britisches Rindfleisch nicht rückgängig zu machen. Nach der Prüfung der vorliegenden Daten gebe es keinen Grund zur Revision. Das

137 Ebd.

138 Vgl. zu den Maßnahmen Rechnungshof der EG, Sonderbericht Nr. 14/2001 vom 20.11.2001, a. a. O., S. 8.

139 Joachim Fritz-Vannahme, Christian Wernicke, Streit ums Wissen. In: Die Zeit vom 20.7.2000, S. 24.

140 Neue Zürcher Zeitung vom 16.10.1999, S. 11.

Risiko bei Fleisch aus Großbritannien sei mit dem anderer Länder vergleichbar, sofern alle Schutzmaßnahmen korrekt angewandt würden.

Der Wissenschaftliche Lenkungsausschuß stützte sich in seiner Empfehlung auf den Expertenbericht der BSE-Arbeitsgruppe. Wie sich gut zwei Wochen später herausstellte, hatten zwei Wissenschaftler der Arbeitsgruppe dafür plädiert, die Aufhebung des Embargos zu verschieben. Sie argumentierten, daß man erst seit 1996 sicher sein könne, daß kein Tiermehl mehr verfüttert werde. Da die Inkubationszeit bei BSE auf fünf Jahre geschätzt werde, sei es sinnvoll, bis zum Jahr 2001 mit der Aufhebung des Embargos abzuwarten. Erst dann sei zu erkennen, ob die Zahl der neu erkrankten Tiere abnehme und die ergriffenen Maßnahmen Erfolg hätten. Die Bedenken der beiden Wissenschaftler wurden im Lenkungsausschuß nicht berücksichtigt. Es ist umstritten, weshalb die skeptischen Stimmen aus der BSE-Arbeitsgruppe in der Diskussion des Lenkungsausschusses kein Gehör fanden. Sind die Bedenken der beiden Wissenschaftler in dem Bericht der BSE-Arbeitsgruppe nicht deutlich geworden oder wollte man die Bedenken nicht zur Kenntnis nehmen? Der Bericht der BSE-Arbeitsgruppe wurde nachträglich im Internet veröffentlicht. „Wir haben darauf gedrängt", so ein Mitglied der Arbeitsgruppe, „da wir nicht alle mit der einstimmigen Entscheidung des SSC einverstanden waren."[141] Differenzen in der Risikoeinschätzung von BSE sind offensichtlich noch immer keine Selbstverständlichkeit im europäischen Willensbildungsprozeß.

In der politischen Realität freilich hatten die Differenzen der Risikoeinschätzung Folgen. Deutschland ist der Pflicht zur Aufhebung des Einfuhrverbotes nicht nachgekommen und hat sich auch nach der Entscheidung der Kommission geweigert, britisches Rindfleisch zu importieren. Jürgen Neyer führt dieses rechtswidrige Verhalten Deutschlands auf das geringe Ausmaß an gesellschaftlicher Akzeptanz einer Aufhebung des Einfuhrverbotes und das geringe Maß an Partizipation der Betroffenen zurück.[142] Er zeigt, daß die Effektivität der europäischen Politik mit der Legitimität des Entscheidungsprozesses zusammenhängt.

Der zweite Bericht des europäischen Rechnungshofes zur Bekämpfung von BSE deckt zahlreiche Versäumnisse bei der Umsetzung der grundsätzlich als „zweckmäßig" eingestuften Strategien der Kommission auf. Die unzureichende Umsetzung des Verfütterungsverbotes des Fleisch- und Knochenmehls durch die meisten Mitgliedstaaten könnte nach Ansicht des Rechnungshofes dazu beigetragen haben, daß BSE nicht getilgt und auch noch in andere Mitgliedstaaten eingeschleppt wurde. „Das 1994 verhängte Verfütte-

141 Holger Wormer, Taube Ohren im Rindfleischstreit. Experten-Einwände gegen Aufhebung des Embargos blieben ungehört. In: Süddeutsche Zeitung vom 18.11.1999, S. 1.

142 Jürgen Neyer, Postnationale politische Herrschaft, a. a. O., S. 146-152.

rungsverbot wurde nicht effizient umgesetzt. Alle Mitgliedstaaten (ausgenommen Luxemburg), die BSE-Fälle in ihren heimischen Beständen gemeldet haben, verzeichneten BSE bei Tieren, die nach dem 1994 eingeführten Verfütterungsverbot für Fleisch- und Knochenmehl von Säugetieren geboren wurden."[143] Neben den Versäumnissen der Verwaltungen in den Mitgliedstaaten kritisiert der Rechnungshof die Futtermittelindustrie. Die Futtermittelindustrie habe keine ausreichenden Vorkehrungen getroffen, um die Kontamination von Rinderfutter mit Fleisch- und Knochenmehl zu verhindern. Es sei auch vorgekommen, daß Futter, das Tiermehl enthielt, nicht korrekt etikettiert war. Diese Versäumnisse der Industrie führten dazu, daß Landwirte ohne ihr Wissen möglicherweise verseuchtes Futter an die Rinder verfütterten.[144]

Die zweite BSE-Krise im Herbst 2000 mit einer steigenden Zahl von BSE-Fällen in Frankreich und ersten Meldungen von BSE in Deutschland, Italien und Spanien sieht der Rechnungshof im Zusammenhang mit den Defiziten bei der Umsetzung der Maßnahmen und den mangelnden Vorkehrungen der Futtermittelindustrie.[145] Der Rechnungshof hält es für dringend geboten, die Praktiken der Rinderfütterung und Zucht zu überdenken. Der umfangreiche Handel in der EU mit Rindern gefährde ebenso wie die intensive Rinderhaltung die Gesundheit von Mensch und Tier. Es müßten daher, so die Empfehlung, „Anreize für extensive und umweltverträgliche Bewirtschaftungsmethoden und für den Ersatz von tierischem Eiweiß durch pflanzliches Eiweiß in Wiederkäuerfutter"[146] geschaffen werden.

Die BSE-Krise hat dazu beigetragen, daß der Verbraucherschutz in der Europäischen Union einen größeren Stellenwert erhielt. Bis in die Mitte der 80er Jahre konnte man kaum von einem europäischen Verbraucherschutz sprechen. Die notwendige Einstimmigkeit für Maßnahmen des Verbraucherschutzes führte oft zu Blockaden im Ministerrat. Allerdings bedeutete dies nicht, daß die einmal verabschiedeten Richtlinien den kleinsten gemeinsamen Nenner darstellten.[147] Auch in den Jahren unmittelbar nach der Verabschiedung des Binnenmarktprogramms blieb der Verbraucherschutz ein Nachzügler.[148] Erst 1995 ist es auch dank des Engagements der Kommissarin Emma Bonino gelungen, eine eigene Generaldirektion für Gesundheit und Verbraucherschutz einzurichten. Trotz der geringen Ressourcen im Vergleich zu

143 Rechnungshof der EG, Sonderbericht Nr. 14/2001 vom 20.11.2001, a. a. O., S. 17.

144 Ebd., S. 15.

145 Ebd., S. 17.

146 Ebd., S. 18.

147 Alasdair R. Young, Consumption without Representation? Consumers in the Single Market. In: Helen Wallace, Alasdair R. Young, Participation and Policy-Making in the European Union, Oxford: Clarendon Press 1997, S. 212.

148 Ebd., S. 215.

anderen Generaldirektionen hat der Verbraucherschutz in der zweiten Hälfte der 90er Jahre an Einfluß in der Europäischen Kommission gewonnen.

Sowohl die Verordnung über die Einführung eines „Systems zur Kennzeichnung und Registrierung von Rindern und über die Etikettierung von Rindfleisch und Rindfleischerzeugnissen" vom 17. Juli 2000[149] als auch das Weißbuch zur Lebensmittelsicherheit aus dem Jahr 2000[150] belegen die Abkehr von der einseitigen Orientierung der Europäischen Union am ökonomischen Wachstum. Bei der Verordnung über die Etikettierung von Rindfleisch konnte das Europäische Parlament seinen Einfluß geltend machen. Die Kommission hatte geplant, daß bei der Etikettierung von Rindfleisch der Hinweis „Herkunft EG" genügt, wenn Geburt, Aufzucht und Schlachtung des Tieres, von dem das Fleisch stammt, in mehr als einem Mitgliedstaat stattgefunden haben. Dies wäre nun wirklich einem Schildbürgerstreich gleichgekommen, gilt es doch bei BSE zu beachten, daß die Mitgliedstaaten sehr unterschiedlich von der Seuche betroffen sind. Der Rat hat sich daher dem vernünftigen Änderungsvorschlag des Parlamentes angeschlossen und entschieden, daß eine allgemeine Bezeichnung wie „Herkunft: EG" nicht akzeptiert werden könne.[151]

In der Debatte des Europäischen Parlamentes am 11. April 2000 wurde von Abgeordneten der Europäischen Volkspartei, der Sozialdemokratischen Partei Europas, der Liberalen und Demokratischen Reform-Partei Europas, der Europäischen Föderation Grüner Parteien und der Vereinigten Europäischen Linken argumentiert, daß die Etikettierung in jedem Fall das Herkunftsland enthalten müsse. „Die Verbraucher haben einen Anspruch darauf zu erfahren, wo das Tier geboren, aufgezogen und geschlachtet wurde... Was wir brauchen, ist Entschlußkraft, keine Ausnahmen für Rindvieh, das im Gebirge weidet... Ich bin dafür, Rindfleisch so zu kennzeichnen, daß das Herkunftsland oder die Herkunftsländer ersichtlich sind, und ich bin sehr gegen die Einführung einer gemeinsamen EU-Kennzeichnung, bei der die Verbraucher nicht erkennen können, um welche Länder es sich handelt."[152] Der Abgeordnete der Liberalen und Demokratischen Reformpartei stand mit seiner Position nicht allein. Die Mehrheit der Parlamentarier sprach sich für die Nennung der Mitgliedstaaten aus und nahm in Kauf, weniger Europabewußtsein an den Tag zu legen als die Kommission. Die Nennung des Mitgliedstaates sei ein

149 Europäische Kommission, Verordnung (EG) Nr. 1760/2000 vom 17. Juli 2000 in Verbindung mit Verordnung (EG) Nr. 1825/2000 vom 25. August 2000.

150 KOM (1999) 719 endg. vom 12.1.2000.

151 Gemeinsamer Standpunkt (EG) Nr. 35/2000 vom 6.6.2000, Amtsblatt Nr. C 240 vom 23.8.2000, S. 22: „In diesem Punkt ist der Rat zum Teil den Vorschlägen des Parlaments gefolgt, da er auch die Auffassung vertritt, daß eine allgemeine Bezeichnung wie „Herkunft EG" ... nicht akzeptiert werden sollte, die für den Verbraucher ungenügend wäre."

152 Verhandlungen des Europäischen Parlaments vom 11.4.2000, http://www.europarl.eu.int/plenary/default_de.htm, Beiträge der Abgeordneten Busk und Maat.

Notbehelf, so der Abgeordnete Maat von der Europäischen Volkspartei, solange das Etikett „Erzeugt in der EU“ nicht für Qualität und Nahrungsmittelsicherheit stehe. Die Vernunft gebiete, das Vertrauen der Verbraucher zurückzugewinnen und dies sei bei Rindfleisch nach den Erfahrungen mit der BSE-Krise nur möglich, wenn der Name des Mitgliedstaates auf dem Etikett stehe.

Der Kommissar für Landwirtschaft, Fischler, hielt dagegen die Fahne des Binnenmarktes hoch. „Ich bedaure, daß die vereinfachte Angabe ‚Herkunft Europäische Union‘, wie sie den Grundsätzen des Binnenmarktes entspricht, für Sie nicht akzeptabel scheint.“[153] Es war aber gerade der Grundsatz des Binnenmarktes mit seiner Betonung des Wachstums, der die europäischen Akteure dazu verleitet hatte, die Gefahren der BSE-Seuche zu unterschätzen. Die Bürger werden den Binnenmarkt langfristig nur dann akzeptieren, wenn die europäischen Programme erkennen lassen, daß das Wirtschaftswachstum nicht das Maß aller Dinge ist. Die Fixierung des Binnenmarktes auf das Ziel des Wachstums bedeutete zugleich eine Vernachlässigung der Interessen der Verbraucher. Den Interessen der Verbraucher aber sollte der Binnenmarkt doch ursprünglich dienen. Dieser Binnenmarkt brachte den Verbrauchern mit der Freiheit des Warenverkehrs auch die Freiheit, Fleisch von kranken Rindern zu verzehren.

153 Ebd., Beitrag des Mitgliedes der Kommission Fischler.

IV. Differenz als Potential der europäischen Sozialpolitik

Es ist die Aufgabe der Sozialpolitik, „breite Bevölkerungskreise in alle wesentlichen Leistungssysteme einer Gesellschaft“ einzubeziehen. Es geht, so Franz-Xaver Kaufmann, „um die Generalisierung des Anspruchs auf Teilhabe an den Lebensmöglichkeiten einer Gesellschaft.“[1] Alain Supiot spricht von der „capacité des personnes“, den Kapazitäten oder Handlungsfähigkeiten von Personen, die durch die Sozialpolitik gestärkt werden sollen.[2] Aus diesem Grund ist Sozialpolitik in einem umfassenden Sinn zu verstehen, und es gehören neben den Systemen der sozialen Sicherung auch das Bildungs- und Gesundheitswesen, die Arbeitsmarktpolitik und der Arbeitsschutz, die Familien- und Wohnungspolitik zur Sozialpolitik. Mit der Sozialpolitik werden sowohl die negativen Effekte des Marktes zu kompensieren versucht als auch meritorische Güter erzeugt, die wie z. B. die Bildung sowohl für den einzelnen als auch für die Gesamtheit von Nutzen sind.[3]

1. Die Ziele

Die Teilhabe aller Bürger an den Lebensmöglichkeiten einer Gesellschaft soll durch Sozialpolitik und ihre Ziele der Wohlfahrt, Gerechtigkeit und Integrität erreicht werden. Mit der Sozialpolitik werden also ökonomische, soziale und kulturelle Ziele gleichzeitig verfolgt. Die Differenzen der Ideen, Interessen und Institutionen sind schon innerhalb des Politikbereiches angelegt und entfalten sich nicht erst in der Differenz zwischen Sozialpolitik und Markt.[4] Nach Franz-Xaver Kaufmann ist es gerade das Zusammenspiel der politischen, sozialen, ökonomischen und kulturellen Faktoren, die den historischen Erfolg des Wohlfahrtsstaates erklären.

Wohlfahrt, Gerechtigkeit und Integrität als übergeordnete Ziele lassen sich wiederum differenzieren (vgl. Abbildung IV.1). Mit dem Ziel der Wohlfahrt werden soziale Sicherheit und ein hoher Lebensstandard angestrebt. Mit dem Ziel der Gerechtigkeit sollen Chancengleichheit und eine gerechte Verteilung von Gütern und Leistungen erreicht werden. Und mit dem Ziel der Integrität möchte ich zum Ausdruck bringen, daß es auch eine Aufgabe der Sozialpoli-

1 Franz-Xaver Kaufmann, Herausforderungen des Sozialstaates, Frankfurt: Suhrkamp 1997, S. 34.

2 Alain Supiot, Cinq questions pour la Constitution d'une société européenne, Manuskript 27.11.2002. Ich danke Joachim Nettelbeck, Wissenschaftskolleg zu Berlin, daß er mich auf den Text aufmerksam gemacht hat.

3 Franz-Xaver Kaufmann, Herausforderungen des Sozialstaates, a.a.O., S. 37.

4 Eduard Heimann, Soziale Theorie des Kapitalismus. Theorie der Sozialpolitik, 1929. Neu hrsg. von Bernhard Badura, Frankfurt: Suhrkamp 1980, S. 168.

tik ist, Freiheit und Menschenwürde in den sozialen Einrichtungen, der Arbeits- und Lebenswelt zu gewährleisten. In diesem Sinn spricht Jürgen Habermas von der „Integrität der Lebenswelt."[5]

Es wird das Argument vertreten, daß nicht alle sozialpolitischen Ziele zu gleicher Zeit und in gleichem Maße verfolgt werden könnten, und es daher sinnvoll sei, eine Hierarchie der Ziele zu begründen. In seiner Prioritätenliste plaziert Wolfgang Merkel an erster Stelle die Verhinderung von Armut, da in wohlhabenden Gesellschaften das Recht, nicht in Armut zu leben, zu einem Grundrecht werde. An zweiter Stelle nennt er Bildung und Ausbildung, mit denen am ehesten Armut bekämpft werden könne. An dritter Stelle folgt die Integration in den Arbeitsmarkt, da ein Arbeitsplatz nicht nur Einkommen, sondern auch soziale Zugehörigkeit bedeute. Erst an vierter Stelle wird die traditionelle Sozialversicherung genannt. An letzter Stelle steht die Verringerung der ungleichen Verteilung von Einkommen und Vermögen.[6] Stellt man eine solche durchaus plausible Rangfolge sozialpolitischer Ziele auf, dann werden die Wechselwirkungen zwischen den Faktoren wie z. B. des Ausmaßes an Armut und einer ungleichen Verteilung von Gütern unterschätzt. Das „Zusammenspiel" der Faktoren und die innere Komplexität des Systems der Sozialpolitik sind daher wichtiger als das Aufstellen einer Prioritätenliste.[7]

5 Jürgen Habermas, Theorie des kommunikativen Handelns, a. a. O., Bd. 2, S. 507, spricht von der „Integrität der Lebenswelt."

6 Wolfgang Merkel, Soziale Gerechtigkeit in Deutschland. In: Frankfurter Allgemeine Zeitung vom 2.1.2001, S. 6.

7 Ilya Prigogine, Vom Sein zum Werden, a. a. O., S. 212.

Abbildung IV.1: Die Ziele der Sozialpolitik

Normative Kriterien / Operative Kriterien	Wohlfahrt	Gerechtigkeit	Integrität
Ziele	Soziale Sicherheit und hoher Lebensstandard	Chancengleichheit und Verteilungsgerechtigkeit	Freiheit und Menschenwürde
Instrumente	Bildungs-, Gesundheits-, Familien- und Wohnungspolitik, Versicherungen, Versorgung, Fürsorge, Arbeitsmarktpolitik, Makroökonomische Steuerung, Europäische Richtlininien zu Sicherheit und Gesundheitsschutz am Arbeitsplatz, Europäische Beschäftigungspolitik	Eine die Gerechtigkeit achtende Gestaltung der Bildungs-, Gesundheits-, Familien- und Wohnungspolitik sowie des Systems der sozialen Sicherheit, Steuerpolitik, Vermögenspolitik, Nationale und europäische Maßnahmen zur Gleichstellung von Frauen und Männern, Kohäsionspolitik der EU	Eine die Menschenwürde achtende Gestaltung der Bildungs-, Gesundheits-, Familien- und Wohnungspolitik sowie der sozialpolitischen Einrichtungen, Berufsfreiheit, Koalitionsfreiheit, Tarifautonomie, Mitbestimmung, Europäische Betriebsräte
Indikatoren	Qualität der Bildung, Höhe des Einkommens, Wohnsituation, Gesundheit, Arbeitslosenquote, Sozialleistungsquote, Sätze der Sozialhilfe, Höhe der Renten, Index für menschliche Entwicklung (HDI) und Armut (HPI) *	Chancengleichheit im Bildungswesen, Gesundheitliche Situation nach Schichtzugehörigkeit, Verteilung von Einkommen, Vermögen und Sozialleistungen, Existenz von Versorgungsklassen, geschlechtsbezogener Entwicklungsindex (GDI)	Lebenszufriedenheit, Subjektive Einschätzung von Wohlfahrt und Gerechtigkeit, Ausmaß an Mitbestimmung, Zufriedenheit mit dem System der sozialen Sicherung

* Die Indizes für menschliche Entwicklung (HDI), menschliche Armut (HPI) und geschlechtsbezogene Entwicklung (GDI) werden vom Entwicklungsprogramm der Vereinten Nationen (UNDP) berechnet und geben ein umfassendes Bild nach Lebenserwartung, Alphabetisierung, Einkommen und Partizipation.

Die Indikatoren der Sozialpolitik ließen sich auch nach objektiven und subjektiven Indikatoren differenzieren. Die Indikatoren, die in der Abbildung unter der Zielsetzung „Soziale Sicherheit und Lebensstandard" genannt werden wie z. B. die Höhe des Einkommens und die Arbeitslosenquote gehören zu den objektiven Faktoren und die Indikatoren, die unter der Zielsetzung „Integrität" erfaßt sind wie z. B. die Lebenszufriedenheit sind subjektive Faktoren. Eine Forschungsgruppe am Wissenschaftszentrum in Berlin hat ein konzeptionelles Schema zur Erfassung von objektiver und subjektiver Wohlfahrt auf der Individual- und der Gesellschaftsebene entwickelt und die Daten für dieses „Euromodul" für sechs Länder erhoben. Für einen Vergleich der Länder in der Europäischen Union liegen die Daten noch nicht vor.[8]

Zur Verwirklichung von Wohlfahrt, Gerechtigkeit und Integrität als den Zielen der Sozialpolitik trägt in zunehmendem Maße auch die Europäische Union bei. Europäische Sozialpolitik läßt sich nicht auf Regulierungen der Sicherheit am Arbeitsplatz und der Produktionsbedingungen reduzieren.[9] Es gehört sogar zu den Grundsätzen der europäischen Politik, Ungleichheiten zu beseitigen (Art. 3 Absatz 2 EGV in der Fassung von Nizza).[10] Wenn Manfred G. Schmidt die inter- und supranationalen Dimensionen der Sozialpolitik als „Sozialpolitik mit Auslandsberührung"[11] beschreibt, dann sollte man sich unter dieser Berührung eine feste Umarmung vorstellen.

In dem folgenden Abschnitt möchte ich zeigen, daß neben der sozialen Sicherheit auch die Aspekte der gerechten Verteilung und einer integeren Arbeits- und Lebenswelt in der europäischen Sozialpolitik eine Rolle zu spielen beginnen. Es gibt in der Europäischen Union durchaus Ansätze einer Sozialpolitik, die darauf gerichtet sind, die Menschen nicht den Marktgesetzen zu unterwerfen.[12] Auch die europäische Sozialpolitik birgt ein Potential an „De-Kommodifizierung", das Gøsta Esping-Andersen in seiner Analyse als Kriterium der Wohlfahrtsstaaten formuliert.[13] Die Sozialpolitik gewinnt in der Europäischen Union seit der Einheitlichen Europäischen Akte an Einfluß, und es läßt sich beobachten, daß an den Entscheidungen zur Reichweite der europäischen Sozialpolitik nicht nur Politiker, sondern auch Vertreter der Interessenverbände und gesellschaftlicher Gruppen partizipieren.

---

8 Petra Böhnke, Jan Delhey, Roland Habich, Das Euromodul – ein neues Instrument für die europäische Wohlfahrtsforschung. In: ISI, Juli 2000, S. 12-15.

9 So aber Giandomenico Majone, The European Community between Social Policy and Social Regulation. In: Journal of Common Market Studies 31 (1993), S. 153-170.

10 Vgl. Carsten Nowak, Perspektiven einer umweltverfassungskonformen Auslegung der europäischen Wirtschaftsverfassung, a. a. O., S. 215, Fußnote 6.

11 Manfred G. Schmidt, Sozialpolitik in Deutschland. Historische Entwicklung und internationaler Vergleich, Opladen: Leske + Budrich, 2. Aufl. 1998, a. a. O., S. 243.

12 Anderer Ansicht ist Manfred G. Schmidt, Sozialpolitik in Deutschland, a. a. O., S. 246.

13 Gøsta Esping-Andersen, The Three Worlds of Welfare Capitalism, Cambridge: Polity Press 1990, S. 47.

2. Der Arbeitsschutz

Ende der 80er Jahre stand der Binnenmarkt im Mittelpunkt. Während dieser Zeit der Euphorie für einen großen Markt befaßte sich die europäische Sozialpolitik mit Sicherheit und Gesundheitsschutz am Arbeitsplatz. Die verabschiedeten Richtlinien basierten auf der neu geschaffenen Möglichkeit des Artikels 118a in der Einheitlichen Europäischen Akte (vgl. Kapitel II zu den rechtlichen Grundlagen). Mit diesem Artikel konnten Maßnahmen des Arbeitsschutzes mit qualifizierter Mehrheit im Rat verabschiedet werden, während die soziale Sicherung, das individuelle und das kollektive Arbeitsrecht sowie die Arbeitsmarktpolitik in der Einstimmigkeit verblieben.[14] Die Mindestbedingungen von Sicherheit und Gesundheitsschutz am Arbeitsplatz, die der Rat nun in Zusammenarbeit mit dem Parlament mit qualifizierter Mehrheit beschließen konnte, sind dabei nicht mit Minimalbedingungen zu verwechseln.[15]

Dies sollte sich an den Inhalten der Richtlinien zu Sicherheit und Gesundheitsschutz am Arbeitsplatz bewahrheiten. 1989 wurde mit einer Rahmenrichtlinie das „Grundgesetz des europäischen Arbeitsschutzes“[16] geschaffen. In den Erwägungsgründen der Richtlinie verabschiedet sich die Europäische Union von der einseitigen ökonomischen Orientierung: „Die Verbesserung von Sicherheit, Arbeitshygiene und Gesundheitsschutz der Arbeitnehmer stellen Zielsetzungen dar, die keinen rein wirtschaftlichen Überlegungen untergeordnet werden dürfen.“[17] Es wird vereinbart, „unverzüglich vorbeugende Maßnahmen“ zu ergreifen, da es zu viele Arbeitsunfälle und berufsbedingte Krankheiten gebe. Die Arbeitgeber müssen nach Artikel 6 der Richtlinie eine „Verbesserung der bestehenden Arbeitsbedingungen anstreben.“ Sicherheit und Gesundheitsschutz am Arbeitsplatz werden in der Richtlinie umfassend „unter Berücksichtigung des Faktors ‚Mensch‘“ verstanden. Es soll eine „Erleichterung bei eintöniger Arbeit und bei maschinenbestimmtem Arbeitsrhythmus“ erreicht werden. Für die Gefahrenverhütung wird ein Zusammenhang von Technik, Arbeitsorganisation, Arbeitsbedingungen, sozialen Bedingungen und Einfluß der Umwelt zugrunde gelegt.

Die Richtlinie kann als adäquates Programm für eine Verbesserung des Arbeitsschutzes beurteilt werden. Im Rahmen dieses Programms kamen 12 Einzelrichtlinien zustande: Richtlinien über Mindestvorschriften für Sicherheit und Gesundheitsschutz in Arbeitsstätten, bei der Benutzung von Arbeitsmitteln und persönlichen Schutzausrüstungen, bei der manuellen Hand-

14 Nach Art. 137 Abs. 2 des Vertrages von Nizza beschließt der Rat noch immer einstimmig über die soziale Sicherheit und den sozialen Schutz der Arbeitnehmer, das kollektive Arbeitsrecht und die Beschäftigungsbedingungen der Staatsangehörigen dritter Länder.

15 Otto Schulz, Maastricht und die Grundlagen der Europäischen Sozialpolitik, a. a. O., S. 40.

16 Ebd., S. 42.

17 Richtlinie 89/391/EWG vom 12.6.1989.

habung von Lasten und bei der Arbeit an Bildschirmgeräten, Richtlinien zum Schutz gegen Gefährdung durch Karzinogene und biologische Arbeitsstoffe, Richtlinien zu Sicherheit und Gesundheitsschutz auf zeitlich begrenzten und ortsveränderlichen Baustellen, Richtlinien über Mindestvorschriften für die Kennzeichnung von Sicherheit und Gesundheitsschutz, zur Verbesserung von Sicherheit und Gesundheitsschutz der Arbeitnehmerinnen während und nach der Schwangerschaft, zu Sicherheit und Gesundheitsschutz der Arbeitnehmer in den Betrieben, in denen durch Bohrungen Mineralien gewonnen werden und Richtlinien zu Sicherheit und Gesundheitsschutz der Arbeitnehmer in übertägigen oder untertägigen mineralgewinnenden Betrieben.

In den Erwägungsgründen sämtlicher Richtlinien wird betont, daß die Richtlinien einen konkreten Beitrag zur Ausgestaltung der sozialen Dimension des Binnenmarktes darstellen. In den Richtlinien werden psychische Belastungen beachtet. Die Arbeitgeber sollen Analysen der Arbeitsplätze vorlegen. In diese Analysen sind Wechselwirkungen von Gefahren mit einzubeziehen. So heißt es z. B. in der 5. Einzelrichtlinie zur Arbeit an Bildschirmgeräten: „Der Arbeitgeber muß auf der Grundlage der Analyse ... zweckdienliche Maßnahmen zur Ausschaltung der festgestellten Gefahren treffen, wobei er die Addition und/oder die Kombination der Wirkungen der ... Gefahren zu berücksichtigen hat."[18]

Die europäischen Richtlinien zum Arbeitsschutz bedeuten für den deutschen Arbeitsschutz eine erhebliche Innovation, weil der Schutz der menschlichen Gesundheit in den Mittelpunkt gestellt und ein technikzentrierter durch einen humanzentrierten Arbeitsschutz ersetzt wird. Es sollen nicht nur sichere, sondern menschengerechte Arbeitsbedingungen geschaffen werden. Das europäische Recht befaßt sich mit der gesamten Arbeitsumwelt und nicht allein mit den Arbeitsmitteln und Maschinen. In einem solchen umfassenden Rahmen wird auch eintönige Arbeit zum Thema. Es gehört zu den Zielen des europäischen Arbeitsschutzes, solche eintönige Arbeit zu reduzieren. Ein statisches Verständnis des Arbeitsschutzes wird durch verfahrensmäßige Vorschriften zur Evaluation und zur Verbesserung des Schutzes dynamisiert. Als innovativ gilt auch die eingeführte Risikobewertung, nach der verlangt wird, schon bei der Herstellung von Maschinen mögliche Gefährdungen abzuschätzen und zu vermeiden. In den Richtlinien werden die unterschiedlichen sozialpolitischen Institutionen der Mitgliedstaaten wie z. B. das innovative Gesundheitskonzept aus Dänemark und die Ergonomie aus den Niederlanden miteinander kombiniert, und auf diese Weise ist es gelungen, daß insgesamt das Schutzniveau in allen Mitgliedstaaten übertroffen wird.[19] Die

18 Richtlinie 90/270/EWG vom 29.5.1990, Artikel 3 Absatz 2.

19 Volker Eichener, Die Rückwirkungen der europäischen Integration auf nationale Politikmuster. In: Markus Jachtenfuchs, Beate Kohler-Koch (Hrsg.), Europäische Integration, a. a. O., 1. Auflage, S. 255-258 zu den Innovationen des europäischen Arbeitsschutzes.

strukturelle Differenz zwischen den Institutionen der Sozialpolitik in den Mitgliedstaaten erwies sich als positives Potential für den europäischen Arbeitsschutz.

Die Richtlinien zu Sicherheit und Gesundheitsschutz berühren keineswegs einen unwichtigen Teil der Sozialpolitik. So ereigneten sich im Jahr 1996 in den Mitgliedstaaten der Europäischen Union 5.549 Unfälle mit Todesfolge. Mehr als die Hälfte der tödlichen Unfälle standen mit Transporttätigkeiten in Zusammenhang. Nach Sektoren aufgeschlüsselt gab es im Bauwesen 1.349 Unfälle und in der Fertigung 1.128 tödliche Unfälle. Im Zeitraum von 1994 bis 1996 ging das Risiko von Arbeitsunfällen mit Todesfolge in der Europäischen Union um 13 % zurück. Dieser leichte Rückgang ist nicht nur, aber auch als ein Erfolg des europäischen Arbeitsschutzes zu verbuchen.[20]

Die Europäische Stiftung zur Verbesserung der Lebens- und Arbeitsbedingungen hat 1995 und 1996 Umfragen zu den Arbeitsbedingungen in allen Mitgliedstaaten durchgeführt. Die Ergebnisse dieser Umfragen hat die Europäische Agentur für Sicherheit und Gesundheitsschutz am Arbeitsplatz in Bilbao mit nationalen Erhebungen kombiniert und aus den Daten die erste Pilotstudie zu den Arbeitsbedingungen in Europa erstellt. Die nationalen Berichte wurden von Mitarbeitern der Anlaufstellen in den Mitgliedstaaten, den sog. Focal Points, erarbeitet. In der Bundesrepublik Deutschland wird die Funktion des Focal Point z. B. vom Referat Arbeitsschutz (IIIb 2) im Bundesministerium für Arbeit und Sozialordnung wahrgenommen. Das Referat im Bundesministerium ist wiederum mit anderen nationalen Einrichtungen verknüpft wie z. B. dem Länderausschuß für Arbeitsschutz und Sicherheitstechnik oder dem Hauptverband der gewerblichen Berufsgenossenschaften. Die nationalen Informations-Netzwerke des Arbeitsschutzes arbeiten mit der europäischen Agentur in Bilbao zusammen.

Für die beiden Umfragen wurden 1000 Interviews pro Mitgliedstaat geführt. Eine vergleichsweise hohe Prozentzahl der Befragten gab an, am Arbeitsplatz mit psychischen Belastungen konfrontiert zu sein. 54 % aller befragten Beschäftigten arbeiten unter Zeitdruck.[21] Die Berichterstatter der Focal Points in Belgien, Dänemark, Finnland, Italien, den Niederlanden und Spanien sind der Meinung, daß zusätzliche Präventionsmaßnahmen gegen Arbeiten unter Zeitdruck ergriffen werden müssen. Als Trend geben 8 Focal Points eine Zunahme des Risikos Zeitdruck in den vergangenen drei bis fünf Jahren an. In einigen Berichten wird hervorgehoben, daß Zeitdruck kein Einzelproblem mit Einzellösungen sei, sondern als Ergebnis der Arbeitsorganisation betrachtet werden müsse. Personalmangel, erhöhte Anforderungen an Effektivität, Pro-

20 Europäische Agentur für Sicherheit und Gesundheitsschutz am Arbeitsplatz. Pilotstudie zum Stand von Sicherheit und Gesundheitsschutz bei der Arbeit, Luxemburg 2000, S. 55.

21 Ebd., S. 49.

duktivität und Flexibilität werden als wichtigste Ursachen für das wachsende Risiko des Arbeitens unter Zeitdruck beurteilt.[22] 45 % der befragten Beschäftigten charakterisieren ihre Arbeit als eintönig. Eintönige Arbeit wird insbesondere aus dem Sektor der Herstellung von Textilien gemeldet und betrifft mehr Frauen als Männer. 67 % der Beschäftigten sind in ihrem Arbeitsrhythmus durch soziale Anforderungen bestimmt. Als Sektoren dieser Belastung werden Hotels und Gaststätten, Gesundheits- und Sozialwesen und weitere Dienstleistungsbereiche genannt. Einem Arbeitsrhythmus, der durch Maschinen vorgegeben ist, sind 22 % der befragten Beschäftigten ausgesetzt.[23] Die Pilotstudie zeigt, daß die europäischen Richtlinien zu Sicherheit und Gesundheitsschutz am Arbeitsplatz mit ihrer Einbeziehung psychischer Aspekte der Arbeitsbedingungen die realen Probleme der Arbeitswelt erfassen und geeignet sind, die Situation der Arbeitnehmer an ihrem Arbeitsplatz zu verbessern.

Nicht alle Projekte im Bereich des europäischen Arbeitsschutzes bedeuteten eine entscheidende Verbesserung für die Arbeitnehmer oberhalb des bisherigen Niveaus in den Mitgliedstaaten. Betrachtet man die Willensbildung und Entscheidungsfindung zur Regulierung der befristeten Arbeitsverhältnisse, so läßt sich beobachten, daß das ursprüngliche Vorhaben der Kommission verwässert wurde. Bei befristeten Arbeitsverhältnissen geht es um Teilzeitarbeit, Zeitarbeit, Saisonarbeit, Abrufarbeit, Heimarbeit und Telearbeit. Teilzeitarbeit zeichnet sich durch eine kürzere als die übliche Arbeitszeit aus wie z. B. Halbtagsarbeit und kann durch einen befristeten oder unbefristeten Vertrag geregelt sein. Zeitarbeit ist das Gegenstück zum unbefristeten Arbeitsverhältnis und kann auf der Grundlage eines befristeten Arbeitsvertrages zwischen Arbeitgeber und Arbeitnehmer oder als Leiharbeit stattfinden. Die Leiharbeit bezeichnet ein Arbeitsverhältnis zwischen einem Leiharbeitunternehmen als Arbeitgeber, einem Leiharbeitnehmer und dem Unternehmen, zu dem der Arbeitnehmer abgeordnet wird. 1988 waren im Durchschnitt der Mitgliedstaaten der Europäischen Union 14 Millionen Arbeitnehmer, das sind 13,5 % aller Arbeitnehmer, teilzeitbeschäftigt und 9,6 % standen in einem Zeitarbeitsverhältnis.[24]

Die Kommission wollte diese Arbeitsverhältnisse nicht in Frage stellen, und interpretierte sie als Bestandteil eines flexiblen Arbeitsmarktes. Es sollten jedoch Wettbewerbsverzerrungen durch unterschiedliche nationale Regelungen beseitigt werden und gewährleistet sein, daß Arbeitnehmer in besonderen Arbeitsverhältnissen in Sachen Sicherheit und Gesundheitsschutz „in den Genuß der gleichen Bedingungen gelangen, wie sie für die übrigen Arbeit-

22 Ebd.
23 Ebd., S. 50.
24 KOM (90) 228 endg. vom 13.8.1990, S. 9.

nehmer gelten."[25] Auch bei den Sozialleistungen sollte eine „vergleichbare Behandlung" erreicht werden. Die Kommission hatte drei Richtlinien entworfen, um die Regelung der besonderen Arbeitsverhältnisse zu harmonisieren. Insbesondere bei der Leiharbeit gab es in den Mitgliedstaaten weit voneinander abweichende Bestimmungen. Während es in Großbritannien gar keine Vorschriften gab, in Dänemark und Deutschland die Bedingungen für die Arbeitnehmer nur innerhalb des Leihunternehmens vergleichbar sein mußten, standen in Belgien und den Niederlanden den Leiharbeitnehmern die im entleihenden Unternehmen üblichen Entgelte und Arbeitsbedingungen zu.[26]

Was in der Sprache des Kommissionsvorschlages so trocken klingt, war für die Arbeitnehmer oft mit unannehmbaren Bedingungen am Arbeitsplatz verbunden. Günter Wallraff beschreibt seine Erfahrungen als Leiharbeitnehmer in seinem Buch „Ganz unten": „Insgesamt hat Thyssen allein in Duisburg 400 sogenannte Subunternehmerfirmen unter Vertrag. Subfirmen stellen billige, willige und schnell zu heuernde und auch zu feuernde Leiharbeiter ein. Ich lerne einen 27-jährigen türkischen Arbeiter kennen, der über das Arbeitsamt an das Subunternehmen Adler vermittelt wurde. Adler, so erfahre ich, verkauft Arbeiter an das Unternehmen Remmert. Remmert wiederum an die August-Thyssen-Hütte... Den Hauptbatzen, den Thyssen zahlt – je nach Auftrag und Staub-, Schmutz- oder Gefahrenzulage zwischen 35 und 80 Mark pro Stunde und Mann – teilen sich die Geschäftspartner. Ein Almosen von fünf bis zehn Mark wird von Adler an den Malocher ausgezahlt... Das Tragen von Sicherheitsschuhen mit Stahlkappe ist Vorschrift bei Thyssen. Ebenso das Tragen von Schutzhelmen. Nach den gesetzlichen Bestimmungen müßte uns Adler diese Sachen stellen, ebenfalls Arbeitshandschuhe. Adler spart jedoch auch hier. ... Die Arbeitshandschuhe suchen wir uns in Abfalleimern oder Müllcontainern zusammen. Meist ölverschmierte oder eingerissene von Thyssen-Arbeitern, die sie weggeschmissen haben, nachdem die Hütte ihnen neue gegeben hatte."[27]

Von den drei Richtlinienvorschlägen der Kommission wurde zunächst nur die Richtlinie zu Sicherheit und Gesundheitsschutz von Arbeitnehmern mit befristetem Arbeitsverhältnis oder Leiharbeitsverhältnis auf der Rechtsbasis des Artikels 118 a des EG-Vertrages verabschiedet.[28] Mit dieser Richtlinie wird ein Fortschritt für die Arbeitnehmer in atypischen Arbeitsverhältnissen erreicht. So trägt in Leiharbeitsverhältnissen das entleihende Unternehmen die Verantwortung dafür, daß Leiharbeitnehmer das gleiche Niveau an Sicherheit und Gesundheitsschutz am Arbeitsplatz genießen wie die anderen Arbeitnehmer des entleihenden Unternehmens (Art. 2 in Verbindung mit

---

25 Ebd., S. 4.

26 Ebd., S. 24.

27 Günter Wallraff, Ganz unten. Mit einer Dokumentation der Folgen, Köln: Kiepenheuer & Witsch 1988, S. 84ff.

28 Richtlinie 91/383/EWG vom 25.6.1991.

Art. 8 der Richtlinie). Die beiden anderen Richtlinien scheiterten im Rat. Die Richtlinie zu den Arbeitsbedingungen sollte auf der Grundlage des Artikels 100 des EG-Vertrages verabschiedet werden und erforderte daher die Einstimmigkeit im Rat. Diese Richtlinie sollte nach dem Kommissionsentwurf für Teilzeitarbeit und Zeitarbeit einschließlich der Leiharbeit gelten. Arbeitnehmer in diesen Arbeitsverhältnissen sollten Zugang zu den Berufsbildungseinrichtungen eines Unternehmens haben, Sach- und Geldleistungen im Rahmen des Sozialfürsorgesystems erhalten, an sämtlichen Sozialdiensten partizipieren und am System der sozialen Sicherheit beteiligt sein. Die Mitgliedstaaten sollten Maßnahmen treffen, um sicherzustellen, daß Leiharbeitnehmer nicht daran gehindert werden können, mit dem entleihenden Unternehmen einen regulären Arbeitsvertrag zu schließen. Es wurde als staatliche Aufgabe betrachtet, zu garantieren, daß die Ansprüche der Leiharbeitnehmer auf Arbeitsentgelt und Sozialbeiträge erfüllt werden, auch wenn das Leihunternehmen dazu nicht in der Lage ist. An den geplanten Bestimmungen wird sichtbar, mit welchen besonders gravierenden Problemen Leiharbeitnehmer umgehen müssen. Nach Ansicht der Kommission hatten alle diese Aspekte nichts mit dem Binnenmarkt zu tun, sondern betrafen Arbeitsbedingungen und fielen damit unter Artikel 100 und die Einstimmigkeitsregel im Rat. Nur Fragen der Wettbewerbsverzerrung ließen nach Ansicht der Kommission eine Behandlung auf der Basis des „Binnenmarktartikels" 100 a und also einer Abstimmung mit qualifizierter Mehrheit im Rat zu.

Der Protest der Abgeordneten des Europäischen Parlamentes konnte nicht ausbleiben. „Ist das so eine Art Kotau vor dem Ministerrat, oder glaubt die Kommission, daß die Verträge die Möglichkeit von Mehrheitsentscheidungen auch über Arbeitsbedingungen nicht hergeben?"[29] fragte die Berichterstatterin des Ausschusses für soziale Angelegenheiten, Salisch. Nur bei Mehrheitsentscheidungen im Ministerrat könne sich niemand mehr hinter Frau Thatcher verstecken, und dann würde man sehen, ob der Ministerrat die soziale Dimension nicht immer nur ankündige, sondern in die Tat umsetze.[30] „Mehr als 14 Millionen Menschen warten darauf, daß sie sozialen Schutz bekommen. Wir können nicht das Paradies schaffen, aber wir sind der Auffassung: Unsere Pflicht ist es, für Mindeststandards zu sorgen, bei der Arbeitslosenversicherung, bei der Krankenversicherung, bei dem sozialen Schutz, der so wie bei den Vollbeschäftigten sein muß... Es geht erstens darum, daß der Ausschuß für soziale Angelegenheiten, Beschäftigung und Arbeitsumwelt und das Europäische Parlament um die Mehrheitsentscheidung bei der sozialen und arbeitsrechtlichen Ausgestaltung des Binnenmarktes kämpfen. Zwei-

29 Verhandlungen des Europäischen Parlaments vom 24.10.1990, Amtsblatt der EG, Nr. 3-395, S. 145.
30 Ebd., S. 146.

tens wollen wir für alle atypisch Beschäftigten europaweite Mindeststandards durchsetzen."[31] So die Berichterstatterin des Sozialausschusses.

In beiden Punkten hat das Parlament verloren. Erstens blieb es bei der Einstimmigkeit für die Richtlinie zu den Arbeitsbedingungen mit der zu erwartenden Konsequenz, daß die Richtlinie an der Einstimmigkeit im Rat scheiterte. Das Vereinigte Königreich beurteilte die Vorschläge der Kommission als „costly, unnecessary and counter-productive."[32] Und zweitens stand am Ende der Willensbildung und Entscheidungsfindung im Dezember 1997 eine Richtlinie über Teilzeitarbeit, die den Arbeitnehmern nur wenig Verbesserung brachte. Diese Richtlinie kam durch Verhandlungen zwischen den europäischen Sozialpartnern auf der Basis des Abkommens über die Sozialpolitik zustande. Die Union der Europäischen Industrie- und Arbeitgeberverbände (UNICE), der Europäische Gewerkschaftsbund (EGB) und der Europäische Zentralverband der öffentlichen Wirtschaft (CEEP) haben nach schwierigen Verhandlungen im Juni 1997 einen Kompromiß vorgelegt, der als Rahmenvereinbarung in die Richtlinie über Teilzeitarbeit von 1997 übernommen wurde.[33]

Vergleicht man den ursprünglichen Entwurf der Kommission mit der aus den Verhandlungen der Sozialpartner hervorgegangenen Richtlinie, dann ist eine deutliche Verschlechterung für die Position der Arbeitnehmer zu beobachten. Die Richtlinie betrifft nur die Teilzeitarbeit, und andere atypische Arbeitsverhältnisse wie z. B. die Leiharbeit bleiben außen vor. Die Vereinbarung versteht sich als Beitrag zur europäischen „Beschäftigungsstrategie" und weniger als Beitrag zur sozialen Dimension. Die Priorität der Beschäftigungspolitik wird in der Präambel angesprochen: Diese Vereinbarung „macht den Willen der Sozialpartner deutlich, einen allgemeinen Rahmen für die Beseitigung von Diskriminierungen von Teilzeitbeschäftigten zu schaffen und einen Beitrag zur Entwicklung der Teilzeitarbeitsmöglichkeiten auf einer für Arbeitgeber und Arbeitnehmer akzeptablen Grundlage zu leisten."[34] Fragen der sozialen Sicherheit werden ausgeklammert. Teilzeitbeschäftigte dürfen in ihren Arbeitsbedingungen gegenüber vergleichbaren Vollzeitbeschäftigten nicht schlechter behandelt werden, „es sei denn, die unterschiedliche Behandlung ist aus objektiven Gründen gerechtfertigt."[35] Im Kommissionsvorschlag von 1990 war eine solche Ausnahme in der Gleichbehandlung nicht vorgesehen.[36] Insgesamt ist der ursprüngliche Vorschlag also verwäs-

31 Ebd.

32 Gerda Falkner, EU Social Policy in the 1990s, a. a. O., S. 221, Fußnote 152.

33 Richtlinie 97/81/EG vom 15.12.1997.

34 Ebd.

35 Richtlinie 97/81/EG, Anhang, § 4 Absatz 1.

36 Vgl. ausführlich zum Entscheidungsprozeß Gerda Falkner, EU Social Policy in the 1990s, a. a. O., S. 132-138. Vgl. S. 141 den inhaltlichen Vergleich zwischen dem Abkommen von 1997 und dem Vorschlag der Kommission von 1990.

sert worden, und von einer wirklichen Verbesserung der Situation der Teilzeitbeschäftigten kann keine Rede sein.

Trotz dieses Gegenbeispiels gehört europäischer Arbeitsschutz mit der Zielsetzung einer Verbesserung der Arbeitsbedingungen zu den erfolgreichen Bereichen europäischer Sozialpolitik. Wolfgang Streeck vertritt die These, daß Arbeitsschutz und die Gleichbehandlung von Männern und Frauen im Erwerbsleben aber auch die einzigen Beispiele einer marktkorrigierenden europäischen Sozialpolitik seien.[37] Und er gibt zu bedenken, daß Arbeitsschutz noch nicht einmal markkorrigierend sei, da man nur die physische Integrität der Arbeitnehmer erhalten wolle, und eine solche Sozialpolitik sogar mit dem viktorianischen Liberalismus des 19. Jahrhunderts vereinbar gewesen sei.[38] Wolfgang Streeck prognostiziert, daß der Erfolg einer Harmonisierung der Sozialpolitik auf hohem Niveau und mit supranationaler Zuständigkeit wie er beim Arbeitsschutz zu beobachten sei, sich in anderen Bereichen nicht wiederholen werde.

Die Zukunft europäischer Sozialpolitik sieht nach Streeck düster aus, und die Gründe, die er für dieses Szenario anführt, sind nicht so ohne weiteres von der Hand zu weisen. Eine sozialpolitische Gegenbewegung zur Deregulierung des Binnenmarktes werde sich nicht automatisch ergeben, sondern bedürfe sozialer und politischer Ressourcen. Die Europäische Union, die stark intergouvernementale Züge trage, besitzt nach Streecks These nicht genügend Macht, um den Teilnehmern des Binnenmarktes verbindliche Pflichten aufzuerlegen.[39] Die soziale Macht der europäischen Arbeitgeber sei dem Einfluß der Gewerkschaften überlegen. Es sei eine Tatsache, daß „der neue Präsident der Europäischen Kommission eher den Anruf des Vorstandsvorsitzenden von Philips erwidern wird, insbesondere wenn dieser gleichzeitig die Funktion des Vorsitzenden des European Roundtable innehat, als den eines Fließbandarbeiters dieser Firma.“[40] Ein geringes Maß an Supranationalität passe gut zu einem Verständnis der Integration, das Deregulierung und die Entkoppelung von Politik und Ökonomie favorisiere. Es liege im Interesse sich selbst regulierender Märkte, daß die europäische Integration auf Sparflamme gehalten werde. Die entstehende Struktur eines zersplitterten politischen Systems mit minimaler Regulierung der Marktkräfte nennt Streeck „Neovoluntarismus“. Der Staat ziehe sich zurück und „weiche Intervention“, Empfehlungen und die Wahl zwischen Alternativen träten an die Stelle klarer staatlicher Vorgaben. Empfehlungen erweckten den Anschein von Aktivität, und am Ende sei das Ganze nur ein Stück Papier. „Neovoluntarismus hat das Potential, als eine wünschenswerte Entwicklung weg von etatistischen Ein-

37 Wolfgang Streeck, Vom Binnenmarkt zum Bundesstaat? Überlegungen zur politischen Ökonomie der europäischen Sozialpolitik, a. a. O., S. 382.

38 Ebd., S. 416, Anmerkung 4.

39 Ebd., S. 391.

40 Ebd., S. 415, Anmerkung 1.

griffen in die Gesellschaft wahrgenommen und als solche angepriesen zu werden."[41]

Das Szenario, das Streeck zeichnet, wäre dann plausibel, wenn die Europäische Union weiterhin fragmentiert bliebe, und es nicht gelänge, eine politische Ordnung in Europa zu entwickeln. Die Strukturen, die Streeck für seine These anführt, sind jedoch nicht so eindeutig, wie dies in dem Aufsatz dargestellt ist. „Wenn ein freier europäischer Markt alles ist, was die Gemeinschaft sein soll, erfordert dies kein ‚Europa der Bürger'; die Anerkennung von Bürgerrechten macht vielmehr Märkte weniger frei."[42] Die Europäische Union ist aber nach ihrem Selbstverständnis in den Verträgen als auch in den realen Politiken mehr als ein großer Markt. Die nationalen Identitäten sind in der Tat sehr stark und sollen es auch sein. Doch entwickelt sich zusätzlich, wie wir im siebten Kapitel sehen werden, auch eine europäische Identität der Bürger in den Mitgliedstaaten. Aus einer starken nationalen Identität läßt sich auch nicht der Schluß ziehen, daß die Bürger damit einen europäischen Wohlfahrtsstaat verhinderten und im Ergebnis die Dominanz des Binnenmarktes verteidigten.[43]

Das gegenwärtige politische System der Europäischen Union läßt sich nicht mit einem „Arrangement zwischen der Souveränität der Nationalstaaten und derjenigen sich selbst regulierender Märkte"[44] hinreichend beschreiben. Auch ist das Europäische Parlament nicht mehr „grundsätzlich darauf beschränkt, durch andere Organe informiert und von ihnen angehört zu werden."[45] Wenn die Europäische Union ein sehr komplexes System mit nur locker gekoppelten Systemelementen[46] ist, dann muß dies nicht nur ein Nachteil für die Problemlösungsfähigkeit sein. Inwieweit die Mitgliedstaaten bereit sind, sozialpolitische Kompetenzen an die supranationalen Institutionen abzugeben, hängt auch von der Art der Probleme ab. Die These, daß die Mitgliedstaaten nur so viel an Kompetenz abgeben werden, wie sie zur Wiedergewinnung der nationalen Problemlösungsfähigkeit im Bereich der Sozialpolitik unbedingt benötigen, mag richtig sein.[47] Aber auf der Basis einmal abgegebener nationaler Kompetenzen entwickelt sich im Zusammenspiel neuer Akteure auf neuen Entscheidungsebenen ein Eigenleben, und es ist empirisch zu prüfen, ob nicht doch eine europäische Sozialpolitik entsteht, die über den Arbeitsschutz hinausgeht.

41 Ebd., S. 414.
42 Ebd., S. 395.
43 Ebd., S. 396.
44 Ebd.
45 Ebd., S. 412.
46 Ebd., S. 398.
47 Ebd., S. 400.

3. Die Kohäsionspolitik

Als Kohäsionspolitik wird die Politik der Europäischen Union bezeichnet, die mit den Instrumenten der Strukturfonds und des Kohäsionsfonds durchgeführt wird.[48] Zu diesen Fonds gehören der Europäische Sozialfonds, der Europäische Fonds für regionale Entwicklung, der Europäische Ausrichtungs- und Garantiefonds für die Landwirtschaft und der Kohäsionsfonds. Es ist die Aufgabe dieser Fonds, den wirtschaftlichen und sozialen Zusammenhalt innerhalb der Gemeinschaft zu fördern (Titel XVII EGV und Art. 146 EGV in der Fassung von Nizza). Mit dem 1993 eingerichteten Kohäsionsfonds werden die wirtschaftlich schwächsten Mitgliedstaaten Griechenland, Irland, Portugal und Spanien in den Bereichen von Umwelt und Verkehrsinfrastruktur gefördert (Artikel 161 EGV). Voraussetzungen zur Gewährung von Hilfen aus dem Kohäsionsfonds sind ein Bruttosozialprodukt pro Kopf, das weniger als 90 % des europäischen Durchschnitts beträgt und die Vorlage eines makroökonomischen Programms, mit dem übermäßige öffentliche Defizite vermieden werden können.[49]

Die Europäische Kommission interpretiert wirtschaftlichen und sozialen Zusammenhalt als Grundlage des europäischen Gemeinschaftsmodells einer sozialen Marktwirtschaft. In ihrem ersten Kohäsionsbericht von 1996 schreibt sie: „Die Gesellschaftsstruktur in den europäischen Ländern spiegelt die Werte der sozialen Marktwirtschaft wider. Ziel ist es, ein Wirtschaftssystem, das auf Marktkräften und Unternehmerfreiheit basiert, mit dem Streben nach interner Solidarität und gegenseitiger Unterstützung zu verbinden, das allen Mitgliedern der Gesellschaft den Zugang zur allgemeinen Grundversorgung und zu den Sozialleistungen sichert. Angesichts der wachsenden europäischen Integration ist es unvermeidlich, daß die Europäische Union zusammen mit den Mitgliedstaaten größere Verantwortung dafür übernimmt, das europäische Gesellschaftsmodell zu bewahren."[50] Die Kohäsionspolitik wird als Mittel zur Erhaltung der sozialen Marktwirtschaft gesehen. Dieses allgemeine Ziel wird konkretisiert. Zu große Differenzen der Leistungsfähigkeit zwischen den Mitgliedstaaten, den Regionen und den sozialen Gruppen in den Bereichen der Wirtschaft und der sozialen Wohlfahrt (vgl. Abbildung IV.1) sollen verringert werden. Als Schwerpunkte der Kohäsionspolitik definiert die Europäische Kommission die Unterschiede im Einkommen pro Kopf, in der Wettbewerbsfähigkeit, der Arbeitslosigkeit, der Lage der benachteiligten sozialen Gruppen und der Verbreitung von Armut.[51]

---

48 Kolja Rudzio, Funktionswandel der Kohäsionspolitik unter dem Einfluß des Europäischen Parlaments, Baden-Baden: Nomos 2000, S. 39.

49 Verordnung Nr. 1164/94 des Rates vom 16.5.1994, Erwägungsgründe und Art. 104 EGV zu den Konvergenzkriterien.

50 Europäische Kommission, Erster Bericht über den wirtschaftlichen und sozialen Zusammenhalt, Brüssel, Luxemburg 1996, S. 13 (zit. als 1. Kohäsionsbericht).

51 Ebd., S. 15.

Nach der Zielsetzung besitzt Kohäsionspolitik eine Entwicklungs-, Ausgleichs- und sozialpolitische Funktion.[52] Der sozialpolitische Gehalt besteht in der Unterstützung sozial benachteiligter Gruppen und in einer begrenzten Umverteilung von Gütern und Leistungen zwischen den Mitgliedstaaten, Regionen und sozialen Gruppen in der Europäischen Union. Wie aber sieht die Realität aus? Läßt sich zeigen, daß in der Umsetzung der Programme die soziale Idee zum Tragen kommt?

Die Kohäsionspolitik hat im Vergleich der Mitgliedstaaten in einigen Ländern zu einem „deutlichen Aufholprozeß" geführt.[53] Das Pro-Kopf-BIP in Irland, Portugal und Spanien hat sich in den 80er und 90er Jahren dem Durchschnitt der Mitgliedstaaten angenähert. Insbesondere Irland kann ein erstaunliches Wachstum vorweisen. Irland konnte das Pro-Kopf-BIP von 64,3 % des europäischen Durchschnittswertes im Jahr 1980 auf 103,9 % im Jahr 1997 steigern.[54] Zwei Kohäsionsländer, Irland und Portugal, gehören mit den Niederlanden zu den einzigen Mitgliedstaaten, in denen in den 90er Jahren die Arbeitslosenquoten gesenkt wurden.[55] Die wachstumsfördernde Wirkung der Kohäsionspolitik ergibt jedoch je nach Land und Region ein differenziertes Bild.

In einer Studie zum Management der Strukturpolitik werden Erfolg oder Mißerfolg der Förderung aus den Fonds auf die Leistungsfähigkeit der nationalen Implementationsstrukturen zurückgeführt.[56] Für Irland liegt nach dieser Studie eine „gesicherte Evidenz von Wachstumseffekten durch die Strukturfonds vor." In den Zeiträumen von 1989 bis 1993 und 1994 bis 1999 konnten durch die Mittel aus den Strukturfonds kurz- und mittelfristige Wachstumseffekte von 3-4 % und langfristige von 2 % erzielt werden.[57] Diese positive Wirkung hängt mit den effektiven Implementationsstrukturen in Irland zusammen. Im zentral organisierten Irland wurden im Laufe der Programme Aufgaben an die lokale Ebene delegiert. Staatliche, gesellschaftliche und private Akteure haben sich zusammengeschlossen, um eigene Entwicklungspläne zu formulieren.[58]

Die Beteiligung von Interessenverbänden und gesellschaftlichen Gruppen bei der Umsetzung der Kohäsionspolitik führt nicht dazu, daß die öffentlichen Institutionen auf der regionalen Ebene an Einfluß verlieren. Eine Untersu-

52 Kolja Rudzio, Funktionswandel der Kohäsionspolitik unter dem Einfluß des Europäischen Parlaments, a. a. O., S. 57.

53 Ebd., S. 53.

54 Ebd., Grafik 4, S. 54.

55 Ebd., S. 55.

56 Jochen Lang, Frieder Naschold, Bernd Reissert, Management der EU-Strukturpolitik. Steuerungsprobleme und Reformperspektiven, Berlin: Edition Sigma 1998, S. 55.

57 Ebd.

58 Ebd., S. 61.

chung von Beate Kohler-Koch zu „Regionen im Netzwerk der Integration" zeigt, daß staatliche Akteure der nationalen und regionalen Ebene im Zentrum des Geschehens bleiben. Es entsteht in den regionalen Netzwerken zur Umsetzung der Kohäsionspolitik eine Vielfalt von Beratungsgremien und Planungsausschüssen für „partnerschaftliches Regieren". Doch am Ende sind es „in erster Linie die staatlichen Akteure, die hier die Initiative und Steuerung übernehmen."[59] Dies ist nicht unbedingt eine schlechte Nachricht. Denn die Stärkung demokratischer Verfahren für die Umsetzung europäischer Politik bedeutet ja nicht, daß staatliche Akteure an Einfluß verlieren sollen. Es geht um eine Öffnung des Interessentenkreises und nicht um ein Zurückdrängen des Staates. Die Netzwerkanalyse europäischer Regionen hat auch ergeben, daß die Akteure, die an europäischen Programmen der Kohäsionspolitik teilnehmen, eine pro-europäische Einstellung gewinnen und der Meinung sind, das Verhältnis zwischen Politik und Wirtschaft habe sich durch die Europäisierung regionaler Politik gebessert.[60]

Die Zusammenarbeit zwischen staatlichen und gesellschaftlichen Akteuren bei der Umsetzung der Kohäsionspolitik wird langfristig um so eher zu einem „partnerschaftlichen Regieren" führen, je häufiger die Akteure vor Ort nicht nur über die Verteilung der Mittel etwa aus dem Europäischen Sozialfonds gemeinsam beschließen, sondern die Projekte auch gemeinsam durchführen. Deshalb hat in Hamburg die ehemalige Senatorin für Arbeit, Gesundheit und Soziales, Karin Roth, ein Beteiligungsforum initiiert, in dem Gewerkschaften, Arbeitgeber, Wohlfahrtsverbände, Bildungsträger und die Behörde über die Verteilung der Gelder beraten und die Projekte anschließend gemeinsam in Angriff nehmen.[61] Zur Veranschaulichung sei ein Beispiel angeführt. Der Verein „Jugend in Arbeit" bildet Hauptschulabgänger und sozial benachteiligte Auszubildende, unabhängig vom erreichten Schulabschluß, in Holzberufen zu Bootsbauern oder Tischlern aus. Die Ausbildung dauert dreieinhalb Jahre und wird mit einem Abschluß vor der Handwerkskammer beendet. Das Projekt wurde von September 2000 bis Februar 2004 aus Mitteln des Europäischen Sozialfonds, der Hamburger Behörde für Arbeit, Gesundheit und Soziales und dem Arbeitsamt finanziert. Mitarbeiter des Vereins und der Behörde kooperierten bei der Implementation des Projektes. Hier zeigte sich deutlich die Öffnung europäischer Kohäsionspolitik für soziale Ideen und demokratische Verfahren bei der Umsetzung.

Die Folgen der Kohäsionspolitik für den wirtschaftlichen und sozialen Zusammenhalt in der Europäischen Union sind schwer festzustellen, weil wirtschaftliche und soziale Veränderungen stets auf eine Vielzahl von Ursachen

---

59 Beate Kohler-Koch et al., Interaktive Politik in Europa, a. a. O., S. 241.

60 Ebd., S. 236.

61 Karin Roth, Vortrag in der Handelskammer Hamburg während des Symposiums „Europa macht sich an die Arbeit" am 27.6.2001.

zurückzuführen sind. Zu den Wirkungen des Kohäsionsfonds gibt es jetzt eine Untersuchung des Rechnungshofes der Gemeinschaft.[62] Es wurden 37 von 181 Projekten des Förderungszeitraumes von 1993 bis 1999 vor Ort in den vier begünstigten Mitgliedstaaten analysiert. Die finanzielle Unterstützung begann am 1. April 1993. Es wurden insgesamt 1,5 Milliarden ECU zu Preisen von 1992 für Umwelt- und Verkehrsinfrastrukturvorhaben zur Verfügung gestellt. Bestimmte Sektoren wurden bevorzugt gefördert: Straßenbauprojekte im Verkehrsbereich und Projekte der Trinkwasserversorgung und Abwasseraufbereitung im Umweltbereich. Vor der Genehmigung muß die Kommission den wirtschaftlichen und sozialen Nutzen des Projektes prüfen. Der Rechnungshof kritisiert für einige Projekte, daß die vorgelegten Daten unzuverlässig waren. Für ein Vorhaben in Kalamata in Griechenland wurden beispielsweise Daten eines ähnlichen Projektes in Rhodos vorgelegt, ohne daß die Kommission dies beanstandet hätte. Auch wurden nicht immer Alternativen zu den beantragten Projekten geprüft. Die Wirksamkeit des Kohäsionsfonds kann also schon bei der Genehmigung beeinträchtigt werden. Zeitliche Verzögerungen bei der Genehmigung kommen hinzu. Die Kommission soll eigentlich drei Monate nach Eingang eines Antrages über das Projekt entscheiden. Zwischen dem Einreichen des Antrages durch den Mitgliedstaat und der Genehmigung durch die Kommission können in der Realität aber bis zu drei Jahre vergehen. Die Ursache solch langer Fristen kann auch in den Mitgliedstaaten liegen, die nicht alle Informationen zur Verfügung stellen.[63]

Unter dem sozialpolitischen Aspekt der Umverteilung kritisiert der Rechnungshof, daß es gerade für die am wenigsten wohlhabenden Mitgliedstaaten schwierig sei, ihr Haushaltsdefizit als Bedingung des Kohäsionsfonds zu verringern und gleichzeitig hohe öffentliche Investitionen zu tätigen, um ihren Entwicklungsrückstand aufzuholen.[64] Bei der Beurteilung der qualitativen Auswirkungen des Kohäsionsfonds kommt der Rechnungshof zu dem Ergebnis, daß im Verkehrs- und Umweltbereich „erhebliche Fortschritte im Hinblick auf die Verringerung der Disparitäten gegenüber dem Rest der Europäischen Union erzielt wurden."[65] In Griechenland verdoppelte sich zwischen 1993 und 1999 die Anzahl der Städte, die über Wasseraufbereitungssysteme verfügen. In Irland hat der Bau der Ringstraße um Dublin zu einer höheren Verkehrssicherheit und zu geringeren Fahrtzeiten beigetragen. Für den hier interessierenden sozialpolitischen Effekt der Kohäsionsfonds stellt der Rechnungshof fest, daß positive Auswirkungen auf die Schaffung von Arbeitsplätzen, die Verringerung von Arbeitslosigkeit und das reale Einkommen nachzuweisen sind. Für die spanische Wirtschaft wurde ermittelt, daß durch Mittel des Kohäsionsfonds zwischen 30.000 und 40.000 Arbeits-

---

62 Rechnungshof der EG, Sonderbericht Nr. 15/2000 vom 2.10.2000 „über den Kohäsionsfond zusammen mit den Antworten der Kommission".

63 Ebd., Tabelle 4, S. 11.

64 Ebd., S. 14.

65 Ebd., S. 22.

plätze pro Jahr geschaffen wurden.[66] Eine umfassende Bewertung der sozialen und wirtschaftlichen Folgen des Kohäsionsfonds sei wegen des projektbezogenen Ansatzes, so der Rechnungshof, schwierig.[67]

Probleme gibt es auch bei der Bewertung der realen Auswirkungen von Programmen des Europäischen Sozialfonds. Die wichtigsten Zielgruppen des Europäischen Sozialfonds sind Langzeitarbeitslose und arbeitslose Jugendliche.[68] Die Jugendarbeitslosigkeit ist neben der Langzeitarbeitslosigkeit eines der gravierendsten Probleme des europäischen Arbeitsmarktes. 1996 betrug die Arbeitslosenquote der Jugendlichen im Alter von 15 bis 24 Jahren (in Prozent der Erwerbspersonen) im europäischen Durchschnitt 22 % und fiel auf 19,5 % im Jahr 1998.[69] Mit dem Programm „Youthstart" stellte die Europäische Union im Zeitraum von 1994 bis 1999 einen Betrag von 441 Millionen ECU zur Eingliederung Jugendlicher ohne grundlegende Qualifikation zur Verfügung. Dies war etwa ein Viertel der gesamten Finanzmittel der Beschäftigungsinitiative der Kommission. Zu den Hauptempfängerländern zählten Deutschland, Frankreich, Italien, Spanien und das Vereinigte Königreich. Während der Projektarbeit im Rahmen des Programms „Youthstart" sollten transnationale Partnerschaften entstehen. Die Partnerschaft beschränkte sich jedoch häufig auf einen Informationsaustausch, und gemeinsame Projekte hatten Seltenheitswert.[70] Die Auswirkungen des Europäischen Sozialfonds und der Beschäftigungsinitiative „Youthstart" auf die Bekämpfung der Jugendarbeitslosigkeit sind nicht bekannt.[71] Die Programme selbst mit ihrer transnationalen Dimension wären durchaus geeignet, den sozialen Zusammenhalt innerhalb der Gemeinschaft zu fördern. Es käme also zunächst einmal auf zuverlässige Daten und eine genauere Evaluation während des gesamten Förderungsprozesses an.

Mit der Förderung aus den Strukturfonds und dem Kohäsionsfonds werden finanzielle Mittel von den reicheren zu den ärmeren Mitgliedstaaten und Regionen umverteilt. Die Höhe der Hilfe pro Kopf und Jahr an die vier am stärksten benachteiligten Länder Griechenland, Irland, Portugal und Spanien

---

66 Ebd., S. 24.

67 Ebd., S. 25.

68 Verordnung (EWG) Nr. 2084/93 vom 20.7.1993.

69 Europäische Kommission, Beschreibung der sozialen Lage 2000, Luxemburg 2000, S. 22. Die Jugendarbeitslosigkeit ist der Anteil der arbeitslosen Jugendlichen an der Bevölkerung im Alter von 15-24 Jahren. Im Jahr 1998 gab es 4,25 Millionen Jugendliche ohne Arbeit in der EU. Dies entsprach einer Jugendarbeitslosigkeit von 9,2 %. Im Jahr 1999 betrug diese Jugendarbeitslosigkeit im europäischen Durchschnitt 8,5 %. Die Arbeitslosenquote der Jugendlichen ging leicht zurück auf 17,9 %.

70 Rechnungshof der EG, Sonderbericht Nr. 3/2000 „zum Europäischen Sozialfonds und zum Europäischen Ausrichtungs- und Garantiefonds für die Landwirtschaft – Maßnahmen zur Förderung der Beschäftigung von Jugendlichen, zusammen mit den Antworten der Kommission" vom 7.4.2000, S. 11.

71 Ebd., S. 18.

lag im Zeitraum von 1994 bis 1999 um ein Vielfaches über den Hilfen für die anderen Mitgliedstaaten.[72] Dies bedeutet freilich nicht, daß es zu einer wirtschaftlichen und sozialen Angleichung zwischen den ärmeren und reicheren Mitgliedstaaten oder zwischen ärmeren und reicheren Regionen gekommen ist. Noch immer zeigt die „ökonomische Landkarte"[73] der Europäischen Union große Unterschiede zwischen den Mitgliedstaaten. Legt man den EU-Durchschnitt mit 100 % zugrunde, dann erreicht Luxemburg 1999 als Spitzenreiter ein BIP pro Kopf von 181 % und Griechenland am anderen Ende von 67 %. Aber zumindest ist es Spanien und Portugal gelungen, sich dem EU-Durchschnitt weiter anzunähern. Irland kommt sogar auf einen Wert von 111 und überflügelt damit Deutschland mit einem Wert von 106.[74] Betrachtet man die Ebene der Regionen, dann zeigt sich, daß die Einkommensunterschiede zwischen den Regionen zwischen 1983 und 1993 fast gleich hoch geblieben sind.[75]

Während also mit den Programmen der Kohäsionspolitik eine Umverteilung zwischen reichen und armen Mitgliedstaaten und Regionen in der Europäischen Union angestrebt wird, ist der reale umverteilende Erfolg der Programme bisher begrenzt geblieben. Es lassen sich Wachstumseffekte für einzelne Staaten wie Irland nachweisen. Das Ziel des wirtschaftlichen und sozialen Zusammenhaltes ist nicht nur ein Vorwand für den machtpolitischen Einsatz der Kohäsionspolitik. Zweifellos wurden die Fonds in den Vertragsverhandlungen als Zahlungsmittel zur Lösung von Entscheidungsblockaden eingesetzt.[76] Es ist jedoch eine unzulässige Vereinfachung der Realität, die Katalysator-Funktion der Fonds bei den Paketlösungen in den Vertragsverhandlungen als die wesentliche Funktion zu bewerten.[77] Freilich beruht die soziale Komponente der Kohäsionspolitik auf anderen Prinzipien als eine Sozialpolitik, die sich an sozialen Bürgerrechten orientiert. „Zuwendungsempfänger innerhalb eines ausgewiesenen Förderungsgebiets sind nicht die Bürger, sondern funktionale wirtschaftliche Einheiten wie Unternehmen, lokale Entscheidungsträger oder Arbeitnehmer."[78] Trotz dieses territorialen Bezuges der Kohäsionspolitik kommt ein Erfolg der Maßnahmen den Bürgern zugute.

---

72 Europäische Kommission, 1. Kohäsionsbericht, a. a. O., S. 95.

73 Helmut Schmidt, Laßt den Worten endlich Taten folgen. In: Die Zeit vom 7.6.2001, S. 3.

74 Ebd.

75 Kolja Rudzio, Funktionswandel der Kohäsionspolitik unter dem Einfluß des Europäischen Parlaments, a. a. O., S. 55.

76 Ebd., S. 63ff.

77 So aber David Allen, Cohesion and the Structural Funds. In: Helen Wallace, William Wallace, Policy-Making in the European Union, a. a. O., S. 243-265.

78 Jeffrey J. Andersen, Die soziale Dimension der Strukturfonds: Sprungbrett oder Stolperstein? In: Stephan Leibfried, Paul Pierson (Hrsg.), Standort Europa. Sozialpolitik zwischen Nationalstaat und europäischer Integration, Frankfurt: Suhrkamp 1998, S. 181.

War es ein Problem des Binnenmarktprogramms, zu einseitig auf ein einziges Ziel ausgerichtet zu sein, so zeigt sich bei der Kohäsionspolitik eine Vielzahl an Zielen. Die Kohäsionspolitik zeichnet sich nicht nur durch die große Zahl von Akteuren, Ebenen und Netzwerken aus, sondern auch durch die Art und Weise, wie diese Akteure und Ebenen miteinander verbunden sind. Nach der Rahmenverordnung für die Strukturfonds gilt für die Entwicklung von Programmen das Prinzip der Partnerschaft zwischen der Europäischen Kommission und den Verwaltungen der Mitgliedstaaten und Regionen. Arthur Benz hat die „differenzierten, nur lose gekoppelten Verhandlungssysteme“ untersucht und kommt zu dem Ergebnis, daß die Willensbildung in solchen Systemen durch Kommunikation und Informationsaustausch geprägt ist. Macht hingegen spielt eine untergeordnete Rolle. Es werden Lernprozesse möglich, weil die Akteure verhandeln können und nicht durch Interessen gebunden sind, die durch Entscheidungen auf einer anderen Ebene festgelegt wurden. „Eingebettete Spiele konstituieren eine Struktur, die zugleich die Autonomie der Verhandlungsarenen aufrecht erhält, die Kommunikationsbeziehungen zwischen Arenen und Ebenen intensiviert und Lernprozesse stimuliert.“[79]

Solche Lerneffekte beschreiben auch Jochen Lang, Frieder Naschold und Bernd Reissert in ihrer Analyse der Umsetzung der europäischen Strukturpolitik. Die Wirkungen der Strukturfonds variieren dabei je nach Organisation der Regionalpolitik in den Mitgliedstaaten.[80] Es ist nach dieser Studie wiederum die Art und Weise der Verknüpfung unterschiedlicher Ebenen, die zum Erfolg der Strukturfonds beiträgt oder dem Erfolg abträglich ist. Die Autoren schlagen als Reform eine Entflechtung der Willensbildung und Entscheidungsfindung in der Strukturpolitik bei einer größeren Verantwortung der Mitgliedstaaten vor.[81]

Die Ausdifferenzierung der Kohäsionspolitik in verschiedene Aufgaben hat seit der Reform der Kohäsionspolitik von 1999 noch einmal zugenommen. Aus den Mitteln des Europäischen Sozialfonds werden in Zukunft alle Bereiche aktiver Arbeitsmarktpolitik finanziert und nicht wie bisher ausschließlich Langzeit- und Jugendarbeitslosigkeit bekämpft. Neben der beruflichen Ausbildung gehört nun die Modernisierung der Bildungs-, Ausbildungs- und Beschäftigungspolitiken zum Aufgabenkatalog.[82] Sozial- und Bildungspolitik

79 Arthur Benz, Entflechtung als Folge von Verflechtung. Theoretische Überlegungen zur Entwicklung des europäischen Mehrebenensystems a. a. O., S. 158.

80 Jochen Lang, Frieder Naschold, Bernd Reissert, Management der EU-Strukturpolitik. Steuerungsprobleme und Reformperspektiven, a. a. O. S. 56.

81 Ebd., S. 90 zur Einschätzung der Reformfähigkeit: „Auf der generalisierten Ebene besteht ... bei Kommission und Mitgliedstaaten ein erstaunlich hohes Maß an Reformbereitschaft der gemeinsamen Entscheidungsprozeßstrukturen: ein Ausmaß, das erheblich über den Bestand an Wandlungsbereitschaft in den meisten nationalstaatlichen Politiksektoren hinausgeht.“

82 Kolja Rudzio, Funktionswandel der Kohäsionspolitik unter dem Einfluß des Europäischen Parlaments, a. a. O., S. 216ff. zur Reform von 1999.

nehmen innerhalb des Sozialfonds an Gewicht zu.[83] Das Aufgabenspektrum ist nach Einschätzung von Kolja Rudzio im Verhältnis zu den eingesetzten Finanzmitteln zu groß, und die Wirksamkeit der Fonds leide unter der Zersplitterung.[84] Dies ist richtig. Zu kritisieren ist aber m. E. nicht die Vielfalt der Aufgaben, sondern die unzureichende finanzielle Ausstattung der Fonds und die mangelhafte Koordination der einzelnen Projekte.[85] Die Komplexität der Zielsetzungen entspricht der Struktur der zu lösenden Probleme. Woran es fehlt, ist die Organisation der Komplexität in der Kohäsionspolitik.[86]

4. Die Europäischen Betriebsräte

Mit den Europäischen Betriebsräten versuchte die Europäische Kommission eine Antwort auf die zunehmend transnationalen Strukturen von Unternehmen und Unternehmensgruppen zu finden. Die Zusammenschlüsse von Unternehmen und die grenzüberschreitenden Fusionen im Binnenmarkt führten zur faktischen Aushöhlung der Rechte der Arbeitnehmer. Es galt daher, die Mitwirkungsrechte der Arbeitnehmer auf der europäischen Ebene abzusichern.

Geht es schon beim Arbeitsschutz nicht allein um die Produktregulierung, sondern auch um die Verfahrensregulierung von Arbeitsabläufen,[87] so werden mit den Europäischen Betriebsräten Arbeitnehmerrechte gewährleistet, deren Angemessenheit zwischen den Mitgliedstaaten und zwischen den Tarifparteien höchst umstritten ist. Die Betriebsräte gehören zum Bereich der industriellen Beziehungen, und damit zu einem Politikbereich, der sich nach Fritz W. Scharpf auf europäischer Ebene nur schwer regulieren läßt. Die Differenz der Interessen zwischen den nationalen Regierungen sei hoch, und europäische Initiativen seien durch das Erfordernis einstimmiger oder nahezu einstimmiger Vereinbarungen begrenzt.[88]

Der Willensbildungs- und Entscheidungsprozeß, der zur Verabschiedung einer Richtlinie über Europäische Betriebsräte geführt hat, zeigt die Möglichkeiten europäischer Problemlösungen auch im Bereich der industriellen Beziehungen. Solange Entscheidungen über die Betriebsräte als Harmonisierung

83 Ebd., S. 227 Grafik zur Neuordnung der Strukturfondsziele.

84 Ebd., S. 258ff.

85 Vgl. insbesondere Rechnungshof der EG, Sonderbericht Nr. 3/2000 vom 7.4.2000, a. a. O.

86 Jochen Lang, Frieder Naschold, Bernd Reissert, Management der EU-Strukturpolitik, a. a. O., S. 89ff. zu Vorschlägen, wie der Erfolg der Kohäsionspolitik durch eine kontinuierliche Evaluation, interregionale Kooperation und eine effektive Organisation erhöht werden kann.

87 Volker Eichener, Die Rückwirkungen der europäischen Integration auf nationale Politikmuster, a. a. O., S. 251.

88 Fritz W. Scharpf, Regieren in Europa, a. a. O., S. 109, Abbildung 3-1.

zur Vollendung des Binnenmarktes interpretiert und für solche Entscheidungen nach Art. 100 EGV (Art. 94 EGV in der Fassung von Nizza) die Einstimmigkeit im Ministerrat erforderlich war, blockierte das Vereinigte Königreich jeden Versuch einer Einrichtung Europäischer Betriebsräte. Mit dem Abkommen über die Sozialpolitik wurde es möglich, Richtlinien zur Unterrichtung und Anhörung der Arbeitnehmer nach dem Verfahren der Mitarbeit und daher mit qualifizierter Mehrheit im Rat zu verabschieden.[89] Zugleich wurden die Sozialpartner aufgefordert, z. B. über Fragen der Anhörung der Arbeitnehmer Vereinbarungen treffen, die dann zur Grundlage einer europäischen Richtlinie werden konnten.[90]

Mit der Beteiligung der Sozialpartner erhöhte man die Differenz der Ideen und der Interessen im Prozeß der Willensbildung und Entscheidungsfindung. Die Mitgliedstaaten konnten nicht mehr davon ausgehen, daß bei Nichteinigung im Ministerrat der Status quo erhalten bleibt.[91] Es war nun offen, ob die Sozialpartner in Verhandlungen eintreten und eine Vereinbarung treffen würden. Sollte es nicht zu einer Vereinbarung kommen, konnte die Kommission wiederum die Initiative ergreifen. Der Willensbildungsprozeß wurde mit dem Abkommen über die Sozialpolitik und der Stärkung des sozialen Dialoges dynamisiert. Die zunehmende Komplexität machte Prognosen über den Ausgang des Verfahrens schwierig. Koalitionen von Mitgliedstaaten, die Kommission und die Sozialpartner waren jetzt in der Lage, den Status quo zu verändern. Die stabilen Strukturen des Ministerrates, in der ein Mitgliedstaat bei Einstimmigkeit durch sein Veto eine Entscheidung blockieren konnte, gerieten durch das neue Verfahren der Mehrheitsentscheidung im Ministerrat und durch neue Akteure ins Ungleichgewicht. In solchen ungleichgewichtigen Situationen eröffnet sich die Chance zur Überwindung von Blockaden, und es kann gelingen, daß neue Strukturen der Entscheidungsfindung entstehen.

Die Geschichte der Europäischen Betriebsräte war über viele Jahre eine Geschichte immer erneuten Scheiterns.[92] Schon 1980 legte Henk Vredeling, Mitglied der Kommission und zuständig für die Sozialpolitik, einen Richtlinienentwurf über die „Unterrichtung und Anhörung der Arbeitnehmer von

89 Artikel 2 Absatz 2 des Abkommens über die Sozialpolitik.

90 Artikel 4 des Abkommens über die Sozialpolitik.

91 Susanne K. Schmidt, Die Einflußmöglichkeiten der Europäischen Kommission auf die europäische Politik. In: PVS 42 (2001), S. 175-192, untersucht Situationen, in denen die Kommission durch ihre Kompetenzen den Status quo verändern kann. Die Mitgliedstaaten können dann nicht mehr auf einen „stabilen Status quo als Rückfallposition" vertrauen, und die Kommission nutzt diesen Unsicherheitsfaktor, um den Ministerrat zu einer integrationsfreundlichen Entscheidung zu bewegen.

92 Vgl. zu den Europäischen Betriebsräten die Studien von Gerda Falkner, EU Social Policy in the 1990s, a. a. O., S. 97-114 und Johannes Zügel, Mitwirkung der Arbeitnehmer nach der EU-Richtlinie über die Einsetzung eines Europäischen Betriebsrates, Frankfurt, Berlin, Bern, New York, Paris, Wien: Peter Lang 1995.

Unternehmen mit komplexer, insbesondere transnationaler Struktur"[93] vor. Sehr anschaulich wurde zunächst die Problematik beschrieben. „Die Entwicklung der Unternehmen hat häufig zur Folge, daß die Verfahren zur Unterrichtung und Anhörung der Arbeitnehmer nicht mehr den Strukturen der Unternehmen entsprechen. Das Unternehmen hat sich durch Gründung von Betrieben und Tochterunternehmen im ganzen Land und oft sogar in mehreren anderen Staaten ausgedehnt, entwickelt und komplexe Strukturen angenommen, während die Unterrichtung und Anhörung der Arbeitnehmer des Unternehmens auf die Ebene der örtlichen Einheit beschränkt bleibt, in der sie beschäftigt sind, nämlich die Werkstatt, den Tätigkeitsbereich oder das Werk."[94]

Der Geltungsbereich der Richtlinie war sehr umfassend angelegt und sollte für Betriebe mit mehr als 100 Beschäftigten derjenigen Unternehmen gelten, die Tochterunternehmen im selben Land oder in mehreren Mitgliedstaaten haben. Die Unterrichtung der Arbeitnehmer sollte halbjährlich erfolgen, und bei Entscheidungen über Stillegungen eines Betriebes oder die Zusammenarbeit mit anderen Unternehmen waren die Arbeitnehmervertreter anzuhören. Die Wahl der Arbeitnehmervertreter wurde der nationalen Gesetzgebung oder Praxis überlassen. Allerdings war das Prinzip der Richtlinie nicht „Anything goes". Es wurde festgelegt: „Besteht in einem Mitgliedstaat ein Organ der Arbeitnehmervertretung auf einer höheren Ebene als der des Tochterunternehmens oder des Betriebes (auf Konzern- oder Unternehmensebene), so hat die Unterrichtung und Anhörung auf dieser Ebene stattzufinden."[95] Auch die Einrichtung eines Vertretungsorgans aller Arbeitnehmer des Mutterunternehmens und der Tochterunternehmen in der Gemeinschaft durch Vereinbarung zwischen der Unternehmensleitung und den Arbeitnehmervertretern wurde als Möglichkeit eröffnet.[96] Vergleicht man den Vredeling-Entwurf mit den späteren Entwürfen und der schließlich im Jahr 1994 verabschiedeten Richtlinie, dann ist eine sukzessive Verwässerung von einer gewerkschaftsfreundlichen und mitbestimmungsoffenen zu einer gewerkschaftsindifferenten und informationsorientierten Politik zu erkennen. Die Einstimmigkeit im Ministerrat wurde für den Vredeling-Entwurf ebensowenig erreicht wie für spätere Entwürfe aus den Jahren 1990[97] und 1991.[98]

Für eine Entscheidung über Europäische Betriebsräte war nach dem Vertrag von Maastricht der „Binnenmarktartikel" 100 einschlägig. Diese Rechtsgrundlage bedeutete Einstimmigkeit im Ministerrat. Das Scheitern der Europäischen Betriebsräte war programmiert, da das Vereinigte Königreich von

93 KOM (80) 423 endg. vom 23.10.1980.
94 Ebd., Begründung
95 Artikel 7 des Richtlinienentwurfes.
96 Ebd.
97 KOM (90) 581 endg. vom 12.12.1990.
98 KOM (91) 345 endg. vom 20.9.1991.

Anfang an gegen Europäische Betriebsräte votierte. Auch der europäische Industrie- und Arbeitgeberverband, UNICE, sprach sich vehement gegen die Richtlinienentwürfe der Kommission aus. Die Unterrichtung und Anhörung von Arbeitnehmern sei eine schwierige und brisante Angelegenheit. Keine andere Initiative der Kommission habe bei den Unternehmen einen so starken und weit verbreiteten Widerstand hervorgerufen. Die Vorschläge der Kommission führten zu einem übermäßig rigiden, bürokratischen und zentralisierten System von Betriebsräten, das man allen Mitgliedstaaten der Europäischen Union aufzwingen wolle.[99]

Welche weitreichenden Vorschläge hatte die Kommission auf den Tisch gelegt? Betrachtet man den Entwurf von 1990, dann wirkt der Protest gegen das sehr moderate Verständnis der Unterrichtung und Anhörung von Arbeitnehmern etwas künstlich. Der Prozeß der Konzentration von Unternehmen, Fusionen und Übernahmen habe dazu geführt, daß die Verfahren in den Mitgliedstaaten zur Unterrichtung und Anhörung von Arbeitnehmern den transnationalen Strukturen nicht mehr gerecht würden. Die Information und die Konsultation der Beschäftigten in gemeinschaftsweit operierenden Unternehmen müßten daher den geänderten Umständen angepaßt werden. In Unternehmen mit mindestens 1000 Beschäftigten in der Europäischen Union und mindestens zwei Unternehmen in zwei Mitgliedstaaten mit wiederum mindestens 100 Beschäftigten sei daher ein Europäischer Betriebsrat einzurichten. Dieser könne durch eine freiwillige Vereinbarung zwischen der zentralen Leitung des Unternehmens und den Arbeitnehmervertretern geschaffen werden. Komme eine Vereinbarung nicht zustande, dann seien die in der Richtlinie festgelegten Mindestvorschriften anzuwenden. Die Zusammensetzung und die im Entwurf vorgesehenen Rechte des Europäischen Betriebsrates sind nicht revolutionär und bedeuten keine Mitbestimmung der Arbeitnehmer.[100]

Gleichwohl kam die Willensbildung zum Richtlinienentwurf nicht voran. Der Ministerrat zu Sozialfragen hat zwischen 1991 und 1993 auf 5 Sitzungen den Entwurf diskutiert. Der Erfolg blieb aus. Die Kommission entschied daher, unmittelbar nach Inkrafttreten des Vertrages von Maastricht am 1. November 1993 mit dem neuen Verfahren des Sozialabkommens endlich einen Durchbruch zu erreichen. Damit war der Hauptgegner, Großbritannien, nicht länger mit von der Partie. Auch der europäische Dachverband der Industrie- und Arbeitgeberverbände mußte nun wissen, daß eine prinzipielle Opposition gegen die Europäischen Betriebsräte nicht mehr erfolgversprechend war. Noch im November 1993 kam es zur ersten Anhörung der Sozialpartner. Es

99 Zu den Reaktionen von UNICE auf die Kommissionsentwürfe vgl. Gerda Falkner, EU Social Policy in the 1990s, a. a. O., S. 102-103.

100 KOM (90) 581 endg. vom 12.12.1990.

wurden 23 Vereinigungen, Verbände und europäische Dachverbände angehört.

Im Frühjahr 1994 beschlossen der Europäische Gewerkschaftsbund EGB, der Industrie- und Arbeitgeberverband UNICE und der Europäische Zentralverband der öffentlichen Wirtschaft CEEP, den Weg einer Vereinbarung nach Artikel 4 des Abkommens über die Sozialpolitik zu gehen. Der europäische Gewerkschaftsbund war an einer Vereinbarung interessiert, weil sich eine Verwässerung der Kommissionsrichtlinie abzeichnete.[101] Der Industrie- und Arbeitgeberverband hoffte auf eine in seinem Sinn möglichst flexible Regelung der Betriebsräte, in der auf freiwilliges Aushandeln in den Unternehmen gesetzt wurde. Den Weg zu einer Vereinbarung versperrte diesmal nicht die britische Regierung, sondern der britische Arbeitgeberverband. Gegen den Willen dieses einflußreichen Verbandes war UNICE nicht zu einer Vereinbarung mit dem Gewerkschaftsbund bereit, und die Verhandlungen zwischen den Sozialpartnern blieben ohne Ergebnis.

Nach dem Mißerfolg der Sozialpartner war nun wieder die Europäische Kommission am Zug.[102] Die Tatsache, daß bei dem gewählten Verfahren im Ministerrat nur die qualifizierte Mehrheit erreicht werden mußte, erleichterte den Abschluß dieses langwierigen Projektes. Am Ende stand eine Richtlinie mit Mindestvorschriften für den Europäischen Betriebsrat. „Herr Präsident, dieser Vorschlag ist schon viele Jahre in der Mache, und ich kenne ihn noch aus der Zeit, als er Vredeling-Richtlinie hieß und die Zusammenarbeit von Konzernbelegschaftsvertretungen betraf. In Dänemark waren wir der Auffassung, jetzt seien wir dabei, die Demokratie in die Unternehmen hineinzutragen. Leider zeigt es sich nun, daß es da einige gibt, denen es gelungen ist, den Vorschlag ziemlich zu verwässern, so daß ich ... sicher bin, daß Herr Vredeling ihn kaum wiedererkennt, wenn er ihn zu Gesicht bekommt. Nun gut, es ist immer noch ein Schritt vorwärts, und deshalb erklären wir von der Fraktion Die Grünen, daß dieser Vorschlag niemandem schadet."[103]

Der Abgeordnete des Europaparlamentes Gyldenkilde hatte mit seiner Beschreibung der Entstehungsgeschichte der Richtlinie durchaus Recht. Doch mit den Europäischen Betriebsräten war ein Anfang der Rechte der Arbeitnehmer in transnationalen Unternehmen gemacht. Die jahrzehntelangen Blokkaden im Ministerrat und der Widerstand von UNICE waren ein Indiz für die Interessen, die auf dem Spiel standen. Die Europäische Kommission mit ihren Kompetenzen der Initiative und der Gestaltungsmöglichkeit durch die Formulierung der Entwürfe, die qualifizierte Mehrheitsentscheidung im Rat

101 Gerda Falkner, EU Social Policy in the 1990s, a. a. O., S. 105.

102 KOM (94) 134 endg. vom 13.4.1994.

103 Verhandlungen des Europäischen Parlaments vom 15.9.1994, Amtsblatt der EG, Nr. 4-450, S. 45.

auf der Basis des Sozialpolitikabkommens, die Beteiligung der Sozialpartner und hier insbesondere des Europäischen Gewerkschaftsbundes haben dazu beigetragen, daß am Ende eine Einigung zustande kam.[104]

Europäische Betriebsräte sind eine Möglichkeit, im Binnenmarkt soziale und partizipative Elemente zur Geltung zu bringen. Liberalisierung und Reregulierung des Marktes sind zunächst formale Kategorien und sagen über die Interessenorientierung des Handelns nichts aus. Adrienne Héritier geht in ihrer Analyse der europäischen Politik der öffentlichen Dienste[105] von der Prämisse aus, daß auch Liberalisierung und Deregulierung im öffentlichen Interesse liegen können, wenn durch Wettbewerb günstigere Preise und eine bessere Zugänglichkeit der Dienste der Post, des Bahnverkehrs und der Energieversorgung erreicht werden. Um aber zu gewährleisten, daß sich alle Bürger diese Dienste leisten können, gleichen Zugang haben und Kontinuität und Sicherheit der Dienste garantiert sind, ist Reregulierung in zweifacher Hinsicht geboten. Zum einen ist die Marktbeherrschung durch einzelne Akteure zu verhindern, und zum anderen müssen die Ergebnisse des Marktes nach sozialen und politischen Gesichtspunkten korrigiert werden.[106]

In diesem Sinne können die Betriebsräte als Versuch einer Reregulierung im Interesse der Arbeitnehmer verstanden werden. Die Deregulierung führte zu transnationalen Unternehmen, und es war eine politische Frage, ob und auf welche Weise die Rechte der Arbeitnehmer in solchen Unternehmen zu gewährleisten sind. In die Willensbildung zur Gestaltung der Europäischen Betriebsräte wurden die Sozialpartner einbezogen. Während eine Kommunikation über Differenz durch die Beteiligung ausgewählter Sozialpartner stattfand, war die demokratische Komponente der Willensbildung wegen der eingeschränkten Kompetenzen des Parlamentes gering. Der begrenzte Einfluß des Europäischen Parlamentes im Kooperationsverfahren war nicht nur ein Minuspunkt für die Demokratie, sondern auch für die Interessen der Arbeitnehmer. Die Änderungsvorschläge des Parlamentes[107] zeigen, daß das Parlament dafür plädierte, die Betriebsräte in mehr Unternehmen einzuführen

104 So auch Martin Rhodes, Das Verwirrspiel der „Regulierung“: Industrielle Beziehungen und „soziale Dimension“. In: Stephan Leibfried, Paul Pierson (Hrsg.), Standort Europa, a. a. O., S. 144: „Die Verabschiedung dieser Richtlinie beweist, daß die Maastrichter Neuerungen Entwicklungspotential haben.“

105 Vgl. Art. 16 EGV in der Fassung von Amsterdam: „Dienste von allgemeinem wirtschaftlichen Interesse“.

106 Adrienne Héritier, The Politics of Public Services in European Regulation. Max-Planck-Projektgruppe „Gemeinschaftsgüter: Recht, Politik und Ökonomie“, Bonn 2001, S. 3.

107 Vgl. Entschließung des Europäischen Parlaments, Amtsblatt der EG, Nr. C 205 vom 25.7.1994, S. 173: Nach den Änderungsvorschlägen des Parlamentes sollten die Betriebsräte schon für Unternehmen mit 500 Beschäftigten in den Mitgliedstaaten (statt 1000) gelten, und auch bei freiwilligen Vereinbarungen sollten die von der Kommission festgelegten Bestimmungen für einen Betriebsrat, die „subsidiären Bestimmungen“, gelten. Vgl. Änderung 33 zu Artikel 6 Absatz 4.

und mit mehr Rechten auszustatten.[108] Während die Kommission zu Beginn des Willensbildungsprozesses die Arbeitnehmerinteressen in einem umfassenden Maße unterstützte, führten die Widerstände eines Mitgliedstaates und eines mächtigen Interessenverbandes im Laufe der Jahre zu einer Reduzierung der Kompetenzen der Europäischen Betriebsräte.

Die Richtlinie zum Europäischen Betriebsrat vom 22.9.1994[109] läßt sich auf den kurzen Nenner bringen: Freiwilligkeit ist Trumpf. Schon im Titel wird die Option zwischen Betriebsrat und „geeigneten Verfahren" zur länderübergreifenden Unterrichtung und Anhörung der Arbeitnehmer zur Wahl gestellt. Die Richtlinie gilt für alle Unternehmen mit mindestens 1000 Arbeitnehmern in den Mitgliedstaaten und jeweils mindestens 150 Arbeitnehmern in mindestens zwei Mitgliedstaaten. Sie mußte bis zum 22.9.1996 in den Mitgliedstaaten in nationales Recht umgesetzt sein. Unternehmen, die bis zu diesem Zeitpunkt eine freiwillige Vereinbarung über einen Europäischen Betriebsrat oder ein Anhörungsverfahren abgeschlossen hatten, waren von der Richtlinie freigestellt (Artikel 13 der Richtlinie).

Betriebsräte, die nach diesem Datum eingerichtet werden, müssen in Verhandlungen zwischen der zentralen Unternehmensleitung und einem besonderen Verhandlungsgremium die Modalitäten des Betriebsrates wie Zusammensetzung, Tätigkeitsbereich, Befugnisse, Häufigkeit und Dauer der Sitzungen des Betriebsrates, zur Verfügung stehende finanzielle und materielle Mittel und die Mandatsdauer festlegen (Artikel 6). In einem Anhang zur Richtlinie werden subsidiäre Vorschriften genannt, die aber nur dann zum Zuge kommen, wenn die Unternehmensleitung und das Verhandlungsgremium dieses beschließen, wenn die Leitung Verhandlungen verweigert oder wenn es innerhalb von drei Jahren nicht gelingt, eine Vereinbarung über den Europäischen Betriebsrat zu fassen (Artikel 7).

Kann mit diesen wenigen verbindlichen Vorschriften das Ziel erreicht werden, die Rechte der Arbeitnehmer auf Unterrichtung und Anhörung in europaweit tätigen Unternehmen zu stärken? Es ist noch zu früh, eine klare Antwort zu geben. Durch die Einrichtung Europäischer Betriebsräte wird es nicht mehr so leicht möglich sein, die Arbeiter und Angestellten in transnationalen Unternehmen gegeneinander auszuspielen und dabei das Informationsdefizit der Arbeitnehmer auszunutzen. Ein Beispiel: Die Geschäftsleitung des Rasierklingenherstellers Gillette wollte 1991 im Berliner Betrieb regelmäßig

108 Adrienne Héritier, The Politics of Public Services in European Regulation, a. a. O., S. 8. Auch bei den öffentlichen Diensten favorisiert das Europaparlament Programme zur Unterstützung der Dienste von allgemeinem wirtschaftlichen Interesse: „The European Parliament has a record of favouring policies which foster general-interests services."

109 Richtlinie 94/45/EG vom 22.9.1994 „über die Einsetzung eines Europäischen Betriebsrates oder die Schaffung eines Verfahrens zur Unterrichtung und Anhörung der Arbeitnehmer in gemeinschaftsweit operierenden Unternehmen und Unternehmensgruppen."

Wochenendarbeit einführen. „Der Geschäftsführer hatte leichtes Spiel ... Er verkündete im Werk, die Kollegen der übrigen drei europäischen Gillette-Fabriken hätten der Verlängerung von Maschinenlaufzeiten bereits zugestimmt. In Berlin sollte die Belegschaft diesen Schritt nachvollziehen, um die Arbeitsplätze zu sichern. Und sie tat es. Allerdings ahnte sie nicht, daß Gillette zum damaligen Zeitpunkt weder im spanischen Sevilla noch im englischen Isleworth samstags regelmäßig Rasierklingen produzierte."[110] Nachdem die Berliner Belegschaft der Wochenendarbeit zugestimmt hatte, wurde die Zulieferung von Kunststoffteilen von Annecy in Frankreich nach Berlin verlegt und das Werk in Annecy geschlossen. „Weil wir unser Wochenende zur Verfügung gestellt haben, haben wir dort den Kollegen die Arbeitsplätze vernichtet", so eine Betriebsrätin des Berliner Gillette-Werkes.[111]

Mit den Europäischen Betriebsräten werden die Arbeitnehmer über die Tochterunternehmen in anderen Mitgliedstaaten besser informiert und gegen Tricksereien à la Gillette gewappnet sein. Auch die Reaktionen auf die Schließung des Renault-Werkes im Brüsseler Vorort Vilvoorde ohne Konsultation des Europäischen Betriebsrates haben gezeigt, daß die Richtlinie kein Papiertiger ist. Die auf einer Ad-hoc-Pressekonferenz am 27. Februar 1997 angekündigte Schließung des Renault-Werkes „hat in Belgien wie ein Blitz aus heiterem Himmel eingeschlagen."[112] Renault hatte als einer der ersten Konzerne einen Europäischen Betriebsrat eingeführt. Die überraschende Schließung des Werkes ohne Information und Konsultation des Europäischen Betriebsrates war eine Verletzung der Anhörungsrechte der Arbeitnehmer. Padraig Flynn, zu damaligen Zeit in der Europäischen Kommission für die Sozialpolitik zuständig, kritisierte das Vorgehen der Renault-Leitung als einen „besonders schweren Fall eines Verstoßes" gegen die Richtlinie über die Europäischen Betriebsräte.[113]

Der Europäische Betriebsrat von Renault verklagte das Unternehmen vor dem zuständigen Gericht in Nanterre. Das Gericht entschied am 4. April 1997, daß die Leitung von Renault ihrer Pflicht zur Information und Konsultation des Europäischen Betriebsrates vor einer so wichtigen Entscheidung wie der Schließung des Werkes in Vilvoorde nicht nachgekommen sei und daher eine Strafe von 15.000 Francs an den Betriebsrat zu zahlen habe.[114] Der damalige Kommissionspräsident Jacques Santer sagte in einem Interview mit „Le Monde", der Fall Renault zeige, daß trotz aller Defizite das soziale Euro-

---

110 Thomas Werres, Gemischte Gefühle. Arbeitgeber und Beschäftigte mißtrauen den Europäischen Betriebsräten. In: Die Zeit vom 22.3.1991, S. 13.

111 Andreas Hoffmann, Euro-Betriebsräte – ein dorniger Weg zu einem Binnenmarkt für Arbeitnehmer. In: Frankfurter Rundschau vom 2.11.1991.

112 Neue Zürcher Zeitung vom 1.3.1997.

113 Frankfurter Allgemeine Zeitung vom 7.3.1997.

114 Tribunal de Grande Instance de Nanterre, Ordonnance de Refère Rendue le 4 Avril 1997. Demandeur: Comité de Groupe Européen Renault (C.G.E.), Défendeur: Société Renault.

pa existiere. Das Gericht von Nanterre habe sich zwar auf nationales Recht gestützt, aber auf ein nationales Recht, das die europäische Richtlinie über die Betriebsräte integriert habe.[115] Auch die Schlagzeile in Le Monde am 7. April 1997 auf der ersten Seite charakterisiert das Gerichtsurteil als Erfolg für das soziale Europa.[116] In der dazugehörigen Karikatur ruft ein Gewerkschaftsvertreter: „C'est super Maastricht!", während ein Richter dem Geschäftsführer von Renault die Ohren langzieht.

Die ersten empirischen Analysen zum Inhalt der Vereinbarungen über Europäische Betriebsräte und ihre Umsetzung zeigen, daß die Realität mehr hält als der Text der Richtlinie verspricht. Eine vergleichende Studie von acht Konzernen der Metall- und Chemiebranche in einem Mutter- und einem Tochterunternehmen in vier Ländern der Europäischen Union kommt zu dem Ergebnis, daß es Ansätze einer Entwicklung des Europäischen Betriebsrates zu einem europäischen Akteur gibt.[117] In der Studie werden die Interaktionen der Europäischen Betriebsräte mit dem Konzernmanagement, mit den Mitgliedern des Betriebsrates untereinander, mit den Beschäftigten und mit den Gewerkschaften untersucht.

Der Fall des Unternehmens Schmalbach Lubeca, eines Unterkonzerns der VIAG-Gruppe, zeigt das soziale Potential des Europäischen Betriebsrates. Das Unternehmen stellt Kunststoff- und Metallverpackungen her. Ende 1996 beschäftigte das Unternehmen 12.350 Arbeitnehmer. Mehr als die Hälfte der Arbeitnehmer waren in Deutschland beschäftigt. Tochterunternehmen gab es u. a. in Frankreich, Belgien, Großbritannien, Italien, Spanien, Polen und Ungarn. Schon 1991 war auf freiwilliger Basis ein „Europäischer Ausschuß" gegründet worden, in dem 5 Arbeitnehmer aus Deutschland, drei aus den Niederlanden und je zwei aus Belgien, Frankreich, Italien, Polen, Spanien, Ungarn und Großbritannien vertreten waren. Die Zusammensetzung zeigt die Europäisierung dieses Gremiums. Die deutschen Vertreter verzichteten auf die ihnen nach der Proportionalität zustehenden Sitze und stellten nur ein Viertel der Delegierten bei der Hälfte der Beschäftigten.

Nach der Verabschiedung der europäischen Richtlinie wurde eine neue Vereinbarung ausgehandelt und 1996 als Text über einen Europäischen Betriebsrat verabschiedet. Die Vereinbarung geht in einigen Punkten über die Richtlinie hinaus. So übernimmt das Unternehmen nicht nur die Kosten für die

115 Le Monde vom 4./5. Mai 1997, S. 13. Jacques Santer dénonce Renault et plaide pour l'Europe sociale: „Vilvorde démontre que l'Europe sociale existe, mais aussi qu'il faut aller plus loin."

116 Le Monde vom 7.4.1997: „Deux jugements favorables aus salariés de Renault renforcent l'Europe sociale."

117 Wolfgang Lecher, Bernhard Nagel, Hans-Wolfgang Platzer, Die Konstituierung europäischer Betriebsräte – Vom Informationsforum zum Akteur? Baden-Baden: Nomos 1998, S. 228.

jährlichen Sitzungen, sondern die gesamten Kosten des Betriebsrates. Es sind zwei Sitzungen im Jahr vorgesehen. Die Themen der Unterrichtung und Anhörung gehen ebenfalls über die Vorschriften der Richtlinie hinaus. Folgende Themen werden aufgeführt: Arbeitskosten der Standorte, Aus- und Weiterbildungsaktivitäten, Entlohnung, Arbeitszeit, Arbeitsbedingungen, Arbeits- und Umweltschutz, Sozialleistungen, Produktions- und Investitionsprogramme und Rationalisierungsvorhaben.[118] Der Themenkatalog endet mit der Klausel, daß die Mitglieder des Europäischen Betriebsrates Anspruch auf alle Informationen haben, die die Interessen der Arbeitnehmer des Unternehmens erheblich berühren.

Der Betriebsrat hat ein eigenes Informationsnetz aufgebaut, das es ihm ermöglicht, punktuell auf Unternehmensentscheidungen Einfluß zu nehmen. Als die Konzernleitung eine deutliche Verlagerung der Herstellung von Verschlüssen von Hannover nach Italien plante, und dies für den Standort in Hannover den Verlust von 120 Arbeitsplätzen und für den Standort in Italien Wochenendarbeit bedeutet hätte, ist es dem Europäischen Betriebsrat gelungen, zu vermitteln. Am Ende wurde die Produktion in Hannover nur um 10 % reduziert, und in Italien wurde die Arbeit an den Wochenenden verhindert.

Die Kommunikation im Betriebsrat gilt als verbesserungsfähig. Innerhalb des Präsidiums, dem der Vorsitzende und drei Mitglieder angehören, ist die Kommunikation besser als im Betriebsrat insgesamt. Zur Überwindung der Sprachprobleme werden Sprachkurse angeboten, die auf die Mitglieder des Betriebsrates individuell zugeschnitten sind.

2.140 Unternehmen in den Mitgliedstaaten der Europäischen Union müssen nach der Richtlinie Europäische Betriebsräte einrichten (Stand Mai 2004).[119] Diese Unternehmen haben etwa 17,1 Millionen Beschäftigte und damit etwa 10 % aller Beschäftigten in der Europäischen Union. Im Mai 2004 und damit nach der Osterweiterung gab es allerdings erst 800 Europäische Betriebsräte in 725 Unternehmen[120] Dabei handelt es sich vorwiegend um große Unternehmen. Für etwa zwei Drittel aller Beschäftigten in der Europäischen Union, die grundsätzlich von der Richtlinie betroffen sind, ist die Richtlinie inzwischen Realität.[121]

118 Ebd., S. 102.

119 Peter Kerckhofs, Europäisches Gewerkschaftsinstitut Brüssel, telefonische Information am 18.8.2004. Ich danke Peter Kerckhofs für die Übermittlung der neuesten, noch vorläufigen Daten für die Zeit nach der EU-Erweiterung.

120 Peter Kerckhofs, telefonische Information am 18.8.2004. Bis Ende 2002 gab es 739 Europäische Betriebsräte in 639 Unternehmen. Vgl. Peter Kerckhofs, Europäische Betriebsräte. Fakten und Zahlen, Brüssel, Europäisches Gewerkschaftsinstitut 2003, S. 47.

121 Ebd., S. 36.

Die 15.000 Arbeitnehmervertreter in den ca. 800 Europäischen Betriebsräten im Mai 2004,[122] sind potentiell Multiplikatoren der Europäisierung von Arbeitsbeziehungen.[123] Dabei ist zu beachten, daß Unternehmen oder Unternehmensgruppen mit Hauptsitz in den USA und in Japan, die 1000 Arbeitnehmer in den Mitgliedstaaten der Europäischen Union und jeweils mindestens 150 Arbeitnehmer in zwei Mitgliedstaaten beschäftigen, ebenfalls unter die Richtlinie fallen. Die USA sind mit 96 Fällen sogar häufig das Herkunftsland von Unternehmen, die Vereinbarungen über Europäische Betriebsräte getroffen haben.[124] Wenn in einem Europäischen Betriebsrat auch Arbeitnehmer aus den USA oder aus Japan vertreten sind, dann spricht man von einem „Weltbetriebsrat" (World Works Council). Diese Weltbetriebsräte sind aber letztlich Europäische Betriebsräte, in denen die nichteuropäischen Länder mit wenigen Gewerkschaftsvertretern repräsentiert sind.[125] Je mehr es gelingt, die Kommunikation zwischen den Mitgliedern des Betriebsrates zu verbessern, desto eher kann eine supranationale Identität dieses Gremiums entstehen. Kommen zur Information auch die Konsultation und gemeinsame Projekte etwa im Arbeitsschutz hinzu, können sich gemeinsame europäische Interessen zwischen Arbeitnehmern in mehreren Mitgliedstaaten entwickeln.

Für die Entwicklung des Europäischen Betriebsrates zu einem einflußreichen Akteur im Bereich der industriellen Beziehungen ist die Vernetzung mit den nationalen Gewerkschaften von Bedeutung. Die unterschiedliche Gestaltung der Arbeitnehmervertretungen in den Mitgliedstaaten hat zu unterschiedlichen Beziehungen zwischen Europäischen Betriebsräten und den nationalen Gewerkschaften geführt. In Italien ist die betriebliche Interessenvertretung der Arbeitnehmer relativ schwach, und die Gewerkschaften haben mit ihrer ohnehin starken Position eine große Rolle bei der Einrichtung der Europäischen Betriebsräte gespielt. Die zersplitterten französischen Gewerkschaften konnten es nicht verhindern, daß in Frankreich im Europäischen Betriebsrat neben den Arbeitnehmern auch das Management vertreten ist. In Großbritannien ist die überbetriebliche Interessenvertretung traditionell unterentwickelt. Daher können die Europäischen Betriebsräte nicht auf ein Informationsnetz auf überbetrieblicher Ebene zurückgreifen. In Deutschland ist die Unterscheidung zwischen Mitbestimmung auf Unternehmensebene und der betrieblichen Mitbestimmung das charakteristische Merkmal der industriellen Beziehungen. In der Praxis kam es zu einer Verknüpfung zwischen Mitbestimmung auf Betriebs- und Unternehmensebene, weil die „leitenden Mit-

122 Peter Kerckhofs, telefonische Information am 18.8.2004. Peter Kerckhofs weist darauf hin, daß sich die Zahl der Betriebsräte etwa durch Fusionen ständig ändert, und es daher präzise ist, die Zahl der Betriebsräte mit dem Zusatz „ca." anzugeben.

123 Wolfgang Lecher, Bernhard Nagel, Hans-Wolfgang Platzer, Die Konstituierung europäischer Betriebsräte – Vom Informationsforum zum Akteur? A. a. O., S. 270.

124 European Trade Union Institute, http://www.etuc.org/etui/databases/default.cfm vom 17.7.2001.

125 Peter Kerckhofs, e-mail vom 18.7.2001 an die Verfasserin.

glieder des Betriebsrates die Belegschaft in der Regel auch im Aufsichtsrat vertreten."[126] Es geht nun darum, die zusätzliche Ebene der Arbeitnehmerbeteiligung mit der Mitbestimmung der Konzernbetriebsräte und der Arbeitnehmervertreter in den Aufsichtsräten ohne Kompetenzkonflikte und Effizienzverluste zu koordinieren. Bisher lassen sich solche Reibungsverluste nicht feststellen, und die Akzeptanz des neuen Gremiums wird bei den Arbeitgebern als auch bei den Gewerkschaften als hoch eingeschätzt.[127] Die nationalen Unterschiede der Mitbestimmung sind zu berücksichtigen, wenn man die Folgen der Europäischen Betriebsräte für die industriellen Beziehungen in Europa beurteilen möchte. Noch ist offen, ob die transnationale Kooperation der Arbeitnehmer auf betrieblicher Ebene in den Europäischen Betriebsräten zu einem Impuls für eine intensivere Zusammenarbeit der nationalen Gewerkschaften auf europäischer Ebene wird.[128]

Eine Untersuchung der Europäischen Stiftung zur Verbesserung der Lebens- und Arbeitsbedingungen aus dem Jahr 2000 zeigt den informellen Einfluß der Gewerkschaften auf die Europäischen Betriebsräte. Von 121 Vereinbarungen über einen Europäischen Betriebsrat, die nicht mehr freiwillig, sondern nach den Vorschriften des Artikel 6 der Richtlinie zustande gekommen sind, haben bei mehr als einem Viertel aller Vereinbarungen die Gewerkschaften eine tragende Rolle gespielt.[129] Waren bei den freiwilligen Vereinbarungen nach Artikel 13, die bis September 1996 möglich waren, noch 69 % der Europäischen Betriebsräte gemischt besetzte Gremien, denen sowohl Vertreter der Arbeitnehmer als auch der Unternehmensleitung angehörten, so ist der Anteil der gemischten Gremien nach 1996 gesunken. 45 % der nach Artikel 6 der Richtlinie eingesetzten Europäischen Betriebsräte sind seitdem reine Arbeitnehmervertretungen.[130]

Die Bandbreite der Themen, mit denen sich die Europäischen Betriebsräte seit der Umsetzung der Richtlinie in den Mitgliedstaaten 1996 im Vergleich zu den zuvor ausgehandelten Vereinbarungen befassen können, wurde erweitert. Potentiell strittige Themen wie Produktionsverlagerungen, Fusionen, Verkleinerungen oder Schließungen gehören in 76 % der Vereinbarungen nach Artikel 6 in den Zuständigkeitskatalog. Damit das Recht, bei diesen Themen informiert und konsultiert zu werden, nicht nur auf dem Papier steht, ist es wichtig, daß außerordentliche Sitzungen des Europäischen Betriebsra-

---

126 Bertelsmann Stiftung und Hans-Böckler-Stiftung (Hrsg.), Bericht der Kommission Mitbestimmung. Gütersloh: Verlag Bertelsmann Stiftung 1998, S. 7 (Verantwortlich: Wolfgang Streeck).

127 Ebd., S. 108.

128 Wolfgang Lecher, Bernhard Nagel, Hans-Wolfgang Platzer, Die Konstituierung europäischer Betriebsräte – Vom Informationsforum zum Akteur? A. a. O., S. 262.

129 Europäische Stiftung zur Verbesserung der Lebens- und Arbeitsbedingungen (Hrsg.), Verhandlungen zur Einsetzung Europäischer Betriebsräte. Eine vergleichende Untersuchung der Vereinbarungen nach Artikel 6 und Artikel 13, Luxemburg 2000, S. 12.

130 Ebd., S. 16.

tes einberufen werden können. In fast allen untersuchten Vereinbarungen (97 %) nach Artikel 6 sind außerordentliche Sitzungen vorgesehen, während die Möglichkeit solcher Sitzungen vor Inkrafttreten der Richtlinie bei nur 81 % lag.[131] Auch Themen wie die Chancengleichheit und die Umwelt spielen nach 1996 eine größere Rolle: In 20 von 71 Vereinbarungen zur Einrichtung eines Europäischen Betriebsrates gehört die Chancengleichheit zu den Themen der Information und Anhörung. In 41 von 71 Vereinbarungen wird die Umwelt in den Themenkatalog aufgenommen.[132] Die Umsetzung der Richtlinie in den einzelnen Vereinbarungen zeigt, daß die Europäischen Betriebsräte durchaus das Potential besitzen, die Kommunikation über Differenz zwischen Arbeitnehmern und Arbeitgebern zu fördern und die Arbeitswelt in transnationalen Unternehmen mitwirkungsfreundlicher zu gestalten als dies ohne diese Betriebsräte der Fall wäre.

Die übergeordneten Ziele der Sozialpolitik sind Wohlfahrt, Gerechtigkeit und Integrität (vgl. Abbildung IV.1). Die europäische Politik zu Sicherheit und Gesundheitsschutz am Arbeitsplatz verfolgt das Ziel der Wohlfahrt und kann einige reale Erfolge verbuchen. Für diesen Bereich läßt sich zeigen, daß nicht nur sozialpolitische Mindeststandards erreicht, sondern auch Regelungen verabschiedet werden, die für einige und manchmal sogar für alle Mitgliedstaaten mit höheren Standards verbunden sind. Mit der Kohäsionspolitik wird mehr Gerechtigkeit angestrebt. Es wird zwischen reichen und armen Mitgliedstaaten oder Regionen umverteilt, und bei aller notwendigen Vorsicht ist auch diese Politik nicht ohne Folgen für eine gerechtere Verteilung des Wohlstandes in Europa geblieben. Mit den Europäischen Betriebsräten wird schließlich ein Beitrag zu einer integeren Arbeitswelt in transnationalen Unternehmen geleistet.

Versteht man Sozialpolitik als ein kollektiv verbindliches Entscheiden, mit dem angestrebt wird, allen Bürgern die Teilhabe an den Lebensmöglichkeiten einer Gesellschaft zu gewährleisten, dann sind Ansätze eines solchen politischen Handelns auf europäischer Ebene vorhanden.[133] Diese Ansätze einer sozialen Dimension gilt es zu stärken, wenn die Europäische Union das in Artikel 2 des EG-Vertrages[134] festgehaltene Ziel erreichen will, ein hohes Maß an sozialem Schutz, an Lebensqualität und an sozialem Zusammenhalt zu gewährleisten. Die soziale Zielsetzung europäischer Politik wird auch in

131 Ebd., S. 35.

132 Ebd., S. 21.

133 So auch Paul Pierson, Stephan Leibfried, Zur Dynamik sozialpolitischer Integration: Der Wohlfahrtsstaat in der europäischen Mehrebenenpolitik. In: dies. (Hrsg.), Standort Europa, a. a. O., S. 423. Pierson und Leibfried betonen, daß es noch offen sei, welches Gewicht die soziale Dimension in der Europäischen Union in Zukunft haben werde. Entscheidend werde dabei sein, was die Mitgliedstaaten in der Sozialpolitik anstreben und wie sie auf die Belastungen der nationalen Wohlfahrtsstaaten reagieren. Vgl. ebd. S. 433 und S. 437.

134 Artikel 2 EGV in der Fassung von Nizza.

anderen Dokumenten betont. In dem oben erwähnten Kohäsionsbericht von 1996 wird von dem Modell der sozialen Marktwirtschaft gesprochen. In der sozialpolitischen Agenda der Europäischen Kommission vom September 2000 ist der soziale Zusammenhalt ein Kernelement in der dynamischen Wechselwirkung von Sozial-, Wirtschafts- und Beschäftigungspolitik.[135] Gemeinwohlorientierte Leistungen der Daseinsvorsorge und Dienstleistungen von allgemeinem wirtschaftlichen Interesse wie Verkehrs-, Energieversorgungs- und Telekommunikationsdienste gehören nach dem Selbstverständnis der Europäischen Kommission zum Kern des europäischen Gesellschaftsmodells und machen die „Originalität Europas“ aus.[136] In ihrer neuesten Mitteilung zur Daseinsvorsorge hat die Kommission ein aktives Vorgehen im Bereich der gemeinwohlorientierten Leistungen angekündigt.[137]

Es ist nicht nur bei Ankündigungen einer sozialen Dimension der Europäischen Union geblieben. Wie an den Beispielen des Arbeitsschutzes, der Kohäsionspolitik und der Europäischen Betriebsräte belegt werden konnte, gibt es Ansätze einer sozialen Dimension in der Realität der europäischen Politik. Jürgen Habermas‘ Plädoyer für eine handlungsfähige Europäische Union, in der die Mitgliedstaaten „die unerwünschten sozialen Folgen wachsender distributiver Ungleichheiten balancieren und auf eine gewisse Reregulierung der Weltwirtschaft hinwirken“, ist nach meiner Diagnose kein reines Wunschdenken.[138] Denn die Eindimensionalität des Binnenmarktprogramms wird seit den 90er Jahren in relevantem Maße durch sozialpolitische Programme ergänzt.

Die statistischen Daten zeigen für den Bereich der Armut die Existenz eines eigenständigen europäischen Sozialstaatsmodells. Die hohe Armutsrate in den USA von 16,5 % im Jahr 1995 und 17 % im Jahr 2000 belegt sehr deutlich den Unterschied zu den Mitgliedstaaten der Europäischen Union. Für 11 Mitgliedstaaten der Europäischen Union[139] lag Mitte der 90er Jahre die ent-

135 KOM (2000), 379 endg. vom 28.6.2000.

136 Europäische Kommission, Leistungen der Daseinsvorsorge in Europa. Mitteilung der Kommission, Amtsblatt Nr. C 281 vom 26.9.1996, S. 3.

137 KOM (2000) 580 endg. vom 20.9.2000, S. 23.

138 Jürgen Habermas, Warum braucht Europa eine Verfassung? Nur als politisches Gemeinwesen kann der Kontinent seine in Gefahr geratene Kultur und Lebensform verteidigen. In: Die Zeit vom 28.6.2001, S. 7.

139 Es handelt sich um folgende Mitgliedstaaten: Belgien, Dänemark, Deutschland, Finnland, Frankreich, Griechenland, Italien, Niederlande, Österreich, Schweden und das Vereinigte Königreich.

sprechende durchschnittliche Armutsrate bei 7,9 %.[140] Im Jahr 2000 betrug für dieselben 11 Mitgliedstaaten die durchschnittliche Armutsrate 9,2 %.[141]

Als Basis des Vergleichs für den Bereich der Armut ist der Index für menschliche Armut in Industrieländern, in dem neben der Einkommensarmut auch die mangelnde soziale Integration durch Langzeitarbeitslosigkeit, die Lebenserwartung und die Fähigkeit des Schreibens und Lesens gemessen werden, besonders aussagekräftig. Es sind europäische Staaten und mit der Ausnahme Norwegens Mitgliedstaaten der Europäischen Union, die die ersten 8 Plätze mit der geringsten Armut einnehmen: Norwegen, Schweden, die Niederlande, Finnland, Dänemark, Deutschland, Luxemburg und Frankreich. Von den 18 Industrieländern, für die der Index gemessen wurde, liegen die USA an letzter Stelle mit dem höchsten Index für menschliche Armut.[142] Auch nach dem jüngsten Bericht der menschlichen Entwicklung aus dem Jahr 2003 (Daten für 2000) hat sich an dieser Situation nichts geändert. Die USA belegen weiterhin den letzten Platz, und am besten schneiden die oben genannten europäischen Staaten ab.[143]

Ein Zusammenhang zwischen Wohlstand und Sozialausgaben als Ausdruck eines europäischen Sozialstaatsmodells läßt sich in den Mitgliedstaaten der Europäischen Union seit Ende der neunziger Jahre nicht mehr belegen. Fritz W. Scharpf hat errechnet, daß für die 15 Mitgliedstaaten der EU im Jahr 1995 ein statistisch relevanter linearer Zusammenhang zwischen Wohlstand und Sozialausgaben existiert. Er interpretiert dieses Ergebnis als Ausdruck eines eigenständigen sozialpolitischen Konsenses unter den Mitgliedstaaten der Europäischen Union, „demzufolge die relative Bedeutung des Sozialstaates ungeachtet struktureller und institutioneller Unterschiede in dem Maße zunehmen soll, wie der Wohlstand eines Landes steigt."[144] Denn während in der Europäischen Union die reicheren Mitgliedstaaten mehr für den Sozialstaat aufwenden als die weniger reichen Länder, besteht für die Gesamtheit der 22 industrialisierten OECD-Staaten im Jahr 1995 kein linearer Zusammenhang zwischen Wohlstand und Sozialausgaben.[145]

---

140 Die Armutsquote gemessen als Prozentanteil der Personen der arbeitenden Bevölkerung, die in einem Haushalt leben, in dem weniger als 50 % des nationalen Durchschnittseinkommens zur Verfügung stehen. Michael Förster, Trends and Driving Forces in Income Distribution and Poverty in the OECD Area. OECD Labour Market and Social Policy Occasional Paper No. 42, 11.8.2000, Tabelle 5.5., S. 101/102.

141 UNDP, Bericht über die menschliche Entwicklung 2003, S. 248. Für Griechenland enthält dieser Bericht keine neue Armutsquote, daher wurde für Griechenland die Quote von 1994 zugrundegelegt.

142 UNDP, Bericht über die menschliche Entwicklung 2000, S. 188.

143 UNDP, Bericht über die menschliche Entwicklung 2003, S. 248/249.

144 Fritz W. Scharpf, Regieren in Europa, a. a. O., S. 159.

145 Ebd., S. 158.

Berechnet man den Zusammenhang zwischen Wohlstand gemessen in BIP pro Kopf und Kaufkraftparitäten und Sozialausgaben in Prozent des BIP in den Mitgliedstaaten der Europäischen Union für die Jahre 1995, 1997, 1999 und 2001, dann nimmt der positiv lineare Zusammenhang zwischen Wohlstand und Sozialausgaben sukzessive ab und verändert sich schließlich im Jahr 2001 in ein schwach negativ lineares Verhältnis von Wohlstand und Sozialausgaben (vgl. Abbildung IV.2 bis IV.5).

Die Unterschiede in der Höhe der Sozialausgaben[146] (Variation der y-Variablen) werden in den EU-Mitgliedstaaten für 1995 zu 14 % und 1997 nur noch zu 4,4 % durch Unterschiede der Wirtschaftskraft (x-Variable) linear erklärt.[147] Für 1999 besteht keine lineare Beziehung mehr zwischen Wohlstand und Sozialausgaben, und im Jahr 2001 wird die lineare Beziehung zwischen Wirtschaftskraft und Sozialausgaben negativ (2001: $r = -0{,}115$). Auf welche Ursachen die Veränderungen im Zusammenhang zwischen Wohlstand und Sozialausgaben zurückzuführen sind, ist mit den vorhandenen Daten nicht zu klären.[148]

146 In den OECD-Daten der „Social Expenditure Database" sind erfaßt: „Old age, Survivors, Incapacity-related benefits, Health, Family, Active labor market programs, Unemployment, Housing benefits, other social policy areas". (Auskunft OECD Social Policy Division vom 18.5.2004).

147 Für 1995 führt die von mir berechnete Regression zu einem geringeren linearen Zusammenhang zwischen Wohlstand und Sozialausgaben in den Mitgliedstaaten der EU als nach der Berechnung von Fritz W. Scharpf. Scharpf legt seiner Regressionsanalyse das BIP pro Kopf nicht in Kaufkraftparitäten, sondern in US-Dollar zu jeweiligen Umrechnungskursen zugrunde. Der Zusammenhang zwischen Wohlstand und Sozialausgaben ist aus diesem Grund bei Scharpf stärker. Hinzukommt, daß bei Scharpf der Zusammenhang zwischen den Sozialausgaben für das Jahr 1993 und dem Wohlstand für das Jahr 1995 gemessen wird. Auch dies führt zu einer stärkeren Erklärungskraft des Wohlstandes für die Sozialausgaben, weil von 1990 bis 1993 die Sozialausgaben in den Ländern der EU im Durchschnitt kontinuierlich gestiegen sind, seit 1993 jedoch leicht gefallen sind, und die Werte für 1993 damit höher waren als für 1995.

148 Vgl. Fritz W. Scharpf, Regieren in Europa, a. a. O., S. 120, der feststellt, daß z. B. für die Korrelation von Sozialausgaben und Beschäftigung „die international vergleichbaren OECD-Daten nicht alle theoretisch interessanten Dimensionen" wiedergeben.

Abbildung IV.2: Wirtschaftskraft und Sozialausgaben 1995 (EU-15)

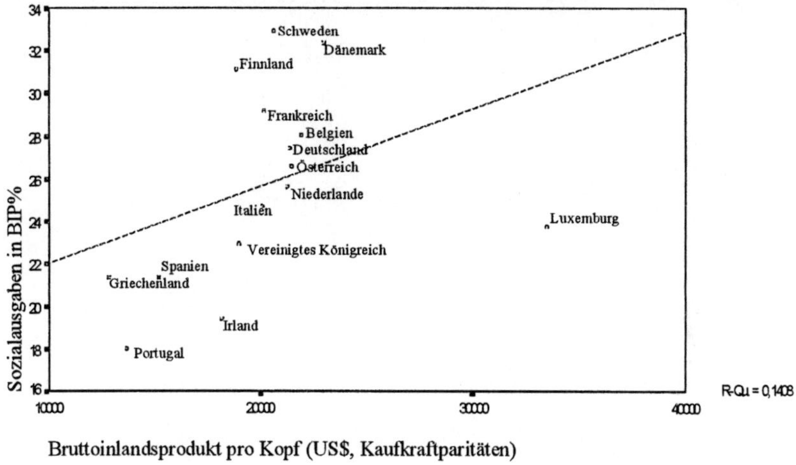

Quelle für Abbildungen IV.2 bis IV.5: OECD, Social Expenditure Database, Paris 2004 (Provisional Version) sowie OECD, National Accounts of OECD Countries, Vol. 1, S. 346 - 347, Paris 2003.

Abbildung IV.3. Wirtschaftskraft und Sozialausgaben 1997 (EU-15)

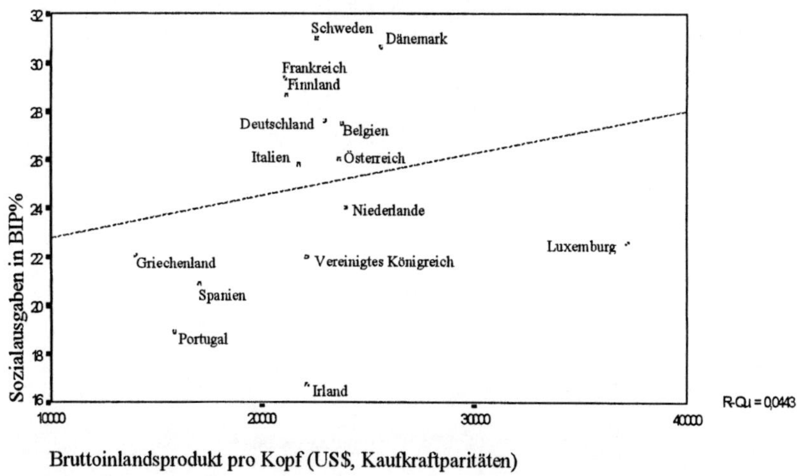

Abbildung IV.4. Wirtschaftskraft und Sozialausgaben 1999 (EU-15)

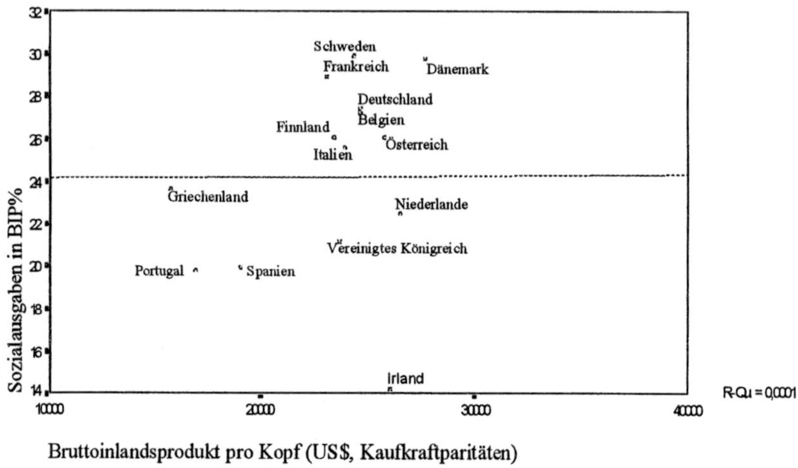

Die Graphik stellt Luxemburg mit einem BIP pro Kopf von $ 43.706 und 14,2 % Sozialausgaben am BIP nicht dar, bezieht diese Daten aber in die Regression mit ein.

Abbildung IV.5. Wirtschaftskraft und Sozialausgaben 2001 (EU-15)

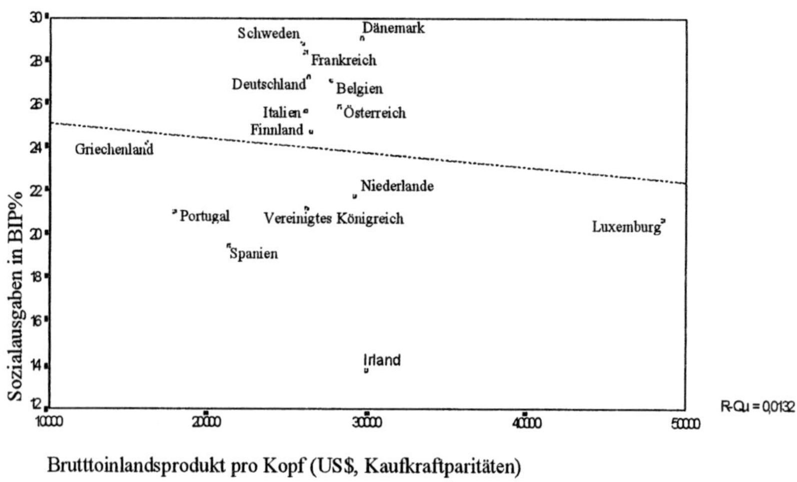

Es gibt also nur noch wenige Anzeichen für ein eigenständiges europäisches Sozialstaatsmodell. Zu diesen Anzeichen zählen die im internationalen Vergleich geringeren Armutsquoten und die geringere Einkommensungleichheit. Doch auch in diesen Bereichen sieht die Entwicklung für ein eigenständiges europäisches Sozialstaatsmodell nicht mehr so günstig aus. Im Zeitraum von 1985 bis 1995 hat in 11 von 21 OECD-Ländern die Einkommensungleichheit in der arbeitenden Bevölkerung zugenommen. Von dieser Zunahme an Ungleichheit sind folgende Mitgliedstaaten der Europäischen Union betroffen: Deutschland, Finnland, Italien, die Niederlande, Österreich, Schweden und das Vereinigte Königreich.[149] In 8 von 11 Mitgliedstaaten der Europäischen Union, für die vergleichbare Daten existieren, hat die Armutsrate von Mitte der 80er bis Mitte der 90er Jahre zugenommen. Italien mit einem Armutszuwachs von 4,7 %, das Vereinigte Königreich mit 4,2 % und die Bundesrepublik Deutschland mit 3,8 % haben den stärksten Zuwachs an Armut in diesem Zeitraum zu verzeichnen.[150]

Da die sozialintegrativen Leistungen der europäischen Sozialstaaten nicht unterschätzt werden dürfen,[151] sind Veränderungen in der Sozialpolitik mit weitreichenden Folgen für die soziale Integration der europäischen Gesellschaften verbunden. Die sozialintegrativen Leistungen der europäischen Sozialstaaten können im Zeitalter der Globalisierung nur realisiert werden, wenn die Mitgliedstaaten auf europäischer Ebene ihre Sozialpolitik koordinieren und in einigen Bereichen auch harmonisieren. Die betriebliche Mitbestimmung in transnationalen Unternehmen ist hierfür ein einleuchtendes Beispiel. Was mit den Europäischen Betriebsräten erreicht wurde, ist noch keine Mitbestimmung, sondern nur die Unterrichtung und Anhörung der Arbeitnehmer. Aber ohne diese Betriebsräte wäre es um die Mitwirkung der Arbeitnehmer in den europaweit operierenden Unternehmen schlechter bestellt als mit diesen Betriebsräten. Und auch in der Frage der Mitbestimmung im Rahmen einer Europäischen Aktiengesellschaft gelangte man nach 30 Jahren ergebnisloser Verhandlungen während der Regierungskonferenz von Nizza zu einem Kompromiß.

Differenz erweist sich als Potential der europäischen Sozialpolitik. Ein Ausbau der vorhandenen Ansätze einer europäischen Sozialpolitik kann daher nicht bedeuten, die unterschiedlichen Strukturen und Institutionen der Sozialpolitiken der Mitgliedstaaten nach einem einzigen Modell einander anzugleichen. Die Kommunikation über unterschiedliche sozialpolitische Institu-

149 Michael Förster, Trends and Driving Forces in Income Distribution and Poverty in the OECD Area, a. a. O., S. 8 und S. 12.

150 Ebd., S. 101/102.

151 Jens Alber, Der deutsche Sozialstaat im Licht international vergleichender Daten. In: Leviathan 26 (1998), S. 199-227 zeigt für den deutschen Sozialstaat die sozialintegrativen Leistungen und betont dabei die vergleichsweise geringen Armutsquoten und die im internationalen Vergleich geringe Einkommensungleichheit.

tionen und Methoden, die wechselseitige Information über je eigene Erfahrungen und die Koordination der nationalen Wege gehören ebenso zur europäischen Sozialpolitik wie die Verabschiedung gemeinsamer europäischer Normen. Sozialpolitik in Europa findet auf andere Weise statt als Sozialpolitik in den Nationalstaaten. Europäische Sozialpolitik jedoch als quantité négligable zu betrachten, läßt sich mit den empirischen Befunden nicht vereinbaren.

V. Differenz als Potential der europäischen Umweltpolitik

Zum Jahreswechsel 1988/89 brachte das amerikanische „Time-Magazine" einmal nicht wie so häufig einen „Mann des Jahres" oder wie manchmal eine „Frau des Jahres", sondern die Erde als „Planeten des Jahres" auf das Titelblatt.[1] Es war das Jahr, in dem eine klimatische Wende erfolgte. „Das Jahrzehnt 1988 bis 1997 ist nicht nur das wärmste in den letzten 500 bis 800 Jahren, erstmals sind auch die kalten Abweichungen weggeblieben. In den vorangegangenen 490 Jahren hatten sie stets zum Bild des natürlichen Klimas gehört. Der außergewöhnliche Erwärmungsschub des jüngsten Jahrzehnts beschränkt sich nicht auf das südliche Mitteleuropa: Auf der nördlichen Hemisphäre lag die Durchschnittstemperatur der drei Jahre 1990, 1995 und 1997 höher als in jedem anderen Jahr seit 1400. Das Jahr 1998 war sogar das wärmste dieses Jahrtausends."[2] Die mittlere globale Temperatur ist in den letzten hundert Jahren um 0,6 Grad Celsius gestiegen.[3]

Das schleichende Problem[4] der Zerstörung unserer Umwelt ist lange Zeit nicht erkannt worden. Erst die sichtbaren Zeichen des Problems wie z. B. die Schäden der Wälder haben bei den politischen Eliten und in einer breiteren Öffentlichkeit das Bewußtsein dafür geweckt, daß man der Zerstörung der Umwelt nicht länger tatenlos zuschauen dürfe. Die Europäische Gemeinschaft hat auf der Basis einer Verordnung von 1986 die erste europaweite Waldschadenserhebung durchgeführt. Nach dieser Erhebung hatte Großbritannien die umfangreichsten Waldschäden zu verzeichnen, gefolgt von den Niederlanden, Dänemark und der Bundesrepublik Deutschland.[5] Zum Zeitpunkt der ersten Waldschadenserhebung waren 11,4 % aller Bäume im Jahr 1988 in 12 Mitgliedstaaten der EU mittelschwer geschädigt.[6] Nach der Waldschadenserhebung von 1999 waren 22,6 % aller 128.000 geprüften Bäume in Europa[7] mittel oder schwer geschädigt. Nach Baumarten differenziert, ist

1 Ernst U. von Weizsäcker, Erdpolitik. Ökologische Realpolitik an der Schwelle zum Jahrhundert der Umwelt, Darmstadt: Wissenschaftliche Buchgesellschaft, 3. Aufl. 1992, S. 11.

2 Christian Pfister, Jahrhundertwetter. In: Michael Jeismann (Hrsg.), Das 20. Jahrhundert. Welt der Extreme, München: Beck 2000, S. 28.

3 European Environment Agency, Environmental Signals 2001, Kopenhagen 2001, S. 63.

4 Carl Böhret, Götz Konzendorf, Ko-Evolution von Gesellschaft und funktionalem Staat, a. a. O., S. 157 zur Definition von schleichenden Katastrophen: „langfristige und vernetzte Folgen von Ereignissen mit unklaren oder unpräzisen Ursachen mit überraschenden Verläufen und Phänomenen..."

5 Europäische Kommission, Generaldirektion Landwirtschaft, Bericht über den Gesundheitszustand der Wälder in der Europäischen Gemeinschaft 1987-1988, Luxemburg 1989, S. 110, Tabelle 2.

6 Eine mittelschwere Schädigung bedeutet einen Blattverlust von mehr als 25 %.

7 Die Erhebungen werden inzwischen für 38 europäische Länder von der EU und den Vereinten Nationen gemeinsam erhoben. Vgl. Wirtschaftskommission der Vereinten Nationen für

nach dieser Erhebung eine Verschlechterung des mittleren Nadel- oder Blattverlustes bei den Hauptbaumarten Waldkiefer, Rotfichte, Stieleiche, Buche, Seestrandkiefer und Steineiche zu erkennen. Im Unterschied zu früheren Waldschäden, die artspezifisch und regional begrenzt waren und sich auf bestimmte Ursachen zurückführen ließen, zeigen die neuartigen Waldschäden keine Begrenzung auf bestimmte Baumarten oder Regionen.

Die europäische Verordnung über den Schutz des Waldes wurde in dem Jahr verabschiedet, in dem Günter Grass seinen Roman „Die Rättin" veröffentlichte. In diesem Roman spielt das Sterben des Waldes, das mit dem Sterben von Märchen einhergehe, eine wichtige Rolle. Günter Grass denkt sich einen Film aus, den man über den sterbenden Wald drehen könnte: „Auf einem Waldparkplatz, den tote Bäume einfassen, werden der Kanzler und seine Begleitung erwartet. In Eile trifft man letzte Vorbereitungen... An einem Stahlgerüst ziehen Waldarbeiter, die nach Vorschrift Schutzhelme tragen, unter Anleitung eines Försters baumhohe Kulissen hoch, die mit gesundem Wald bemalt sind, etwa im Stil des Malers Moritz von Schwind: knorrige Eichen, dunkle Tannen, lichter Buchenbestand, der in unwegsamen Urwald übergeht. Es fehlen nicht Farn und Niederholz. Auf hoher Leiter, die ein Spezialfahrzeug auszufahren verstand, malt ein Maler zusätzlich Singvögel – Buchfinken, das Rotkehlchen, etliche Singdrosseln, die Nachtigall – rasch und wie gegen Stücklohn in die gemalten Baumkronen. Der Förster ruft: ‚Macht fertig, Leute! Gleich kommt der Kanzler!' Dann sagt er mehr zu sich: ‚Es ist zum Heulen.' Ruckzuck räumen die Waldarbeiter die Szene (...) Hinter den Kulissen schaltet ein Tonmeister ein Tonbandgerät ein. Wir hören reichgemischt Vogelstimmen, unter ihnen die frischgemalten Buchfinken, Rotkehlchen, Singdrosseln, aber auch einen Pirol und mehrere Waldtauben... Nun macht der Förster ein Begrüßgesicht. Denn hinter Blaulicht fährt die Wagenkolonne des Kanzlers vor. (...) Sogleich sind Presse und Fernsehen zur Stelle. Als gelte es, eine Botschaft aufzuzeichnen, nehmen die Medien wahr, daß der Kanzler mehrmals tief ein- und ausatmet."[8]

Wie sähe wohl das Drehbuch aus, das Günter Grass zum Bonner Klimagipfel im Juli 2001 schreiben würde? Die Einigung der Umweltminister auf eine minimale Reduzierung der Emissionen von Treibhausgasen zum Schutz des Klimas wurde nicht nur von den verantwortlichen Politikern, sondern auch von Umweltschützern als Erfolg interpretiert. Machen sich nun alle etwas vor und basteln an den Attrappen, oder ist der Kompromiß von Bonn ein kleiner Schritt auf dem Weg zu einer umweltgerechten Entwicklung? Was hat sich seit Ende der 80er Jahre in der Umweltpolitik geändert, und auf welche Wei-

---

Europa und Europäische Kommission, Der Waldzustand in Europa, Genf und Brüssel 2000, S. 4.

8 Günter Grass, Die Rättin, Werkausgabe, Göttingen: Steidl 1993, Bd. 11, S. 50. Erstveröffentlichung 1986.

se hat die Europäische Union auf die ökologische Krise reagiert? Um die Fortschritte und Rückschritte in der europäischen Umweltpolitik beurteilen zu können, möchte ich zunächst Kriterien darstellen, die eine Bewertung ermöglichen.

1. Die Ziele

Naturwissenschaftler, Umweltwissenschaftler, Ökonomen, Ingenieure und Sozialwissenschaftler arbeiten seit einigen Jahren an der Entwicklung von Kriterien zur Beurteilung des Zustandes der Umwelt. Sie versuchen, das Ziel einer nachhaltigen Entwicklung zu operationalisieren.

Der Begriff der Nachhaltigkeit wurde schon Ende der 70er Jahre in Nichtregierungsorganisationen[9] diskutiert und durch den Bericht der Brundlandt-Kommission der Vereinten Nationen im Jahr 1987 weltweit bekannt. Die Definition dieses Berichtes bleibt bis heute grundlegend: „Sustainable development meets the needs of the present without compromising the ability of future generations to meet their own needs."[10] Wenn die Entwicklung einer Gesellschaft den Bedürfnissen der gegenwärtig lebenden Generationen gerecht werden soll, ohne die Fähigkeit zukünftiger Generationen einzuschränken, ihre Bedürfnisse zu erfüllen, dann ist politisches Handeln gefordert, das ökonomische, ökologische, demographische, soziale und kulturelle Aspekte berücksichtigt.[11] Es widerspräche der Offenheit einer demokratischen Gesellschaft, eine nachhaltige Entwicklung mit feststehenden Zielen zu verbinden. Doch kann man sich auf Kriterien und Indikatoren einigen, deren Nichtbeachtung mit hoher Wahrscheinlichkeit zu einer wenig umweltgerechten Entwicklung führen wird. Und es lassen sich Zwischenziele benennen, die in ständigen Such- und Lernprozessen geprüft und an neue Situationen angepaßt werden müssen.[12]

Noch befinden sich die Forschungen zu Kriterien, Indikatoren, Instrumenten und Strategien einer nachhaltigen Entwicklung am Anfang. Die Europäische Umweltagentur hat Indikatoren entwickelt, die mir als Basis für eine Analyse der Lage der Umwelt als eines Teilaspektes einer nachhaltigen Entwicklung

9 Zum Beispiel in der Internationalen Vereinigung zur Erhaltung der Natur, IUCN. Vgl. Annica Kronsell, Policy Innovation in the Garbage Can: The EU's Fifth Environmental Action Programme. In: Duncan Liefferink, Mikael Skou Andersen (Hrsg.), The Innovation of EU Environmental Policy, Oslo, Copenhagen, Stockholm, Oxford, Boston: Scandinavian University Press 1997, S. 118.

10 Deutscher Bundestag, Drucksache 13/11200 vom 26.6.1998. Bericht der Enquete-Kommission ‚Schutz des Menschen und der Umwelt – Ziele und Rahmenbedingungen einer nachhaltig zukunftsverträglichen Entwicklung', S. 16.

11 Ebd., S. 17.

12 Ebd., S. 16.

geeignet erscheinen.[13] Es werden die gegenwärtigen Belastungen durch Treibhausgase, gefährliche Stoffe, grenzüberschreitende Luftverschmutzung, Abfall, natürliche und technologische Gefahren gemessen und diese Belastungen mit dem Zustand der Luft, des Wassers, des Bodens, der biologischen Vielfalt und der menschlichen Gesundheit in Zusammenhang gebracht. Die Werte zur Berechnung der Belastungen und des Zustandes der Umwelt werden von der Europäischen Umweltagentur, Eurostat und den Generaldirektionen der Kommission zusammengestellt und in den „Environmental Signals" veröffentlicht. Auf der Basis der Indikatoren werden sodann für jeden Umweltbereich positive Entwicklungen, einige positive Entwicklungen, die aber nicht ausreichen und ungünstige Entwicklungen unterschieden. Die Europäische Umweltagentur strebt langfristig an, Indikatoren zu den Ursachen der Umweltbelastungen, zum Ausmaß der Belastungen, dem daraus folgenden qualitativen Zustand der Umwelt, den Folgen für die Ökosysteme und schließlich den möglichen Antworten auf die Probleme als Basis für politische Entscheidungen zur Verfügung zu stellen. Die bisher für die Mitgliedstaaten der Europäischen Union vorhandenen Daten reichen für dieses von der OECD entwickelte anspruchsvolle Modell der Vorbereitung umweltpolitischer Maßnahmen jedoch noch nicht aus.[14]

Hat man Indikatoren der Umweltbelastungen und des Zustandes der Umwelt entwickelt, dann müssen diese Indikatoren in einem nächsten Schritt zu den quantitativen und qualitativen Zielen der Umweltpolitik in Relation gesetzt werden (vgl. Abbildung V.1).[15] Auch in der Frage, an welchen Werten man sich orientiert, um eine nachhaltig umweltverträgliche Entwicklung zu realisieren, besteht Forschungsbedarf.[16] Bedenkt man, daß bei Lösungsversuchen der Umweltprobleme auch noch der „Umgang mit unsicherem, unscharfem sowie Nicht-Wissen"[17] hinzukommt, dann wird deutlich, mit welchen Schwierigkeiten es verbunden ist, adäquate Programme für eine umweltgerechte Entwicklung auf nationaler, europäischer und globaler Ebene zu formulieren.

---

13 European Environment Agency, Environmental Signals 2001, Kopenhagen 2001.

14 Europäische Umweltagentur, Umwelt in der Europäischen Union – an der Wende des Jahrhunderts. Ein Überblick, Kopenhagen 1999, S. 5.

15 Vgl. die Entwicklung von Indikatoren für Luft- und Wasserverunreinigung und die Anwendung dieser Indikatoren für je eine Region in Deutschland und in Rumänien: Ildikó-Camelia Tulbure, Zustandsbeschreibung und Dynamik umweltrelevanter Systeme, Schriftenreihe der Clausthaler Umwelttechnik-Institut GmbH, 1997.

16 Michael F. Jischa, Technikbewertung in der Lehre. In: TA-Datenbank-Nachrichten, 10 (2001), S. 64.

17 Ebd.

Abbildung V.1: Die Ziele einer umweltgerechten Entwicklung

Normative Kriterien / Operative Kriterien	Ökologische Nachhaltigkeit	Ökonomische Nachhaltigkeit	Soziale Nachhaltigkeit
Ziele	Verbesserung des Zustandes der Umwelt und Ko-Evolution intakter Ökosysteme	Wirtschaftlicher Wohlstand und effiziente Verwendung der Ressourcen	Lebensqualität und Gerechtigkeit zwischen den Generationen und Nationen
Instrumente	Konkrete Ziel- und Zeitvorgaben in der Ozon-, Klima-, Biodiversitäts-, Boden- und Wasser-, Stoff- und Abfallpolitik,* rechtliche Sanktionen, ökonomische Anreize	Makroökonomische Steuerung, Wettbewerb, Wirtschaftspolitische Koordination, Kooperation und Integration, nationale, europäische und internationale Entwicklungspolitik	Eine gerechte, die Menschenwürde und die Gleichheit von Mann und Frau achtende Gestaltung der Sozialpolitik** auf nationaler und europäischer Ebene, Menschenrechtspolitik, Entwicklungshilfe
Indikatoren	Belastungen der Umwelt durch Emissionen, Abfälle, gefährliche Stoffe und genetisch veränderte Organismen, Zustand der Umwelt in den Bereichen Luft (inklusive Temperatur), Wasser, Boden und Biodiversität	Quantität des Wirtschaftswachstums nach BIP/Kopf in Kaufkraftparitäten und Qualität des Wirtschaftswachstums nach Sozialverträglichkeit, Ressourcenverbrauch und Innovationspotential	Index der menschlichen Entwicklung:*** BIP/Kopf + Bildung (Alphabetisierung, Schulbesuch) + Lebenserwartung, Index der menschlichen Armut für Industrieländer und Entwicklungsländer

* Einteilung nach Udo Simonis, Weltumweltpolitik[18]
** Sozialpolitik in dem oben definierten umfassenden Verständnis
*** Entwicklungsprogramm der Vereinten Nationen, Bericht über die menschliche Entwicklung 2003

18 Udo Simonis, Weltumweltpolitik. In: Wichard Woyke (Hrsg.), Handwörterbuch Internationale Politik, Opladen: Leske + Budrich, 8. Aufl.2000, S. 525-537.

Die Europäische Gemeinschaft hat schon seit den 60er Jahren Umweltschutz betrieben. Die Zahl an rechtlichen Regelungen war auch durchaus beachtlich: Zu Beginn der 90er Jahre gab es mehr als 200 europäische Normen im Umweltbereich.[19] Für die frühe Phase kommt Ernst Ulrich von Weizsäcker zu dem Schluß, daß eine Kosten-Nutzen-Analyse der europäischen Umweltpolitik für die Mitgliedstaaten positiv ausfalle. Dies treffe auch für umweltpolitisch engagierte Staaten zu. Denn die Luftqualität sei z. B. in Deutschland auf der Basis der vereinbarten europäischen Emissionswerte insgesamt besser als unter der Annahme einer noch so fortschrittlichen Umweltpolitik Deutschlands bei einer nicht existierenden Umweltpolitik der anderen Staaten.[20]

In der umweltpolitischen Rechtsetzung der 80er Jahre ging es um „Nebenprodukte" des Gemeinsamen Marktes.[21] Die europäische Umweltpolitik diente zunächst dazu, mögliche Verzerrungen des Wettbewerbs durch umweltpolitische Standards der Mitgliedstaaten zu reduzieren.[22] Eine eigenständige Umweltpolitik, die nicht nur als Begleiterscheinung des Binnenmarktes fungiert, entstand erst auf der Basis der umweltpolitischen Kompetenzen der Einheitlichen Europäischen Akte und des Vertrages von Maastricht (vgl. oben Kapitel II). Anfang der 90er Jahre kam die Idee einer langfristig umweltgerechten Entwicklung in der europäischen Umweltpolitik zum Tragen. Im 5. Umweltaktionsprogramm vom Februar 1993 wurde eine langfristige umweltpolitische Strategie mit quantitativen und qualitativen Zielen formuliert. Welche Gründe gibt es für diesen innovativen Schritt und die Öffnung der europäischen Politik für ökologische Ideen und Interessen?

2. Das fünfte und das sechste Umweltaktionsprogramm

Die Klimaveränderung, das Waldsterben und der Energiebedarf der Weltbevölkerung mit den damit einhergehenden beträchtlichen Emissionen von Treibhausgasen waren deutliche Symptome für einen kritischen Zustand der Ökosysteme. Die Destabilisierung der miteinander vielfach verbundenen natürlichen Systeme drohte zu einem Absturz des globalen Ökosystems zu

---

19 Pamela Barnes, Ian G. Barnes, Environmental Policy in the European Union, Cheltenham, Northampton: Edward Elgar 1999, S. 287.

20 Ernst U. von Weizsäcker, Environmental Policy. In: Carl-Christoph Schweitzer, Detlev Karsten (Hrsg.), The Federal Republic of Germany and EC Membership Evaluated, London: Pinter Publishers 1990, S. 53 und S. 54.

21 Barbara Engels, Umweltaktionsprogramme – Chance oder Stolperstein für die europäische Umweltpolitik. Eine Analyse des 5. und 6. Umweltaktionsprogramms der Europäischen Gemeinschaft, Masterarbeit im Rahmen des Postgraduiertenstudiengangs „Master of European Studies" des Europakollegs Hamburg und der Universität Hamburg, Juni 2001, S. 7ff. zur Geschichte der europäischen Umweltpolitik.

22 Pamela Barnes, Ian G. Barnes, Environmental Policy in the European Union, a. a. O., S. 287.

führen.[23] In dieser Situation erhöhten Problemdrucks bei bislang wenig erfolgreichen Problemlösungen reagierten die politischen Eliten auf der nationalen, europäischen und globalen Ebene mit neuen Ansätzen der Umweltpolitik. Die wachsende Instabilität machte die Herausbildung des neuen Paradigmas der nachhaltigen Entwicklung möglich. Die dynamische Interdependenz des umweltpolitischen Handelns führte zu ähnlichen Programmen der Nationalstaaten, der Europäischen Union und der Weltumweltpolitik. Diese „Selbstähnlichkeit" der Teile eines Ganzen wiederum erleichterte die internationale Zusammenarbeit der politischen Eliten im Bereich der Umweltpolitik.
Das 5. Umweltaktionsprogramm der Europäischen Union ist eines der Elemente in diesem dynamischen Prozeß einer Neuorientierung der Umweltpolitik. Das Programm wurde von einigen Mitgliedstaaten, einem sehr engagierten Kommissar und seiner Generaldirektion[24] und der Konferenz der Vereinten Nationen zu Umwelt und Entwicklung in Rio de Janeiro wesentlich beeinflußt. Darüber hinaus konnten die Architekten des Programms auf die langsam präziser werdenden Informationen über die Belastungen und den Zustand der Umwelt zurückgreifen.

Der Einfluß der Mitgliedstaaten ging vor allem von der „grünen Troika" der Niederlande, Dänemarks und Deutschlands aus.[25] Es waren diese drei Mitgliedstaaten, die der Umweltpolitik auf der nationalen Ebene große Bedeutung zumaßen. In Deutschland spielte Ende der 80er und Anfang der 90er Jahre mit der Einrichtung des Bundesministeriums für Umwelt, Naturschutz und Reaktorsicherheit die Umweltpolitik nach Phasen der Stagnation wieder eine größere Rolle. Während der Amtszeit von Klaus Töpfer von 1987 bis 1994 konnten wichtige Durchbrüche in der Umweltpolitik wie z. B. die steuerliche Förderung schadstoffarmer Automobile und die FCKW-Ausstiegsregelung erreicht werden.[26] Deutschland, Dänemark und die Niederlande setzten auf der europäischen Ebene eine Dynamik umweltpolitischer Rechtsetzung in Gang, die auch die Nachzügler mit ins Boot nahm. Es kam sogar vor, daß Umweltminister aus umweltpolitisch fortschrittlichen Mitgliedstaa-

23 Carl Böhret, Götz Konzendorf, Ko-Evolution von Gesellschaft und funktionalem Staat, a. a. O., S. 144.

24 Annica Kronsell, Policy Innovation in the Garbage Can: the EU's Fifth Environmental Action Programme, a. a. O., S. 125. Carlo Ripa di Meana wechselte 1992 in die italienische Regierung. Sein Nachfolger war Karel van Miert.

25 Alberta Sbragia, Environmental Policy: The Push-Pull of Policy-Making. In: Helen Wallace, William Wallace (Hrsg.), Policy-Making in the European Union, a. a. O., S. 239. In der 4. Aufl. des Bandes von Wallace, Wallace (2000) schreibt die Autorin S. 300, daß sich Deutschlands Rolle als Motor der europäischen Umweltpolitik in den 90er Jahren abgeschwächt habe. So auch Tanja A. Börzel, Pace-Setting, Foot-Dragging, and Fence-Sitting: Member State Responses to Europeanization. In: Journal of Common Market Studies 40 (2002), S. 201.

26 Helmut Weidner, Umweltpolitik: Entwicklungslinien, Kapazitäten und Effekte. In: Max Kaase, Günther Schmid, Eine lernende Demokratie. 50 Jahre Bundesrepublik Deutschland, a. a. O., S. 435.

ten in Brüssel weitreichende umweltpolitische Maßnahmen durchsetzen konnten, für die sie in ihrer eigenen Regierung keine Mehrheit erhalten hätten.[27]

Unter den Mitgliedstaaten der „grünen Troika" waren es insbesondere die Niederlande, die mit ihrem ausgearbeiteten umweltpolitischen Programm der europäischen Konzeption des 5. Umweltaktionsprogramms als Vorbild dienten. Das niederländische Programm war in der Generaldirektion XI für Umweltschutz bekannt, und niederländische Beamte wurden bei der Ausarbeitung des Programms als Berater der Kommission hinzugezogen.[28] Die Akteure in den Netzwerken kannten die beteiligten Institutionen häufig aus eigener Erfahrung. Nicht selten hat der berufliche Werdegang einen Mitarbeiter oder eine Mitarbeiterin eines nationalen Umweltministeriums über die Station einer europäischen Nichtregierungsorganisation zur Position eines Beraters oder eines Mitarbeiters der Kommission geführt. „The fact that we had been in and out the Commission and the Council for many years was essential", so ein Mitarbeiter der Kommission über die Bedeutung des umweltpolitischen Netzwerkes bei der Entstehung des 5. Umweltaktionsprogramms.[29]

Die Mitarbeiter der beteiligten Generaldirektionen der Kommission führten zahlreiche Gespräche mit Vertretern von Interessengruppen der Industrie, der Landwirtschaft, des Energie- und Verkehrswesens und der Umweltverbände. Die Ideen der Umweltbewegung haben nach Einschätzung einer Expertin bei der Entstehung des Programms eine entscheidende Rolle gespielt.[30] Der Umweltkommissar während der Arbeiten der Kommission am 5. Umweltaktionsprogramm, der Italiener Carlo Ripa de Meana, setzte sich innerhalb der Kommission sehr erfolgreich für die Belange seines Ressorts ein.[31] Das umweltpolitische Engagement wurde nicht von allen Kollegen gern gesehen. Pascal Lamy, Kabinettschef des Kommissionspräsidenten Jacques Delors, warnte vor einer zu kostenintensiven europäischen Umweltpolitik, die die Mitgliedstaaten nur verärgere. Nach seiner Meinung sei der Umweltministerrat ohnehin ein „Club der Grünen". Jean-Charles Leygues, ebenfalls Mitglied im Kabinett Delors, hielt die Umweltpolitik für ein gefährliches Terrain. Die Generaldirektion XI sei eine „Grüne Lobby", und 60 % der Mitarbeiter dieser Generaldirektion seien Grüne Aktivisten und „von außen" statt über den üblichen Karriereweg in die Kommissionsverwaltung gelangt.[32]

---

27 Alberta Sbragia, Environmental Policy: The Push-Pull of Policy-Making, a.a.O., S. 247.

28 Annica Kronsell, Policy Innovation in the Garbage Can: the EU's Fifth Environmental Action Programme, a. a. O., S. 121.

29 Ebd., S. 120.

30 Ebd., S. 119.

31 Alberta Sbragia, Environmental Policy: The Push-Pull of Policy-Making, a. a. O., S. 245.

32 George Ross, Jacques Delors and European Integration. Cambridge: Polity Press 1995, S. 197 und S. 301 Fußnoten 7 und 8.

Neben den Mitgliedstaaten der „grünen Troika“ und dem Umweltkommissar und seiner Verwaltung spielte bei der Gestaltung des 5. Umweltaktionsprogrammes die Konferenz der Vereinten Nationen für Umwelt und Entwicklung eine wichtige Rolle. Die Europäische Gemeinschaft nahm im Juni 1992 an dieser Konferenz teil und unterzeichnete das Rahmenübereinkommen über Klimaänderungen und die Rio-Erklärung. Die Verpflichtung, die sich aus diesem Abkommen für die Europäische Gemeinschaft zur Reduktion der CO2-Emissionen auf die Werte von 1990 bis zum Jahr 2000 ergab, wurde im 5. Umweltaktionsprogramm als Basis für die Position der Europäer in den Verhandlungen über ein weltweites Klimaabkommen genannt.[33]

Die Parallelen zwischen der in Rio von 178 Staaten unterzeichneten Erklärung zu Umwelt und Entwicklung und dem 5. Umweltprogramm der Europäischen Union sind offensichtlich. Die Grundlage beider Texte ist die nachhaltige Entwicklung (vgl. oben Abbildung V.1). In Grundsatz 3 der Erklärung von Rio heißt es: „Das Recht auf Entwicklung muß so erfüllt werden, daß den Entwicklungs- und Umweltbedürfnissen heutiger und künftiger Generationen in gerechter Weise entsprochen wird.“ In der Einleitung unter Punkt 5 bezieht sich auch das europäische Programm auf die nachhaltige Entwicklung. Dauerhaft und umweltgerecht sei eine Politik, „die auf stetige wirtschaftliche und soziale Entwicklung ausgerichtet ist, ohne daß die Umwelt und die natürlichen Ressourcen ... geschädigt werden.“[34]

Ein weiterer Faktor für den Durchbruch eines neuen Ansatzes der Umweltpolitik im 5. Aktionsprogramm waren die allmählich wachsenden Kapazitäten im Bereich der Informationen und des Wissens über die Umwelt. Der Stellenwert der Erzeugung, Verbreitung und Aufnahme umweltrelevanten Wissens für eine effektive und effiziente Umweltpolitik ist unbestritten.[35] Besaß die Europäische Union rechtliche und mit der Einrichtung einer eigenen Generaldirektion auch organisatorische Kapazitäten im Bereich der Umweltpolitik, so sah es mit den informationell-kognitiven Kapazitäten lange Zeit schlecht aus.[36] Das 5. Umweltaktionsprogramm war das erste europäische Umweltprogramm, das sich auf wissenschaftliche Daten stützte.[37] Zeitgleich mit dem Programm erschien ein Bericht zur Lage der Umwelt in Europa. Nach diesem Lagebericht konnten Fortschritte bei der Verringerung von Schwefeldioxid-, Schwebstaub-, Blei- und FCKW-Emissionen erzielt wer-

33 Europäische Gemeinschaft, 5. Umweltaktionsprogramm „Für eine dauerhafte und umweltgerechte Entwicklung“, Amtsblatt der EG vom 17.5.1993, Nr. C 138, S. 5 (hier Kapitel 11, S. 85).

34 Ebd., S. 12.

35 Helmut Weidner, Umweltpolitik: Entwicklungslinien, Kapazitäten und Effekte, a. a. O., S. 442.

36 Ebd., S. 426 und 440ff. zum Kapazitätsbildungsansatz.

37 Barbara Engels, Umweltaktionsprogramme – Chance oder Stolperstein für die europäische Umweltpolitik, a. a. O., S. 36.

den. Schwerwiegende Probleme wurden im Bericht für die Treibhausgase wie Kohlendioxid, Stickoxide, Ozon und Methan diagnostiziert. Die Luftqualität sei insbesondere in städtischen Gebieten gefährdet. Als Problembereiche wurden u. a. die Zunahme der Kohlenstoffemissionen in der Gemeinschaft um 20 % bis 2010 bei gleichbleibender Energienachfrage, die steigenden Abfallmengen, die Zunahme des Düngemitteleinsatzes in der Landwirtschaft um 63 % im Zeitraum von 1970 bis 1988 und die Zunahme des Wasserverbrauchs genannt.[38]

Auch eine Studie des Rechnungshofes von 1992 enthält empirische Daten zur europäischen Umweltpolitik. Der Rechnungshof kritisiert die mangelhafte Koordination zwischen den Generaldirektionen, die Vernachlässigung der Vorbeugung und des Verursacherprinzips sowie die fehlenden Kontrollen bei der Umsetzung der Umweltpolitik. In den ersten vier Umweltaktionsprogrammen, so der Rechnungshof, werde eine präventive Politik als Konzeption präsentiert. Die praktische Umsetzung der Programme werde dieser Konzeption jedoch nicht gerecht. Die konkreten Maßnahmen blieben zu vage. „Darüberhinaus wird in den Programmen betont, daß Fortschritte im Bereich des Umweltschutzes so zu erfolgen haben, daß der reibungslose Ablauf des Gemeinsamen Marktes nicht beeinträchtigt wird. Dies stellt ein Problem dar, das in mehrfacher Hinsicht schwierig zu lösen ist."[39]

Im Bericht des Rechnungshofes werden zahlreiche Beispiele für Projekte genannt, die z. B. im Rahmen der Strukturfonds von der Gemeinschaft finanziert werden und negative Folgen für die Umwelt haben. Es kommt häufig vor, daß Auflagen zum Schutz der Umwelt nicht eingehalten werden. Die Versäumnisse vor Ort sind möglich, weil es ganz besonders an der Umsetzung der Vorschriften fehlt. Häufig übernehmen Behörden wie die Gesundheitsbehörden die Kontrolle der Umweltverschmutzung, obwohl sie für eine solche Aufgabe nicht gerüstet sind.[40] Oder die Umweltverträglichkeitsprüfung wird von den Unternehmen selbst durchgeführt und nicht von einer unabhängigen Stelle. Es bestehe eine „beachtliche Kluft zwischen dem einschlägigen rechtlichen Rahmen und dessen Anwendung in der Praxis."[41]

Nach der Meinung des Rechnungshofes wirkten sich die Kommunikationsprobleme zwischen den Generaldirektionen auf die Evaluation der Umweltprogramme aus. Es fehle ein übergreifender Ansatz, der es ermögliche, die von allen Dienststellen und Generaldirektionen ermittelten Daten zusammen-

38 Europäische Gemeinschaft, 5. Umweltaktionsprogramm, a. a. O., S. 23.
39 Rechnungshof der EG, Sonderbericht Nr. 3/92 „zur Umwelt, zusammen mit den Antworten der Kommission", Amtsblatt der EG vom 23.9.1992, Nr. C 245 , S. 6.
40 Ebd., S. 16.
41 Ebd., S. 19.

zuführen.[42] Der Erkenntnisstand über den Zustand der Umwelt bleibe fragmentarisch.

Dies hat sich seit Beginn der 90er Jahre allmählich geändert. Der Kenntnisstand über den Zustand der Umwelt in Europa wurde durch die Analysen der Europäischen Umweltagentur, die 1993 zu arbeiten begann, entscheidend verbessert. In einem dynamischen Prozeß der Interaktionen zwischen nationalen und europäischen Eliten auf der Basis wachsender Kenntnisse über die Gefährdungen der Umwelt und beschleunigt durch internationale Foren und Vereinbarungen wurde eine neue Stufe der europäischen Umweltpolitik erreicht.[43] Die Ähnlichkeiten in der nationalen, in der europäischen und in der internationalen Umweltpolitik führten zu einer Ko-Evolution.

Worin besteht nun das Neue des 5. Umweltaktionsprogrammes? Das Ziel des Programms ist eine „dauerhafte und umweltgerechte Entwicklung." Die Öffnung der europäischen Politik für nichtökonomische Ideen und Interessen zeigt sich auf der programmatischen Ebene. Die neue Struktur der Umweltpolitik war der Europäischen Kommission sehr wohl bewußt: „Dieses Programm an sich stellt einen Wendepunkt für die Gemeinschaft dar. So wie die Herausforderung der achtziger Jahre darin bestand, den Binnenmarkt zu vollenden, ist die Erreichung eines Gleichgewichts zwischen Umweltschutz und Entwicklung eine der wesentlichen Herausforderungen, mit denen sich die Gemeinschaft und die ganze Welt in den neunziger Jahren auseinandersetzen müssen."[44]

Die ökologische, die ökonomische und die soziale Idee sollen in dem Konzept der dauerhaften und umweltgerechten Entwicklung zusammengeführt werden. Die neue Strategie soll dazu dienen, umweltzerstörende Praktiken zu verändern, „damit Wohlstand und Wachstum sowohl in sozialer als auch in wirtschaftlicher Hinsicht für heutige und künftige Generationen gesichert werden können."[45]

Kommunikation über Differenz ist als Verfahren für die Verwirklichung des Umweltaktionsprogramms vorgesehen. Das Konzept der gemeinsamen Verantwortung kann als Öffnung der Umweltpolitik für eine solche Kommunikation interpretiert werden.[46] Das hierarchische Denken soll der Vergangenheit angehören: „Die neue Strategie, die in diesem Programm verfolgt wird, hat die Einbeziehung aller Wirtschaftsbeteiligten und Sozialpartner (partizipato-

42 Ebd., S. 7.

43 Carl Böhret, Götz Konzendorf, Ko-Evolution von Gesellschaft und funktionalem Staat, a. a. O., S. 144.

44 Europäische Gemeinschaft, 5. Umweltaktionsprogramm, a. a. O., S. 18.

45 Ebd., S. 13.

46 Christoph Knill, Europäische Umweltpolitik: Steuerungsprobleme und Regulierungsmuster im Mehrebenensystem, Opladen: Leske + Budrich 2003, S. 51.

risches Konzept – ‚bottom-up') zur Grundlage."[47] In der Debatte des Europäischen Parlamentes über das 5. Umweltaktionsprogramm wurde dieser Aspekt betont. Die Berichterstatterin des Ausschusses für Wirtschaft, Währung und Industriepolitik de la Graete von der Fraktion Die Grünen dankte den Beamten der Generaldirektionen III und XI, den Kolleginnen und Kollegen aus dem Ausschuß für Wirtschaft und Währung, den Vertretern der Europäischen Industrie und der Europäischen Umweltbehörde und fuhr fort: „Diese lange Liste von Danksagungen beweist das Entstehen einer neuartigen Beziehung zwischen Vertretern der Industrie, des Umweltschutzes und der öffentlichen Hand, die sich früher nichts zu sagen hatten. Aber seit dem Gipfeltreffen von Rio sind sich einige Vertreter der Industrie, und nicht gerade die unbedeutendsten, ihrer Verantwortung gegenüber der Umwelt bewußt geworden und haben so einen Dialog mit der öffentlichen Hand ermöglicht."[48]

Das Konzept der gemeinsamen Verantwortung der Regierungen, der Wirtschaft, der Sozialpartner und der Öffentlichkeit geht auf die Rio-Deklaration zurück, in der als Ziel definiert wird, „durch die Schaffung von neuen Ebenen der Zusammenarbeit zwischen den Staaten, wichtigen Teilen der Gesellschaft und der Bevölkerung eine neue und gerechte weltweite Partnerschaft aufzubauen" (Präambel). Im 5. Umweltaktionsprogramm heißt es entsprechend: Es ist notwendig, „daß alle Ebenen der Gesellschaft – einschließlich der Regierungen, regionalen und lokalen Behörden, Nichtregierungsorganisationen, Finanzinstitutionen, Unternehmen des produzierenden Gewerbes, Vertriebs- und Einzelhandelsbetriebe und einzelne Bürger – gemeinsam die Verantwortung tragen."[49]

Es wurden folgende „Dialoggruppen" ins Leben gerufen: Ein allgemeines beratendes Forum mit Vertretern aus Unternehmen, Verbraucherschutzorganisationen, Gewerkschaften, Nichtregierungsorganisationen sowie lokalen und regionalen Behörden, ein Netzwerk aus Vertretern der nationalen Behörden und der Kommission für den Bereich der praktischen Umsetzung der europäischen Umweltpolitik und eine Gruppe zur Überprüfung der Umweltpolitik mit Generaldirektoren der Kommission und Vertretern der Mitgliedstaaten.[50]

Ein Novum des 5. Umweltaktionsprogramms ist die Festlegung auf konkrete Ziele in den Sektoren der Industrie, der Energie, des Verkehrs, der Landwirtschaft und des Tourismus. Die Integration der Umweltpolitik als einer „Quer-

47 Ebd., S. 17. Im Text des 5. Umweltaktionsprogrammes steht zwar „bottom-down", aber ich nehme an, daß es sich um einen Druckfehler handelt.

48 Verhandlungen des Europäischen Parlaments vom 16.11.1992, Amtsblatt der EG, Nr. C-424, S. 12.

49 Europäische Gemeinschaft, 5. Umweltaktionsprogramm, a. a. O., S. 22.

50 Ebd., S. 17.

schnittsaufgabe" wird nun nicht nur allgemein gefordert, sondern es werden detaillierte Integrationsstrategien für die genannten Politikbereiche formuliert. So wird z. B. das allgemeine Ziel einer umweltverträglichen Landwirtschaft mit biologischem Ackerbau und einem geringeren Chemikalieneinsatz in einer übersichtlichen Tabelle weiter differenziert. Es sind u. a. eine strenge Anwendung der Nitratrichtlinie, eine Verringerung des Phosphateinsatzes und eine Überwachung des Verkaufs und des Einsatzes von Pestiziden geplant.[51] Neben konkreten qualitativen und quantitativen Zielen sieht das 5. Umweltaktionsprogramm auch eine Zwischenevaluation des Programms nach 5 Jahren und eine Gesamtbewertung nach der Laufzeit von 7 Jahren vor.[52]

Wie sah nun die Verwirklichung des Programms aus? Das Programm, das nach den oben genannten Kriterien (vgl. AbbildungV.1) als problemadäquat bezeichnet werden kann, ist auf seine realen Folgen für den Zustand der Umwelt zu prüfen. Neben der Eigenbewertung des Programms durch die Kommission gibt es einen Bericht der Europäischen Umweltagentur von 1999. Die Europäische Umweltagentur kommt in ihrer Untersuchung der „Umwelt an der Wende des Jahrhunderts" zu einem deprimierenden Ergebnis: „Wie sich zeigt, sind, abgesehen von einer deutlichen und positiven Verringerung der Freisetzung ozonabbauender Substanzen, die Fortschritte bei der Reduzierung der übrigen Umweltbelastungen im großen und ganzen weiterhin ungenügend."[53] Die gegenwärtigen und die prognostizierten Umweltbelastungen werden im einzelnen aufgeführt (vgl. Abbildung V.2).

---

51 Ebd., S. 38, Tabelle 4.

52 Die Gesamtbewertung wurde im November 1999 vorgelegt: KOM (1999) 543 endg. vom 24.11.1999.

53 Europäische Umweltagentur, Umwelt in der Europäischen Union – an der Wende des Jahrhunderts. Ein Überblick, Kopenhagen 1999, S. 7.

Abbildung V.2: Belastungen und Zustand der Umwelt an der Wende des Jahrhunderts

Belastungen		Umweltprobleme	Zustand und Auswirkungen	
gegenwärtig	künftig		gegenwärtig	künftig
😐	☹	Treibhausgase und Klimaveränderung	☹	☹
☺	😐	Ozonabbau	☹	😐
😐	☹	Gefährliche Stoffe	😐	?
😐	😐	Grenzüberschreitende Luftverunreinigung	😐	😐
😐	😐	Belastung des Wassers	😐	😐
☹	☹	Bodendegradation	☹	?
😐	☹	Abfall	☹	☹
😐	?	Natürliche und technologische Gefahren	😐	?
😐	?	Genetisch veränderte Organismen	?	—
☹	☹	Biologische Vielfalt	😐	?
😐	😐	Menschliche Gesundheit	☹	?
😐	😐	Städtische Gebiete	😐	😐
☹	☹	Küsten- und Meeresregionen	☹	?
☹	?	Ländliche Gebiete	☹	—
☹	?	Gebirgsregionen	☹	—

☺ positive Entwicklungen
😐 einige positive Entwicklungen, die aber nicht ausreichen
☹ ungünstige Entwicklungen
— keine quantitativen Daten verfügbar
? ungewiß (nur teilweise Daten verfügbar)

Quelle: Europäische Umweltagentur, Umwelt in der Europäischen Union – an der Wende des Jahrhunderts. Ein Überblick, Kopenhagen 1999, S. 8. Die Tabelle wurde bis zum Jahr 2004 von der Umweltagentur nicht aktualisiert.

Es ist jedoch schwierig, die weiterbestehenden hohen Belastungen der Umwelt, die von der Europäischen Umweltagentur nachgewiesen werden, auf den Mißerfolg des 5. Umweltaktionsprogramms zurückzuführen. Eine Studie des Rechnungshofes zur Integration der Umweltbelange in die Gemeinsame Agrarpolitik läßt hingegen Rückschlüsse auf die Defizite der Umsetzung des Programms zu.[54] Umweltschutz im Bereich der Landwirtschaft ist schon deshalb besonders wichtig, weil 44 % des Territoriums der Mitgliedstaaten landwirtschaftlich genutzt wird, und ein großer Teil der Flächen nahe der Gebiete liegt, die eine große biologische Vielfalt aufweisen.[55] Während traditionell das Hauptgewicht der Agrarpolitik auf den wirtschaftlichen Zielen lag, beruht das 5. Umweltaktionsprogramm auf der Prämisse, daß allein die Förderung des wirtschaftlichen Wachstums ohne Rücksicht auf die Umwelt nicht sinnvoll sei. Das Programm könne daher, so der Rechnungshof, als Maßstab für die Umweltleistungen der Gemeinschaft nach 1993 gelten.[56] Das Urteil des Rechnungshofes über den Erfolg einer Integration der Umweltbelange in den Agrarbereich ist negativ. Aus zwei Gründen sei es nicht gelungen, das Programm effektiv umzusetzen. Erstens sei die Koordinierung der verschiedenen Maßnahmen zur Schonung der Umwelt in der Landwirtschaft mangelhaft,[57] und zweitens habe sich das Konzept einer Kofinanzierung der europäischen Maßnahmen zum Umweltschutz durch die Mitgliedstaaten nicht bewährt.

Die defizitäre Koordinierung zeigt sich deutlich bei der Überdüngung von Böden durch übermäßige Zufuhr von nitrat- und phosphathaltigen Nährstoffen. Auf der einen Seite wird mit der Nitratrichtlinie von 1992 versucht, die Nitratbelastung einzudämmen. Es ist ein ausdrückliches Ziel des 5. Umweltaktionsprogrammes, die Belastung der Gewässer durch Nitrat mit Hilfe der Richtlinie zu reduzieren. Auf der anderen Seite subventioniert die Europäische Union den Anbau von Silomais. Gerade Maisanbau erfordert einen hohen Einsatz von Düngemitteln. Düngemittel wiederum führen zu einer Nitratbelastung des Grundwassers.[58] Darüberhinaus zählt Mais zu den Pflanzen, die nur schlecht Nitrat aufnehmen können. Die Subventionspolitik konterkariert damit die Umsetzung des Umweltaktionsprogramms. Die Landwirtschaft bleibt auch nach der Verabschiedung des 5. Umweltprogramms die Hauptquelle der Umweltbelastung mit Nitrat.[59] Während zu Beginn der 90er

54 Rechnungshof der EG, Sonderbericht Nr.14/2000 „über die Ökologisierung der Landwirtschaft der GAP" vom 8.12.2000, Amtsblatt der EG, Nr. C 353, S. 1.

55 Barbara Engels, Umweltaktionsprogramme – Chance oder Stolperstein für die europäische Umweltpolitik, a. a. O., S. 70.

56 Ebd., S. 5.

57 Die Konzentration auf einzelne Sektoren im 5. Umweltaktionsprogramm birgt grundsätzlich die Gefahr einer inkohärenten Politik. Vgl. Pamela M. Barnes, Ian G. Barnes, Environmental Policy in the European Union, a. a. O., S. 288.

58 Barbara Engels, Umweltaktionsprogramm – Chance oder Stolperstein, a. a. O., S. 73.

59 European Environment Agency, Environmental Signals 2000, Kopenhagen 2000, S. 32.

Jahre der Einsatz von Düngemitteln und Pestiziden abgenommen hatte, ist seit 1992 wieder ein leichter Anstieg zu verzeichnen.[60]

Ein anderes Beispiel für eine inkohärente Umweltpolitik im Agrarbereich ist die Stützungsregelung für die Erzeugung von Trockenfutter. Für Futter, das auf natürliche Weise in der Sonne getrocknet wird, erhalten die Landwirte einen niedrigen Beihilfesatz. Für Futter, das mit Maschinen getrocknet wird, bekommen die Landwirte einen hohen Zuschuß. Dies hatte quantifizierbare Folgen. Noch 1986 wurden lediglich 61.000 Tonnen Futter mit Maschinen getrocknet. Vier Jahre nach Verabschiedung des 5. Umweltaktionsprogramms wurden 1.414.000 Tonnen künstlich getrocknet, da der höhere Beihilfesatz den Landwirten rentabler schien. Die allein in Spanien für diese Art der Herstellung von Trockenfutter benötigte Energie entspricht dem Stromverbrauch einer Stadt in der Größe von Alicante mit 285.000 Einwohnern. Zur Absorption des zusätzlich erzeugten Kohlendioxids bedürfte es einer Waldfläche von 200.000 Hektar.[61]

Den zweiten Grund für den Mißerfolg der Integration von Umweltbelangen in die Agrarwirtschaft sieht der Rechnungshof in einer fehlgeleiteten Verteilung der europäischen Finanzmittel für umweltbezogene Maßnahmen. Zwar nahmen die Ausgaben für den Umweltbereich in der Landwirtschaft zu,[62] doch verteilten sich die Mittel sehr ungleich auf die Mitgliedstaaten. Während Spanien und Griechenland mit großen Umweltproblemen wie z. B. Gewässerverschmutzung, Überweidung und Bodenerosion nur einen geringen Anteil der Agrarumweltbeihilfen im Zeitraum von 1993 bis 1997 in Anspruch nahmen, waren es Mitgliedstaaten wie Österreich und Deutschland mit einer vergleichsweise günstigeren Situation der Umwelt, die wesentlich höhere Beihilfen erhielten. Da die Höhe der europäischen Mittel von der Kofinanzierung in den Mitgliedstaaten abhängt, profitieren von den Umweltbeihilfen die wohlhabenden Staaten mit einem ohnehin fortgeschrittenen Umweltschutz, während die ärmeren Staaten mit drängenden Umweltproblemen sich die Kofinanzierung nicht leisten können. Der Rechnungshof vertritt die Meinung, daß es den Zielen des 5. Umweltprogramms eher entspräche, die Verteilung der finanziellen Mittel nicht an der Fähigkeit zur Kofinanzierung, sondern am objektiven Bedarf zu orientieren.[63] Die Beihilfen sollten zielgerichtet in den Gebieten der EU eingesetzt werden, in denen die Umweltprobleme der Agrarwirtschaft am gravierendsten sind.[64]

---

60 Ebd., S. 33, Abbildung 6.3.

61 Rechnungshof der EG, Sonderbericht 14/2000 vom 8.12.2000, a. a. O., S. 13.

62 Ebd., S. 6, Tabelle 2: Der Anteil der umweltbezogenen Maßnahmen im Rahmen des EAGFL (Europäischer Ausrichtungs- und Garantiefonds für die Landwirtschaft) nahm von 0,65 % im Jahr 1993 auf 4,5 % im Jahr 1997 zu.

63 Ebd., S. 16.

64 Ebd., S. 14.

Insgesamt führten falsche Methoden der finanziellen Unterstützung und eine inkohärente Umweltpolitik im Agrarbereich zu dem Ergebnis, daß sich in der europäischen Landwirtschaft seit 1990 die wirtschaftliche Effizienz im Gegensatz zur Ökoeffizienz erheblich erhöht hat. Versteht man unter Ökoeffizienz die Reduzierung der Umweltbelastungen durch die Landwirtschaft bei Aufrechterhaltung eines bestimmten Maßes der Produktion von Gütern,[65] dann wurde nach den Berechnungen der Europäischen Umweltagentur die Ökoeffizienz insgesamt durch die Umsetzung des 5. Umweltaktionsprogramms nur wenig verbessert.[66] Die durchschnittliche Menge an eingesetzten Düngemitteln und Pestiziden in der europäischen Landwirtschaft ist Anfang der 90er Jahre zurückgegangen und hat sich seit Mitte der 90er Jahre leicht erhöht.[67].

Die Zielsetzung des 5. Umweltprogramms ist eine Beachtung ökologischer Interessen in den Bereichen der Industrie, der Energie, des Verkehrs, der Landwirtschaft und des Tourismus. In der Umsetzung des Programms zeigt sich für den Bereich der Landwirtschaft noch immer der Vorrang der Ökonomie vor der Ökologie. Die Kommission gibt in ihrer eigenen Evaluation des Programms zu, daß „bei der Einbeziehung von ökologischen Gesichtspunkten in andere Politikbereiche nur sehr bescheidene Erfolge erzielt wurden. Der allgemeine Ansatz des Programms bleibt jedoch weiterhin gültig und bildet den Ausgangspunkt für die künftige Politik.“[68]

Das 6. Umweltaktionsprogramm als Teil dieser künftigen Politik lag seit dem 26. Januar 2001 als Vorschlag der Kommission vor.[69] Bei der Entstehung des Programms wirkten zahlreiche europäische und nationale Akteure mit. Der Entwurf des Programms war im Internet zugänglich, und bis zum 1.6.2001 reichten 31 Bürger, unter ihnen ein Drittel aus Schweden, Kommentare zum Entwurf ein.[70] Die europäische Verbraucherschutzorganisation und die dänische Gewerkschaftsvereinigung folgten der Aufforderung der Kommission, sich an einer Debatte des Programms zu beteiligen. Regionale Verwaltungen, Industrie- und Wirtschaftsverbände nahmen ebenso an der Diskussion teil wie Umweltverbände und Nichtregierungsorganisationen. Von europäischer Seite waren der Wirtschafts- und Sozialausschuß und der Regionalausschuß

65 European Environment Agency, Environmental Signals 2000, a. a. O., S. 30.

66 Ebd., S. 31: „Overall, eco-efficiency in agriculture has improved only slightly since 1990.“

67 Ebd., S. 30 und Tabellen 6.1, 6.3 und 6.5.

68 KOM (1999) 543 endg. vom 24.11.1999, S. 28.

69 KOM (2001) 31 endg. vom 26.1.2001.

70 Barbara Engels, Die Umweltaktionsprogramme – Chance oder Stolperstein für die europäische Umweltpolitik, a. a. O., S. 80. Die Internetadresse lautete: www.europa.eu.int/comm/environment. Das große Interesse der Bürger am Umweltschutz zeigt sich auch an der Tatsache, daß 40 % der 1200 Eingaben im Jahr an den Petitionsausschuß des Europaparlamentes Fragen des Umweltschutzes betreffen. Vgl. Verhandlungen des Europäischen Parlamentes zum 6. Umweltaktionsprogramm am 30.5.2001, Abgeordnete González Álvarez.

in die Willensbildung mit eingebunden. Auch wenn sich der reale Einfluß dieser kollektiven und individuellen Akteure ohne umfangreiche Untersuchungen des Willensbildungsprozesses und ohne Interviews mit den Beteiligten nicht beurteilen läßt, so kann man doch feststellen, daß die Europäische Kommission mit ihrer Vorgehensweise dokumentiert, daß sie an einer Kommunikation über Differenz interessiert ist.

Im Entwurf der Kommission werden mit dem Klimaschutz, dem Schutz von Natur und biologischer Vielfalt, der Beachtung des Zusammenhanges von Umwelt und Gesundheit und der Verbesserung des Abfall- und Ressourcenmanagements vier Prioritäten gesetzt. Die Maßnahmen in diesen vier Schwerpunktbereichen sollen vor allem durch die Einbeziehung der betroffenen Akteure und durch eine verstärkte Nutzung von Marktmechanismen erreicht werden. Der Dialog über die Umweltpolitik soll während aller Phasen des Politikprozesses von der Formulierung bis zur Evaluation eines Programms für alle interessierten Gruppen offen sein.[71] Nichtregierungsorganisationen, die im Bereich der Umwelt tätig sind, sollen als „Sprachrohr“ der Bürger finanziell unterstützt werden.[72] Der Entwurf enthält in seinem rechtlich verbindlichen Vorschlag für einen Beschluß des Europäischen Parlamentes und des Rates allerdings nur wenige quantitative Ziele und konkrete Zeitpläne.[73]

Im Wirtschafts- und Sozialausschuß (WSA) fand im März 2001 eine öffentliche Anhörung über den Entwurf des 6. Umweltaktionsprogramms statt. Der Präsident des WSA, Göke Frederichs, eröffnete die Anhörung mit dem Appell, daß die Europäische Union zu einer wirklichen Verbesserung der Umweltqualität in Europa beitragen müsse. Gute Absichtserklärungen, innovative Ansätze und Vorschläge zu Maßnahmen könnten nicht länger ausreichen: „Was zählt, sind wirkliche konkrete Verbesserungen.“[74] David Grant Lawrence, Direktor in der Generaldirektion Umwelt der Kommission, begründete, weshalb im neuen Programm wichtige Qualitätsziele, aber keine detaillierten quantitativen Ziele enthalten seien. Da man in der politischen Entscheidungsfindung mit den Betroffenen zusammenarbeiten, auf wissenschaftliche Grundlagen rekurrieren und die Wirksamkeit der Maßnahmen beobachten möchte, könne die Kommission keine quantitativen Ziele am Anfang des Prozesses „aus der Luft greifen.“[75]

---

71 KOM (2001) 31 endg. vom 26.1.2001, S. 67.

72 Ebd., S. 68.

73 Ebd., S. 76ff.

74 Protokoll der öffentlichen Anhörung: „Unsere Zukunft liegt in unserer Hand: Gestaltung des 6. Umweltaktionsprogramms der Europäischen Gemeinschaft. Standpunkte der Zivilgesellschaft“, Brüssel, den 7.3.2001, S. 3.

75 Ebd., S. 4.

Mit dieser Argumentation gab sich der Umweltexperte Martin Jänicke nicht zufrieden. Er plädierte für die Aufnahme quantitativer Ziele in die Beschlußvorlage des Programms. Ein zielorientierter Ansatz sei heute in allen Politikbereichen und also auch in der Umweltpolitik das adäquate Verfahren. Der Vorschlag sei auch keineswegs in Gesprächen mit den Betroffenen zustandegekommen, wie dies gern dargestellt werde. Der Vorschlag sei vielmehr „das Ergebnis einer Verständigung zwischen Bürokratien."[76] Konkrete Ziele könnten z. B. die Verringerung des jährlichen Flächenverbrauchs, der Intensität der Tierhaltung pro Hektar, des Benzinverbrauchs von PKW und des absoluten Pro-Kopf-Ressourcenverbrauches betreffen. Auch der Direktor für EU-Politik beim Europäischen Umweltbüro, Christian Hey, monierte das Fehlen konkreter Anhaltspunkte für die zukünftige Strukturierung der europäischen Umweltpolitik. Man lasse zuviel Spielraum, und er vermute, daß sektorale Interessen die Formulierung konkreter Ziele verhinderten.[77]

Der schwedische Umweltminister Jon Kahn als Vertreter des schwedischen Ratsvorsitzes stimmte der von vielen Teilnehmern der Anhörung geäußerten Kritik zu, daß die Gesamt- und Einzelziele des Programms klarer formuliert sein sollten. „Die Umwelt ist ein vordringliches Anliegen des schwedischen Ratsvorsitzes, der danach strebt, daß der Umweltrat seinen Standpunkt zu dem 6. UAP schon im Juni 2001 annimmt. Danach stehen ‚Umwelt', ‚Einbeziehung von Umweltbelangen in andere Politikbereiche' und ‚nachhaltige Entwicklung' ganz oben auf der Tagesordnung des Europäischen Rates von Göteborg und sollen diesen Platz auch in den nächsten Jahren noch einnehmen."[78] Wie sagte der Präsident des WSA zu Beginn der Anhörung: „Als Tagesbilanz mögen gute Absichtserklärungen ... von Bedeutung sein, sie reichen aber nicht aus: Was zählt, sind wirkliche konkrete Verbesserungen."[79]

Zum ersten Mal in der Geschichte der europäischen Umweltpolitik wurde ein Umweltaktionsprogramm im Verfahren der Mitentscheidung verabschiedet. Die Abgeordneten des Europäischen Parlamentes haben während der ersten Lesung am 30. Mai 2001 und während der zweiten Lesung am 16. Januar 2002 ähnlich wie einige Experten kritisiert, daß konkrete quantitative und qualitative Ziele fehlen.[80] Die Kritik blieb nicht folgenlos. Im Vergleich zum Entwurf wurden z. B. die Zielsetzungen im Bereich der Klimaänderung prä-

76 Ebd., S. 9.

77 Ebd., S. 11.

78 Ebd., S. 15.

79 Ebd., S. 3.

80 Verhandlungen des Europäischen Parlaments vom 30.5.2001 und vom 16.1.2002, http://www.europarl.eu.int/plenary/default_de.htm.

zisiert.[81] Das am 22. Juli 2002 von Europäischem Parlament und Rat beschlossene 6. Umweltaktionsprogramm,[82] dessen Laufzeit zehn Jahre beträgt, enthält konkrete Zielvorgaben, die mit präzise formulierten Maßnahmen umgesetzt werden sollen.[83] Zu diesen Maßnahmen gehören neben der Überwachung der Implementation der Rechtsnormen auch Kooperation und Kommunikation. Der im Programm vorgesehene Informationsaustausch zwischen den Mitgliedstaaten über „die beste Praxis bei der Umsetzung" (Art. 3 Abs.2) könnte zur Basis einer kontinuierlichen Kommunikation über Differenz im Prozeß der Umsetzung des Aktionsprogramms werden.

3. Die Klimapolitik

Die ökologische, die ökonomische und die soziale Nachhaltigkeit als Ziele einer umweltgerechten Entwicklung sind angesprochen, wenn es um die Klimapolitik geht (vgl. oben Abbildung V.1). Die Verfolgung dieser Ziele ist mit erheblichen Interessenkonflikten verbunden. Das Ausscheren der USA aus den Vereinbarungen des Kyoto-Protokolls im Juli 2001 ist nur ein aktuelles Beispiel für die Schwierigkeiten, die damit verbunden sind, einen Konsens zwischen den Staaten über das Maß an Umweltschutz, die quantitative und qualitative Gestaltung des Wirtschaftswachstums und die gerechte Verteilung der Lasten zu finden.[84]

Die Klimapolitik ist eng mit der Luftreinhaltepolitik verbunden. Es sind sowohl intramediale als auch intermediale Wechselwirkungen zu beachten. Intramediale Wechselwirkungen innerhalb der Atmosphäre kommen zustande, weil die unterschiedlichen Eigenschaften ein und desselben Luftschadstoffes Treibhauseffekt und Ozonloch verursachen können. Intermediale Wechselwirkungen ergeben sich z. B. bei der Belastung des Grundwassers durch Luftschadstoffe über den Pfad Luft-Boden-Wasser. Solche medienübergreifenden Wechselwirkungen machen es erforderlich, Ziele in Bezug auf Umweltmedien wie das Wasser und den Boden festzulegen, die Maßnahmen aber in den Bereichen der Luftreinhaltung zu ergreifen.[85]

Schon in den 80er Jahren hat die Europäische Gemeinschaft Luftreinhaltepolitik betrieben. Es wurden Richtlinien zu den Grenzwerten von Schwefeldi-

81 Artikel 5 Abs. 1 des Umweltaktionsprogrammes vom 22.7.2002 im Vergleich zu Artikel 4 Abs. 1 des Kommissionsentwurfes vom 26.1.2001. Vgl. Europäisches Parlament, Bericht über den vom Vermittlungsausschuß gebilligten gemeinsamen Entwurf vom 16.5.2002.

82 Beschluß Nr. 1600/2002/EG des Europäischen Parlamentes und des Rates vom 22. Juli 2002 über das 6. Umweltaktionsprogramm der Europäischen Gemeinschaft, Amtsblatt der EG vom 10.9.2002, Nr. L 242, S. 1.

83 So auch Christoph Knill, Europäische Umweltpolitik, a. a. O., S. 52.

84 Udo Ernst Simonis, Weltumweltpolitik, a. a. O., S. 529.

85 Rat von Sachverständigen für Umweltfragen, Umweltgutachten 2000, Bundestags-Drucksache 14/3363 vom 14.3.2000, S. 304.

oxid und Schwebestaub in der Luft,[86] zum Grenzwert für den Bleigehalt in der Luft,[87] zur Bekämpfung der Luftverunreinigung durch Industrieanlagen,[88] zu Luftqualitätsnormen für Stickstoffdioxid[89] und zur Begrenzung von Schadstoffemissionen von Großfeuerungsanlagen in die Luft[90] verabschiedet. Die Richtlinie zu den Großfeuerungsanlagen kam erst nach zähen Verhandlungen zustande, weil sich das Vereinigte Königreich gegen eine Festlegung von Emissionswerten wehrte. Im Vereinigten Königreich orientierte man sich an der Qualität der Umwelt vor Ort und nicht an Grenzwerten der Emissionen. Der nach fünf Jahren erreichte Kompromiß blieb weit hinter den ursprünglich geplanten Reduktionsraten für Schwefeldioxid, Stickoxide und Staub zurück und enthielt darüberhinaus zahlreiche Sonderregelungen.[91]

Mitte der 80er Jahre wurde auch die Richtlinie zur Umweltverträglichkeitsprüfung verabschiedet,[92] die in Deutschland mit großer zeitlicher Verzögerung im Februar 1990 in nationales Recht umgesetzt wurde. Nach dieser Richtlinie müssen u. a. die mittelbaren und unmittelbaren Auswirkungen von Projekten für die Luft und für das Klima geprüft werden. Es ist ein Nachteil dieser Richtlinie, daß keine konkreten Umweltqualitätsstandards angegeben werden, anhand derer die Auswirkungen eines Projektes auf die Umwelt geprüft werden können. In der Richtlinie heißt es nur, daß die Umweltverträglichkeit in „geeigneter Weise nach Maßgabe eines jeden Einzelfalls“ zu beschreiben und zu bewerten ist (Art. 3). Für das deutsche Gesetz zur Implementation der Richtlinie wurde unter Leitung von Carl Böhret ein Planspiel durchgeführt, an dem u. a. Mitarbeiter der BASF, der Bayer AG, der Hoechst AG, Beamte der Zulassungs- und Fachbehörden, kommunale Wahlbeamte und Experten des Ökoinstitutes Darmstadt teilnahmen. Die Teilnehmer und Teilnehmerinnen waren also Personen, die bei der Umsetzung des Gesetzes an verantwortlichen Stellen mitwirkten. Es ist ein Ergebnis des Planspiels, daß 82,4 % dieser Personen der Meinung waren, daß bundeseinheitliche Qualitätsstandards für die Luftbeschaffenheit, das Grundwasser und die Bodenbeschaffenheit die Umsetzung der Richtlinie erheblich erleichtern würden.[93]

Die europäische Luftreinhaltepolitik in den 80er Jahren wurde in der Regel auf der Basis des Binnenmarktartikels 100 EGV in Verbindung mit der Vorschrift für „unvorhergesehene Fälle“ in Artikel 235 EGV verabschiedet. Das

86 Richtlinie 80/779/EWG vom 15.7.1980.
87 Richtlinie 82/884/EWG vom 3.12.1982.
88 Richtlinie 84/360/EWG vom 28.6.1984.
89 Richtlinie 85/203/EWG vom 7.3.1985.
90 Richtlinie 88/609/EWG vom 24.11.1988.
91 Adrienne Héritier et al., Die Veränderung von Staatlichkeit in Europa. Ein regulativer Wettbewerb: Deutschland, Großbritannien, Frankreich, a. a. O., S. 226.
92 Richtlinie 85/337/EWG vom 27.6.1985.
93 Carl Böhret, Michael Hofmann, Umweltverträglichkeit. Test von Umweltrecht im Planspiel, Frankfurt, Bern, New York, Paris: Peter Lang 1992, S. 132.

Europäische Parlament wurde nur angehört und blieb bei den Entscheidungen außen vor. Umweltpolitische Maßnahmen wie beispielsweise die Umweltverträglichkeitsrichtlinie kamen in einem Zusammenspiel zwischen Kommissionsbeamten, nationalen Beamten und Vertretern der Verbände zustande.[94] Der Erfolg der halbherzigen Luftreinhaltepolitik war sehr begrenzt. Die Emissionen von Kohlendioxid, CO 2, dem wichtigsten anthropogenen Treibhausgas, sind im Zeitraum von 1985 bis 1990 in der Europäischen Union weiter gestiegen.[95]

Die europäische Luftreinhaltepolitik befand sich in den 80er Jahren noch im Stadium der Anfangsphase, in der typischerweise Standards für einzelne Umweltmedien formuliert werden, und Fragen zur Finanzierung von Technologien zur Verminderung von Schadstoffen im Vordergrund stehen. Erst später wird im Verlauf der umweltpolitischen Entwicklung die Möglichkeit einer Einschränkung des Ressourcenverbrauchs thematisiert.[96]

Der Durchbruch zur Berücksichtigung des Ressourcenverbrauchs und der Integration von Luftreinhaltemaßnahmen und Klimaschutz gelang auf der Basis der neuen umweltpolitischen Kompetenzen der Einheitlichen Europäischen Akte und des Engagements der Akteure auf der internationalen Ebene zu Beginn der 90er Jahre. Die Europäische Union erhielt ähnlich wie die Nationalstaaten[97] Impulse durch die internationalen Aktivitäten und übernahm dann selbst eine führende Rolle in den internationalen Klimaverhandlungen.

Das schon erwähnte Rahmenübereinkommen der Vereinten Nationen über Klimaänderungen vom Juni 1992 beschleunigte die europäische Klimapolitik. Es ist das Ziel des Abkommens, die Konzentrationen der Treibhausgase in der Atmosphäre auf einem Niveau zu erreichen, „auf dem eine gefährliche anthropogene Störung des Klimasystems verhindert wird“ (Artikel 2). Die

94 Detlev Albert, Die umweltpolitische Steuerungsfähigkeit der Europäischen Gemeinschaft, Frankfurt, Berlin, Bern, New York, Paris, Wien: Peter Lang 1997, S. 198. Der Verfasser zitiert den deutschen Delegationsleiter im Ministerrat mit dem Ausspruch: „Jeder große Industrieverband hat zu dieser Zeit mehr Einfluß gehabt. Das EP hatte faktisch keine Relevanz, nur verfahrensmäßig, da wir auf seine Stellungnahme warten mußten.“

95 Europäische Umweltagentur, Umwelt in der EU – an der Wende des Jahrhunderts. Ein Überblick, a. a. O., S. 20. Vgl. den zweiten Lagebericht der Umweltagentur von 1998, S. 20 die Tabelle zu den CO 2 Emissionen in Europa.

96 Martin Jänicke, Helmut Weidner, Global Environmental Policy Learning. In: dies. (Hrsg.), National Environmental Policies. A Comparative Study of Capacity Building, Berlin, Heidelberg: Springer 1997, S. 307. Auch wenn sich typische Verläufe feststellen lassen, so sind die umweltpolitischen Entwicklungsprozesse gleichwohl keine gleichmäßigen, linearen Prozesse. Vgl. Martin Jänicke, The Political System's Capacity for Environmental Policy. In: Helmut Weidner, Martin Jänicke (Hrsg.), Capacity Building in National Environmental Policy. A Comparative Study of 17 Countries, Berlin, Heidelberg: Springer 2002, S. 12.

97 Ebd., S. 301.

klimarelevanten Gase in einer vom Menschen unbeeinflußten Atmosphäre sind Wasserdampf (H2O), Kohlendioxid (CO2), Ozon (O3), Distickstoffoxid (N2O) und Methan (CH4). Durch die vom Menschen verursachten Emissionen steigen die Konzentrationen dieser natürlichen Gase in der Atmosphäre an und verstärken den Treibhauseffekt. Dieser Effekt wird zusätzlich durch die in der natürlichen Atmosphäre nicht vorkommenden, vom Menschen produzierten Kohlenwasserstoffverbindungen wie FCKW beschleunigt. Wasserdampf, Kohlendioxid, Ozon, Distickstoffoxid, Methan und FCKW sind die sechs sog. „Treibhausgase".[98]

Diese Gase bewirken, daß die kurzwellige Sonnenstrahlung nahezu ungehindert durch die Atmosphäre zur Erdoberfläche gelangen kann und die langwellige Wärmestrahlung stark absorbiert wird. Die wärmeisolierende Wirkung der Spurengase ergibt den Treibhauseffekt, der zu einer Temperaturerhöhung der Erde führt.[99] Der erwartete globale Temperaturanstieg von 1,4 bis 5,8 Grad Celsius bis zum Jahr 2100[100] im Vergleich zu 1990 würde wahrscheinlich schwerwiegende Probleme wie Wetterextreme, Trockenheit und Bodenerosion mit sich bringen und den Zustand der Umwelt in großen Teilen der Welt verschlechtern.[101] Die Kenntnisse über die Folgen der Erwärmung der Erdatmosphäre gelten als unzulänglich. Bedenkt man, daß jede Klimaänderung wegen der Nichtlinearität des Klimasystems zu völlig unerwarteten Entwicklungen führen kann,[102] wird deutlich, mit welchen Problemen die Klimaforschung konfrontiert ist.

Da man in der Klimakonvention von Rio noch keine Werte zur Verminderung der Treibhausgase vereinbart hatte, stand die Frage konkreter Reduktionsverpflichtungen für Treibhausgase innerhalb bestimmter Zeiträume auf der Agenda der Konferenz in Kyoto im Dezember 1997. Die Europäische Union hat diese Konferenz mit einer umfangreichen Dokumentation ihres Konzeptes vorbereitet.[103]

Die Europäische Union schlägt in ihrem Konzept für Kyoto vor, bis zum Jahr 2010 für drei Treibhausgase die Emissionen um 15 % zu verringern. Bei den

---

98 Enquete-Kommission „Schutz der Erdatmosphäre" des Deutschen Bundestages, „Klimaänderung gefährdet globale Entwicklung", Bonn: Economica Verlag 1992, S. 212.

99 Enquete-Kommission „Schutz der Erdatmosphäre" des Deutschen Bundestages (Hrsg.), „Schutz der Grünen Erde. Klimaschutz durch umweltgerechte Landwirtschaft und Erhalt der Wälder", Bonn: Economica Verlag 1994, S. 6, S. 695.

100 IPPC (Intergovernmental Panel on Climate Change), Third Assessment Report,19.2.2001. Die Konferenz geht also inzwischen von einem höheren mittleren globalen Temperaturanstieg als den im 2. Bericht prognostizierten 2 Grad Celsius nahe der Erdoberfläche bis zum Jahr 2100 aus. Vergleichsjahr aller Berechnungen ist das Jahr 1990.

101 Udo Ernst Simonis, Weltumweltpolitik, a. a. O., S. 528.

102 WBGU, Wissenschaftlicher Beirat der Bundesregierung für globale Umweltveränderungen, Ziele für den Klimaschutz, Bremerhaven 1997, S. 6.

103 KOM (97), 481 endg. vom 1.10.1997.

Gasen handelt es sich um Kohlendioxid, Methan und Distickoxid. Von diesen drei Gasen wiederum ist Kohlendioxid das wichtigste Treibhausgas, weil es für 80 % der globalen Erwärmung verantwortlich ist, wenn man die Gase nach ihrem globalen Erwärmungspotential gewichtet.[104] Im Konzept der Kommission werden daher auch in erster Linie die Kohlendioxid-Emissionen behandelt. Diese Emissionen konnten in den Mitgliedstaaten der Europäischen Union im Zeitraum von 1990 bis 1995 nur geringfügig reduziert werden, und erreichten 2001 einen Wert, der über dem Wert von 1990 lag (vgl. Tabelle V.1).

104 Ebd., S. 2.

Tabelle V.1: CO_2-Emissionen der EU-Mitgliedstaaten 1990, 1995, 2001 (in Gg)

Mitgliedstaaten	1990	1995	2001
Belgien	117.749	127.454	126.803
Dänemark	52.659	61.130	54.355
Deutschland	1.014.439	898.758	870.762
Finnland	62.459	62.676	67.692
Frankreich	395.272	394.869	411.353
Griechenland	84.336	87.644	105.875
Irland	31.797	34.759	46.460
Italien	428.178	438.985	460.760
Luxemburg	10.152	7.078	5.482
Niederlande	159.270	172.402	179.855
Österreich	60.113	62.627	69.120
Portugal	43.809	52.546	64.892
Schweden	56.489	59.031	55.269
Spanien	227.400	254.386	307.248
Vereinigtes Königreich	585.016	548.617	557.628
EU15	**3.329.139**	**3.262.960**	**3.383.556**

Quelle: European Environment Agency, Annual European Community greenhouse gas inventory 1990-2001 and inventory report 2003, Kopenhagen 2003, S. 25.
1 Gg = 1 Gigagramm = 10^9 Gramm (g) = 1 Kilotonne (kt) = 1000 Tonnen (t)

Ein besonders problematischer Bereich für Emissionen von Kohlendioxid ist der Verkehrssektor, weil in diesem Bereich durch den wachsenden Straßen- und Luftverkehr mit einem starken Anstieg von Emissionen gerechnet wird.[105] Es wird sich erst noch zeigen, ob die Erwartung der Kommission, durch eine Liberalisierung des Eisenbahnverkehrs geringere Kosten für das Nutzen der Bahn und auf diese Weise die Verlagerung eines Teiles des Straßenverkehrs auf die Schiene zu erreichen, realistisch ist.

Die ökonomischen und sozialen Aspekte einer Reduzierung der genannten drei Treibhausgase sind in das Konzept der Kommission für Kyoto integriert. Es sollen Maßnahmen verabschiedet werden, die keine zu hohen Kosten verursachen und als sozial tragbar gelten können. Es wird aber nicht so getan, als könne man den Klimaschutz kostenlos und ohne Änderung sozialer Verhaltensmuster und Gewohnheiten bekommen. Neue Technologien müßten

105 Ebd., S. 5.

finanziert, Produktionsverfahren geändert und der Anteil erneuerbarer Energie gesteigert werden. Vergleicht man das Konzept der Klimapolitik mit dem Konzept des Weißbuches zum Binnenmarkt, dann fällt die vorsichtige Sprache im Klimakonzept auf. Gab man bei der Strategie zur Verwirklichung des Binnenmarktes noch vor, genau zu wissen, wie hoch der finanzielle Gewinn für die Unternehmen sein werde, so heißt es nun: „Der Nutzen einer Klimastrategie läßt sich finanziell nur schwer quantifizieren. Das liegt vor allem an der globalen und generationenübergreifenden Wirkung der Klimaänderungen. Hinzu kommt, daß sich für Aspekte wie Umweltschutz und Auswirkungen auf die menschliche Gesundheit nicht ohne weiteres finanzielle Äquivalente finden lassen."[106] Diese Herangehensweise zeigt deutlich den Abschied der Kommission von rein ökonomischen Kriterien und die Öffnung für einen Lösungsansatz, in dem ökologische, soziale und ökonomische Kriterien gleichermaßen eine Rolle spielen. Auch der Zeitfaktor wird berücksichtigt, da als Grund für rasches Handeln die lange Zeitspanne zwischen umweltschützenden Maßnahmen und dem Erfolg der Maßnahmen genannt wird.[107] Dieser Zeitfaktor sei auch bei der Schätzung der Kosten in Rechnung zu stellen: „In der Regel sind erst recht hohe Investitionen in Schadensminderungstechnologien oder die Änderung von Verhaltensmustern erforderlich, bevor geringere Inputkosten, positive Nebeneffekte und die Kernvorteile zum Tragen kommen."[108]

Eine wichtige Rolle spielt die internationale Gerechtigkeit im Konzept der Kommission. Da die Emissionen in den Industrieländern 1990 insgesamt 75 % der globalen Emissionen ausmachen und in den Industrieländern die Emissionen pro Kopf zehnmal höher sind als in den Entwicklungsländern, müßten die Industrieländer stärker zu sofortigem Handeln verpflichtet werden.[109]

Der Wissenschaftliche Beirat der Bundesregierung „Globale Umweltveränderungen", WBGU, kritisierte das von der Europäischen Kommission und vom Umweltministerrat vorgeschlagene Ziel einer 15-prozentigen Reduktion der Treibhausgase bis 2010 als unzureichend. Wenn die Treibhausgase auf einem Niveau stabilisiert werden sollten, das eine gefährliche, vom Menschen verursachte Störung des Klimas verhindern könne, dann müßten die Industrieländer ihre Treibhausgase bis 2010 um 23 % und bis 2020 um 43 % reduzieren.[110] Der Beirat betonte, daß sein Ansatz dem Umweltschutz keine Priorität vor wirtschaftlichen und sozialen Zielen einräume, sondern lediglich Werte der Klimaentwicklung nenne, die auf gar keinen Fall hinnehmbar seien. Die

106 Ebd., S. 12.
107 Ebd., S. 4.
108 Ebd., S. 13.
109 Ebd., S. 20.
110 WBGU, Ziele für den Klimaschutz 1997, S. 1.

genannten Werte seien daher Mindestanforderungen für den globalen Klimaschutz.[111]

Selbst bei Einhaltung der Mindestanforderungen des WBGU werde der Meeresspiegel ansteigen. Es werde geschätzt, daß gegenwärtig pro Jahr 46 Millionen Menschen einer Sturmflut ausgesetzt sind. Steige der Meeresspiegel um 50 cm, dann könne sich diese Zahl verdoppeln.[112] Inzwischen prognostiziert die zwischenstaatliche Konferenz für den Klimawandel (IPCC) in ihrem dritten Bericht von 2001 einen Anstieg des Meeresspiegels bis zum Jahr 2100 um 9 bis 88cm! Zu Recht also warnte der Wissenschaftliche Beirat kurze Zeit vor der Konferenz von Kyoto: „Es ist nicht auszuschließen, daß die Menschheit eine Veränderung ihrer Umwelt im globalen Maßstab riskiert – sollte ihr bei der Emission von Treibhausgasen keine Trendwende gelingen. Diese Veränderung vollzöge sich in einem Ausmaß und mit einer Geschwindigkeit, wie sie in den letzten 10.000 Jahren noch nie aufgetreten ist. Vieles deutet darauf hin, daß die Kosten des Nichthandelns größer sein werden als die Kosten des Handelns."[113]

Wie sah das Handeln der internationalen Akteure in Kyoto im Dezember 1997 aus? Auf der Konferenz wurde beschlossen, daß die Industrieländer im Zeitraum von 2008 bis 2012 ihre gesamten Emissionen der Treibhausgase in Kohlendioxidäquivalenten um mindestens 5 % unter das Niveau von 1990 senken.[114] Dies ist gerade einmal ein Fünftel des Wertes, den der Beirat für globale Umweltpolitik vorgeschlagen hat! Die Europäische Union hat in Kyoto die Verpflichtung übernommen, ihre Emissionen der Treibhausgase um 8 % zu verringern.[115]

Waren schon die in Kyoto vereinbarten Reduktionsziele der Emissionen nach den Kriterien des Wissenschaftlichen Beirates für globale Umweltpolitik unzureichend, um wieviel weniger adäquat sind dann erst die Beschlüsse von Bonn. Auf der Konferenz von Bonn im Juli 2001 wurde beschlossen, aufgeforstete Waldflächen als Kohlenstoffspeicher anzuerkennen. Die Anrechnung der Wälder führt zu einer erheblichen Minderung der Reduktionsziele des Kohlendioxids von 5,2 % auf schätzungsweise 1,8 % im Vergleich zu 1990. Auf die zahlreichen Probleme, die mit einer Anrechnung von Wiederaufforstungen auf die Reduktionsverpflichtungen bei Kohlendioxidemissionen verbunden sind, hatte schon der Wissenschaftliche Beirat für globale Um-

111 Ebd., S. 10.

112 Ebd., S. 15.

113 Ebd., S. 6-7.

114 Protokoll von Kyoto zum Rahmenübereinkommen der Vereinten Nationen über Klimaänderungen vom 11.12.1997, Artikel 3.

115 Ebd., Anlage B.

weltveränderungen in einem Sondergutachten von 1998 hingewiesen.[116] Nach wissenschaftlichen Kriterien ist der Kompromiß von Bonn ein Mißerfolg für den globalen Klimaschutz. Die Alternative bestand jedoch darin, zu keinem Ergebnis zu kommen und damit die Ratifizierung des Protokolls von Kyoto zu gefährden. Der Kompromiß, dem 178 Staaten zustimmten, ist als Beginn eines möglichen Erfolges für den Klimaschutz zu werten.[117]

Bei den zähen zwischenstaatlichen Verhandlungen spielte die Europäische Union eine wichtige Rolle.[118] Die Einigung auf einen Kompromiß zur Ratifizierung des Kyoto-Protokolls während der Bonner Konferenz im Juli 2001 ist maßgeblich auf die Europäische Union zurückzuführen. „EU rettet trotz schmerzlicher Zugeständnisse Kyoto"[119] – „Europäer führen Verhandlungen ohne USA zum Erfolg"[120] lauteten die Kommentare in der Presse. Im International Herald Tribune war zu lesen, daß es zu einem großen Teil die Europäische Union gewesen sei, die den Abschluß des Umweltvertrages „angefeuert" habe.[121] Wie ist es zu dieser Rolle der Europäischen Union gekommen? Margot Wallström, Mitglied der Kommission für Umweltschutz, führte den Erfolg der Europäer auf eine geschlossene Haltung zurück. „Führung bedeutet immer auch das Risiko, daß innere Uneinigkeit entsteht. Aber wir sind hier einig geblieben."[122] Das Selbstverständnis der Europäischen Kommission als eines wichtigen Akteurs auf der internationalen Ebene zeigte sich auch in ihrem Konzept zur Klimapolitik „nach Kyoto" und in ihrem Vorschlag für den Europäischen Rat in Göteborg. Die europäischen Programme zur Förderung der ökologischen, ökonomischen und sozialen Nachhaltigkeit wurden als Beitrag zur weltweiten Verwirklichung einer nachhaltigen Entwicklung definiert.[123]

Obwohl in Bonn weitreichende Abstriche von der ursprünglich geplanten Reduktion des weltweiten Ausstoßes von Kohlendioxid gemacht wurden, darf man das Signal von Bonn nicht unterschätzen. Das Abkommen wird den

---

116 WBGU, Sondergutachten 1998: Die Anrechnung biologischer Quellen und Senken im Kyoto-Protokoll: Fortschritt oder Rückschritt für den globalen Umweltschutz?

117 Die USA und Saudi-Arabien haben sich bei der Abstimmung enthalten, da sie ohnehin das Kyoto-Protokoll nicht ratifizieren wollen.

118 Pamela M. Barnes, Ian G. Barnes, Environmental Policy in the European Union, a. a. O., S. 291-293.

119 Süddeutsche Zeitung vom 24.7.2001, S. 5.

120 Financial Times Deutschland vom 24.7.2001, S. 11.

121 International Herald Tribune vom 24.7.2001, S. 1: „On Monday morning, largely galvanized by the European Union, 178 countries consented to detailed language that moved the proposed treaty ... toward a binding environmental contract."

122 Margot Wallström zit. in: Financial Times Deutschland vom 24.7.2001, S. 11.

123 KOM (2001) 264 endg. vom 15.5.2001, S. 10: „Daher ist es wichtig, daß alle Maßnahmen, die wir treffen, um in Europa eine nachhaltige Entwicklung zu verwirklichen, zur nachhaltigen Entwicklung im Rest der Welt beitragen." Vgl. KOM (1998) 353 endg. vom 3.6.1998: "Klimaänderungen – Zu einer EU-Strategie nach Kyoto", S. 29-35: Die Außendimension der EU-Strategie.

Industriestaaten Veränderungen ihres Energieverbrauchs, ihrer Mobilitäts- und Konsumformen abverlangen. Die Botschaft lautet: „Globalisierung bedeutet nicht nur den freien Austausch von Waren und Kapital. Im Prinzip ist auch die Globalisierung des Umweltschutzes möglich."[124] Eine Europäische Union, die sich im wesentlichen um den Binnenmarkt und das ökonomische Wachstum kümmert, hätte gewiß keine geeignete Kandidatin für eine Vorreiterrolle bei der Globalisierung des Klimaschutzes sein können.[125]

4. Der Umweltschutz im Bereich der Gentechnik

Nationale Regierungen und Forschungsinstitutionen in Deutschland und im Vereinigten Königreich haben im Frühjahr 2001 einen Kurswechsel in der Gentechnikpolitik eingeschlagen. Die Forschung mit embryonalen Stammzellen, die bisher aus ethischen Gründen abgelehnt wurde, soll nach einer Empfehlung der Deutschen Forschungsgemeinschaft vom 3. Mai 2001 zunächst an importierten Stammzell-Linien erlaubt sein.[126] Die Wissenschaftlerinnen Regine Kollek und Ingrid Schneider erklären die Eile, mit der ethische Maßstäbe in der Stammzellforschung über Bord geworfen werden, mit einem Wettlauf um die Patentierung. Diese ökonomischen Interessen aber würden von der Deutschen Forschungsgemeinschaft verschwiegen. Die embryonale Stammzellenforschung werde nicht so sehr wegen des Heilens von Krankheiten vorangetrieben, sondern wegen der Patentrechte. Das Motto laute: „Wer zu spät kommt, den bestraft das Patentamt."[127] Ähnlich argumentiert Erwin Chargaff, Chemiker und einer der ‚Urväter der Genforschung'. Die Naturwissenschaft sei Teil der Marktwirtschaft geworden, und jedes Argument müsse finanziellen Überlegungen weichen. Da die Forschung immer Gefahr laufe, auszuarten, sei es ratsam, den Schutz der Embryonen sehr genau zu regeln.[128]

Während es als neuer Trend einiger nationaler Regierungen gelten kann, in der Gentechnik den Gesichtspunkten der Ökonomie und des Forschens Priorität vor ethischen Maßstäben einzuräumen, macht die Europäische Union diesen Richtungswechsel bisher nicht mit. Am 12. März 2001 wurde eine Richtlinie zur Freisetzung genetisch veränderter Organismen vorgelegt, in

---

124 Wolfgang Roth, Die Klimakarawane ist unterwegs. In: Süddeutsche Zeitung vom 24.7.2001, S. 4.

125 Jeremy Rifkin, Der Europäische Traum, a. a. O., S. 363.

126 Der Deutsche Bundestag hat am 25.4.2002 das Stammzellengesetz mit 360 zu 190 Stimmen bei 9 Enthaltungen verabschiedet. Das Gesetz erlaubt den Import embryonaler Stammzellen, die vor dem 1.1.2002 gewonnen wurden, unter strengen Auflagen.

127 Regine Kollek, Ingrid Schneider, Verschwiegene Interessen. Die DFG-Position zur Stammzellenforschung und der Streit um den Import embryonaler Stammzellen." In: Süddeutsche Zeitung vom 5.7.2001, S. 19.

128 Interview mit Erwin Chargaff. In: Frankfurter Allgemeine Zeitung vom 2.6.2001, S. 41.

der die ökonomischen Kriterien gerade nicht die ausschlaggebende Rolle spielen. Auch wenn es sich um einen völlig anderen Bereich der Gentechnik handelt, so ist der Unterschied zwischen Entwicklungen auf der nationalen und der europäischen Ebene gleichwohl ins Gewicht fallend. In der Freisetzungsrichtlinie der Europäischen Union ist die Idee einer nachhaltigen Entwicklung prägend (vgl. Abbildung V.1). Am Beispiel dieser Richtlinie möchte ich den Wandel der europäischen Gentechnikpolitik von einer starken Orientierung an ökonomischen Kriterien zu einer Öffnung für ökologische und ethische Kriterien skizzieren.

Mit der Freisetzung genetisch veränderter Organismen (GVO) in die Umwelt sind eine Reihe von ökologischen Gefahren verbunden. Zu diesen Gefahren zählt bei genetisch veränderten Pflanzen, die das Gros der bisherigen Freisetzungen ausmachen, die mögliche Gefährdung der Artenvielfalt durch Kreuzung gentechnisch veränderter Pflanzen mit verwandten Arten in Wildpopulationen, durch Verwilderung gentechnisch veränderter Nutzpflanzen und durch die Verdrängung natürlicher Pflanzen wegen der größeren Widerstandsfähigkeit der veränderten Pflanzen.[129] Eine herbizidresistente Pflanze besitzt zunächst nur auf der Anbaufläche, die mit dem entsprechenden Herbizid behandelt wird, einen Vorteil und höhere Fitneß. Die erworbene Herbizidresistenz führt jedoch zu weiteren tiefgreifenden Veränderungen des Pflanzenstoffwechsels, die über das Vermögen, Herbizide abzubauen, hinausgehen und zu einer Verminderung oder Steigerung der Fitneß führen. So kann es sein, daß sich eine herbizidresistente Pflanze besser an Umweltschadstoffe anpaßt und natürliche Pflanzen verdrängt.[130] Als ökologisch sinnvoll wird man einen solchen Effekt der Gentechnik kaum betrachten wollen. Bislang liegen keine ausreichenden Erfahrungen vor, um zu beurteilen, wie die natürliche Umwelt durch gentechnisch veränderte Pflanzen langfristig verändert wird.[131]

Viele Risiken, die mit transgenen Pflanzen verbunden sind, unterscheiden sich nicht von den Risiken bei einer konventionellen Züchtung.[132] Inhaltsstoffe in Pflanzen mit toxischem und allergenem Potential entstehen nicht nur in gentechnisch veränderten, sondern auch in konventionell gezüchteten Pflanzen.[133] Prozesse wie ein Gentransfer über Artgrenzen hinweg können auch in der Natur vorkommen.[134] Gleichwohl ist die Vergleichbarkeit zwischen na-

---

129 Rat von Sachverständigen für Umweltfragen, Umweltgutachten 1998, Bundestags-Drucksache 13/10195 vom 3.3.1998, S. 299.

130 Ebd., S. 282.

131 Ebd., S. 277.

132 Dies betont Wolfgang van den Daele, Risikodiskussion am ‚Runden Tisch'. Partizipative Technikfolgenabschätzung zu gentechnisch erzeugten herbizidresistenten Pflanzen. In: Renate Martinsen (Hrsg.), Politik und Biotechnologie. Die Zumutung der Zukunft, Baden-Baden: Nomos 1997, S. 282ff.

133 Rat von Sachverständigen für Umweltfragen, Umweltgutachten 1998, a. a. O., S. 278.

134 Ebd., S. 283.

türlicher Evolution, traditioneller Züchtung und Gentechnik begrenzt. „Die Durchmischung der Erbinformation ist ein Vorgang, den die Natur seit jeher als treibende Kraft der Evolution benutzt hat. Trotzdem weist der Umweltrat darauf hin, daß die gezielte Konstruktion eines gentechnisch veränderten Organismus im Labor, insbesondere über Artschranken hinweg, einen Vorgang darstellt, der im natürlichen Geschehen niemals oder nur sehr viel langsamer abgelaufen wäre. Die Auswirkungen dieses Eingriffs in das evolutionäre Geschehen können – vor allem auf lange Sicht – naturwissenschaftlich nicht eindeutig beurteilt werden."[135] Im Gegensatz zum Forschungsbedarf werden weltweit nur 1 % aller Freisetzungen mit einer ökologischen Begleitforschung verbunden.[136] Da das Freisetzen transgener Organismen nicht rückgängig gemacht werden kann, wird empfohlen, bei Freisetzungsexperimenten mit größter Vorsicht vorzugehen.[137]

Der Sachverständigenrat kritisierte deshalb in seinem Gutachten von 1998 die Pläne der Europäischen Kommission, ein vereinfachtes Verfahren für Freisetzungen mit geringeren Anforderungen an die Information und mit kürzeren Entscheidungsfristen einzuführen. Diese vereinfachten Verfahren sollten für Freisetzungen von gentechnisch veränderten Organismen möglich sein, die bestimmte Risikokriterien erfüllten und für die schon Erfahrungen vorlägen. Unterschiedliche Risikokategorien könne man erst dann zur Grundlage differenzierter Verfahren machen, wenn es gelänge, solche Kategorien operational zu definieren. Der Kenntnisstand über die Folgen gentechnisch veränderter Organismen für die Umwelt erlaube es nicht, das Zulassungsverfahren zu deregulieren. Erst ein Genregister, eine Ausweitung der Begleitforschung und ein Monitoring nach der Zulassung könnten die Voraussetzungen für eine Deregulierung schaffen.[138]

Die Europäische Kommission hatte in der Tat Mitte der 90er Jahre geplant, die Freisetzungsrichtlinie von 1990 zu novellieren und die Zulassungsverfahren zu vereinfachen. Sowohl die Mitteilung der Kommission „Biotechnologie und das Weißbuch über Wachstum, Wettbewerbsfähigkeit und Beschäftigung" von 1994 als auch der Entwurf für eine neue Freisetzungsrichtlinie vom November 1997[139] enthielten Pläne für ein weniger informatives und weniger striktes Zulassungsverfahren für bestimmte gentechnisch veränderte Organismen. Im Weißbuch wird die Gemeinschaft aufgefordert, den ord-

135 Ebd., S. 284. Vgl. Wolf-Michael Catenhusen, Hanna Neumeister (Hrsg.), Chancen und Risiken der Gentechnologie. Dokumentation des Berichts der Enquete-Kommission des Deutschen Bundestages, München: J. Schweitzer Verlag 1987, S. 215 zu den kaum vorhandenen Erfahrungen mit den Auswirkungen des Freisetzens gentechnisch veränderter Organismen.

136 Rat von Sachverständigen für Umweltfragen, Umweltgutachten 1998, a. a. O., S. 287.

137 Ebd., S. 281.

138 Ebd., S. 307.

139 Europäische Kommission, Doc. XI/323/97-rev.12 vom 21.11.1997.

nungspolitischen Rahmen für Biotechnologie zu überprüfen, „damit das volle Potential der modernen Biotechnologie im Hinblick auf Arbeitsplätze, Investitionen und Wachstum verwirklicht werden kann.“[140] Die Erfahrungen mit bisherigen Freisetzungen interpretierte die Kommission als Beweis dafür, daß gentechnische Veränderungen bei Pflanzen gezielt durchgeführt werden könnten und nur die beabsichtigten Wirkungen zeigten.[141] Es sei an der Zeit, das richtige Gleichgewicht zwischen „der notwendigen Sicherheit, der Beruhigung der Öffentlichkeit und einem Minimum an Sachzwängen für die Industrie und Forschungstätigkeit herzustellen.“[142]

Die Kehrtwende erfolgte mit dem neuen Kommissionsvorschlag für eine Revision der Freisetzungsrichtlinie im Februar 1998. Die Skepsis gegenüber der Freisetzung gentechnisch veränderter Organismen war in einigen Mitgliedstaaten gewachsen und hat die europäische Willensbildung beeinflußt. In Frankreich hatte man ein Moratorium für gentechnisch veränderte Pflanzen erlassen. Dänemark hatte alle Pflanzen verboten, die ein Gen für eine Antibiotikaresistenz enthalten. Österreich und Luxemburg hatten ein Importverbot für gentechnisch veränderten Mais verhängt.[143] Vorsicht kam nun auch im neuen Entwurf der Kommission zum Ausdruck: „Die Bestimmungen zur Aufnahme vereinfachter Verfahren werden in diesem Vorschlag nicht wiederholt... Mit der Weiterentwicklung der Biotechnologie lassen sich möglicherweise eindeutig definierte Kriterien und Informationsanforderungen festlegen, die es erlauben, daß ein vereinfachtes Verwaltungsverfahren für das Inverkehrbringen von Produkten, die GVO enthalten oder aus diesen bestehen, beantragt werden kann. Allerdings reicht die mit der Freisetzung von Produkten gesammelte Erfahrung zum jetzigen Zeitpunkt nicht aus, um diese Kriterien festlegen zu können.“[144]

Am Ende des Mitentscheidungsverfahrens stand eine Richtlinie,[145] die im Vergleich zur „alten“ Richtlinie[146] anspruchsvollere Bedingungen für eine Freisetzung gentechnisch veränderter Organismen vorschreibt. Es wurden folgende problemadäquate Neuerungen eingeführt: verbindliche Grundsätze einer Umweltverträglichkeitsprüfung vor jeder Freisetzung und Vermarktung, eine Berücksichtigung ethischer Fragen,[147] die Information und Konsultation der Öffentlichkeit, die Führung eines öffentlichen Registers und einer

140 KOM (94) 219 endg. vom 1.6.1994, S. 2.
141 Ebd., S. 3.
142 Ebd., S. 6.
143 Einen Tag vor der ersten Lesung im Europäischen Parlament am 11.2.1999 schrieb die taz: „Ursprünglich war vorgesehen, mit der Neufassung der inzwischen neun Jahre alten Richtlinie 90/220 die Zulassungsverfahren für genmanipulierte Organismen zu ‚entrümpeln.‘ ... Doch seitdem hat sich der Wind in Europa gedreht.“
144 KOM (1998) 85 endg. vom 23.2.1998, S. 4-5.
145 Richtlinie 2001/18/EG vom 12.3.2001.
146 Richtlinie 90/220/EWG vom 23.4.1990.
147 Richtlinie 2001/18/EG vom 12.3.2001, Erwägungsgrund 57.

Datenbank,[148] die zeitliche Befristung der Genehmigung einer kommerziellen Nutzung[149] auf zunächst 10 Jahre und eine Überwachung der Folgen der Marktzulassung. In dieser begleitenden Beobachtung müssen „etwaige direkte, indirekte, sofortige, spätere oder unvorhergesehene Folgen für die menschliche Gesundheit und die Umwelt von GVO als Produkte oder in Produkten nach dem Inverkehrbringen“ erfaßt werden.[150] In der Umweltverträglichkeitsprüfung sind in einer Gesamtbewertung auch akkumulierte Wechselwirkungen der freigesetzten Organismen mit anderen gentechnisch veränderten Organismen und mit der Umwelt zu berücksichtigen.[151]

Diese Pflicht zur Prüfung der akkumulierten langfristigen Wirkungen geht ebenso auf einen Änderungsvorschlag des Europäischen Parlamentes zurück wie die Einrichtung eines Registers und einer Datenbank, die für die Öffentlichkeit zugänglich sind. Darüberhinaus hat das Parlament erreicht, daß in der Richtlinie das Vorsorgeprinzip enthalten ist. Die Möglichkeit öffentlicher Anhörungen über ethische Fragen ist vorgesehen. Die Verwendung gentechnisch veränderter Organismen, die Resistenzen gegenüber Antibiotika aufweisen, soll schrittweise eingestellt werden.[152] Das Parlament hatte insgesamt auf die Gestaltung der neuen Freisetzungsrichtlinie einen erheblichen Einfluß.

Während der ersten Lesung im Europäischen Parlament plädierten Abgeordnete aller Fraktionen für eine stärkere Verankerung des Vorsorgeprinzips, um sicherzustellen, daß bei der Freisetzung und Vermarktung gentechnisch veränderter Organismen geeignete Maßnahmen zum Schutz der menschlichen Gesundheit und der Umwelt getroffen werden.[153] Die Parlamentsdebatte zeigt, daß die Abgeordneten besonderes Gewicht auf die Beachtung der ökologischen und sozioökonomischen Auswirkungen der Gentechnik legten. Betrachtet man die Gentechnik in ihren sozioökonomischen Zusammenhän-

148 Richtlinie 2001/18/EG vom 12.3.2001, Artikel 31 Abs.2.

149 „Inverkehrbringen“ bedeutet die entgeltliche oder unentgeltliche Bereitstellung freigesetzter gentechnisch veränderter Organismen für Dritte.

150 Richtlinie 2001/18/EG, Erwägungsgrund 43.

151 Ebd., Erwägungsgrund 19.

152 Legislative Entschließung des Europäischen Parlamentes vom 11.2.1994, Dok. A4-0024/1999 nach der 1. Lesung im Verfahren der Mitentscheidung. Vgl. Änderungen 7, 15, 17, 92, 54, 90. Der Vorschlag, daß bei der Risikobewertung auch die akkumulierten langfristigen Wirkungen zu berücksichtigen sind, wurde in der Entschließung nach der 2. Lesung formuliert. Vgl. Legislative Entschließung des Europäischen Parlamentes vom 12.4.2000, Amtsblatt der EG vom 7.2.2001, Nr. C 40, S. 123, Abänderung 3. Der Parlamentsvorschlag eines Verbotes der Freisetzung von Organismen mit Antibiotikaresistenzgenen wurde nicht in die Richtlinie aufgenommen. In Artikel 4 der „allgemeinen Verpflichtungen“ wird aber festgehalten, daß die Verwendung der Antibiotikaresistenzgene schrittweise eingestellt wird.

153 Vgl. für viele andere den Beitrag des Berichterstatters David Bowe. In: Verhandlungen des Europäischen Parlaments vom 10.2.1999, http://www.europarl.eu.int./plenary/default_-de.htm

gen, dann stellt sich die Frage nach Nutzen und Bedarf dieser Technik.[154] Die Frage, ob man nicht den gesellschaftlichen Bedarf prüfen müsse, bevor man gentechnische Produkte in die Umwelt freisetze und auf den Markt bringe, wurde im Europäischen Parlament diskutiert.

Die sozialdemokratische Abgeordnete Kirstin Jensen warf die Idee einer Denkpause, eines europäischen Moratoriums, in die Debatte. Sie begründete ein solches Moratorium mit der Notwendigkeit eines vorsichtigen Abwägens bei Entscheidungen unter Ungewißheit im Bereich der Gentechnik: „Vor allem in bezug auf ethische Fragen, den Nutzen für die Gesellschaft und die langfristigen Auswirkungen auf Umwelt und Gesundheit gibt es große Unsicherheiten."[155] Auch Abgeordnete der Europäischen Volkspartei, der Liberalen und der Grünen sprachen sich in der Plenardebatte für das vom Rat abgelehnte und im Parlamentsausschuß gescheiterte Moratorium aus. Die Abgeordnete Jackson verdächtigte gar die Labour-Regierung der Einflußnahme auf den sozialdemokratischen Berichterstatter David Bowe des Ausschusses für Umweltfragen, Volksgesundheit und Verbraucherschutz im Europaparlament: „In einigen Änderungsanträgen wird ... mehr Vorsicht gefordert... Wir, die britischen Konservativen, werden diese Änderungsanträge unterstützen. Damit schließen wir uns der kürzlich von unserem Parteivorsitzenden im Unterhaus geäußerten Forderung nach einem dreijährigen Moratorium bei der kommerziellen Freisetzung von genetisch veränderten Kulturen an, bis weitere Untersuchungen über die Folgen solcher Freisetzungen, insbesondere im Hinblick auf die biologische Vielfalt, vorliegen. Merkwürdig ist, daß die britische Regierung, der Herr Bowe leider nicht angehört, die Empfehlung ihrer eigenen Naturschutzorganisation „English Nature" nicht befolgt und einem ... Moratorium nicht zugestimmt hat. Noch seltsamer ist, daß Herr Bowe und Herr Collins (der Vorsitzende des Umweltausschusses, Anmerkung der Verf.) aus unserer Sicht kurz davor waren, einem Moratorium zuzustimmen, bevor sie durch einen Anruf aus London gestoppt wurden."[156]

Das Europaparlament hat in der zweiten Lesung erneut für die Einführung EU-weiter Umwelthaftungsbestimmungen in der Biotechnologie plädiert[157] und das schrittweise Beenden des Einsatzes von Antibiotikaresistenzen in der Gentechnik vorgeschlagen.[158] „Zentraler Punkt ist für uns die Haftung mit Versicherungspflicht. Wenn Gentechnologie so risikolos ist, wie es die Industrie und Herr Liese (Abgeordneter der Europäischen Volkspartei, Anmerkung der Verf.) versichern, dann stellt sich die Frage, weshalb es einen so

154 Wolfgang van den Daele, Risikodiskussion am ‚Runden Tisch', a. a. O., S. 292.

155 Verhandlungen des Europäischen Parlaments vom 10.2.1999, http://www.europarl.eu int/plenary/default_de.htm (Beitrag Kirstin Jensen).

156 Ebd., (Beitrag Caroline Jackson).

157 Legislative Entschließung des Europäischen Parlamentes vom 12.4.2000, a. a. O., Abänderung 1.

158 Ebd., Abänderungen 48 und 52.

massiven Widerstand gegen eine strikte Haftung gibt ... Zweiter zentraler Punkt für uns ist das Antibiotikaresistenzverbot. Hier brauchen wir ein klares Verbot." Alles andere, so die Abgeordnete Hiltrud Breyer von der Fraktion Die Grünen, sei ein „Kniefall vor der gentechnischen Industrie."[159]

Als Kniefall vor der gentechnischen Industrie läßt sich die verabschiedete Richtlinie gewiß nicht qualifizieren, auch wenn ein Verbot der Antibiotikaresistenzgene nicht in die Richtlinie aufgenommen wurde. Die Freisetzung gentechnisch veränderter Organismen wurde auf der Basis des Vorsorgeprinzips und strikter ökologischer Risikoabwägung geregelt, und die Richtlinie erhielt von Sachverständigen gute Noten.[160] Auch die Abgeordnete der Grünen sagte nach Abschluß des Vermittlungsverfahrens: „Die neue Richtlinie ist eine gewaltige Verbesserung der alten, da sind wir uns alle einig. Für uns Grüne war das öffentliche Register ein ganz wesentliches und ein zentrales Herzensanliegen. Das Monitoring ist da und auch die Überprüfung der Langzeitwirkung."[161] Die neue Richtlinie wurde in 3. Lesung vom Europäischen Parlament mit einer Mehrheit von 338 zu 52 Stimmen bei 85 Enthaltungen am 14. Februar 2001 verabschiedet.[162]

Ein weiterbestehendes Manko auch der neuen Richtlinie ist die Delegation von politischen Befugnissen an einen Ausschuß aus nationalen Beamten. So können z. B. die Methoden für die Umweltverträglichkeitsprüfung von nationalen Beamten und Vertretern der Kommission in einem „Komitologieausschuß" geändert werden. Die Methoden der Umweltverträglichkeitsprüfung sind natürlich für das Maß an Umweltschutz, das bei der Freisetzung oder Vermarktung gentechnisch veränderter Organismen realisiert wird, nicht unwesentlich. Entscheidungen über die Gestaltung der Umweltverträglichkeitsprüfung sind politische Entscheidungen und sollten daher in den Händen demokratisch legitimierter Politiker und nicht in den Händen von Beamten liegen.

Der Einfluß der Kommission in Fragen der Zulassung gentechnisch veränderter Produkte ist ohnehin so groß, daß zu den legitimen exekutiven Befugnissen der Kommission und ihrer Ausschüsse nicht auch noch legislative Befugnisse hinzukommen sollten. Auch der Sachverständigenrat für Umweltfragen hat kritisiert, daß Entscheidungen über das Inverkehrbringen gentechnisch

159 Verhandlungen des Europäischen Parlamentes vom 11.4.2000, http://www.europarl.eu.int/plenary/default_de.htm (Beitrag Hiltrud Breyer).

160 Rat von Sachverständigen für Umweltfragen, Umweltgutachten 2000, Bundestags-Drucksache 14/3363 vom 14.3.2001, S. 435.

161 Verhandlungen des Europäischen Parlamentes vom 13.2.2001, http://www.europarl.eu.int/plenary/default_de.htm (Beitrag Hiltrud Breyer).

162 Eine dritte Lesung war wegen des Vermittlungsverfahrens notwendig, da der Rat nicht alle vom Parlament mit Mehrheit verabschiedeten Änderungsvorschläge aus der zweiten Lesung gebilligt hatte.

veränderter Organismen in der Praxis bisher ausschließlich von der Kommission in Kooperation mit einem Ausschuß getroffen wurden. Der Antragsteller, der ein gentechnisch verändertes Produkt auf den Markt bringen möchte, stellt zunächst einen Antrag bei der nationalen Behörde. Die nationale Behörde prüft die Unterlagen und gibt sie an die Kommission weiter. Die Kommission schickt die Unterlagen innerhalb eines Monats an die zuständigen Behörden der anderen Mitgliedstaaten. Erhebt einer der Mitgliedstaaten Einwände gegen die Zulassung des Produktes, dann ist nach der alten wie nach der neuen Richtlinie[163] die Kommission gemeinsam mit dem Ausschuß am Zuge. Da in der Praxis bisher bei jedem Antrag ein oder mehrere Mitgliedstaaten Einwände gegen die beabsichtigte Zulassung erhoben haben, besaß die Kommission in Kooperation mit den nationalen Beamten die Entscheidungskompetenz über die Vermarktung gentechnisch veränderter Organismen. Eine solche Kompetenz bedeutet eine nicht unerhebliche Machtfülle.

Zusammenfassend läßt sich sagen, daß die Regeln der Europäischen Union zum Schutz der Umwelt bei der Freisetzung und Vermarktung gentechnisch veränderter Organismen eine Kommunikation über Differenz zwischen den beteiligten Akteuren in begrenztem Maße ermöglichen. Die neue Freisetzungsrichtlinie ist für komplexe ökologische Zusammenhänge und für ethische Fragen offener als die alte Richtlinie.[164] Das Vorsorgeprinzip ist fest verankert und zwar im Sinne einer „hypothesenbasierten Vorsorge."[165] Dies bedeutet, daß man für die Freisetzung gentechnisch veränderter Organismen Gefahrenhypothesen entwickelt, diese dann zunächst in kleinen Feldversuchen testet und erst dann zu größeren Anbauversuchen und schließlich zur Vermarktung übergeht.[166] Ein solches schrittweises Vorgehen hat den Nachteil, daß die kleinen Feldversuche auf abgeschirmten Flächen so gut überwacht sind, daß die Gefahren der späteren Kommerzialisierung unter ganz anderen Bedingungen möglicherweise nicht erfaßt werden.[167]

Der Vorteil des Verfahrens besteht in der Chance des Lernens während der einzelnen Verfahrensschritte. An der Entscheidungsfindung sind Wissen-

163 Richtlinie 90/220/EWG vom 23.4.1990, Artikel 13 Absatz 3 in Verbindung mit Artikel 21 und Richtlinie 2001/18/EG vom 12.3.2001, Artikel 18 in Verbindung mit Artikel 30 Absatz 2.

164 Die Beratergruppe für ethische Fragen der Biotechnologie bei der Europäischen Kommission, die 9 Mitglieder hatte (4 Naturwissenschaftler, 3 Philosophen und 2 Juristen) wurde im Februar 1998 von der Europäischen Gruppe für die Ethik der Naturwissenschaften und der Neuen Technologien abgelöst. In diesem beratenden, unabhängigen und interdisziplinären Gremium arbeiten 12 Wissenschaftler: 4 Naturwissenschaftler (Biologie und Medizin), 4 Philosophen und ein Soziologe sowie 3 Juristen. Die Gruppe trifft sich einmal im Monat in Brüssel und erarbeitet Empfehlungen – auch ohne Auftrag – für die Kommission.

165 Bernhard Gill, Hypothetische Risiken: Ansatzpunkte einer vorausschauenden Umweltpolitik. In: Renate Martinsen (Hrsg.), Politik und Biotechnologie, a. a. O., S. 304.

166 Ebd., S. 307.

167 Ebd., S. 311.

schaftler unterschiedlicher Disziplinen, Antragsteller aus der Industrie, Vertreter der Umweltverbände und der interessierten Öffentlichkeit,[168] Beamte der nationalen Behörden und Mitarbeiter der Europäischen Kommission beteiligt. Nach der Rechtsnorm werden Unterschiede der Meinungen und Interessen in den Genehmigungsverfahren zur Freisetzung und Vermarktung gentechnisch veränderter Organismen nicht vertuscht. Es ist eine andere Frage, welches Gewicht den unterschiedlichen Meinungen und Interessen in der Realität der Entscheidungsfindung zukommt.[169]

Die neue Richtlinie kann insgesamt als ein Programm beschrieben werden, das Zulassungsverfahren in der Freisetzung gentechnisch veränderter Organismen einführt, die durch eine Kommunikation über Differenz geprägt sind. Da in diesem Programm jedoch auch steht, daß wichtige umweltpolitische Fragen der Freisetzung von der Kommission gemeinsam mit nationalen Beamten entschieden werden können, ist die demokratische Kommunikation über Differenz nicht hinreichend verwirklicht.

Die Analyse der Umweltaktionsprogramme, der Klimapolitik und des Umweltschutzes im Bereich der Gentechnik zeigt einen Wandel der europäischen Umweltpolitik von einem Anhängsel des Binnenmarktes zu einem eigenständigen Politikbereich. Zugleich werden demokratische und kommunikative Strukturen in der umweltpolitischen Willensbildung wichtiger. Das Europäische Parlament gewinnt an Einfluß und ist an der Formulierung umweltpolitischer Programme und Normen maßgeblich beteiligt. Die Wissensbasis der Umweltpolitik kann erweitert werden. Die Erfahrungen der Mitgliedstaaten und der internationalen Staatengemeinschaft beeinflussen die europäische Umweltpolitik. Wie in der Sozialpolitik, so wird auch in der Umweltpolitik der Europäischen Union Differenz als Potential genutzt.

---

168 Richtlinie 2001/18/EG vom 12.3.2001, Art. 24: Die Kommission informiert die Öffentlichkeit über eine Anmeldung und publiziert den Bewertungsbericht. Die Öffentlichkeit kann Stellungnahmen abgeben, die von der Kommission an die zuständigen Behörden weitergeleitet werden.

169 Bernhard Gill, Hypothetische Risiken: Ansatzpunkte einer vorausschauenden Umweltpolitik, a. a. O., S. 309.

VI. Differenz als Potential der europäischen Kulturpolitik

„Was ist es, das Europa zusammenhält? In erster Linie die Kultur und die Künstler." Die geistige Stärke Europas, so György Konrád, „beruht darauf, sich nicht in eine Schwarzweißlogik einzuspinnen. An die Stelle kollektiver Besatzungen treten individuelle, und zwar zur Freude der Beteiligten, die nun, kraft ihrer persönlichen Beziehungen, das Nationale transzendieren, indem sie es gewissermaßen in erotischer, in kultureller Sphäre ausleben. Vorlieben, Sehenswürdigkeiten und vielleicht auch Kunstwerke können mithelfen, eine sinnliche Kommunikation zwischen den Europäern zu etablieren."[1]

Doch läßt die Europäische Union Raum für Kultur und Künstler? Es gibt Künstler, die das bezweifeln und der Meinung sind, daß die Ökonomie in Europa die bestimmende Kraft ist. Im Oktober 1985 fand zwischen den Künstlern Joseph Beuys, Jannis Kounellis, Anselm Kiefer und Enzo Cucchi in der Baseler Kunsthalle ein Gespräch über die Voraussetzungen ihrer Arbeit statt. „Beuys: Die Situation, in der wir uns befinden, zeigt, daß die führende Kraft die Ökonomie ist. ... Wenn man das ändern und die Kunst oder die Kultur zur führenden Kraft machen will, dann muß man Methoden entwickeln, um ins Herz der Gesellschaft einzugreifen, um den ökonomischen Begriff in einen kulturellen umzuwandeln. Das heißt, man muß eine Transformation vornehmen. – Kounellis: Aber wie soll man versuchen, etwas umzuwandeln, was keinen Wert hat, sondern nur eine Scheußlichkeit ist? – Beuys: Wir sind uns doch einig, daß die Ökonomie vom kulturellen Geist, aus der Kreativität, aus der menschlichen Freiheit aufgezogen werden sollte. Jetzt aber haben wir eine Ökonomie kapitalistischer oder kommunistischer Spielart... – Kounellis: Goya malte ein karikaturhaftes Porträt der spanischen Königsfamilie. Dazu wäre er in bezug auf Karl den Großen nicht veranlaßt gewesen. Goya stellt damit eine fundamentale Eigenart der spanischen Kultur dar... – Beuys: Ich gebe Dir ja vollkommen recht. Nur leben wir nicht mehr zur Zeit von Goya. Und das, was Goya wichtig war und worauf er eingegangen ist, das wird ja heute zerstört. Denn Spanien tritt heute in die EG ein. Das konnte Goya nicht verhindern... – Kounellis: Aber wir Künstler müssen die Kultur verteidigen, den Maßstab und die Möglichkeit des Überlebens liefern. Und deshalb sind wir weder an die Politik noch an die Ökonomie gebunden." Im Gespräch kommen die Künstler immer wieder auf die Frage zurück, weshalb es heute nicht mehr möglich sei, eine Kathedrale zu bauen.[2] „Beuys:

1 György Konrád, Rede zur Verleihung des Karlspreises der Stadt Aachen 2001. In: Frankfurter Allgemeine Zeitung vom 26.5.2001, Bilder und Zeiten.

2 Werner Hofmann, Die Moderne im Rückspiegel. Hauptwege der Kunstgeschichte, München: Beck 1998, S. 367 zitiert Heinrich Heine, der auf die Frage, wie es komme, daß man

Heute ist ... alles möglich, und so kommt die Kathedrale nicht zustande... Die heutige Kultur ist gerade nicht geprägt durch die gotischen Dome, sondern durch ein führendes Wirtschaftssystem, das die Kunst an die Peripherie oder in die Nicht-Existenz gedrängt hat."[3]

Nun muß die Tatsache, daß es in heutigen Gesellschaften keine verbindlichen ästhetischen Maßstäbe mehr gibt, und unterschiedlichste Kunstauffassungen und Kunstproduktionen gleichzeitig existieren, nicht mit Beliebigkeit verwechselt werden.[4] Die Pluralisierung der Gesellschaften findet auch in der Pluralisierung der Kultur ihren Ausdruck. Während es für die Kulturschaffenden nicht einfach ist, sich mit den neuen ökonomischen Erfordernissen auseinanderzusetzen,[5] stehen die Kulturpolitiker vor der ebenfalls nicht einfachen Aufgabe, in der Gestaltung des finanziellen und rechtlichen Rahmens so unterschiedlichen kulturellen Bereichen wie der Oper und des Musicals, der klassischen Musik und des Jazz oder Pop gerecht zu werden.

1. Die Ziele

Die Autonomie der Kultur, die in dem zitierten Gespräch thematisiert wird, bedeutet nicht, daß Kulturpolitik überflüssig wird. So läßt sich zwar beobachten, daß die Künstler ihre Autonomie dazu nutzen, „die Politik links liegen zu lassen."[6] Doch um die Autonomie der Kultur wäre es schlecht bestellt, wenn die Politik die Kultur links liegen lassen würde. Zur Kultur zähle ich die Bildung, die Wissenschaft einschließlich der Forschung, die verschiedenen Bereiche der Kunst wie Film, Theater, Musik, Oper, Literatur und Malerei sowie die Medien. Kulturpolitik hat das Ziel, die Voraussetzungen zu schaffen, die es ermöglichen, daß die genannten Bereiche der Kultur einen wichtigen Platz in der Gesellschaft einnehmen können. Die Kulturpolitik läßt sich daran messen, inwieweit es gelingt, die Autonomie der Kultur zu gewährleisten, ihr Wachstum zu fördern und durch die Vielfalt kultureller Ausdrucksformen unterschiedlichen Identitäten Raum zu lassen. Die Bildungspolitik

---

heute keine Bauwerke wie die Kathedrale von Amiens zustande bringe, geantwortet hat, daß die Menschen zu jener Zeit Überzeugungen hatten, während man heute nur Meinungen habe. Es gehöre aber etwas mehr als eine bloße Meinung dazu, um so einen gotischen Turm aufzurichten.

3 Jacqueline Burckhardt (Hrsg.), Ein Gespräch. Joseph Beuys, Jannis Kounellis, Anselm Kiefer, Enzo Cucchi, Zürich: Parkett Verlag, 4. Aufl. 1994, S. 126, S. 166-168.

4 Udo Bermbach, Über einige Aspekte des Zusammenhangs von Politik, Gesellschaft und Oper im 20. Jahrhundert. In: ders. (Hrsg.), Oper im 20. Jahrhundert. Entwicklungstendenzen und Komponisten, Stuttgart, Weimar: J. B. Metzler 2000, S. 26.

5 Ebd.

6 Klaus von Beyme, Die Kunst der Macht und die Gegenmacht der Kunst, Frankfurt: Suhrkamp 1998, S. 156.

kann dabei ebenso ein Instrument der Kulturpolitik sein wie die Film- und Medienpolitik (vgl. Abbildung VI.1).

Abbildung VI.1: Die Ziele der Kulturpolitik*

Normative Kriterien / Operative Kriterien	Autonomie	Identitäten	Wachstum
Ziele	Eigenwert der Kultur, Autonomie der Kulturschaffenden und der Kultureinrichtungen	Vielfalt kultureller Ausdrucksformen, Toleranz, mehrere Identitäten	Kultur als ökonomische Ressource, Wettbewerb
Instrumente	Rechtliche Normierung von Freiheit in den Bereichen der Kultur, öffentliche Finanzierung, soziale Sicherung	Kulturelle Kommunikation, eine die Vielfalt und Chancengleichheit achtende Politik in den Bereichen der Kultur	Herstellung günstiger Rahmenbedingungen für den Standortfaktor Kultur, Wettbewerbspolitik, Sponsoring
Indikatoren	Tatsächliche Realisierung von Freiheit in den Bereichen der Kultur, öffentliche Ausgaben in % des BIP für Bildung, Wissenschaft, Kunst und Denkmalpflege	Meinungsvielfalt, Kulturelle Pluralität und Lebendigkeit auch kleiner Kulturräume, Verteilung der Teilnahme an Bildung, Wissenschaft und Kunst	Auflagen, Besucherzahlen, Einnahmen aus kulturellen Ereignissen und Gütern, internationale Wettbewerbsfähigkeit von Bildung, Wissenschaft und Kunst

* Zur Kultur zähle ich Bildung, Wissenschaft inklusive Forschung, die verschiedenen Bereiche der Kunst wie Film, Theater, Musik, Oper, Literatur und Malerei, die Denkmalpflege und die Medien.

Die Kultur kann nur autonom sein, wenn die finanziellen Voraussetzungen existieren, die die Unabhängigkeit der Kultur z. B. von ökonomischer Macht gewährleisten. Die ökonomische Situation der Kultur in Europa wurde während einer Tagung der Europäischen Kommission im Juni 1994 thematisiert.

Volker Schlöndorff vertrat die Meinung, daß eine kulturelle Vielfalt in den europäischen Filmen nicht zu erkennen sei. Alle Filme sähen gleich aus, ob es sich nun um spanische, belgische, deutsche, holländische oder italienische Filme handle. Sie alle seien schlecht produziert, weil sie unterfinanziert seien. Die Filme seien ängstlich in ihrer Darstellung der Wirklichkeit, und Kultur komme in diesen Filmen kaum vor.[7]

Ist die Kultur in der Europäischen Union wirklich nur ein Randphänomen? Im folgenden Abschnitt möchte ich prüfen, ob die europäische Kulturpolitik aus ihrer Randlage im Binnenmarkt seit den 90er Jahren langsam in eine etwas zentralere Position rückt.[8] Unter europäischer Kultur verstehe ich die Kulturen der Nationen, Regionen und Kommunen in Europa in ihren Unterschieden und Gemeinsamkeiten. Europäische Kultur entsteht in der Kommunikation dieser Kulturen miteinander. Nach dieser Definition gibt es keinen europäischen Kulturkanon, anhand dessen ein Kulturgut als europäisch charakterisiert werden kann. Entscheidend ist vielmehr der lebendige Austausch der Kulturschaffenden und der Bürger in den Mitgliedstaaten über ihre jeweiligen Kulturen.[9] Europäische Kulturpolitik hat dann die Aufgabe, diese Kommunikation über die Kulturen zu fördern und Differenz als Potential zu nutzen.

Zu Beginn der 90er Jahre hat die Kommission gemeinsam mit Experten kultureller Netzwerke ein neues Kulturkonzept erarbeitet. Während der Hearings wurde deutlich, daß die Experten wie die Kommission die regionale und lokale Kulturszene als besonders wichtig erachteten. Kooperation und Kommunikation über die Kulturen sollten nach Meinung der Fachleute im Mittelpunkt der europäischen Kultur stehen. Der Kulturbeirat, eine informelle Gruppe von Experten, lehnte eine übertriebene Interpretation der Geschichte als einer europaorientierten Geschichte ab.[10] Ein europäisches Einheitsmodell wurde auch für die Kulturförderung durch die Wirtschaft nicht als wünschenswert betrachtet. Im Resümee einer Tagung, an der die Kulturminister der Mitgliedstaaten, nationale Kulturträger, Förderverbände, als Mäzene tätige Unternehmen und Abgeordnete des Europäischen Parlamentes teilnahmen, wurde festgehalten: „Die Einrichtung eines europäischen Modells (der Kulturförderung durch die Wirtschaft) wurde allgemein als weniger wichtig angesehen als das in jedem einzelnen Land erfolgende Wachstum

7 Volker Schlöndorff, Cultural Diversity and the Single Market. In: European Commission. Proceedings of the European Audiovisual Conference, Brussels, 30 June, 1 and 2 July 1994, S. 42.

8 Peter Häberle, Gibt es eine europäische Öffentlichkeit? Berlin, New York: de Gruyter 2000, S. 16 vertritt die These, „daß es wesentlich eine kulturelle Öffentlichkeit in Europa geben muß und geben kann – in wesentlichen Teilen auch schon gibt.“

9 Diese Definition von Kulturpolitik findet sich bei Dirk Frenzel, Kulturelle Eye-dentity, a. a. O., S. 20.

10 KOM (92) 149 endg. vom 29.4.1992, Anhang B, Zusammenfassung der Expertenhearings über das kulturelle Erbe, 13.3.1992.

einer Förderstruktur, die auf die eigene Umwelt angepaßt und in der Lage ist, die grundlegenden kulturellen Unterschiede zu erhalten.“[11]

Nach dem Selbstverständnis der Europäischen Kommission beginnt 1992 eine neue Phase der Integration. „Mit der Überwindung der rein wirtschaftlichen Dimension werden sich völlig neue Perspektiven für die Zusammenarbeit im kulturellen Bereich und für die Förderung kultureller Projekte eröffnen.“[12] Hat sich dieses Selbstverständnis in den Programmen und der Praxis der europäischen Kulturpolitik niedergeschlagen?

2. Die Filmpolitik

Die europäische Filmpolitik möchte ich am Beispiel der Media-Programme analysieren. Seit seinen Anfängen vor gut 100 Jahren[13] ist der Film sowohl ein Kulturgut als auch ein Wirtschaftsgut. Die Kosten für die Produktion, Distribution samt Werbung und schließlich für das Vorführen der Filme in öffentlichen Räumen machen den Film zu einem ausgesprochen kostenintensiven Kulturgut. Wirtschaftliche und künstlerische Aspekte spielen daher im Medium Film immer gleichzeitig eine Rolle. Die Filmpolitik muß die Ökonomie und die Kunst in ihre Überlegungen und in die Gestaltung dieses Politikfeldes einbeziehen. Eine einseitige Interpretation des Films als eines wirtschaftlichen Gutes würde dem Doppelcharakter des Films nicht gerecht.[14]

Die Problematik des europäischen Films liegt im Bereich des Vertriebes der Filme. Nur 20 % der in Europa produzierten Filme werden außerhalb des Ursprungslandes aufgeführt.[15] In Europa ist die Distribution anders als in den USA nicht mit der Produktion verbunden. Die europäischen Firmen verleihen lieber einen Film, der schon in den USA Erfolg hatte und damit eher verspricht, ein Kassenschlager zu werden, als einen neu auf den Markt kommenden europäischen Film. Vom Rückgang der Kinobesucher sind ausschließlich die europäischen Filme betroffen. Die Filme aus der amerikanischen Produktion konnten sich das Interesse des Publikums erhalten. Der Marktanteil amerikanischer Filme in der Europäischen Union betrug zu Beginn der 90er Jahre durchschnittlich knapp 80 %.[16] Dieser Erfolg der Hollywood-Produktionen im Kino wirkt sich dann wiederum bei der Verwertung im Fernsehen und im Videobereich aus. Frankreich besitzt mit etwa 40 %

---

11 Ebd., Anhang B, Konferenz am 2.- 3.4.1992 in Lissabon zur Kulturförderung durch die Wirtschaft.
12 KOM (92) 149 endg. vom 29.4.1992, Das Neue Kulturkonzept der Gemeinschaft, S. 1.
13 Am 28.12.1895 zeigten die Brüder Lumière den ersten Film in Paris.
14 Dirk Frenzel, Kulturelle Eye-dentity, a. a. O., S. 23.
15 KOM (94) 96 endg. vom 6.4.1994, Grünbuch „Strategische Optionen für die Stärkung der Programmindustrie im Rahmen der audiovisuellen Politik der Europäischen Union“, S. 7.
16 Ebd., S. 6.

noch einen hohen Anteil einheimischer Filmproduktionen, während Deutschland und Großbritannien einen geringen Anteil von weniger als 10 % ihrer Filme im eigenen Land herstellen.[17]

Die drei Media-Programme setzen im Bereich der Filmpolitik bei der Ausbildung, der Projektentwicklung und beim Vertrieb der Filme an. Mit den Media-Programmen sollen das Vertriebssystem, die Finanzierungsmöglichkeiten und die Mehrsprachigkeit der europäischen Filme durch Untertitelung und Synchronisation verbessert werden.[18] Media ist die Abkürzung für „Mesures pour Encourager le Dévelopment de l'Industrie Audiovisuelle." Ein Film, der z. B. von Media gefördert wurde, ist „Pane e Tulipani" („Brot und Tulpen") von Silvio Soldini mit Licia Maglietta und Bruno Ganz in den Hauptrollen. Der Film erhielt mehrfach den italienischen Filmpreis „David", und in Deutschland haben über 800.000 Kinobesucher dieses moderne Märchen angeschaut.[19]

In der Vorbereitungsphase des ersten Media-Programms für den Zeitraum von 1991 bis 1995 betonte die Kommission, daß das Programm „auf den EG-Binnenmarkt zugeschnitten" sei. Der „Größeneffekt" des Binnenmarktes solle die Programmindustrie stärken und die nationalen Märkte für grenzübergreifende Kooperationen öffnen. Durch solche Kooperationen könne den Strukturproblemen der audiovisuellen Industrie in Europa effizient begegnet werden. Gefördert werden müßten vor allem in der Phase der Vorproduktion die Drehbuchgestaltung, der Verleih und die Vorführung von Filmen.[20] Für den Filmverleih solle das Europäische Filmvertriebsbüro ausgebaut werden.[21] Es bleibt in den Leitlinien des Media-Programms von 1990 unklar, wie es gelingen kann, ein „Gleichgewicht" zwischen kleinen und großen Unternehmen im Filmsektor zu erreichen.

Da ein Film immer Kulturgut und Wirtschaftsgut zugleich ist, kommt es auf die Akzentsetzung an. Es kann nicht darum gehen, kulturelle und wirtschaftliche Aspekte des Films gegeneinander auszuspielen,[22] sondern zu fragen, ob der Film mit einem Wirtschaftsgut gleichgesetzt wird oder ob der Film in der Europäischen Union auch als Kulturgut gefördert wird. In den Media-Programmen bleibt die wirtschaftliche Betrachtungsweise des Filmes dominant. Das erste Media-Programm nennt in den Erwägungsgründen an einer einzigen Stelle, daß in den audiovisuellen Programmen „der Reichtum und

---

17 Michael Zürn, Regieren jenseits des Nationalstaates, a.a.O., S. 81.
18 Dirk Frenzel, Kulturelle Eye-dentity, a. a. O., S. 52.
19 Media Info. Newsletter der Informationsbüros des Media-Programms der EU in der Bundesrepublik Deutschland, Mai 2001, S. 11.
20 KOM (90) 78 endg. vom 21.2.1990, S. 21-27.
21 Ebd., Anhang 1.
22 Dirk Frenzel, Kulturelle Eye-dentity, a. a. O., S. 24.

die Vielfalt der europäischen Kultur zum Ausdruck kommen können."[23] Im Mittelpunkt des Media-Programms stehen die Schaffung eines günstigen Umfeldes für die audiovisuelle Industrie des Kinos, des Fernsehens und des Videos, die Steigerung der wettbewerbsfähigen Angebotskapazität europäischer Produktionen, der innereuropäische Austausch von Filmen und Programmen, eine bessere Nutzung der Vertriebsmöglichkeiten, eine größere Öffentlichkeitswirkung, eine Verbesserung der Stellung auf den Weltmärkten und die Nutzung der Möglichkeiten des Binnenmarktes.[24]

Das zweite Media-Programm von 1995 und das neueste Media-Programm, „Media-Plus" für den Zeitraum von 2001 bis 2005, beruhen auf den jeweiligen Artikeln zur Förderung der Wettbewerbsfähigkeit der Industrie (Artikel 130 EGV in der Fassung von Maastricht und Artikel 157 EGV in der Fassung von Nizza) und sind wie das Vorgängerprogramm vorwiegend ökonomisch orientiert. In den Erwägungsgründen wird aber nun auf den in Maastricht eingeführten Kulturartikel 128 (Artikel 151 Fassung von Nizza) Bezug genommen und betont, daß den kulturellen Aspekten des audiovisuellen Bereichs Rechnung zu tragen ist.[25] In „Media-Plus" wird darauf hingewiesen, daß sich die Mitgliedstaaten in den Verhandlungen mit der WTO die Möglichkeit erhalten müssen, „ihre Kapazität zur Bestimmung und Umsetzung ihrer Politik im kulturellen und audiovisuellen Bereich zwecks Wahrung ihrer kulturellen Vielfalt zu erhalten und auszubauen."[26] Der finanzielle Rahmen der Media-Programme ist in Relation zum Gesamthaushalt der Europäischen Union ausgesprochen klein und beträgt im Zeitraum von 2001 bis 2005 für das neueste Programm „Media-Plus" 400 Mio. Euro.[27] Die wirtschaftliche Orientierung der Media-Programme läßt sich an der Verteilung der knappen Mittel ablesen. So wurden von den Mitteln für Media II mehr als die Hälfte der zur Verfügung stehenden Gelder für den Vertrieb im Fernsehen, im Kino und durch Video ausgegeben.[28]

Während die Media-Programme selbst eine höhere Wettbewerbsfähigkeit der audiovisuellen Industrie anstreben und die Kultur nur am Rande erwähnen,[29]

23 Beschluß des Rates 90/685/EWG vom 21.12.1990 (Programm Media I für die Zeit 1991-1995), Erster Erwägungsgrund.

24 Ebd., Artikel 2.

25 Beschluß des Rates 2000/821/EG vom 20.12.2000 (Programm Media-Plus für die Zeit 2001-2005) Erwägungsgrund 14.

26 Ebd., Erwägungsgrund 15.

27 Media Info. Newsletter der Informationsbüros des Media-Programms der EU in der Bundesrepublik Deutschland, Mai 2001, S. 1.

28 Sabine Jarothe, Die Filmpolitik der Europäischen Union im Spannungsfeld zwischen nationaler staatlicher Förderung und US-amerikanischer Mediendominanz. Frankfurt, Berlin, Bern, New York, Paris, Wien: Peter Lang 1998, S. 327.

29 Sabine Jarothe, Die Filmpolitik der Europäischen Union im Spannungsfeld zwischen nationaler staatlicher Förderung und US-amerikanischer Mediendominanz, a. a. O., S. 301: „Die im Beschluß zum Media-Programm aufgeführten kulturpolitischen Motive der EG ...

spielt in den Programmen zur Umsetzung der Media-Programme die Kultur eine größere Rolle. Am Beispiel des Unterprogrammes „Sources“ zur Förderung der Entwicklung von Drehbüchern läßt sich zeigen, daß der kulturelle Aspekt sogar im Mittelpunkt steht.[30] Die Qualität eines Drehbuchs wird als Voraussetzung des wirtschaftlichen Erfolges eines Films betrachtet und nicht umgekehrt ein wirtschaftlicher Erfolg auf Kosten der Qualität angestrebt. Alfred Hitchcocks Antwort auf die Frage, was die drei wichtigsten Aspekte des Filmemachens seien, lautete: „The script! The script! The script!“[31] Diese Antwort kann als Motto des Programms „Sources“ gelten. Sources ist dabei die Abkürzung für ein Programm mit dem Titel: „Stimulating Outstanding Resources of Creative European Screenwriting.“

Mit Sources sollen das Schreiben und der Vertrieb von Drehbüchern gefördert werden, die für ein europäisches Publikum interessant sind. Die Geschichten sollen im sozialen und kulturellen Milieu des Schriftstellers verankert sein und zugleich eine kulturübergreifende Perspektive beinhalten.[32] Die Organisation des Programms wurde zunächst von dem niederländischen Drehbuch-Dramaturgen Dick Willemsen und später von Renate Gompper in Berlin geleitet. Das Leitungsgremium, ein „Board of Governors“, besteht aus 6 Filmschaffenden. Das Programm wird von renommierten Filmschaffenden in die Praxis umgesetzt. Die Akteure gewährleisten, daß es in erster Linie um die Drehbücher von Filmen und nicht um das Verwalten von Filmen geht.

Die Arbeitsgruppen zur Entwicklung von Drehbüchern „wandern“. Jede Arbeitsgruppe, an der durchschnittlich 25 Autoren teilnehmen, findet in einem anderen Land statt. Von 1993 bis 1995 gab es im Rahmen des ersten „Sources“ Programms sieben Arbeitsgruppen. Diese Arbeitsgruppen tagten in zwei Sektionen. Während der ersten Runde wurden die Drehbuchentwürfe von allen Teilnehmern diskutiert, und in der zweiten Runde konnten die Autoren jeweils mit einem erfahrenen Regisseur ihr überarbeitetes Drehbuch besprechen. Mindestens ein Drittel der Teilnehmer müssen aus einem anderen Land als dem Gastland der Arbeitsgruppe kommen. Im Rahmen des zweiten „Sources“-Programms nahmen auch Produzenten an den Arbeitsgruppen teil, um die Kooperation zwischen Autoren und Produzenten zu fördern. Von den geförderten Drehbüchern wurden 33 oder 12 % zu Filmen entwickelt. Der Prozentsatz liegt damit im europäischen Durchschnitt der Relation von Drehbüchern zu Filmen.[33]

---

wurden bei der Zielsetzung des Media-Programms von wirtschaftspolitischen Interessen überlagert.“ Vgl. Dirk Frenzel, Kulturelle Eye-dentity, a. a. O., S. 77.

30 Dirk Frenzel, Kulturelle Eye-dentity, a. a. O., S. 126.

31 Ebd., S. 93.

32 Media Programme of the EU, Stimulating Outstanding Resources for Creative European Screenwriting „Sources 2.“ Guidelines, Berlin 1998.

33 Dirk Frenzel, Kulturelle Eye-dentity, a. a. O., S. 115.

Das Programm „Sources“ ist also in erster Linie den kulturellen Aspekten der Entstehung von Filmen gewidmet und geht von der Prämisse aus, daß Drehbücher mit einem „cross-cultural appeal“ die Chance haben, als Film für ein europäisches Publikum produziert zu werden. Wirtschaftliche und kulturelle Ziele der Media Programme und ihres Unterprogrammes Sources ergänzen sich und können nicht als Widerspruch interpretiert werden.[34] Im Zentrum von Sources steht die Kommunikation der Autoren, Regisseure und Produzenten verschiedener europäischer Länder über Differenzen in der Arbeit an einem Drehbuch. Die Skripten können in der Muttersprache eingereicht werden, und dies zeigt einmal mehr, daß der jeweilige soziale und kulturelle Hintergrund eines Autors als Basis für die europäische Perspektive gilt. Europäische Kultur wird als Prozeß betrachtet, in dem die einzelnen Kulturen nicht aus dem Blick geraten, sondern in eine neue Perspektive gerückt werden.

3. Die Rundfunkpolitik

Ähnlich wie in der Filmpolitik sind in Hörfunk und Fernsehen wirtschaftliche und kulturelle Elemente miteinander verbunden. Hörfunk und Fernsehen gehören zur Kultur einer Gesellschaft und sind zugleich Wirtschaftsfaktoren. Auch nach dem Selbstverständnis der Europäischen Union gibt es kulturelle Bereiche in den audiovisuellen Medien (Artikel 151 EGV).[35] Doch wie sieht die Praxis aus? Die Journalistin Cornelia Bolesch brachte die Kritik an der europäischen Medienpolitik in einem Kommentar zur europäischen Fernsehrichtlinie von 1989 auf den Punkt. Der Rundfunk gelte nach wie vor als „Kulturinstrument“, und nun komme die EU und weise mit ihrem einseitigen Verständnis des Rundfunks als einer Dienstleistung und damit eines Wirtschaftsfaktors in eine „falsche Richtung.“ Im dualen Rundfunksystem der Bundesrepublik konkurrierten öffentlich-rechtlicher und privater Rundfunk auf einem gemeinsamen nationalen und internationalen Markt miteinander. Der Rundfunk müsse auf der einen Seite unternehmerisch handeln, um konkurrenzfähig zu sein, und auf der anderen Seite seinem kulturellen Auftrag verpflichtet bleiben. In dieser „Gratwanderung“ des Rundfunks zwischen Markt und Kultur werde durch die „wirtschaftlich orientierten Hauruck-Beschlüsse aus Brüssel“ das Gewicht auf den Markt verlagert.[36]

---

34 So aber Sabine Jarothe, Die Filmpolitik der Europäischen Union im Spannungsfeld zwischen nationaler staatlicher Förderung und US-amerikanischer Mediendominanz, a. a. O., S. 328.

35 Nach Art. 151 EGV fördert und ergänzt die Gemeinschaft die Tätigkeit der Mitgliedstaaten in den Bereichen...“ künstlerisches und literarisches Schaffen, einschließlich im audiovisuellen Bereich.“

36 Cornelia Bolesch, In die falsche Richtung. In: Süddeutsche Zeitung vom 6.10.1989, S. 4.

Dieser nun fünfzehn Jahre zurückliegende Kommentar hat an Aktualität in der Debatte über die europäische Rundfunkpolitik nichts eingebüßt. Die vorherrschende Kritik an der europäischen Rundfunkpolitik geht von der Prämisse aus, daß die Kommerzialisierung der Medien und die zu beobachtende Medienkonzentration durch die Europäische Union wenn nicht verursacht, so doch verstärkt würden. Es werde nicht versucht, zu regulieren. Ist diese Kritik gerechtfertigt? An den Beispielen der europäischen Fernsehrichtlinien und den europäischen Entscheidungen zur Medienkonzentration möchte ich dieser Frage nachgehen. Indikatoren für die Qualität der politischen und der kulturellen Kommunikation in den Medien sind die Verläßlichkeit und Ergiebigkeit der Informationen,[37] die Meinungsvielfalt, die kulturelle Pluralität und die Wettbewerbsfähigkeit (vgl. Abbildung VI.1).

Nach der Prämisse dieser Arbeit ist Politik dann am ehesten in der Lage, mit Erfolg zu steuern und die Probleme zu lösen, wenn eine demokratische Kommunikation über Differenz das prägende Merkmal der Vorbereitung und der Umsetzung politischer Entscheidungen ist. Der kommunikativen Qualität der Medien kommt daher eine hohe Bedeutung zu. Medien müßten möglichst umfassend und präzise informieren, politisches und kulturelles Geschehen kritisieren und kontrollieren.[38] Eine unabhängige Information und darauf basierende Kritik und Kontrolle der Politik wiederum sind nur möglich, wenn die Medien autonom sind. Diese Autonomie der Medien kann sowohl durch staatliche also auch durch wirtschaftliche Einflüsse beeinträchtigt werden.

Bevor man die Europäische Union zum Sündenbock für alle Defizite der Medien macht, ist zu prüfen, welchen Einfluß die europäische Medienpolitik auf die Qualität der Kommunikation in den Medien überhaupt haben kann und hat. Die Medien sind nämlich nur begrenzt einer politischen Steuerung zugänglich.

Es darf nicht unterschätzt werden, daß Hörfunk und Fernsehen schon durch ihre je besonderen Eigenschaften die Qualität der Kommunikation beeinflussen. In diesem Zusammenhang ließe sich ein Gedankenexperiment Robert Musils aus dem Roman „Der Mann ohne Eigenschaften“ für das Zeitalter des Fernsehens leicht abändern. Musil fragte sich, was wohl passieren würde, wenn Platon heute in einer Redaktion erscheinen würde. „Natürlich würde Platon, wenn er heute plötzlich in einer Redaktion vorsprechen und nachwei-

37 Immer zahlreicher werdende Informationen sagen noch nichts darüber aus, wie gut wir wirklich informiert sind und was wir wissen. Vgl. zur Unterscheidung von Information und Wissen Max Kaase, Deutschland als Informations- und Wissensgesellschaft. In: Max Kaase, Günther Schmid (Hrsg.), Eine lernende Demokratie. 50 Jahre Bundesrepublik Deutschland, a. a. O., S. 535.

38 Wolfgang Hoffmann-Riem, Kulturelle Identität und Vielfalt im Fernsehen ohne Grenzen? In: Media Perspektiven 3/1985, S. 182 unterscheidet zwischen gegenständlicher, inhaltlicher, personeller und räumlicher Vielfalt in der Rundfunkkommunikation.

sen würde, daß er wirklich jener große Schriftsteller sei, der vor mehr als zweitausend Jahren gestorben ist, damit ungeheures Aufsehen erregen und die lohnendsten Aufträge erhalten. Wäre er dann imstande, ... eines oder das andere seiner älteren Werke zu verfilmen, so würde es ihm sicher auf längere Zeit ganz gut gehen. Sobald jedoch die Aktualität seiner Wiederkehr vorbei wäre", würde ihn der Chefredakteur nur noch auffordern, zuweilen an einer Talkshow teilzunehmen und dort seine Ideen zu erklären – „aber möglichst locker und flott, nicht so schwer im Stil."[39]

Die Eigenschaften des Mediums spielen beim Fernsehen für die Qualität der politischen und der kulturellen Kommunikation eine besonders wichtige Rolle. Die Fernsehberichterstattung zu den Terroranschlägen vom 9.11.2001 hat dies noch einmal sehr deutlich gemacht. Es ist eine Illusion, anzunehmen, man komme an das wirkliche Ereignis heran,[40] nur weil zeitgleich mit dem Terroranschlag die Fernsehzuschauer weltweit das Bild des Flugzeuges sehen können, das in das World Trade Center hineinrast. Die Fernsehberichte haben trotz der Authentizität der Bilder keine präzisen Informationen über das Geschehen in New York vermittelt. In den Tagen und Wochen nach dem Terroranschlag hat das Fernsehen häufig nur die Realität verdoppelt. Selten hingegen wurde über die Realität umfassend und unter Beachtung struktureller Differenz und konkreter Differenzen informiert, die politische Elite in ihren Reaktionen kritisiert oder gar kontrolliert.

Das Fernsehen präsentiert die Nachrichten als Showgeschäft,[41] und die privaten Anbieter haben diesen Trend verstärkt und verstehen die Nachrichtensendungen als „news show". Sensationalität, ein lockerer Stil der Präsentation, Musikuntermalungen und Gags werden als Stilmittel eingesetzt.[42] Bedenkt man die Folgen der Eigenschaften des Mediums Fernsehen für die Qualität der Kommunikation, dann wird deutlich, daß die politische Steuerung dieses Mediums prinzipiell an Grenzen stößt. Gilt dies schon für die Fernsehpolitik der Nationalstaaten, so sind die Grenzen für eine europäische Fernsehpolitik noch enger gezogen. Denn die Europäische Union kann die nationalen Rege-

---

39 Robert Musil, Der Mann ohne Eigenschaften. Gesammelte Werke, hrsg. von Adolf Frisé, Reinbek: Rowohlt 1978, Bd. 1, S. 325.

40 Bertolt Brecht hatte 1927 in seinen Vorschlägen für einen Intendanten des Rundfunks die Meinung vertreten, mit Übertragungen aus Reichstagsdebatten und mit Interviews komme man besser an die wirklichen Ereignisse heran als mit „toten Referaten". In: Radiotheorie, Gesammelte Schriften, Frankfurt: Suhrkamp 1967, Bd. 18, S. 121. Obwohl inzwischen in Funk und Fernsehen Bundestagsdebatten und Interviews mit Politikern gesendet werden, hat man nicht den Eindruck, dadurch an die „wirklichen Ereignisse" heranzukommen.

41 Neil Postman, Wir amüsieren uns zu Tode. Urteilsbildung im Zeitalter der Unterhaltungsindustrie, Frankfurt: Fischer 1985.

42 Vgl. für viele andere Winfried Schulz, Massenmedien und Realität. In: Max Kaase, Winfried Schulz (Hrsg.), Massenkommunikation. Theorien, Methoden, Befunde. Sonderheft 30/1989 der KZfSS, S. 135-149.

lungen der Medienpolitik nur ergänzen. Der Gestaltungsspielraum ist im Bereich der Medien also von vornherein erheblich eingeschränkt.

Die europäische Medienlandschaft ist daher stark durch die technischen Eigenschaften der Medien und die äußeren Bedingungen in den Mitgliedstaaten geprägt. Die Entwicklungsimpulse werden in diesem Bereich nur zum kleinen Teil von politischen Entscheidungen auf der europäischen Ebene ausgehen können. Betrachtet man die Ko-Evolution der Medienpolitik im Zusammenspiel mit den anderen Elementen der europäischen Integration, dann zeigt sich die Bedeutung der Weichenstellung durch die Einführung des privaten Rundfunks auf der nationalen Ebene. In den Mitgliedstaaten wurde bis auf die beiden Ausnahmen Irlands und der Niederlande das private Rundfunksystem schon vor der Verabschiedung der europäischen Fernsehrichtlinie eingeführt. In Deutschland und in Italien wurde der private Rundfunk 1984, in Frankreich 1987, in Belgien, Dänemark, Griechenland und Spanien 1989 zugelassen. Für den privaten Rundfunk wurde auf der nationalen Ebene nur ein Mindeststandard an Programmvielfalt verlangt.

Am Beispiel Deutschlands läßt sich zeigen, daß die Politik bei der Einführung des privaten Fernsehens ihren Handlungsspielraum zur Sicherung der Vielfalt im privaten Rundfunk und Fernsehen nicht genutzt hat. In der dualen Ordnung des deutschen Rundfunks, die die Sicherung der Meinungsvielfalt in erster Linie zur Sache der öffentlich-rechtlichen Rundfunkanstalten macht und die privaten Rundfunkanbieter nur auf bestimmte Mindeststandards verpflichtet, haben die zusätzlichen privaten Rundfunkprogramme die Meinungs- und Informationsvielfalt nicht vergrößert. Die privaten Veranstalter bieten nicht mehr Vielfalt, sondern mehr Einheitliches im Programm. Beleg für diese These sind vergleichende Analysen der Programme öffentlich-rechtlicher und privater Sender.[43]

Die publizistische Spektrumsverengung im privaten Fernsehen ist nur deshalb möglich, weil die Landesmediengesetze keine effektiven Vorkehrungen zur Sicherung der Programmvielfalt im privaten Rundfunk enthalten. Da in einem marktwirtschaftlich organisierten Rundfunksystem nicht automatisch ein vielfältiges Angebot entsteht, weil die Programme als ökonomisches Gut betrachtet werden und vor allem solche Sendungen attraktiv sind, die eine hohe Einschaltquote haben und am besten noch als Wiederholungssendung verwendbar sind, muß der Gesetzgeber dafür Sorge tragen, daß der private Rundfunk nicht beliebig bestimmte Programmsparten vernachlässigen darf.

43 Marie-Luise Kiefer, Europa – ist das kulturelle Fernsehdilemma programmiert? In: Media Perspektiven 10/1990, S. 613. An der Programmstruktur von SAT 1 läßt sich die Homogenisierung des Angebots ablesen: von 6.720 Sendungen zwischen 19 Uhr und 23 Uhr entfielen 1989 6 % auf Information und Bildung, 69 % auf Unterhaltung (Spielfilme und Serien, die Serien zu 92 % aus den USA), knapp 5 % auf Sport, 1 % auf Programmhinweise und knapp 20 % auf Werbung.

So kann durch Mediengesetze vorgeschrieben werden, daß auch das Privatfernsehen bestimmte zeitliche oder prozentuale Mindestanteile für die verschiedenen Programmsparten vorsehen muß.[44] Eine solche Regelung fehlt jedoch in den Mediengesetzen. Das Bundesverfassungsgericht hat den Gesetzgeber in der Vernachlässigung der Meinungs- und Informationsvielfalt unterstützt. Es sei verfassungsrechtlich nicht geboten, von Veranstaltern des privaten Rundfunks zu verlangen, Sendungen bestimmter Art in einem bestimmten zeitlichen Umfang zu berücksichtigen.[45]

Die Versäumnisse des deutschen Gesetzgebers wie auch anderer nationaler Gesetzgeber waren der eigentliche Wendepunkt in der Medienlandschaft Europas. Die politischen Entscheidungen in den Mitgliedstaaten, den privaten Rundfunk nur minimal zu regulieren, bedeuteten einen irreversiblen Schaden für die Meinungs- und Informationsvielfalt. Der wirkliche Phasenübergang in der Medienpolitik fand also auf nationaler und nicht auf europäischer Ebene statt.

Vergleicht man vor diesem Hintergrund die europäische Fernsehrichtlinie von 1989[46] und ihre Novelle von 1997,[47] dann bleibt es bei einer Dominanz der Ökonomie. Die kulturelle Aufgabe des Fernsehens kommt in beiden Dokumenten nur am Rande vor. Auch wenn ich nicht so weit gehen möchte wie der Medienexperte und heutige Verfassungsrichter Wolfgang Hoffmann-Riem, von einer „kulturrechtlichen Rhetorik“ der europäischen Fernsehpolitik zu sprechen,[48] so ist Rundfunk als Kulturgut kein zentrales Anliegen der Europäischen Kommission. Im Grünbuch zu einem „Fernsehen ohne Grenzen“,[49] mit dem die erste Fernsehrichtlinie vorbereitet wurde, geht es vor allem um den freien Verkehr von Rundfunksendungen. Rundfunk wird als Leistung von Diensten gegen Entgelt interpretiert.[50]

Nach dem Grünbuch „Fernsehen ohne Grenzen“ ist es das Anliegen der Europäischen Gemeinschaften, daß nicht nur wirtschaftliche, sondern auch kulturelle Tätigkeiten in den Binnenmarkt integriert werden. Wer Tätigkeiten in der Erziehung, Kunst und Wissenschaft, Presse und Rundfunk ausübe, solle in den „Genuß der Freiheit des Verkehrs seiner Dienstleistungen (sowie des Rechts auf freie Niederlassung bzw. bei abhängiger Beschäftigung auf

---

44 Vgl. die Argumentation von Wolfgang Hoffmann-Riem in seinem Antrag auf Nichtigerklärung des niedersächsischen Landesmediengesetzes vor dem Bundesverfassungsgericht vom 6.11.1984.

45 BverfGE 73, 118 (163).

46 Richtlinie 89/552/EWG vom 3.10.1989.

47 Richtlinie 97/36/EG vom 30.6.1997.

48 Wolfgang Hoffmann-Riem, Kulturelle Identität und Vielfalt im Fernsehen ohne Grenzen? a. a. O., S. 187.

49 Grünbuch „Fernsehen ohne Grenzen“, KOM (84) 300 endg. vom 14.6.1984.

50 Ebd., S. 105.

Freizügigkeit kommen)."[51] Einschränkungen des freien Informationsflusses und des „grenzüberschreitenden Rundfunkverkehrs" aus Gründen der öffentlichen Ordnung (Art. 56 EWG-Vertrag und Art. 46 EGV in der Fassung von Nizza) seien eng zu definieren.

Auch nach der Konvention zum Schutze der Menschenrechte und Grundfreiheiten (EMRK) vom 4. November 1950, die nach dem Vertrag über die Europäische Union (Artikel F in der Fassung von Maastricht und Artikel 6 in der Fassung von Nizza) zu gewährleisten ist, können das Grundrecht der freien Meinungsäußerung und das Grundrecht der Freiheit der Mitteilung und des Empfangs von Funk und Fernsehen nur aus Gründen eingeschränkt werden, die „gesetzlich vorgesehen und in einer demokratischen Gesellschaft notwendig sind für die nationale Sicherheit, ... die öffentliche Sicherheit, zur Aufrechterhaltung der Ordnung oder zur Verhütung von Straftaten." (Artikel 10 Absatz 2 EMRK). ‚Ordnung', so die Kommission, sei eng im Sinne einer polizeirechtlichen Ordnung zu interpretieren. Der freie Verkehr von Sendungen habe nach der EMRK Vorrang vor rundfunkpolitisch motivierten Regelungen etwa zur Sicherung eines Mindestmaßes an Vielfalt der Meinungen oder gegen eine übermäßige Konzentration der Medien.[52] Die gesellschaftliche, soziale und kulturelle Ordnung eines Landes seien mit dem Begriff der Ordnung gerade nicht gemeint.[53] In dieser einseitig engen Interpretation des Regelungsvorbehaltes des Artikels 10 der EMRK kann man ein Indiz für ein rein ökonomisches Verständnis von Rundfunk sehen.[54]

Die europäische Fernsehrichtlinie von 1989 ist durch Unverbindlichkeit und das Prinzip des Marktes gekennzeichnet. Die Deregulierung der nationalen Rundfunksysteme wurde durch die Minimalregulierung auf europäischer Ebene ergänzt. Mit der Richtlinie wurde das Ziel verfolgt, einen „gemeinsamen Markt für die Herstellung und Verbreitung von Programmen" zu errichten und „faire Wettbewerbsbedingungen" zu garantieren."[55] Die Mitgliedstaaten sollen nach der Richtlinie den freien Empfang und die Weiterverbrei-

---

51 Ebd., S. 106.

52 Ebd., S. 171.

53 Ebd., S. 13: „Gemeint ist die Ordnung im polizeirechtlichen, insbesondere den öffentlichen Frieden verteidigenden Sinne. Nicht zur „défense de l'ordre" gehören die gesellschaftliche, die soziale und die kulturelle Ordnung eines Landes, sei es generell oder in bestimmten Bereichen wie z. B. der Presse oder dem Rundfunk. (...) Art. 56 Abs. 1 ist in den von Art. 10 Abs. 2 EMRK gezogenen Grenzen auszulegen und anzuwenden. Er darf mithin nicht als eine umfassende, pauschale ordre public-Klausel verstanden werden."

54 Wolfgang Hoffmann-Riem, Rundfunk in Europa zwischen Wirtschafts- und Kulturfreiheit. In: Gert Nicolaysen, Helmut Quaritsch (Hrsg.), Lüneburger Symposion für Hans Peter Ipsen zur Feier des 80. Geburtstages, Baden-Baden: Nomos 1988, S. 77. Hoffmann-Riem interpretiert diese ökonomisch verstandene Liberalisierung als Gegensatz zum Verständnis der Rundfunkfreiheit als einer „gebundenen Freiheit" in den Mitgliedstaaten der EU. Der Gegensatz ist m. E. nach der Einführung des privaten Rundfunks in den europäischen Ländern nicht so groß.

55 Richtlinie des Rates 89/552/EWG vom 3.10.1989, Erwägungsgründe.

tung von Fernsehsendungen aus anderen Mitgliedstaaten in ihrem Hoheitsgebiet gewährleisten. Am umstrittensten war die Quotenregelung nach Artikel 4. Danach müssen die Mitgliedstaaten „im Rahmen des praktisch Durchführbaren und mit angemessenen Mitteln“ dafür sorgen, daß die Fernsehveranstalter mindestens die Hälfte ihrer Sendezeit (ohne Nachrichten, Spielshows, Sport, Werbung und Videotext) europäischen Produktionen widmen.[56]

Diese weiche und nicht verpflichtende Quotenregelung war das Ergebnis eines Willensbildungsprozesses, in dem einige Mitgliedstaaten gegen eine Quote für europäische Produktionen votierten. Das Vereinigte Königreich, Deutschland und die Niederlande lehnten eine strikte Quotenregelung als protektionistische Maßnahme ab. Dänemark war grundsätzlich gegen die Fernsehrichtlinie, weil diese eine unzulässige Einmischung der Europäischen Gemeinschaft in die Kulturpolitik der Mitgliedstaaten mit sich bringe. Als gar das völlige Scheitern der Richtlinie drohte, verlegte die französische Präsidentschaft das Verhandlungsforum vom Binnenmarktrat auf den allgemeinen Rat der Außenminister. Mit diesem Schritt zeigte Frankreich einmal mehr, daß es der kulturellen Dimension hohe Relevanz zumißt.[57] Die Fernsehrichtlinie wurde auf diese Weise aus einer rein ökonomischen Betrachtung herausgenommen und nun unter dem weiteren Blickwinkel der Gesamtintegration der Europäischen Gemeinschaft betrachtet. Am 3. Oktober 1989 wurde die Richtlinie gegen die Stimmen Belgiens und Dänemarks mit qualifizierter Mehrheit verabschiedet.[58]

Mit der Novellierung der Richtlinie wurde die Quote erneut zum zentralen Thema der europäischen Fernsehpolitik.[59] In der 1. Lesung des Kommissionsentwurfes im Europäischen Parlament wurde der Begriff Quote von der Abgeordneten und Vorsitzenden des Ausschusses für Kultur, Jugend, Bildung und Medien, der Italienerin Luciana Castellina, kritisiert. Der Begriff erinnere an Protektionismus, während es doch um das Recht jeder Kultur gehe, angemessen vertreten zu sein. „Bei einem völlig liberalisierten Markt besteht jedoch die Gefahr, daß ein solches Recht abstrakt bleibt, wenn Kultur als eine x-beliebige Ware betrachtet wird, für die ... wie für jede andere Ware die Regeln des freien Wettbewerbs gelten.“[60] Die europäische Fernsehkultur

---

56 Als europäische Produktionen gelten: Werke aus den Mitgliedstaaten, Werke aus Staaten, die Vertragsparteien des europäischen Übereinkommens über grenzüberschreitendes Fernsehen des Europarates sind und Werke aus osteuropäischen Ländern, mit denen Fernsehveranstalter aus Mitgliedstaaten Kooperationsverträge abgeschlossen haben.

57 Jürgen Wagner, Policy-Analyse: Grenzenlos Fernsehen in der EG, Frankfurt, Berlin, Bern, New York, Paris, Wien: Peter Lang 1994, S. 164.

58 Zur Umsetzung der Richtlinie in den Mitgliedstaaten vgl. José Martin-Pérez de Nanclares, Die EG-Fernsehrichtlinie, Frankfurt, Berlin, Bern, New York, Paris, Wien: Peter Lang 1995.

59 Der erste Entwurf der Kommission stammt vom 31.5.1995, KOM (95) 86 endg.

60 Verhandlungen des Europäischen Parlamentes vom 14.2.1996, Amtsblatt der EG, Nr. 4-475, S. 104.

müsse vor der Dominanz der Hollywood-Produktionen und Serien geschützt werden. Denn die amerikanischen Produktionsgesellschaften, die den Weltmarkt kontrollierten, könnten es sich leisten, ihre Erzeugnisse auf dem europäischen Markt zu Schleuderpreisen anzubieten. „Dallas kostet nur 7.000 ECU." Auf dem Spiel stünden der Reichtum der kulturellen Vielfalt und der Identität, die heute durch die Großdimensionen gefährdet seien.[61]

Auch eine Minderheit von Abgeordneten der liberalen Fraktion plädierten für eine „Pflichtquote": „Die Vereinigten Staaten," so der Abgeordnete Vaz da Silva, „die heute Weltmeister des Liberalismus sind, waren zu einer Zeit, als ihre Medienindustrie noch nicht auf eigenen Füßen stand, überaus protektionistisch. Durch solch eine vorübergehende Maßnahme könnte man die europäische Industrie stärken und ich muß gestehen, daß mir abgesehen von schönen Reden noch kein anderer Vorschlag bekannt ist, der eine halbwegs überzeugende Alternative darstellt."[62] Geradezu symbolische Bedeutung maß der Abgeordnete der sozialistischen Fraktion, Jack Lang, der Fernsehrichtlinie und einer verbindlichen Quote für europäische Produktionen zu. Man habe den Text der Richtlinie als eine Art Vogelscheuche dargestellt, als ob Europa Mauern zur Abwehr der Kulturen anderer Länder errichte. Die Richtlinie bezwecke jedoch eine Förderung für die Film- und Fernsehindustrie, die in neue Werke investieren solle. „Gestern sagten uns italienische, spanische, deutsche und englische Filmemacher an dieser Stelle: ‚Sehr geehrte Europaparlamentarier, retten Sie die europäische Kultur, retten Sie die europäische Produktion.' Abschließend möchte ich noch sagen, daß dieser Text symbolische Bedeutung hat, moralische Bedeutung, spirituelle Bedeutung. Wir sollten die Seele Europas retten!"[63]

Das Parlament sprach sich in der 1. Lesung mit einer Mehrheit von 292 zu 195 Stimmen für eine verbindliche Pflicht der Mitgliedstaaten, mehr als die Hälfte der Sendezeit im Fernsehen für europäische Werke zu reservieren, für die Einbeziehung der neuen audiovisuellen Dienste in die Richtlinie und für eine Begrenzung der Werbung aus. Die Meinungsunterschiede gingen quer durch die Fraktionen. In der zweiten Lesung am 12. November 1996 wurden die bekannten Argumente noch einmal ausgetauscht. Die Gegner der „Pflichtquote" argumentierten, daß Quoten wie Schlaftabletten wirkten.[64] Die Befürworter wiesen noch einmal darauf hin, daß im Bereich der Produktion und des Vertriebes von Fernsehfilmen kein freier Markt bestehe, weil die amerikanische Filmindustrie mit ihrem riesigen Inlandsmarkt und der weltweit beherrschenden Position auf allen Vertriebswegen einen nicht einholbaren strukturellen Vorteil besitze. Die Vorsitzende des Kulturausschusses,

61 Ebd.
62 Ebd., S. 109.
63 Ebd., S. 116.
64 Verhandlungen des Europäischen Parlaments vom 12.11.1996, Amtsblatt der EG, Nr.4-490, S. 46.

Luciana Castellina, stellte die Fernsehrichtlinie in den Zusammenhang der These dieses Buches: Es dürfe nicht sein, daß man die Europäische Union auf einen Binnenmarkt reduziere. „Die Schaffung der europäischen Märkte mag ja in den 50er und 60er Jahren eine schöne Idee gewesen sein, aber heute, wo es bereits den globalen Markt gibt, hat die Europäische Union, wenn sie sich lediglich auf ihre Funktion als Markt beschränkt, keine Daseinsberechtigung mehr. Sie hat nur dann einen Sinn und eine Daseinsberechtigung, wenn sie etwas anderes ist, wenn sie eine eigene historische und kulturelle Identität bewahrt und weiterentwickelt.“[65] Die Identität der nationalen Kulturen in Europa sei durch den internationalen Wettbewerb und durch Kulturindustrien bedroht, die mit ihrer Wirtschafts- und Finanzkraft weltweit eine Monokultur durchsetzten.

In der zweiten Lesung des Parlamentes wurde die notwendige absolute Mehrheit von 314 Stimmen für den Antrag des Kulturausschusses zur Einführung einer verbindlichen Quote verfehlt, da 150 Parlamentarier bei der Abstimmung nicht anwesend waren. Nur eine absolute Mehrheit hätte es dem Parlament im Mitentscheidungsverfahren ermöglicht, den Gemeinsamen Standpunkt des Rates[66] zu Fall zu bringen. Und so bleibt mit der Novelle der Fernsehrichtlinie von 1997 alles beim alten: Es besteht für Fernsehveranstalter keine Pflicht, sondern die Freiheit, mehr als die Hälfte der Sendezeit im Fernsehen für europäische Werke zu reservieren. Es ist wie mit dem Schlafen unter den Brücken: Reiche und Arme haben gleichermaßen die Freiheit, unter Brücken zu schlafen. Nun haben Fernsehveranstalter die Freiheit, zwischen amerikanischen und europäischen Fernsehfilmen zu wählen und sich in der Mehrheit der Fälle für europäische Werke zu entscheiden.

Die Kommission hat den Stillstand in der Fernsehpolitik zum Erfolg gemünzt: „Die vollständige Beibehaltung des Systems von 1989 bedeutet, daß es keinen Rückschritt geben wird.“[67] Dies läßt sich so eindeutig nicht sagen. Denn die Beibehaltung des Systems von 1989 kann langfristig durchaus zu einem Rückschritt für die europäische Fernsehkultur werden. Es zeigt sich inzwischen immer deutlicher, daß europäische Werke im Fernsehen angesichts der amerikanischen Dominanz kaum eine Chance haben. Es ist daher von Interesse, den Bereich der Medienkonzentration in die Analyse einzubeziehen. Die Frage der Konzentration wurde in der Fernsehrichtlinie und der Novelle nur in den Präambeln erwähnt und von der Kommission als europäisches Problem unterschätzt. Auf europäischer Ebene könne man nur die Be-

65 Ebd., S. 54.

66 Gemeinsamer Standpunkt des Rates 0380/96 vom 8.7.1996 und Mitteilung der Kommission zu diesem Standpunkt vom 11.7.1996 SEK (96) 1292 endg. Auch die Kommission hatte sich in ihrem ursprünglichen Vorschlag für eine Änderung des Systems der Förderung europäischer Werke eingesetzt und dafür plädiert, die Formulierung „im Rahmen des praktisch Durchführbaren“ zu streichen. Vgl. SEK (96) 1292 endg., S. 5.

67 SEK (96) 1292 endg., S. 5.

dingungen für den freien Empfang von Fernsehsendungen in der Gemeinschaft sicherstellen. Regelungen zur Verhinderung des Mißbrauchs beherrschender Stellungen durch Zusammenschlüsse von Medienunternehmen, Absprachen und Übernahmen seien Sache der Mitgliedstaaten.[68]

4. Medienkonzentration

Zur nationalen Deregulierung und europäischen Minimalregulierung des Rundfunks kommt im Bereich der Medienkonzentration die europäische Nichtregulierung hinzu. Bis heute ist die europäische Richtlinie zur Medienkonzentration aus dem Entwurfsstadium nicht herausgekommen. Parallel zur politischen Nichtregulierung der Konzentration haben in der Medienlandschaft Europas Fusionen und Kooperationen der großen Konzerne zugenommen.

Die extreme Konzentration der Medien in Italien ist in den Mitgliedstaaten der Europäischen Union die Ausnahme. In Italien besitzt Ministerpräsident Berlusconi über seine Fininvest-Gruppe (zu 100 % im Eigentum der Familie Berlusconi) neben Banken- und Versicherungsbeteiligungen auch 48,4 % der Anteile des Medienkonzerns „Mediaset". Zu Mediaset gehören die drei größten italienischen privaten Fernsehsender Italia 1, Canale 5 und Rete 4. Damit beherrscht der Ministerpräsident den privaten Fernsehmarkt, und zugleich trifft die Regierung Berlusconi die Entscheidungen über die Finanzen der drei öffentlichen Sender RAI 1, RAI 2 und RAI 3. Man muß jedoch nicht den Extremfall Italien heranziehen, um zu erkennen, daß in Europa die Medienkonzentration weit fortgeschritten ist.

Eine Bestandsaufnahme von 1990[69] kommt zu dem Ergebnis, daß multimediale, multinationale und auch globale Konzentrationsbewegungen in der europäischen Medienlandschaft stattfinden. Von den 60 größten Medienunternehmen in Europa erwirtschafteten die 10 umsatzstärksten Unternehmen etwa die Hälfte des Gesamtumsatzes der 60 Unternehmen. Es handelte sich

---

68 Richtlinie 89/522/EWG vom 3.10.1989. Erwägungsgründe und Arbeitsdokument „Die Regulierung der Massenmedien und die Gemeinschaft", Generaldirektion Wissenschaft, Forschung und Entwicklung, Abteilung Binnenmarkt, S. 10: „Das Exekutivorgan der Gemeinschaft, die Kommission, neigt von jeher nicht dazu, zu Fragen der Konzentration oder des Pluralismus im Medienbereich innerhalb der EWG Vorschläge vorzulegen.", Richtlinie 97/36/EG vom 30.6.1997, Erwägungsgrund 44.

69 Hans J. Kleinsteuber, Torsten Rossmann (Hrsg.), Europa als Kommunikationsraum, Opladen: Leske + Budrich 1994, S. 254-270. Es gibt keine aktuelleren Daten zur europäischen Medienkonzentration. Der Europarat hat 1998 seinen Mitgliedern einen Fragebogen vorgelegt und die nationalen Berichte publiziert. Für eine vergleichende Bestandsaufnahme der europäischen Medienkonzentration sind die Daten nicht hinreichend. Vgl. Council of Europe, Committee of Experts on Media Concentration and Pluralism, Strasbourg, 7.5.1998.

hierbei um die Bertelsmann AG, die News Corporation, Fininvest, Hachette, Havas, Esselte, Reed International, Pearson, Maxwell Communications und die Granada Group. Diese 10 größten Unternehmen beschäftigten ungefähr eine Viertel Million Menschen. So beschäftigte Bertelsmann 43.500 und die Fininvest 25.000 Mitarbeiter. Mehr als zwei Drittel der 60 größten Medienkonzerne waren in den Heimatmärkten in den Printmedien und im elektronischen Medienbereich, insbesondere dem Fernsehen, tätig und sind daher als Multimediaunternehmen einzustufen.[70] Die privaten Medienkonzerne sind wiederum in ihrer Mehrzahl auch im Ausland tätig. 41 der 49 umsatzstärksten Medienkonzerne waren auf dem internationalen Markt vertreten. Spanien, Frankreich und Großbritannien sind dabei die attraktivsten Länder für Medienkonzerne.[71]

Die grenzüberschreitenden Zusammenschlüsse und Kooperationen der Medien können adäquat nur durch grenzüberschreitende Kooperation der Mitgliedstaaten und europäische Regulierungen gesteuert werden. Die Bildung europäischer Medienkonzerne, die in zwei oder mehr Mitgliedstaaten aktiv sind, erfordert grenzüberschreitendes Handeln. Auch die nationalen Aufsichtsbehörden sind auf europaweiten Informationsaustausch angewiesen, da sie anderenfalls die Netzwerke der Beteiligungen nicht erkennen und beurteilen können.[72]

Auf europäischer Ebene ist es bisher jedoch nicht gelungen, eine Richtlinie zur Medienkonzentration zu verabschieden. Das Grünbuch der Kommission zu Pluralismus und Medienkonzentration von 1992[73] war an der Zielsetzung eines funktionierenden Binnenmarktes orientiert. Die sehr unterschiedlichen nationalen Antitrustgesetze und eine nach Meinung der Kommission oft übermäßige nationale Regulierung seien ein Nachteil für den Binnenmarkt im Mediensektor.[74] Während also wirtschaftliche Aspekte Priorität hatten, wurden die Gefahren der Beeinträchtigung des Medienpluralismus und eines europäischen Handlungsbedarfes gleichwohl thematisiert.[75] Allerdings unterschätzte die Kommission die Zusammenhänge zwischen einer Aufrechterhaltung des Wettbewerbs der Medien und einer Aufrechterhaltung des Pluralismus. Die Vielfalt der für einen Empfängerkreis verfügbaren Informationen ist gerade nicht unabhängig von der Wettbewerbsstellung der Medienunternehmen.[76]

---

70 Hans J. Kleinsteuber, Torsten Rossmann (Hrsg.), Europa als Kommunikationsraum, a. a. O., S. 263.
71 Ebd., S. 264.
72 Dieter Dörr, Vielfaltssicherung durch die EU? In: Media Perspektiven 2/1996, S. 89.
73 KOM (92) 480 endg. vom 23.12.1992.
74 Ebd., S. 93.
75 Ebd., S. 60.
76 So aber ebd., S. 81.

Das Grünbuch löste eine lebhafte Debatte aus. An der Diskussion beteiligten sich u. a. die Regierungen der Mitgliedstaaten, die in ihrer Mehrheit gegen eine europäische Regulierung der Medienkonzentration votierten, nationale und europäische Interessengruppen, private und öffentliche Rundfunkveranstalter, Medienkonzerne wie die Bertelsmann AG und Fininvest, der Wirtschafts- und Sozialausschuß der Gemeinschaft und das Europäische Parlament.[77] Die Willensbildung zur europäischen Regulierung der Konzentration der Medien war von Anfang an durch Kommunikation über Differenz geprägt.[78] Es wurde über die konkreten Differenzen der Konzepte und Interessen kommuniziert, und das Europäische Parlament spielte eine zentrale Rolle. Die Willensbildung verlief nicht nach dem technokratischen Muster einer konsensorientierten Debatte zwischen Experten und Verwaltungsfachleuten. Die Differenzen der Ideen, Interessen und Institutionen im Bereich der Medienpolitik wurden thematisiert und führten am Ende zu einer Nichtentscheidung.

So war es auch nicht die Kommission, die die Initiative in Sachen Medienkonzentration ergriff, sondern das Europäische Parlament. Das Parlament hatte die Kommission schon seit Mitte der 80er Jahre immer wieder aufgefordert, die Medienkonzentration auf europäischer Ebene zu kontrollieren. Die Medien hätten eine besondere Verantwortung für das politische und kulturelle Leben in den Mitgliedstaaten. Das Wettbewerbsrecht mit seinen ökonomischen Kriterien sei daher keine Garantie für Meinungsvielfalt in den Medien.[79] In der Antwort auf das Grünbuch betonte das Parlament die Bedeutung der Medien für die Kultur der Mitgliedstaaten, die Irreversibilität einmal in Gang gekommener Konzentrationsprozesse und die Notwendigkeit eines schnellen Handelns auf europäischer Ebene zur Sicherung der Meinungsvielfalt.[80]

Erst vier Jahre nach der Publikation des Grünbuches legte die Kommission 1996 einen Entwurf zur Regulierung der Medienkonzentration vor. Die Ursache für die Verzögerung lag in Konflikten innerhalb der Kommission.[81] Strittig war die Notwendigkeit einer europäischen Richtlinie zur Medienkonzen-

---

77 Vgl. die Liste der Stellungnahmen und die Einladungsliste zu einer Anhörung in Anhang 1 des Dokumentes COM (94) 353 vom 5.10.1994: „Follow-up to the consultation process relating to the Green Paper on ‚Pluralism and Media Concentration in the Internal Market- An Assessment of the need for Community Action'".

78 Alison J. Harcourt, Claudio M. Radaelli, Limits to EU technocratic regulation? In: European Journal of Political Research 35 (1999), S. 107-122.

79 Europäisches Parlament, Entschließung zur Medienkonzentration und Meinungsvielfalt, 2.11.1992. Entschließung A3-0153/92/Korr.

80 European Parliament, Resolution on the Commission Green Paper, Pluralism and media concentration', A3-0435/93 vom 20.1.1994.

81 Vgl. für die folgenden beiden Abschnitte Alison J. Harcourt, EU Media Ownership Regulation: Conflict over the Definition of Alternatives. In: Journal of Common Market Studies 36 (1998), S. 369-389.

tration insbesondere zwischen der Generaldirektion für Industriepolitik (III), der Generaldirektion für den Binnenmarkt (XV) und der Generaldirektion für Kultur (X). Während die Generaldirektionen III und XV dafür plädierten, die Medienindustrie nicht zu sehr zu regulieren und das Entstehen großer und wettbewerbsfähiger Medienkonzerne zu fördern, betonte die Generaldirektion X die Bedeutung des Medienpluralismus in einer Demokratie und den Kulturauftrag der Medien. Umstritten war auch die angemessene rechtliche Basis für eine Richtlinie. Es kamen sowohl Artikel 100 a (Medien als Produkt im Binnenmarkt), Artikel 57 (Medien als Dienstleister) und der Kulturartikel 128 als Rechtsgrundlage in Frage. Seit 1993 gehörte die Regulierung der Medienkonzentration in den Bereich der Generaldirektion XV für den Binnenmarkt. Die Binnenmarktgeneraldirektion erarbeitete gemeinsam mit der Generaldirektion XIII für die Informationsgesellschaft ein neues Grünbuch zur Medienkonzentration, das den Schwerpunkt nicht auf Deregulierung, sondern auf eine europäische Harmonisierung der nationalen Gesetze legte. Als Maßstab zur Messung der Konzentration wurden nicht Marktanteile, sondern Zuschaueranteile vorgeschlagen.[82]

Mit Beginn der Amtszeit der Kommission Santer im Jahr 1995 übernahm Mario Monti als Binnenmarktkommissar das Portfolio für die Medienkonzentration. Während Kommissionsmitglied Monti und die Generaldirektion XV für eine europäische Regulierung der Medienkonzentration eintraten, wurde nun die für die Informationsgesellschaft zuständige Generaldirektion XIII zur Gegenspielerin. Die Generaldirektion XIII gab ein Gutachten bei der Beratungsfirma KPMG in Auftrag. In diesem von der Generaldirektion veröffentlichten Gutachten wurde vorgeschlagen, die nationalen Gesetze zur Medienkonzentration abzuschaffen und darüberhinaus nicht mehr zwischen einem Markt für Telekommunikation und einem Markt für Medien zu differenzieren. Die öffentlich-rechtlichen Rundfunksender seien wettbewerbsfeindlich und überflüssig. Der Angriff auf die öffentlich-rechtlichen Rundfunkanstalten rief den Protest des Europäischen Parlamentes und der öffentlichen Unternehmen wie der BBC, der ARD und der RAI (Radiotelevisione Italiana) auf den Plan.

Während die Generaldirektion XIII einen Kurs der völligen Liberalisierung des Medienmarktes ansteuerte, suchte Binnenmarktkommissar Monti die Kooperation mit der Generaldirektion für Kultur und mit dem Europäischen Parlament. Monti sprach sich in einer Rede im Europäischen Parlament am 26.9.1995 für eine europäische Initiative zugunsten des Medienpluralismus aus, und das Parlament akzeptierte die Gesichtspunkte des Binnenmarktes. Mario Monti betonte das legitime Interesse der Bürger der Mitgliedstaaten an Meinungsvielfalt und Meinungsfreiheit: „On peut dire que l'intérêt légitime d'assurer le pluralisme dans les médias vise à répondre au besoin de diversi-

82 COM (94) 353 endg. vom 5.10.1994, S. 40.

fier les sources d'information et de communication au public. Sources qui ont évidemment une influence déterminante sur l'opinion publique et qui sont par conséquent essentielles à notre système démocratique."[83] Im Juli 1996 legte Kommissar Monti einen Richtlinienentwurf zur Medienkonzentration dem Kollegium der Kommissare vor. Die Mitglieder der Kommission Brittan, Bangemann und Oreja votierten gegen den Entwurf.[84]

Eine erneute Vorlage des Entwurfes im März 1997 scheiterte am Einspruch des Kabinetts Santer. Der Widerstand des Kabinetts Santer gegen die Konzentrationsrichtlinie wird auf Lobbytätigkeiten von News International (Tochter von News Corporation in Großbritannien, gehört zu den 10 führenden privaten Medienunternehmen in Europa), Springer, ITV (Independent TV in Großbritannien wie z. B. Thames TV mit Programmverkauf in die USA) und CLT (Europas ältester privater Fernsehanbieter, Programmanbieter in Frankreich, Belgien, Niederlande und Deutschland) zurückgeführt.[85] Die ökonomische Macht der Medienkonzerne konnte in politische Einflußnahme auf die Entscheidungsträger umgemünzt werden. Der Verband privater Rundfunk und Telekommunikation e. V., ein Interessenverband mit 160 Mitgliedsunternehmen, wandte sich in einem „eindringlichen Schreiben" an die Kommission und kritisierte den Entwurf. Der Verband sah keine Notwendigkeit für die Europäische Union, in einem Bereich tätig zu werden, der bereits durch nationale Vorgaben im Medien- und Wettbewerbsrecht ausreichend reguliert sei.[86] Der Verband der kommerziellen Fernsehsender in Europa kritisierte die Ausnahmen für die öffentlich-rechtlichen Anbieter.[87] Nach dem Entwurf der Kommission waren öffentlich-rechtliche Anbieter von der Regelung ausgenommen, daß ein Fernsehveranstalter ein neues Fernsehprogramm dann nicht etablieren darf, wenn dieser Veranstalter in einem bestimmten Sendegebiet schon 30 % der Zuschauer erreicht.[88]

Der Willensbildungsprozeß der Nichtentscheidung einer europäischen Regulierung der Medienkonzentration zeigt die Kommission als eine komplexe Organisation mit Akteuren, die miteinander in Wettbewerb stehen. Es wurde

---

83 Mario Monti im Europäischen Parlament am 26.9.1995 (Ausschuß für Kultur, Jugend, Erziehung und Medien).

84 Agence Europe Nr. 6804 vom 5.9.1996.

85 Alison J. Harcourt, EU Media Ownership Regulation, a. a. O., S. 386.

86 VPRT (Verband privater Rundfunk und Telekommunikation), Pressemeldung 1097 vom 11.3.1997.

87 ACT, Association of Commercial Television in Europe, The EU and media concentration, 1997, S. 9.

88 European Commission, Proposal for a European Parliament and Council Directive on media ownership in the Internal Market presented by the Commission vom 8.3.1997. Artikel 3 in Verbindung mit Artikel 5. „Member States shall provide in their legislation that: the controller of one or more television broadcasting services may not control a television broadcasting service which is being set up if, in all or part of the area in which that service is accessible to the public, the total audience share held by the television broadcasting services he already controls is 30 % or more."

ein Wettbewerb um Alternativen einer Lösung des wachsenden Problems der Medienkonzentration ausgetragen. Das Europäische Parlament spielte eine nicht unbedeutende Rolle als Anwalt des Medienpluralismus. Die Willensbildung nahm Zeit in Anspruch und kann als ineffizient bezeichnet werden.[89] Ineffizienz war der Preis, der in diesem Fall für eine demokratische Kommunikation über Differenz während der Willensbildung zur geplanten Richtlinie zu zahlen war.[90]

Die Tatsache, daß es am Ende überhaupt nicht zu einer Richtlinie kam, bedeutete einen Vorteil für die Medienkonzerne. Denn die Konzerne können mit ihren Konzentrationsbewegungen nun unbehelligt durch eine europäische Richtlinie Fakten schaffen. Die Medienkonzentration mit ihren negativen Folgen für die Meinungsvielfalt nimmt rasch zu, während die Fähigkeit der europäischen Akteure, das Problem auf politische Weise zu lösen, nur langsam wächst.

Eine weitere Möglichkeit der Europäischen Kommission, die Medienkonzentration zu regulieren, ist die Fusionskontrolle. Die Anwendung der Fusionskontrolle läßt im Bereich der Medien ein bestimmtes Muster erkennen. Die Kommission hat Medienkonzerne gestützt, die europäische Strategien verfolgen und sich transnational zusammenschließen. Fusionen innerhalb eines nationalen Marktes hingegen wurden untersagt, wenn sie den Wettbewerb einschränkten. Der Zusammenschluß von Audiofina und Bertelsmann zu CLTUFA wurde z. B. genehmigt. Die Film- und Fernseh GmbH (UFA) des deutschen Medienkonzerns Bertelsmann fusionierte mit dem Rundfunkkonzern CLT (Compagnie Luxembourgeoise de Télédiffusion) des luxemburgischen Konzerns Audiofina. Bertelsmann und Audiofina wurden durch die Transaktion je zur Hälfte Eigentümer von CLTUFA. Da der Gesamtumsatz der beiden beteiligten Unternehmen in Europa mehr als 250 Millionen ECU betrug, fiel die Fusion unter die Verordnung zur Kontrolle von Unternehmenszusammenschlüssen.[91] Die Kommission entschied, daß die Fusion den Wettbewerb nicht beeinträchtige, weil es sich um einen transnationalen Zusammenschluß handle.[92] Die gemeinsame Kontrolle von Kirch und Bertelsmann über das Abonnementsfernsehen Premiere mit 1,65 Millionen Kunden hingegen wurde untersagt, weil der beabsichtigte Zusammenschluß den Marktzutritt anderer Veranstalter im Bereich des Pay-TV auf dem deutschen

89 Alison J. Harcourt, Claudio M. Radaelli, Limits to EU technocratic regulation? A. a. O., S. 119.

90 Alison J. Harcourt, EU Media Ownership Regulation, a. a. O., S. 387: „Inefficiency, under certain conditions, can be the price to pay in order to afford benefits of the intelligence of democracy."

91 Verordnung (EWG) Nr. 4046/89 vom 21.12.1989 Artikel 1 Absatz 2. Der Schwellenwert wurde in der Novelle Verordnung (EG) Nr. 1310/97 vom 30.6.1997 herabgesetzt. Nach Artikel 1 ist die Verordnung einschlägig, wenn der gemeinschaftsweite Gesamtumsatz von mindestens zwei beteiligten Unternehmen jeweils 100 Millionen ECU übersteigt.

92 Entscheidung der Kommission vom 7.10.1997. Sache IV/M.779 – Bertelsmann/CLT.

Markt behindere.[93] Auch die Intervention des damaligen Bundeskanzlers Helmut Kohl zugunsten der Kooperation von Bertelsmann und Kirch[94] hat die Kommission nicht von ihrem negativen Bescheid abgehalten.

Die Entscheidungen der Kommission zur Medienkonzentration können als Entscheidungen zugunsten eines Meinungspluralismus auf den nationalen Märkten interpretiert werden. „Taken as a whole, the decisions would suggest that a degree of external pluralism is very much one of the central concerns of the Commission and that it has been very successful in implementing the merger regulation."[95] Freilich ist die Sicherung der Meinungsvielfalt allein durch die Kontrolle des Wettbewerbs in der europäischen Medienindustrie nicht zu gewährleisten.[96] Beim Wettbewerbsrecht geht es um die wirtschaftlichen und finanziellen Kriterien der Zusammenschlüsse von Medien. Zur Sicherung der Meinungsvielfalt und des inneren und äußeren Pluralismus der Medien gehören jedoch auch kulturelle und soziale Kriterien. Auf diesen Aspekt hat der Wirtschafts- und Sozialausschuß der Europäischen Gemeinschaft in einer Mitteilung im Mai 2000 hingewiesen und vorgeschlagen, europäische Leitlinien und Rechtsinstrumente festzulegen, „die dazu beitragen, den Zugang der europäischen Öffentlichkeit zu pluralistischen und unabhängigen Medien zu gewährleisten." Ergänzend zum Wettbewerbsrecht müsse die Europäische Union die soziale Dimension und die kulturelle Vielfalt in den Mittelpunkt ihrer Medienpolitik stellen. Die europäische Medienpolitik solle nach Meinung des Wirtschafts- und Sozialausschusses „den Pluralismus der Inhalte und der Programme der Medien gewährleisten und den Akteuren der großen Kommunikationskonzerne Leitlinien vorgeben, um die Vielfalt und die Vielseitigkeit der einem breiten Publikum zugänglichen Inhalte zu bewahren."[97]

Betrachtet man die europäische Rundfunkpolitik und die Regulierung der Medienkonzentration unter diesem Aspekt des Pluralismus der Inhalte und der kulturellen Vielfalt, dann kann der Umgang mit dem öffentlich-rechtlichen Rundfunk als Test gelten. In allen Mitgliedstaaten stehen die öffentlich-rechtlichen Rundfunkanstalten mit ihrem Bildungs- und Kulturauf-

---

93 Entscheidung der Kommission vom 27.5.1998. Sache IV/M.993 – Bertelsmann/Kirch/Premiere.

94 Dornenreicher Weg ins Eldorado. Bertelsmann und Kirch vor dem EU-Wettbewerbskommissar. In: Neue Zürcher Zeitung vom 22.5.98.

95 David Ward, The Democratic Deficit and European Union Communication Policy. In: The Public 8 (2001), S. 75-94.

96 Darauf hatte schon Mario Monti in seiner Rede am 26.9.1995 im Kulturausschuß des Europaparlamentes hingewiesen: „Je voudrais rappeler que les citoyens de l'Union européenne attachent un intérêt légitime à la question du pluralisme en tant que tel. Un intérêt légitime distinct par rapport à celui qui a trait à la politique de concurrence sur lequel mon collègue Van Miert interviendra."

97 Stellungnahme des Wirtschafts- und Sozialausschusses zum Thema „Pluralismus und Medienkonzentration", Amtsblatt der EG vom 18.5.2000, Nr. C 140, S. 19 (hier S. 23).

trag in einer schwierigen Konkurrenz mit den privaten Rundfunkanbietern, die einen solchen Bildungs- und Kulturauftrag nicht erfüllen müssen. Das europäische Medieninstitut in Düsseldorf hat die Programme und die unterschiedlichen Wettbewerbsstrategien der öffentlich-rechtlichen Rundfunkanstalten in den Mitgliedstaaten untersucht. Es ist das Ergebnis der Untersuchung, daß der öffentlich-rechtliche Rundfunk auch in Zukunft eine wichtige Rolle in den Mitgliedstaaten spielen kann, da die Programme eine hohe Qualität, Vielfalt und Originalität aufweisen und als Meßlatte für den gesamten Rundfunk dienen können. Der öffentlich-rechtliche Rundfunk bilde zugleich ein Gegengewicht gegen die immer größer werdenden Medienkonzerne. Es komme nun darauf an, daß sich die wichtigen politischen Kräfte in den Mitgliedstaaten darauf einigten, den öffentlich-rechtlichen Rundfunk als wichtiges Element eines Mediensystems zu fördern, das nicht allein kommerziellen Prinzipien folge.[98]

Dieses Petitum wird durch die reale Entwicklung der Programme der Rundfunkanstalten unterstrichen. Auch wenn es schwierig ist, die Qualität von Medien zu bestimmen,[99] so geben Programmanalysen erste Anhaltspunkte. Die privaten Fernsehanbieter geben der Kultur wenig Raum. Eine vergleichende Programmanalyse für ARD, ZDF, RTL, SAT 1 und ProSieben im Jahr 2000 ergab, daß die privaten Anbieter z. B. nur 1 % ihrer Sendezeit für Musiksendungen verwenden (RTL) oder auf Musiksendungen ganz verzichten (SAT 1 und ProSieben). Informationssendungen bleiben die Domäne der öffentlich-rechtlichen Rundfunkanstalten. Die Privatsender stellen mit etwa einem Fünftel der Gesamtsendezeit im Jahr 2000 (RTL 21,4 %, SAT.1 18,5 % der Sendezeit) sehr viel weniger Zeit für die Information zur Verfügung als die öffentlich-rechtlichen Sender. Die qualitative Kluft zwischen den öffentlich-rechtlichen und den privaten Sendern wird dadurch verstärkt, daß die boulevardorientierten Infosendungen in einer Mischung von Themen wie Human Interest, Prominenz, Kriminalität und Showbusiness eine charakteristische Form der Information bei den Privatsendern sind.[100]

Kann man sagen, daß die politischen Akteure in der Europäischen Union und in den Mitgliedstaaten dem öffentlich-rechtlichen Rundfunk einen wichtigen Stellenwert innerhalb des Mediensystems zumessen? Es gibt Anzeichen dafür, daß die politischen Eliten die Gefahren, mit denen der öffentlich-

98 Runar Woldt et al., Perspectives of Public Service Television in Europe, Europäisches Medieninstitut e. V., Düsseldorf 1998.

99 Max Kaase, Politische Kommunikation – Politikwissenschaftliche Perspektiven. In: Otfried Jarren, Ulrich Sarcinelli, Ulrich Saxer (Hrsg.), Politische Kommunikation in der demokratischen Gesellschaft, Opladen: Westdeutscher Verlag 1998, S. 109. Max Kaase betont, daß die Qualität der Medien als wichtige Rahmenbedingung für ein politisches System gilt, obwohl es nicht geklärt ist, wie man die Qualität von Medien „quantitativ bestimmen könnte." Ebd., S. 103.

100 Udo Michael Krüger, Thomas Zapf-Schramm, Die Boulevardisierungskluft im deutschen Fernsehen. In: Media Perspektiven 7/2001, S. 326-344.

rechtliche Rundfunk konfrontiert ist, seit den 90er Jahren ernstnehmen. Dem Vertrag von Amsterdam wurde ein Protokoll beigefügt, das die Bedeutung des öffentlich-rechtlichen Rundfunks für die demokratischen, sozialen und kulturellen Belange der Mitgliedstaaten anerkennt. Die Wahrung des Pluralismus in den Medien wird als Zielsetzung des öffentlich-rechtlichen Rundfunks formuliert. Es wird ausdrücklich festgestellt, daß die Mitgliedstaaten die Befugnis haben, den öffentlich-rechtlichen Rundfunk zu finanzieren, sofern dies dem Auftrag des öffentlich-rechtlichen Rundfunks diene und die Handels- und Wettbewerbsbedingungen der Gemeinschaft nicht übermäßig beeinträchtige.[101]

In diesem Protokoll von 1997 kommt ein anderes Verständnis des Rundfunks zum Ausdruck als im Grünbuch „Fernsehen ohne Grenzen" von 1984. Hatte die Europäische Kommission im Grünbuch den Rundfunk vorwiegend unter ökonomischen Kriterien betrachtet, so werden 13 Jahre später im Rundfunkprotokoll auch soziale und kulturelle Kriterien berücksichtigt. Doch wäre es übertrieben, von einer Wende zu sprechen. Auch im Grünbuch zur Konvergenz der Branchen Telekommunikation, Medien und Informationstechnologie und ihren ordnungspolitischen Auswirkungen von 1997 wird die kulturelle Bedeutung der öffentlich-rechtlichen Rundfunkanstalten nicht bestritten. Freilich sind die Formulierungen sehr vage. Es gehöre zu den Aufgaben des öffentlich-rechtlichen Rundfunks, „gewisse Standards inhaltlicher Art" zu erfüllen. Als wolle man sich nicht zu weit vom Binnenmarkt entfernen, wird gleich hinzugefügt, es solle geprüft werden, in welchem Maße die kulturellen Ziele des öffentlich-rechtlichen Rundfunks „bereits durch normale Marktaktivitäten erreicht werden ... und inwieweit ordnungspolitische Verpflichtungen für Rundfunkanstalten gelockert werden sollten."[102]

Trotz einiger Anzeichen für eine wachsende Rolle der kulturellen Dimension in der europäischen Rundfunkpolitik, bleibt ein ökonomisches Verständnis des Rundfunks dominant. Da die technologische Entwicklung im Rundfunkbereich schnell voranschreitet, bedeutet Nichtregulierung, daß der Spielraum für politisches Handeln auf der nationalen wie der europäischen Ebene abnimmt, und die wirtschaftliche Macht zum bestimmenden Faktor für die Gestaltung des Rundfunks in den Mitgliedstaaten der Europäischen Union wird.

Es konnte gezeigt werden, daß in der Europäischen Union seit Beginn der 90er Jahre Programme eine Rolle spielen, die auf nichtökonomischen Ideen und Interessen basieren. Mit den Programmen in der Sozial-, der Umwelt- und der Kulturpolitik hat sich die Europäische Union in Politikbereiche mit

101 Protokolle zum Vertrag zur Gründung der Europäischen Gemeinschaft, 4. Protokoll über den öffentlich-rechtlichen Rundfunk in den Mitgliedstaaten.

102 KOM (97) 623 endg. vom 3.12.1997, S. 34 und S. 35.

unterschiedlichen Zielen ausdifferenziert. Die politischen Eliten und die Bürger setzen sich mit der Frage, welches Gewicht die Sozial-, die Umwelt- und die Kulturpolitik im Binnenmarkt erhalten sollen, zunehmend auf demokratische und kommunikative Weise auseinander. Dies läßt sich am wachsenden Einfluß des Europäischen Parlaments und an der Europäisierung der Parteien, Verbände und Medien erkennen. Auch die lebhafte Debatte über eine europäische Verfassung ist ein Indiz für die Entwicklung des politischen Europa, in dem die Eliten und die Bürger ihre Gedanken über eine Gesamtordnung in Europa austauschen. Dieser begrenzten Öffnung der europäischen Politik für eine demokratische Kommunikation über Differenz wende ich mich im nächsten Kapitel zu.

VII. Die Öffnung der Europäischen Union für demokratische Kommunikation über Differenz

Die in den bisherigen Kapiteln beschriebene Ausdifferenzierung der Europäischen Union in die Bereiche der Wirtschafts-, Sozial-, Umwelt- und Kulturpolitik ist die Basis des politischen Europa. Diese Ausdifferenzierung ist so weit fortgeschritten, daß nun über die Kombination unterschiedlicher Ziele etwa des Binnenmarktes und der Sozialpolitik politisch zu entscheiden ist. Zugleich wurde in den Analysen zum Binnenmarkt und zur Sozial-, Umwelt- und Kulturpolitik deutlich, daß die Europäische Union in diesen Politikfeldern zu Beginn des 21. Jahrhunderts weitreichende Kompetenzen besitzt.[1] Politisches Handeln auf der Basis solcher Kompetenzen und Entscheidungen über die Gesamtordnung der Europäischen Union bedürfen der demokratischen Legitimation durch die Völker der Mitgliedstaaten.

Die vorhandene „governing capacity" der europäischen Institutionen könnte natürlich durch mehr Kompetenzen und finanziellen Spielraum ausgebaut werden.[2] Dies würde die Effektivität europäischer Politik erhöhen. Doch geht es nicht allein um die Effektivität europäischer Politik. Die demokratische Legitimität europäischer Politik ist angesichts der weitreichenden Gestaltungsmacht der Europäischen Union ein Wert an sich. Robert A. Dahl formuliert dies folgendermaßen: „What then does a rational belief in democracy entail? The core of such a belief ... is the view that in a certain kind of human association, the process of government should as far as possible meet democratic criteria, because people involved in this kind of association possess a *right*, an inalienable right to govern themselves by the democratic process."[3] Darüberhinaus, so die Hypothese dieser Arbeit, hat die demokratische Legitimität langfristig Folgen für die Effektivität der europäischen Politik.

Eine demokratische Legitimation des kollektiv verbindlichen Entscheidens gibt es bisher in der Europäischen Union nur in unzureichendem Maße. Sie kann auch nicht, hier ist sich die Mehrheit der Europaforscher einig, allein durch die Stärkung des Europäischen Parlamentes erreicht werden. Europäische Demokratie bedarf der Verwurzelung in einer europäischen Identität der

1 Rainer Pitschas, Soziale Integration Europas durch Institutionenentwicklung: Die EG auf dem Weg zum Europäischen Sozialstaat. In: Detlef Merten, Rainer Pitschas (Hrsg.), Der Europäische Sozialstaat und seine Institutionen, Berlin: Duncker & Humblot 1993, S. 91-118.

2 Claus Offe, Demokratie und Wohlfahrtsstaat: Eine europäische Regimeform unter dem Streß der europäischen Integration. In: Wolfgang Streeck (Hrsg.), Internationale Wirtschaft, nationale Demokratie. Herausforderungen für die Demokratietheorie, Frankfurt, New York: Campus 1998, S. 116.

3 Robert A. Dahl, A Preface to Economic Democracy, Cambridge: Polity Press 1995, S. 56.

Bürger, in einer europäischen Öffentlichkeit und in intermediären Strukturen wie Parteien und Verbänden. Dieter Grimm wendet zu Recht ein, man dürfe die Demokratiefähigkeit der Europäischen Union nicht stillschweigend unterstellen.[4] Ein Parlament allein gewährleiste noch keine demokratischen Strukturen. Jedes parlamentarische System sei auf Prozesse der Meinungsbildung und Interessenvermittlung angewiesen, die das parlamentarische Entscheidungshandeln vorstrukturierten.[5] Über den demokratischen Gehalt eines politischen Systems sage die Existenz eines Parlamentes weniger aus als „die Pluralität, innere Repräsentativität, Freiheitlichkeit und Kompromißfähigkeit des intermediären Bereichs der Parteien, Verbände, Assoziationen, Bürgerbewegungen und Kommunikationsmedien."[6] Beruhe ein Parlament nicht auf solchen intermediären Strukturen, die erst die Wechselbeziehungen zwischen Volk und Staat gewährleisteten, dann gebe es zwar „demokratische Formen", doch fehle ihnen „die demokratische Substanz."[7] Die intermediären Strukturen, die in einem parlamentarischen System die Demokratie ausmachten, existierten in der Europäischen Union nicht. Diese Annahme gilt es zu prüfen.

1. Die Europäisierung von Parteien, Verbänden und Medien

Von den zahlreichen intermediären Strukturen möchte ich hier Parteien, Verbände und Medien behandeln. Politische Parteien gibt es auf europäischer Ebene erst in Ansätzen. Nach Artikel 191 EGV in der Fassung des Vertrages von Nizza sind „Parteien auf europäischer Ebene" zwar ein wichtiger Faktor der Integration und bringen den politischen Willen der Unionsbürger zum Ausdruck. Doch wie sieht dies in der Realität aus?

Zuerst gründete sich 1974 der Bund der Sozialdemokratischen Parteien, der sich 1992 in die Sozialdemokratische Partei Europas (SPE) umbenannte. 1976 folgten die Europäische Volkspartei (EVP) und die Europäischen Liberalen (ELDR als Abkürzung für die seit 1993 bestehende Europäische Liberale und Demokratische Reformpartei). Die Grünen gibt es seit 1993 als Parteiföderation (EFGP), und am 21. Februar 2004 wurde die Europäische Grüne Partei in Rom gegründet.[8] Mitglieder dieser Parteien sind die nationalen Parteien derselben politischen Familie. Diese institutionelle Mitgliedschaft ist

4 Dieter Grimm, Braucht Europa eine Verfassung? In: ders., Die Verfassung und die Politik. Einsprüche in Störfällen, München: Beck 2001, S. 239.

5 Ebd., S. 240.

6 Ebd., S. 241.

7 Ebd.

8 Dimitris Th. Tsatsos, Gerold Deinzer (Hrsg.), Europäische Politische Parteien. Dokumentation einer Hoffnung, Baden-Baden: Nomos 1998. In dem Band findet sich eine Dokumentation der Statuten der großen europäischen Parteien.

ein wichtiger Unterschied zu den nationalen Parteien. Auch bei der Kandidatenauswahl für die Mitglieder des Europäischen Parlamentes sind die Europäischen Parteien nicht unmittelbar beteiligt. Bei der politischen Willensbildung spielen sie bisher kaum eine Rolle. Aus diesen Befunden läßt sich aber nicht schließen, daß die europäischen Parteien langfristig nicht einen größeren Einfluß auf die Willensbildung gewinnen können. Dies wird insbesondere von den Kompetenzen des Europäischen Parlamentes und den Entwicklungschancen einer Demokratie in der Europäischen Union abhängen.

Die Abstimmungsergebnisse im Europäischen Parlament zeigen, daß die Stimmabgabe nach Parteizugehörigkeit an Relevanz gewonnen hat. Vergleicht man den Zeitraum von 1984 bis 1989 mit dem Zeitraum von 1989 bis 1994, dann hat die Abstimmung nach Fraktionen von 76,2 % auf 84,1 % zugenommen.[9] Freilich ist das für nationale Parlamente typische Abstimmungsverhalten nach Regierungsmehrheit und Opposition im Europäischen Parlament nicht üblich. Dies hängt aber nicht mit der Bedeutungslosigkeit der Parteien zusammen, sondern mit dem Erfordernis der absoluten Mehrheit im europäischen Gesetzgebungsprozeß etwa im Verfahren der Mitentscheidung. Eine solche Mehrheit kann nur erreicht werden, wenn sich die Fraktionen von Volkspartei, Liberalen und Sozialdemokraten zu einer großen Koalition zusammenschließen. Das Europäische Parlament muß sich durch die Art und Weise des europäischen Regierungssystems als politische Einheit gegenüber der Kommission und dem Rat verstehen. Dies würde sich mit der Demokratisierung der Europäischen Union ändern.

Ein Wandel zeichnet sich bei den Treffen der Vorsitzenden der europäischen Parteien ab. Diese Treffen sind häufiger geworden und finden nun bei den Sozialdemokraten und der Volkspartei dreimal im Jahr statt. Die Vorsitzenden und nicht wie früher die Sekretäre nehmen jetzt an den Treffen teil. Der Zeitpunkt dieser Treffen wird seit Beginn der 90er Jahre kurz vor oder nach die Gipfel des Europäischen Rates gelegt.[10] Diese Strategie hat es den großen europäischen Parteien ermöglicht, die Agenda des Europäischen Rates zu beeinflussen. Für den Gipfel in Maastricht im Dezember 1992 läßt sich zeigen, daß die Aufnahme eines Parteienartikels in den Vertrag auf die gemeinsame Initiative und Einflußnahme der drei großen europäischen Parteien ELDR, EVP und SPE zurückgeht. Europäische Parteien spielen inzwischen auch außerhalb des Parlamentes in Straßburg eine Rolle und knüpfen ihre Kontakte zum Ministerrat und zur Kommission. Gab es in der europäischen Parteienlandschaft zunächst nur transnationale Zusammenarbeit, dann Grup-

---

9 Simon Hix, The Political System of the European Union, New York: St. Martin's Press 1999, S. 177.

10 Ebd., S. 179.

pen im Europäischen Parlament, so kann man jetzt von entstehenden europäischen Parteien sprechen.[11]

Interessengruppen nahmen an der Willensbildung und Entscheidungsfindung in der Europäischen Union schon immer teil. Zunächst dominierten die Interessengruppen der Industrie. Wie im dritten Kapitel beschrieben, hat der „European Roundtable of Industrialists" das Programm des Binnenmarktes maßgeblich beeinflußt. Seit den 90er Jahren spielen auch Gewerkschaften, Umweltschutz- und Verbraucherverbände im Konzert des Lobbying auf europäischer Ebene mit. Besonders groß sind Zahl und Einfluß einzelner Unternehmen. Das Büro von Daimler-Chrysler in Brüssel beschäftigt mehr Mitarbeiter als die europäische Vereinigung der Arbeitgeber- und Industrieverbände (UNICE).[12] Je nach Politikbereich sind es aber nicht allein große Firmen, die beim Brüsseler Lobbying Chancen haben. In der Sozialpolitik haben sich korporatistische Strukturen entwickelt, in die vor allem UNICE, der europäische Zentralverband der öffentlichen Wirtschaft (CEEP) und der europäische Gewerkschaftsbund (EGB) eingebunden sind.[13] Auch die nationalen Interessenverbände sind auf der Brüsseler Bühne aktiv.

In der wissenschaftlichen Literatur ist es umstritten, ob die starke Fragmentierung der Interessenvermittlung über die Zeit abnehmen wird. Beate Kohler-Koch begründet auf schlüssige Weise, daß die Komplexität des Systems mit zunehmender Integration nicht verschwinden werde. Da die Einflußnahme der Verbände auf die europäische Willensbildung auch weiterhin von den nationalen Konstellationen der Interessenvermittlung abhänge, sei es wahrscheinlich, daß die Europäisierung der Interessenvermittlung unterschiedliche Formen annehmen werde.[14] Es wird auf die Organisation der Komplexität ankommen, wenn die entstehende Differenz in der Art der europäischen Interessenvermittlung produktiv für eine erfolgreiche Steuerung genutzt werden soll. Mit einer immer weiteren Ausdehnung der Beteiligung unterschiedlicher Interessen, wie dies im Weißbuch „Europäisches Regieren" der Kommission vom Juli 2001 anklingt, wird es nicht getan sein.[15]

---

11 Simon Hix, Christopher Lord, Political Parties in the European Union, New York: St. Martin's Press 1997, S. 196.

12 Wolfgang Wessels, The Growth and Differentiation of Multi-Level Networks: A Corporatist Mega-Bureaucracy or an Open City? In: Helen Wallace, Alasdair R. Young (Hrsg.), Participation and Policy-Making in the European Union, Oxford: Clarendon Press 1997, S. 31.

13 Gerda Falkner, EU Social Policy in the 1990s, a. a. O.

14 Beate Kohler-Koch, Organized Interests in European Integration: The Evolution of a New Type of Governance? In: Helen Wallace, Alasdair R. Young (Hrsg.), Participation and Policy-Making in the European Union, a. a. O., S. 52-53: „The future is path-dependent in the sense that the process of Europeanization will take different shapes and create different types of entities."

15 KOM (2001) vom 25.7.2001, S. 5 und S. 19. Die Kommission schlägt vor, mit den nationalen und europäischen Verbänden der Regionen und Kommunen in einen „systematischeren Dialog" zu treten und darüber hinaus die Akteure der Zivilgesellschaft einzubinden.

Neben Parteien und Verbänden haben sich Vertreter der Regionen, Rechtsfirmen, politische Berater, Presseagenturen und Journalisten in Brüssel angesiedelt. Im Jahr 2004 arbeiten in den Presseagenturen in Brüssel 90 Personen in leitenden Positionen. 546 Personen berichten 2004 in den Medien über die europäische Politik. Auch ohne zahlengläubig zu sein, ist die Präsenz von insgesamt 4.397 Personen in leitenden Positionen der intermediären Gruppen in Brüssel im Jahr 2004 nicht gerade ein Beleg für das Fehlen intermediärer Strukturen. Auch hier ist die langfristige Entwicklung wichtig. Im Vergleich zu 1995 hat sich die Zahl der Personen, die in intermediären Gruppen in Brüssel arbeiten, mehr als verdoppelt (vgl. Tabelle VII.1).

Tabelle VII.1: Personen in leitenden Positionen der intermediären Gruppen in Brüssel

Kategorie	1995	2000	2004
Unternehmen	314	452	550
Handelsgesellschaften (Präsidenten + Generalsekretäre)	527	679	823
Interessengruppen	147	231	703
Handelskammern	34	36	49
Nationale Verbände der Industrie	23	38	67
Regionen	95	219	308
Think-tanks	12	46	121
Gewerkschaften	21	53	53
Internationale Organisationen	86	203	266
Anwaltskanzleien (Law firms)	162	314	314
Politische Berater, Unternehmensberater, Berater in der Öffentlichkeitsarbeit	140	216	270
Nationale Handels- und Berufsverbände	93	171	214
Verbände der Handelskammern	13	52	23
Zwischensumme	*1.667*	*2.710*	*3.761*
Presseagenturen	48	52	90
Medien mit Berichterstattung über die EU	310	482	546
Summe	*2.025*	*3.244*	*4.397*

Quelle: The European Public Affairs Directory, 9.5.2000 und 8.7.2004. Vgl. für die Daten 1995 die Tabelle 2.1 bei Wolfgang Wessels, The Growth and Differentiation of Multi-Level Networks: A Corporatist Mega-Bureaucracy or an open City? In: Helen Wallace, Alasdair R. Young (Hrsg.), Participation and Policy-Making in the European Union, Oxford: Clarendon Press 1997, S. 18.

Parteien, Verbände und auch die Medien bilden schon heute europäische Teilöffentlichkeiten. Kein Zeitungsleser wird übersehen, daß Europa eine immer größere Rolle in der überregionalen Presse spielt. Der ehemalige Generalanwalt beim Europäischen Gerichtshof, Carl Otto Lenz, schreibt dazu im September 1999: „Eine europäische Demokratie kann ohne eine europäische Öffentlichkeit nicht funktionieren. Hier ist in den letzten Jahren – jedenfalls in Deutschland – Entscheidendes geschehen. Seit 1995 beobachte ich einen Qualitäts- und Quantitätssprung in der Berichterstattung über europäische Angelegenheiten. Außerdem gibt es eine breite Berichterstattung über die Vorgänge in den anderen Mitgliedstaaten der Europäischen Union, einschließlich Luxemburgs, wie ich sie früher in gleicher Weise nicht wahrgenommen habe. ... Die Presse kann hier nur ein Angebot schaffen, annehmen müssen es die Wähler. Damit fällt ein Einwand gegen eine europäische Demokratie weg, der bisher aus Kreisen der deutschen Staatsrechts- und Politikwissenschaft erhoben worden ist."[16]

Carl Otto Lenz könnte Dieter Grimm nicht überzeugen. Auf eine vermehrte Berichterstattung über Europathemen in den nationalen Medien komme es gar nicht an. Nationale Medien richteten sich an ein nationales Publikum und blieben „nationalen Sichtweisen und Kommunikationsgewohnheiten verhaftet."[17] In dieser Argumentation wird übersehen, daß eine Europäisierung der nationalen Medien ein wichtiger Teil des europäischen Kommunikationszusammenhanges ist und immer sein wird. Die Leserinnen und Leser erfahren durch Berichte in den nationalen Medien zunehmend mehr über die Gesellschaften in den anderen Mitgliedstaaten und über die Entscheidungen der europäischen Organe. Auf diese Weise wird das Interesse an Europa geweckt, und es entsteht eine von vielen europäischen Teilöffentlichkeiten.

Für die Presse gibt es eine Studie zur Berichterstattung über Europa auf den Titelseiten von drei Jahrgängen der Süddeutschen Zeitung.[18] Es wurden Jahrgänge mit europapolitischer Bedeutung ausgewählt: 1986 – das Jahr der Unterzeichnung der Einheitlichen Europäischen Akte und damit der Entscheidung zur Vollendung des Binnenmarktes, 1992 – das Jahr der Unterzeichnung des Vertrages von Maastricht und 1999 – das Jahr der Einführung des Euro. Im Jahr 1999 beschäftigten sich 8,5 % der Artikel auf den Titelseiten der Süddeutschen Zeitung direkt mit der Europäischen Union. Weitere 4,5 % berichteten über Ereignisse aus anderen Mitgliedstaaten und können indirekt einer Europäisierung der nationalen Medien zugerechnet werden. Gut die Hälfte der Berichte auf Seite 1 widmeten sich der deutschen Innenpolitik und etwas mehr als ein Drittel der Weltpolitik.

Für die Europäisierung der Presse kommt es darauf an, wie sich die Verteilung der Artikel zu den Themen über die Jahre entwickelt hat. Das Ergebnis ist eindeutig. Die europabezogenen Artikel haben als einzige Kategorie zugenommen. In den 13 Jahren von 1986 bis 1999 hat sich der Anteil der Artikel

16 Schreiben C. O. Lenz vom 23.9.1999 an die Verfasserin.

17 Dieter Grimm, Braucht Europa eine Verfassung? A. a. O., S. 244.

18 Ronald Koch, Ein Europa der Europäer – Utopie, Vision oder Wirklichkeit? Magisterarbeit an der Universität Hamburg 2000.

zu europäischen Themen auf der Titelseite der Süddeutschen Zeitung mehr als verdoppelt. Dies gilt für die Aufmacher ebenso wie für mehrspaltige Berichte und kleine Meldungen. Es gibt nur eine Ausnahme dieses kontinuierlichen Wachstums, die wiederum bezeichnend ist. Der Anteil der Topmeldungen auf Seite 1 zu Europathemen ist im Jahr 1992 geringfügig höher als im Jahr 1999. Schaut man genauer hin, dann zeigt sich, daß es die Monate Juni und September 1992 waren, in denen die Zahl der Europaberichte nach oben schnellte. Es waren die Monate, in denen die Bürger von Dänemark, Irland und Frankreich über den Vertrag von Maastricht abstimmten. Die Unterzeichnung des Vertrages im Februar hingegen hat kaum das Interesse der Redakteure auf sich gezogen. Die Botschaft lautet: Wenn in der Europapolitik die Bürger einbezogen werden, dann wird auch in den Medien darüber berichtet.[19]

Diese Studie der jeweils ersten Seite einer Zeitung in drei Jahrgängen hat nur begrenzte Aussagekraft. Eine Analyse des Politikteils der Frankfurter Allgemeinen Zeitung, der Süddeutschen Zeitung und der Welt für die Zeit von 1951 bis 1995 kommt zu dem Ergebnis, daß der durchschnittliche Anteil der Europaartikel über die gesamte Zeit in den 3 Qualitätsmedien nur bei 6,9 % lag. Die Beschäftigung mit Europa ist von 1961 bis 1990 leicht zurückgegangen, um dann von 1991 bis 1995 auf 10 % zu steigen. Jürgen Gerhards interpretiert diese Daten als Inkongruenz zwischen Politik und Öffentlichkeit. Politische Entscheidungen würden immer häufiger auf der europäischen Ebene gefällt, während die Berichterstattung in den Medien national orientiert bleibe.[20] Auch Gerhards betont jedoch, daß in den Momenten, in denen ein Referendum zu den Verträgen stattfand, die öffentliche Debatte über Europa intensiver wurde. „Insofern kann man vermuten, daß eine stärkere Demokratisierung der EU zugleich zu einer Europäisierung der Öffentlichkeit führen wird.“[21]

Selbst wenn die Europäisierung der nationalen Medien zunähme, bedeutete dies nach der These von Dieter Grimm nicht die Herausbildung einer europäischen Öffentlichkeit. Denn es seien ja nationale Medien, die in einem nationalen Kontext über Europa berichteten. Diese Annahme wird inzwischen durch empirische Arbeiten widerlegt. Die Berichterstattung über Europa in den nationalen Printmedien ist zunehmend europäisch orientiert.[22] Die

---

19 Ebd., S. 79. Zum Zusammenhang von europäischer Öffentlichkeit und Partizipation schon Alexander von Brünneck, Die öffentliche Meinung in der EG als Verfassungsproblem. In: Europarecht 24 (1989), S. 261.

20 Jürgen Gerhards, Das Öffentlichkeitsdefizit der EU: Theoretische Überlegungen und empirische Befunde. In: Barbara Baerns, Juliane Raupp (Hrsg.), Information und Kommunikation in Europa, Berlin: Vistas 2000, S. 54. Gerhards legt eine Analyse von Hans M. Kepplinger zugrunde.

21 Ebd., S. 59.

22 Hans-Jörg Trenz, Zur Konstitution politischer Öffentlichkeit in der Europäischen Union, Baden-Baden: Nomos 2002, S. 57.

Europäisierung nationaler Medien läßt sich als europäische Teilöffentlichkeit verstehen. Im Zusammenspiel dieser europäischen Teilöffentlichkeit mit einer Vielzahl anderer Teilöffentlichkeiten auf lokalen, nationalen und supranationalen Ebenen und im Austausch mit den europäischen Institutionen kann sich langfristig eine europäische Gesamtöffentlichkeit bilden. In dieser europäischen Öffentlichkeit werden die Teilöffentlichkeiten nicht aufgelöst, sondern in einen neuen, gesamteuropäischen Bezug transformiert.[23]

Das Entstehen einer europäischen Öffentlichkeit, in der sich die Akteure mehrerer Nationen als „Teil eines gemeinsamen Kommunikationskontextes“[24] verstehen, ist allerdings ohne eine europäische Identität nicht möglich. Denn eine länderübergreifende Öffentlichkeit braucht ein Publikum, das an europäischer Politik interessiert ist.[25] Nur dann sind die Bürger motiviert, an der europäischen Kommunikation teilzunehmen. Diese Motivation zur Teilnahme an europäischer Kommunikation setzt ein „Mindestmaß an europäischem Zusammengehörigkeitsgefühl unter den Bürgern“ voraus.[26] Zunächst einmal ist zu klären, was wir uns unter einer „europäischen Identität“ überhaupt vorstellen.

2. Die Differenz zwischen nationaler und europäischer Identität

Fragt man die Bürger in den Mitgliedstaaten, dann sind sie der Meinung, daß eine nationale und eine europäische Identität sich nicht ausschließen. Als „national und europäisch“ und als „europäisch und national“ empfanden sich 55 % der befragten Bürger in den Mitgliedstaaten im Jahr 1992. Im Jahr 2000 waren es 56 %, und im Jahr 2003 antworteten 54 % der Bürger, sie betrachteten sich als „national und europäisch“ und als „europäisch und national“ (vgl. Tabelle VII.2). Nicht in jedem Jahr seit 1992 überschreitet die Zahl der Antworten, die sich für eine europäische Identität verbuchen lassen, die 50-%-Marke. Doch rechnet man den Anteil der Bürger hinzu, die sich als „nur europäisch“ charakterisieren, dann identifiziert sich mehr als die Hälfte der

23 Emanuel Richter, Das republikanische Europa, Opladen: Leske + Budrich 1999, S. 168: „Gleichwohl würde die größte republikanische Errungenschaft natürlich darin liegen, partikularistische Teilöffentlichkeiten in Europa mit ihrem kritischen Impetus gegenüber den gegenwärtigen Systemmerkmalen der Europäischen Union europaweit zu vernetzen.“

24 Friedhelm Neidhardt, Ruud Koopmans, Barbara Pfetsch, Konstitutionsbedingungen politischer Öffentlichkeit: Der Fall Europa. In: Hans-Dieter Klingemann, Friedhelm Neidhardt (Hrsg.), Zur Zukunft der Demokratie, a. a. O., S. 276.

25 Ebd.

26 Ebd.

Bürger in den Mitgliedstaaten über den gesamten Zeitraum von 1992 bis 2003 nicht mehr ausschließlich über die Nationalstaaten.[27]

27 M. Rainer Lepsius, Die Europäische Union. Ökonomisch-politische Integration und kulturelle Pluralität, a. a. O., 207 hat offensichtlich die Antworten „national und europäisch" nicht als europäische Identität gewertet.

Tabelle VII.2: Die Entwicklung einer europäischen Identität von 1992 bis 2003

	Frühjahr 1992	Frühjahr 1993	Herbst 1994	Herbst 1995	Frühjahr 1996	Frühjahr 1997
nur eigene Nationalität	38	40	33	40	46	45
eigene Nationalität und europäisch	48	45	46	46	40	40
europäisch und eigene Nationalität	7	7	10	6	6	6
nur europäisch	4	4	7	5	5	5

	Herbst 1998	Herbst 1999	Herbst 2000	Herbst 2001	Herbst 2002	Herbst 2003
nur eigene Nationalität	43	45	38	44	38	40
eigene Nationalität und europäisch	43	42	49	44	49	47
europäisch und eigene Nationalität	7	6	7	6	7	7
nur europäisch	4	4	4	3	3	3

Quelle: Eurobarometer Nr. 37 (1992) bis Nr. 60 (2004), Angaben in Prozent.

Die europäische Identität unterscheidet sich in ihren Merkmalen von einer nationalen Identität. Sie ist weniger emotional und nicht auf eine gemeinsame Geschichte, Kultur und Sprache bezogen. Mit einer zusätzlichen europäischen Identität, so der Rechtswissenschaftler Joseph Weiler, könnten zivilisierende Effekte für die Nationalstaaten verbunden sein. Die Zugehörigkeit zu mehreren Identitäten lade die Bürger ein, über die nationalen Belange hinaus zu denken.[28] Eine sich entwickelnde europäische Identität könnte wiederum Rückwirkungen auf die nationale Identität haben. Die Öffnung der Bürger für die Vielfalt der Völker in Europa könnte die Offenheit der Bürger für die Vielfalt der nationalen Kultur und Geschichte zur Folge haben.

Ist es denkbar, neben einer nationalen eine europäische Identität zu haben, dann können sich die Bürger auch mehreren „demoi" zugehörig fühlen. Joseph Weiler schlägt vor, die Unionsbürgerschaft (Artikel 17 EGV in der Fassung von Nizza) so zu interpretieren, daß die Bürger der Mitgliedstaaten eine nationale und eine europäische Bürgerschaft besitzen, die auf unterschiedlichen Eigenschaften der Identität beruhen. Die Eigenschaften beschreibt er für die nationale Identität als „in-reaching strong sense of organic-cultural identification and belongingness" gegenüber einer europäischen Identität „in terms of European transnational affinities to shared values which transcend the ethno-national diversity."[29] Die zwei Arten der Bürgerschaft gehören in der Europäischen Union zusammen. Man kann kein europäischer Bürger sein, ohne Bürger eines Mitgliedstaates zu sein. Die Verträge sind dann nach seiner Lesart nicht nur eine Vereinbarung zwischen Staaten, sondern sie sind Verträge zwischen den Bürgern der Mitgliedstaaten. Die Bürger hätten beschlossen, sich als Bürger einer größeren Gemeinschaft zu verstehen und für bestimmte Politikbereiche die Legitimität und Autorität der Entscheidungen der „fellow European citizens" anzuerkennen.[30]

Mit der verbreiteten Gleichsetzung von nationaler und europäischer Identität wird das produktive Potential der strukturellen Differenz zwischen verschiedenen Identitäten verkannt. Eine europäische Identität könnte als Ressource für eine verständnisvolle Kommunikation der politischen Eliten und der Bürger z. B. über die Unterschiede der Ideen, Interessen und Institutionen in den politischen Systemen der Mitgliedstaaten genutzt werden. Die europäische Identität könnte dazu beitragen, nationale Borniertheiten in Schranken zu

28 J. H. H. Weiler, Does Europe need a Constitution? In: European Law Journal 1 (1995), S. 253. Vgl. zur Existenz mehrerer Identitäten und zu den unterschiedlichen Folgen der europäischen Integration für die nationalen Identitäten Thomas Risse, A European Identity? Europeanization and the Evolution of Nation-State Identities. In: Maria Green Cowles, James Caporaso, Thomas Risse (Hrsg.), Transforming Europe. Europeanization and Domestic Change, Ithaca and London: Cornell University Press 2001, S. 198-216.

29 J. H. H. Weiler, The Constitution of Europe, a. a. O., S. 346.

30 Ebd.

weisen. Die authentischen Aspekte der nationalen Identitäten würden dadurch gerade gestärkt.

Eine knappe Mehrheit der Bürger in den Mitgliedstaaten identifiziert sich schon heute mit Europa. Dies zeigen die oben zitierten Umfragen des Eurobarometer. Erst wenn man sich klarmacht, daß nationale und europäische Identitäten sich nicht gleichen, wird man entdecken können, wo es Ansätze für eine zusätzliche europäische Identität gibt. Eine entstehende europäische Identität läßt sich z. B. bei den Mitgliedern der Europäischen Betriebsräte beobachten (vgl. Kapitel IV.4). Es bedürfte also sehr viel mehr empirischer Forschung, um die Frage nach der Existenz einer europäischen Identität beantworten zu können.[31] Darüberhinaus ist eine europäische Identität einerseits Voraussetzung einer europäischen Öffentlichkeit und wird sich andererseits im Prozeß des Entstehens einer europäischen Öffentlichkeit bilden.[32] Eine solche europäische Öffentlichkeit im Sinne eines „übernationalen" Diskurses,[33] so Dieter Grimm, sei in Europa aber nicht zu entdecken. Ich möchte dagegen halten, daß die in den letzten Jahren sehr lebhaft geführte Debatte über eine europäische Verfassung als Beginn eines über nationale Grenzen hinausgehenden Diskurses in einer umfassenden europäischen Öffentlichkeit interpretiert werden kann.

3. Das Entstehen einer europäischen Öffentlichkeit

Öffentlichkeit ist ein normativer Begriff.[34] Eine lebendige Öffentlichkeit ist in einer Demokratie von zentraler Bedeutung, weil angenommen wird, daß die öffentliche Kritik politischen Handelns und die öffentliche Kontrolle dieses Handelns die Chance erhöhen, in der Politik zu vernünftigen Ergebnissen zu gelangen. „Das Öffentliche ist Voraussetzung für die schwierige Annäherung an die Gerechtigkeit ... und die vorläufige Erarbeitung des Gemeinwohls."[35]

---

31 Klaus Eder, Konstitutionsbedingungen einer transnationalen Gesellschaft in Europa. Zur nachholenden Modernisierung Europas. In: Wolfgang Heyde, Thomas Schaber (Hrsg.), Demokratisches Regieren in Europa? Zur Legitimation einer europäischen Rechtsordnung, Baden-Baden: Nomos 2000, S. 97 plädiert ebenfalls für das Offenhalten der Frage nach einem europäischen Demos.

32 So auch Friedhelm Neidhardt, Ruud Koopmans, Barbara Pfetsch, Konstitutionsbedingungen politischer Öffentlichkeit: Der Fall Europa, a. a. O., S. 277: Es sei die Frage, ob ein Minimum an Zusammengehörigkeitsgefühl, wenn es schon nicht vorausgesetzt werden könne, sich nicht im Prozeß der Integration erzeugen lasse.

33 Dieter Grimm, Braucht Europa eine Verfassung? A. a. O., S. 250.

34 Jürgen Habermas, Strukturwandel der Öffentlichkeit. Untersuchungen zu einer Kategorie der bürgerlichen Gesellschaft. Mit einem Vorwort zur Neuauflage 1990, Frankfurt: Suhrkamp 1990.

35 Peter Häberle, Gibt es eine europäische Öffentlichkeit? Berlin, New York: de Gruyter 2000, S. 11.

Zu den Bedingungen einer politischen Öffentlichkeit gehören Personen, die Informationen und Meinungen transportieren wollen, Medien, die diese vermitteln und ein Publikum, das sich für die Informationen und Meinungen interessiert.[36] Da es die Aufgabe der Öffentlichkeit ist, politisches Geschehen zu kritisieren und zu kontrollieren, muß es eine politische Elite geben, der die Verantwortung für Entscheidungen zugerechnet werden und an die sich die Öffentlichkeit mit ihren Anliegen richten kann.[37]

In der Debatte über eine europäische Verfassung ist eine solche Öffentlichkeit im Entstehen begriffen. Über viele Jahre waren nur wenige Politiker, Wissenschaftler und Institutionen an der Thematisierung einer europäischen Verfassung interessiert. Das Europäische Parlament legte im Februar 1994 einen Verfassungsentwurf vor, der nach dem damaligen Berichterstatter des Institutionellen Ausschusses „Herman-Bericht" genannt wird.[38] Weder dieser Entwurf noch wissenschaftliche Beiträge zu einer Konsolidierung der europäischen Verträge[39] haben große öffentliche Debatten ausgelöst. Erst seit dem Frühjahr 2000 ist die europäische Verfassung ein Thema in der europäischen Öffentlichkeit. Der ehemalige Präsident Tschechiens, Václav Havel, plädierte im Europäischen Parlament am 16. Februar 2000 für eine europäische Verfassung, die so verständlich sein müsse, daß Kinder den Text in der Schule lesen könnten.[40] In einem Zeit-Gespräch diskutierte Václav Havel mit dem ehemaligen Präsidenten der Europäischen Kommission, Jacques Delors, zum Thema: „Gebt Europa eine Verfassung."[41] Die Rede des deutschen Außenministers Joschka Fischer am 12. Mai 2000 über die Finalität der europäischen Integration in der Humboldt-Universität zu Berlin[42] gab den Anstoß zu weiteren Diskussionen. Die Beiträge sowohl von Politikern als auch von Wissenschaftlern sind inzwischen kaum noch zu überblicken. Der ehemalige französische Premierminister Lionel Jospin und der britische Premierminister

36 Friedhelm Neidhardt, Ruud Koopmans, Barbara Pfetsch, Konstitutionsbedingungen politischer Öffentlichkeit: Der Fall Europa, a. a. O., S. 264.

37 Ebd., S. 288: Eine Bedingung für Öffentlichkeit sind „politische Akteure und (imaginiert oder real) ein politisches Zentrum, an das sich politische Themen adressieren lassen."

38 Europäisches Parlament, Entschließung zur Verfassung der Europäischen Union vom 10.2.1994, Amtsblatt der EG vom 28.2.1994, Nr. C 61, S. 155. Jetzt wieder abgedruckt in: Wilfried Loth, Entwürfe einer europäischen Verfassung. Eine historische Bilanz, Bonn: Europa Union Verlag 2002, S. 205-226.

39 Roland Bieber, Konsolidierter Vertrag über die Europäische Union, Lausanne, revidierter Entwurf vom 1.3.1996.

40 Václav Havel, Address before the Members of the European Parliament, http://www.hrad.cz/president/Havel/speeches/2000/1602_uk.html (Ausdruck vom 21.8.2001)

41 Die Zeit vom 1.2.2001, S. 3.

42 In deutscher, englischer und französischer Sprache abgedruckt in: Christian Joerges, Yves Mény, J.H.H.Weiler (Hrsg.), What Kind of Constitution for What Kind of Polity? Responses to Joschka Fischer, Robert Schuman Centre for Advanced Studies. European University Institute, Florence 2000, S. 5-43.

Tony Blair formulierten ihre Gedanken zur Zukunft Europas. Der Economist publizierte seinen Entwurf einer europäischen Verfassung.[43]

Man wird kaum noch sagen können, daß es in Europa zum Thema der Verfassung keine Öffentlichkeit gibt. Dabei kann es nicht überraschen, daß die Eliten den Anfang machen. Die europäische Öffentlichkeit muß aber nicht den Eliten vorbehalten bleiben. Die transnationale Kommunikation zwischen den Eliten kann durchaus Multiplikatoreffekte haben und langfristig einen größeren Teil der Bürger in die Kommunikation einbeziehen.[44]

Auch Wissenschaftler, insbesondere Rechtswissenschaftler, haben sich an der Debatte über eine europäische Verfassung beteiligt. Auf der Tagung der Vereinigung der deutschen Staatsrechtslehrer im Oktober 2000 war die Europäische Verfassung Beratungsgegenstand.[45] Der Philosoph Jürgen Habermas hielt im Juni 2001 an der Universität Hamburg eine Rede zur Frage: „Warum braucht Europa eine Verfassung?“[46] Er knüpfte an die Rede des damaligen französischen Premierministers Lionel Jospin vom 28. Mai an, in der Jospin für die Bewahrung des europäischen Gesellschaftsmodells plädierte hatte. In seiner Rede zur Verleihung des Karlspreises der Stadt Aachen stellte György Konrád die Kultur in den Mittelpunkt seiner Überlegungen zu Europa. Die Kunst habe sich nie in nationale Gruppen oder Sektionen aufgespalten. „Für sie sind grenzüberschreitende Einflüsse, Tendenzen, Schulen und Freundschaften typisch.“[47]

Genug der Belege für die lebhafte öffentliche Kommunikation über eine europäische Verfassung. Die Debatte zeigt, daß in der europäischen Elitenöffentlichkeit ein Bewußtsein für das politische Europa entstanden ist. Über eine mögliche demokratische Ordnung für dieses politische Europa diskutieren die europäischen Eliten in einem „gemeinsamen Kommunikationszusammenhang.“[48] In den Argumenten wird aufeinander Bezug genommen. Die Rede eines Politikers gibt den Anstoß für eine internationale Tagung am Europäischen Hochschulinstitut in Florenz. Die Politikwissenschaftlerin Antje Wiener bezeichnet diese neue Phase der europäischen Integration als

43 Economist vom 26.10.2000: „Our draft constitution for Europe.“

44 So auch Friedhelm Neidhardt, Ruud Koopmans, Barbara Pfetsch, Konstitutionsbedingungen politischer Öffentlichkeit: Der Fall Europa, a. a. O., S. 290.

45 Ingolf Pernice, Europäisches und nationales Verfassungsrecht. In: Veröffentlichungen der Vereinigung der Deutschen Staatsrechtslehrer, 60 (2001), Berlin, New York: de Gruyter 2001, S. 149-193. Am Europakolleg in Hamburg fand im November 1999 ein interdisziplinäres Kolloquium zur Verfassungsdebatte statt. Thomas Bruha, Joachim Jens Hesse, Carsten Nowak (Hrsg.), Welche Verfassung für Europa? Baden-Baden: Nomos 2001.

46 Abgedruckt in: Die Zeit vom 28.6.2001, S. 7.

47 György Konrád, Vereinigung heißt nicht Verschmelzung. Rede zur Verleihung des Karlspreises der Stadt Aachen. In: Die Zeit vom 26.5.2001, Bilder und Zeiten.

48 Friedhelm Neidhardt, Ruud Koopmans, Barbara Pfetsch, Konstitutionsbedingungen politischer Öffentlichkeit: Der Fall Europa, a. a. O., S. 289.

„Phase der nachholenden Politisierung".[49] Seit der Rede von Außenminister Fischer an der Humboldt Universität sei eine „pluralistisch ausgerichtete Debatte um Verfassung und Finalität in Europa zunehmend in den Vordergrund sowohl des akademischen als auch des öffentlichen Interesses getreten."[50] Der Verfassungskonvent lasse sich als „institutionelle Verstetigung dieser Debatte" begreifen.[51]

Das Aufgreifen des Themas der Verfassung in der europäischen Öffentlichkeit macht deutlich, daß nun die Fragen einer möglichen Gesamtordnung der Europäischen Union im Mittelpunkt des Interesses stehen.[52] Es geht nicht mehr um ein technisches Projekt. Technisches Handeln bedeutet, ein feststehendes Ziel möglichst effizient und effektiv zu erreichen.[53] Politisches Handeln hingegen heißt, über die Ziele selbst zu diskutieren, zu verhandeln und zu entscheiden. Im politischen Europa finden Auseinandersetzungen über die Ziele der Integration und die Grundfragen der politischen Ordnung in der Europäischen Union statt. Die strukturelle Differenz der Ideen, der Interessen und der institutionellen Konzepte konkretisierte sich zunächst im Konvent zur Zukunft der Europäischen Union in Fragen der Ausgestaltung des Verfassungsvertrages. Anschließend haben die Staats- und Regierungschefs während der Regierungskonferenzen über die konkreten Differenzen verhandelt und entschieden. Inwieweit die Mitglieder des Konventes mit den Differenzen auf demokratische und kommunikative Weise umgegangen sind und welche Folgen dies für das Arbeitsergebnis des Konventes hatte, wird im nächsten Abschnitt untersucht.

Der vorausgesetzte Zusammenhang zwischen der Entstehung des europäischen Verfassungsvertrages und dem Gehalt des Verfassungstextes beruht auf den Annahmen, die Antje Wiener in ihren Analysen einer europäischen Verfassungsgebung zugrundelegt. Die Akzeptanz und Resonanz einer Verfassung, so die erste Annahme, hängen vom sozialen Kontext ab. Die sozialen Institutionen und Interaktionen sind die Filter, durch die die Verfassung erst Bedeutung und reale Macht gewinnt. Je besser Verfassung und soziale Realitäten miteinander verknüpft sind, desto eher wird eine Verfassung reale Wirkung entfalten. Die strukturelle Differenz der sozialen Institutionen in den Mitgliedstaaten der Europäischen Union wird zur Folge haben, daß der europäische Verfassungsvertrag im jeweiligen Kontext der Mitgliedstaaten ganz unterschiedliche Bedeutungen annehmen wird. Die Wahrscheinlichkeit der Resonanz der Verfassung in den sozialen Realitäten wiederum, so die zweite Annahme, wächst mit dem Maß an Interaktionen, die einer Vereinba-

49 Antje Wiener, Institutionen. In: Armin von Bogdandy (Hrsg.), Europäisches Verfassungsrecht, Berlin, Heidelberg: Springer 2003, S. 136.

50 Ebd.

51 Ebd.

52 Ebd., S. 137: „Damit rückt die EU als politisches System in den Blick."

53 Max Weber, Wirtschaft und Gesellschaft, Tübingen: J. C. B. Mohr 1956, S. 44.

rung über eine Verfassung vorausgehen. Ein demokratischer und kommunikativer Umgang mit Differenz im Konvent, also im „Vorfeld" der Verabschiedung des europäischen Verfassungsvertrages, könnte danach die Akzeptanz des Verfassungsvertrages in den Mitgliedstaaten stärken.[54]

Dabei sollen, wie es im ersten Kapitel begründet wurde, „demokratische" Verfahren durch folgende Merkmale charakterisiert sein: Die Inklusion aller Betroffenen, gleiche Chancen der Teilnahme am politischen Prozeß, gleiches Stimmrecht bei Entscheidungen, gleiches Recht zur Wahl der Themen und „eine Situation von der Art, daß alle Beteiligten im Lichte hinreichender Informationen und guter Gründe ein artikuliertes Verständnis der regelungsbedürftigen Materien und der strittigen Interessen ausbilden können."[55] „Kommunikative" Verfahren sind dadurch definiert, daß die politischen Auseinandersetzungen durch Kommunikation und nicht vorwiegend durch den Einsatz von Status oder Macht erfolgen. Zu kommunikativen Verfahren gehören sowohl das Argumentieren als auch das Verhandeln.[56]

4. Der Konvent zur Zukunft der Europäischen Union

Der Konvent war keine demokratisch gewählte verfassungsgebende Versammlung. Die Staats- und Regierungschefs haben während des Gipfels in Laeken am 14. und 15. Dezember 2001 beschlossen, die Entwicklung von Vorschlägen für das Erreichen von mehr Demokratie, Transparenz und Effizienz in einer erweiterten Europäischen Union an einen Konvent zu delegieren. Die belgische Delegation hatte in Nizza den Stein ins Rollen gebracht. Sie forderte effektivere Verfahren für zukünftige institutionelle Reformen. Nur Deutschland, Finnland und Portugal hatten sich damals dem Plädoyer Belgiens angeschlossen. Die anderen Mitgliedstaaten haben der neuen Methode des Konventes erst in Laeken zugestimmt. Sie hielten das Einsetzen eines Konventes für kein großes Risiko, waren sie doch davon überzeugt, daß am Ende die Verhandlungen der Staats- und Regierungschefs der ausschlaggebende Faktor für die Verfassungsgebung sein würden. So stand die Arbeit des Konventes von Anfang an im Schatten der Regierungskonferenz.[57] Es

54 Antje Wiener, Editorial. In. Antje Wiener and Jo Shaw (Hrsg.), European Law Journal 9 (2003) Issue 1, Special Issue: The Evolving norms of Constitutionalism, S. 11: „First, the more interrelated constitutional rules and norms are with sociocultural trajectories, the better the match between constitutional substance and societal acceptance. Second, the likelihood of resonance with constitutional norms increases with the degree of organic interaction that precedes the constitutional agreement."

55 Jürgen Habermas, Faktizität und Geltung, a. a. O., S. 383.

56 Katharina Holzinger, Verhandeln statt Argumentieren oder Verhandeln durch Argumentieren? In: PVS 42 (2001), S. 419. Thomas Risse, "Let's argue!": Communicative Action in World Politics. In: International Organization 54 (2000), S.18.

57 Paul Magnette, Deliberation or bargaining? Coping with constitutional conflicts in the Convention on the Future of Europe. In: Erik Oddvar Eriksen, John Erik Fossum, Agustín

war klar, daß am Ende das Veto eines einzigen Mitgliedstaates die Verabschiedung eines Verfassungsvertrages verhindern konnte.

Auch wenn der Konvent „von oben“ eingesetzt wurde, und die Staats- und Regierungschefs auch gleich noch den Präsidenten und die Vizepräsidenten des Konventes bestimmten, so war die demokratische Legitimation des Konventes größer als die demokratische Legitimation einer Regierungskonferenz. Man sollte nicht vergessen, daß es schon als Fortschritt galt, als bei der Regierungskonferenz 1996/97, die zum Vertrag von Amsterdam führte, zum ersten Mal zwei Mitglieder des Europäischen Parlamentes, Elmar Brok und Elisabeth Guigou, einmal im Monat an den Verhandlungen teilnehmen konnten.[58] Es ist ein langer Weg von dieser geringen Beteiligung des Europaparlamentes bis zur Innovation des Konventes zur Zukunft der Europäischen Union. Dieser lange Weg wurde im dynamischen System der Europäischen Union in nur vier Jahren zurückgelegt.

Der Konvent nahm seine Arbeit am 28. Februar 2002 auf und überreichte am 18. Juli 2003 dem Europäischen Rat in Rom den Entwurf eines Verfassungsvertrages. Mit seinen 105 Mitgliedern, bestehend aus dem Präsidenten Giscard d’Estaing, den Vizepräsidenten Giuliano Amato und Jean-Luc Dehaene, 15 Vertretern der Regierungen der Mitgliedstaaten, 30 Vertretern der Parlamente der Mitgliedstaaten, 13 Vertretern der Regierungen der damaligen Beitrittskandidaten, 26 Vertretern der Parlamente der damaligen Beitrittskandidaten, 16 Vertretern des Europäischen Parlamentes und zwei Vertretern der Kommission, war der Konvent in seiner Zusammensetzung sehr viel repräsentativer als eine Regierungskonferenz. Es war auch innovativ, die Beitrittsländer an der Arbeit des Konventes zu beteiligen. Allerdings nahmen die Vertreter der damaligen Beitrittsländern nicht auf der Basis der Gleichberechtigung an der Arbeit des Konventes teil. Sie konnten einen Konsens nicht verhindern, und auch im Präsidium waren sie zunächst nicht vertreten. Der slowenische Parlamentarier Alojz Peterle wurde am 15. April 2002 als „Gast“ in das Präsidium gewählt. Frauen waren im Konvent unterrepräsentiert: Von 105 Konventsmitgliedern waren nur 17 Frauen. Die unterschiedlichen Kulturen, die für viele Mitgliedstaaten und Beitrittsländer charakteristisch sind, waren im Konvent überhaupt nicht repräsentiert.[59]

Menendéz (Hrsg.), Developing a Constitution for Europe, London: Routledge 2004, S. 218 (im Erscheinen).

58 Zu Recht betont Werner Weidenfeld, Europas neues Gesicht. In: Internationale Politik 7 (2004), S. 83, daß man zur Beurteilung der einzelnen Schritte europäischer Integration einen angemessenen historischen Abstand wählen muß, um die „Proportionen für den aktuellen Schritt der Europäischen Union zu erfassen.“

59 Jo Shaw, Responsibility, and Inclusion in the EU Constitutionalism. In: European Law Journal 9 (2003), S. 59.

Tabelle VII.3: Zusammensetzung des Konventes

Präsidentschaft	Europäisches Parlament	Europäische Kommission	Nationale Parlamente Mitgliedstaaten	Nationale Parlamente Beitrittsländer	Regierungen Mitgliedstaaten	Regierungen Beitrittsländer	Mitgliedschaft insgesamt	Frauen in %	Vertreter der Beitrittsländer in %
3	16	2	30	26	15	13	105	17 = 16 %	39 = 37 %

Die Mitglieder der nationalen Parlamente waren mit 56 von 105 Mitgliedern die größte Gruppe im Konvent. In der Literatur gelten die nationalen Parlamente als die am wenigsten kohärente Gruppe, der es an einer gemeinsam Kultur gemangelt habe.[60] Aus diesem Grund hätten die nationalen Parlamente auch nicht gemeinsam handeln können. Die Tatsache, daß die Vertreter der nationalen Parlamente ganz unterschiedliche parlamentarische Erfahrungen mitbrachten, ist zunächst einmal weder als Vorteil noch als Nachteil zu betrachten. Nach der Hypothese meiner Arbeit kommt es auf den Umgang mit Differenz bei der Vorbereitung von Entscheidungen an, wenn die Entscheidungen für eine erfolgreiche Steuerung und Problemlösung geeignet sein sollen. An zwei Beispielen möchte ich untersuchen, auf welche Weise die Konventsmitglieder mit Differenz umgegangen sind, und welche Folgen dies für die Ergebnisse ihrer Arbeit hatte.

Das erste Beispiel ist der Willensbildungs- und Entscheidungsprozeß, der zu einem Protokoll über die Rolle der nationalen Parlamente in der Europäischen Union führte. Der Konvent, so lautete eine der Aufgaben,[61] möge einen Weg finden, die nationalen Parlamente bei europäischen Entscheidungen stärker als bisher zu beteiligen. Da die nationalen Parlamente „näher" bei den Bürgern seien, könne man annehmen, daß mehr Partizipation nationaler Parlamente auf der europäischen Ebene mehr europäische Demokratie bedeute.

Die internationale Kooperation zwischen nationalen Parlamenten ist im Vergleich zur internationalen Vernetzung der Exekutiven und Judikativen unterentwickelt.[62] Parlamentarier müssen sich um die nationalen Belange küm-

60 Carlos Closa, The Convention method and the transformation of EU constitutional politics. In: Erik Oddvar Eriksen, John Erik Fossum, Agustín José Menéndez (Hrsg.), Developing a Constitution for Europe, a. a. O., S. 189.

61 Europäischer Rat von Laeken, 14./15. Dezember 2001, Erklärung zur Zukunft der EU.

62 Anne-Marie Slaughter, A New World Order, Princeton: Princeton University Press 2004, S. 105.

mern, sie können sich nicht auf ein einziges Thema spezialisieren, und sie sind durch die kurzen Legislaturperioden wenig daran interessiert, mit immer wieder neuen Kollegen anderer Parlamente zu kooperieren. Doch für die Europäische Union stellt sich – wie in Zukunft wahrscheinlich auch für andere regionale Zusammenschlüsse – die Frage, ob mehr Demokratie durch ein eigenes Parlament wie das Europäische Parlament oder durch ein Netzwerk der nationalen Parlamente zu erreichen ist. Für Anne-Marie Slaughter ist die Antwort klar: Die nationalen Parlamente der Mitgliedstaaten werden Netzwerke knüpfen müssen.[63]

Für die Beteiligung der nationalen Parlamente auf europäischer Ebene wurden im Konvent unterschiedliche Modelle diskutiert. Die Mitglieder des Konventes sind mit dieser Differenz der institutionellen Konzepte auf argumentative Weise umgegangen.

Die erste Debatte im Plenum des Konventes zur Beteiligung der nationalen Parlamente fand am 7. Juni 2002 statt. Es wurde deutlich, daß eine große Mehrheit der Mitglieder des Konventes einer größeren Rolle der nationalen Parlamente in der Europäischen Union positiv gegenüberstand. Unterschiede bestanden jedoch in der Frage, mit welchen institutionellen Konzepten es gelingen könne, einen größeren Beitrag der nationalen Parlamente zur europäischen Politik zu realisieren. Im Mittelpunkt der Kontroverse stand die Frage, ob eine neue Institution für die gemeinsame Repräsentation der nationalen Parlamente geschaffen werden solle oder nicht.[64]

Das Sekretariat des Konventes hatte zur Vorbereitung der Sitzung ein Papier ausgearbeitet, in dem beschrieben wurde, wie in den einzelnen Mitgliedstaaten bisher die Beteiligung der nationalen Parlamente an den Angelegenheiten der Europäischen Union geregelt ist.[65] So waren die Konventsmitglieder für die Plenardebatte gut gerüstet. Sie konnten sich über die unterschiedlichen Praktiken der Mitgliedstaaten hinreichend informieren. In der Plenardebatte wurde dann auch mehrmals auf die Modelle Finnlands und Schwedens verwiesen, in denen die nationalen Parlamente weitreichende Mitwirkungsrechte besitzen. Es wurde die Möglichkeit diskutiert, daß Vertreter der nationalen Parlamente ihre Regierungsdelegation zum Ministerrat begleiten könnten. Die Verbesserung der Effektivität der Konferenz der Europaausschüsse der nationalen Parlamente, COSAC, wurde ebenso erwogen wie die Gründung einer neuen Institution. Insgesamt wurde über eine breite Palette von Möglichkeiten zur Verbesserung der Partizipation der nationalen Parlamente in der Europäischen Union gesprochen.

63 Ebd., S. 122.

64 CONV 68/02 vom 31. Mai 2002: „Would it make sense to create a new organ for a collective representation of national Parliaments? If yes, what should be the composition and competences of such an organ?"

65 CONV 67/02.

Auch die Mitglieder der Beitrittsländer beteiligten sich an der Diskussion. Der slowenische Abgeordnete Alojz Peterle plädierte für das skandinavische Modell der Mitwirkung der nationalen Parlamente. Der litauische Abgeordnete Vytenis Andriukaitis schlug eine Kooperation zwischen dem Europäischen Parlament und den nationalen Parlamenten vor. Allerdings waren die Mitglieder aus den Beitrittsländern mit 15 Redebeiträgen in Relation zur Zusammensetzung des Konventes unterrepräsentiert. Frauen hingegen waren im Verhältnis zu ihrer Repräsentanz im Konvent überproportional aktiv. (vgl. Tabelle VII.4).

Tabelle VII.4: Partizipation in der Debatte des Konventes zur Rolle der nationalen Parlamente Sitzung des Plenums am 7. Juni 2002

Gesamtanzahl der Beiträge	Europäisches Parlament	Europäische Kommission	Nationale Parlamente Mitgliedstaaten	Nationale Parlamente Beitrittsländer	Regierungen Mitgliedstaaten	Regierungen Beitrittsländer	Frauen in %	Vertreter der Beitrittsländer in %
70	17	2	30	13	6	2	16 = 23 %	15 = 21 %

Wenn der Vertreter oder die Vertreterin eines Beitrittslandes das Mikrofon ergriff, konnte es vorkommen, daß der Geräuschpegel im Plenarsaal stieg. Als z. B. der Vertreter Lettlands, Maris Sprindžuks sprach, hörten viele Mitglieder des Konventes nicht zu. Vizepräsident Giuliano Amato, der die Sitzung leitete, ermahnte die Konventsmitglieder: „Bitte, keine privaten Versammlungen hier im Raum!“ Aber Maris Sprindžuks gab mit einer Geste zu verstehen, daß ihn die mangelnde Aufmerksamkeit seiner Kollegen nicht störe.[66]

Eine solche Bescheidenheit war für die Vertreter der Kommission nicht typisch. Als Kommissionsmitglied Michel Barnier seine Redezeit wieder einmal überschritt, griff Giuliano Amato erneut ein: „Ich kann das verstehen, da es ja nur zwei Mitglieder der Kommission im Konvent gibt. Aber wir können aus dem Konvent nicht Orwells „Animal Farm“ machen. Wir müssen alle gleich sein.“[67]

66 Europäischer Konvent, Plenardebatte am 7. Juni 2002, Video Nr. 12, Archiv der Universität Hamburg.

67 Ebd., Protokoll S. 16.

Nur wenige Mitglieder des Konventes favorisierten eine neue Institution als Plattform der nationalen Parlamente in der Europäischen Union. Diese Konventsmitglieder bestanden jedoch darauf, die Option einer neuen Institution nicht ohne gründliche Überlegung von der Agenda zu nehmen. Maria Eduarda Azevedo, Abgeordnete des portugiesischen Parlamentes, sagte: „Eine neue Kammer für die Parlamente ist eine Debatte wert, und zwar eine Debatte ohne Vorurteile."[68] Ähnlich argumentierte Baroness Scotland of Asthal, Mitglied des britischen Oberhauses: „Wir stimmen alle darin überein, daß wir kreativ sein müssen, um neue Möglichkeiten für die effektive Mitwirkung der nationalen Parlamenten in der EU zu schaffen ... Das Vereinigte Königreich hat einige Ideen beigesteuert. Unser Premierminister hat z. B. eine Institution vorgeschlagen, in der nationale Parlamentarier über die Einhaltung der Subsidiarität wachen. Andere haben interessante Ideen entwickelt. Insbesondere möchte ich auf die Argumente von John Bruton und den Beitrag der Schwedischen und Finnischen Parlamente verweisen. Wir müssen die Gelegenheit ergreifen und eine große Bandbreite von Vorschlägen prüfen. Vorgefaßte Meinungen sollten dabei keine Rolle spielen."[69]

René van der Linden, für das holländische Parlament im Konvent, räumte ein, daß er noch keine Meinung zu den Möglichkeiten für eine effektivere Beteiligung der nationalen Parlamente habe: „Frankly – I'm not sure what my stance will be."[70] Die Debatte im Plenum war also insofern eine wirkliche Debatte, als für die Mitglieder des Konventes nicht von Anfang an feststand, welches die beste Lösung für die angestrebte stärkere Einbeziehung der nationalen Parlamente in die europäische Willensbildung sei.

Konventspräsident Giscard d'Estaing war enttäuscht. Er hätte sich einen mutigeren Konvent gewünscht. Man dürfe auch Initiativen nicht ausschließen, die etwas „dramatischer" seien und die Demokratie in Europa sichtbarer machten: „Je vous demande de ne pas exclure une initiative plus dramatique pour donner une plus grande visibilité démocratique aus système."[71]

Wie es das Thema der Sitzung am 7. Juni 2002 nicht anders erwarten ließ, beteiligten sich die Vertreter und Vertreterinnen der Parlamente am aktivsten. 60 von insgesamt 70 Beiträgen waren Beiträge von Abgeordneten der nationalen Parlamente oder des Europäischen Parlamentes. Die Struktur der Partizipation an der Debatte zeigt eine Hierarchie: An erster Stelle steht das Vereinigte Königreich mit 5 Beiträgen, es folgen Finnland und Italien mit 4 Bei-

68 Europäischer Konvent, Plenardebatte am 7. Juni 2002, Video Nr. 12, Archiv der Universität Hamburg, Protokoll S. 38.

69 Europäischer Konvent, Plenardebatte am 7. Juni 2002, Video Nr. 12, Archiv der Universität Hamburg, Protokoll S. 31.

70 Ebd.

71 Europäischer Konvent, Plenardebatte am 7. Juni 2002, Video Nr. 12, Archiv der Universität Hamburg, Protokoll S. 40.

trägen und Dänemark und Österreich mit jeweils 3 Beiträgen. Unter den 8 Ländern, deren Vertreter sich nur einmal zu Wort meldeten, waren 5 Beitrittsländer. Drei Länder haben sich überhaupt nicht eingemischt: Bulgarien, die Tschechische Republik und Estland.[72]

Tabelle VII.5: Kommunikation in der Debatte des Konventes zur Rolle der nationalen Parlamente Sitzung des Plenums am 7. Juni 2002

Anzahl der Beiträge	Bezugnahmen der Konventsmitglieder aufeinander insgesamt	Namentliche Bezugnahmen auf ein anderes Konventsmitglied	Bezugnahmen auf „viele Mitglieder" des Konvents	Ausführliche Bezugnahmen auf die Argumentation eines anderen Konvents-mitgliedes
70	30	8	7	15

Die Evaluation der Debatte ergibt, daß auf argumentative und interaktive Weise mit den unterschiedlichen institutionellen Konzepten zur Realisierung eines größeren Einflusses der nationalen Parlamente in der Europäischen Union umgegangen wurde. In 70 Redebeiträgen haben sich die Teilnehmer in der Debatte 30 mal auf andere Mitglieder des Konventes bezogen. Diese Bezugnahme konnte darin bestehen, nur den Namen eines Kollegen oder einer Kollegin zu nennen, sich auf mehrere Kollegen zu beziehen oder aber ausführlich auf das Argument von Kollegen einzugehen.

Ausgehend von der Diskussion im Plenum wurden in einer Arbeitsgruppe unter der Leitung von Gisela Stuart, Mitglied des britischen Parlamentes, Empfehlungen für die stärkere Einbeziehung der nationalen Parlamente formuliert. In der Arbeitsgruppe wurden die unterschiedlichen Erfahrungen aus den jeweiligen Mitgliedstaaten diskutiert.[73] Zugleich wurde immer wieder auf die Argumente rekurriert, die in der Plenardebatte eine Rolle gespielt hatten. So versuchte der schwedische Abgeordnete Sören Lekberg den Einwand, eine zu aktive Rolle der nationalen Parlamente drohe die Effektivität des Rates zu unterlaufen, mit Hinweis auf die schwedischen Erfahrungen zu entkräften. Der Minister eines Landes könne besser verhandeln, wenn er wisse, welche Positionen das Parlament akzeptieren werde und welche nicht.

72 Die Daten beziehen sich auf Beiträge der nationalen Parlamente und Regierungen.

73 Vgl. zur Rolle der nationalen Parlamente im europäischen Integrationsprozeß Andreas Maurer, Parlamentarische Demokratie in der Europäischen Union, Baden-Baden: Nomos 2002.

Wenn die nationalen Parlamente mehr Mitsprache bei europäischen Entscheidungen besäßen, sei die Umsetzung der Entscheidungen in nationales Recht einfacher. Es sei kein Zufall, daß die skandinavischen Länder, die den Parlamenten hohen Einfluß auf die europäischen Angelegenheiten einräumten, zu den Ländern gehörten, die europäische Richtlinien in der Regel in der vorgeschriebenen Zeit implementierten.[74]

Die Arbeitsgruppe empfahl dem Konvent erstens, ein Verfahren zu institutionalisieren, das es den nationalen Parlamenten ermögliche, bei der Anwendung des Subsidiaritätsprinzips mitzuwirken. Dieses Verfahren müsse zu einem frühen Zeitpunkt eines Legislativprozesses einsetzen. Zweitens wurde vorgeschlagen, die Konferenz der Europaausschüsse der nationalen Parlamente, COSAC, effektiver zu gestalten. Dies könne durch interparlamentarische Konferenzen zwischen den nationalen Parlamenten und dem Europäischen Parlament zu einer breiten Palette von Themen geschehen.[75]

In der abschließenden Plenardebatte zur Rolle der nationalen Parlamente am 5. Juni 2003 waren wiederum die parlamentarischen Vertreter am aktivsten. Und wiederum waren Frauen in der Partizipation überrepräsentiert und Vertreter der Beitrittsländer unterrepräsentiert (vgl. Tabelle VII.6).

Tabelle VII.6: Partizipation in der Debatte des Konventes zu Teil I des Entwurfes (Institutionen und Protokolle) Sitzung des Plenums am 5. Juni 2003

Gesamtanzahl der Beiträge	Europäisches Parlament	Europäische Kommission	Nationale Parlamente Mitgliedstaaten	Nationale Parlamente Beitrittsländer	Regierungen Mitgliedstaaten	Regierungen Beitrittsländer	Frauen in %	Vertreter der Beitrittsländer in %
71	19	3	20	9	13	7	17 = 24 %	16 = 23 %

38 mal in 71 Redebeiträgen bezogen sich die Mitglieder des Konventes auf ihre Kolleginnen und Kollegen. Und in 18 von diesen 38 Bezugnahmen haben sich die Redner mit dem Argument eines anderen Mitgliedes oder einer

74 Europäischer Konvent, Arbeitsgruppe IV, Arbeitsdokument Nr. 18 vom 3.9.2002, S. 3.
75 CONV 353/02.

Gruppe des Konventes inhaltlich auseinandergesetzt. So läßt sich auch diese Plenarsitzung als argumentativ und interaktiv charakterisieren (vgl. Tabelle VII.7).

Tabelle VII.7: Kommunikation in der Debatte des Konventes zu Teil I des Entwurfes (Institutionen und Protokolle) Sitzung des Plenums am 5. Juni 2003

Gesamtanzahl der Beiträge	Bezugnahmen der Konventsmitglieder aufeinander insgesamt	Namentliche Bezugnahmen auf ein anderes Konventsmitglied	Bezugnahmen auf „viele Mitglieder" des Konvents	Ausführliche Bezugnahmen auf die Argumentation eines anderen Konvents-mitgliedes
71	38	14	6	18

Die wichtige Rolle von Argumenten im Prozeß der Willensbildung zeigte sich auch darin, daß bis in die letzte Sitzung hinein die von der Arbeitsgruppe vorgeschlagene Lösung kritisiert wurde. Allerdings waren es nur wenige Mitglieder des Konventes, die sich den Argumenten für eine Mitwirkung der Parlamente ausschließlich im Bereich der Subsidiarität nicht anschließen wollten. Noch einmal betonte Maria Eduarda Azevedo aus Portugal, daß es darauf ankomme, die nationalen Parlamente auf der europäischen Ebene effektiv zu beteiligen. Diese Beteiligung müsse sofort realisiert werden, nicht irgendwann in der Zukunft. Man müsse die Partizipation der Parlamente ernsthaft wollen und nicht – Beifall haschend – gut klingende, aber wenig wirksame Lösungen institutionalisieren. Die interparlamentarischen Konferenzen sollten für eine Vielzahl von Themen eingerichtet werden. Und darüberhinaus sollten diese Konferenzen im Hauptteil des Verfassungsvertrages erwähnt, und nicht in einem Protokoll versteckt werden.[76]

Hubert Haenel, Abgeordneter des französischen Parlamentes, bedauerte, daß man sich nicht zu einem „Kongreß der Völker" habe durchringen können. Eingehend auf seine portugiesische Kollegin plädierte er für eine Stärkung der interparlamentarischen Konferenzen. Der britische Abgeordnete David Heathcoat-Amory kritisierte die Lösung der Mehrheit des Konventes. Es sei inkohärent, den nationalen Parlamenten mehr Einfluß in der Europäischen

76 Europäischer Konvent, Plenardebatte am 5. Juni 2003, Video Nr. 54, Archiv der Universität Hamburg, Protokoll S. 9.

Union verschaffen zu wollen, diesen Einfluß dann aber gleich wieder wegzunehmen und auf Meinungsäußerungen zu beschränken.[77]

Enttäuscht war auch Konventspräsident Giscard d'Estaing. Seine Lieblingsidee eines „Kongresses der Völker" hatte keine Mehrheit im Konvent gefunden. In der Plenardebatte am 5. Juni 2003 betonte er noch einmal, daß man die Idee habe fallen lassen, obwohl der Kongreß der Völker für ihn ein wichtiges Anliegen gewesen sei.

Wie ist das Ergebnis der Debatte zu beurteilen? Kann das Verfahren für die Beteiligung der nationalen Parlamente im Konventsentwurf die Grundlage für eine erfolgreiche Steuerung und darüberhinaus für die Lösung des Problems sein? Selbstverständlich läßt sich jetzt noch nicht abschätzen, wie sich das Verfahren in der Praxis auswirken wird. Aber man kann prüfen, ob das Verfahren, das von den Staats- und Regierungschefs unverändert am 18. Juni 2004 in den Verfassungsvertrag übernommen wurde, überhaupt die Kapazität besitzt, die Mitwirkung der nationalen Parlamente in Zukunft zu stärken.

Ausgehend von Differenz als Grundstruktur der europäischen Politik ist demokratische Organisation von Differenz die zentrale Aufgabe eines europäischen Verfassungsvertrages (vgl. Kapitel 1).[78] Ebenso wie es zunehmend wichtiger wird, daß unterschiedliche Verfassungseinheiten wie Nationalstaaten, die Europäische Union und internationale Organisationen wie die WTO nicht selbst-referentiell sind, sondern Kommunikation über die jeweiligen Differenzen hinweg ermöglichen,[79] so ist es die Funktion eines europäischen Verfassungsvertrages, Differenz auf demokratische und kommunikative Weise zu organisieren. Wenn der europäische Verfassungsvertrag geeignet sein soll, diese Aufgabe zu erfüllen, dann muß ein solcher Vertrag demokratische, kommunikative, Differenz achtende und Differenz organisierende Strukturen aufweisen. Auch das Verfahren zur Mitwirkung der nationalen Parlamente müßte durch solche Strukturen charakterisiert sein, wenn es die Kapazität besitzen soll, eine größere Rolle der nationalen Parlamente in der Europäischen Union in Gang zu setzen. Lassen sich solche Strukturen in dem Verfahren nachweisen, das der Konvent vorgeschlagen und die Regierungskonferenz im Juni 2004 übernommen hat?

---

77 Ebd., Protokoll S. 53.

78 Vgl. Werner Weidenfeld, Europas neues Gesicht, a. a. O., S. 85.

79 Neil Walker, The Idea of Constitutional Pluralism. In: The Modern Law Review 65 (2002), S. 340: „Constitutionalism in a plural order is necessarily conceived of not only as a property of polities and political processes but as a medium through which they interconnect – as a structural characteristic of the relationship between certain types of political authority or claims of authority situated at different sites or in different processes as well as an internal characteristic of these authoritative claims." Walker betont zu Recht die wachsende Bedeutung der „relational dimension" von Verfassungen. Ebd., S. 355.

Das „Frühwarnsystem" für die Beteiligung der nationalen Parlamente sieht vor, daß die Kommission die nationalen Parlamente zeitgleich mit dem Europäischen Parlament und dem Ministerrat über alle Gesetzesvorhaben informiert. Jedes nationale Parlament kann dann innerhalb von 6 Wochen der Kommission mitteilen, aus welchen Gründen es der Meinung ist, die Kommission habe das Prinzip der Subsidiarität verletzt. Wird von einem Drittel der nationalen Parlamente eine solche begründete Stellungnahme abgegeben,[80] dann muß die Kommission ihr Vorhaben überprüfen. Nach der Prüfung ist es der Kommission jedoch überlassen, ob sie den Vorschlag beibehält, ändert oder zurückzieht. Die nationalen Parlamente haben dann noch die Möglichkeit, über ihre Mitgliedstaaten beim EuGH zu klagen.

Das Verfahren hat unter der Steuerungs- und Problemlösungsperspektive zwei Defizite. Wenn ein europäischer Verfassungsvertrag und davon abgeleitet das Protokoll zu den nationalen Parlamenten die Aufgabe haben, demokratische Kommunikation über Differenz in der europäischen Politik in Gang zu setzen, dann fehlt im Verfahren erstens das demokratische Element der wirklichen Partizipation. Die nationalen Parlamente sind Orte, an denen sich die Souveränität der Völker institutionell konkretisiert. Die Parlamente wollen daher nicht nur Einwände formulieren und konsultiert werden. Sie wollen gestalten. Genau dies ist aber in dem Verfahren des Frühwarnsystems ausgeschlossen. Zweitens kann die mögliche Klage vor dem EuGH zu einer weiteren Verrechtlichung von europäischer Politik führen, die der demokratischen Legitimation politischen Handelns wiederum abträglich ist (vgl. meinen Vorschlag zur Einrichtung einer Konferenz der Parlamente S. 390).[81]

Trotz dieser beiden Defizite ist das Protokoll zu den nationalen Parlamenten ein Fortschritt für die europäische Demokratie im Vergleich zum Status quo.[82] Gegenwärtig haben die nationalen Parlamente mit wenigen Ausnahmen auf europäischer Ebene nichts zu sagen. Sie sind Zaungäste europäischer Politik. Das Verfahren des Frühwarnsystems ist daher eine Verbesserung für die nationalen Parlamente. Über die Mitsprache der nationalen Parlamente gewinnt die europäische Politik an demokratischer Legitimation. Zusätzliche demokratische Legitimation ist aber wiederum indirekt auch ein Gewinn für die Effektivität der europäischen Politik. Denn nationale Parlamente, die

80 Protokoll über die Anwendung der Grundsätze der Subsidiarität und der Verhältnismäßigkeit, Absatz 6. Die Regelung lautet, daß die Kommission ihren Vorschlag überprüfen muß, wenn von „nationalen Parlamenten und Kammern nationaler Parlamente, die mindestens ein Drittel der Gesamtzahl der Stimmen repräsentieren," eine Stellungnahme abgegeben wird. Nationale Parlamente mit einem Einkammersystem haben zwei Stimmen, während jede der beiden Kammern in einem Zweikammersystem eine Stimme besitzt.

81 Christine Landfried, Im Streitfall soll ein Parlamentsparlament entscheiden. Fremde Federn in: Frankfurter Allgemeine Zeitung am 10.5.2003, S. 10.

82 So auch Jürgen Meyer und Sven Hölscheidt, Die Europäische Verfassung aus Sicht des deutschen Bundestages. In: Integration 26 (2003), S. 345-350.

nicht völlig ohne Einfluß auf die europäischen Entscheidungen sind, werden diese Entscheidungen eher akzeptieren und praktisch umsetzen.

Das Protokoll zu den nationalen Parlamenten enthält einen weiteren Aspekt, der sich für die Steuerungs- und Problemlösungskapazität europäischer Politik positiv auswirken könnte. Die vorgesehenen interparlamentarischen Konferenzen von nationalen Parlamenten und Europäischem Parlament könnten zu einem Forum des Austauschs über Differenzen der Ideen, der Interessen und der Institutionen werden. Sie könnten dazu beitragen, diese Differenzen zu erkennen, ernst zu nehmen und für die Lösung der Probleme zu nutzen.

Die kommunikative Struktur innerhalb des Konventes hat also im Fall der Beteiligung der nationalen Parlamente zu einer institutionellen Lösung geführt, die beanspruchen kann, die Kapazität zur Lösung des Problems im Vergleich zu den bisherigen Verträgen zu erhöhen. Die Mitglieder des Konventes haben ihre Erfahrungen mit der Rolle der nationalen Parlamente ausgetauscht, die Praktiken verglichen und unterschiedliche Modelle diskutiert. Argumente waren eine wichtige Ressource der Willensbildung und Entscheidungsfindung in der Frage der zukünftigen Rolle der nationalen Parlamente. Konventspräsident Giscard d'Estaing war nicht in der Lage, seine hervorgehobene Position zu nutzen, um seine eigene Idee eines Kongresses der Völker durchzusetzen. In anderen Bereichen spielten die Hierarchie innerhalb des Konventes und die Machtverhältnisse außerhalb des Konventes jedoch eine Rolle im Prozeß der Entscheidungsfindung. Die Auseinandersetzung über die Gestaltung der Position des Präsidenten des Europäischen Rates ist ein Beispiel für einen weniger demokratischen und weniger kommunikativen Umgang mit Differenz als dies in der Frage der nationalen Parlamente der Fall war. Gleichwohl macht auch das Beispiel der Ratspräsidentschaft deutlich, daß Argumente das Ergebnis der Konventsarbeit beeinflußten.

Die strukturelle Differenz der Interessen zwischen großen und kleinen Ländern wurde in der Debatte über den Präsidenten des Europäischen Rates konkret aktualisiert. Die entscheidende Plenardebatte fand am 15. Mai 2003 statt. Vor Beginn der inhaltlichen Diskussion wurde die Vorgehensweise des Konventes kritisiert. 40 Mitglieder des Konventes hatten zusätzliche Sitzungen beantragt, da sonst nicht genug Zeit bleibe, die Politiken angemessen zu diskutieren. Der britische Parlamentarier David Heathcoat-Amory forderte, daß Änderungen des jeweiligen Entwurfes so kenntlich zu machen seien, daß jeder nachvollziehen könne, inwieweit die Argumente der Konventsmitglieder vom Präsidium berücksichtigt wurden. „There should ... be an explanation of the origin of the amendments that have been accepted and the degree of support that they attracted, in order that we can be sure that the changes to the text arise from our discussion and do not come down from above like the tablets from Mount Sinai.“[83]

Nicht nur die Mitglieder des Plenums, auch die Mitglieder des Präsidiums konnten sich erinnern, daß der Konventspräsident schon einmal mit einem Text quasi vom Berg Sinai gestiegen war. Am 22. April 2003 hatte Konventspräsident Giscard d'Estaing einen ersten Entwurf zu den Institutionen vorgelegt, der zuvor weder im Präsidium noch im Plenum diskutiert worden war. Nach diesem Entwurf sollten ein Präsident des Europäischen Rates und ein Vizepräsident für eine Amtszeit von zweieinhalb Jahren mit qualifizierter Mehrheit vom Europäischen Rat gewählt werden. Von einem Vizepräsidenten des Europäischen Rates war vorher nie die Rede.[84] Eine solche Überraschung wollten die Konventsmitglieder nicht noch einmal erleben.

In der Debatte zu den Institutionen am 15. Mai 2003, also schon gegen Ende der Arbeit des Konventes, lagen 650 Änderungsvorschläge zum Entwurf des Präsidiums auf dem Tisch. Umstritten war vor allem, ob es einen hauptamtlichen Präsidenten des Europäischen Rates geben solle. Das Präsidium war der Meinung, die halbjährliche Präsidentschaft des Europäischen Rates habe sich nicht bewährt und solle daher nicht fortgesetzt werden. Der ständige Wechsel an der Spitze des Rates verhindere eine kontinuierliche Arbeit. Statt dessen solle in Zukunft der Präsident vom Europäischen Rat mit qualifizierter Mehrheit für einen Zeitraum von zweieinhalb Jahren gewählt werden. Eine weitere Amtszeit solle möglich sein. Dieser Präsident des Europäischen Rates dürfe weder einem anderen europäischen Organ angehören noch ein einzelstaatliches Amt innehaben. Der Präsident des Europäischen Rates „führt den Vorsitz und leitet die Beratungen des Europäischen Rates, für deren Vorbereitung und Kontinuität er sorgt. Er wirkt darauf hin, daß Zusammenhalt und Konsens im Europäischen Rat gefördert werden.“ Darüberhinaus wird ihm die Aufgabe übertragen, „auf seiner Ebene die Außenvertretung der Union in Angelegenheiten der Gemeinsamen Sicherheits- und Außenpolitik“ wahrzunehmen. Soweit der Vorschlag des Präsidiums, der am 15. Mai 2003 im Zentrum der Plenardebatte des Konventes stand.[85]

Der Konventspräsident eröffnete die Sitzung mit dem Hinweis, daß es sich bei den Institutionen um eine sehr komplexe Materie handle und daher die Redner statt der üblichen zwei Minuten heute drei Minuten sprechen könnten. „Avec trois minutes, je suis riche aujourd'hui“ , antwortete der erste Redner, Gianfranco Fini von der italienischen Regierung. Fini gehörte neben Hubert Haenel vom französischen Parlament, Olivier Duhamel vom Europa-

---

83 Europäischer Konvent, Plenardebatte am 15. Mai 2003, Video Nr. 47, Archiv der Universität Hamburg, Protokoll S. 10.

84 Michael Stabenow, Giscard's Überraschungen. In: Frankfurter Allgemeine Zeitung vom 24.4.2003.

85 CONV 691/03 vom 23. April 2003, Artikel 16a: Der Vorsitz des Europäischen Rates.

parlament, Peter Hain von der britischen Regierung und dem baden-württembergischen Ministerpräsidenten Erwin Teufel zu den wenigen Mitgliedern des Konventes, die für eine hauptamtliche Ratspräsidentschaft plädierten oder zumindest nicht in Opposition zum Vorschlag des Präsidiums standen. Eine solche hauptamtliche Ratspräsidentschaft garantiere Kontinuität und Kohärenz der Aktionen der Europäischen Union.

Eine große Zahl der Redner in der Debatte sprach sich jedoch gegen einen hauptamtlichen Ratspräsidenten aus. Alberto Costa vom portugiesischen Parlament, Dimitrij Rupel von der slowenischen Regierung, Elmar Brok vom Europäischen Parlament, Caspar Einem vom österreichischen Parlament, Johannes Voggenhuber vom Europäischen Parlament, Josef Zieleniec vom tschechischen Parlament, Edmund Wittbrodt vom polnischen Parlament, Andrew Duff vom Europäischen Parlament, Alojz Peterle vom slowenischen Parlament, Teija Tiilikainen von der finnischen Regierung, Ján Figel vom slowakischen Parlament, Rihards Piks vom lettischen Parlament und Meglena Kuneva von der bulgarischen Regierung sprachen sich gegen eine hauptamtliche Ratspräsidentschaft aus.[86]

Elmar Brok, Repräsentant des Europäischen Parlament im Konvent, betonte wie viele andere Redner die unterschiedlichen Interessen von großen und kleinen Staaten. Es müsse ein Ausgleich zwischen Groß und Klein gefunden werden, und die Vorlage des Präsidiums vernachlässige zu sehr die Vorstellungen der kleinen Länder. Eine hauptamtliche Ratspräsidentschaft bedeute einen Schritt hin zum Intergouvernementalismus und störe die Balance zwischen den Institutionen. Außerdem unterliege der Ratspräsident keiner parlamentarischen Kontrolle.[87] Die kleinen Staaten fürchteten vor allem, daß der Präsident des Europäischen Rates häufig aus den großen Ländern stammen werde, und dann einen unkontrollierten und übermäßigen Einfluß auf die Gestaltung der europäischen Politik gewinnen könne.

„Ich spreche mich deutlich gegen jede Form eines dauerhaften Vorsitzenden oder Präsidenten des Europäischen Rates aus, weil das zu einer vollständigen Veränderung der europäischen Architektur führen würde, die ich ablehne“, so Caspar Einem vom Parlament Österreichs. „Herr Brok hat das Wesentliche schon gesagt: Das ist eine Tendenz zum Intergouvernementalismus, und es führt zu einer dauerhaften Kohabitation auf europäischer Ebene, die wir nicht wollen, um es deutlich zu sagen."[88]

---

86 Europäischer Konvent, Plenardebatte am 15. Mai 2003, Video Nr. 47, Archiv der Universität Hamburg. Die Nennung der Namen erfolgt in der Reihe der Rednerliste. Anm. der Verfasserin.

87 Europäischer Konvent, Plenardebatte am 15. Mai 2003, Video Nr. 47, Archiv der Universität Hamburg, Protokoll S. 17.

88 Ebd., Protokoll S. 18.

Noch deutlicher sagte es Johannes Voggenhuber, Repräsentant des Europäischen Parlamentes im Konvent: „Ich darf Ihnen einmal die Analyse der Abänderungsanträge vorlegen. Bisher haben 101 Mitglieder einen Antrag gegen eine dauernde Ratspräsidentschaft gestellt, 15 Regierungen. Reicht das, oder müssen wir uns noch Wochen mit diesem Plan, der hier keine Mehrheit hat, niemals einen Konsens haben wird, abquälen. ... Wir sind hier kein italienischer Marktplatz. Deshalb haben wir nicht das Vergnügen, das Duell unseres Präsidenten mit dem Kommissionspräsidenten zu erleben. Das ist schade, aber wir können uns natürlich bemühen, und vielleicht bekommen wir von unserem Präsidenten die Antwort darauf, was denn an der Wahl von pensionierten und emeritierten Ministerpräsidenten in ein höchstes Amt der Union demokratisch ist, was denn die parlamentarische Kontrolle dieses Ratspräsidenten sein soll, wie es denn mit dem Gleichgewicht der Institutionen aussieht, mit einer völlig neuen, über den bestehenden Vertrag hinausgehenden Machtposition in der Union... Ich denke, der Präsident dieses Konvents kann gern auf allen italienischen Marktplätzen diskutieren, aber er – und mit ihm das Präsidium – sollte langsam zur Kenntnis nehmen, daß es in diesem Konvent eine überwältigende Mehrheit, einen Konsens gegen diese Vorstellung eines dauernden Ratspräsidenten gibt.“[89]

Giscard d'Estaing reagierte gelassen und elegant. Er wisse nicht, was gegen einen italienischen Marktplatz einzuwenden sei. Italien sei eines der Gründerländer der Europäischen Union, ein sehr zivilisiertes Land, und es sei besonders angenehm, in Italien zu leben. „Si la Convention était un marché italien, nous y passerions l'été.“[90]

Selbst in einer derart erhitzten Debatte wurden nicht nur die Argumente für und gegen den Vorschlag des Präsidiums ausgetauscht. Auch ganz neue Vorschläge wurden in die Debatte eingebracht. Der griechische Außenminister Georges Papandreou schlug vor, statt eines Ratspräsidenten die Position eines Europäischen Präsidenten zu schaffen. Dieser Präsident solle direkt von den Bürgerinnen und Bürgern der Mitgliedstaaten gewählt werden. John Bruton vom irischen Parlament stimmte begeistert zu. Einen direkt gewählten Präsidenten brauche die Europäische Union. Wenn man die Bürger fragte, was die Kommission oder der Rat eigentlich machten, sie wüßten es nicht. Die Bürger wüßten nichts über die Europäische Union, weil sie ja auch nie wirklich am europäischen Geschehen beteiligt würden. „The most any person can do in a European election is to change one MEP out of seven hundred, by virtue of their vote. They are never asked, in any election, to pronounce on a single, simple European question, where that question is being asked of all Europe-

89 Ebd., Protokoll S. 24/25.
90 Ebd., Protokoll S. 25.

ans at the same time, on the same day, throughout the continent." Die Direktwahl eines europäischen Präsidenten könne dies ändern.[91]

Von insgesamt 47 Beiträgen in der Plenardebatte am 15. Mai 2003 stammten 34 und damit 72 % von parlamentarischen Vertretern. Frauen, die sich in den beiden anderen analysierten Plenardebatten überproportional beteiligten, waren in dieser Debatte im Verhältnis zur Zusammensetzung des Konventes unterrepräsentiert. Die Vertreter der Beitrittsländer, die 37 % der Mitglieder des Konventes stellten, beteiligten sich in der Debatte über die Institutionen nur mit 17 % der Beiträge. Männer und Vertreter der Mitgliedstaaten waren in dieser Debatte, in der es um die Differenz von Interessen ging, gleicher als Frauen und Vertreter der Beitrittsländer (vgl. Tabelle VII.8).

Tabelle VII.8: Partizipation in der Debatte des Konventes zur Präsidentschaft des Europäischen Rates Sitzung des Plenums am 15. Mai 2003

Gesamtanzahl der Beiträge	Europäisches Parlament	Europäische Kommission	Nationale Parlamente Mitgliedstaaten	Nationale Parlamente Beitrittsländer	Regierungen Mitgliedstaaten	Regierungen Beitrittsländer	Frauen in %	Vertreter der Beitrittsländer in %
47	14	1	15	5	9	3	7 = 15 %	8 = 17 %

Die Debatte bewegte sich auf einem hohen „diskursiven Niveau".[92] Die Argumente pro und contra einer permanenten Ratspräsidentschaft wurden ausgetauscht, und auch innovative Vorschläge wie die Direktwahl eines Präsidenten der Europäischen Union wurden vorgestellt und diskutiert. In den 47 Redebeiträgen nahmen die Mitglieder des Konventes 39 mal aufeinander Bezug. Und wiederum in fast der Hälfte dieser Bezugnahmen haben sie sich mit den Argumenten der Kollegen und Kolleginnen inhaltlich auseinandergesetzt (vgl. Tabelle VII.9).

91 Ebd., Protokoll S. 26.

92 Jürgen Habermas, Faktizität und Geltung. Beiträge zur Diskurstheorie des Rechts und des demokratischen Rechtsstaats, Frankfurt: Suhrkamp 1992, S. 369.

Tabelle VII.9: Kommunikation in der Debatte des Konventes zur Präsidentschaft des Europäischen Rates Sitzung des Plenums am 15. Mai 2003

Gesamtanzahl der Beiträge	Bezugnahmen der Konventsmitglieder aufeinander insgesamt	Namentliche Bezugnahmen auf ein anderes Konventsmitglied	Bezugnahmen auf „viele Mitglieder" des Konvents	Ausführliche Bezugnahmen auf die Argumentation eines anderen Konvents-mitgliedes
47	39	14	6	19

Die Tatsache, daß im Plenum des Konventes weit und breit kein Konsens für eine hauptamtliche Ratspräsidentschaft erkennbar war, hat nichts daran geändert, daß diese Ratspräsidentschaft in den Entwurf für einen Verfassungsvertrag aufgenommen wurde. Der Einfluß des Präsidiums und der Regierungen der großen Mitgliedstaaten gaben den Ausschlag. Verhandeln wurde in der Endphase der Konventsarbeit wichtiger als Argumentieren. Dies ändert nichts an der „kommunikativen Struktur" der Arbeit im Konvent, da Verhandeln und Argumentieren gleichermaßen Formen der Kommunikation sind.[93] Der Schwerpunkt der Kommunikation hat sich allerdings von den Formen des Argumentierens wie begründen, argumentieren, zustimmen und widersprechen zu den Formen des Verhandelns wie einen Kompromiß vorschlagen, zugestehen, fordern und ablehnen verlagert. Allen Mitgliedern des Konventes war klar, daß am Ende die Regierungskonferenz über den Inhalt des Verfassungsvertrages entscheiden würde. Eine Entscheidung des Konventes in einer so zentralen Frage wie der Ratspräsidentschaft gegen die dezidierte Position der Staats- und Regierungschefs der großen Mitgliedstaaten wäre dann spätestens auf der Regierungskonferenz wieder gekippt worden.

Gleichwohl war das diskursive Niveau der Debatte auch in puncto Ratspräsidentschaft nicht ohne Folgen für das Ergebnis der Konventsarbeit.[94] Die weitreichende Kritik in der Plenardebatte am Vorschlag des Präsidiums hat dazu geführt, daß sich das Präsidium noch einmal Zeit nahm,[95] den Vorschlag zu überdenken und schließlich den Text änderte. Vergleicht man den Text,

93 Katharina Holzinger, Verhandeln statt Argumentieren oder Verhandeln durch Argumentieren? Eine empirische Analyse auf der Basis der Sprechakttheorie. In: PVS 42 (2001), S. 414-446.

94 Klaus Hänsch, Der Konvent – unkonventionell. In: Integration 26 (2003), S. 332 betont, daß auch für die Meinungsbildung und Entscheidungsfindung im Konventspräsidium Argumente eine entscheidende Rolle spielten.

95 CONV 724/03 vom 24. Mai 2003. In dieser revidierten Textfassung zu Teil I des Verfassungsvertrages werden die Artikel zu den Institutionen ausgespart, weil, so das Präsidium, die heftige Kritik im Plenum mehr Zeit für die Überarbeitung erfordere.

den das Präsidium dem Plenum für die Debatte am 15. Mai 2003 vorlegte,[96] mit dem endgültigen Text des Entwurfes eines Verfassungsvertrages, dann sind zwei Änderungen zu verzeichnen. Die ursprünglich geplante Option des Europäischen Rates, mit Konsens entscheiden zu können, eine Ratspräsidentschaft aus drei Mitgliedern einzurichten, wurde im endgültigen Text gestrichen. Darüberhinaus enthält die endgültige Fassung des Artikels I-21 zur Ratspräsidentschaft einen Passus, der in der Vorlage für die Plenardebatte am 15. Mai 2003 fehlte. Diese Passage betrifft die Kompetenzen des Ratspräsidenten und sieht vor, daß der Ratspräsident bei der Vorbereitung der Ratssitzungen mit dem Kommissionspräsidenten und dem Allgemeinen Rat kooperiert. Diese Passage fehlte noch in den Textfassungen des Entwurfes vom 2. Juni 2003 und vom 10. Juni 2003. Erst im allerletzten Moment wurde die Passage eingefügt.

Am 12. Juni 2003, einen Tag vor der Verabschiedung der beiden ersten Teile des Verfassungsvertrages durch den Konvent, legte das Präsidium eine neue Fassung des Artikels 21 zum Ratspräsidenten vor. In diesem Artikel stand – und steht – im Anschluß an den Satz, daß der Präsident den Vorsitz des Europäischen Rates führt und die Beratungen leitet: „Der Präsident des Europäischen Rates sorgt in Zusammenarbeit mit dem Präsidenten der Kommission auf der Grundlage der Arbeiten des Rates (Allgemeine Angelegenheiten) für die angemessene Vorbereitung und Kontinuität dieser Beratungen,..."[97] Das Präsidium hatte diese Passage nach den Beratungen mit den Gruppen des Konventes eingefügt.

Die Passage geht auf einen Kompromißvorschlag zurück, den Jacques Santer in der Plenardebatte am 15. Mai 2003 für die Benelux-Länder vorgetragen hatte. Dieser Kompromiß sah vor, daß der Rat für Allgemeine Angelegenheiten für die Kontinuität und Kohärenz der Arbeiten des Rates zu sorgen und die Treffen des Europäischen Rates vorzubereiten habe. Den Vorsitz des Rates solle der Kommissionspräsident innehaben.[98] Mit dem Vorschlag solle erreicht werden, daß der Europäische Rat seiner enorm politischen Rolle gerecht und gleichwohl nicht zu einer abgehobenen Einrichtung werde. Wenn der Vorsitz des Rates für Allgemeine Angelegenheiten dem Kommissionspräsidenten zustehe, dann könnten die Kontinuität und Kohärenz im Handeln der Europäischen Union gewährleistet werden.[99] Jacques Santer erhielt für seinen Vorschlag großen Beifall im Plenum des Konventes. Der Vorschlag wurde auch von den Kollegen und Kolleginnen in der Diskussion immer wieder aufgenommen.

---

96 CONV 691/03 vom 23. April 2003.

97 CONV 811/03 vom 12. Juni 2003, Artikel I-21 und CONV 797/03 vom 12. Juni 2003, Artikel I-21.

98 CONTRIB 320 vom 8. Mai 2003.

99 Europäischer Konvent, Plenardebatte am 15. Mai 2003, Video Nr. 47, Archiv der Universität Hamburg, Protokoll S. 19, Beitrag Santer.

So zeigt sich, daß selbst in der Frage der Ratspräsidentschaft, in der das Präsidium des Konventes und die großen Mitgliedstaaten das Sagen hatten, die Plenardebatte das Ergebnis der Konventsarbeit beeinflußte. Und bei der Änderung, die in den Entwurf des Verfassungsvertrages in letzter Minute eingefügt wurde, handelt es sich keineswegs um eine Kleinigkeit. Die Kritik der Mitglieder des Konventes am ursprünglichen Vorschlag des Präsidiums provozierte eine Änderung des Vorschlages. Die Kritik blieb also nicht folgenlos. Und die Lösung, die in der Interaktion zwischen den Mitgliedern des Konventes und dem Präsidium gefunden wurde, ist unter dem Gesichtspunkt der Steuerungsfähigkeit und Problemlösungsfähigkeit der Europäischen Union durchaus akzeptabel.

Nach Artikel 21 des Entwurfes des Konventes, der von den Staats- und Regierungschefs am 18. Juni 2004 unverändert in die endgültige Fassung des Verfassungsvertrages übernommen wurde, wird es in Zukunft die halbjährliche Rotation in der Ratspräsidentschaft nicht mehr geben. Der Europäische Rat wird mit qualifizierter Mehrheit für zweieinhalb Jahre einen hauptamtlichen Präsidenten des Rates wählen. Dieser Präsident bereitet die Sitzungen des Europäischen Rates gemeinsam mit dem Kommissionspräsidenten vor, und er leitet die Sitzungen. Er nimmt die Außenvertretung der Union in der Gemeinsamen Außen- und Sicherheitspolitik wahr. Im Vergleich zum ständigen Wechsel an der Spitze des Rates ist die neue Lösung ein Plus für die Handlungsfähigkeit der Europäischen Union.

Nun mag man einwenden, der Konvent habe es leicht gehabt, Argumenten und Begründungen einen wichtigen Stellenwert zuzumessen. Mit der „harten“ Politik des Aushandelns des Verfassungsvertrages mußten sich schließlich die Staats- und Regierungschefs herumschlagen, und da zeigte sich dann sehr schnell, daß unversöhnliche Positionen z. B. bei den Abstimmungsmodalitäten aufeinandertrafen. So konnte der Entwurf des Verfassungsvertrages beim Gipfeltreffen im Dezember 2003 in Brüssel zunächst nicht verabschiedet werden. War der Konvent also eine zu belächelnde „Spielwiese“ der demokratischen Deliberation, die mit dem wirklichen Leben der Politik nichts zu tun hat? Weit gefehlt.

Der Verfassungsvertrag, auf den sich die Staats- und Regierungschefs der erweiterten Europäischen Union am 18. Juni 2004 in Brüssel geeinigt haben, unterscheidet sich nur in wenigen Punkten vom Entwurf des Konventes.[100] Geändert wurde vor allem die Definition der qualifizierten Mehrheit im Rat nach Artikel I-24 des Verfassungsvertrages. Für eine qualifizierte Mehrheit bei Abstimmungen im Ministerrat sind nun zwei Bedingungen zu erfüllen. Erstens müssen 55 % (statt wie vorgesehen 50 %) der Staaten, die mindestens 15 Mitgliedstaaten einschließen, zustimmen. Und zweitens müssen diese

100 CIG 85/04 vom 18. Juni 2004.

55 % der Staaten mindestens 65 % (statt wie vorgesehen 60 %) der Bevölkerung der Union repräsentieren. Das Prinzip der doppelten Mehrheit von Staaten und der Mehrheit der Bevölkerung wurde also beibehalten.

Eine weitere Änderung des Konventsentwurfes durch die Regierungskonferenz betrifft die Zusammensetzung der Kommission. Im Konventsentwurf war vorgesehen, daß die Kommission ab dem Jahr 2009 aus 15 Mitgliedern bestehen solle, die nach einem System der gleichberechtigten Rotation zwischen den Mitgliedstaaten auszuwählen seien. Nun steht im Verfassungsvertrag, daß bis zum Jahr 2014 jeder Mitgliedstaat in der Kommission vertreten sein und erst danach die Kommission verkleinert wird. Nach der Verkleinerung soll jeder Mitgliedstaat während zwei von drei Amtszeiten einen Vertreter oder eine Vertreterin in die Kommission schicken. Bei 27 Mitgliedstaaten hätte die Kommission dann 18 Kommissare.

Alles in allem hat der Konventsentwurf die Regierungskonferenz vom 17./18. Juni 2004 ziemlich unbeschadet überstanden. Der amerikanische Ökonom Jeremy Rifkin kommt mit seinem „Blick von außen" geradezu ins Schwärmen, wenn er den europäischen Verfassungsvertrag beschreibt: „Die EU-Verfassung ist in der Geschichte etwas ziemlich Einzigartiges. Sie ist zwar manchmal schwerfällig und nicht so eloquent formuliert wie etwa die französische oder die amerikanische Verfassung, aber sie ist das erste Dokument dieser Art, das die Rechte und Verantwortlichkeiten des gesamten menschlichen Daseins auf der Erde ins globale Bewußtsein bringt." Wenn man die „Essenz des Dokuments" erfassen wolle, „dann ist es Respekt vor der menschlichen Diversität, die Förderung der Inklusivität, die Überordnung der Menschen- und Naturrechte, die Förderung von Lebensqualität und nachhaltiger Entwicklung, die Freiheit des Denkens und die freie Entfaltung der Persönlichkeit, das Streben nach dauerhaftem Frieden und einem globalen Bewußtsein."[101]

Man muß nicht gleich ins Schwärmen geraten, um zu erkennen, daß die Europäische Union handlungsfähiger und demokratischer sein wird, sobald die Mitgliedstaaten den Vertrag ratifiziert haben werden. Für eine gewachsene Handlungsfähigkeit sprechen drei Neuerungen. Die Kommission wird langfristig verkleinert (Artikel I – 25), der Ratspräsident kann kontinuierlich zweieinhalb oder fünf Jahre arbeiten (Artikel I – 21), und ein europäischer Außenminister wird als Vorsitzender des Außenministerrates und Vizepräsident der Kommission mit diesem „Doppelhut" die Kohärenz des außenpolitischen Handelns gewährleisten (Artikel I – 27).

Die europäische Demokratie wird durch die Einfügung der Grundrechtecharta in den Verfassungsvertrag (Teil II des Verfassungsvertrages), die

101 Jeremy Rifkin, Der europäische Traum, a. a. O., S. 232.

Möglichkeit der Bürgerinitiative (Artikel I – 46), die oben skizzierte neue Mitwirkung der nationalen Parlamente (Artikel I – 9) und neue Rechte des Europäischen Parlamentes gestärkt. Das Europäische Parlament wird in Zukunft qua Mitentscheidung gemeinsam mit dem Rat in weiten Bereichen die europäische Innen- und Rechtspolitik gestalten (Artikel III – 166 bis Artikel III – 178 in Verbindung mit Artikel III – 302). Auch der Einfluß des Europaparlamentes auf die Zusammensetzung der Kommission wird nach der Ratifikation des Verfassungsvertrages steigen. Das Parlament wird dann den Kommissionspräsidenten wählen (Artikel I – 19). Der Kommissionspräsident wird vom Europäischen Rat „unter Berücksichtigung der Wahlen zum Europäischen Parlament" vorgeschlagen und vom Europaparlament mit der Mehrheit seiner künftig bis zu 750 Abgeordneten gewählt (Artikel I –26).

Die Vorbereitung der Entscheidung über einen Verfassungsvertrag durch einen Konvent, in dem Argumente eine wichtige Rolle für das Ergebnis spielten, hatte Folgen für die öffentliche Debatte über die Verfassung. Während die Berichterstattung über Regierungskonferenzen meist nicht sehr informativ ist, weil die Verhandlungen hinter verschlossenen Türen stattfinden, und auch die Journalisten nicht sehr viel erfahren, waren die Berichte über den Konvent lebendiger. Die Journalisten konnten der Debatte zuhören und anschließend ihre Leser über Argumente und Gegenargumente informieren.

Nehmen wir noch einmal das Beispiel der Debatte über die Ratspräsidentschaft. Über die oben analysierte Plenardebatte wurde in der Presse ausführlich berichtet. In der Süddeutschen Zeitung informierte Cornelia Bolesch die Leser über die ganze Bandbreite der Argumente. Die strittige Debatte über einen hauptamtlichen Ratspräsidenten wird für die Leser gut nachvollziehbar. Johannes Voggenhuber wird mit seiner harschen Kritik ebenso zitiert wie Jacques Santer mit seinem Kompromißvorschlag. Die „Zukunftsvision" eines direkt gewählten europäischen „Vollzeit-Präsidenten", die der griechische Außenminister Papandreou in die Debatte einbrachte, wird skizziert. Der Artikel schließt mit einem Zitat von Olivier Duhamel, Vertreter des Europäischen Parlamentes im Konvent, der die Meinung vertrat, man brauche nicht zu fürchten, daß der Präsident des Europäischen Rates in Konkurrenz zu dem geplanten EU-Außenminister gerate. Der Vorschlag des Präsidiums sei so revolutionär nun auch wieder nicht. Das sei doch ganz ähnlich wie in Deutschland. „Der Präsident des Europäischen Rates wäre Johannes Rau, der Europäische Rat wäre Gerhard Schröder und Joschka Fischer wäre Joschka Fischer."[102]

---

102 Cornelia Bolesch, Konvent streitet weiter über Machtbalance in der EU. In: Süddeutsche Zeitung vom 16.5.2003, S. 8.

Der Bericht von George Parker in der Financial Times war ähnlich präzise. „Yesterday in a debate on the division of power, members of the 105-strong convention remained deeply divided. Many smaller countries insist the EU president would be answerable mainly to the large countries...“[103] Der Vorschlag des griechischen Außenministers wird als Alternative eines hauptamtlichen Ratspräsidenten vorgestellt und zusätzlich wird aus einem Gespräch der Financial Times mit Georges Papandreou zitiert. Der Außenminister verstehe die Sorgen der kleinen Staaten, er könne aber auch nachvollziehen, daß die Europäische Union mehr Kontinuität, Kohärenz, Glaubwürdigkeit und Sichtbarkeit in der internationalen Politik brauche. Er selbst habe deshalb einen direkt gewählten EU-Präsidenten in die Diskussion gebracht. Eine solche direkte Wahl hätte nach seiner Meinung den Effekt „to mobilise and energise citizens.“[104]

Wie viel trockener war hingegen die Berichterstattung über das Gipfeltreffen der Staats- und Regierungschefs im Juni 2004! Immerhin wurde auf diesem Gipfel ein Verfassungsvertrag für 25 Staaten der Europäischen Union verabschiedet. Überschattet vom Gefeilsche um einen neuen Präsidenten der Kommission, [105] geriet das Ereignis der Einigung über den Verfassungsvertrag ins Hintertreffen. „EU: Verfassung – Kein Kandidat“ lautete die Schlagzeile in der einer deutschen Sonntagszeitung.[106] Die Financial Times titelte: „EU leaders reach deal over new constitution.“[107] Die Lektüre des Artikels auf der ersten Seite weckt nicht gerade Begeisterung für die Einigung über den Verfassungsvertrag. Von „Last-minute negotiations“ ist die Rede, und es wird in Zweifel gezogen, ob dieser Vertrag überhaupt je in Kraft treten werde. In Le Monde spricht man immerhin von der historischen Einigung des 18. Juni: „Constitution européenne: l'accord historique du 18 juin.“[108] Mit dem Prädikat ‚historisch‘, so Günter Nonnenmacher in der Frankfurter Allgemeinen Zeitung, solle man sparsam umgehen. Der Text sei unhandlich und ein „typisch europäisches Dokument“, das für die Bürger unverständlich bleibe. Es bleibe nur der Trost des Sisyphos. „Denn die Europäer haben von Albert Camus gelernt, daß man sich Sisyphos glücklich vorstellen muß.“[109]

103 George Parker, Greece swings behind plan for full-time EU president. In: Financial Times vom 16.5.2003, S. 2.

104 Ebd.

105 Vgl. den Leserbrief von Tom Spencer in der Financial Times vom 19./20. Juni 2004, S. 8: „Sir, The opaque and undignified inter-governmental fight over the nomination of the next European Commission president is the flip side of the slap in the face delivered to ruling parties in last week's European election. Both seem designed to confirm the electorate's darkest fears that voting changes nothing and closed-door deals prevail.“

106 Frankfurter Allgemeine Sonntagszeitung vom 20.6.2004, S. 1.

107 Financial Times vom 19./20.6.2004, S. 1.

108 Le Monde vom 20./21.6.2004, S. 1.

109 Frankfurter Allgemeine Zeitung vom 21.6.2004, S. 1.

Nur darf man nicht vergessen, daß Sisyphos glücklich ist, weil er sein Schicksal selbst in die Hand nimmt. „Er macht aus dem Schicksal eine menschliche Angelegenheit, die unter Menschen geregelt werden muß. Darin besteht die verborgene Freude des Sisyphos. Sein Schicksal gehört ihm. Sein Fels ist seine Sache."[110] Man kann also von den Europäern nur erwarten, daß sie wie Sisyphos immer wieder einen Felsblock den Berg hinaufwälzen und dabei glücklich sind, wenn Europa „ihre Sache" ist. Davon sind die Europäer weit entfernt. Und es wäre schon ein Fortschritt, wenn die Bürger über die Gründe für europäische Entscheidungen mehr Informationen erhielten, und sich eine eigene Meinung bilden könnten. Während sich während der Brüsseler Gipfelkonferenz im Juni 2004 wieder einmal zeigte, daß Gipfelkonferenzen der europäischen Staats- und Regierungschefs wenig Resonanz in der Öffentlichkeit erzielen, wirkte sich die kommunikative Vorgehensweise des Konventes positiv auf die öffentliche Debatte aus. Die Berichte über den Konvent waren präziser und lebendiger als die Berichte über die Regierungskonferenzen, und wer sich über die Arbeit des Konventes informieren wollte, konnte dies tun.

Es besteht also ein Zusammenhang zwischen einer demokratischen und kommunikativen Entscheidungsfindung in den europäischen Institutionen auf der einen Seite und der Bildung lebendiger europäischer Teilöffentlichkeiten auf der anderen Seite.[111] In dem Zusammenspiel zwischen Institutionen, die ihre Entscheidungen auf der Basis einer demokratischen Kommunikation über Differenz fällen, und zahlreichen europäischen Teilöffentlichkeiten, die sich auf allen Ebenen und in unterschiedlichen Zusammensetzungen entwikkeln, könnte eine europäische Öffentlichkeit entstehen. Die Berichterstattung über den Konvent in der Presse zeigt ansatzweise dieses Zusammenwirken.

Die Qualitätspresse hat über den Konvent oft und ausführlich berichtet. Wenn man die durchschnittliche Häufigkeit der Berichte pro Monat über den gesamten Zeitraum der Konventsarbeit von Februar 2002 bis Juli 2003 berechnet, dann wird man natürlich zu dem Ergebnis kommen, daß wenig über den Konvent in der Presse stand.[112] Doch es ist wie mit nationalen Themen auch: Die Aufmerksamkeit der Presse bedarf berichtenswerter Ereignisse. Nimmt man beispielsweise die Eröffnung des Konventes im Februar 2002, die Vorlage des ersten Entwurfes im Oktober 2002 oder die strittige Debatte

---

110 Albert Camus, Der Mythos des Sisyphos. Reinbek bei Hamburg: Rowohlt, 5. Aufl. 2003, S. 159.

111 Erik Oddvar Eriksen und John Erik Fossum, Democracy through Strong Publics in the European Union? In: Journal of Common Market Studies 40 (2002), S. 405 unterscheiden zwischen „general publics", in denen Meinungsbildung stattfindet und „strong publics", in denen zur Meinungsbildung die Entscheidungsfindung hinzukommt.

112 Christoph O. Meyer, Konstitutionalisierung ohne Öffentlichkeit? Die Konventsmethode als Testfall deliberativen Regierens. In: Ulrike Liebert et al. (Hrsg.), Verfassungsexperiment. Europa auf dem Weg zur transnationalen Demokratie? Münster: LIT Verlag 2003, S. 248.

über die Institutionen im Mai 2003, dann zeigt sich, daß die Presse über die Arbeit des Konventes umfassend informierte.

Es ist kein Nachteil, daß es nationale Medien sind, die über den europäischen Konvent berichten, solange die Berichterstattung in den nationalen Medien europäisch orientiert ist.[113] Und hier hat eine kleine Presseauswertung der Berichterstattung über den Konvent in der Frankfurter Allgemeinen Zeitung, der Financial Times und in Le Monde zu Beginn, zur Halbzeit und gegen Ende der Konventsarbeit für jeweils eine Woche ergeben, daß die Berichte in diesen drei Zeitungen in der überwiegenden Mehrheit nicht national, sondern europäisch orientiert waren.[114]

Wenn es aber ansatzweise intermediäre Strukturen in Europa gibt und die Herausbildung dieser Strukturen wiederum mit der Willensbildung in den europäischen Institutionen zusammenhängt, dann ist auch die Rolle des Europäischen Parlamentes wieder in einem anderen Licht zu sehen. Es ist dann nicht mehr überzeugend, mit einer Stärkung der demokratischen Rechte des Europäischen Parlamentes abzuwarten bis eine europäische Öffentlichkeit und Identität existieren.[115] Denn die Demokratisierung des Parlaments beruht nicht nur auf Voraussetzungen, wie sie Dieter Grimm anmahnt. Die Stärkung des Parlamentes oder, wie wir gesehen haben, die Einrichtung eines Konventes haben umgekehrt auch Folgen für die europäische Öffentlichkeit als einer substantiellen Bedingung einer Demokratie in Europa. Je demokratischer und kommunikativer die Vorbereitung von Entscheidungen in den Institutionen ist, desto größer die Chance, daß über die Entscheidungen und ihre Gründe in der europäischen Öffentlichkeit berichtet wird. Die Annahme, erst seien eine europäische Identität und eine europäische Öffentlichkeit zu verwirklichen und dann könne die Europäische Union demokratischer werden, ist einem statischen Politikverständnis verhaftet. Abwarten bringt nichts in Bewegung. Auch hier erweist sich, daß die europäische Integration ein dynamischer Prozeß der Ko-Evolution von Akteuren, politischen Institutionen und intermediären Strukturen ist.

In diesem dynamischen Prozeß spielen die Mitglieder der Europäischen Kommission eine zentrale Rolle. An welchen Werten orientiert diese europäische Elite ihr Handeln? Sind die Kommissare tatsächlich, wie man ihnen vorwirft, Technokraten und bleiben damit hinter dem Zug der Zeit eines politischen Europa zurück?

---

113 Hartmut Kaelble, Die Genese einer europäischen Öffentlichkeit. In: Neue Zürcher Zeitung vom 24./25. April 2004, S. 8.

114 Christine Landfried, Das Entstehen einer europäischen Öffentlichkeit. In: Claudio Franzius, Ulrich K. Preuß (Hrsg.), Europäische Öffentlichkeit, Baden-Baden: Nomos 2004, S. 121-135 (im Erscheinen).

115 So auch Michael Zürn, Über den Staat und die Demokratie im europäischen Mehrebenensystem. In: PVS 37 (1996), S. 45.

VIII. Die Mitglieder der Kommission als neue politische Elite

Die Mitglieder der Europäischen Kommission werden in den Öffentlichkeiten der Mitgliedstaaten[1] und auch in der Wissenschaft[2] häufig als Bürokraten oder Technokraten charakterisiert. Die Europäische Union, so Manfred G. Schmidt, sei insgesamt ein bürokratisch-konsoziativer Staat. Ein solcher Staat basiere auf der Beteiligung der Repräsentanten der Mitgliedstaaten an der Willensbildung und Entscheidungsfindung in den vergemeinschafteten Politikbereichen. An den Entscheidungen nähmen alle Mitgliedstaaten „im großen und ganzen mit gesicherten Vetopositionen teil."[3] In den nicht vergemeinschafteten Bereichen öffentlicher Aufgaben herrsche ein hohes Maß an Autonomie und Souveränität der Mitgliedstaaten. Die Akteure in dieser Staatengemeinschaft „bürokratisch-konsoziativer Art" seien vor allem Räte, die sich aus Vertretern der Exekutive und der Verwaltung zusammensetzten. Die Akteure seien „ihrer Rekrutierung und Funktion nach hauptsächlich Bürokratie im Weberschen Sinn..., also Büro- und Beamtenherrschaft."[4] Es handle sich allerdings um eine Bürokratie eigener Art. Denn Herrschaft werde in der Europäischen Union in Konsultation mit Interessenvertretern und Experten der Mitgliedstaaten und in „zunehmender Einschaltung" des Europäischen Parlaments ausgeübt.

Das Netz der europäischen legislativen, exekutiven und judikativen Entscheidungen ist enger geknüpft als dies im Modell des bürokratisch-konsoziativen Staates angenommen wird. Es gibt immer weniger öffentliche Aufgaben, die ohne Beteiligung der europäischen Akteure erledigt werden, und immer seltener können die Mitgliedstaaten bei europäischen Entscheidungen auf ein Veto zurückgreifen. Die partielle Autonomie und ein eigenständiges Operieren der Mitgliedstaaten der Europäischen Union bleiben trotz der Interdependenzen erhalten. Die Autonomie der Mitgliedstaaten ist jedoch weniger ausgeprägt als dies in einem konsoziativen Staat der Fall wäre.[5]

1 Vgl. für viele andere Christian Wernicke, Prodis Sternenkrieger. In: Die Zeit vom 15.7.1999, S. 21: „Jene 5 Frauen und 14 Männer, die Prodi Ende voriger Woche als seine ‚Regierung' präsentierte, sind ... allesamt achtbare Technokraten."

2 Maurizio Bach, Die Bürokratisierung Europas, Frankfurt, New York: Campus 1999.

3 Manfred G. Schmidt, Der konsoziative Staat. Hypothesen zur politischen Struktur und zum politischen Leistungsprofil der Europäischen Union. In: Edgar Grande, Markus Jachtenfuchs (Hrsg.), Wie problemlösungsfähig ist die EU? A. a. O., S. 42.

4 Ebd., S. 43.

5 Zum Zusammenhang von Autonomie und Interdependenz vgl. Helmut Willke, Ironie des Staates, a. a. O., S. 69. Willke spricht von einer ‚integrativen Vernetzung'. Sie bezeichnet einen „Mischungsgrad zwischen Independenzen und Interdependenzen, der durchaus unterschiedliche Formen annehmen kann in der Spannweite von ‚strict' bis ‚loose coupling'.

Die Mitglieder der Europäischen Kommission sind nicht in erster Linie Bürokraten. Darüberhinaus läßt sich die Zusammenarbeit der Kommission mit dem Europäischen Parlament nicht auf eine „Einschaltung“ des Parlamentes[6] in die Herrschaft der Bürokraten reduzieren. Manfred G. Schmidt verkennt den weitreichenden Einfluß des Europäischen Parlamentes auf die Gestaltung der Integration. Eine demokratische Kommunikation über Differenz ist zunehmend das Merkmal der Kooperation und der Konfliktaustragung zwischen Kommission und Parlament.

Als „supranationale Technokratie sui generis“ beschreibt Maurizio Bach die Europäische Union.[7] Die europäische Bürokratie habe allerdings wenig mit dem herkömmlichen „Beamtenbürokratismus“ zu tun, sondern sei eine „Expertokratie transnationalen Typs“. Es handle sich um kleine, spezialisierte Beamten- und Expertenstäbe mit einem hohen Maß an Mobilität und informellen Kommunikationsstrukturen. Es dominiere in den Ausschüssen der Kommission ein experten- und wissenschaftsgestütztes Handeln. Ein transnationales Netzwerk verbinde die nationalen Ministerialbürokratien mit der Kommissionsverwaltung. In den Ausschüssen der Komitologie, in denen nationale und europäische Verwaltungsexperten die Formulierung und die Implementation europäischer Programme vorbereiten, herrsche ein Verhandlungsstil, der sich an technischer und administrativer Problemlösung orientiere.[8]

Die technokratischen Rationalitätskriterien, die in den Ausschüssen dominierten, würden auch auf die höhere Entscheidungsebene der Kabinette und Kommissare übertragen. „In diesem verwaltungsnahen Politiknetzwerk setzen sich jene technokratischen Rationalitätskriterien durch, die den Charakter der Rechtsetzung und des Politikstils der EG insgesamt prägen.“[9] Der normative politische Wertediskurs über Prinzipien distributiver Gerechtigkeit oder ethische Maximen der Sozialpolitik, wie er in den Mitgliedstaaten zur Politik gehöre, werde in der Kommission und ihren Ausschüssen in den Hintergrund gedrängt. Die Akteure entschieden nach Maßgabe technisch-administrativer Sachgesetzlichkeiten. Mit ihren exekutiven und legislativen Funktionen habe sich die Kommission gegenüber den politischen Repräsentativgremien wie

---

Notwendigerweise aber setzt polyzentrische Vernetzung die partielle Autonomie der Teile voraus.“

6 Manfred G. Schmidt, Der konsoziative Staat. Hypothesen zur politischen Struktur und zum politischen Leistungsprofil der Europäischen Union, a. a. O., S. 43.

7 Maurizio Bach, Vom Zweckverband zum technokratischen Regime: Politische Legitimation und institutionelle Verselbständigung in der Europäischen Gemeinschaft. In: Heinrich August Winkler, Hartmut Kaelble (Hrsg.), Nationalismus, Nationalitäten, Supranationalität, Stuttgart: Klett-Cotta 1995, S. 305.

8 Maurizio Bach, Die Bürokratisierung Europas, a. a. O., S. 128.

9 Ebd., S. 129.

Rat und Parlament verselbständigt. Das Parlament sei im Gesetzgebungsprozeß marginalisiert.[10]

Auch in dieser Analyse wird die Entwicklung des politischen Europa unterschätzt. Zunächst ist die Bedeutung der wissenschaftlichen Expertise für Problemlösungen kein spezifisches Merkmal der Europäischen Kommission, sondern eine Begleiterscheinung aller Wissensgesellschaften.[11] Sodann kann man nicht allgemein von einem instrumentellen Rechtsverständnis der Kommission sprechen. Bei der Kommission ist zwischen dem Kollegium der Kommissare, den Kabinetten, den Generaldirektionen und den Ausschüssen zu unterscheiden. Die These einer Übertragung der technokratischen Rationalitätskriterien von den Ausschüssen auf das Kollegium der Kommission wäre erst noch zu belegen. Die Kommissare orientieren sich zum einen sehr wohl an politischen Werten. Zum anderen übernehmen die Mitglieder der Kommission den Vorsitz der Ausschüsse und beeinflussen ihrerseits die Arbeit in den Ausschüssen in beträchtlichem Maße.[12]

Das Deregulierungsprogramm des Binnenmarktes, auf das Maurizio Bach in seiner Analyse immer wieder rekurriert, wurde Mitte der 80er Jahre entwikkelt. Inzwischen gibt es Programme der Sozial-, der Umwelt- und der Kulturpolitik, in denen nicht allein eine technische Rationalität zum Ausdruck kommt.[13]

Im folgenden Kapitel werde ich zeigen, daß die Mitglieder der Kommission Santer und der Kommission Prodi zunehmend politisch handeln. Die ebenfalls vorhandene technokratische Handlungsorientierung der Mitglieder beider Kommissionen und insbesondere die Technokratie, die sich im Ausschußwesen herausgebildet hat, sollen dabei nicht heruntergespielt werden. Aber es trifft die Realität nicht, von einem „technokratischen Regime" zu sprechen.[14]

Wie läßt sich der Begriff „technokratisch" definieren? Zunächst einmal ist zwischen technisch und technokratisch zu unterscheiden. Um eine technische

---

10 Maurizio Bach, Vom Zweckverband zum technokratischen Regime, a. a. O., S. 300 und 306.

11 Ebd.: „Durch das in den Planungsstäben der Kommission auffällige ‚committment to scientific decision making'... treten machtpolitische und offen wertbezogene Entscheidungen in den Hintergrund."

12 Renaud Dehousse, Towards a Regulation of Transitional Governance? Citizen's Rights and the Reform of Comitology Procedures. In: Christian Joerges, Ellen Vos, EU Committees: Social Regulation, Law and Politics, a. a. O., S. 112.

13 So aber Maurizio Bach, Die Bürokratisierung Europas, a. a. O., S. 129.

14 Maurizio Bach, Integrationsprozesse in der Europäischen Gemeinschaft: Vom Zweckverband zum technokratischen Regime? In: Heiner Meulemann, Agnes Elting-Camus (Hrsg.), Lebensverhältnisse und soziale Konflikte im neuen Europa, Opladen: Westdeutscher Verlag 1993, S. 264-266.

Frage geht es immer dann, wenn über die rationalsten Mittel zur Erreichung eines bestimmten Zieles Zweifel bestehen. „Technik eines Handelns", so Max Weber, „bedeutet uns den Inbegriff der verwendeten Mittel desselben im Gegensatz zu jenem Sinn oder Zweck, an dem es letztlich ... orientiert ist ... Solange die Technik in unserem Wortsinn reine Technik bleibt, fragt sie lediglich nach den für diesen Erfolg, der ihr als schlechthin und indiskutabel zu erstreben gegeben ist, geeignetsten und dabei, bei gleicher Vollkommenheit, Sicherheit, Dauerhaftigkeit des Erfolges vergleichsweise kräfteökonomischsten Mitteln."[15] Bei einer technischen Frage wird also nur über den besten Weg zur Erreichung des Zieles, nicht über das Ziel selbst entschieden. Bei einer politischen Frage geht es dagegen um das Ziel des Handelns, weil mit Politik kollektiv verbindlich über die Verteilung von Gütern und die Geltung von Normen entschieden wird. Die Wahl des Weges oder des Mittels hat häufig Folgen für das Ziel. Die Wahl der Mittel ist dann keine reine Technik mehr, wenn mit dieser Wahl der Mittel auch das Ziel des Handelns beeinflußt wird.

Ein im 5. Kapitel behandeltes Beispiel aus der Biotechnologie kann dies veranschaulichen. Für das Ziel, bei der Freisetzung gentechnisch veränderter Pflanzen die menschliche Gesundheit und die Umwelt zu schützen, spielt es eine Rolle, welche Informationen für die Genehmigung einer Freisetzung zur Verfügung gestellt werden müssen. Die Frage, welche Informationen verlangt werden, ist in diesem Fall also keine rein technische Frage. Schon dieses Beispiel zeigt, daß es in modernen Gesellschaften nur noch wenige rein technische Fragen im Sinne Max Webers gibt.

Wird eine technische Frage auf dem „technischen Wege" durch Experten gelöst, dann ist dagegen nichts einzuwenden. Technokratisch ist ein Handeln erst dann, wenn Politiker so tun, als handle es sich um eine rein technische Frage über die Wahl der besten Mittel, obwohl in Wirklichkeit über eine politische Frage mit Implikationen für den Inhalt und das Ziel eines bestimmten Programms entschieden wird. Die Entscheidung über eine politische Frage müßte nach der Hypothese dieser Arbeit in demokratischer Kommunikation über Differenz gefällt werden. Wollen Politiker den eher mühsamen Weg über demokratische Verfahren, Kommunikation und die Beachtung von Differenzen vermeiden, dann bietet sich der Ausweg an, die Frage als eine technische zu definieren und den Experten, den Ausschüssen und der Verwaltung die Entscheidung zu überlassen. Dieser Ausweg hat hohe Kosten. Denn es schadet der Demokratie, wenn politische Fragen als technische ausgegeben und an den gewählten Volksvertretern und der Öffentlichkeit vorbei in Expertenzirkeln entschieden werden. Die Präferenzen der Bürger spielen

15 Max Weber, Wirtschaft und Gesellschaft. Grundriss einer verstehenden Soziologie, a. a. O., Bd. 1, S. 44: „Immer bedeutet das Vorliegen einer technischen Frage: daß über die rationalsten Mittel Zweifel bestehen."

dann für das kollektiv verbindliche Entscheiden in der geschlossenen Welt der Bürokraten und Experten keine Rolle.[16]

Bewegen sich die Mitglieder der Kommission in einer solchen geschlossenen Welt? Um diese Frage zu beantworten, werde ich Interviews und Fragebögen auswerten. Es können 17 Mitglieder der Kommission Santer und 13 Mitglieder der Kommission Prodi in die Analyse einbezogen werden. Für einige Tabellen werden anderweitig vorhandene Daten hinzugezogen, so daß in diesen Fällen die Kommissare der gesamten Zeit seit Bestehen der Kommission im Jahr 1967 berücksichtigt sind. Denn erst mit Inkrafttreten des Fusionsvertrages zwischen der Europäischen Gemeinschaft für Kohle und Stahl, der Europäischen Atomgemeinschaft und der Europäischen Wirtschaftsgemeinschaft entstand 1967 eine Kommission als gemeinsames Organ der Europäischen Gemeinschaften.[17]

Die beruflichen und politischen Erfahrungen der Kommissare machen deutlich, daß die Mitglieder der Kommission nicht prädestiniert sind, als Technokraten ihre Aufgabe wahrzunehmen. Die Kommissare versuchen nach ihrem Selbstverständnis auch nicht, das Europäische Parlament an den Rand zu drängen. Sie beurteilen in ihrer Mehrheit die Kooperation mit dem Parlament als sehr gut bis gut. Das Selbstverständnis der Kommissare, das auf der Basis qualitativer Interviews und der Auswertung von Fragebögen in diesem Kapitel dargestellt wird, muß mit dem realen Handeln der Kommissare konfrontiert werden. Die Rede über die gute Zusammenarbeit mit dem Parlament ist das eine. Die Realität der Zusammenarbeit kann eine andere sein. Ein Stück dieser Realität wird am Ende des Kapitels mit dem Rücktritt der Kommission Santer beschrieben.

1. Differenz als Merkmal der Ausbildung und der Berufserfahrung

Die Rechtswissenschaft ist, wie nicht anders zu erwarten, am häufigsten das Fach gewesen, das die Kommissare studiert haben. Im gesamten Zeitraum von 1967 bis Oktober 2004 hatten 41 % der Mitglieder der Kommission eine juristische Ausbildung. Dieser Anteil geht jedoch zurück. In der Kommission

16 Edward C. Page, Linda Wouters, Bureaucratic Politics and Political Leadership in Brussels. In: Public Administration 72 (1994), S. 447.

17 Andrew MacMullen hat in seine Analyse der Sozialdaten der Kommissare die „Vorläuferkommissionen" von EGKS, Euratom und EWG aus der Zeit vor Inkrafttreten des Fusionsvertrages mit einbezogen und erhält auf diese Weise ein Sample von 120 Kommissaren, während für meine Tabellen für die Zeit von 1967 bis 2004 die Daten von 105 Kommissaren ausgewertet wurden. Vgl. Andrew MacMullen, European Commissioners 1952-1995: National Routes to a European Elite. In: Neill Nugent (Hrsg.), At the Heart of the Union. Studies of the European Commission, New York: St. Martin's Press 1997, S. 27-48.

Santer waren noch 7 Juristen und in der Kommission Prodi noch 5 Juristen vertreten. An zweiter Stelle als Ausbildungsfach folgt die Wirtschaftswissenschaft. Ihr Anteil betrug 20 % im Zeitraum von 1976 bis Oktober 2004 und stieg in der Kommission Prodi auf 25 %. Zugelegt haben die Sozialwissenschaften. In den 35 Jahren seit Einrichtung der Kommission haben 17 Kommissare Soziologie, Politikwissenschaft, Verwaltungswissenschaften, Geschichte, Pädagogik oder Psychologie studiert.

Im Bereich der Sozialwissenschaften ist ein deutlicher prozentualer Anstieg von 16 % für die gesamte Zeit von 1967 bis 2004 auf 30 % in der Kommission Santer und 25 % in der Kommission Prodi festzustellen. Da im Gesamtzeitraum, um einen Überblick zu bekommen, auch die Mitglieder der beiden letzten Kommissionen mit erfaßt sind, wird der Anstieg noch stärker, wenn man die Entwicklung bis zur Einsetzung der Kommission Santer im Jahr 1995 mit den beiden letzten Kommissionen vergleicht. Bis zum Jahr 1995 haben 11 % der Kommissare Sozialwissenschaften studiert. Der Anteil an Sozialwissenschaftlern in den Kommissionen hat sich nach 1995 im Vergleich zu den ersten 8 Kommissionen mehr als verdoppelt.

Dies hat dazu geführt, daß der Schwerpunkt der Ausbildung der Kommissionsmitglieder nicht mehr in der Rechtswissenschaft und der Ökonomie liegt. Während im Zeitraum von 1967 bis 2004 fast zwei Drittel der Kommissare Juristen und Ökonomen waren (61 %), so ist dieser Anteil in der Kommission Santer auf 55 % und in der Kommission Prodi auf 50 % zugunsten einer besseren Repräsentanz auch der Sozial- und Naturwissenschaften zurückgegangen.

Für die Rekrutierung von Ministern geht man in der Forschung davon aus, daß eine rechtswissenschaftliche Ausbildung und juristische Berufe Faktoren sind, die dazu beitragen, daß ein Minister oder eine Ministerin eher zu den „Generalisten" zählen, während eine wirtschaftswissenschaftliche Ausbildung Minister eher zu „Spezialisten" prädestiniere.[18] Übernimmt man diese Interpretation, so ist für die Kommission zu beobachten, daß die Zahl der

18 Für einen Vergleich des beruflichen Hintergrundes von Ministern in Westeuropa vgl. Jean Blondel, Are Ministers ‚Representatives' or ‚Managers', ‚Amateurs' or ‚Specialists'? Similarities and Differences Among Western Europe. In: Hans-Dieter Klingemann, Richard Stöss, Bernhard Weßels (Hrsg.), Politische Klasse und politische Institutionen. Probleme und Perspektiven der Elitenforschung, Opladen: Westdeutscher Verlag 1991, S. 187-207. Rechtsberufe gehören nach Blondel zu den Berufen, in denen spätere Minister als Generalisten Erfahrung sammeln (S. 190). Aus der Übersicht der Berufe von Ministern zum Zeitpunkt der Ernennung (S. 197) geht nicht immer hervor, ob eine rechtswissenschaftliche Ausbildung die Voraussetzung für diesen Beruf z. B. im öffentlichen Dienst war. Aber allein aus der eindeutigen Kategorie „Law" ist der Anteil der Minister sehr hoch: 17,3 % der Minister in Belgien, 26,3 % in Deutschland, 33,6 % in Italien und 24,3 % der Minister im Vereinigten Königreich hatten vor ihrer Ernennung einen Beruf im Bereich „Law" ausgeübt.

juristisch ausgebildeten Generalisten abnimmt, und die Zahl der ebenfalls als „Generalisten“ einzustufenden Sozialwissenschaftler zunimmt. Die Fraktion der Generalisten ist also in etwa stabil geblieben. In der Kommission Santer sind die Generalisten etwas stärker repräsentiert als im gesamten Untersuchungszeitraum.

Insgesamt zeigt die Ausbildung der Mitglieder der Kommission ein buntes Bild. Es findet sich eine Kommissarin, die klassische Sprachen studiert hat und genau in diesem Studium die wichtigste Voraussetzung für ihre Tätigkeit in der Kommission sieht. Durch das Studium des Griechischen habe sie „Struktur, Methodologie und Disziplin“ erlernt.[19] Mathematik, Physik, Ingenieurwissenschaft, Hoch- und Tiefbau sind bei den Disziplinen der Kommissare ebenso vertreten wie Philosophie, Geschichte und Pädagogik. Franz Fischler ist mit seinem Studium der Landwirtschaft für das Ressort der Agrarpolitik besonders qualifiziert. Er hat schon mit 14 Jahren im landwirtschaftlichen Betrieb seiner Großeltern mitgearbeitet und seine Dissertation zur Landentwicklung mit dem Titel „Die Flächenbilanz: Grundlagen, Methoden und Anwendungsmöglichkeiten“[20] geschrieben. Es fällt auf, daß viele Kommissare ein Postgraduiertenstudium in Wirtschafts- und Politikwissenschaft oder in Europäischen Studien absolviert haben.

Fragt man nach der Repräsentanz von Frauen in der Europäischen Kommission, dann ist das Bild weniger bunt. Bis 1989 war die Kommission ein reiner Herrenclub. In der zweiten Kommission Delors wurden mit der Französin Christiane Scrivener und der Griechin Vasso Papandreou zum ersten Mal zwei Frauen Mitglied der Kommission. In der Kommission Santer arbeiteten fünf Frauen mit. Dieser geringe Frauenanteil wurde in der Kommission Prodi nicht erhöht.

19 Interview mit einem Mitglied der Kommission Santer am 11.9.1996 in Brüssel.
20 Franz Fischler, Die Flächenbilanz. Grundlagen, Methoden und Anwendungsmöglichkeiten, Wien 1978.

Tabelle VIII.1: Ausbildung der Kommissionsmitglieder

a) Ausbildung der Kommissionsmitglieder 1967 bis 31.10.2004

	1967 bis 2004		Kommission Santer		Kommission Prodi	
	Anzahl	Prozent	Anzahl	Prozent	Anzahl	Prozent
Rechtswissenschaft	43	41 %	7	35 %	5	25 %
Wirtschaftswissenschaften	21	20 %	4	20 %	5	25 %
Sozialwissenschaften	17	16 %	6	30 %	5	25 %
Naturwissenschaften	12	11 %	2	10 %	4	20 %
Philosophie und Klassische Sprachen	8	8 %	1	5 %	1	5 %
Keine Information	4	4 %				
	N = 105		N = 20		N = 20	

Zu den Sozialwissenschaften wurden neben Soziologie und Politikwissenschaft auch Geschichte, Pädagogik und Verwaltungswissenschaften gezählt. Quelle: Eigene Auszählung nach Who's Who und Munzingers Internationales Biographisches Archiv.

b) Ausbildung der Mitglieder der Kommission Prodi aus den neuen Mitgliedstaaten (01.05.2004 bis 31.10.2004)

	Anzahl	%
Rechtswissenschaft	3	30
Wirtschaftswissenschaften	5	50
Sozialwissenschaften	–	–
Naturwissenschaften	1	10
Philosophie, Klassische Sprachen, Kunstgeschichte	1	10
Keine Information	–	–
N = 10		

Ein zusätzliches Graduiertenstudium hatten sieben Mitglieder der Kommission Santer und acht Mitglieder der Kommission Prodi (ohne die neuen Mitglieder seit dem 01.05.2004):

	Kommission Santer	Kommission Prodi
Sozialwissenschaften*	3	4
Wirtschaftswissenschaften	2	4
Europäische Studien	2	–

* In der Kommission Santer handelte es sich bei dem sozialwissenschaftlichen Zusatzstudium 2 x um Politikwissenschaft und 1 x um Pädagogik und in der Kommission Prodi jeweils 1 x um Pädagogik, Politik-, Umwelt- und Verwaltungswissenschaft.

Quelle: Interviews mit Mitgliedern der Kommissionen Santer und Prodi sowie Auswertung der Fragebögen.

Neben der Ausbildung sind es die Berufe, die Hinweise darauf geben können, ob die Mitglieder der Kommission politische Erfahrung besitzen. Die Berufe, die die Mitglieder der Kommission vor ihrer Ernennung ausgeübt haben, sind ganz überwiegend im politischen Bereich angesiedelt. Schon für den Zeitraum von 1967 bis 1993 hatten vier Fünftel aller Kommissare eine politische Karriere aufgebaut, bevor sie nach Brüssel gingen.[21] Dieser hohe Prozentsatz hat sich seitdem noch erhöht. In der Kommission Santer hatten 85 % der Mitglieder berufliche Erfahrungen im politischen Bereich, und in der Kommission Prodi waren es schließlich 95 % der Mitglieder. Für den gesamten Zeitraum seit Einrichtung der Kommission bis 2004 ergibt sich ein Prozentsatz von 82 % der Kommissionsmitglieder mit Berufen in der Politik.

21 Edward C. Page, Linda Wouters, Bureaucratic Politics and Political Leadership in Brussels. In: Public Administration 72 (1994), Tabelle 3, S. 452.

Tabelle VIII.2: Berufliche Erfahrung der Kommissionsmitglieder

a) Berufliche Erfahrung der Kommissionsmitglieder 1967 bis 31.10.2004

Beruf	Anzahl der Nennungen	%
Politiker	86	82
Öffentlicher Dienst	32	30
Erziehung/Universität	25	24
Recht	22	21
Diplomat	21	20
Interessengruppen	21	20
Journalismus	12	11
Private Industrie	11	10
Öffentliche Wirtschaft	3	3
Andere	4	4
Anzahl der Nennungen	239	225

N = 104 (Mehrfachnennungen). Für die Zeit von 1967 - 93 fehlen die Angaben für den beruflichen Hintergrund eines Kommissionsmitgliedes.

Quelle: Bis 1993 Edward C. Page, Linda Wouters, Bureaucratic Politics and Political Leadership in Brussels. In: Public Administration 72 (1994), S. 452. Ab 1994 eigene Auszählung.

b) Berufliche Erfahrung der Mitglieder der Kommission Santer

Beruf	Anzahl der Nennungen	%
Politiker	17	85
Recht	4	20
Diplomat	3	15
Öffentlicher Dienst	2	10
Erziehung/Universität	2	10
Interessengruppen	1	5
Private Industrie	1	5
Journalismus	–	–
Öffentliche Wirtschaft	–	–
Andere	–	–
Anzahl der Nennungen	30	150

N = 20 (Mehrfachnennungen).

c) Berufliche Erfahrung der Mitglieder der Kommission Prodi

Beruf	Anzahl der Nennungen	%
Politiker	19	95
Erziehung/Universität	7	35
Private Industrie	7	35
Öffentlicher Dienst	3	15
Journalismus	3	15
Recht	2	10
Diplomat	1	5
Interessengruppen	–	–
Öffentliche Wirtschaft	–	–
Andere	1	5
Anzahl der Nennungen	43	215

N = 20 (Mehrfachnennungen)

d) Berufliche Erfahrung der Mitglieder der Kommission Prodi aus den neuen Mitgliedstaaten (01.05.2004 bis 31.10.2004)

Beruf	Anzahl der Nennungen	%
Politiker	8	80
Öffentlicher Dienst	4	40
Diplomat	4	40
Erziehung/Universität	3	30
Öffentliche Wirtschaft	3	30
Interessengruppen	1	10
Recht	1	10
Journalismus	1	10
Private Industrie	–	–
Andere	–	–
Anzahl der Nennungen	25	250 %

N = 10 (Mehrfachnennungen)

Die Häufigkeit, mit der die Kommissare in die lokalen, regionalen und nationalen Parlamente gewählt wurden oder ein hohes Parteiamt innehatten, unterstreicht die Bedeutung einer politischen Karriere für das Amt in der Kommission. Der Trend ist eindeutig in Richtung einer zunehmenden Erfahrung in Wahlämtern. Im Zeitraum von 1967 bis 1993 hatten von 76 Kommissaren insgesamt 15 oder 20 % kein Wahlamt vor ihrer Ernennung zum Mitglied der Kommission ausgeübt.[22] In der Kommission Santer hatten nur noch 3 Mitglieder oder 15 % keine Erfahrung in einem Wahlamt. In der Kommission Prodi ging der Anteil der Mitglieder, die kein Wahlamt bekleidet hatten, auf 10 % zurück. Betrachtet man den gesamten Zeitraum von der Einrichtung der Kommission im Jahr 1967 bis zum Jahr 2004, dann hatten von insgesamt 105 Mitgliedern der Kommissionen 18 % kein Wahlamt inne. Sowohl die Kommission Santer als auch die Kommission Prodi sind im Vergleich dazu politischer ausgerichtet.

22 Edward C. Page, Linda Wouters, Bureaucratic Politics and political leadership in Brussels, a. a. O., Tabelle 1 S. 452.

Dieser Befund bestätigt sich, wenn man die einzelnen Wahlämter betrachtet. Im gesamten Zeitraum von 1967 bis 2004 waren 70 % der 105 Kommissare vor ihrer Tätigkeit in Brüssel Mitglied in einem nationalen Parlament oder einer nationalen Regierung. In der Kommission Santer stieg dieser Prozentsatz auf 80 % und erreicht in der Kommission Prodi wiederum den gleichen Anteil. Der Anstieg ist noch deutlicher bei den Mitgliedern der Kommission, die ein hohes Parteiamt innehatten. Waren dies für die Zeit von 1967 bis 2004 nur 36 %, so stieg der Anteil in den Kommissionen Santer und Prodi auf 65 %. Man kann bezweifeln, ob Funktionsträger in einer heutigen Partei lernen, demokratisch über Differenz zu kommunizieren. Die bürokratische Verkrustung von Parteien und die Defizite der innerparteilichen Demokratie sind Strukturmerkmale, die eine demokratische Kommunikation über Differenzen der Beteiligten eher nicht fördern. Man darf freilich über der berechtigten Kritik am Parteienstaat die noch immer existierenden Leistungen der Parteien für die Elitenrekrutierung und die politische Steuerung in Demokratien nicht vergessen.[23]

Für die Bedeutung einer früheren Mitgliedschaft der Kommissare im Europäischen Parlament läßt sich kein klarer Trend erkennen. Im gesamten Zeitraum von 1967 bis 2004 haben 19 % der Kommissionsmitglieder politische Erfahrungen im Europäischen Parlament gesammelt. In der Kommission Santer stieg dieser Anteil auf 25 %, um in der Kommission Prodi wieder bei 15 % zu liegen (vgl. Tabelle VIII.3).

23 Klaus von Beyme, Der Gesetzgeber. Der Bundestag als Entscheidungszentrum, Opladen: Westdeutscher Verlag 1997, S. 272 über das Entstehen einer kollektiven Repräsentation im „Koalitionsparteienstaat".

Tabelle VIII.3: Frühere Wahlämter der Kommissionsmitglieder

a) Frühere Wahlämter der Kommissionsmitglieder von 1967 bis 31.10.2004

Wahlamt	Nennungen*	%
Nationale Gesetzgeber (Parlamente, Regierungen)	73	70
Hohes Parteiamt	38	36
Lokale Regierung	20	19
Europäisches Parlament	20	19
Regionale Versammlungen	10	10
Kein Wahlamt	19	18
Keine Angabe	1	1
Summe	181	173

* N = 105 (Mehrfachnennungen).
89 Kommissionsmitglieder 1967 - 96 (einschließlich der Kommission Santer) und 16 Mitglieder der Kommission Prodi ohne die 4 Mitglieder, die schon in der Kommission Santer tätig waren.

Quelle: Bis 1993 Edward C. Page, Linda Wouters, Bureaucratic Politics and Political Leadership in Brussels, a. a. O., S. 452. Ab 1994 Eigene Auszählung.

b) Frühere Wahlämter der Mitglieder der Kommission Santer

Wahlamt	Nennungen	%
Nationale Gesetzgeber (Parlamente, Regierungen)	16	80
Hohes Parteiamt	13	65
Europäisches Parlament	5	25
Lokale Regierung	3	15
Regionale Versammlungen	1	5
Kein Wahlamt	3	15
Summe	41	205

N = 20 (Mehrfachnennungen)

c) Frühere Wahlämter der Mitglieder der Kommission Prodi

Wahlamt	Nennungen	%
Nationale Gesetzgeber (Parlamente, Regierungen)	16	80
Hohes Parteiamt	13	65
Europäisches Parlament	3	15
Regionale Versammlungen und Landesparlamente	3	15
Lokale Regierung	1	5
Kein Wahlamt	2	10
Summe	38	190

N = 20 (Mehrfachnennungen)

d) Frühere Wahlämter der Mitglieder der Kommission Prodi aus den neuen Mitgliedstaaten (01.05.2004 bis 31.10.2004)

Wahlamt	Nennungen	%
Nationale Gesetzgeber (Parlamente, Regierungen)	10	100
Hohes Parteiamt	4	40
Mitglied im Europäischen Konvent	3	30
Lokale Regierung	–	–
Regionale Versammlungen und Landesparlamente	–	–
Kein Wahlamt	–	–
Summe	17	170

N = 10 (Mehrfachnennungen)

Von 105 Kommissaren im Zeitraum von 1967 bis 2004 hatten 60 % politische Erfahrung als Minister. In der Kommission Santer waren 13 frühere Minister und in der Kommission Prodi sind 14 frühere Minister vertreten. Es ist also ein leicht ansteigender Prozentsatz von 60 % über 65 % auf 70 % ehemaliger Minister in den Kommissionen festzustellen (vgl. Tabelle VIII.4).

Tabelle VIII.4: Ministerämter der Kommissionsmitglieder

a) Ministerämter der Kommissionsmitglieder 1967 bis 31.10.2004

Amt	Anzahl*	%
Ministeramt	63	60
Staatssekretäre	8	8
Kein Ministeramt	33	31
Keine Daten	1	1
Anzahl	105	100

N = 105

Quelle: Bis 1993 Edward C. Page, Linda Wouters, Bureaucratic Politics and Political Leadership in Brussels, a. a. O., S. 452.

b) Frühere Ministerämter der Mitglieder der Kommission Santer

Amt	Anzahl	%
Ministeramt	13	65
Staatssekretäre	–	–
Kein Ministeramt	7	35
Keine Daten	–	–
Anzahl	20	100

N = 20

c) Frühere Ministerämter der Mitglieder der Kommission Prodi*

Amt	Anzahl	%
Ministeramt	14	70
Staatssekretäre	1	5
Kein Ministeramt	5	25
Keine Daten	–	–
Anzahl	20	100

N = 20

* Kommissar David Byrne war als Generalstaatsanwalt Mitglied des irischen Kabinetts und daher an der „Schnittstelle von Politik und Recht“ tätig (Interview mit D. Byrne am 15.10.2001 in Brüssel). Er wurde hier gleichwohl in der Rubrik „kein Ministeramt“ eingeordnet.

d) Frühere Ministerämter der Mitglieder der Kommission Prodi aus den neuen Mitgliedstaaten (01.05.2004 bis 31.10.2004)

Amt	Anzahl	%
Ministeramt	7	70
Staatssekretäre	2	20
Kein Ministeramt	1	10
Keine Daten	–	–
Anzahl	10	100

N = 10

Die umfangreichen Erfahrungen, die die Kommissionsmitglieder aus dem politischen Alltag mitbringen, lassen nicht darauf schließen, daß hier Technokraten am Werk sind. Welchen Teil ihrer beruflichen Erfahrung betrachten die Mitglieder der Kommission selbst als wichtigste Voraussetzung für ihre Tätigkeit in Brüssel? Am häufigsten nennen die Mitglieder der Kommissionen Santer und Prodi Regierungserfahrung auf der nationalen Ebene. Während nur 5 Mitglieder der Kommission Santer die Erfahrung in Parlamenten als Vorbereitung für ihre Tätigkeit in Brüssel ansehen, sind 11

Mitglieder der Kommission Prodi der Meinung, die parlamentarische Arbeit sei eine gute Vorbereitung für Brüssel. Von den 5 Mitgliedern der Kommission Santer, die Abgeordnete im Europäischen Parlament waren, betrachten nur 2 Kommissare diese auf Europa bezogene Abgeordnetentätigkeit als entscheidende Vorbereitung für die Kommission. Nur wenige Kommissare sind der Meinung, daß die Parteimitgliedschaft relevante Erfahrungen für die Tätigkeit im Kollegium vermittle. Hingegen wird die Mitarbeit in internationalen Unternehmen, Nichtregierungsorganisationen und die Beteiligung an internationalen Konferenzen von sieben der zwanzig Mitglieder der Kommission Prodi als wichtige Voraussetzung für Brüssel angesehen. Diese Einschätzung der internationalen Tätigkeiten als einer sinnvollen Ausgangsbasis hat im Vergleich zur Kommission Santer zugenommen. Nur ein Mitglied der Kommission Santer von 17 befragten Mitgliedern hat angegeben, daß die Erfahrung in internationalen Unternehmen, Nichtregierungsorganisationen und die Mitwirkung an Konferenzen für Brüssel eine große Rolle gespielt habe.

Frage: Welche Teile Ihrer Ausbildung, Ihres beruflichen Werdegangs und Ihrer politischen Positionen haben Sie am besten auf Ihre Tätigkeit in Brüssel vorbereitet? (Mehrfachnennungen)

	Santer	Prodi
Regierungserfahrung	10	20
davon lokale und regionale Ebene	1	3
davon nationale Ebene	9	17
Parlamentserfahrung	5	11
davon nationale Parlamente	3	8
davon Europäisches Parlament	2	3
Erfahrung in europäischen Institutionen (ohne Europäisches Parlament)	6	7
Erfahrung in internationalen Unternehmen, Konferenzen, NGOs	1	7
Sachkompetenz im jeweiligen Zuständigkeitsbereich (inkl. Diplomatie)	6	5
Partei	3	2
Andere (Klassische Erziehung, Griechisch)	1	0
Nennungen	32	52
N	17	13

Quelle: Interviews mit Mitgliedern der Kommissionen Santer und Prodi sowie Auswertung der Fragebögen.

Die Interviews und die Auswertung der Fragebögen ergeben, daß die Mitglieder der Kommission gerade in der Ausübung unterschiedlicher beruflicher Tätigkeiten einen Vorteil für Brüssel erkennen. Der Umgang mit Differenz ist also schon in die Karrieren eingebaut. Waren die Mitglieder der Kommission früher Minister in ihren Heimatstaaten, dann haben sie auch an den Sitzungen des Ministerrates der Europäischen Union teilgenommen. Diese Kommissare haben gelernt, über die mögliche Differenz zwischen nationalen und europäischen Interessen hinweg zu kommunizieren. Sie haben erfahren, daß Differenz nicht zu Dissoziation führen muß.

Die Kommissare legen Wert darauf, daß im Zusammenwirken der Differenzen gerade das Potential für eine erfolgreiche Arbeit auf der europäischen

Ebene liegt. So antwortete ein Mitglied der Kommission Prodi, daß alle Teile der Ausbildung und der Berufe als Vorbereitung für Brüssel wichtig sind. Die wissenschaftliche Tätigkeit sei eine Basis für den Sachverstand, die Regierungstätigkeit steuere Verwaltungserfahrung und die Parlamentsarbeit Verhandlungserfahrung bei.[24] Pascal Lamy betonte in der Beantwortung des Fragebogens des Europäischen Parlamentes, daß es gerade die Kombination der Arbeit in „drei Welten“ gewesen sei, die ihn auf Brüssel vorbereitet habe. „Im Verlauf meiner Karriere sah ich mich ständig mit Herausforderungen in drei Welten konfrontiert: der der Unternehmen, der Politik und der internationalen Verhandlungen. Dabei war ich darauf angewiesen, Ziele einzuhalten oder zu setzen und Ergebnisse zu erreichen. Als Mitglied des Kollegiums der von R. Prodi zusammengestellten Mannschaft, designierter Verantwortlicher des Außenhandelsressorts und Verfechter der europäischen Idee erscheint mir die nächste Herausforderung relativ ähnlich und in der Tradition der vorangegangenen.“[25] Ähnlich legt Margot Wallström, Mitglied der Kommission für Umweltpolitik, Wert auf das Zusammenwirken einer Vielfalt von Berufserfahrungen: „Ich bin der Auffassung, daß eine der wichtigsten Berufserfahrungen für ein Mitglied der Kommission darin besteht, in einem Team gearbeitet zu haben, und zwar im allgemeinen Interesse der Bürger. Ferner sind Erfahrungen in der Personalführung wie auch in der Finanzverwaltung von Bedeutung. Während der Jahre meiner Tätigkeit als Mitglied eines nationalen Parlaments und als Ministerin habe ich in diesen Bereichen viele wertvolle Erfahrungen gesammelt. Ich besitze ferner Erfahrungen in der Arbeit mit Nichtregierungsorganisationen.“[26]

2. Die Mitglieder der Kommission zwischen Politik und Technokratie

Kommen also keine Technokraten aus den Mitgliedstaaten nach Brüssel, so könnte es sein, daß die Umgebung in Brüssel und die institutionellen Eigenschaften der Kommission dazu führen, daß die Kommissare sich zu Technokraten wandeln. In der Literatur wird das Argument vertreten, daß die Mitglieder der Kommission vom politischen Leben in ihren Heimatländern abgeschnitten seien. Da die Kommissare nicht auf öffentliche Unterstützung angewiesen seien und von ihnen erwartet werde, daß sie keine Parteipolitik betrieben, paßten sie sich der bürokratischen Umgebung in Brüssel an. Ihre programmatischen Ziele reduzierten sich auf das Konzept einer engeren europäischen Kooperation und die Verwirklichung fairer Handelsbedingungen. Es gebe wenig Anreize für einen Kommissar, Ziele zu verfolgen, die nicht

24 Antwort eines Mitgliedes der Kommission Prodi auf meinen Fragebogen vom 18.6.2001.
25 Europäisches Parlament, PE 231.423, DOC_DE/DV/380/380575DE.doc
26 Europäisches Parlament, PE 231.356, DOC_DE/DV/380/380287DE.doc

auch im bürokratischen Apparat entwickelt werden könnten. Kommissare seien eine bürokratische und keine politische Elite.[27]

Diese Annahmen gelten für die Mitglieder der Kommissionen Santer und Prodi nicht. Auch für die Spitzenbeamten im Apparat der Kommission läßt sich dieses Bild von einer einseitig technokratischen Rationalität nicht bestätigen. Die Politikwissenschaftlerin Liesbet Hooghe, die auf der Basis von 137 strukturierten Eliteinterviews die Präferenzen der Spitzenbeamten der Kommission untersucht hat, kommt zu einem differenzierten Bild. Sie geht davon aus, daß es wichtig ist, über die Präferenzen der Beamten der Kommission Bescheid zu wissen, weil diese Beamten keineswegs außerhalb des politischen Geschehens der Europäischen Union stünden. „Top Commission officials... are by no means above or beyond the fray of EU politics. Given the power and responsibilities they have, they are drawn into debates on the chief issues facing the Euro-polity (...) Where do these people stand on the issues that shape the organization of authority in the European Union? What are their political preferences on European governance?“[28]

Liesbet Hooghe stellt zunächst einmal fest, daß 60 % der Spitzenbeamten der Kommission in ihrem Leben schon einmal aktiv in der Politik waren, und die meisten Beamten diese Aktivität auch nach Eintritt in die Kommission fortsetzen.[29] Sodann sei die Kommission gerade keine monolithische Bürokratie. Dies verhinderten schon die unterschiedlichen beruflichen und kulturellen Erfahrungen der Beamten und die Fragmentierung der Kommission.[30] Und schließlich unterschieden sich die Beamten der Kommission auch im Hinblick auf ihre Vorstellungen von Europa. Liesbet Hooghe entwirft vier „Images of Europe“ – ein supranationales versus ein intergouvernementales, ein marktliberales versus ein marktreguliertes, ein europäischen versus nationalen Interessen verpflichtetes und schließlich ein technokratisches versus ein demokratisches Bild von Europa. Im Ergebnis tendierten die Topbeamten zu einer supranationalen Auffassung von Europa, eine Mehrheit ziehe den regulierten Kapitalismus einem Marktliberalismus vor, die Hälfte der Spitzenbeamten plädiere für ein Gleichgewicht zwischen demokratischen und technokratischen Handlungsimperativen und einer von vier Spitzenbeamten gebe dem europäischen vor dem nationalen Gemeinwohl den Vorrang.[31] Die Ergebnisse werden noch weiter aufgeschlüsselt. So sei zwar die Hälfte der Beamten für ein Gleichgewicht zwischen Technokratie und Demokratie. Doch

27 Edward Page, Linda Wouters, Bureaucratic Politics and Political Leadership in Brussels, a. a. O., S. 457: „Commissioners cannot be expected to go much beyond the role of bureaucratic politician;“

28 Liesbet Hooghe, The European Commission and the Integration of Europe. Images of Governance, Cambridge: Cambridge University Press 2001, S. 8.

29 Ebd., S. 60.

30 Ebd., S. 99.

31 Ebd., S. 92.

ein Viertel der Befragten spreche sich für die Stärkung der europäischen Demokratie aus, selbst wenn dies das exklusive Initiativrecht der Kommission beeinträchtigen sollte.[32]

Die Spitzenbeamten der Kommission sind also keine Technokraten und verbinden mit der europäischen Integration sehr wohl politische Ziele. Es ist den Beamten darüberhinaus bewußt, daß es ihre Aufgabe ist, für die Mitgliedstaaten mit all ihren Unterschieden legitime und effektive Entscheidungen zu treffen.[33] Die Interviews zeigen, daß die Spitzenbeamten der Kommission in ihrer Arbeit die Unterschiede der Mitgliedstaaten wahrnehmen und berücksichtigen. Oder wie es ein Beamter im Interview mit Liesbet Hooghe ausdrückte: „I like my service to be a microcosm of the Community. I like my colleagues to reflect the diversity within the Community."[34] Es wird deutlich, daß die Spitzenbeamten nicht in einem Brüsseler Elfenbeinturm als Technokraten ohne politische Präferenzen und losgelöst vom Geschehen in den Nationalstaaten ihrer Arbeit nachgehen. Die Ergebnisse der Arbeit von Liesbet Hooghe werden durch die Ergebnisse meiner Interviews mit den Mitgliedern der Kommission gestützt.

Aus der Tatsache, daß zwei Drittel von 47 Kommissaren nicht erneut ein politisches Amt in ihrem Heimatland übernommen haben, schließen Edward Page und Linda Wouters, daß sich die Kommissare durch ihre Brüsseler Tätigkeit von der nationalen Politik isolierten. Die Ergebnisse der Interviews mit den Mitgliedern der Kommissionen Santer und Prodi lassen eine solche Interpretation nicht zu. Die Antworten auf die Frage, für welche Aufgabe man sich bei der Wahl zwischen einer interessanten Position in der nationalen Politik und einer erneuten Amtsperiode in der Europäischen Union entscheiden würde, ergeben kein eindeutiges Bild. Einige Mitglieder der beiden Kommissionen möchten nicht in die nationale Politik zurückkehren, da sie die Gestaltung der Politik auf europäischer Ebene vorziehen. So antwortete ein Mitglied der Kommission Santer: „Lieber mache ich in Europa Politik".[35] Die Präferenz für Europa kommt deutlich in der Antwort zum Ausdruck: „Ich hatte die Wahl zwischen dem Kommissionsposten und dem des belgischen Außenministers. Das wäre auch möglich gewesen, aber ich habe mich für die Kommission entschieden."[36]

Einige Mitglieder der beiden Kommissionen argumentierten, daß man nach einer Tätigkeit in der Kommission auch in der nationalen Politik die europäische Perspektive im Auge behalte. Ähnlich antworteten 4 Kommissare, daß

32 Ebd., S. 92.

33 Ebd., S. 172: „The Commission's challenge is to reconcile national diversity with its role as a supranational civil service that goes to the heart of governance in the European Union."

34 Ebd., S. 192.

35 Interview mit einem Mitglied der Kommission Santer am 11.9.1996.

36 Interview mit einem Mitglied der Kommission Santer am 12.9.1996.

man heute in einer verantwortungsvollen Position stets beides, nationale und europäische Politik, betreibe. Es gibt jedoch auch Mitglieder der Kommissionen, die der Meinung sind, durch Brüssel in Distanz zur nationalen Politik zu geraten. So antwortete ein Kommissar: „Ich glaube, daß eine Rückkehr in die nationale Politik schwierig ist. Denn wenn man europäische Politik macht, darf man ja keinen COREPER aus der Kommission machen und muß auch mal gegen sein eigenes Land entscheiden. Außerdem gewinnt man hier auch Distanz zur nationalen Politik".[37] Ein Mitglied der Kommission Prodi möchte auf jeden Fall nach Ablauf der ersten Amtszeit in der Kommission in ihr Heimatland zurück: „I am an active politician. Ten years away from the Greek political scene is too much!"[38]

Frage: Für welche Aufgabe würden Sie sich entscheiden, wenn Sie die Wahl zwischen einer interessanten Aufgabe in der nationalen Politik und einer erneuten Amtsperiode in der Europäischen Kommission hätten?

	Kommission Santer	Kommission Prodi
Für eine erneute Amtsperiode in der Europäischen Kommission	9	4
Für eine Aufgabe in der nationalen Politik	3	2
Beides hängt zusammen	3	1
Andere Option	0	1
Keine Angabe	2	5
	N = 17	N = 13

Quelle: Interviews mit Mitgliedern der Kommissionen Santer und Prodi sowie Auswertung der Fragebögen.

Die Motive der Kommissare, in Brüssel mitzuarbeiten, belegen nicht die in der Literatur vertretene These, es handle sich um Bürokraten, die sich für die Präferenzen der Bürger nicht interessierten.[39] Von den insgesamt 30 befrag-

37 Interview mit einem Mitglied der Kommission Santer am 12.9.1996.
38 Antwort eines Mitgliedes der Kommission Prodi auf meinen Fragebogen vom 23.11.2001.
39 Edward Page, Linda Wouters, Bureaucratic Politics and Political Leadership in Brussels, a. a. O., S. 447: „divorced from public preferences."

ten Kommissaren gaben 6 Kommissare an, sie hätten sich für die Aufgabe entschieden, weil sie Politik gestalten wollten. „Zuerst habe ich gezögert. Aber dann hat mich die Möglichkeit der Politikgestaltung gereizt.“[40] Für 19 Kommissare war das Engagement für das europäische Projekt ausschlaggebend. Ein Kommissar antwortete: „To serve the purposes of European development, particularly by strengthening the relevance of policy and action to the European public.“[41] Die Überzeugung, daß die Nationalstaaten die gesellschaftlichen Probleme nicht mehr lösen können, steht im Mittelpunkt der Anworten. „Die Europäische Union ist die wichtigste Struktur für Problemlösungen.“[42] – „Mein Schwerpunkt ist die Nord-Süd-Thematik. Europa ist in diesem Bereich sehr wichtig. Ich bin Föderalistin und denke, daß Europa den heutigen Herausforderungen eher gewachsen ist als die Nationalstaaten.“[43] „An der Position interessierte mich die Vielfalt der Gesichtspunkte, die bei europäischer Politik hineinspielen.“[44] – „Europa ist die logische Konsequenz der politischen Evolution. Ich möchte Elemente meiner europäischen Vision in die Praxis umsetzen.“[45]

Frage: Was waren Ihre Beweggründe, in der Europäischen Kommission mitzuarbeiten?

	Kommission Santer	Kommission Prodi
Engagement für das europäische Projekt	11	8
Politikgestaltung	3	3
„Ich wurde gefragt. Es war eine Ehre.“	2	1
Andere	1	1
	N = 17	N = 13

Quelle: Interviews mit Mitgliedern der Kommissionen Santer und Prodi sowie Auswertung der Fragebögen.

40 Interview mit einem Mitglied der Kommission Santer am 12.9.1996.
41 Antwort eines Mitgliedes der Kommission Prodi auf meinen Fragebogen vom 8.10.2001.
42 Interview mit einem Mitglied der Kommission Santer am 3.2.1997.
43 Interview mit einem Mitglied der Kommission Santer am 11.9.1996.
44 Interview mit einem Mitglied der Kommission Santer am 30.9.1997.
45 Anwort eines Mitgliedes der Kommission Prodi auf meinen Fragebogen vom 28.5.2001.

Durch ihre Tätigkeit in Brüssel fühlen sich drei der befragten Mitglieder der Kommission Prodi von dem politischen Geschehen in ihrem Heimatland abgeschnitten, acht Mitglieder sehen dies nicht so, und zwei Mitglieder machten keine Angabe. Auf die Frage, wer ihr Ansprechpartner im Herkunftsland für Gespräche über nationale und europäische Politik sei, gaben die 13 befragten Mitglieder der Kommission Prodi relativ ähnliche Antworten. An erster Stelle nannten 11 Mitglieder die nationalen Regierungen. Häufig wurde betont, daß nicht nur mit Mitgliedern der eigenen Regierung, sondern auch mit den Regierungen anderer Mitgliedstaaten Gespräche geführt werden.

An 2. Stelle nannten 10 Kommissare die Abgeordneten der nationalen Parlamente und ein Kommissar die Beamten der nationalen Verwaltungen. An 3. Stelle nannten 8 Kommissare die Bürger in öffentlichen Veranstaltungen und drei Kommissare die Beamten der nationalen Verwaltungen. Die Welt der Kommissare ist keine in sich geschlossene Welt, wie es ihnen das Etikett „Technokraten“ unterstellen möchte. In den Gesprächen haben die Mitglieder der beiden Kommissionen immer wieder darauf hingewiesen, daß ihnen die Informationen vor Ort in den Mitgliedstaaten – „on the field“ – sehr wichtig seien.[46] Die Kommissare behalten ihre politischen Wurzeln in ihren Heimatstaaten und sehen darin keine Gefahr für ihre Arbeit in Brüssel, denn schließlich sei die Europäische Union Teil des öffentlichen Lebens der Mitgliedstaaten.[47] Neil Kinnock unterstrich während der Parlamentsanhörungen, daß sein Engagement für die Arbeit in der Kommission nicht durch seine Teilnahme am politischen Leben in Großbritannien beeinträchtigt werde. „I have been a member of the Labour Party since I was 14 years of age – I will continue to be – and it would be unnatural if a former leader of the party for instance was not asked his views in the course of election campaigns and at other times.“[48] Die Entscheidungen der Kommission, dies brachten einige Kommissare zum Ausdruck, orientierten sich sehr objektiv an den europäischen Notwendigkeiten, obwohl jeder Kommissar selbstverständlich erfreut sei, wenn die Verantwortung gegenüber Europa und die nationalen Interessen übereinstimmten.[49]

46 Interview mit einem Mitglied der Kommission Prodi am 15.12.2001.

47 So auch Martin Donnelly, Ella Ritchie, The College of Commissioners and their Cabinets. In: Geoffrey Edwards, David Spence (Hrsg.), The European Commission, London: Longman 1994, S. 35.

48 Anhörung am 7.9.1999 im Europäischen Parlament, http://www.europarl.eu.int/hearings /com/pdf/kinnock.pdf

49 Interview mit einem Mitglied der Kommission Prodi am 15.12.2001.

Frage: Mit wem in Ihrem Land führen Sie regelmäßig Gespräche über nationale und europäische Politik? Bitte wählen Sie drei der folgenden Möglichkeiten und numerieren Sie diese in der Reihenfolge ihrer Bedeutung.

Kommission Prodi

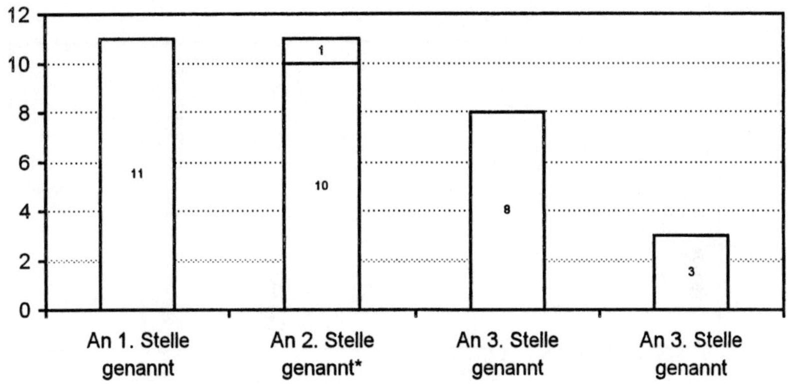

An 1. Stelle genannt (11 x): „Mit Mitgliedern der nationalen Regierung(en)".
An 2. Stelle genannt (10 x): „Mit Abgeordneten der nationalen Parlamente".
An 3. Stelle genannt (8 x): „Mit Bürgern in öffentlichen Veranstaltungen".
An 3. Stelle genannt (3 x): „Mit Beamten der nationalen Verwaltung(en)".

*An 2. Stelle genannt (1 x): „Mit Beamten der nationalen Verwaltungen".

Keine Angabe: 2

Quelle: Interviews mit Mitgliedern der Kommission Prodi und Auswertung der Fragebögen.

Kein Mitglied der Kommission antwortete, daß die politischen Parteien im Heimatland ein wichtiger Gesprächspartner über nationale oder europäische Politik seien. Obwohl mit Ausnahme von Mario Monti alle Mitglieder beider Kommissionen Parteimitglieder sind und zumeist in hohen Parteiämtern tätig waren, spielt nach der Einschätzung der Kommissare Parteipolitik keine Rolle bei der Willensbildung und Entscheidungsfindung in der Kommission.

Frage: Welche Rolle spielt Parteipolitik bei der Willensbildung und Entscheidungsfindung in der Europäischen Kommission?

Kommission Santer

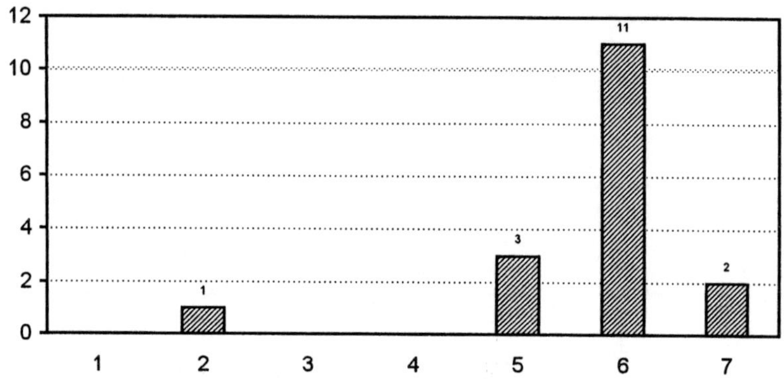

1 eine sehr große Rolle   7 gar keine Rolle

N = 17

Quelle: Interviews mit Mitgliedern der Kommission Santer und Auswertung der Fragebögen.

Kommission Prodi

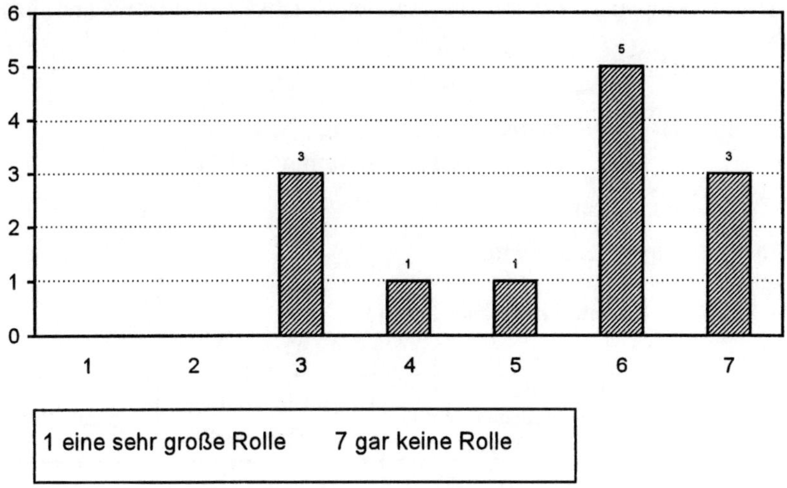

N = 13

Quelle: Interviews mit Mitgliedern der Kommission Prodi und Auswertung der Fragebögen.

Ein Mitglied der Kommission Santer hatte zunächst einen hohen Einfluß der Parteipolitik erwartet. „Als ich hierher kam, dachte ich, Parteipolitik spielt eine große Rolle, und ich war überrascht, daß dies tatsächlich nicht der Fall ist. Insofern war ich positiv überrascht. Die Willensbildung ist stärker pragmatisch orientiert."[50] – „I am happy how political it is."[51] Die Kommissare unterscheiden zwischen politisch und parteipolitisch: „Political experience and insights are vital, but political affiliations are never significant in decision-making. The merits of any case always predominate."[52] – „At Commission level all issues are assessed at a political level."[53] Es wird auch argumentiert, daß es in vielen europapolitischen Fragen keine Parteipositionen gebe und schon deshalb Parteipolitik bei der Willensbildung nicht wichtig sei. Die Parteilinie reflektiere die grundlegende Richtung eines Politikers und fließe in diesem Sinn in die Arbeit ein, aber nicht in einem formalen parteipolitischen Sinn, so zwei Mitglieder der Kommission Santer.[54] Ähnlich antwortete

50 Interview mit einem Mitglied der Kommission Santer am 11.9.1996.
51 Interview mit einem Mitglied der Kommission Santer am 3.2.1997.
52 Anwort eines Mitgliedes der Kommission Prodi auf meinen Fragebogen vom 10.11.2001.
53 Antwort eines Mitgliedes der Kommission Prodi auf meinen Fragebogen vom 22.11.2001.
54 Interviews mit Mitgliedern der Kommission Santer am 11. und 12.9.1996.

auch ein Mitglied der Kommission Prodi: „Party politics do not matter in the narrow sense. In this narrow sense the traditions of parties do not translate to the European stage. But we are aware of socialist, conservative and liberal ideas."[55]

Tabelle VIII.5: Parteizugehörigkeit der Mitglieder der Kommissionen Santer und Prodi

Kommission Santer

Sind Sie Mitglied einer Partei?
Nein: 1
Ja: 19 Wenn ja, welcher Partei?

Radikale Partei (Partita Radicale Italiens)	Sozialistische / Sozialdemokratische Partei	Christdemokratische / Konservative Partei	Liberale Partei
1	10	7 (inkl. Fianna Fáil Irlands)	1

Anmerkung: In der Übersicht bei Simon Hix, The Political System of the European Union, New York: St. Martin's Press 1999, S. 33 ist Mario Monti bei ‚Conservative' eingeordnet, obwohl er parteilos ist. João de Deus de Pinheiro ist bei Hix unter ‚Christian Democrat' eingeordnet, obwohl er der sozialdemokratischen Partei Portugals angehört.

Kommission Prodi

Sind Sie Mitglied einer Partei?
Nein: 1
Ja: 19 Wenn ja, welcher Partei?

Die Grünen	Mitte-Links, Sozialistische / Sozialdemokratische Partei	Christdemokratische / Konservative Partei	Liberale Partei
1	11 (inkl. Ulivo Italiens)	6 (inkl. Fianna Fáil Irlands)	1

Quelle: Interviews mit Mitgliedern der Kommissionen Santer und Prodi sowie Auswertung der Fragebögen.

55 Interview mit einem Mitglied der Kommission Prodi am 15.10.2001.

Eine direkte Verknüpfung zwischen ihrer eigenen Parteizugehörigkeit und der parteipolitischen Zusammensetzung des Europaparlamentes stellte die konservative Kommissarin aus Spanien, Loyola de Palacio, her: „Ich sehe mich aufgrund meines Ergebnisses als Spitzenkandidatin der Partei, der die spanischen Bürger bei den jüngsten Wahlen zum Europäischen Parlament die meisten Stimmen gegeben haben, um so stärker legitimiert, die mir übertragenen Aufgaben in der Europäischen Kommission wahrzunehmen."[56] Neil Kinnock betonte in der Anhörung im Parlament die Unterscheidung zwischen politisch und parteipolitisch: „We are in the political business; not the partisan political business, but the political business. I think that people in politics, whether in democratic politics or in nominated politics, should have ideals. Without ideals, politics is just a job and with ideals, politics has a purpose. Obviously, it must be accountable, but I think that it must be driven by that sense of purpose."[57]

Diese Unterscheidung zwischen Politik und Parteipolitik wurde in den Gesprächen mit den Kommissaren immer wieder thematisiert. Die Kommissare legen Wert auf die Feststellung, daß sie politische Ziele haben, die ihre Unabhängigkeit in der Kommission nicht beeinträchtigten. Das Interesse der Mitglieder der Kommission an der Gestaltung von Politik beschränkt sich dabei nicht, wie es die These eines „technokratischen Regimes" unterstellt, auf eine immer engere Integration oder die Verwirklichung des Binnenmarktes. Die Frage, ob die soziale Dimension in der Europäischen Union gestärkt werden solle, bejahten 9 der 17 befragten Mitglieder der Kommission Santer und 11 der 13 befragten Mitglieder der Kommission Prodi. Es ist also eine steigende Tendenz in Richtung eines Plädoyers für eine stärkere Berücksichtigung der Sozialpolitik zu beobachten. Eine Kommissarin vertrat die Meinung: „Eine europäische Sozialpolitik ist eine Verpflichtung."[58] Insgesamt 6 Kommissare sind der Ansicht, daß die soziale und ökologische Dimension in der Arbeit der Kommission allmählich größere Bedeutung gewinne. „Wir verändern den Ansatz, immer nur an den Binnenmarkt zu denken."[59] Denn, so ein Mitglied der Kommission Prodi, die soziale Dimension sei genau das, was den Menschen wichtig sei.[60] Man könne nicht mehr sagen, der Binnenmarkt habe Priorität vor der sozialen und ökologischen Dimension bei den Entscheidungen der Europäischen Kommission. „It is changing. It used to be. I think in the past the Single Market was there for the benefit of the producer. Now a shift towards the benefit of the consumer takes place."[61] Ein anderer

56 Antworten von Loyola de Palacio auf den Fragebogen des Europäischen Parlamentes, PE 231.470, DOC_DE/CM/380/380794.

57 Anhörung am 7.9.1999 im Europäischen Parlament, http://www.europarl.eu.int/hearings /com /pdf/kinnock.pdf

58 Interview mit einem Mitglied der Kommission Santer am 11.9.1996.

59 Antwort eines Mitgliedes der Kommission Prodi auf meinen Fragebogen vom 23.11.2001.

60 Ebd.

61 Interview mit einem Mitglied der Kommission Prodi am 15.10.2001.

Kommissar sieht in der Stärkung der sozialen Dimension eine Möglichkeit, die Globalisierung zu beeinflussen. „The social dimension should be strengthened in order to strike a new balance between liberalization and social cohesion in the perspective of a more regulated globalization.“[62]

Frage: Sollte die soziale Dimension in der Europäischen Union gestärkt werden?

	Kommission Santer	Kommission Prodi
Ja	9	11
Nein	7	2
Keine Angabe	1	0
	N = 17	N= 13

Quelle: Interviews mit Mitgliedern der Kommissionen Santer und Prodi sowie Auswertung der Fragebögen.

Während der Anhörung der designierten Kommissare im Haushaltsausschuß des Europäischen Parlaments betonte Michaele Schreyer: „Die Vision für die Europäische Union geht längst über die gemeinsame ökonomische Verantwortung hinaus. Sie umfaßt die Verantwortung für die demokratische Entwicklung in einem gemeinsamen Europa.“[63] Michaele Schreyer zählt eine Koordination der Wirtschafts- und Finanzpolitiken der Mitgliedstaaten, den Umweltschutz und ein nachhaltiges Wirtschaften, die Gleichstellung von Mann und Frau und die Bekämpfung der Arbeitslosigkeit zu den vorrangigen Aufgaben der Kommission.

Eine technokratische Handlungsorientierung bedeutet nach der hier verwendeten Definition, daß politische Fragen wie technische behandelt werden und man so tut, als gehe es nur um die Mittel zur Erreichung eines Zieles. Bei einer solchen Herangehensweise an Problemlösungen kommt das Nachdenken über die langfristigen Ziele zu kurz. 8 von 13 befragten Mitgliedern der Kommission Prodi sind der Meinung, daß sie genügend Zeit für das Bedenken langfristiger Konzepte der europäischen Integration haben.

62 Antwort eines Mitgliedes der Kommission Prodi auf meinen Fragebogen vom 22.11.2001.
63 Anhörung im Europäischen Parlament am 6.9.1999, http://www.europarl.eu.int /hearings/com/pdf/schreyer.pdf

Von den 5 Kommissaren, die der Meinung sind, zu wenig Zeit für langfristige Konzeptionen zu haben, antwortete ein Kommissar, es sei eine Frage der Ressourcen. Man habe in der Kommission zu wenig Personal. Und dann kämen diese Krisen wie BSE hinzu. „All these crises. We are always under pressure“.[64] Darüberhinaus sei in manchen Bereichen der Kommission die Arbeit sehr stark themenbezogen, „issue-driven“, so daß für langfristige Konzepte keine Zeit bleibe. Ein anderer Kommissar stimmte zu, daß es nie genug Zeit für die Erarbeitung langfristiger Konzepte gebe. Doch für das Nachdenken über Konzepte brauche man nicht unbedingt viel Zeit.[65] Hervorheben möchte ich die Antwort einer Kommissarin, die das Nachdenken über langfristige Konzepte der europäischen Integration als wichtigen Teil ihrer Arbeit in Brüssel betrachtet.[66] Nicht gerade die Aussage einer Technokratin!

Auch auf meine Frage am Schluß der Interviews, welches die wichtigsten drei Reformen seien, die auf der nächsten Regierungskonferenz beschlossen werden müßten, antworteten die Mitglieder beider Kommissionen nicht, wie man es von Technokraten erwarten würde. Als ersten Wunsch äußerten die Mitglieder der Kommission Santer nach der Ausweitung der Mehrheitsabstimmung (5 Nennungen) und institutionellen Reformen im Zusammenhang mit der Erweiterung (4 Nennungen) u. a.: mehr Solidarität zwischen den Mitgliedstaaten, eine größere Rolle des Europäischen Parlamentes bei Vertragsänderungen und eine bessere Kommunikation zwischen den europäischen Institutionen und den Mitgliedstaaten. Die Mitglieder der Kommission Prodi nannten als ersten Wunsch neben den institutionellen Reformen (3 Nennungen) und der Ausweitung der Mehrheitsabstimmung (3 Nennungen) u. a.: eine Stärkung der „Gesellschaftspolitiken“ wie Sozial-, Bildungs- und Umweltpolitik, das Einfügen der Grundrechtecharta in den Vertrag und eine Klärung der Ziele der Europäischen Union als Global Player. Ein Mitglied der Kommission Prodi nannte als ersten Wunsch: „Transform the public communication efforts of EU institutions and Member States.“ Und er fügte hinzu: „Well, you did say this was a fairytale...“[67]

Nimmt man alle Wünsche der Kommissare zusammen, dann folgen in der Häufigkeit der Nennungen nach den institutionellen Reformen im Zusammenhang mit der Erweiterung: eine Stärkung der Gemeinsamen Außen- und Sicherheitspolitik, eine Ausweitung der Mehrheitsabstimmung, mehr Einfluß für das Europäische Parlament, eine Stärkung der „Gesellschaftspolitiken“ wie der Sozial, Bildungs- und Umweltpolitik, eine bessere Kommunikation zwischen den europäischen Institutionen und den Mitgliedstaaten, eine effizientere Umsetzung der europäischen Politik, eine bessere Kompetenzvertei-

64 Interview mit einem Mitglied der Kommission Prodi am 15.10.2001.
65 Antwort eines Mitgliedes der Kommission Prodi auf meinen Fragebogen vom 10.9.2001.
66 Antwort eines Mitgliedes der Kommission Prodi auf meinen Fragebogen vom 18.6.2001.
67 Antwort eines Mitgliedes der Kommission Prodi auf meinen Fragebogen vom 8.10.2001.

lung, die Verabschiedung einer europäischen Verfassung und die Vergemeinschaftung der Bereiche Justiz und Inneres.

Frage: Zum Schluß haben Sie wie im Märchen drei Wünsche frei. Welches sind nach Ihrer Überzeugung die drei wichtigsten Reformen, die auf der nächsten Regierungskonferenz beschlossen werden müßten?

1. Wunsch:

	Kommission Santer	Kommission Prodi
Ausweitung der Mehrheitsabstimmung	5	3
Institutionelle Reformen im Zusammenhang mit der Erweiterung	4	3
Vergemeinschaftung der Außen- und Sicherheitspolitik	3	
Stärkung der Gesellschaftspolitiken wie Sozial-, Bildungs- und Umweltpolitik und mehr Solidarität zwischen den Mitgliedstaaten	1	2
Bessere Kommunikation zwischen den europäischen Institutionen und den Mitgliedstaaten	1	1
Bessere Kompetenzverteilung	1	1
Mehr Einfluß für das Europäische Parlament	1	
Einfügen der Grundrechtecharta in den Vertrag		1
Effizientere Umsetzung der europäischen Politik	1	
Klärung der Ziele der EU als Global Player		1
Keine Angabe		1
	N = 17	N = 13

Quelle: Interviews mit Mitgliedern der Kommissionen Santer und Prodi sowie Auswertung der Fragebögen.

Häufigkeit der Nennungen der drei Wünsche

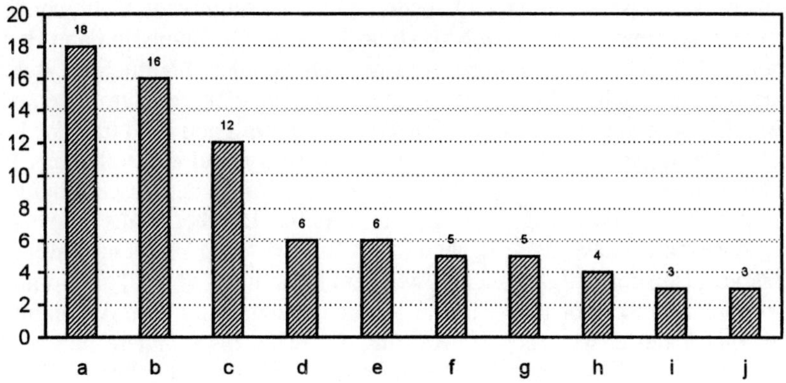

a. Institutionelle Reformen im Zusammenhang mit der Erweiterung (18)
b. Stärkung der GASP (16)
c. Ausweitung der Mehrheitsabstimmung (12)
d. Mehr Einfluß für das Europäische Parlament (6)
e. Stärkung der Gesellschaftspolitiken wie Sozial-, Bildungs- und Umweltpolitik (6)
f. Bessere Kommunikation zwischen den europäischen Institutionen und den Mitgliedstaaten (5)
g. Effizientere Umsetzung der europäischen Politik (5)
h. Bessere Kompetenzverteilung (4)
i. Verabschiedung einer europäischen Verfassung (3)
j. Vergemeinschaftung der Bereiche Justiz und Inneres (3)

N = 87 Nennungen (17 Mitglieder der Kommission Santer und 12 Mitglieder der Kommission Prodi nannten 3 Wünsche). Wünsche, die weniger als drei Mal geäußert wurden, sind nicht aufgeführt.
Keine Angabe: 1

Quelle: Interviews mit Mitgliedern der Kommissionen Santer und Prodi sowie Auswertung der Fragebögen.

Die Autoren, die argumentieren, die Mitglieder der Kommission seien schon deshalb Technokraten, weil sie ernannt und keiner direkt gewählten Institution verantwortlich seien,[68] übersehen die zunehmende politische Verantwortlichkeit der Kommission gegenüber dem Europäischen Parlament. Das Parlament ist längst keine unterstützende Kraft der Kommission mehr, sondern hat sich zu einem Machtfaktor im Dreieck von Rat, Kommission und Parlament entwickelt.[69] Die Kommissare sind nicht von der Öffentlichkeit isoliert und bewegen sich nicht in einer abgeschlossenen Welt der Bürokraten. Die Einschätzung von Tsebelis und Garrett, die Kommission sei durch das Mitentscheidungsverfahren des Amsterdamer Vertrages auf die Rolle einer Bürokratie begrenzt,[70] weil das Parlament und der Rat in der Gesetzgebung an Einfluß gewonnen haben, halte ich für voreilig. Darüberhinaus lassen sich legislative und exekutive Aufgaben in der Europäischen Union noch weniger trennen als in den Mitgliedstaaten. Mit dem Initiativrecht behält die Kommission einen entscheidenden Einfluß in der Gesetzgebung. Die Abstimmung mit qualifizierter Mehrheit im Rat und die neue, insbesondere informelle, Zusammenarbeit zwischen Rat und Parlament im Mitentscheidungsverfahren bedeuten,[71] daß es weniger Entscheidungsblockaden in der Europäischen Union gibt als früher unter dem Vorrang der Einstimmigkeitsregel im Rat.

Die bei Tsebelis und Garrett unterstellte Dichotomie zwischen Machtzuwachs des Rates und Machtverlust von Kommission und Gerichtshof ist zu schematisch.[72] Zunächst einmal kann der Rat im neuen Mitentscheidungsverfahren entgegen der Darstellung bei Tsebelis und Garrett am Ende des Verfahrens über Änderungsvorschläge des Parlamentes, die zuvor die Kommission abgelehnt hat (Art. 251 Abs. 3 EGV in der Fassung von Amsterdam),[73] nur einstimmig beschließen. Sodann trifft die Gegenüberstellung von Machtzuwachs des Parlamentes und Machtschwund der Kommission kaum die komplexe Realität der Zusammenarbeit der beiden Akteure. Der Realität sehr viel angemessener ist der Ansatz von Farrell und Héritier, die das Wechselspiel von formellen und informellen Verfahren in der Mitentscheidung über einen längeren Zeitraum analysieren. Sie kommen zu dem Ergebnis, daß neue

68 Edward C. Page, Linda Wouters, Bureaucratic Politics and Political Leadership in Brussels, a. a. O., S. 445: „The democratic deficit is usually associated with the fact that the Commission is not immediately accountable to any popularly elected institution."

69 Neill Nugent, The European Commission, New York: Palgrave 2001, S. 189. Neill Nugent ist sogar der Ansicht, daß das Europäische Parlament inzwischen mehr Einfluß habe als manches nationale Parlament der Mitgliedstaaten (S. 193).

70 George Tsebelis, Geoffrey Garrett, The Institutional Foundations of Intergovernmentalism and Supranationalism in the European Union. In: International Organization 55 (2001), S. 374.

71 Henry Farrell, Adrienne Héritier, Formal and Informal Institutions under Codecision: Continuous Constitution Building in Europe, Max-Planck-Project Group – Common Goods: Law, Politics and Economics, 2002, S. 20ff.

72 George Tsebelis, Geoffrey Garrett, The Institutional Foundations of Intergovernmentalism and Supranationalism in the European Union, a. a. O., S. 375.

73 Ebd., S. 381 wird das Verfahren nicht korrekt dargestellt, da der Rat nur einstimmig eine Ablehnung der Änderungsvorschläge des Parlamentes durch den Akteur Kommission in der 2. Lesung überspielen kann.

Formen der Interaktion zwischen Rat und Parlament entstanden sind mit der Folge, daß die Gesetzgebungsverfahren beschleunigt werden und etwa ein Drittel von 66 Mitentscheidungsverfahren im Zeitraum von August 2000 bis Juli 2001 schon nach der ersten Lesung abgeschlossen wurden.[74]

Weniger Blockaden bei der Gesetzgebung sind jedoch auch eine Chance für den Einfluß der Kommission auf die Verabschiedung von Gesetzen, da die Kommission ja die Initiative besitzt. Die Kommissare schätzen die Zusammenarbeit mit dem Parlament zunehmend als positiv ein. Der Anteil der Mitglieder der Kommission Prodi, die „sehr zufrieden" und „zufrieden" mit der Kommunikation zwischen Kommission und Parlament sind, ist im Vergleich zur Kommission Santer gestiegen. Die Note „befriedigend" (3) gaben 6 Mitglieder der Kommission Santer, aber nur drei Mitglieder der Kommission Prodi.

Frage: Sind Sie mit der Kommunikation zwischen der Europäischen Kommission und dem Europäischen Parlament zufrieden?

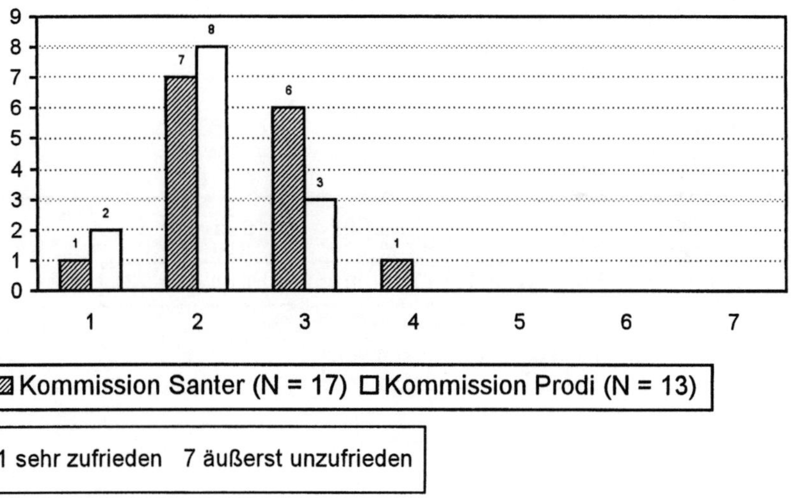

Keine Angabe: 2 (Kommission Santer)

Quelle: Interviews mit Mitgliedern der Kommissionen Santer und Prodi sowie Auswertung der Fragebögen.

74 Henry Farrell, Adrienne Héritier, Formal and Informal Institutions under Codecision: Continuous Constitution Building in Europe, a. a. O., S. 25.

Die Mitglieder der Kommission Prodi sehen auch die wachsende politische Verantwortung gegenüber dem Parlament in einem positiveren Licht als die Mitglieder der Kommission Santer. Die Anhörungen der designierten Mitglieder der Kommission durch das Parlament, die mit Artikel 158 in den Vertrag von Maastricht eingeführt wurden (Artikel 214 EGV in der Fassung von Nizza), hielten 8 der 17 befragten Mitglieder der Kommission Santer für „sehr sinnvoll" oder „sinnvoll". In der Kommission Prodi sind es von 13 befragten Mitgliedern schon 11 Mitglieder, die die Noten 1 und 2 für die Anhörungen vergaben. Nun muß man mit einer Interpretation bei einem niedrigen Sample immer vorsichtig sein. Doch eine leichte Tendenz zu einer positiveren Einschätzung läßt sich gleichwohl ablesen.

Frage: Wie beurteilen Sie die Anhörungen der designierten Mitglieder der Kommission vor dem Europäischen Parlament?

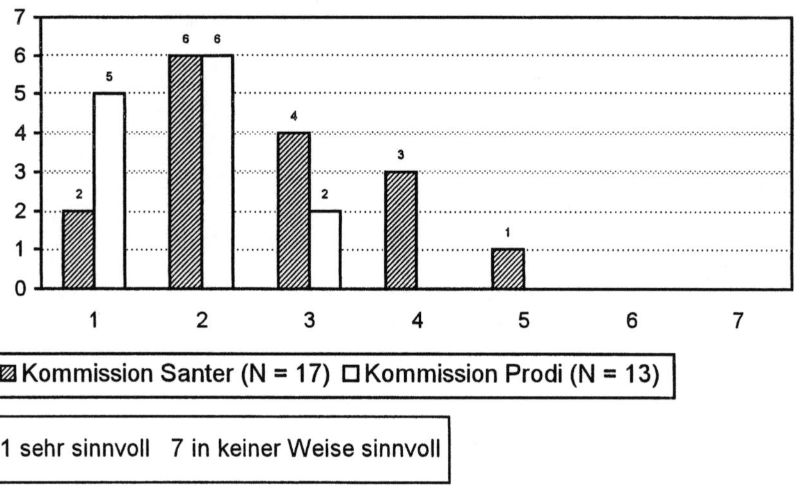

Keine Angabe: 1 (Kommission Santer)

Quelle: Interviews mit Mitgliedern der Kommissionen Santer und Prodi sowie Auswertung der Fragebögen.

Die Anhörungen, so ein Mitglied der Kommission Prodi, seien wesentlich für die Legitimation der Kommission. „Am liebsten hätte ich die Note 1 gegeben. Aber da noch immer Verbesserungen bei der *Organisation* der Anhörungen notwendig sind, habe ich mich für die Note 2 entschieden."[75] Der

75 Antwort eines Mitgliedes der Kommission Prodi auf meinen Fragebogen vom 8.10.2001.

Fortschritt an politischer Verantwortlichkeit der Kommission könne noch vergrößert werden, wenn man diese Anhörungen in Richtung der Hearings im US-Kongreß weiterentwickeln würde, gab ein Mitglied der Kommission Santer zu bedenken.[76] Die Anhörungen seien ein Beleg für die Demokratisierung der Europäischen Union.[77] – „Die Anhörung vor dem Europäischen Parlament gewährleistet, daß die Kommission, wenn auch nicht vom Bürger direkt gewählt, zumindest durch die europäischen Volksvertreter abgesegnet wird. Diese Art der ‚demokratischen Absicherung' gibt den Kommissaren ein gewisses Maß an Rückhalt, weil sie sich und ihre Politik durch den ‚Test' vor dem Parlament bestätigt wissen."[78]

Als Gefahr der Anhörungen betrachten manche Kommissionsmitglieder die Unterschätzung des kollegialen Charakters der Kommission: „Nun, ich bin nicht gegen die Anhörungen. Aber sie dürfen den kollegialen Charakter der Kommission nicht in Frage stellen."[79] – „Das ist im Prinzip eine gute Sache. Aber wenn einzelne Kommissare schon inhaltliche Positionen beziehen und Versprechen geben, bevor die Kommission als Kollegium ein Programm und Positionen erarbeiten kann, dann ist das problematisch."[80]

Einige Kommissionsmitglieder sind der Meinung, die Anhörungen sollten sich mehr auf politische Fragen konzentrieren. Bisher seien die Fragen zu technisch.[81] Es würden zu viele Details abgefragt, obwohl es doch eher um die Vision des Kollegiums gehen müßte.[82] Ähnlich antwortete eine Kommissarin: „Die Anhörung 1995 war unverhältnismäßig hart. Zudem waren die Fragen zu technisch. Dieses erste Hearing sollte allgemeiner und politischer sein."[83]

Diese Kommissare monieren also, daß die Politik in den Anhörungen zu kurz gekommen sei. Eine solche Einstellung spricht nicht für eine technokratische Handlungsorientierung. Ein Mitglied der Kommission Santer beantwortete die Frage, ob sich die Meinungsbildung innerhalb der Kommission als technokratisch charakterisieren lasse, kurz und bündig: „Von außen erscheint

---

76 Antwort eines Mitgliedes der Kommission Santer auf meinen Fragebogen vom 2.10.1997.

77 Interview mit einem Mitglied der Kommission Prodi am 17.12.2001.

78 Antwort auf meinen Fragebogen durch ein Mitglied der Kommission Santer vom 17.8.1998.

79 Interview mit einem Mitglied der Kommission Santer am 24.3.1998. Vgl. Interview vom 12.9.1996.

80 Interview mit einem Mitglied der Kommission Santer am 10.9.1996.

81 „It would be better if more focused on key political issues." Antwort eines Mitgliedes der Kommission Prodi auf meinen Fragebogen vom 22.11.2001.

82 Interview mit einem Mitglied der Kommission Prodi am 15.10.2001: „A valuable exercise. It underlines the accountability of the Commission. But too many details are asked."

83 Interview mit einem Mitglied der Kommission Santer am 11.9.1996.

sie sehr technokratisch und bürokratisch. Von innen ist sie aber hoch politisch.“[84]

Jeweils drei Mitglieder der beiden Kommissionen sind der Meinung, daß sowohl eine politische als auch eine technische Herangehensweise an die Probleme in der Kommission eine Rolle spielten. Man brauche in der Kommission eine politische Vision und zugleich das technische Wissen, wie man das Leben der Menschen verbessern könne.[85] Bis zu einem gewissen Grad müsse ein supranationales Organ technisch versiert sein, so ein Kommissar, „however, if the Commission became solely ‚technocratic‘ it would lose touch with realities. So there has to be a judicious mixture.“[86] – „Die Kommissare sind keine Technokraten, sondern erfahrene Politiker. Das muß auch so sein. Vieles hier ist hochpolitisch, aber man muß natürlich auch wissen, worüber man redet, und das erfordert eine hohe Intensität an Sachkenntnissen und auch juristischen Kenntnissen.“[87]

Frage: Läßt sich die Meinungsbildung innerhalb der Kommission als technokratisch charakterisieren?

	Kommission Santer	Kommission Prodi
Ja	0	1
Nein	11	6
Politisch und technisch	3	3
Dies hängt vom Thema und von der Kompetenzgrundlage ab	3	2
Keine Antwort	0	1
	N = 17	N = 13

Quelle: Interviews mit Mitgliedern der Kommissionen Santer und Prodi sowie Auswertung der Fragebögen.

84 Interview mit einem Mitglied der Kommission Santer am 11.9.1996.
85 Interview mit einem Mitglied der Kommission Prodi am 15.10.2001.
86 Antwort eines Mitgliedes der Kommission Santer auf meinen Fragebogen vom 2.10.1997.
87 Interview mit einem Mitglied der Kommission Santer am 12.9.1996.

In einigen Antworten auf die Frage, ob die Meinungsbildung in der Kommission als technokratisch bezeichnet werden könne, wird zwischen dem Kollegium und der Verwaltung differenziert: „Das Nein bezieht sich auf die Arbeit im Kollegium. Im Apparat der Kommission müßte ich mit Ja antworten."[88] Ähnlich antwortete ein Mitglied der Kommission Santer: „Politiker sitzen am Tisch des Kollegiums. Überall sonst sind Technokraten."[89]

Differenziert wird auch nach der Kompetenzgrundlage: „Das hängt von der gemeinschaftsrechtlichen Kompetenz ab. Wo die Gemeinschaft starke Kompetenzen hat, ist die Politik eher technokratisch, wo sie weniger Kompetenzen hat oder das Mitentscheidungsverfahren angewandt wird, dort ist die Meinungsbildung stärker politisch."[90] – „Es kommt darauf an. Entscheidungen über den Binnenmarkt sind technokratisch."[91] Ein Kommissar sieht eine Entwicklung weg von technokratischem hin zu stärker politischem Handeln in der Kommission.[92]

Die Antworten „Politisch und technisch" und „Dies hängt von der Kompetenzgrundlage ab" lassen erkennen, daß die Kommissare, die diese Antworten gegeben haben, zwischen technisch und technokratisch bewußt unterscheiden möchten. In der Kommission müssen auch technische Fragen entschieden werden, und dann stehen folgerichtig die zweckmäßigsten Mittel zum Erreichen eines bestimmten Zieles im Mittelpunkt der Willensbildung und Entscheidungsfindung. Eine solche Handlungsorientierung ist dann nicht technokratisch, sondern der legitime technische Umgang mit einem technischen Problem.[93]

17 der 30 befragten Kommissare sind der Meinung, die Willensbildung innerhalb der Kommission sei nicht technokratisch. Doch in der Realität der Kommissionsarbeit läßt sich auch ein technokratisches Politikverständnis beobachten. An einem Beispiel aus der europäischen Gesetzgebung zur Gentechnik möchte ich zeigen, daß die Kommissare manchmal für ein technokratisches Politikverständnis anfällig sind.

In den gentechnischen Programmen der Europäischen Union werden seit den 90er Jahren der Schutz der menschlichen Gesundheit und der Umwelt als gleichwertige Ziele neben den ökonomischen und wissenschaftlichen Zielset-

88 Antwort eines Mitgliedes der Kommission Prodi auf meinen Fragebogen vom 12.6.2001.
89 Interview mit einem Mitglied der Kommission Santer am 11.9.1996.
90 Interview mit einem Mitglied der Kommission Santer am 12.9.1996.
91 Interview mit einem Mitglied der Kommission Santer am 30.9.1997.
92 Interview mit einem Mitglied der Kommission Santer am 24.3.1998.
93 Die Legitimität der Kommission beruht zum Teil genau in dem technischen Wissen als der Basis des politischen Gestaltens und der Effektivität. Vgl. Michelle Cini, The European Commission: Leadership, organisation, and culture in the EU administration, Manchester: Manchester University Press 1996, S. 224.

zungen genannt. Die Wahl der Mittel etwa zur Erreichung einer umweltschonenden Freisetzung gentechnisch veränderter Organismen ist häufig nicht neutral zum Ziel des Umweltschutzes. So kann die Art der Umweltverträglichkeitsprüfung, die ein Antragsteller zur Genehmigung der Freisetzung solcher Organismen durchführen muß, das Ziel des Umweltschutzes beeinflussen. Reduziert man beispielsweise die Anforderungen an die Prüfung, dann verändert man möglicherweise das Maß des Umweltschutzes und akzeptiert ein niedrigeres Niveau an Schutz als mit einer anspruchsvolleren Umweltverträglichkeitsprüfung.

Es ist also leicht zu erkennen, daß es im Bereich der Gentechnik trotz des Begriffes nur noch wenige rein technische Fragen gibt, in denen es ausschließlich um den besten Weg zu einem feststehenden Ziel geht. Wenn die Kommissare gleichwohl im Jahr 1994 die Freisetzungsrichtlinie aus dem Jahr 1990 in einem „technischen" Ausschußverfahren geändert haben, dann ist eine solche Entscheidung technokratisch. In der Änderung der Richtlinie wurden die Informationen, die die Antragsteller für eine Freisetzung bei den zuständigen Behörden einreichen müssen, neu festgelegt. Es wurde entschieden, daß für die Freisetzung genetisch veränderter höherer Pflanzen weniger Informationen über mögliche Umweltauswirkungen für einen Antrag genügten als für andere Organismen.[94] Eine solche Entscheidung über die Reduzierung der Voraussetzungen für eine Freisetzung gentechnisch veränderter Organismen kann Folgen für den Umweltschutz haben. Die Definition dieser politischen als einer technischen Frage erlaubte es den Kommissaren, die Richtlinie im Ausschußverfahren ohne Beteiligung des Europäischen Parlamentes zu ändern.

In diesem Fall waren die Mitglieder der Kommission Delors „Technokraten". Doch auch die Mitglieder der Kommission Prodi haben in einer späteren Änderung der Freisetzungsrichtlinie ein technokratisches Verhalten an den Tag gelegt. In der neuen Richtlinie vom März 2001 werden wichtige politische Befugnisse der Rechtsetzung an einen Ausschuß aus nationalen Beamten und Kommissionsbeamten delegiert. So kann z. B. von diesem Ausschuß die Methode der Umweltverträglichkeitsprüfung als einer Voraussetzung der Freisetzung durch ein Ausschußverfahren geändert werden. Die Art der Umweltverträglichkeitsprüfung ist jedoch auch hier für das Maß an Umweltschutz, das bei der Freisetzung oder Vermarktung gentechnisch veränderter Organismen realisiert wird, ganz entscheidend. Die politische Frage der Gestaltung der Prüfung samt ihrer Methodik sollte daher in den Händen demokratisch legitimierter Politiker liegen. Technische Frage hingen können

94 Richtlinie 94/15/EG vom 15.4.1994. Der ursprüngliche Anhang zu den Informationen, die für einen Freisetzungsantrag eingereicht werden müssen, wurde unterteilt. Für die Freisetzung genetisch veränderter höherer Pflanzen werden nun weniger Informationen über mögliche Umweltauswirkungen verlangt. Anhang II A Abschnitte III und IV im Vergleich zu Anhang II B Abschnitte E und H.

durchaus in einem Ausschuß aus nationalen Beamten und Vertretern der Kommission entschieden werden. Der Sachverständigenrat für Umweltfragen[95] empfiehlt daher, zwischen der Verwaltungstätigkeit eines Ausschusses und der Normsetzungstätigkeit zu unterscheiden.

Dies ließe sich dadurch erreichen, daß die Grundsätze für die Genehmigung einer Freisetzung nur in einem legislativen Verfahren und nicht auf dem einfachen Verwaltungsweg des Ausschußverfahrens geändert werden können. Ansatzweise, jedoch nicht konsequent genug, wird in der Freisetzungsrichtlinie von 2001 versucht, zwischen Verwaltungstätigkeit in technischen Fragen und Normsetzungstätigkeit in politischen Fragen zu differenzieren. So können diejenigen Bestimmungen der Umweltverträglichkeitsprüfung, die die Prinzipien festlegen, nicht durch ein Ausschußverfahren an den technischen Fortschritt angepaßt werden. Die Methodik der Prüfung kann jedoch durch das undemokratische Ausschußverfahren geändert werden.[96] Die Kommissare haben sich also entschieden, in dem wichtigen Aspekt der Methodik der Umweltverträglichkeitsprüfung trotz der politischen Bedeutung technisch zu verfahren. Hier haben die Mitglieder der Kommission Prodi also die Basis für Technokratie in der Europäischen Union geschaffen. Es wäre transparenter, alle Änderungen über die Modalitäten der Umweltverträglichkeitsprüfung den direkt und indirekt demokratisch legitimierten Gesetzgebungsorganen der Europäischen Union anzuvertrauen.

Die Delegation politischer Kompetenz an einen Ausschuß ist um so unverständlicher, als die Mehrheit der befragten Kommissare kritisiert, daß in den Ausschüssen der sog. „Komitologie" nationale Interessen und Situationsdeutungen eine zu große Rolle spielten. Es seien die Ausschüsse, die zu einer Bürokratisierung und zu einer Erschwerung der Arbeit der Kommission führten.[97] Die Vermischung von Politik und Verwaltung sei ungut. „Es handelt sich um eine Mischform der europäischen mit nationalen Verwaltungen. Problematisch ist, daß es einerseits um Verwaltung geht, hier andererseits aber auch politische Kompetenzen liegen. Das Europäische Parlament müßte hier mehr Kontrollbefugnisse haben."[98] Warum aber delegiert man dann noch mehr politische Kompetenzen mit einer Richtlinie an die Komitologie? In ihren Antworten auf den Fragebogen des Europäischen Parlamentes antwortete Anna Diamantopoulou als designiertes Mitglied der Kommission für Griechenland, daß man zwischen den Aufgaben der Kommission als eines politischen Organs und den Aufgaben als einer europäischen Verwaltung trennen müsse. Das Kollegium müsse die Verantwortung für die politischen

95 Rat von Sachverständigen für Umweltfragen, Umweltgutachten 1998, S. 296.
96 Richtlinie 2001/18/EG vom 12.3.2001, Artikel 27 in Verbindung mit Anhang II.
97 Interview mit einem Mitglied der Kommission Santer am 11.9.1996.
98 Interview mit einem Mitglied der Kommission Santer am 12.9.1996.

Entscheidungen, die im Vertrag festgelegten Aufgaben und die Beschlüsse über die Regeln der Arbeit der Verwaltung tragen.[99]

Frage: Welche Rolle spielen in den „Komitologie-Ausschüssen" nationale Interessen und Situationsdeutungen?

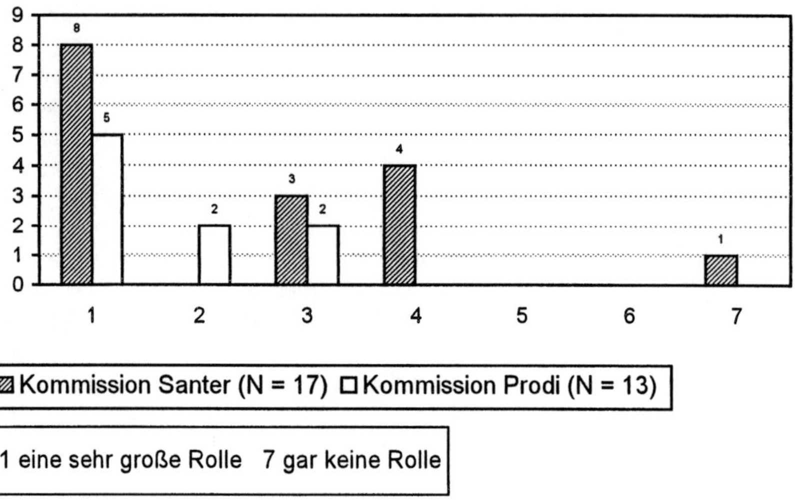

Keine Angabe = 5 (1 Kommission Santer, 4 Kommission Prodi)

Quelle: Interviews mit Mitgliedern den Kommissionen Santer und Prodi und Auswertung der Fragebögen.

Nun ist es die Aufgabe der Ausschüsse, die Mitgliedstaaten in die Entscheidungen zur Implementation der Programme einzubeziehen. Doch sollte die Willensbildung in den Ausschüssen nicht nur national, sondern auch europaorientiert sein. Einige Mitglieder der beiden befragten Kommissionen beklagen die Bürokratisierung der Arbeit durch die Ausschüsse. Oft würden nicht nationale Interessen, sondern die Interessen eines einzigen Ministeriums vertreten. „Die Ausschüsse komplizieren die Arbeit. Die Vertreter der Mitgliedstaaten in den Ausschüssen repräsentieren ja nicht ihr Land, sondern relativ enge und kurzfristige Interessen einer Verwaltung. Das kann eine europäische Lösung sehr schwierig machen."[100] Ein Mitglied der Kommissi-

99 Antworten von Anna Diamantopoulou auf den Fragebogen des Europäischen Parlamentes, DOC_DE/DV/380/380856DE.doc, PE 231.479.

100 Interview mit einem Mitglied der Kommission Santer am 11.9.1996.

on Prodi ist der Meinung, daß die sehr starke Bedeutung nationaler Interessen in den Ausschüssen zeige, wie schwierig es sein würde, ein föderales System in der Europäischen Union zu verwirklichen.[101] Zugleich besteht die Gefahr, daß nur ein enger Kreis von Experten an der Entscheidungsfindung teilnimmt, und immer wieder dieselben Personen in ähnlichen Denkmustern an die Lösung der Probleme herangehen. Innovationen hängen aber auch hier davon ab, daß ein breites Spektrum von Interessen und wissenschaftlichen Richtungen in den Ausschüssen vertreten ist. Diese Beachtung von Differenz der Ideen, der Interessen und des Wissens ist wichtig, weil zu beobachten ist, daß die primäre Rechtsetzung durch Parlament und Rat abnimmt, und die sekundäre Rechtsetzung durch die Kommission und ihre Ausschüsse zunimmt.[102]

Zusammenfassend läßt sich sagen, daß die Kommissare wie auch die Spitzenbeamten der Kommission[103] umfangreiche und vielfältige politische Erfahrung in ihr Amt mitbringen. Diese politische Erfahrung geht auch in Brüssel nicht verloren. Die Kommissare sind weder von der nationalen Politik noch von den nationalen Öffentlichkeiten in dem Maße abgekoppelt, wie es in wissenschaftlichen Publikationen überwiegend dargestellt wird. Sie verfolgen politische Ziele und betrachten es zugleich als ihre Aufgabe, das technische Know-how für das Lösen von Problemen einzubringen. Ein technokratisches Politikverständnis entsteht erst, wenn politische Fragen unzulässigerweise als technische interpretiert werden. Für ein solches technokratisches Handeln gibt es Beispiele in den Entscheidungen der Kommission. Die Technokratie ist in der Europäischen Kommission jedoch nicht an der Tagesordnung.[104]

3. Die Europäisierung der Informations- und Kommunikationsmuster

Es konnte gezeigt werden, daß sich die Mitglieder der Kommissionen Santer und Prodi als Politiker und nicht als Technokraten verstehen. Weshalb nun bezeichne ich die Kommissare als „neue" europäische Elite? Das Neue dieser Elite ist eine europäische Sicht auf die gesellschaftlichen Probleme der Mitgliedstaaten. Es gibt also durchaus Politiker, die sich mit dem europäischen

101 Interview mit einem Mitglied der Kommission Prodi am 15.10.2001.

102 Renaud Dehousse, Towards a Regulation of Transitional Governance? A. a. O., S. 114.

103 Liesbet Hooghe, The European Commission and the Integration of Europe, a. a. O., S. 99.

104 Zu dem Ergebnis, daß in den Kommissionen der letzten Jahrzehnte die Gefahr eines technokratischen Politikverständnisses zurückgegangen sei, kommt auch Andrew MacMullen, European Commissioners 1952-1995: National Routes to a European Elite, a. a. O., S. 47: „The increasing political experience of more recent Colleges reduces the danger of a technocratic approach which might neglect public opinion."

Projekt identifizieren.[105] „I strongly believe in the European Journey",[106] wie dies ein Kommissar ausdrückte. Die Basis dieser Sicht ist die Europäisierung der Informations- und Kommunikationsmuster.

Die Informationen, die die Kommission ihren Entscheidungen zugrunde legt, gehören in dem jeweiligen Fachgebiet in der Regel zu den besten international vergleichenden Daten, die verfügbar sind. So arbeitet z. B. die Kommission in der Umweltpolitik mit der Wirtschaftskommission der Vereinten Nationen für Europa zusammen. Im Rahmen eines internationalen Kooperationsprogrammes arbeiten UN und Kommission bei der Erfassung der Folgen der Luftverunreinigungen für Wälder zusammen. An der Kooperation zur Erhebung des Zustandes der Wälder beteiligen sich 38 Länder.[107]

Eine wichtige Informationsbasis für die Kommission sind die Agenturen der Europäischen Union. Die Berichte der europäischen Umweltagentur in Kopenhagen gehören ebenso wie die Studien der Europäischen Agentur für Sicherheit und Gesundheitsschutz zu den wenigen regelmäßig aktualisierten vergleichenden Analysen der Umwelt- und Sozialpolitik.[108] Diese Agenturen leisten Pionierarbeit in vergleichender Erfassung wichtiger Daten, die über Statistiken weit hinausgehen. Es werden auch Methoden entwickelt, die es ermöglichen, die statistischen Informationen zu vergleichen und die Politiken der Mitgliedstaaten zu beurteilen. Als Beispiele seien die Berichte der Europäischen Umweltagentur genannt. Mit den Berichten wird die Basis für eine Beobachtung der unterschiedlichen Strategien der Umweltpolitik in den Mitgliedstaaten geschaffen. Das Initiieren von Experimenten zur Verbesserung der Umwelt, die Koordination der Umweltbeobachtung in den Mitgliedstaaten und Kosten-Nutzen-Analysen gehören zum Repertoire der Europäischen Umweltagentur. Insofern trägt die Agentur dazu bei, unterschiedliche Strategien für den Umgang mit Komplexität zu erproben.[109]

---

105 Philippe C. Schmitter, How to Democratize the European Union... And why Bother? Lanham, Boulder, New York, Oxford: Rowman & Littlefield Publishers 2000, S. 9: „What is missing are the professional politicians who represent transnational interests and passions ... there are few persons who identify exclusively with the Euro-Polity. The careers of the politicians-cum-technicians who are momentarily active in its commission or who are elected to its parliament continue to be much more affected by what is happening in their countries of origin."

106 Antwort eines Mitgliedes der Kommission Prodi auf meinen Fragebogen vom 18.7.2001.

107 Der Waldzustand in Europa, Bericht 2000, a. a. O., Übereinkommen über weiträumige grenzüberschreitende Luftverunreinigung. Internationales Kooperationsprogramm für die Erfassung und Überwachung der Auswirkungen der Luftverunreinigungen auf Wälder und Programm der Europäischen Union zum Schutz der Wälder gegen Luftverunreinigungen.

108 Alexander Kreher (Hrsg.), The EC Agencies between Community Institutions and Constituents: Autonomy, Control and Accountability, European University Institute, The Robert Schuman Centre, Florence 1998.

109 Karl-Heinz Ladeur, Proceduralization and the Management of complexity in public organizations: The case of the European Environment Agency. In: Alexander Kreher (Hrsg.), The EC Agencies between Community Institutions and Constituents, a. a. O., S. 163:

Die Kommission stellt aber auch selbst vergleichende Statistiken zusammen, die durch den europäischen Vergleich aussagekräftiger sind als die nationalen Statistiken. Ein Beispiel sind hier die jährlichen Berichte zu den Beschäftigungspolitiken in der Europäischen Union und in den Mitgliedstaaten. In den Schwerpunkten Beschäftigungsfähigkeit, Unternehmergeist, Anpassungsfähigkeit und Chancengleichheit werden die Indikatoren der Mitgliedstaaten miteinander verglichen. Es wird untersucht, ob die Staaten in den genannten Schwerpunkten der Beschäftigungspolitik Erfolge vorzuweisen haben oder nicht. In den Berichten werden konkrete Beispiele für bewährte Verfahren der Beschäftigungspolitik in den Mitgliedstaaten herausgestellt. Es ist das Ziel, gemeinsame Kriterien für die Bestimmung bewährter Verfahren zu entwikkeln, damit die Mitgliedstaaten auf der Basis vergleichbarer Statistiken und Indikatoren voneinander lernen können.[110]

Solche Daten sind gemeint, wenn die Mitglieder der Kommissionen Santer und Prodi „das Fachwissen innerhalb der Kommission" mit Abstand als wichtigste Informationsquelle für ihre Arbeit nennen. An zweiter Stelle in der Rangliste folgen die europäischen Interessenverbände. Die Frage, ob Sachverstand auf europäischer Ebene häufig Sachverstand von Interessenvertretern ist, bejahen 11 Mitglieder der Kommission Santer (N = 17) und 8 Mitglieder der Kommission Prodi (N = 13). Die Kommissare betonen, daß dies unvermeidlich sei. „They have to be heard."[111] Allerdings seien die Interessenvertreter nicht regelmäßig eingebunden, weil anders als etwa für Referentenentwürfe in der deutschen Bundesregierung kein geregeltes Anhörungsverfahren bestehe.[112] Ein Kommissar weist darauf hin, daß auch die Mitgliedstaaten häufig als Interessenvertreter handeln.[113]

Die Bedeutung der nationalen Interessenverbände als Informationsquelle hat abgenommen. Während von den Mitgliedern der Kommission Santer die nationalen Interessenverbände noch 8 mal an 2. bis 5. Stelle der Rangliste genannt wurden, haben die Mitglieder der Kommission Prodi diese Quelle nur 3 mal an 2. bis 5. Stelle genannt. Eine wichtige Rolle für die Information spielen in beiden Kommissionen die Nichtregierungsorganisationen. Sie rangieren auf dem 3. Platz mit 10 Nennungen an 2. bis 5. Stelle in der Kommission Santer und mit 8 Nennungen in der Kommission Prodi. Das europäisch orientierte Fachwissen innerhalb der Kommission, die europäischen

„... enforcement of European law should not be the primary concern for the EEA. Rather, it should be the stimulation of different strategies for managing complexity, including cost-benefit-analysis, perhaps through experimentation in some countries and monitoring by agencies in other countries co-ordinated by the EEA."

110 Europäische Kommission, Generaldirektion Beschäftigung und Soziales, Referat A.2, Beschäftigungsberichte 1997 bis 2003.

111 Interview mit einem Mitglied der Kommission Santer am 12.9.1996.

112 Antwort eines Mitgliedes der Kommission Prodi auf meinen Fragebogen vom 18.6.2001.

113 Antwort eines Mitgliedes der Kommisson Santer auf meinen Fragebogen vom 2.10.1997.

Interessenverbände und Nichtregierungsorganisationen sind die drei wichtigsten Informationsquellen der Mitglieder der beiden Kommissionen.

Frage: Welches sind die wichtigsten Informationsquellen für Ihre Arbeit in der Europäischen Kommission?

Kommission Santer

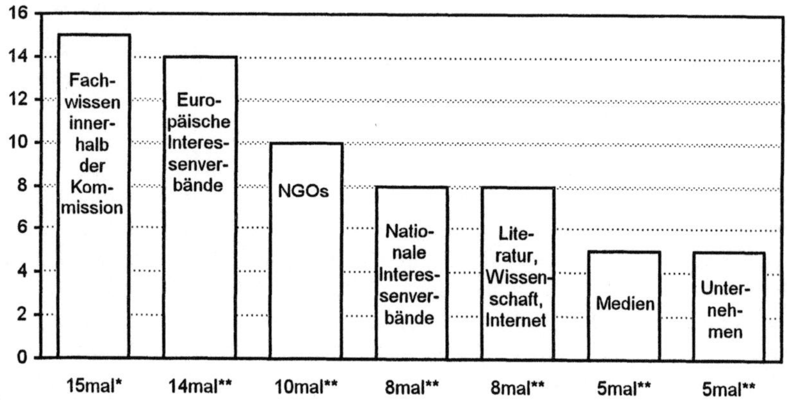

* An 1. Stelle genannt
** An 2. bis 5. Stelle genannt

N = 17 (Mehrfachnennungen, ab 5 Nennungen ausgewiesen)

Quelle: Interviews mit Mitgliedern der Kommission Santer und Auswertung der Fragebögen.

Kommission Prodi

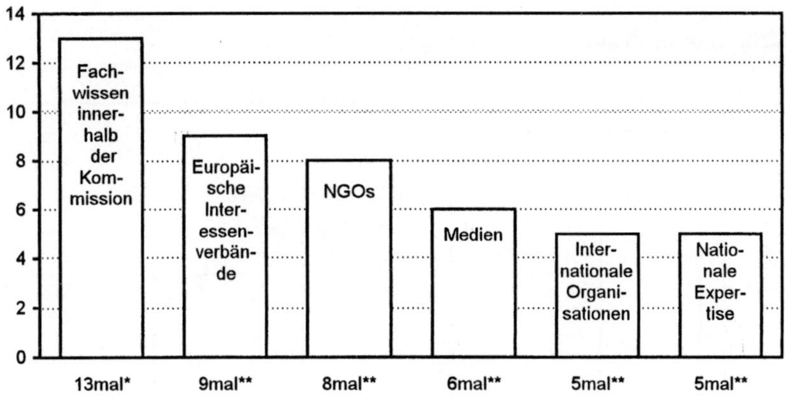

* An 1. Stelle genannt
** An 2. bis 5. Stelle genannt

N = 13 (Mehrfachnennungen, ab 5 Nennungen ausgewiesen)

Zur „nationalen Expertise" zählen nationale Expertengremien (ohne Interessenverbände), Regierungen und Verwaltungen der Mitgliedstaaten.

Quelle: Interviews mit Mitgliedern der Kommission Prodi und Auswertung der Fragebögen.

Auf die Frage, woher die Anregungen für die Arbeit in der Kommission stammten, stellten die Mitglieder der Kommission Prodi folgende Rangliste auf: Gespräche mit Kollegen, Problemlösungen in anderen Ländern, wissenschaftliche Bücher und Kongresse, Nichtregierungsorganisationen und Vorschläge von Bürgerinitiativen vor Ort. Auch diese Antworten zeigen, daß die Kommissare sich „europäisch" informieren. Sie sind an der Differenz unterschiedlicher nationaler Problemlösungen interessiert.[114] In der Kommunikation über diese Differenz werden Erfahrungen über den Erfolg oder Mißerfolg bestimmter Lösungen ausgetauscht. Entgegen der in Öffentlichkeit und in Wissenschaft verbreiteten Annahme, die Kommissare seien völlig abgehoben von den Präferenzen der Bürger, sind Bürgerinitiativen und Nichtregierungsorganisationen wichtige Ideengeber für die Mitglieder der Kommission Prodi.

114 Liesbet Hooghe, The European Commission and the Integration of Europe, a. a. O., S. 192.

Frage: Woher erhalten Sie Anregungen für Ihre Arbeit als Mitglied der Europäischen Kommission?

Kommission Prodi

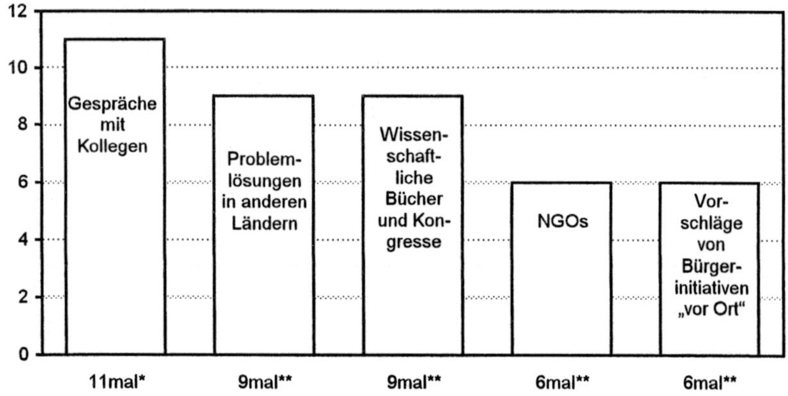

* An 1. Stelle genannt
** An 2. bis 5. Stelle genannt

N = 13 (Mehrfachnennungen, ab 5 Nennungen ausgewiesen)

Quelle: Interviews mit Mitgliedern der Kommission Prodi und Auswertung der Fragebögen.

Gespräche mit den Kollegen werden dadurch erleichtert, daß die befragten Mitglieder der beiden Kommissionen mit jeweils zwei Ausnahmen mehr als eine Sprache sprechen. In der Kommission Santer sprechen 4 Mitglieder sogar 4 Sprachen und 3 Mitglieder 5 Sprachen. In der Kommission Prodi sind es 3 der befragten 13 Mitglieder, die 5 Sprachen beherrschen. In beiden Kommissionen spricht nur ein Mitglied kein Englisch als Mutter- oder Fremdsprache.

Frage: Wie viele und welche Sprachen beherrschen Sie?

	Kommission Santer	Kommission Prodi
1 Sprache	2	2
2 Sprachen	4	2
3 Sprachen	4	3
4 Sprachen	4	3
5 Sprachen	3	3
	N = 17	N = 13

Als Fremdsprache sprechen:

	Kommission Santer	Kommission Prodi
Englisch	13	10
Französisch	11	8
Deutsch	4	6
Spanisch	3	2
Italienisch	2	2
Schwedisch	2	1
Finnisch	1	-
	N = 17	N = 13

Quelle: Interviews mit Mitgliedern der Kommissionen Santer und Prodi sowie Auswertung der Fragebögen.

Die Europäisierung der Informations- und Kommunikationsmuster der Kommissare wird ergänzt durch eine Europäisierung der Organisation. Als Beleg für diese Entwicklung kann die stärker multinationale Zusammensetzung der Kabinette der Kommission gelten.[115] Schon die unabhängigen Sachverständigen hatten kritisiert, daß die Kabinette manchmal ausschließlich oder vorherrschend aus Personen der gleichen Staatsangehörigkeit wie das Kommissionsmitglied zusammengesetzt sind.[116] Der neue Verhaltenskodex sieht eine ausgewogene Verteilung im Hinblick auf die Staatsangehörigkeit vor.[117] Wie die folgenden Tabellen zeigen, hat sich im Vergleich der Kommissionen Santer und Prodi die Zusammensetzung der Kabinette deutlich in Richtung auf eine Europäisierung entwickelt. Hatten in der Kommission Santer noch 14 der 20 Kabinette nur bis zu zwei Mitglieder mit einer anderen Nationalität als das Kommissionsmitglied, so waren es in der Kommission Prodi nur noch 6 Kabinette mit einer derart national orientierten Zusammensetzung. Die Zahl der multinationalen Kabinette mit mehr als 3 Mitgliedern, die eine andere Nationalität haben als ihre Kommissarin oder ihr Kommissar, hat sich verdreifacht.

Tabelle VIII.6: Die Nationalitäten der Kabinettsmitglieder in der Kommission Santer

	Anzahl	%
Bis zu 2 Kabinettsmitglieder haben eine andere Nationalität als ihr/ihre Kommissar/in	14	70
Bis zu 3 Kabinettsmitglieder haben eine andere Nationalität als ihr/ihre Kommissar/in	3	15
Mehr als 3 Kabinettsmitglieder haben eine andere Nationalität als ihr/ihre Kommissar/in	3	15
Anzahl	20	100

115 Auf der Ebene der Generaldirektionen ist es Praxis, daß die Nachfolger auf dem Posten dieselbe Nationalität besitzen wie die scheidenden Generaldirektoren. Dieses „national flag system“ wurde in den frühen Jahren der Gemeinschaft sehr strikt eingehalten. Edward C. Page, People Who Run Europe, Oxford: Clarendon Press 1997, S. 53 zu den Nationalitäten der Generaldirektoren von 1975 bis 1995.

116 Ausschuß unabhängiger Sachverständiger, Zweiter Bericht über die Reform der Kommission, 9.9.1999, S. 277.

117 Europäische Kommission, Für eine europäische Politik- und Verwaltungskultur: Drei Verhaltenskodexe. Zusammensetzung der Kabinette. Die Regeln für die Zusammensetzung der Kabinette sehen „eine ausgewogene Verteilung zwischen Beamten und Zeitbediensteten sowie im Hinblick auf Staatsangehörigkeit und Chancengleichheit vor.“ http://www.europa.eu.int/comm/codesofconduct/commissioners_de.htm

Tabelle VIII.7: Die Nationalitäten der Kabinettsmitglieder in der Kommission Prodi

	Anzahl	%
Bis zu 2 Kabinettsmitglieder haben eine andere Nationalität als ihr/ihre Kommissar/in	6	30
Bis zu 3 Kabinettsmitglieder haben eine andere Nationalität als ihr/ihre Kommissar/in	5	25
Mehr als 3 Kabinettsmitglieder haben eine andere Nationalität als ihr/ihre Kommissar/in	9	45
Anzahl	20	100

Die Stärkung der multinationalen Dimension der Kabinette[118] kann zu einer Europäisierung der Kommunikationsmuster der Kommissare beitragen. Sind in den Kabinetten mehrere Nationen vertreten, dann erhöht sich die Chance, daß über Differenz zwischen den Mitgliedstaaten schon während der Entwicklung von Programmen im Kabinett diskutiert wird. Darüberhinaus ist die multinationale Zusammensetzung der Kabinette eine Möglichkeit, dem Nepotismus vorzubeugen. Die Gefahr, daß Ernennungen nicht auf Verdiensten, sondern auf Freundschaft oder Verwandtschaft basieren, hat sich bei den Recherchen zu Fällen von Mißmanagement in der Kommission Santer als durchaus real erwiesen.[119] Es stellte sich heraus, daß Nepotismus, ineffizientes Verwalten und eine mangelhafte Information des Europäischen Parlamentes Teilaspekte der Realität des Handelns der Kommission sind. Diesen Teil der Realität werde ich im folgenden Abschnitt thematisieren.

4. Die zunehmende politische Verantwortung der Kommission

In der Nacht zum Dienstag, den 16. März 1999, trat die Kommission Santer geschlossen zurück. Im Leitartikel von Le Monde wurde von einer „historischen Brüsseler Nacht gesprochen."[120] Mit zwei Sätzen erklärte Jacques Santer den Journalisten den Rücktritt als unausweichliche Konsequenz aus

118 Vgl. hierzu Weißbuch zur Reform der Kommission vom 1.3.2000, COM (2000) 200, S. 10. Im Internet: http://www.europa.eu.int/comm/off/white/reform/index_de.htm

119 Ausschuß unabhängiger Sachverständiger, Zweiter Bericht über die Reform der Kommission, 9.9.1999, S. 276-277.

120 Editorial, Une chance pour l'Europe. In: Le Monde vom 17.3.1999, S. 20.

dem Bericht der Sachverständigen über das Mißmanagement in der Kommission. Was war geschehen?

Die Geschichte begann lange vor der Aufdeckung von Betrug, Mißmanagement und Nepotismus in der Kommission. Ohne den schleichenden Vertrauensverlust der Kommission seit der BSE-Krise bleibt der Rücktritt unverständlich. In der wissenschaftlichen Literatur über den Rücktritt wird betont, daß die Substanz der Vorwürfe allein den Rücktritt kaum habe begründen können. Einige Autoren führen den Rücktritt auf die Unzufriedenheit des Parlamentes mit der Amtsführung von Jacques Santer zurück, den man von Anfang an als zweite Wahl betrachtet habe.[121] Auch Berichte des europäischen Rechnungshofes über Defizite bei der Umsetzung europäischer Politik hätten im Parlament zu wachsender Kritik an der Kommission geführt.[122] Ein entscheidender Einfluß für den Rücktritt wird auch den Journalisten zugeschrieben, die sich erstmals zu einer transnationalen Kooperation des investigativen Journalismus zusammengefunden und dafür gesorgt hätten, daß die Vorkommnisse skandalisiert wurden.[123] Alle diese Aspekte haben eine wichtige Rolle im Verlauf der Ereignisse gespielt. Der Rücktritt der Kommission Santer ist nach meinem Urteil jedoch nur zu erklären, wenn man alle diese Elemente in ihrem dynamischen Zusammenspiel betrachtet und zeitlich weiter zurückgeht.

Das Europäische Parlament hatte im Juli 1996 einen nichtständigen Untersuchungsausschuß zu BSE eingesetzt und Kommissare, Beamte der Kommission, Sachverständige und Vertreter der Mitgliedstaaten befragt. Der Parlamentsausschuß kam zu dem Ergebnis, daß sich Struktur und Arbeitsweise der Kommission bei der Bekämpfung von BSE als ineffizient erwiesen hätten. Die Details zu den Versäumnissen der Kommission wurden im Kapitel zum Programm des Binnenmarktes beschrieben (vgl. oben Kapitel III). Schon damals gab es einen Mißtrauensantrag des Parlamentes gegen die Kommission.[124] Stimmten 1997 nur 118 Abgeordnete für den Mißtrauensantrag, sprachen 1999 wegen unzureichender Aufklärung des Verdachtes des Betrugs,

121 Neill Nugent, The European Commission, a. a. O., S. 54.

122 Andrew Macmullen, Political Responsibility for the Administration of Europe: The Commission's Resignation March 1999. In: Parliamentary Affairs 52 (1999), S. 704.

123 Christoph O. Meyer, Towards a European Public Sphere? Transnational Investigative Journalism and the European Commission's Resignation. In: Barbara Baerns, Juliane Raupp (Hrsg.), Information and Transnational Communication in Europa, Berlin: Vistas 2000, S. 107-127.

124 Es war der 3. Mißtrauensantrag in der Geschichte des Europäischen Parlamentes. Der 1. Mißtrauensantrag datiert vom 16.6.1976. Der Antrag erhielt nur 18 Ja-Stimmen (109 Nein-Stimmen). Der 2. Mißtrauensantrag datiert vom 23.3.1977 und erhielt 15 Ja-Stimmen (95 Nein-Stimmen). In beiden Fällen ging es um die Milchquote. Der Kommission wurde angesichts der Milchpulverberge (1976) bzw. der Butterberge (1977) Versagen vorgeworfen.

des Mißmanagements und des Nepotismus 232 Abgeordnete der Kommission das Mißtrauen aus.[125]

Das Europäische Parlament und die Kommission galten lange Zeit als natürliche Verbündete. Das Parlament unterstützte die Kommission in ihren Gesetzgebungsvorhaben und die Kommission war umgekehrt ein Partner des Parlamentes in Auseinandersetzungen mit dem Rat.[126] Im Maastrichter Mitentscheidungsverfahren konnte der Rat theoretisch seinen ursprünglichen Gemeinsamen Standpunkt nach Scheitern der Vermittlung mit dem Parlament erneut vorlegen und das Parlament in der Gesetzgebung übertrumpfen. So lag es für das Parlament nahe, die Kommission als ihren Kooperationspartner zu betrachten. In der Literatur wird sogar von „cooperative symbiosis" gesprochen.[127]

Seit Mitte der 90er Jahre ist nun ein erheblicher Machtzuwachs des Europäischen Parlamentes zu beobachten. Rat und Parlament werden im Gesetzgebungsprozeß zu Partnern und erreichen durch informelle Gespräche immer häufiger, daß Gesetze schon in der ersten Lesung verabschiedet werden.[128] Welche Folgen der Machtzuwachs des Parlamentes im Gesetzgebungsprozeß für den Einfluß der Kommission auf die Gestaltung europäischer Politik mit sich bringen wird, ist noch nicht abzusehen.

Der inverse Zusammenhang, wie er für viele Jahre in der Machtverteilung zwischen den Organen der Europäischen Union zu beobachten war, muß nicht unverändert weiter gelten. Es ist auch möglich, daß sich das System zeitlich verändert. Ein schwacher Rat, der wegen des Vetos in seiner Entscheidungsfähigkeit häufig blockiert war, wurde in der Literatur mit einem starken Europäischen Gerichtshof und einer starken Kommission in Korrelation gesetzt. Sobald mit der immer häufigeren Anwendung der qualifizierten Mehrheit der Rat wieder entscheidungsfähiger wurde und die Führung in der europäischen Integration übernehmen konnte,[129] seien die Macht des EuGH

125 In dem Mißtrauensantrag B4-0053/99 vom 11.1.1999 heißt es u. a.: „- hat die Kommission ihm (dem Parlament) trotz seiner wiederholten Forderungen bezüglich verschiedener Affären bis heute keine vollständige Liste der laufenden internen Untersuchungen betreffend Betrugs- und Korruptionsverdacht gegen Beamte der Organe der Union vorgelegt."

126 Martin Westlake, The Commission and the Parliament. In: Geoffrey Edwards, David Spence (Hrsg), The European Commission, a. a. O., S. 225.

127 Ebd., S. 247.

128 Henry Farrell, Adrienne Héritier, Formal and Informal Institutions under Codecision: Continuous Constitution Building in Europe, a. a. O.

129 George Tsebelis, Geoffrey Garrett, The Institutional Foundations of Intergovernmentalism and Supranationalism in the European Union, a. a. O., S. 370 argumentieren mit Verweis auf Joseph Weilers Aufsatz von 1991, daß der EuGH integrationsfördernd vorangegangen sei solange der Rat durch das Veto blockiert war. Nach der EEA habe dann der Rat den Ball eines integrationspolitischen Kurses aufgenommen. „There also seems to be some sentiment among EU-watchers that the power of the Commission declined in the 1990s (even before the ouster of the Santer Commission)."

und der Kommission zurückgegangen. Da die Mitgliedstaaten nun ja seltener im Besitz des Vetos seien, akzeptierten sie auch nicht mehr so ohne weiteres den Aktivismus des EuGH oder weitreichende Implementationsbefugnisse der Kommission. Diese Annahme eines dauerhaften Gleichgewichtes in den Machtverhältnissen, in dem Machtgewinn des einen kollektiven Akteurs automatisch den Machtverlust eines anderen Akteurs mit sich bringt, unterschätzt die Bedeutung von Situationen des Ungleichgewichtes im Prozeß der europäischen Integration.

Ein solches Ungleichgewicht war seit der BSE-Krise im Verhältnis von Kommission und Parlament eingetreten. Das Parlament hat seinen Zugewinn an Macht, der sich schon in der hervorragenden Arbeit des BSE-Untersuchungsausschusses erwiesen hatte, im Mißtrauensvotum von 1997 nur teilweise zur Geltung gebracht. Die Mehrheit der Abgeordneten wollte der Kommission die Möglichkeit geben, aus den Versäumnissen in der BSE-Krise durch Reformen in den Entscheidungsstrukturen zu lernen und sprach das Vertrauen „auf Bewährung" aus. Doch kaum war das Gleichgewicht zwischen Kommission und Parlament durch die völlig unzureichenden Reaktionen der Kommission auf die BSE-Krise ins Wanken geraten, kam die nächste Erschütterung.

Im Mai 1998 berichtete die Task Force für Betrugsbekämpfung (UCLAF) von möglichen Betrugsfällen und Günstlingswirtschaft im Bereich des europäischen Amtes für humanitäre Hilfe „Echo". Das Dokument gelangte an die Öffentlichkeit und wurde ausführlich in belgischen, deutschen, englischen und einer französischen Zeitung zitiert.

Echo wurde 1992 eingerichtet und ist eine Direktion innerhalb der Kommission für Katastrophenhilfe. In der Echo-Affäre ging es um vier Hilfeleistungen der Jahre 1993 und 1994 im ehemaligen Jugoslawien und in der Region der Großen Seen in Afrika. Es wurden zu diesem Zweck vier Verträge an drei Unternehmen in der Gesamtsumme von 2,4 Millionen Euro vergeben. Zwei der Unternehmen wurden treuhänderisch von einem dritten Unternehmen kontrolliert, das in Luxemburg ansässig war und langjährige Verbindungen zu zahlreichen Dienststellen der Kommission unterhielt.

1997/98 erhielt die Task Force für Betrugsbekämpfung von einem internen Informanten den Hinweis, daß an der Seriosität der Verträge Zweifel bestünden. Die Task Force leitete daraufhin eine Untersuchung bei den Vertragsunternehmen ein, und der Verdacht wurde bestätigt. Die Verträge stellten sich als fiktiv heraus. Keine der nach den Verträgen zu leistenden Tätigkeiten oder Käufe hatten jemals stattgefunden. Die Mittel hatte man zum Teil als Personalmittel für eine Gruppe von 11 Bediensteten verwendet, die als Angestellte der Vertragsnehmer als Finanzreferat in der Echo-Zentrale in Brüssel arbeiteten. Die Verwendung von mindestens 600.000 Euro blieb ungeklärt.

Oder wie es eine dänische Zeitung beschrieb: „Millions dissapeared into thin air.“ Der erste Prüfbericht der Task Force vom Dezember 1997 blieb „UCLAF-intern.“ Der zweite Prüfbericht vom Mai 1998, der auch die Ergebnisse der Recherchen im ehemaligen Jugoslawien beinhaltete, wurde u. a. an Jacques Santer, die Kommissionsmitglieder Bonino und Marin und den Direktor von Echo weitergeleitet.[130]

Echo blieb nicht die einzige Affäre der Kommission, die im Sommer 1998 durch die Presse ging. Im August 1998 berichtete eine belgische Zeitung über Günstlingswirtschaft in der Kommission.[131] Diesmal ging es um den Verdacht, Edith Cresson habe einem engen Freund Beraterverträge ohne die entsprechende Gegenleistung zukommen lassen. Die Kommissarin wies die Anschuldigungen zurück und kündigte an, die Zeitung zu verklagen. In einem Interview mit „Le Figaro“ erklärte sie, „ je ne suis nullement concernée“. Daraufhin erschienen in der französischen Presse im September 1998 Artikel über mögliche Verbindungen zwischen Betrug und Nepotismus im Fall Cresson. Edith Cresson reagierte wiederum mit einer Klage. In einer Pressekonferenz im Oktober 1998 wurde dieses Vorgehen als Einschüchterung von Journalisten bezeichnet. Dies war der Wendepunkt, ab dem die Affäre Cresson zum Ausgangspunkt für zahlreiche Presseberichte zum Mißmanagement der Kommission wurde.

In der eingetretenen instabilen Situation zeigte sich die Kommission den Herausforderungen wenig gewachsen. Man versuchte, die Vorkommnisse in ihrer Bedeutung herabzuspielen. In der Substanz waren die Fehler, die der Kommission in der BSE-Krise unterlaufen waren, weit gewichtiger als die im Sommer 1998 aufgedeckten Fälle von Mißmanagement und Nepotismus. Doch zeigt der Umgang der Mitglieder der Kommission mit den Journalisten wenig Verständnis für die Aufgabe der Öffentlichkeit, politisches Handeln informiert zu kritisieren zu kontrollieren. Es wäre wichtig gewesen, die Kritik der Öffentlichkeit ernst zu nehmen und Meinungsunterschiede in der Kommission nicht mit dem Mantel der Kollegialität zuzudecken.

Auch die Auseinandersetzungen über die Affären mit dem Europäischen Parlament zeigen wenig Sensibilität der Kommission für die kritische Lage.[132] Am 17. Dezember 1998 lehnte das Parlament die Entlastung der Kom-

130 Vgl. zu den Details der Affäre: Ausschuß unabhängiger Sachverständiger, Erster Bericht über Anschuldigungen betreffend Betrug, Mißmanagement und Nepotismus in der Europäischen Kommission, 15.3.1999, S. 51-66.

131 Der folgende Abschnitt basiert auf Christoph O. Meyer, Towards a European Public Sphere? A. a. O.

132 Hans-Jörg Trenz, Korruption und politischer Skandal in der EU. In: Maurizio Bach (Hrsg.), Die Europäisierung nationaler Gesellschaften. Sonderheft 40/2000 der Kölner Zeitschrift für Soziologie und Sozialpsychologie, S. 343 zu den Reaktionen der Kommission auf die Skandalisierung und die „Arroganz der Mächtigen gegenüber den gewählten Volksvertretern.“

mission für die Ausführung des Gesamthaushaltes der Europäischen Union im Haushaltsjahr 1996 mit 270 gegen 225 Stimmen bei 23 Enthaltungen ab. Die Vorsitzende des Ausschusses für Haushaltskontrolle von der Europäischen Volkspartei, Theato, kritisierte, daß die Kommission das Vertrauen, es werde gegen vermuteten Betrug in den eigenen Reihen auch wirklich vorgegangen, aufs Spiel setze. Noch immer wisse das Parlament nicht, ob alle entsprechenden Dokumente der Justiz übergeben wurden. Zugleich habe die Kommission das Parlament düpiert, weil die Unterlagen zur Echo-Affäre nur „verstümmelt" weitergegeben worden seien. „Kann es denn richtig sein, daß der zu Kontrollierende bestimmt, worüber und wie weit er kontrolliert werden will?"[133]

In der Tat war der UCLAF-Bericht über die Echo-Affäre bereits in der Presse veröffentlicht, bevor der Berichterstatter des Ausschusses für Haushaltskontrolle des Europäischen Parlamentes die Unterlagen bekam. Der Berichterstatter erhielt eine stark zensierte Version des Berichtes. In dem späteren Sachverständigenbericht über Betrug, Mißmanagement und Nepotismus in der Kommission heißt es hierzu: „Allerdings war die Zensur, zum Schutz der laufenden Rechtsverfahren, so umfangreich, daß die betreffenden Dokumente vollkommen unverständlich waren."[134]

Kommissionspräsident Santer hatte vor der Abstimmung über die Entlastung des Haushalts dem Parlament in einem Brief mitgeteilt, daß im Fall der Nichtentlastung die Situation mit einem Mißtrauensantrag geklärt werden müsse. Mit dieser Verknüpfung von Haushaltsfrage und Mißtrauensvotum hatte die Kommission hoch gepokert. Es war in der angespannten Lage durchaus möglich, daß die Kommission das Vertrauen des Parlamentes verlieren würde. In den Parlamentsdebatten über das Mißtrauensvotum am 11. und 14.1.1999 bekam die Kommission zu spüren, daß sich der Wind seit der BSE-Krise gedreht hatte. „Herr Kommissionspräsident", so der Abgeordnete Cox von der Fraktion der Liberalen, „Ihre Kommission bestand auf der Einleitung des Mißtrauensantragsverfahrens. Daß nicht ein einziges Wort zum Echo-Programm gefallen ist, verblüfft mich sehr. Ihnen kann doch nicht dessen Bedeutung für einige heute hier Anwesende entgangen sein."[135] Die Abgeordnete Theato von der Europäischen Volkspartei unterstützte den Kollegen: „Die Dinge, die jetzt noch im Raume stehen, müssen aufgeklärt werden ... Wir sind das Kontrollorgan. Unsere Aufgaben als Parlament sind gewachsen. Wir sind selbstbewußter geworden und das zu Recht, denn wir sind

133 Verhandlungen des Europäischen Parlamentes vom 15.12.1998, Amtsblatt der EG, Nr. 4-530, S. 43.

134 Ausschuß unabhängiger Sachverständiger, Erster Bericht über Anschuldigungen betreffend Betrug, Mißmanagement und Nepotismus in der Europäischen Kommission, 15.3.1999, S. 63.

135 Verhandlungen des Europäischen Parlaments vom 11.1.1999, http://www.europarl.eu.int/plenary/default_de.htm (Beitrag Pat Cox).

dafür von den Bürgern dieser Europäischen Union gewählt worden."[136] Doch Jacques Santer ging in seiner Rede im Parlament nur am Rande auf die Mißstände ein: „Bei Echo sind vier Fälle von Betrug aufgedeckt und an die Gerichte übergeben worden; mit allen sich daraus ergebenden Konsequenzen. Es handelt sich um vier Verträge mit einem Volumen von 400 000 bis 600 000 Euro, bezogen auf ein Gesamtbudget von mehr als 500 Millionen Euro pro Jahr für Echo."[137]

Das Mißtrauensvotum wurde mit 232 Ja-Stimmen zu 293 Nein-Stimmen bei 27 Enthaltungen abgelehnt. Die Abstimmung erfolgte nach nationalen und nach parteipolitischen Konfliktlinien. Die Mehrheit der deutschen Abgeordneten stimmte fraktionsübergreifend für das Mißtrauensvotum, während die spanischen Abgeordneten fast geschlossen dagegen stimmten. Die Mehrheit der sozialdemokratischen Fraktion hatte für einen Entschließungsantrag gestimmt, in dem die Einsetzung eines Ausschusses unabhängiger Sachverständiger beschlossen wurde. Der Ausschuß sollte die Vorwürfe wegen Betrugs, Mißmanagements und Günstlingswirtschaft prüfen. Dieser Antrag wurde angenommen.[138]

Zahlreiche Abgeordnete waren über das Abstimmungsergebnis entrüstet. „Wir haben überaus feige beschlossen, das Übel zu verlängern, anstatt die Kommission davonzujagen. Das zeugt nicht von Mut... Und schließlich – als Gipfel der Feigheit – haben wir beschlossen, uns bei der weiteren Behandlung dieses Übels auf andere und nicht auf uns selbst zu verlassen," so der Abgeordnete Bourlanges von der Europäischen Volkspartei. Der liberale Abgeordnete Nordmann kommentierte: „Die Kommission zieht die Vormundschaft der Weisen einer echten parlamentarischen Kontrolle vor, und das Parlament verzichtet vorläufig – und das Provisorium scheint an Dauerhaftigkeit zu gewinnen – auf seine Kontrollbefugnisse." Als Schande bezeichnete der Abgeordnete Aelvoet von den Grünen das Abstimmungsergebnis: „Damit sprechen wir uns ganz einfach selbst das Mißtrauen aus. Das nennt man dann die Autorität des Parlaments stärken... Meine Fraktion hat immer klipp und klar gesagt..., daß diese Kommission zurücktreten muß, daß sie unser Vertrauen nicht genießen kann. Und zwar nicht nur wegen der Finanzskandale, vielmehr auch wegen ihrer Politik in anderen Bereichen: BSE ... und vieles mehr."[139]

136 Ebd., (Beitrag Diemut Theato).
137 Ebd., (Beitrag Jacques Santer).
138 Europäisches Parlament, Dok. B4-0065, 0109 und 0110/99: Entschließung zur Verbesserung der Haushaltsführung der Europäischen Kommission. Die Entschließung wurde am 14.1.1999 mit 319 Ja-Stimmen, 157 Nein-Stimmen bei 54 Enthaltungen angenommen.
139 Alle Zitate finden sich im Protokoll zu den Verhandlungen des Europäischen Parlamentes vom 14.1.1999 unter dem jeweiligen Namen der oder des Abgeordneten. http://www.europarl.eu.int/plenary/default_de.htm

Das Mißtrauensvotum des Parlamentes war zwar gescheitert. Doch die Zahl der Abgeordneten, die bereit waren, der Kommission das Mißtrauen auszusprechen, hatte sich im Vergleich zur Abstimmung aus Anlaß der BSE-Krise fast verdoppelt. Der innerhalb von zwei Jahren schon zweite Versuch des Parlamentes, der Kommission das Mißtrauen auszusprechen, hat das Machtgleichgewicht zwischen Parlament und Kommission weiter destabilisiert. Das Verlagern des Handelns auf einen Sachverständigenausschuß kann als Versuch der Kommission interpretiert werden, durch eine externe Instanz Zeit zu gewinnen und quasi einen Stabilisator in die Entwicklung einzubauen. Die notwendige Kommunikation der Kommission mit dem Parlament blieb aus. Die Protokolle der beiden Parlamentssitzungen am 11. und 14. Januar 1999 zeigen deutlich, daß weder der Kommissionspräsident noch die sehr belastete Kommissarin Cresson bereit waren, sich mit der Kritik der Abgeordneten auseinanderzusetzen. Vor allem die Fragen der Abgeordneten zu der mangelhaften oder verspäteten Information des Parlamentes durch die Kommission blieben ohne Antwort.

Die Sachverständigen gaben ihren Bericht fristgerecht am 15. März ab. In dieser kurzen Zeit konnten selbst die erfahrenen Experten unter Vorsitz des ehemaligen EU-Rechnungsprüfers André Middlehoek aus den Niederlanden nur eine begrenzte Anzahl von Fällen prüfen. Die Sachverständigen untersuchten dabei insbesondere die Reaktionen der Kommission auf Betrug, Mißmanagement und Nepotismus. Die festgestellten Versäumnisse der Kommissare beziehen sich insbesondere auf zu langsame und wenig effiziente Ermittlungen in Verdachtsfällen von Betrug und Mißmanagement. Im Falle von Frau Cresson gelangte der Ausschuß zu der Auffassung, daß hier die ungerechtfertigte Begünstigung eines engen Freundes vorliegt.

Als schwerwiegendes Fehlverhalten ist eine geradezu als irreführend zu bezeichnende Information des Parlamentes durch die Kommission über die Unregelmäßigkeiten im Programm Leonardo da Vinci einzustufen. Ausgerechnet Leonardo da Vinci, der als Künstler besonderen Wert auf eine präzise Kenntnis der realen Welt legte und sich lieber auf seine eigenen Augen als die überlieferten Texte verließ, mußte mit seinem guten Namen für ein Programm herhalten, in dem von Präzision nicht die Rede sein konnte. Überhöhte Honorare, doppelt ausgestellte Rechnungen, Betrug, Verstöße gegen das Vertragsrecht und Nepotismus – das gesamte Spektrum des Mißmanagements fand sich bei der Verwaltung dieses Programms, das eigentlich der beruflichen Bildung dienen sollte. All diese Unregelmäßigkeiten waren in der Kommission bekannt und Gegenstand von Untersuchungen, als das Europäische Parlament im Sommer 1998 an seinem Bericht zum Nachfolgeprogramm Leonardo II arbeitete.

Die Sachverständigen sind der Meinung, daß schon der gesunde Menschenverstand erfordert hätte, dem Parlament alle Informationen im Zusammenhang mit Leonardo I zur Verfügung zu stellen. Doch selbst als die Berichterstatterin des Parlamentsausschusses für Beschäftigung und soziale Angelegenheiten im Oktober 1998 bei der Kommission nach der Stichhaltigkeit der Anschuldigungen über unzählige Rechtsverletzungen bei Leonardo I fragte, antwortete Präsident Santer ausweichend. Der interne Rechnungsprüfungsbericht stehe kurz vor dem Abschluß, und die Kommission werde die Arbeitsweise des in die Kritik geratenen Büros für technische Hilfe genau beobachten. Die Erkenntnisse der Rechnungsprüfungen von 1996 und 1997 wurden unterschlagen. Auch der Entwurf des internen Berichtes, der im Juli 1998 fertig war und das katastrophale Management des ersten Leonardo Programmes deutlich machte, wurde im Schreiben des Kommissionspräsidenten nicht erwähnt.[140] Eine solche Fehlinformation des Parlamentes widerspricht der von den Mitgliedern der Kommission Santer als sehr gut bis gut beschriebenen Kommunikation mit dem Parlament.

Durch den Bericht zieht sich als Ursache von Betrug und Nepotismus wie ein roter Faden das Mißverhältnis von immer neuen Aufgaben für die Kommission bei einer gleichbleibenden Zahl von Mitarbeitern. Dies führte zur Beschäftigung der externen Büros für technische Hilfe, die schwer zu kontrollieren waren und manchmal auch eine dominierende Stellung in der Kommission besaßen. Im zweiten Bericht der Sachverständigen vom September 1999 werden die Gefahren, die mit der Auslagerung der Verwaltung europäischer Programme auf private Einrichtungen verbunden sind, im Detail beschrieben. Die Kommission habe auf die Gefahren wie z. B. undurchsichtige Vergabepraktiken von Aufträgen nur zaghaft reagiert.[141] Die im Verhältnis zu den Aufgaben schlechte Personalausstattung haben die Experten nicht als Entschuldigung der Kommission gelten lassen, sondern umgekehrt der Kommission den Vorwurf gemacht, nicht für mehr Personal z. B. durch die Besetzung freier Stellen gesorgt zu haben.[142]

Selbst wenn man diesen Vorwurf gegenüber der Kommission gelten läßt, haben die Experten aus den nachgewiesenen Fällen eines Fehlverhaltens einzelner Mitglieder der Kommission Schlußfolgerungen abgeleitet, die ich für überzogen halte. Die Reaktionen der Kommission bei Verdacht auf Korruption oder Nepotismus waren in den geprüften Fällen nicht angemessen. Die Kontrolle der Büros für technische Hilfe funktionierte schlecht oder gar nicht. Die Fehlinformation des Parlamentes über das Programm Leonardo I

140 Ausschuß unabhängiger Sachverständiger, Erster Bericht, über Anschuldigungen betreffend Betrug, Mißmanagement und Nepotismus in der Europäischen Kommission, 15.3.1999, S. 83.

141 Ausschuß unabhängiger Sachverständiger, Zweiter Bericht über die Reform der Kommission. Analyse der derzeitigen Praxis und Vorschläge zur Bekämpfung von Mißmanagement, Unregelmäßigkeiten und Betrug, 9.9.1999, S. 67ff.

142 Ausschuß unabhängiger Sachverständiger, Erster Bericht über Anschuldigungen betreffend Betrug, Mißmanagement und Nepotismus in der Europäischen Kommission, 15.3.1999.

zeigt eine Mißachtung der gewählten Repräsentanten der Bürger, die der ohnehin wenig entwickelten Demokratie in der Europäischen Union geschadet hat. Gleichwohl ist das Resümee der Experten übertrieben. Am Schluß des Berichtes steht ein verheerendes Urteil über die Kommission. Es sei schwierig, „irgendeine Person zu finden, die sich auch nur im geringsten verantwortlich fühlt. Dieses Verantwortungsbewußtsein ist jedoch von wesentlicher Bedeutung. Man muß es in erster Linie von den Kommissionsmitgliedern und ihrem Kollegium erwarten.“[143] Dieses Urteil ist m. E. unbegründet, weil die Erkenntnisse aus einigen Fällen nicht verallgemeinert werden dürfen.

Das Schicksal der Kommission Santer war besiegelt. Die Kommission zog die Konsequenzen aus dem Bericht und hat mit ihrem Rücktritt am 16. März 1999 die politische Verantwortung für die Fälle von Betrug, Nepotismus und Ineffizienz ihrer Verwaltung übernommen. Der Zorn einiger Kommissare, daß sie für die Fehler weniger Kollegen büßen mußten, ist verständlich. Der Wettbewerbskommissar Karel van Miert sprach zu Recht von einem „Pauschalurteil.“[144] Die Kommission hatte zu spät erkannt, daß schon die BSE-Krise zu einem Vertrauensverlust geführt hatte.[145] Die Kommunikation mit dem Parlament klappte nicht wirklich, weil die Kommission auf die Kritik des Parlamentes an der Verwaltung nicht einging und sogar Informationen vorenthielt. Es war nun nur noch eine Frage der Zeit, wann das aus dem Gleichgewicht geratene Verhältnis zwischen Kommission und Parlament umkippen würde. Der Sachverständigenbericht hatte praktisch eine Beschleunigungsfunktion. Denn es war klar, daß ein erneutes Mißtrauensvotum des Parlamentes gute Aussicht auf Erfolg hatte.

Der Rücktritt der Kommission Santer machte den Bürgern Europas deutlich, daß ihr Parlament in Straßburg nicht ohne Einfluß ist. Gewinner war am Ende die Demokratie in der Europäischen Union, die aus der dynamischen Interdependenz zwischen Kommission und Parlament gestärkt hervorging.[146] Die Kommission hat mit ihrem Rücktritt bewiesen, daß sie ein politisches, kein technokratisches Organ ist.[147] „Zum ersten Mal in der EU-Geschichte hat die Europäische Kommission ... politische Verantwortung übernommen

143 Ebd., S. 136.

144 In: Die Zeit vom 18.3.1999, S. 2.

145 So auch der Kommentar in Le Monde vom 17.3.1999, S. 3: „La crise de la Vache folle est une premier avertissement à Jacques Santer ... une évolution qui va plus vite que Jacques Santer ne le réalise.“

146 Neue Zürcher Zeitung vom 17.3.1999, S. 2: „Diese neue Verantwortlichkeit der Brüsseler Behörde gegenüber dem Parlament verkörpert einen Zuwachs an Demokratie.“

147 Der Kommentar im International Herald Tribune vom 17.3.1999, S. 6 beschreibt die Kommission m. E. zu Unrecht als technokratisch, war doch der Rücktritt der Beweis des Gegenteils. „The next president will also need to be on good terms with the Parliament, which is demanding to be taken more seriously as a democratic counterweight in Europe against the essentially technocratic and unelected commission.“

... Das ist der Kern des Neuen und des Positiven an der Angelegenheit," kommentierte der ehemalige Parlamentspräsident Klaus Hänsch.[148]

Die Kommission hat in Antizipation eines erneuten Mißtrauensvotums des Parlamentes ihre politische Verantwortung als Kollegium eingelöst. Der nächste Schritt wird die individuelle Verantwortung der Mitglieder der Kommission sein. Präsident Prodi hat diesen Weg schon ein Stück weit beschritten, weil die Mitglieder seiner Kommission zugesagt haben, zurückzutreten, wenn er sie zum Rücktritt auffordert. Der Machtzuwachs des Parlamentes hat nicht zur Folge, daß die Kommission in gleichem Maße an Macht verliert. Beide Organe verfolgen unterschiedliche Interessen und verfügen über unterschiedliche Zeitstrukturen und Ressourcen. Kommission und Parlament haben sich vielmehr in ihrem Verhältnis auf eine neue Situation zubewegt. Es ist eine qualitativ neue Ordnung eingetreten, die mehr Demokratie in der dynamischen Interaktion zwischen Kommission und Parlament ermöglicht.

Dieser Zuwachs an Demokratie durch die öffentlich sichtbare politische Verantwortung der Kommission belegt, daß die Mitglieder der Kommission ihre Rolle als Politiker ernst nehmen. Im Weißbuch zur Reform der Kommission vom März 2000 wird folgerichtig betont, daß die Kommission ein politisches Organ ist. „Die Prodi-Kommission hat die strategische Entscheidung getroffen, sich stärker auf ihre Kernaufgaben wie Konzeption der Politik, politische Initiative und Durchsetzung des Gemeinschaftsrechts zu konzentrieren."[149] Die Mitglieder der Kommission sind Politiker, die nach ihrem Selbstverständnis in wachsendem Maße ihre konzeptionellen Aufgaben in demokratischer Kommunikation über Differenz wahrnehmen. Gleichwohl kommt es vor, daß politische Entscheidungen unter Umgehung demokratischer Verfahren gefällt werden. Kommissare handeln dann als Technokraten. Die Ausbildung, die beruflichen Erfahrungen, die Informations- und Kommunikationsmuster zeigen jedoch ganz klar die wachsende Bedeutung einer politischen Handlungsorientierung der Mitglieder der Kommission.

148 Klaus Hänsch in einem Interview mit der Süddeutschen Zeitung vom 17.3.1999, S. 5.
149 Europäische Kommission, Die Reform der Kommission. Ein Weißbuch, COM (2000) 200, Teil I, 1.3.2000, Vorwort und Abschnitt I.

IX. Die Entwicklung des politischen Europa

Die zunehmend politische Handlungsorientierung der Mitglieder der Kommission, die ich im letzten Kapitel beschrieben habe, ist eingebettet in die allmähliche Entwicklung des politischen Europa. Wir können eine Ko-Evolution der europäischen Verträge, der europäischen Programme, der Strukturen der Willensbildung und der Handlungsorientierungen der Akteure beobachten. Diese Ko-Evolution ist ansatzweise durch eine demokratische Kommunikation über Differenz geprägt. Die politischen Eliten und die Bürger werden sich immer mehr bewußt, daß in den Institutionen der Europäischen Union Entscheidungen mit Folgen für die Verteilung von Gütern und die Geltung von Normen in den Mitgliedstaaten gefällt werden. Die Eliten gestalten dieses politischer werdende Europa in wachsendem Maße auf demokratische und kommunikative Weise. Am Beispiel der Kommission, die als wichtiger korporativer Akteur der politischen Steuerung in Europa gelten kann, wurde dies gezeigt. Doch auch die Defizite an Demokratie, an Kommunikation und einer Beachtung von Differenz sind in der Analyse der politischen Steuerung in Europa immer wieder deutlich geworden. Die empirischen Befunde zur politischen Steuerung in Europa sollen im folgenden Abschnitt noch einmal zusammengefaßt werden.

1. Zusammenfassung der empirischen Befunde

Im ersten Kapitel wurde ein analytisches Modell zum Zusammenhang von Differenz und Steuerung entwickelt (vgl. Abbildung I.1). Der Zusammenhang soll sowohl für das Zustandekommen als auch für die Umsetzung der politischen Entscheidungen gelten. Nach dem Modell hängt das Maß an Steuerungs- und Problemlösungskapazität politischer Entscheidungen in der Europäischen Union davon ab, auf welche Weise die Akteure im Prozeß der Willensbildung und Entscheidungsfindung mit Differenz umgehen, und inwieweit die Strukturen der Willensbildung das Wahrnehmen von Differenz leicht oder schwer machen.

Die Steuerungs- und Problemlösungskapazität politischer Entscheidungen ist wiederum eine Bedingung für den Erfolg der Steuerung und die Lösung der Probleme in der Europäischen Union. Sind die einmal getroffenen Entscheidungen sachlich geeignet, ein Problem zu lösen, dann ist es im nächsten Schritt für eine erfolgreiche Steuerung und Problemlösung von Bedeutung, auf welche Weise die Akteure auch im Prozeß der Umsetzung mit Differenz umgehen. Es ist die normative Prämisse[1] des theoretischen Ansatzes, daß ein

1 Wolf Lepenies, Benimm und Erkenntnis. In: ders., Benimm und Erkenntnis, Frankfurt: Suhrkamp 1997, S. 43 über die notwendige Rückkehr der Werte in die Wissenschaften.

demokratischer und kommunikativer Umgang mit Differenz in der Vorbereitung und Umsetzung politischer Entscheidungen in der Europäischen Union eine erfolgreiche Steuerung und Problemlösung eher fördert als ein nichtdemokratischer und nichtkommunikativer Umgang mit Differenz.

Mit dem hier vorgeschlagenen Modell zur Analyse der politischen Steuerung erhält die Kategorie der Differenz einen zentralen Stellenwert. Dieser Stellenwert entspricht der Bedeutung, die sowohl die strukturelle Differenz beispielsweise von Ideen, Interessen und Institutionen als auch die konkreten Differenzen für den Erfolg oder Mißerfolg der politischen Steuerung in der Europäischen Union haben. Während in der bisherigen empirischen Forschung die Probleme im Vordergrund standen, die in der Folge des hohen Maßes an Differenz zwischen den Mitgliedstaaten für die politische Steuerung auftreten, möchte ich die Perspektive ändern. Der Blick meiner Arbeit richtet sich auf das positive Potential von Differenz für die Steuerung und Problemlösung in einem politischer werdenden Europa (Kapitel I).

Im zweiten Kapitel wurde dargelegt, wie in der Einheitlichen Europäischen Akte, den Verträgen von Maastricht, Amsterdam und Nizza sukzessive auf dem Weg vom ökonomischen zum politischen Europa vorangeschritten wurde. Die Europäische Union war bis Anfang der 90er Jahre vor allem ein Binnenmarkt für die Freizügigkeit von Personen und für den freien Verkehr von Waren, Dienstleistungen und Kapital. Erst seit der Verabschiedung der Einheitlichen Europäischen Akte im Februar 1986 ist zu beobachten, daß die rechtlichen Grundlagen für Kompetenzen der Europäischen Union in politischen Fragen jenseits der Ökonomie nach und nach aufgebaut werden. Mit dem Vertrag von Maastricht wurden die entscheidenden Schritte zu einer europäischen Sozialverfassung getan. Eine europäische Umweltverfassung kam mit dem Vertrag von Amsterdam hinzu.[2] Der Vertrag von Nizza brachte nur noch kleinere Änderungen bei den sozialpolitischen und ökologischen Kompetenzen. Insgesamt ergeben die europäischen Verträge im Jahr 2002 ein „facettenreiches Gesamtbild“ ökonomischer, sozialer, ökologischer und kultureller Kompetenzen und Aktivitäten, „die einmal mehr rechtfertigen, daß die Gemeinschaft sich selbst nicht mehr als EWG bezeichnet und die Wissenschaft den Begriff der Verfassungsgemeinschaft wagen kann.“[3]

Vgl. zur Notwendigkeit der Verknüpfung von empirischer Forschung und normativer politischer Theorie auch Fritz W. Scharpf, Interaktionsformen, a. a. O., S. 36.

2 Carsten Nowak, Perspektiven einer umweltverfassungskonformen Auslegung der europäischen Wirtschaftsverfassung, a. a. O., S. 215-239.

3 Peter Häberle, Europäische Verfassungslehre, a. a. O., S. 486: „Rechtsstaat, Demokratie, Wirtschaft, Kultur und Umwelt als konstitutionelle Themen sind glaubwürdig um die Sache der sozialen Gerechtigkeit bereichert.“

Die rechtlichen Regeln, die in den Verträgen für den Umgang mit den neuen Kompetenzen vorgesehen sind, orientieren sich zunehmend an einer demokratischen Kommunikation. Das im Vertrag von Maastricht eingeführte Mitentscheidungsverfahren war ein Pluspunkt für das Europäische Parlament. Auf der Basis dieser formellen Regel entstand ein informeller Kommunikationsprozeß zwischen Parlament und Ministerrat über die unterschiedlichen Positionen in der Gesetzgebungsarbeit. Verhandlungen zwischen den beiden Akteuren zu einem frühen Zeitpunkt des Verfahrens führten zu einer Beschleunigung in der Verabschiedung von Richtlinien und Verordnungen. Es ist dem Parlament durch die informellen Regeln gelungen, seine strategische Position im Gesetzgebungsprozeß zu verbessern. Die informellen Regeln beeinflußten wiederum die Vereinfachung des Mitentscheidungsverfahrens im Vertrag von Amsterdam.[4] Das geänderte Verfahren hat noch einmal die Position des Parlamentes verbessert (vgl. Abbildung II.1). Das Verfahren, das in den Vertrag von Nizza übernommen wurde, sichert nun dem Parlament in Verbindung mit der qualifizierten Mehrheit bei der Abstimmung im Ministerrat einen wirklichen Einfluß bei der europäischen Gesetzgebung.

Im jüngsten Vertrag der Europäischen Union, dem Vertrag von Nizza, werden demokratische Institutionen zum Teil ausgeweitet und zum Teil eingeschränkt. Als Fortschritt für die Demokratie ist die geplante Zusammensetzung des Parlamentes in einer Union mit 27 Mitgliedern zu interpretieren. Im Parlament werden die Mitgliedstaaten dann stärker als bisher im Verhältnis zur Größe ihrer Bevölkerung repräsentiert sein. Die Benennung des Kommissionspräsidenten durch den Europäischen Rat mit qualifizierter Mehrheit ist ebenfalls ein Plus für die europäische Demokratie. Schließlich ist die Proklamation der Charta der Grundrechte eine Station auf dem Weg zu einer europäischen Verfassung.[5] Die Charta wurde von einem Konvent erarbeitet, in dem die nationalen Parlamente und das Europaparlament eine zentrale Rolle spielten. Die Vertreter zahlreicher gesellschaftlicher Gruppen beteiligten sich an den Hearings. Die Arbeitsmethode des Konventes kann als Kommunikation über Differenz beschrieben werden. Die Charta ist inhaltlich ein Dokument, in dem die Differenz der Kulturen der Völker und die Differenz der politischen Institutionen der Mitgliedstaaten als Chance gesehen werden, in Europa ein dynamisches Verständnis der Grundrechte zu realisieren.

Als Rückschritt für die europäische Demokratie ist die Stärkung der nationalen Vetopositionen in einem zukünftigen Europa mit 27 Mitgliedern zu werten. Das komplizierte Verfahren, das für eine qualifizierte Mehrheit im Ministerrat vorgesehen ist, lädt zu nationalen Egoismen ein. Blockaden bei der

4 Henry Farrell, Adrienne Héritier, Formal and Informal Institutions under Codecision, a. a. O., S. 32.

5 Charta der Grundrechte der Europäischen Union, unterzeichnet am 7.12.2000. In: Amtsblatt der EG vom 18.12.2000, Nr. C 364, S. 1.

Abstimmung sind vorprogrammiert. So könnte Deutschland mit zwei weiteren großen Mitgliedstaaten wie dem Vereinigten Königreich und Italien eine Entscheidung verhindern, weil ohne diese drei Staaten die notwendigen 62 % der EU-Bevölkerung nicht erreicht würden.

Die Geschichte der europäischen Integration ist mit Nizza an einem Wendepunkt angekommen. Ein „evolutionärer Rückfall“[6] ist in der jetzigen ungleichgewichtigen Situation ebenso denkbar wie das Erreichen einer weiteren Stufe der Integration. Da es durch die geplanten Abstimmungsregeln schwierig sein wird, zu Entscheidungen zu gelangen, könnte die Offenheit der Kommunikation leiden. Das Beharren auf nationalen Interessen, das den Verhandlungsstil in Nizza prägte, kommt auch im Ergebnis des Vertrages zum Ausdruck. Wenn die politischen Eliten zu grundlegenden Reformen der Institutionen weiterhin nicht in der Lage sein werden, wird man für die internen und externen Probleme der Europäischen Union immer seltener erfolgversprechende Lösungen finden. Wildwuchs drohte zum Prinzip der europäischen Integration zu werden. Nicht punktuelle Reformen à la Nizza sind gefragt, sondern Reformen, die zu einer europäischen Gesamtordnung führen (Kapitel II).

Im Anschluß an die Darstellung der rechtlichen Grundlagen des politischen Europa habe ich die allmähliche Ausdifferenzierung der europäischen Politik in Bereiche mit ökonomischen, ökologischen, sozialen und kulturellen Zielen beschrieben. Das Programm des Binnenmarktes ermöglichte es den politischen Eliten und den Bürgern, die Europäische Union als einen funktional begrenzten Zweckverband zu betrachten. Da es sich ja „nur“ um wirtschaftliche Aspekte handle, sei der Binnenmarkt eine Sache für Experten. Der „Mechanismus der funktionalen Einigungsidee“ erlaubte es, auf eine politische Grundsatzdebatte über das Ziel der europäischen Integration oder über die Staatsqualität des neuen Gebildes zu verzichten.[7] Der politische Gehalt des Binnenmarktes, der eine weitreichende Entscheidung für die Verteilung von Gütern und die Geltung von Normen bedeutete, konnte erfolgreich verdrängt werden.

Das Programm des Binnenmarktes ist nicht in demokratischer Kommunikation über Differenz zustande gekommen. Vielmehr hat die Kommission dieses Programm in enger Kooperation mit dem „European Round Table of Industrialists“ entwickelt. Die politischen Eliten waren von den Vorteilen eines großen Marktes so überzeugt, daß die Nachteile unterschätzt wurden. Die Skepsis, die in einigen wissenschaftlichen Untersuchungen zu den Folgen des

6 Carl Böhret, Götz Konzendorf, Ko-Evolution von Gesellschaft und funktionalem Staat, a. a. O., S. 144.

7 Udo di Fabio, Eine europäische Charta. Auf dem Weg zur Unionsverfassung. In: Juristenzeitung 55 (2000), S. 737.

Binnenmarktes zum Ausdruck kam, wurde der Öffentlichkeit verschwiegen. Wie aus Aufzeichnungen von Interviews hervorgeht, die der Historiker Keith Middlemas mit hohen Beamten der Kommission geführt hat und die im Archiv des Europäischen Hochschulinstituts in Florenz einzusehen sind, erhielt die Öffentlichkeit geschönte Daten über die Prognosen zu den Folgen des Binnenmarktes.

Der Binnenmarkt wurde den hohen Erwartungen nicht gerecht. Es konnte gezeigt werden, daß die Beschäftigung in den Mitgliedstaaten nicht in dem Maße zunahm, wie es die Architekten des Binnenmarktes prognostiziert hatten. Im Jahr 2002 lag die Beschäftigungsquote in den Mitgliedstaaten der Europäischen Union mit 64,4 % nur gut drei Prozentpunkte über dem Stand des Jahres 1980 (vgl. Abbildung III.2).

Die Defizite des Programms wurden am Beispiel der BSE-Krise aufgeschlüsselt. Die einseitige Orientierung am Wachstum und die Befürchtung, man werde ökonomische Einbußen erleiden, haben dazu beigetragen, daß die Krise lange Zeit in ihrer Tragweite nicht wahrgenommen wurde. Die Kommission hat in ihren Reaktionen auf die BSE-Krise in drei Bereichen Differenz nicht hinreichend beachtet: die Differenz des Wissens über BSE, die Differenz der Interessen während der Entscheidungsfindung und die Differenz der Institutionen bei der Umsetzung der europäischen Vorschriften in den Mitgliedstaaten. Die unterschiedlichen Wissensangebote wurden nicht genutzt. Das Interesse des Vereinigten Königreiches an einem Herunterspielen der Krise wurde durch die personelle Dominanz britischer Sachverständiger in den europäischen Ausschüssen auf die Europäische Union übertragen. Das Potential der Europäischen Union, die Differenz der Interessen in die Problemlösungen einzubeziehen, wurde auf diese Weise gerade verschenkt. Nachdem man endlich auf europäischer Ebene Maßnahmen zur Bekämpfung von BSE getroffen hatte, wurde es versäumt, die Unterschiede in der Implementation in den Mitgliedstaaten zu beachten und entsprechende Kontrollen durchzuführen. Erst mit einer zeitlichen Verzögerung von etwa 15 Jahren waren Lernprozesse zu erkennen.

Zu Beginn der 90er Jahre öffnete sich die europäische Politik für Ziele und Rationalitätskriterien jenseits der Ökonomie. Die europäische Sozialpolitik (Kapitel IV) hat bei den Zielen der Wohlfahrt, der Gerechtigkeit und der Integrität begrenzte Erfolge zu verbuchen. Das Ziel der Wohlfahrt wurde mit den Programmen zu Sicherheit und Gesundheitsschutz am Arbeitsplatz zu erreichen versucht. Es wurden nicht nur sozialpolitische Mindeststandards beschlossen, sondern auch Regelungen, die für einige und manchmal sogar für alle Mitgliedstaaten mit höheren Standards verbunden waren. Mit der Kohäsionspolitik wurde angestrebt, zwischen reichen und armen Mitgliedstaaten oder Regionen umzuverteilen und mehr Gerechtigkeit zu verwirklichen. Bei aller notwendigen Vorsicht ist auch diese Politik nicht ohne konkrete Folgen geblieben. Für einige Mitgliedstaaten wie z. B. Irland haben die Strukturfonds zu einem zusätzlichen Wirtschaftswachstum geführt.[8] Eine etwas gerechtere Verteilung des Wohlstandes in Europa wurde erreicht. Mit der Richtlinie zu den Europäischen Betriebsräten leistete die Europäische Union einen Beitrag zu einer integeren Arbeitswelt in transnationalen Unternehmen. Die ersten empirischen Untersuchungen zeigen, daß die 800 Betriebsräte, die bis Ende Mai 2004 eingerichtet wurden, zu einer intensiven Kommunikation der Arbeitnehmer auf europäischer Ebene geführt haben. Die Beziehungen der Europäischen Betriebsräte zu den nationalen Gewerkschaften gestalteten sich je nach Art der Arbeitnehmervertretungen in den Mitgliedstaaten auf unterschiedliche Weise. Diese Differenz war kein Hindernis für die Entwicklung der Betriebsräte zu einem wichtigen Akteur im Bereich der industriellen Beziehungen in Europa. Die Mitglieder in den Europäischen Betriebsräten haben Differenz als Potential genutzt. Es ist gelungen, die Arbeitswelt in transnationalen Unternehmen mitwirkungsfreundlicher zu gestalten als dies ohne die Betriebsräte der Fall wäre.

Das im Vergleich zu den USA geringere Maß an Armut in den Mitgliedstaaten der Europäischen Union ist ein Anhaltspunkt für ein europäisches Gesellschaftsmodell, das sich vom neoliberal geprägten Wirtschaftsmodell unterscheidet. Dieses europäische Gesellschaftsmodell hat seit Mitte der 90er Jahre an Substanz verloren. So besteht seit 1999 kein positiv linearer Zusammenhang mehr zwischen Wirtschaftskraft und Sozialausgaben in den Mitgliedstaaten der Europäischen Union (vgl. Abbildungen IV.2 bis IV.5). Die gleichwohl noch immer vorhandenen sozialintegrativen Leistungen der europäischen Sozialstaaten können nur erhalten werden, wenn die Mitgliedstaaten auf nationaler und auf europäischer Ebene Sozialpolitik betreiben. Europäische Sozialpolitik findet durch Kommunikation über unterschiedliche sozialpolitische Institutionen, durch Koordination der nationalen Programme und durch die Verabschiedung gemeinsamer europäischer Normen statt. Die Sozialpolitik in der Europäischen Union wird also auf andere Weise gestaltet als in den Mitgliedstaaten. Differenz ist ein Potential der europäischen Sozialpolitik, weil die unterschiedlichen nationalen Ziele und Instrumente der Sozialpolitik dazu geführt haben, daß die Mitgliedstaaten voneinander lernen und die Vielfalt der Möglichkeiten zu innovativen Lösungen nutzen.

Wie die Sozialpolitik, so war auch die europäische Umweltpolitik zunächst ein Anhängsel des Binnenmarktes. Man wollte Verzerrungen des Wettbewerbs durch umweltpolitische Standards vermeiden. Erst in den 90er Jahren kam es zu innovativen Schritten in der europäischen Umweltpolitik (Kapitel V). Die Mitgliedstaaten der „Grünen Troika“, die Niederlande, Dänemark und Deutschland, das Engagement der Kommission und internationale Kon-

8 Jochen Lang, Frieder Naschold, Bernd Reissert, Management der EU-Strukturpolitik, a. a. O., S. 55.

ferenzen gaben der europäischen Umweltpolitik Impulse. Im Sommer 2001 war es dann die Europäische Union, von der Impulse für einen Kompromiß in den internationalen Verhandlungen über das Kyoto-Protokoll ausgingen.

Der Wandel der europäischen Umweltpolitik von einer starken Orientierung an ökonomischen Kriterien zu einer Öffnung für ökologische, ethische und demokratische Kriterien konnte belegt werden. Im Bereich der Gentechnik berücksichtigten die europäischen Politiker gegen den Trend in einigen Mitgliedstaaten neben den ökonomischen Zielen auch die ökologischen Belange. Eine wichtige Rolle spielte beim Wandel der Umweltpolitik das Europäische Parlament, das insbesondere das Vorsorgeprinzip und die Beteiligung der Öffentlichkeit beispielsweise bei der Freisetzung gentechnisch veränderter Pflanzen durchgesetzt hat. Die analysierten umweltpolitischen Programme der Europäischen Union können durchaus als problemadäquat bezeichnet werden.

Das Manko der europäischen Umweltpolitik sind nicht die Programme, sondern die Defizite bei der Umsetzung. Diese Defizite hängen nach den Untersuchungen des Rechnungshofes der Gemeinschaft mit der ineffizienten Koordinierung der Maßnahmen und mit einer mangelhaften Berücksichtigung der finanziellen Möglichkeiten der Mitgliedstaaten zusammen. Europäische Gelder für die nationale Umweltpolitik sind an die Kofinanzierung durch die Mitgliedstaaten gebunden. In der Konsequenz erhalten Österreich und Deutschland mit einer vergleichsweise günstigen Situation der Umwelt höhere Beihilfen für die Umweltpolitik als Spanien und Griechenland, die große Umweltprobleme haben, ohne sich die Kofinanzierung leisten zu können. Die Mißachtung der konkreten Differenzen in der finanziellen Situation der Mitgliedstaaten ist also einer der Gründe für eine wenig effektive Verwirklichung der umweltpolitischen Programme der Europäischen Union.

Während die Sozial- und Umweltpolitik zumindest auf der programmatischen Ebene nicht mehr als Randerscheinungen des Binnenmarktes charakterisiert werden können, hat die Analyse ergeben, daß ökonomische Gesichtspunkte in der europäischen Kulturpolitik nach wie vor die entscheidende Rolle spielen (Kapitel VI). In den Media-Programmen zur Förderung des europäischen Films bleibt die wirtschaftliche Betrachtungsweise dominant. Das Bild verändert sich etwas, wenn man die Umsetzung des Programms durch „Unterprogramme" in die Analyse einbezieht. Bei der Förderung der Entwicklung von Drehbüchern rückt der kulturelle Aspekt in den Mittelpunkt. Die Europäische Union unterstützt Treffen von Autoren, Regisseuren und Produzenten. Bei diesen Workshops werden Skripten diskutiert und gemeinsam überarbeitet. Die Skripten können in der Muttersprache eingereicht werden, und dies zeigt, daß der jeweilige soziale und kulturelle Hintergrund der Autorin oder des Autors als Basis für die europäische Perspektive gilt. Europäische Kultur wird als Prozeß betrachtet, in dem die unterschiedlichen Kulturen nicht aus dem Blick geraten, sondern in einen neuen Zusammenhang gerückt werden.

Die Europäische Union hat sich im Prozeß der Integration also in die Funktionssysteme der Wirtschafts-, der Sozial-, der Umwelt-, der Kultur-, der Justiz- und Innen- sowie der Gemeinsamen Außen- und Sicherheitspolitik ausdifferenziert.[9] Eine solche Differenzierung bedeutet einen Zuwachs an Komplexität und kann als strukturadäquate Antwort[10] auf die Probleme moderner Gesellschaften interpretiert werden. Die Voraussetzungen für das politische Europa sind nun geschaffen. Denn eine politische Ordnung repräsentiert die Wertbeziehungen, die in der Durchsetzungskraft unterschiedlicher Ziele und Handlungskriterien zum Ausdruck kommen. Der Binnenmarkt erforderte noch keine politische Ordnung. In dem Maße, in dem Ziele und Handlungskriterien jenseits der Ökonomie in der Europäischen Union an Bedeutung zunehmen, stellen sich die Fragen nach der Gestaltung der politischen Gesamtordnung.[11]

Seit Beginn der 90er Jahre ist zu beobachten, daß solche Fragen einer Gestaltung der politischen Ordnung in Europa nicht mehr verdrängt werden können. Die Bürger Dänemarks lehnten in einem Referendum im Juni 1992 den Vertrag von Maastricht mit einer knappen Mehrheit von 50,7 % ab. In Frankreich fiel das Referendum mit einer ebenso knappen Mehrheit von 50,8 % zugunsten des Vertrages aus. Die Referenden haben deutlich gemacht, daß die Bürger Europa nicht mehr als ein technisches Projekt betrachten. Man kann diese Kritik der Bürger, die in den Referenden zum Ausdruck kommt, als „negative Politisierung" Europas interpretieren.[12] Dann darf aber auch die „positive Politisierung" Europas nicht unterschlagen werden. Die Anfänge einer solchen positiven Politisierung sind in den europäischen Reregulierungen in der Sozial-, Umwelt- und Kulturpolitik zu erkennen und wurden in meiner Arbeit geschildert. Für eine wirkliche positive Politisierung, so Claus Offe, reiche jedoch eine „governing capacity" der europäischen Institutionen

9 Auch die Gemeinsame Außen- und Sicherheitspolitik sowie Justiz und Inneres gewinnen zunehmend an Bedeutung. Diese Politikbereiche wurden in meiner Arbeit jedoch ausgeklammert, um den Gang der Argumentation nicht mit Material zu überfrachten.

10 In Anlehnung an Gunnar Folke Schuppert, Anforderungen an eine europäische Verfassung. Gründe und Grenzen europäischer Verfassungserwartungen. In: Hans-Dieter Klingemann, Friedhelm Neidhardt (Hrsg.), Zur Zukunft der Demokratie. Herausforderungen im Zeitalter der Globalisierung, a. a. O., S. 250. Schuppert verwendet den Begriff der „strukturadäquaten Legitimation", um auszudrücken, daß die Art und Weise der Legitimation in der EU deren besonderen Strukturen Rechnung tragen muß.

11 M. Rainer Lepsius, Institutionenanalyse und Institutionenpolitik, a. a. O., S. 402.

12 So Claus Offe, Demokratie und Wohlfahrtsstaat: Eine europäische Regimeform unter dem Streß der europäischen Integration. In: Wolfgang Streeck (Hrsg.), Internationale Wirtschaft, nationale Demokratie, a. a. O., S. 114. Anne Peters, Europäische Öffentlichkeit im europäischen Verfassungsprozeß. In: Europarecht 39 (2004), S. 378 interpretiert die Kritik der Öffentlichkeit am Vertrag von Maastricht hingegen – m. E. zu Recht – als „erste öffentliche europäische Verfassungsdiskussion."

nicht aus. Erst wenn die Bürger der Mitgliedstaaten „zur wechselseitigen Anerkennung als Bürger eines europaweiten politischen Verbandes gelangen“ könnten, sei die Basis für eine positive Politisierung geschaffen.[13] Es gibt Anzeichen, daß in den Gesellschaften der Mitgliedstaaten die Basis entsteht, die es möglich macht, daß die Bürger wechselseitig Vertrauen gewinnen und Solidarität üben. Eine solche Entwicklung des politischen Europa sehe ich im wachsenden Interesse der Bürger, der politischen Parteien, der Verbände und der Medien an der Europäischen Union. Neben dieser „Europäisierung“ von Teilöffentlichkeiten habe ich die langsam entstehende europäische Öffentlichkeit skizziert. Ihren Ausdruck findet diese europäische Öffentlichkeit in der lebhaften Diskussion über eine europäische Verfassung.

Diese Debatte hat sich im Konvent zur Zukunft der Europäischen Union institutionell konkretisiert. Die demokratische Legitimation dieses Konventes, in dem Vertreter der nationalen Regierungen und Parlamente, Vertreter des Europäischen Parlamentes und der Kommission den Entwurf für einen europäischen Verfassungsvertrag erarbeiteten, war größer als die demokratische Legitimation einer Regierungskonferenz. Die Mitglieder des Konventes sind auf demokratische und kommunikative Weise mit den Differenzen der Ideen, Interessen und Institutionen umgegangen. An zwei Beispielen, der Willensbildung zur stärkeren Beteiligung der nationalen Parlamente und der Gestaltung der Position eines Präsidenten des Europäischen Rates, konnte gezeigt werden, daß Argumente das Ergebnis der Konventsarbeit beeinflußt haben. Das diskursive Niveau der Debatten hat zu Lösungen im Entwurf eines Verfassungsvertrages geführt, die unter dem Gesichtspunkt der Steuerungs- und Problemlösungskapazität europäischer Politik im Vergleich zum Status quo einen Fortschritt bedeuten (Kapitel VII).

In der Debatte über eine Verfassung geht es nicht mehr um die Details einzelner Politikbereiche. Es geht um die Frage, wie eine demokratische Gesamtordnung Europas aussehen soll, und auf welche Weise die Bürger der Mitgliedstaaten sich zusätzlich als Bürger einer größeren Gemeinschaft verstehen. Im Anschluß an die Arbeiten von Joseph Weiler habe ich argumentiert, daß sich die europäische Identität in ihren Merkmalen von einer nationalen Identität unterscheidet. Dies ist aber kein Nachteil. Für einen europäischen Verfassungsstaat müßten die Bürger keineswegs ihre nationale Identität aufgeben. Sie sind zunächst Bürger der Mitgliedstaaten und erst dann Bürger der Union. Sie müssen eine zusätzliche Identität gewinnen. Und genauso sieht es nach Umfragen des Eurobarometer gut die Hälfte der Bürger in den Mitgliedstaaten seit vielen Jahren.

Dieter Grimm argumentiert, daß eine kollektive europäische Identität der Bürger fehle. Die Bürger hätten kein „Bewußtsein der Zusammengehörig-

13 Ebd., S. 115.

keit" ausgebildet.[14] In der Literatur wird vermutet, daß auch die Akteure in Brüssel keine europäische Identität entwickelt hätten. „What is missing are the professional politicians who represent transnational interests and passions." [15] Insbesondere die Mitglieder der Kommission gelten als Technokraten, die sich an technisch-administrativen Kriterien orientierten. Politische Diskurse etwa über die Ziele der Sozialpolitik fänden in dieser geschlossenen Welt der Experten nicht statt. Um nicht immer bei Vermutungen stehenzubleiben, habe ich auf der Basis von Interviews und der Auswertung von Fragebögen das Selbstverständnis der Mitglieder der Kommissionen Santer und Prodi untersucht (Kapitel VIII).

Es stellt sich heraus, daß die Mitglieder der beiden Kommissionen nach ihrem Selbstverständnis ihr Handeln an politischen Werten orientieren und sich für die Präferenzen der Bürger sehr wohl interessieren. Auf die Frage, was die Beweggründe gewesen seien, in der Kommission mitzuarbeiten, kam das Interesse der Kommissare an Politikgestaltung deutlich zum Ausdruck. Das Interesse der Mitglieder der Kommission an Politikgestaltung beschränkt sich nicht, wie es einige Wissenschaftler unterstellen, auf technische Fragen der Verwirklichung des Binnenmarktes. Vielmehr ist eine steigende Tendenz in Richtung eines Plädoyers für eine stärkere Berücksichtigung der Sozial- und der Umweltpolitik das Ergebnis meiner Interviews.

Die Autoren, die argumentieren, die Mitglieder der Kommission seien Technokraten, weil sie ernannt und nicht gewählt seien, übersehen die wachsende Verantwortlichkeit der Kommission gegenüber dem Europäischen Parlament. Ein Vergleich zwischen der Kommission Santer und der Kommission Prodi ergibt, daß die Anhörungen der designierten Mitglieder der Kommission im Europäischen Parlament von der Kommission Prodi in einem positiveren Licht gesehen werden. Diese Anhörungen werden als wesentlich für die demokratische Legitimation der Kommissare betrachtet.

Überraschenderweise spielt nach Einschätzung der Kommissare Parteipolitik keine Rolle bei der Willensbildung und Entscheidungsfindung in der Kommission. Dabei unterscheiden die Mitglieder der Kommission zwischen Politik und Parteipolitik. Parteipolitik im engen Sinn der nationalen Traditionen werde nicht auf die europäische Ebene übertragen. Die Parteilinie reflektiere aber die grundlegende Richtung eines Politikers und fließe auf diese Weise in die Arbeit ein. Die Parteien im Heimatland sind für die Kommissare auch keine wichtigen Gesprächspartner für Themen der nationalen oder europäischen Politik. Auf die Frage, woher die Anregungen für ihre Arbeit stammten, stellten die Mitglieder der Kommission Prodi folgende Rangliste auf:

14 Dieter Grimm, Braucht Europa eine Verfassung? A. a. O., S. 249.

15 Philippe C. Schmitter, Why to Democratize the European Union ... And Why Bother? A. a. O., S. 9.

Gespräche mit Kollegen, Problemlösungen in anderen Ländern, wissenschaftliche Bücher und Kongresse, Nichtregierungsorganisationen und Vorschläge von Bürgerinitiativen vor Ort. Die Ergebnisse der Interviews machen deutlich, daß sich die Kommissare „europäisch" informieren. Die Europäisierung der Informationsmuster wird ergänzt durch eine Europäisierung der Organisation. Als Beleg für diese Entwicklung kann die stärker multinationale Zusammensetzung der Kabinette der Kommission Prodi im Vergleich zu den Kabinetten der Kommission Santer gelten.

Es kommt vor, daß die Kommissare als Technokraten handeln. Es wurden Beispiele genannt, in denen die Kommissare bei einer politischen Frage so getan haben, als handle es sich um eine technische Frage, die von der Verwaltung und den Ausschüssen erledigt werden könne. Auch die Zusammenarbeit mit dem Parlament funktioniert nicht immer so gut wie dies nach den Aussagen der Mitglieder der Kommission der Fall sein müßte. Ein technokratisches Politikverständnis ist in der Kommission jedoch nicht die Regel. Die Ausbildung, die beruflichen Erfahrungen, die Informations- und Kommunikationsmuster zeigen ganz klar die politische Handlungsorientierung der Mitglieder der Kommission.

In der Ko-Evolution der europäischen Verträge, der Programme, der Strukturen der Willensbildung und der Handlungsorientierung der Eliten ist in der Europäischen Union ein politisches System entstanden, das ich als Polykratie bezeichnen möchte. Herrschaft in Europa wird von vielen Akteuren auf vielen Ebenen in vielen Institutionen und Netzwerken ausgeübt. Nur die Herrschaft der Völker kommt noch zu kurz. Wenn die Chancen einer legitimen und effektiven Politik in Europa erhöht werden sollen, dann müßte die Reise, die mit den Römischen Verträgen ihren Anfang nahm, in Richtung einer polyphonen Demokratie fortgesetzt werden.

2. Von der Polykratie zur polyphonen Demokratie

Die Europäische Union ist gegenwärtig ein politisches System, für das ich den Begriff der Polykratie einführen möchte, um die komplexen Mischformen von Nationalität und Supranationalität, von Politik und Technokratie, von Ökonomie und Sozialpolitik zum Ausdruck zu bringen. Polykratie von griechisch poly = viel und kratein = herrschen soll ein Regierungssystem bezeichnen, in dem die europäischen Eliten mit den Repräsentanten der nationalen, regionalen und lokalen Ebenen kooperieren und eine Vielzahl von Ideen und Interessen in ihre politischen Entscheidungen einbeziehen. Sie arbeiten auch mit nichtstaatlichen Akteuren zusammen, und es entsteht ein dichtes Netz von Politikern, Verwaltungsfachleuten, Verbandsvertretern und

Experten, die Programme entwickeln, koordinieren und umsetzen.[16] Polykratisches Regieren bedeutet, daß europäische und nationale Eliten auf vielen, miteinander verflochtenen Ebenen zur politischen Steuerung in der Europäischen Union beitragen.[17] Die Volkssouveränität als notwendige Voraussetzung der Politik in einer Demokratie kommt in dem diagnostischen Begriff[18] der Polykratie nicht vor, weil auch in der Realität des europäischen Regierungssystems die Souveränität der Völker noch keine große Rolle spielt.

Der von Robert Dahl eingeführte und der „Polykratie" sehr ähnliche Begriff der „Polyarchie" wird nicht übernommen. Dahl beschreibt mit diesem Begriff Nationalstaaten, die sich einer Demokratie angenähert haben. Von einem solchen Regierungssystem ist die Europäische Union noch weit entfernt,[19] und Polyarchie ist daher als diagnostischer Begriff nicht geeignet. Aber auch als prognostischen Begriff möchte ich „Polyarchie" nicht verwenden, weil die explizite Nennung der Souveränität der Völker fehlt. Die Souveränität der Völker ist aber das „Missing link" zwischen dem gegenwärtigen politischen System in Europa und einem für die Zukunft anzusteuernden Europa.

Polykratie bedeutet die komplexe Vernetzung mehrerer Nationen, Kulturen, Völker und Staaten im Rahmen des supranationalen Zusammenschlusses der Europäischen Union. Damit ist eine Polykratie gerade nicht „eine aufteilbare Vielheit von einzelnen",[20] sondern die Gesamtheit von wechselseitig aufeinander bezogenen und zugleich eigenständigen Teilsystemen, die sich durch Anstöße von außen und innen gemeinsam verändern.[21]

---

16 Ähnlich die Diagnose Philippe C. Schmitters, The Single European Act, the Maastricht Accord and the Emerging European Polity, a. a. O., S. 263: „For the MAA opens the way for the institutionalization of diversity – for a multitude of relatively independent European arrangements with distinct statutes, functions, resources and memberships, not coordinated by a single central organization and operating under different decision rules." Schmitter sieht auch schon die Möglichkeit einer europäischen Identität, die sich von nationalen Identitäten unterscheidet und für die ein weniger exklusives Zugehörigkeitsgefühl ausreichend sein könnte. Ebd., S. 277.

17 Polykratie wird in der vorliegenden Arbeit nicht in dem Sinn verstanden, in dem der Begriff von der Forschung für das Kompetenzwirrwarr im nationalsozialistischen Herrschaftsapparat verwandt wurde. Polykratie als „Herrschaft der vielen" dient in meiner Arbeit der Beschreibung eines Regierungssystems mit vielen Ebenen, Institutionen, Akteuren. Es ist eine empirische Frage, ob aus der Vielfalt eine komplexe Gesamtordnung oder ein „Kompetenzwirrwarr" entsteht. Vgl. Manfred Schmidt, Wörterbuch zur Politik, Stuttgart: Kröner 1995, S. 763.

18 Reinhart Koselleck, Artikel Volk, Nation, Nationalismus, Masse, a. a. O., S. 385ff. zur Unterscheidung von diagnostischen und prognostischen Begriffen.

19 Zu den Realisierungschancen einer Polyarchie in Europa vgl. Robert A. Dahl, Democracy and ist Critics, New Haven, London: Yale University Press 1989, S. 320.

20 Giovanni Sartori, Demokratietheorie, Darmstadt: Wissenschaftliche Buchgesellschaft 1997, S. 30.

21 Carl Böhret, Götz Konzendorf, Ko-Evolution von Gesellschaft und funktionalem Staat, a. a. O., S. 242-243: Komplexität bedeutet die Menge und Intensität der Beziehungen zwischen Elementen eines Systems, die wechselseitig aufeinander bezogen sind und durch endogene/exogene Anstöße verändert, destabilisiert und mitgerissen werden (Koevolution).

Die europäische Polykratie birgt die Chance, daß sie zum Ausgangspunkt für eine Weiterentwicklung der Europäischen Union wird. Es käme nun darauf an, die einzelnen Funktionssysteme des Binnenmarktes, der Sozial-, Umwelt- und Kulturpolitik zu koordinieren. Eigenständigkeit und Interdependenz der Funktionssysteme wären bei der Gestaltung einer Gesamtordnung ebenso zu beachten wie die Eigenständigkeit und Interdependenz der Mitgliedstaaten. Die politische Gesamtordnung der Europäischen Union wiederum müßte demokratisch aufgebaut sein.

Carl Schmitt interpretierte eine Polykratie als Auflösungserscheinung des Staates. Wie Föderalismus und Pluralismus bedeute Polykratie das Ende der staatlichen Einheit. Polykratie definierte Carl Schmitt als eine „Mehrheit rechtlich autonomer Träger der öffentlichen Wirtschaft, an deren Selbständigkeit der staatliche Wille eine Grenze findet.“[22] Autonome, dezentrale Teilsysteme sind für Carl Schmitt eine pathologische Entwicklung. Die Pluralisierung von Souveränität, die Differenzierung der Gesellschaft in Teilsy-steme, eine polyzentrische Gesamtordnung und eine nichthierarchische staatliche Steuerung sind für Carl Schmitt schädliche Entwicklungen.[23] Er verkennt, daß eine Polykratie nicht das Ende der Staatlichkeit bedeutet. Überlebt hat sich nur eine ganz bestimmte Ausprägung des Staates, weil ein bestimmtes Modell von Staatlichkeit den Anforderungen einer sozial heterogenen Gesellschaft und den Entgrenzungen der Politik nicht mehr gewachsen ist.[24] Carl Schmitt unterschätzt die leistungssteigernden Potentiale der Ausdifferenzierung von Teilsystemen und die partizipationssteigernden Möglichkeiten einer polyzentrischen Ordnung.[25]

Freilich sind die institutionellen Voraussetzungen für das Nutzen des Potentials der Teilsysteme in der Europäischen Union erst in Ansätzen vorhanden. Die europäischen Institutionen wären so zu gestalten, daß sie die „generelle Fähigkeit“ besitzen, „politische Entscheidungen zu produzieren, die dem Gemeinwohl zu gute kommen.“[26] Nach der Hypothese meiner Arbeit wären dies Institutionen, die durch eine demokratische Kommunikation über Differenz gekennzeichnet sind.

Allein eine Kommunikation über Differenz durch das Einbeziehen von Interessenverbänden, Experten und gesellschaftlichen Gruppen reicht nicht aus. Die Einbindung der Akteure der Zivilgesellschaft von den Sozialpartnern

22 Carl Schmitt, Der Hüter der Verfassung, Berlin: Duncker & Humblot, 2. Aufl. 1969, S. 71.

23 Ebd., S. 93.

24 Helmut Willke, Supervision des Staates, a. a. O.: „Der postheroische Staat profiliert sich nicht mehr gegen eine Gesellschaft, die ohne Staat der Anarchie oder dem Chaos verfiele.“

25 Vgl. zur Auseinandersetzung mit Carl Schmitt: Horst Dreier, Hierarchische Verwaltung im demokratischen Staat, Tübingen: J. C. B. Mohr 1991, S. 24ff. und S. 310ff.

26 Fritz W. Scharpf, Interaktionsformen, a. a. O., S. 39.

über Berufsverbände bis hin zu den Kirchen in die politische Willensbildung, wie sie die Kommission in ihrem Weißbuch „Europäisches Regieren“ vom Juli 2001 vorschlägt, darf kein Ersatz für demokratische Institutionen sein.[27] Die Konsultation der Gruppen der Zivilgesellschaft zu einem möglichst frühen Zeitpunkt der Politikgestaltung ist sinnvoll. Doch darf die Rückbindung der Politik an die demokratisch legitimierten nationalen Parlamente und an das Europäische Parlament nicht ausbleiben.

Wenn das gegenwärtige politische System der Europäischen Union als „Polykratie“ bezeichnet werden kann, welcher Begriff eignet sich dann für das Ziel, das anzustreben wäre? Ein Begriff, der die Souveränität der Völker explizit einschließen soll, ist nur durch Zusatzbestimmungen zur Demokratie als dem allgemeinen Oberbegriff zu gewinnen.[28] Für die Europäische Union läßt sich mit dem Begriff der „polyphonen Demokratie“[29] die Erwartung formulieren, daß die Stimmen der Mitgliedstaaten in ihrer Eigenständigkeit erhalten blieben und zugleich zu einer mehrstimmigen Komposition zusammengeführt würden.[30] Die Stimmen der Völker könnten in den nationalen Parlamenten, in einem demokratisierten Europäischen Parlament als auch in europaweiten Referenden[31] zum Ausdruck kommen. Entscheidend bleibt, daß die Volkssouveränität als Quelle legitimer Politik nicht nur auf mehreren Ebenen und auf unterschiedliche Art und Weise zur Geltung kommt, sondern an die Parlamente als den zentralen Orten der Volkssouveränität zurückgebunden bleibt.

In der polyphonen Demokratie als einer Fortentwicklung der Polykratie erhielten die vielfältigen Stimmen der Völker beim Regieren in der Europäischen Union wieder das Gewicht, das ihnen zukommen müßte. Gegenwärtig entschwindet durch die Europäisierung wichtiger Politikbereiche die Volkssouveränität auf nationaler Ebene. Auf europäischer Ebene ist die Souveränität der europäischen Völker noch nicht so recht sichtbar. Der Begriff der „polyphonen Demokratie“ ist ein Erwartungsbegriff, wenn auch kein reiner

---

27 KOM(2001)428 endg. vom 25.7.2001, Weißbuch „Europäisches Regieren“, S. 19-20.

28 Reinhart Koselleck, Begriffsgeschichte und Sozialgeschichte. In: ders., Vergangene Zukunft. Zur Semantik geschichtlicher Zeiten, Frankfurt: Suhrkamp 1989, S. 118.

29 In der Kunstgeschichte wird für einen vergleichbaren Sachverhalt das Adjektiv „polyfokal“ verwendet. Werner Hofmann, Die Moderne im Rückspiegel, München: Beck 1998, S. 16. Während das einansichtige (monofokale) Bild auf der Zentralperspektive beruht und von formaler und inhaltlicher Stimmigkeit geprägt ist, nimmt sich das mehransichtige (polyfokale) Bild „die Freiheiten heraus, die der Monofokalität untersagt sind.“ Zu diesen Freiheiten gehören die Realitätsmischung, die Stilmischung, die Materialmischung und insgesamt ein Gefüge mehrerer Ansichten, die sich auf verschiedene formale Sprachhöhen und auf verschiedene Inhaltsebenen verteilen.

30 Carl Dahlhaus, Hans Heinrich Eggebrecht (Hrsg.), Musiklexikon, München: Piper, 2. Aufl. 1995, S. 313ff.

31 Michael Zürn, Über den Staat und die Demokratie im europäischen Mehrebenensystem, a. a. O., S. 49ff. Vgl. Rainer Schmalz-Bruns, Reflexive Demokratie. Die demokratische Transformation moderner Politik, Baden-Baden: Nomos 1995, S. 165.

„Erwartungsbegriff, dem keine bisherige Empirie zu entsprechen“[32] vermöchte. Es handelt sich um einen Begriff, der aus der Realität europäischen Regierens „bestimmte Erfahrungsstreifen“ sichtbar macht, „um sie als eine mögliche Erfahrung künftig zu realisieren.“[33]

Bei welchen „Erfahrungsstreifen“ der europäischen Realität könnten wir anknüpfen, um mehr demokratische Kommunikation über Differenz zu verwirklichen?

3. Vorschlag zur Einrichtung einer Konferenz der Parlamente

Am wichtigsten scheint mir in der Europäischen Union eine Stärkung der demokratischen Institutionen zu sein. Der Konvent zur Zukunft der Europäischen Union hat ein Verfahren entwickelt, das den nationalen Parlamenten eine größere Mitwirkung in der europäischen Politik ermöglichen würde. Das Recht auf eine wirkliche Mitentscheidung erhielten die nationalen Parlamente mit diesem Verfahren jedoch nicht (vgl. oben S. 290-291). Ich möchte daher vorschlagen, eine gemeinsame Konferenz der nationalen Parlamente und des Europäischen Parlamentes einzurichten. Dieser Vorschlag knüpft bei der These meiner Arbeit an. Es wurde argumentiert, daß die Öffnung der europäischen Politik für eine demokratische Kommunikation über Differenz zu den Voraussetzungen für eine erfolgreiche Steuerung und Problemlösung gehört. Bisher sind in der Europäischen Union die Ansätze zu einer Politik, in der Demokratie, Kommunikation und die Beachtung von Differenz charakteristisch sind, jedoch sehr zaghaft.

Wenn man die Souveränität der Völker in den Mitgliedstaaten und damit die Bürger ernst nehmen will, dann müssen die nationalen Parlamente ein größeres Gewicht bei der europäischen Willensbildung und Entscheidungsfindung erhalten.[34] Die nationalen Parlamente müssen von der Zuschauerbühne ins Zentrum des Geschehens rücken, damit sie als Vertreter der Völker das politische Handeln in der Europäischen Union aktiv mitgestalten können. In den

32 Reinhart Koselleck, Erfahrungsraum und Erwartungshorizont – zwei historische Kategorien. In: ders., Vergangene Zukunft. Zur Semantik geschichtlicher Zeiten, a. a. O., S. 371. Koselleck nennt solche Begriffe „Erfahrungsstiftungsbegriffe.“

33 Ebd.

34 Auch der Europäische Rat thematisierte in der Erklärung von Laeken vom 15.12.2001, S. 4 die zukünftige Rolle der nationalen Parlamente: „Sollen sie in einem neuen Organ – neben dem Rat und dem Europäischen Parlament – vertreten sein? Sollen Sie eine Rolle in den Bereichen europäischen Handelns spielen, in denen das Europäische Parlament keine Zuständigkeit besitzt? Sollen sie sich auf die Verteilung der Zuständigkeiten zwischen der Union und den Mitgliedstaaten konzentrieren, indem sie beispielsweise vorab die Einhaltung des Subsidiaritätsprinzips kontrollieren?“

vergangenen Jahrzehnten der europäischen Integration wurde sukzessive der Einfluß der nationalen Parlamente zugunsten der exekutiven Organe und der Verwaltungen zurückgedrängt. Es ist an der Zeit, den Trend umzukehren und den Parlamenten der Mitgliedstaaten mehr Einfluß zu ermöglichen. Gleichzeitig wäre das Europäische Parlament, das im Verlauf der Integration an Macht gewonnen hat, weiter zu stärken.

Es geht um die Frage, auf welche Weise die Bürgerinnen und Bürger der Mitgliedstaaten, die zugleich Bürger der Europäischen Union sind, eine größere Rolle in der europäischen Politik spielen können. Diese Frage steht auch im Mittelpunkt der Diskussion über eine europäische Verfassung. Der Kern der Debatte ist die Suche nach einer „durch Recht konstituierten und durch Recht organisierten guten politischen Ordnung, in der die Träger dieser Ordnung einander als freie und gleiche Subjekte anerkennen – durch die Verfassung werden aus Untertanen Bürger.“[35] Die Europäische Union ist sowohl ein Verbund von Staaten als auch eine durch „gemeinsames Recht verbundene Gemeinschaft von Unionsbürgern.“[36] Deshalb muß die europäische Politik auch auf dem Willen der Bürger beruhen und auf sie bezogen sein.

Auf europäischer Ebene kann es selbstverständlich nicht um eine Kopie der nationalen Modelle demokratischer Verfassungsstaaten gehen. In der Tat sollte man sich davor hüten, die „nationalstaatlichen Denkschablonen auf Europa zu übertragen.“[37] Es sind verschiedene Formen und Quellen demokratischer Legitimation europäischer Politik möglich. Differenz ist auch im Bereich der Demokratie ein Potential. Die Ausschüsse der Kommission, in denen nationale Beamte gemeinsam mit Vertretern der Kommission auf der Basis von Expertise und Argumenten über die Durchführung der europäischen Gesetze entscheiden, könnten eine mögliche Quelle der Legitimation sein, wenn sie transparenter wären und eine größere Vielfalt von Interessen repräsentierten.[38] Die Konstruktion Europas, so der Rechtswissenschaftler Gunnar Folke Schuppert, lasse sich nicht mit dem „Modell einer linearen Legitimationskette“ erfassen, und es sei kein Lösungsweg, allein dem Europäischen Parlament eine die „europäische Hoheitsgewalt legitimierende Rolle zuzuweisen.“[39]

Das Europäische Parlament muß gleichwohl ein herausragender Ort der demokratischen Legitimation europäischer Politik werden. Es ist zwar richtig,

35 Ulrich K. Preuß, Auf der Suche nach Europas Verfassung. Europa hat noch keine Verfassung. In: Transit. Europäische Revue 17 (1999), S. 155.

36 Ebd.

37 Udo di Fabio, Eine europäische Charta, a. a. O., S. 741.

38 Christian Joerges, ‚Good Governance‘ through Comitology? In: Christian Joerges, Ellen Vos (Hrsg.), EU Committees: Social Regulation, Law and Politics, a. a. O., insbesondere S. 334-338.

39 Gunnar Folke Schuppert, Anforderungen an eine europäische Verfassung, a. a. O., S. 251.

daß „verschiedene Legitimationsbausteine einander in gewissem Umfang substituieren können.“[40] Doch nicht jede Substitution ist wirksam! Experten sind kein Ersatz für demokratische Institutionen. Die Einrichtung einer gemeinsamen Konferenz der nationalen Parlamente und des Europaparlamentes bedeutete eine Stärkung des demokratischen Europa zu Lasten des technokratischen Europa. Die Konferenz wäre als Teilelement einer „Mehrebenen-Legitimation“[41] zu betrachten.

Mitglieder der Konferenz wären bei 25 Mitgliedstaaten je 5 Abgeordnete der nationalen Parlamente und 125 Abgeordnete des Europäischen Parlamentes. Es wäre zu überlegen, ob auch Vertreter der regionalen und lokalen Gebietskörperschaften in der neuen Institution repräsentiert sein sollen. Während Joschka Fischer dafür plädierte, Abgeordnete der nationalen Parlamente in das Europaparlament zu delegieren,[42] bliebe in dem hier vorgeschlagenen Modell das Europäische Parlament mit direkt gewählten Abgeordneten und seinen schon jetzt beachtlichen Kompetenzen bestehen. Man könnte darüber nachdenken, die Wahl der Mitglieder des Europaparlamentes zu „europäisieren“. So hat Michel Barnier, ehemaliges Mitglied der Kommission Prodi und Außenminister Frankreichs, vorgeschlagen, 60 Abgeordnete des Europäischen Parlamentes über europäische Listen der Parteien zu wählen.[43] Das Europäische Parlament müßte in allen Bereichen gleichberechtigt mit dem Rat die Aufgabe der europäischen Gesetzgebung ausüben, über Vertragsänderungen mitentscheiden und, wie es im Konventsentwurf eines europäischen Verfassungsvertrages in Artikel I-19 vorgesehen ist, den Präsidenten der Kommission wählen. Die Konferenz der Parlamente in Europa, die man nach ihrer englischen Übersetzung abgekürzt „COPE“ (Conference of Parliaments in Europe) nennen könnte, hätte zwei Aufgaben.

Erstens müßten die Mitglieder der Konferenz der Parlamente über Konflikte in Fragen der Kompetenzen und des Prinzips der Subsidiarität entscheiden. Nach diesem Prinzip soll die Europäische Union nur dann tätig werden, wenn bestimmte gesellschaftliche Probleme besser auf der europäischen als auf der nationalen Ebene zu lösen sind. Als „Starbeispiel für die Tendenz zur Über-

40 Ebd., S. 251.

41 Ebd., S. 250.

42 Joschka Fischer, Vom Staatenverbund zur Föderation: Gedanken über die Finalität der europäischen Integration. Rede in der Humboldt-Universität zu Berlin am 12.5.2000. In: Christian Joerges, Yves Mény, J. H. H. Weiler (Hrsg.), What Kind of Constitution for What Kind of Polity? Responses to Joschka Fischer, a. a. O., S. 5-17.

43 Michel Barnier, Was Europa jetzt braucht. Persönliche Note vom 17.10.2001, S. 12: „Ich bin ... davon überzeugt, daß es im Interesse der europäischen Demokratie wünschenswert wäre, daß dem Europäischen Parlament auch anhand von Listen der politischen Parteien von der Gesamtheit der europäischen Bürger gewählte Abgeordnete angehören.“

länge und Unklarheit"[44] wird das Subsidiaritätsprinzip immer wieder zu unterschiedlichen Interpretationen Anlaß geben. Der Rechtswissenschaftler Ingolf Pernice hat vorgeschlagen, daß Abgeordnete der nationalen Parlamente einen Subsidiaritätsausschuß bilden und zu Fragen der Kompetenzen und Subsidiarität eine beratende Stimme haben.[45] Die Abgeordneten in einem solchen Ausschuß oder in einer Konferenz der Parlamente sollten m. E. jedoch nicht nur beraten, sondern wirklich mitentscheiden. Deshalb ist auch die bisherige Einbeziehung der nationalen Parlamente durch COSAC, die in Madrid im Jahr 1989 gegründete Konferenz der auf Europaangelegenheiten spezialisierten Organe in den nationalen Parlamenten, nicht ausreichend. Die Zusammenarbeit der jeweils 6 Vertreter der nationalen Parlamente und der 6 Vertreter des Europäischen Parlamentes im Rahmen von COSAC beschränkt sich auf eine Information der nationalen Parlamente über gemeinschaftliche Rechtsakte und eine Diskussion integrationspolitischer Themen.[46]

Zweitens könnten die Mitglieder der Konferenz der Parlamente in einer Übergangsphase die Ausschüsse der Kommission kontrollieren und langfristig einen Teil der Arbeit der Ausschüsse selbst übernehmen. Das gegenwärtig völlig intransparente Ausschußwesen bedarf dringend der Reform. Nicht einmal die genaue Zahl der Ausschüsse ist bekannt. Es müßte klarer zu erkennen sein, wer für die Umsetzung der europäischen Politik die Verantwortung trägt. Auch die Europäische Kommission hat in ihrem am 25. Juli 2001 veröffentlichten Weißbuch zum Regieren in der Europäischen Union selbstkritisch anerkannt, daß im Ausschußwesen einiges im Argen liegt.[47] In den Ausschüssen entscheiden nationale Beamte und Mitglieder der Kommission hinter verschlossenen Türen über die Durchführung von europäischen Gesetzen. Es geht dabei oft um Fragen mit weitreichenden politischen Folgen. Es wird dabei aber so getan, als gehe es allein um die technischen Aspekte der Implementation. Unter demokratischen Aspekten ist das Ausschußverfahren unbefriedigend. Die Transparenz der Entscheidungen leidet, weil die Willensbildung unter Ausschluß der Öffentlichkeit stattfindet.

---

44 Klaus von Beyme, Fischers Griff nach einer europäischen Verfassung. In: Christian Joerges, Yves Mény, J. H. H. Weiler (Hrsg.), What Kind of Constitution for What Kind of Polity, a. a. O., S. 66.

45 Ingolf Pernice, The European Constitution. Paper presented at the 16th Sinclair-House Talks in Bad Homburg, May 2001, S. 12. Pernice schlägt vor, ein „Parliamentary Subsidiarity Committee" einzurichten, das bei Fragen über die Subsidiarität gehört würde. „Its opinion would not be binding upon the Council and the Parliament, but would compel these institutions using a certain competence to enter an intensive public discourse upon its arguments."

46 Europäisches Parlament, Generaldirektion Wissenschaft, Reihe Politik, W-19, 9-1996.

47 KOM (2001)428 endg. vom 25.7.2001, S. 25: „Das undurchsichtige System der EU-Sachverständigenausschüsse und die fehlenden Informationen über deren Arbeitsweise tragen nicht unbedingt zu einer positiven Wahrnehmung in der Öffentlichkeit bei. Oft ist nicht klar erkennbar, wer eigentlich die Entscheidungen trifft – Sachverständige oder Politiker."

Die Konferenz der Parlamente wäre erstens als Element einer „Mehrebenen-Legitimation“[48] eine Stärkung des demokratischen Europa. Zweitens würde mit der Konferenz eine Institution gegründet, in der die Abgeordneten der Fragmentierung europäischer Politik entgegenwirken könnten.[49] Die Ausdifferenzierung der europäischen Politik in Bereiche mit unterschiedlichen Zielen und Rationalitätskriterien bliebe erhalten, und gleichwohl wäre neben dem Europäischen Parlament ein weiterer Ort geschaffen, an dem demokratisch legitimierte Politiker die Chance hätten, die Europäische Union als Gesamtheit im Blick zu behalten.[50] Drittens könnte eine solche Konferenz ein Beitrag zur Lösung des Problems einer angemessenen Verteilung der Kompetenzen zwischen den Mitgliedstaaten und der Europäischen Union sein. Denn selbst ein Kompetenzkatalog mit einer direkten Zuweisung der nationalen und europäischen Zuständigkeiten wird nicht verhindern können, daß es Kompetenzüberschneidungen und unterschiedliche Interpretationen des Kataloges gibt.[51] Und viertens wäre diese Konferenz eine Möglichkeit, die intransparente Verflechtung zwischen exekutiven und legislativen Aufgaben in der Europäischen Union ein wenig zu entflechten.[52]

Politische Fragen der Durchführung könnten in Zukunft von der Konferenz der europäischen Parlamente entschieden werden. Politische Fragen der Durchführung sind nämlich nicht eine Aufgabe der Exekutive, sondern der Legislative. Technische Fragen der Durchführung könnten weiterhin zu den Kompetenzen der nationalen Beamten und der Kommission in den Ausschüssen gehören. Der Einwand, politische und technische Fragen ließen sich nicht

---

48 Gunnar Folke Schuppert, Anforderungen an eine europäische Verfassung, a. a. O., S. 250.

49 Die Fragmentierung erhöhen würde der Vorschlag, „funktionale Subparlamente“ des Europäischen Parlamentes einzurichten. Die Gesetzgebungsarbeit in den entsprechenden Politikbereichen würde von diesen „Subparlamenten“ erledigt. Abgeordnete der Mitgliedstaaten, die den ‚Aquis‘ im jeweiligen Bereich akzeptiert haben, könnten an der Entscheidungsfindung des ‚Subparlamentes‘ teilnehmen. „In effect, the EP as a whole would meet only for limited ceremonial occasions, for the approval of major rule changes and for the accession of new members.“ Philippe C. Schmitter, How to Democratize the European Union ... and Why Bother? A. a. O., S. 57.

50 Dies ist natürlich nur eine Chance. Für das Europäische Parlament wurde am Beispiel der Kohäsionspolitik gezeigt, daß eine vom Parlament vorangetriebene Aufsplitterung der Fördermittel letztlich dazu geführt hat, daß die Effektivität und Effizienz dieser Politik beeinträchtigt wurden. Das Ziel, eine Entwicklung der wirtschaftlich schwächeren Teile der Union zu induzieren, wurde wegen der ständigen Erweiterung des Aufgabenkataloges gerade konterkariert. Es käme daher darauf an, daß das Europäische Parlament bei Entscheidungen über die Einnahmen ähnliche Kompetenzen hätte wie bei Entscheidungen über die Ausgaben der Union. Kolja Rudzio, Funktionswandel der Kohäsionspolitik unter dem Einfluß des Europäischen Parlamentes, a. a. O., S. 259-271.

51 Werner Weidenfeld (Hrsg.), Europa ’96. Reformprogramm für die Europäische Union. Strategien und Optionen für Europa. Erarbeitet von der Europäischen Strukturkommission der Bertelsmann Stiftung, Gütersloh 1994, S. 27.

52 Stefan Collignon, Alle Macht den Bürgern. In: „Die Zeit“ vom 25.4.2002, S. 18: „Die Vermengung von exekutiven und legislativen Aufgaben durch die zwischenstaatliche Zusammenarbeit im Rat ist das Krebsgeschwür der europäischen Demokratie. Eine Rückbesinnung auf das Prinzip der Gewaltenteilung tut Not.“

voneinander abgrenzen, überzeugt nicht. Wie im Kapitel zu den Handlungsorientierungen der Mitglieder der Kommission erläutert wurde, geht es bei einer technischen Frage um den besten Weg zur Erreichung eines feststehenden Zieles. Bei einer politischen Frage geht es dagegen um das Ziel des Handelns, weil mit Politik kollektiv verbindlich über die Verteilung von Gütern und die Geltung von Normen entschieden wird.

Was läge näher, als Entscheidungen über politische Materien der Durchführung europäischer Gesetze und strittige Fragen der Kompetenzverteilung nicht nationalen Beamten, sondern nationalen Parlamentariern und Abgeordneten des Europäischen Parlamentes anzuvertrauen? Es wären demokratisch direkt legitimierte Volksvertreter und nicht Delegierte der Regierungen, die über die Interpretationen der Subsidiarität und über die politischen Modalitäten der Umsetzung europäischer Normen zu befinden hätten. Joseph H. H. Weiler hat vorgeschlagen, für Fragen der Kompetenzverteilung einschließlich der Subsidiarität einen Europäischen Verfassungsrat zu gründen. Dieser Verfassungsrat solle die Gesetze nach der Verabschiedung, aber vor dem Inkrafttreten, auf die Einhaltung der Regeln der Kompetenzverteilung prüfen können. Präsident dieses Verfassungsrates wäre der Präsident des Europäischen Gerichtshofes, und die Mitglieder wären amtierende Verfassungsrichter der Mitgliedstaaten.[53] Angesichts der ohnehin fortschreitenden Verrechtlichung von Politik in den Mitgliedstaaten wie in der Europäischen Union hielte ich die hier vorgeschlagene Konferenz der Parlamente für eine angemessenere Institution zur Entscheidung über Fragen der Kompetenzen und der Subsidiarität. Die Kommission plädiert in ihrer Mitteilung für den Konvent zur Zukunft der Europäischen Union vom 22. Mai 2002 für eine externe Kontrolle der Einhaltung der Subsidiarität vor dem Inkrafttreten eines Rechtsaktes. „Manche schlagen eine politische Kontrolle vor, andere eine gerichtliche Kontrolle. Beide Ansätze müssen geprüft werden.“[54] Mein Vorschlag zielt auf eine politische Kontrolle.

Gäbe es eine Konferenz der Parlamente, dann könnte sich die Kommission auf ihre politischen Aufgaben in der Initiierung der Gesetze und in der Mitwirkung bei der Gesetzgebung konzentrieren. In diesen Aufgaben würde sie nicht beschnitten.[55] Nur in den politischen Fragen der Implementation europäischer Programme würde eine „Umverteilung“ von den Beamten und Ex-

53 J. H. H. Weiler, To be a European Citizen: Eros and Civilization. In: ders., The Constitution of Europe, a. a. O., S. 354.

54 KOM (2002) 247 endg. vom 22.5.2002, S. 26.

55 Das hier vorgeschlagene Modell hat also nichts mit dem Verfassungsentwurf des „Economist“ zu tun. Nach dem Entwurf des Economist wäre die Kommission nur noch das Sekretariat der Union. Abgeordnete der nationalen Parlamente würden in einen „Council of Nations“ delegiert, und dieser Rat hätte die Aufgabe eines Verfassungsgerichtes. Economist vom 28. Oktober 2000: Our Draft Constitution for Europe. Artikel 6 zum Council of Nations und Artikel 8 zur Kommission.

perten der Ausschüsse zu den Parlamentariern stattfinden. Eine solche Umverteilung wäre schon deshalb wichtig, weil zu beobachten ist, daß die primäre Rechtsetzung durch Parlament und Rat abnimmt, und die sekundäre Rechtsetzung durch die Kommission und ihre Ausschüsse zunimmt.[56] Die Kommission gewinnt auf diese Weise einen zunehmenden und unangemessenen Einfluß auf die Rechtsetzung. Es wäre daher an der Zeit, die Differenz zwischen exekutiven und legislativen Aufgaben wieder deutlich zu machen.

56 Renaud Dehousse, Towards a Regulation of Transitional Governance? In: Christian Joerges, Ellen Vos (Hrsg.), EU Committees: Social Regulation, Law and Politics, a. a. O., S. 114.

Abbildung IX. 1: Die Konferenz der Parlamente in Europa

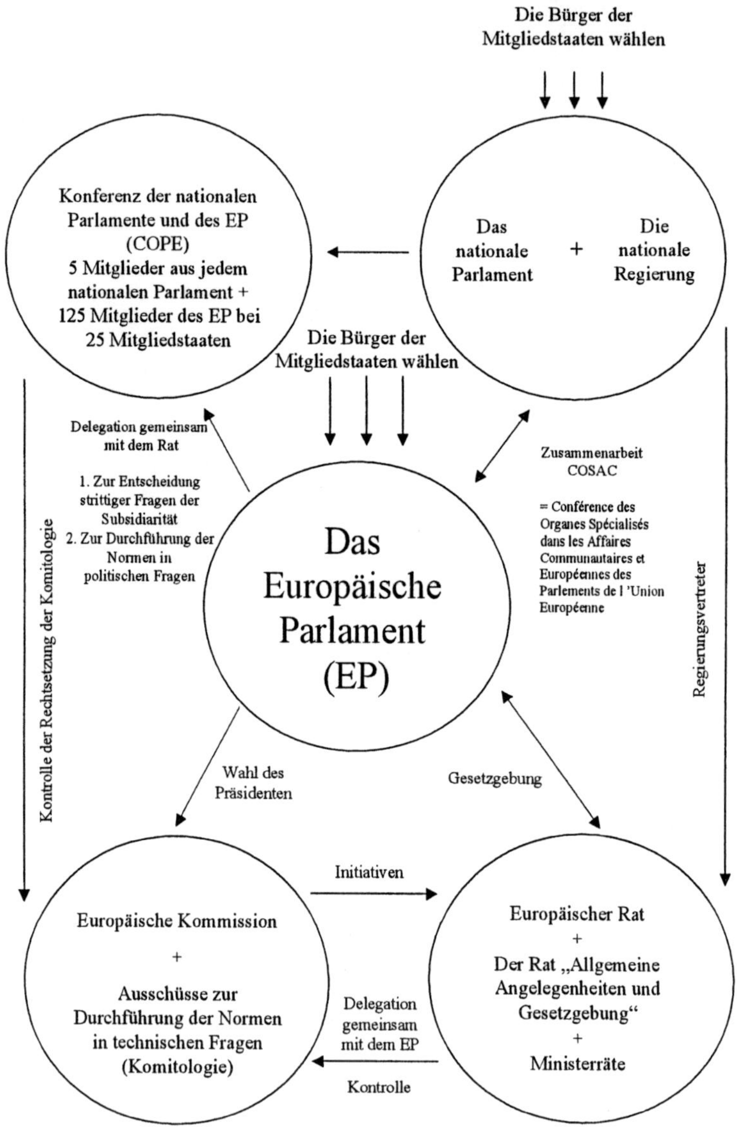

Es bliebe das Problem zu lösen, auf welche Weise diejenigen Abgeordneten, die einem nationalen Parlament und der europäischen Konferenz der Parlamente gleichzeitig angehörten, mit der Arbeitsbelastung zurechtkämen. Hier ist an ein System der differenzierten und flexiblen Mitgliedschaft zu denken. Es könnte ständige und nichtständige Mitglieder der Konferenz geben. Die ständigen Mitglieder der Konferenz wären zugleich die Europaexperten der nationalen Parlamente und könnten ihre Erfahrung auf europäischer Ebene dann wiederum im nationalen Parlament nutzen. Sie besäßen die Kompetenz zur Entscheidung in Fragen der Subsidiarität. Ihre Aufgabe wäre es, mit nachvollziehbaren Argumenten die jeweils problemadäquate Ebene des politischen Handelns in der Europäischen Union festzulegen. Die Europaexperten sollten dabei nicht allein aus den Europaausschüssen der Parlamente rekrutiert werden. Ein bestimmter Anteil der Mitglieder der Konferenz, vielleicht die Hälfte, würde aus nichtständigen Mitgliedern bestehen. Diese nichtständigen Mitglieder der Konferenz könnten je nach anstehenden Themen wechseln. Wenn die Umsetzung einer Richtlinie zur Gentechnik auf der Tagesordnung der Konferenz stünde, dann würden die jeweiligen Experten der nationalen Parlamente und des Europäischen Parlamentes auf dem Gebiet der Gentechnik in die Konferenz delegiert.

Die neue Institution „COPE“ wäre ein Beitrag zu einem größeren Maß an demokratischer Kommunikation über Differenz in der Europäischen Union. Denn die Abgeordneten der nationalen Parlamente könnten mit ihrer je unterschiedlichen Sichtweise etwa eines Problems der Kompetenzverteilung zu innovativen Lösungen beitragen. Durch ein gemeinsames Forum der Abgeordneten der Parlamente der Mitgliedstaaten und der Abgeordneten des Europäischen Parlamentes entstünde eine Institution, die föderale und demokratische Strukturen verbindet. Für das politische Europa ist eine föderale Struktur angemessen. „Diese Struktur muß föderal im Sinne eines politischen Föderalismus sein, der auf den politisch organisierten Völkern aufbaut, um von ihnen her eine übergreifende Einheit zu bilden.“[57] Politisch organisiert sind die Völker Europas aber in erster Linie in ihren Parlamenten. Andere Formen der demokratischen Legitimation sind denkbar. Ulrich K. Preuß geht in seiner „Suche nach Europas Verfassung“ von einer Diagnose aus, die meiner Beschreibung einer Polykratie ähnlich ist: „Ein verfaßtes Europa wird daher ein komplexes In-, Neben-, Mit- und Gegeneinander einer Vielzahl von Akteuren organisieren, die auf den verschiedensten Ebenen an der Formulierung und Verwirklichung von europäischer Politik mitwirken.“[58] Nach seiner Argumentation solle man prüfen, ob das demokratische Prinzip in einer

57 Ernst-Wolfgang Böckenförde, Kommentar zum Beitrag von Ulrich K. Preuß, a. a. O., S. 177/178.

58 Ulrich K. Preuß, Auf der Suche nach Europas Verfassung, a. a. O., S. 171.

fragmentierten Ordnung „nur wieder fragmentiert in Erscheinung treten kann."[59]

Eine faire Beteiligung der Interessen[60] kann die demokratische Legitimation europäischer Politik nicht ersetzen, sondern nur ergänzen. Die fragmentierte Willensbildung und Entscheidungsfindung in der Europäischen Union bedarf demokratisch legitimierter Institutionen, die dem „Wohl und den Interessen aller verpflichtet"[61] sind. Die gegenwärtig existierende Polykratie der Europäischen Union mit ihrer Vielzahl von Akteuren, Institutionen und Interessen braucht eine politische Ordnung, in der sowohl die Staaten als auch die Bürger auf demokratische Weise repräsentiert sind. In einer solchen politischen Ordnung müßten die institutionellen Voraussetzungen gewährleistet sein, die es ermöglichen, die Differenzen in Europa zu beachten und als Potential auf demokratische und kommunikative Weise zu nutzen. Mit dem Begriff der polyphonen Demokratie habe ich die Verbindung von Differenz und Souveränität der Völker beschrieben. Die Konferenz der Parlamente wäre ein Baustein dieser polyphonen Demokratie in Europa.

Die Idee eines politischen Europa, das über den wirtschaftlichen Einigungsprozeß hinausweist, ist nicht neu.[62] Auch die Produktivität von Differenz wurde in Europa früh erkannt. Seit der Antike hat sich Europa in „bewußter Beziehung zu den real gegebenen und neugierig wahrgenommenen Alternativen entfaltet. Was wären die Griechen ohne ihr waches Verhältnis zur ägyptischen, minoischen und persischen Kultur?"[63] Zu Beginn des 21. Jahrhunderts kommt es nun darauf an, die Idee eines politischen Europa zu verwirklichen, ohne die Offenheit für immer neuen Wandel zu verlieren. Die in dieser Arbeit beschriebenen Ansätze des politischen Europa müssen weiterentwickelt werden. In seiner Rede zur Verleihung des Karlspreises der Stadt Aachen hat György Konrád die historische Bedeutung eines geeinten Europa hervorgehoben: „Auf diesem per Flugzeug rasch zu überquerenden Kontinent mit seiner hohen Industrie- und Siedlungsdichte brauchte man eine jahrtausen-

59 Ebd.

60 Ebd., S. 172.

61 Ernst-Wolfgang Böckenförde, Kommentar, a. a. O., S. 177. Zu Recht gibt Böckenförde zu bedenken, daß die von Preuß vorgeschlagene Interessenrepräsentation dazu führen könne, daß „die tatsächliche Konstellation der Kräfte politisch bestimmend wird, ohne daß eine repräsentativ verantwortliche Entscheidungsinstanz, die dem Wohl und den Interessen aller verpflichtet ist, besteht." Für die Europäische Union wird es m. E. mehrere solcher Instanzen geben müssen.

62 Thomas Oppermann, Der europäische Traum zur Jahrhundertwende, Tübinger Universitätsreden, Tübingen 2001, S. 27: „Schon bei Adenauer, de Gasperi und Schuman war die Integration ein politisches Unternehmen auf dem Fundament eines sich geistig und kulturell seit Jahrhunderten nahestehenden Raumes."

63 Volker Gerhardt, Die politische Wirklichkeit einer Idee. Eine Verteidigung Europas gegen die intellektuelle Skepsis. In: Justus Cobet, Dieter Lau, Carl Friedrich Gethmann (Hrsg.), Europa. Die Gegenwärtigkeit der antiken Überlieferung, Aachen: Shaker Verlag 2000, S. 54.

delange harte Geschichte, um zu begreifen, daß Verschiedenheit kein Grund zum Krieg ist ... Europas Wirklichkeit ermutigt uns zu einer respektvollen und differenzierten Anerkennung der Vielfalt und der Verschiedenartigkeit... Die europäische Perspektive erinnert uns, daß hier um uns herum auf der Erdkugel die gesamte Menschheit lebt. Unser Feind ist nicht der andere, sondern die Begrenztheit des eigenen Verstandes.“[64]

Diese umfassendere Bedeutung der europäischen Integration geht in den Details einer politikwissenschaftlichen Analyse leicht verloren. Deshalb sei am Ende meiner Arbeit der Stellenwert eines politischen Europa in einer entgrenzten Welt betont. Das politische Europa hätte die Chance, das europäische Gesellschaftsmodell gegen die eindimensionale Vorherrschaft des Marktes zu bewahren und immer wieder neu zu realisieren. Ein politisch handlungsfähiges Europa könnte an der Gestaltung der globalen Welt teilnehmen. Im globalen Maßstab ist die Europäische Union heute ein „wirtschaftlicher Riese und ein politischer Zwerg.“[65] Jürgen Habermas argumentierte, daß die Europäer ein Interesse an einer politisch handlungsfähigen Europäischen Union haben müßten, wenn sie darauf hinwirken wollen, daß ihr Gesellschaftsmodell einer Verbindung von wirtschaftlichem Wohlstand und sozialer Gerechtigkeit nicht in einem globalen Markt untergeht.[66] Gerade die Europäer mit ihrer reichen Erfahrung an Differenz könnten sich dafür einsetzen, daß die Spannung zwischen gemeinsamen Prinzipien der Moderne und spezifischen Ausprägungen der Moderne auf kreative Weise für gesellschaftliches Lernen genutzt wird.[67] Differenz ist auch im Rahmen der internationalen Staatengemeinschaft ein Potential der Europäischen Union.

---

64 György Konrád, Vereinigung heißt nicht Verschmelzung. Rede zur Verleihung des Karlspreises der Stadt Aachen. In: Frankfurter Allgemeine Zeitung vom 26.5.2001, Bilder und Zeiten, S. 1.

65 Thomas Oppermann, Der europäische Traum zur Jahrhundertwende, a. a. O., S. 52.

66 Jürgen Habermas, Warum braucht Europa eine Verfassung? Nur als politisches Gemeinwesen kann der Kontinent seine in Gefahr geratene Kultur und Lebensform verteidigen. In: Die Zeit vom 28.6.2001, S. 7.

67 Nilüfer Göle, Global Expectations, Local Experiences. Non-Western Modernities. In: Wil Arts (Hrsg.), Through a Glass, Darkly. Blurred images of cultural tradition and modernity over distance and time, Leiden, Boston, Köln: Brill 2000, S. 55.

Abkürzungen

BIP	Bruttoinlandsprodukt
BSE	Bovine Spongiforme Enzephalopathie
CEEP	Centre Européen des Entreprises à Participation Publique et des Entreprises d'Intérêt Economique Général; Europäischer Zentralverband der öffentlichen Wirtschaft
CIG	Conférence Intergouvernementale; Regierungskonferenz
COPE	Conference of Parliaments in Europe; Konferenz der Parlamente in Europa
COREPER	Comité des Représentents Permanents; Ausschuß der Ständigen Vertreter
COSAC	Conférence des Organes Specialisés dans les Affaires Communautaires et Européennes des Parlements de l'Union Européenne; Konferenz der auf Europaangelegenheiten spezialisierten Organe der Parlamente der EU-Mitgliedstaaten
ECHO	European Community Humanitarian Office; Europäisches Amt für humanitäre Hilfe
ECU	European Currency Unit
EEA	Einheitliche Europäische Akte
EFGP	Europäische Föderation Grüner Parteien
EGB	Europäischer Gewerkschaftsbund
EGV	Vertrag zur Gründung der Europäischen Gemeinschaft
ELDR	Liberale und demokratische Reformpartei Europas
EMRK	Europäische Menschenrechtskonvention
EP	Europäisches Parlament
EU	Europäische Union
EuGH	Europäischer Gerichtshof
EuGRZ	Europäische Grundrechte-Zeitschrift
EUV	Vertrag über die Europäische Union
EVP	Europäische Volkspartei
EWG	Europäische Wirtschaftsgemeinschaft
GD	Generaldirektion der Europäischen Kommission
GDI	Gender-Related Development Index; Der geschlechtsbezogene Entwicklungsindex
GVO	Gentechnisch veränderte Organismen
HDI	Human Development Index; Der Index für menschliche Entwicklung
HMSO	Her Majesty's Stationery Office
HPI	Human Poverty Index; Der Index für menschliche Armut
IPCC	Intergovernmental Panel on Climate Change; Zwischenstaatliche Konferenz für den Klimawandel
ISI	Informationsdienst Soziale Indikatoren

KOM	Europäische Kommission
KZfSS	Kölner Zeitschrift für Soziologie und Sozialpsychologie
NGO	Non-Governmental Organisation; Nichtregierungsorganisation
OECD	Organisation for Economic Cooperation and Development; Organisation für wirtschaftliche Zusammenarbeit und Entwicklung
OLAF	Office Européen de la Lutte Anti-Fraude; Task Force „Koordinierung der Betrugsbekämpfung“
PVS	Politische Vierteljahresschrift
SPE	Sozialdemokratische Partei Europas
SSC	Scientific Steering Committee; Wissenschaftlicher Lenkungsausschuß
UCLAF	Unité de Coordination de la Lutte Anti-Fraude; Task Force „Koordinierung der Betrugsbekämpfung“
UNDP	United Nations Development Programme; Entwicklungsprogramm der Vereinten Nationen
UNICE	Union des Confédérations de l'Industrie et des Employeurs d'Europe; Vereinigung der europäischen Industrie- und Arbeitgeberverbände
WBGU	Wissenschaftlicher Beirat der Bundesregierung „Globale Umweltveränderungen“
WSA	Wirtschafts- und Sozialausschuß der Europäischen Union
WZB	Wissenschaftszentrum Berlin für Sozialforschung

Abbildungen und Tabellen

Literatur

A. Quellen

Europäische Agentur für Sicherheit und Gesundheitsschutz am Arbeitsplatz:

A review and analysis of a selection of occupational safety and health monitoring systems, Luxemburg 2003.

Pilotstudie zum Stand von Sicherheit und Gesundheitsschutz bei der Arbeit, Luxemburg 2000.

Europäische Kommission:

Binnenmarktanzeiger Nr. 13 vom Mai 2004.

Binnenmarktanzeiger Nr. 12 vom Mai 2003.

Binnenmarktanzeiger Nr. 10 vom Mai 2002.

Binnenmarktanzeiger Nr. 9 vom November 2001.

Binnenmarktanzeiger Nr. 7 vom November 2000.

Entscheidung der Kommission vom 27. 5. 1998. Sache IV/M. 993 – (Bertelsmann/Kirch/Premiere).

Entscheidung der Kommission vom 7. 10. 1997. Sache IV/M. 779 – (Bertelsmann/CLT).

Eurobarometer Nr. 25 (1986) bis Nr. 60 (2004).

Eurobarometer der Kandidatenländer. Die öffentliche Meinung in den Kandidatenländern 2001, Brüssel 2002.

KOM (2004)107 endg. vom 18.2.2004 „Dritter Bericht über den wirtschaftlichen und sozialen Zusammenhalt."

KOM (2002)247 endg. vom 22.5.2002 „Mitteilung der Kommission: Ein Projekt für die Europäische Union."

KOM (2002)118 endg. vom 11.3.2002 „Mitteilung der Kommission: Anpassung an den Wandel von Arbeitswelt und Gesellschaft. Eine neue Gemeinschaftsstrategie für Gesundheit und Sicherheit am Arbeitsplatz 2002-2006."

KOM (2001)428 endg. vom 25.7.2001 „Europäisches Regieren. Ein Weißbuch."

KOM (2001)264 endg. vom 15.5.2001 „Mitteilung der Kommission: Nachhaltige Entwicklung in Europa für eine bessere Welt: Strategie der Europäischen Union für die nachhaltige Entwicklung."

KOM (2000)580 endg. vom 20.9.2000 „Mitteilung der Kommission: Leistungen der Daseinsvorsorge in Europa."

KOM (2000)379 vom 28.6.2000: „Mitteilung der Kommission: Sozialpolitische Agenda."

KOM (2000)200 endg. vom 5.4.2000 „Die Reform der Kommission. Ein Weißbuch. Teil I und Teil II."

KOM (1999)719 endg. vom 12.1.2000 „Weissbuch zur Lebensmittelsicherheit".

KOM (1999)543 endg. vom 24.11.1999 „Mitteilung der Kommission: Die Umwelt Europas: Orientierungen für die Zukunft – Für eine dauerhafte und umweltgerechte Entwicklung."

KOM (1998)353 endg. vom 3.6.1998 „Mitteilung der Kommission: Klimaänderungen – Zu einer EU-Strategie nach Kyoto."

KOM (1998)85 endg. vom 23.2.1998 „Vorschlag für eine Richtlinie des Europäischen Parlaments und des Rates zur Änderung der Richtlinie über die absichtliche Freisetzung genetisch veränderter Organismen in die Umwelt."

KOM (1997)623 endg. vom 3.12.1997 „Grünbuch zur Konvergenz der Branchen Telekommunikation, Medien und Informationstechnologie und ihren ordnungspolitischen Auswirkungen."

KOM (1997)481 endg. vom 1.10.1997 „Mitteilung der Kommission: Klimaänderungen: Das Konzept der EU für Kyoto."

KOM (1997) vom 12.3.1997 „Mitteilung der Kommission: Modernisierung und Verbesserung des Sozialschutzes in der Europäischen Union."

KOM (1996)160 endg. vom 17.4.1996 „Erster Bericht über die Berücksichtigung der kulturellen Aspekte in der Tätigkeit der Gemeinschaft."

KOM (1995)86 endg. vom 31.5.1995 „Bericht über die Anwendung der Richtlinie 89/552/EWG" (Fernsehrichtlinie).

KOM (1994)96 endg. vom 6.4.1994 „Strategische Optionen für die Stärkung der Programmindustrie im Rahmen der audiovisuellen Politik der Europäischen Union. Ein Grünbuch."

KOM (1994)134 endg. vom 13.4.1994 „Vorschlag für eine Richtlinie des Rates über die Einrichtung eines Europäischen Ausschusses oder die Schaffung eines Verfahrens zur Unterrichtung und Anhörung der Arbeitnehmer in gemeinschaftsweit operierenden Unternehmen und Unternehmensgruppen" (Europäischer Betriebsrat).

KOM (1994)219 endg. vom 1.6.1994 „Biotechnologie und das Weissbuch über Wachstum, Wettbewerbsfähigkeit und Beschäftigung."

KOM (1994)333 endg. vom 27.7.1994 „Europäische Sozialpolitik. Ein zukunftsweisender Weg für die Union. Ein Weissbuch."

KOM (1994)353 endg. vom 5.10.1994 „Mitteilung der Kommission: Reaktionen auf den Konsultationsprozeß zum Grünbuch ‚Pluralismus und Medienkonzentration im Binnenmarkt – Bewertung der Notwendigkeit einer Gemeinschaftsaktion."

KOM (1993)430 endg. vom 16.12.1993 „Mitteilung der Kommission: Folgemaßnahmen zum Sutherlandbericht."

KOM (1992)480 endg. vom 23.12.1992 „Pluralismus und Medienkonzentration im Binnenmarkt. Ein Grünbuch der Kommission."

KOM (1992)149 endg. vom 29.4.1992 „Mitteilung der Kommission: Das neue Kulturkonzept der Gemeinschaft."

KOM (1990)581 endg. vom 12.12.1990 „Vorschlag für eine Richtlinie des Rates über die Einsetzung Europäischer Betriebsräte zur Information und Konsultation der Arbeitnehmer in gemeinschaftsweit operierenden Unternehmen und Unternehmensgruppen."

KOM (1984)300 endg. vom 14.6.1984, „Fernsehen ohne Grenzen. Grünbuch über die Errichtung des Gemeinsamen Marktes für den Rundfunk, insbesondere über Satellit und Kabel."

KOM (1980)423 endg. 23.10.1980 „Vorschlag für eine Richtlinie über die Unterrichtung und Anhörung der Arbeitnehmer von Unternehmen mit komplexer, insbesondere transnationaler Struktur."

Report on the Monitoring and Testing of Ruminants for the Presence of Transmissible Spongiform Encephalopathy (TSE) in 2002, Brüssel 2003.

Report on the Monitoring and Testing of Bovine Animals for the Presence of Bovine Spongiforme Encephalopathy (BSE) in 2001, Brüssel 2002.

Europäisches Parlament:

Berichte:

Bericht über den Vertrag von Amsterdam vom 5.11.1997, Institutioneller Ausschuß, Dok. A4-0347/97.

Bericht über behauptete Verstöße gegen das Gemeinschaftsrecht bzw. Mißstände bei der Anwendung desselben im Zusammenhang mit BSE unbeschadet der Zuständigkeit der nationalen und gemeinschaftlichen Gerichte vom 7.2.1997, Dok. A4-0020/97, Teil A und B.

Verhandlungen:

Die ausführlichen Protokolle der Sitzungen des Europäischen Parlaments werden ab Januar 1999 nach folgender Adresse im Internet zitiert: http://www.europarl.eu.int/plenary/default_de.htm.
Dort findet man die Protokolle unter dem entsprechenden Datum der Sitzung.
Für die Zeit vor 1999 werden die Protokolle nach der Veröffentlichung im Amtsblatt zitiert.

Verhandlungen des Europäischen Parlaments vom 30.5.2001.

Verhandlungen des Europäischen Parlaments vom 13.2.2001.

Verhandlungen des Europäischen Parlaments vom 12.12.2000.

Verhandlungen des Europäischen Parlaments vom 11.4.2000.

Verhandlungen des Europäischen Parlaments vom 10.2.1999.

Verhandlungen des Europäischen Parlaments vom 14.1.1999

Verhandlungen des Europäischen Parlaments vom 15.12.1998, Amtsblatt der EG, Nr. 4-530, S. 39-55.

Verhandlungen des Europäischen Parlaments vom 20.2.1997, Amtsblatt der EG, Nr. 4-495, S. 283-292.

Verhandlungen des Europäischen Parlaments vom 18.2.1997, Amtsblatt der EG, Nr. 4-495, S. 59-102.

Verhandlungen des Europäischen Parlaments vom 14.2.1996, Amtsblatt der EG, Nr. 4-475, S. 102-118.

Verhandlungen des Europäischen Parlaments vom 12.11.1996, Amtsblatt der EG, Nr. 4-490, S. 41-56.

Verhandlungen des Europäischen Parlaments vom 18.1.1995, Amtsblatt der EG, Nr.4-456, S. 148-158.

Verhandlungen des Europäischen Parlaments vom 17.1.1995, Amtsblatt der EG, Nr. 4-456, S. 15-50.

Verhandlungen des Europäischen Parlaments vom 15.9.1994, Amtsblatt der EG, Nr. 4-450, S. 30-51.

Verhandlungen des Europäischen Parlaments vom 16.11.1992, Amtsblatt der EG, Nr. 3-424, S. 11-26.

Verhandlungen des Europäischen Parlaments vom 24.10.1990, Amtsblatt der EG, Nr. 3-395, S. 145-197.

Europäische Stiftung zur Verbesserung der Lebens- und Arbeitsbedingungen:

Verhandlungen zur Einsetzung Europäischer Betriebsräte. Eine vergleichende Untersuchung der Vereinbarungen nach Artikel 6 und Artikel 13, Luxemburg 2000.

Europäische Umweltagentur:

Environmental Signals 2002, Kopenhagen 2002.

Environmental Signals 2001, Kopenhagen 2001.

Environmental Signals 2000, Kopenhagen 2000.

Umwelt in der Europäischen Union – an der Wende des Jahrhunderts. Kopenhagen 1999.

Umwelt in der Europäischen Union – an der Wende des Jahrhunderts. Ein Überblick, Kopenhagen 1999.

Historisches Archiv des Europäischen Hochschulinstitutes in Florenz:

„Interviewaufzeichnungen Keith Middlemas."

House of Lords:

House of Lords, Select Committee on the European Communities, Session 1994-95, 18th Report, 1996 Inter-Governmental Conference, Minutes of Evidence, London: Her Majesty's Stationery Office 1995.

Konvent zur Zukunft der Europäischen Union:

Arbeitsdokumente der Arbeitsgruppe IV: „Role of National Parliaments", Nummer 1-48.

CONTRIB 320 CV 732/03 vom 8.5.2003 (Beitrag der Benelux-Länder)

CONV 811/03	vom	12.6.2003
CONV 797/1/03	vom	12.6.2003
CONV 797/03	vom	10.6.2003
CONV 770/03	vom	2. 6.2003
CONV 724/03	vom	24.5.2003
CONV 691/03	vom	23.4.2003
CONV 97/02	vom	19.6.2002
CONV 88/02	vom	14.6.2002
CONV 82/02	vom	30.5.2002
CONV 74/02	vom	30.5.2002
CONV 68/02	vom	31.5.2002
CONV 67/02	vom	29.5.2002
CONV 32/02	vom	16.4.2002

Protokolle der Plenarsitzungen („Rainbow-Version")

Sitzung vom 5.6.2003:
http://www.europarl.eu.int/europe2004/textes/verbatim_030605.htm

Sitzung vom 15.5.2003:
http://www.europarl.eu.int/europe2004/textes/verbatim_030515.htm

Sitzung vom 7. 6. 2002:
http://www.europarl.eu.int/europe2004/textes/verbatim_020607.htm

Video der Sitzung vom 5.6.2003, Video Nr. 48, Archiv der Universität Hamburg.

Video der Sitzung vom 15.5.2003, Video Nr. 47, Archiv der Universität Hamburg.

Video der Sitzung vom 7.6.2002, Video Nr. 12, Archiv der Universität Hamburg.

OECD:

Labour Force Statistics, Paris 2003.

Labour Force Statistics, Paris 2001.

Social Expenditure Database 1980-2001, Paris 2004 (provisional version).

Social Expenditure Database 1980-1997, Paris 2000.

Programme der EG:

Binnenmarktprogramm, KOM (1985) 310 endg. vom 14.6.1985 „Vollendung des Binnenmarktes. Weißbuch der Kommission."

Media-Programme:

Media Plus (2001-2005): Beschluss des Rates vom 20.12.2000 zur Durchführung eines Programms zur Förderung von Entwicklung, Vertrieb und Öffentlichkeitsarbeit hinsichtlich europäischer audiovisueller Werke," Amtsblatt der EG vom 30.12.2000, Nr. L 336, S. 82.

Media II – Fortbildung (1996-2000): Beschluss des Rates vom 22.11.1995 zur Durchführung eines Fortbildungsprogramms für die Fachkreise der europäischen audiovisuellen Programmindustrie," Amtsblatt der EG vom 30.12.1995, Nr. L 321, S. 33.

Media II – Projektentwicklung und Vertrieb (1996-2000): Beschluss des Rates vom 10.7.1995 über ein Programm zur Förderung der Projektentwicklung und des Vertriebs europäischer audiovisueller Werke," Amtsblatt der EG vom 30.12.1995, Nr. L 321, S. 25.

Media I (1991-1995): Beschluss des Rates vom 21.12.1990 „über die Durchführung eines Aktionsprogramms zur Förderung der Entwicklung der europäischen audiovisuellen Industrie," Amtsblatt der EG vom 31.12.1990, Nr. L 380, S. 37.

Umweltaktionsprogramme:

6. Umweltaktionsprogramm, „Umwelt 2010: Unsere Zukunft liegt in unserer Hand," Amtsblatt der EG vom 10.9.2002, Nr. L 242, S. 1.

5. Umweltaktionsprogramm, „Für eine dauerhafte und umweltgerechte Entwicklung," Amtsblatt der EG vom 17.5.1993, Nr. C 138, S. 5.

Rechnungshof der EG:

Sonderbericht Nr. 14/2001, Amtsblatt der EG vom 20.11.2001, Nr. C 324, S. 1: „Weiterverfolgung zum Sonderbericht Nr. 19/98 des Hofes über BSE, zusammen mit den Antworten der Kommission".

Sonderbericht Nr. 15/2000, Amtsblatt der EG vom 2.10. 2000, Nr. C 279, S. 1: „über den Kohäsionsfonds, zusammen mit den Antworten der Kommission."

Sonderbericht Nr. 14/2000, Amtsblatt der EG vom 8.12.2000, Nr. C 353, S. 1: „über die Ökologisierung der GAP, zusammen mit den Antworten der Kommission".

Sonderbericht Nr. 3/2000, Amtsblatt der EG vom 7.4.2000, Nr. C 100, S. 1: „zum Europäischen Sozialfonds und zum Europäischen Ausrichtungs- und Garantiefonds für die Landwirtschaft – Maßnahmen zur Förderung der Beschäftigung von Jugendlichen, zusammen mit den Antworten der Kommission."

Sonderbericht Nr. 19/1998, Amtsblatt der EG vom 9.12.1998, Nr. C 383, S. 1: „über die Finanzierung bestimmter infolge der BSE-Krise getroffener Maßnahmen durch die Gemeinschaft, zusammen mit den Antworten der Kommission.“

Sonderbericht Nr. 3/1992, Amtsblatt der EG vom 23.9.1992, Nr. C 245, S. 1: „zur Umwelt, zusammen mit den Antworten der Kommission.“

Sachverständigenberichte:

Ausschuß unabhängiger Sachverständiger

Zweiter Bericht: Analyse der derzeitigen Praxis und Vorschläge zur Bekämpfung von Mißmanagement, Unregelmäßigkeiten und Betrug vom 9.9.1999.

Erster Bericht über Anschuldigungen betreffend Betrug, Mißmanagement und Nepotismus in der Europäischen Kommission vom 15.3.1999.

Der Binnenmarkt nach 1992. Bericht der hochrangigen Beratergruppe Binnenmarkt an die Kommission der Europäischen Gemeinschaften vom 21.3.1992 („Sutherland-Bericht“).

Lord Phillips of Worth Matravers et al., The BSE Inquiry. Return to an Order of the House of Commons, London: Her Majesty's Stationery Office 2000, 16 Bde.

Rat von Sachverständigen für Umweltfragen, Umweltgutachten 2000, Bundestags-Drucksache 14/3363 vom 14.3.2001.

Rat von Sachverständigen für Umweltfragen, Umweltgutachten 1998, Bundestags-Drucksache 13/10195 vom 3.3.1998.

Wissenschaftlicher Beirat der Bundesregierung für globale Umweltveränderungen (WBGU), Sondergutachten 1998: Die Anrechnung biologischer Quellen und Senken im Kyoto-Protokoll: Fortschritt oder Rückschritt für den globalen Umweltschutz? Bremerhaven 1998.

Wissenschaftlicher Beirat der Bundesregierung für globale Umweltveränderungen (WBGU), Ziele für den Klimaschutz, Bremerhaven 1997.

Statistisches Amt der Europäischen Gemeinschaften:

Eurostat, Sozialporträt Europas 1998, Luxemburg 1998.

Vereinte Nationen, Entwicklungsprogramm (UNDP):

Bericht über die menschliche Entwicklung, Bonn 2003.

Bericht über die menschliche Entwicklung, Bonn 2000.

Bericht über die menschliche Entwicklung, Bonn 1999.

B. Sekundärliteratur[1]

Adema, Willem, Revisiting Real Social Spending across Countries: A Brief Note. In: OECD Economic Studies 30 (2000), S. 191-197.

–, Net social expenditure. Labour Market and Social Policy Occasional Papers, No. 39, OECD, Paris 1999.

Albert, Detlev, Die umweltpolitische Steuerungsfähigkeit der Europäischen Gemeinschaft, Frankfurt, Berlin, Bern, New York, Paris, Wien: Peter Lang 1997.

Allen, David, Cohesion and the Structural Funds. In: Helen Wallace, William Wallace, Policy-Making in the European Union, Oxford: Oxford University Press 4. Aufl. 2000, S. 243-265.

Apel, Karl-Otto, Szientistik, Hermeneutik, Ideologiekritik. Entwurf einer Wissenschaftslehre in erkenntnisanthropologischer Sicht. In: ders., Transformation der Philosophie, Bd. 2, Frankfurt: Suhrkamp 2. Aufl. 1981, S. 96-127.

Arendt, Hannah, Was ist Politik? Fragmente aus dem Nachlaß, München: Piper 1993.

Bach, Maurizio, Die Bürokratisierung Europas, Frankfurt, New York: Campus 1999.

–, Vom Zweckverband zum technokratischen Regime: Politische Legitimation und institutionelle Verselbständigung in der Europäischen Gemeinschaft. In: Heinrich August Winkler, Hartmut Kaelble (Hrsg.), Nationalismus, Nationalitäten, Supranationalität, Stuttgart: Klett-Cotta 1995, S. 288-308.

Barnes, Pamela M., Ian G. Barnes, Environmental Policy in the European Union, Cheltenham, Northampton: Edward Elgar 1999.

Basedahl, Nina, Einflußnahme bei begrenzter Partizipation. Die Beteiligung des Europäischen Parlaments an der Regierungskonferenz 1996/97, Baden-Baden: Nomos 2000.

1 Um das Literaturverzeichnis benutzbar zu halten, werden nur Titel zum theoretischen Ansatz der Arbeit, zur Europäischen Union und einige wichtige Titel zur europäischen Wirtschafts-, Sozial-, Umwelt- und Kulturpolitik aufgeführt. Die Spezialliteratur zu den analysierten Politikfeldern ist in den Fußnoten ausgewiesen.

Beck, Ulrich, Edgar Grande, Kosmopolitisches Europa, Frankfurt: Suhrkamp 2004 (im Erscheinen).

–, Was ist Globalisierung? Frankfurt: Suhrkamp 1997.

Benz, Arthur, Entflechtung als Folge von Verflechtung. Theoretische Überlegungen zur Entwicklung des europäischen Mehrebenensystems. In: Edgar Grande, Markus Jachtenfuchs (Hrsg.), Wie problemlösungsfähig ist die EU? Regieren im europäischen Mehrebenensystem, Baden-Baden: Nomos 2000, S. 141-163.

Beyme, Klaus von, Citizenship and the European Union, In: Klaus Eder, Bernhard Giesen (Hrsg.), European Citizenship between National Legacies and Postnational Projects, Oxford: Oxford University Press 2001, S. 61-85.

–, Fischer's Move Towards a European Constitution. In: Christian Joerges, Yves Mény, J. H. H. Weiler (Hrsg.), What Kind of Constitution for What Kind of Polity? Responses to Joschka Fischer, Robert Schuman Centre for Advanced Studies, European University Institute, Florence 2000, S. 73-84.

–, Theorie der Politik im 20. Jahrhundert, Frankfurt: Suhrkamp 3. Aufl. 1996.

Blondel, Jean, Are Ministers ‚Representatives' or ‚Managers', ‚Amateurs' or ‚Specialists'? Similarities and Differences Among Western Europe. In: Hans-Dieter Klingemann, Richard Stöss, Bernhard Weßels (Hrsg.), Politische Klasse und politische Institutionen. Probleme und Perspektiven der Elitenforschung, Opladen: Westdeutscher Verlag 1991, S. 187-207.

Böckenförde, Ernst-Wolfgang, Kommentar zu: Ulrich K. Preuß, Auf der Suche nach Europas Verfassung. In: Transit. Europäische Revue 17 (1999), S. 175-179.

Böhnke, Petra, Jan Delhey, Roland Habich, Das Euromodul – ein neues Instrument für die europäische Wohlfahrtsforschung. In: ISI (Informationsdienst Soziale Indikatoren), Juli 2000, S. 12-15.

Böhret, Carl, Götz Konzendorf, Ko-Evolution von Gesellschaft und funktionalem Staat. Ein Beitrag zur Theorie der Politik, Opladen: Westdeutscher Verlag 1997.

–, Folgen. Entwurf für eine aktive Politik gegen schleichende Katastrophen, Opladen: Leske + Budrich 1990.

Börzel, Tanja A., Pace-Setting, Foot-Dragging, and Fence-Sitting: Member State Responses to Europeanization. In: Journal of Common Market Studies 40 (2002), S. 193-214.

Bruha, Thomas, Joachim Jens Hesse, Carsten Nowak (Hrsg.), Welche Verfassung für Europa? Baden-Baden: Nomos 2001.

Brünneck, Alexander von, Die öffentliche Meinung in der EG als Verfassungsproblem. In: Europarecht 24 (1989), S. 249-261.

Bühl, Walter L., Sozialer Wandel im Ungleichgewicht. Zyklen, Fluktuationen, Katastrophen. Stuttgart: Enke 1990.

Caporaso, James A., Regional Integration Theory: Understanding our Past and Anticipating our Future. In: Wayne Sandholtz and Alec Stone Sweet, European Integration and Supranational Theory, Oxford: Oxford University Press 1998, S. 334-351.

Chambers, Graham R., The BSE Crisis and the European Parliament. In: Christian Joerges, Ellen Vos (Hrsg.), EU Committees: Social Regulation, Law and Politics, Oxford: Hart Publishing 1999, S. 95-106.

Cini, Michelle, The European Commission: Leadership, Organisation and Culture in the EU Administration, Manchester: Manchester University Press 1996.

Closa, Carlos, The Convention method and the transformation of EU constitutional politics. In: Erik Oddvar Eriksen, John Erik Fossum, Agustín José Menendéz (Hrsg.), Developing a Constitution for Europe, London: Routledge 2004, S. 184-206 (im Erscheinen).

Corbett, Richard, Francis Jacobs, Michael Shackleton (Hrsg.), The European Parliament, London: Harper Publishing, 4. Aufl. 2000.

Coser, Lewis A., Theorie sozialer Konflikte, Darmstadt : Luchterhand 1965 (englische Ausgabe 1956).

Czada, Roland und Uwe Schimank, Institutionendynamiken und politische Institutionengestaltung: Die zwei Gesichter sozialer Ordnungsbildung. In: Raymund Werle, Uwe Schimank (Hrsg.), Gesellschaftliche Komplexität und kollektive Handlungsfähigkeit, Frankfurt, New York: Campus 2000, S. 23-43.

Dahl, Robert A., Democracy and its Critics, New Haven, London: Yale University Press 1989.

–, A Preface to Economic Democracy, Cambridge: Polity Press 1985.

Dehousse, Renaud, Towards a Regulation of Transitional Governance? Citizen's Rights and the Reform of Comitology Procedures. In: Christian Joerges, Ellen Vos (Hrsg.), EU Committees: Social Regulation, Law and Politics, Oxford: Hart Publishing 1999, S. 109-127.

–, Giandomenico Majone, The Institutional Dynamics of European Integration: From the Single Act to the Maastricht Treaty. In: Stephen Martin (Hrsg.), The Construction of Europe. Essays in Honour of Emile Noël, Dordrecht, Boston, London: Kluwer Academic Publishers 1994, S. 91-70.

Delors, Jacques, Zur Reform des Ministerrats. In: Notre Europe, April 2001.

–, Das neue Europa, München, Wien: Carl Hanser Verlag 1993.

Derrida, Jacques, Das andere Kap. Die vertagte Demokratie. Zwei Essays zu Europa, Frankfurt: Suhrkamp 1992.

Donnelly, Martin, Ella Ritchie, The College of Commissioners and their Cabinets. In: Geoffrey Edwards, David Spence (Hrsg.), The European Commission, London: Longman 1994, S. 31-61.

Dorau, Christoph, Die Verfassungsfrage der Europäischen Union. Möglichkeiten und Grenzen der europäischen Verfassungsentwicklung nach Nizza, Baden-Baden: Nomos 2001.

Eder, Klaus, Konstitutionsbedingungen einer transnationalen Gesellschaft in Europa. Zur nachholenden Modernisierung Europas. In: Wolfgang Heyde, Thomas Schaber (Hrsg.), Demokratisches Regieren in Europa? Baden-Baden: Nomos 2000, S. 87-102.

–, Zur Transformation nationalstaatlicher Öffentlichkeit. Von der Sprachgemeinschaft zur issuespezifischen Kommunikationsgemeinschaft. In: Berliner Journal für Soziologie, 2000, S. 167-184.

Edwards, Geoffrey, David Spence (Hrsg.), The European Commission, London: Longman 1994.

Ehlermann, Claus Dieter, Differentiation, Flexibility, Closer Cooperation: The New Provisions of the Amsterdam Treaty, Robert Schuman Centre, European University Institute, Florence 1998.

–, Die institutionelle Entwicklung der EG unter der Einheitlichen Europäischen Akte. In: Außenpolitik 41 (1990), S. 136-146.

–, The Internal Market Following the Single European Act. In: Common Market Law Review 24 (1987), S. 361-409.

Eichener, Volker, Die Rückwirkungen der europäischen Integration auf nationale Politikmuster. In: Markus Jachtenfuchs, Beate Kohler-Koch (Hrsg.), Europäische Integration, Opladen: Leske + Budrich 1996, S. 249-280.

Einem, Caspar, Die Quadratur der Sterne. So schrieben wir Europas Verfassung (und was daraus geworden ist), Wien: Kremayr & Scheriau 2004.

Elster, Jon, Introduction. In: ders. (Hrsg.), Deliberative Democracy, Cambridge: Cambridge University Press 1998, S. 1-18.

Engel, Christoph, Offene Gemeinwohldefinitionen, Max-Planck-Projektgruppe „Gemeinschaftsgüter: Recht, Politik und Ökonomie“, Bonn 2000.

Engels, Barbara, Umweltaktionsprogramme – Chance oder Stolperstein für die europäische Umweltpolitik? Eine Analyse des 5. und 6. Umweltaktionsprogramms der Europäischen Gemeinschaft, Masterarbeit im Rahmen des Postgraduiertenstudiengangs „Master of European Studies“ des Europakollegs Hamburg und der Universität Hamburg, Juni 2001.

Eriksen, Erik Oddvar, John Erik Fossum, Agustín Menendéz (Hrsg.), Developing a Constitution for Europe, London, New York: Routledge 2004 (im Erscheinen).

–, John Erik Fossum, Democracy through Strong Publics in the European Union? In: Journal of Common Market Studies 40 (2002), S. 401-424.

–, John Erik Fossum (Hrsg.), Democracy in the European Union. Integration through deliberation? London, New York: Routledge 2000.

Esping-Andersen, Gøsta, The Three Worlds of Welfare Capitalism, Cambridge: Polity Press 1990.

Fabio, Udo di, Eine europäische Charta. Auf dem Weg zur Unionsverfassung. In: Juristenzeitung 55 (2000), S. 737-743.

Falkner, Gerda, Problemlösungsfähigkeit im europäischen Mehrebenensystem: Die soziale Dimension. In: Edgar Grande, Markus Jachtenfuchs (Hrsg.), Wie problemlösungsfähig ist die EU? Baden-Baden: Nomos 2000, S. 283-311.

–, EU Social Policy in the 1990s. Towards a corporatist policy community, London, New York: Routledge 1998.

Farrell, Henry, Adrienne Héritier, Formal and Informal Institutions under Codecision: Continuous Constitution Building in Europe, Max-Planck-Projektgruppe „Gemeinschaftsgüter: Recht, Politik und Ökonomie“, Bonn 2002.

Fischer, Klemens H., Der Vertrag von Nizza. Text und Kommentar, Baden-Baden: Nomos 2001.

Förster, Michael, Trends and Driving Factors in Income Distribution and Poverty in the OECD Area. Labour Market and Social Policy Occasional Papers No.42, OECD, Paris 2000.

Franzius, Claudio, Ulrich K. Preuß (Hrsg.), Europäische Öffentlichkeit, Baden-Baden: Nomos 2004 (im Erscheinen).

Frenzel, Dirk, Kulturelle Eye-dentity: Die Kulturpolitik der EU am Beispiel der Filmförderung, Frankfurt, Berlin, Bern, New York, Paris, Wien: Peter Lang 1999.

Garrett, Geoffrey, International Cooperation and Institutional Choice: The European Community's Internal Market. In: International Organization 46 (1992), S. 533-560.

Gerhards, Jürgen, Das Öffentlichkeitsdefizit der EU: Theoretische Überlegungen und empirische Befunde. In: Barbara Baerns, Juliane Raupp (Hrsg.), Information und Kommunikation in Europa, Berlin: Vistas 2000, S. 46-60.

Gerhardt, Volker, Die politische Wirklichkeit einer Idee. Eine Verteidigung Europas gegen die intellektuelle Skepsis. In: Justus Cobet, Dieter Lau und Carl Friedrich Gethmann (Hrsg.), Europa. Die Gegenwärtigkeit der antiken Überlieferung, Aachen: Shaker Verlag 2000, S. 47-56.

Göle, Nilüfer, Global Expectations, Local Experiences. Non-Western Modernities. In: Wil Arts (Hrsg.), Through a Glass, Darkly. Blurred Images of Cultural Tradition and Modernity over Distance and Time, Leiden, Boston, Köln: Brill 2000, S. 40-55.

Green Cowles, Maria, James Caporaso, Thomas Risse (Hrsg.), Transforming Europe. Europeanization and Domestic Change, Ithaca and London: Cornell University Press 2001.

–, The Politics of Big Business in the European Community: Setting the Agenda for a New Europe, Washington 1994.

Greven, Michael Th., Die politische Gesellschaft. Kontingenz und Dezision als Probleme des Regierens und der Demokratie, Opladen: Leske + Budrich 1999.

Grimm, Dieter, Auf ewig unverfaßt? Europas Weg, juristisch und symbolisch. In: Süddeutsche Zeitung vom 7.1.2004, S. 11.

–, Braucht Europa eine Verfassung? In: ders., Die Verfassung und die Politik. Einsprüche in Störfällen, München: Beck 2001, S. 215-255.

–, Ist die Zeit reif für eine europäische Verfassung? In: ders., Die Verfassung und die Politik. Einsprüche in Störfällen, München: Beck 2001, S. 255-263.

Haas, Ernst B., Turbulant Fields and the Theory of Regional Integration. In: International Organization 30 (1976), S. 173-212.

Habermas, Jürgen, Warum braucht Europa eine Verfassung? Nur als politisches Gemeinwesen kann der Kontinent seine in Gefahr geratene Kultur und Lebensform verteidigen. In: Die Zeit vom 28.6.2001, S. 7.

–, Theorie des kommunikativen Handelns. Handlungsrationalität und gesellschaftliche Rationalisierung, Frankfurt: Suhrkamp 1981, Bde. 1 und 2.

Häberle, Peter, Europäische Verfassungslehre, Baden-Baden: Nomos 2002.

–, Gibt es eine europäische Öffentlichkeit? Berlin, New York: de Gruyter 2000.

Hänsch, Klaus, Der Konvent – unkonventionell. In: Integration 26 (2003), S. 331-337.

Harcourt, Alison J., Claudio M. Radaelli, Limits to EU technocratic regulation? In: European Journal of Political Research 35 (1999), S. 107-122.

Harder, Bettina von, Die Interdependenzen zwischen Währungsunion und Politischer Union in der Europäischen Union des Maastrichter Vertrages, Frankfurt, Berlin, Bern, New York, Paris, Wien: Peter Lang 1997.

Hartwich, Hans-Hermann, Die Europäisierung des deutschen Wirtschaftssystems. Fundamente, Realitäten, Perspektiven, Opladen: Leske + Budrich 1998.

Hénard, Jacqueline, Das Ende einer Karriere. Einst war Frankreich der Motor Europas. Doch der Nizza-Gipfel zeigt: Die Elite versteht die Welt nicht mehr. In: Die Zeit vom 14.12.2000, S. 3.

Héritier, Adrienne, New Modes of Governance in Europe: Increasing Political Capacity and Policy Effectiveness? In: Tanja A. Börzel, Rachel A. Cichowski (Hrsg.), The State of the European Union. Law, Politics, and Society, Oxford: Oxford University Press 2003, S. 105-126.

–, The Politics of Public Services in European Regulation. Max-Planck-Projektgruppe „Gemeinschaftsgüter: Recht, Politik und Ökonomie", Bonn 2001.

–, et al., Differential Europe. The European Union Impact on National Policymaking, Lanham, Boulder, New York, Oxford: Rowman & Littlefield Publishers 2001.

–, Policy-Making and Diversity in Europe. Escaping Deadlock, Cambridge: Cambridge University Press 1999.

–, Policy-Making by Subterfuge: Interest Accomodation, Innovation and Substitute Democratic Legitimation in Europe – Perspectives from Distinctive Policy Areas. In: Journal of European Public Policy 4 (1997), S. 171-189.

–, et al., Die Veränderung von Staatlichkeit in Europa. Ein regulativer Wettbewerb: Deutschland, Großbritannien, Frankreich, Opladen: Leske + Budrich 1994.

Hilf, Meinhard, Die Parlamente in einer zentralen Position. Das Konventverfahren als Modell. In: Frankfurter Allgemeine Zeitung vom 6.12.2000, S. 11.

–, Die Union und die Bürger: Nicht viel Neues, aber immerhin. In: Integration 20 (1997), S. 247-254.

Hix, Simon, Christopher Lord, Political Parties in the European Union, New York: St. Martin's Press 1997.

Hoffmann-Riem, Wolfgang, Rundfunk in Europa zwischen Wirtschafts- und Kulturfreiheit. In: Gert Nicolaysen, Helmut Quaritsch (Hrsg.), Lüneburger Symposion für Hans Peter Ipsen zur Feier des 80. Geburtstages, Baden-Baden: Nomos 1988, S. 75-85.

Holzinger, Katharina, Verhandeln statt Argumentieren oder Verhandeln durch Argumentieren? Eine empirische Analyse auf der Basis der Sprechakttheorie. In: PVS 42 (2001), S. 414-446.

Hooghe, Liesbet, The European Commission and the Integration of Europe, Cambridge: Cambridge University Press 2001.

Jachtenfuchs, Markus, Beate Kohler-Koch, Regieren und Institutionenbildung. In: dies. (Hrsg.), Europäische Integration, Opladen: Leske + Budrich 2. Aufl. 2003, S. 11-46.

Jänicke, Martin, The Political System's Capacity for Environmental Policy: The Framework for Comparison. In: Helmut Weidner, Martin Jänicke (Hrsg.), Capacity Building in National Environmental Policy. A Comparative Study of 17 Countries, Berlin, Heidelberg: Springer 2002, S. 1-18.

Jarothe, Sabine, Die Filmpolitik der Europäischen Union im Spannungsfeld zwischen nationaler staatlicher Förderung und US-amerikanischer Mediendominanz, Frankfurt, Berlin, Bern, New York, Paris, Wien: Peter Lang 1998.

Joerges, Christian, Yves Mény, J. H. H. Weiler, What Kind of Constitution for What Kind of Polity? Responses to Joschka Fischer, Robert Schuman Centre for Advanced Studies, European University Institute, Florence 2000.

–, Bureaucratic Nigthmare, Technocratic Regime and the Dream of Good Transnational Governance. In: ders., Ellen Vos (Hrsg.), EU Committees: Social Regulation, Law and Politics, Oxford: Hart Publishing 1999, S. 3-17.

Kaase, Max, Deutschland als Informations- und Wissensgesellschaft. In: Max Kaase, Günther Schmid (Hrsg.), Eine lernende Demokratie. 50 Jahre Bundesrepublik Deutschland, WZB-Jahrbuch 1999, Berlin: Edition Sigma 1999, S. 529-559.

–, Politische Kommunikation – Politikwissenschaftliche Perspektiven. In: Otfried Jarren, Ulrich Sarcinelli, Ulrich Saxer (Hrsg.), Politische Kommunikation in der demokratischen Gesellschaft, Opladen: Westdeutscher Verlag 1998, S. 97-113.

Kaeble, Hartmut, Die Genese einer europäischen Öffentlichkeit. In: Neue Zürcher Zeitung vom 24./25.4.2004, S. 8.

–, Wege zur Demokratie. Von der französischen Revolution zur Europäischen Union, Stuttgart, München: Deutsche-Verlagsanstalt 2001.

Kaufmann, Franz-Xaver, Varianten des Wohlfahrtsstaates. Der deutsche Sozialstaat im internationalen Vergleich, Frankfurt: Suhrkamp 2003.

–, Herausforderungen des Sozialstaates, Frankfurt: Suhrkamp 1997.

Kleinsteuber, Hans J., Torsten Rossmann (Hrsg.), Europa als Kommunikationsraum, Opladen: Leske + Budrich 1994.

Knill, Christoph, Europäische Umweltpolitik: Steuerungsprobleme und Regulierungsmuster im Mehrebenensystem, Opladen: Leske + Budrich 2003.

Kohler-Koch, Beate, The Evolution and Transformation of European Governance. In: dies. and Rainer Eising (Hrsg.), The Transformation of Governance in the European Union, London, New York: Routledge 2002, S. 14-35.

- et al. (Hrsg.), Interaktive Politik in Europa. Regionen im Netzwerk der Integration, Opladen: Leske + Budrich 1998.

–, Organized Interests in European Integration: The Evolution of a New Type of Governance? In: Helen Wallace, Alasdair R. Young (Hrsg.), Participation and Policy-Making in the European Union, Oxford: Oxford University Press 1997, S. 42-68.

Konrád, György, Vereinigung heißt nicht Verschmelzung. Rede zur Verleihung des Karlspreises der Stadt Aachen. In: Frankfurter Allgemeine Zeitung vom 26.5.2001, Bilder und Zeiten.

Koselleck, Reinhart, Zeitschichten. Studien zur Historik, Frankfurt 2000.

–, Europäische Umrisse deutscher Geschichte, Heidelberg: Manutius Verlag 2000.

–, Diesseits des Nationalstaats. Föderale Strukturen der deutschen Geschichte. In: Transit. Europäische Revue 7 (1994), S. 63-76.

–, Volk, Nation, Nationalismus, Masse. In: Otto Brunner, Werner Conze, Reinhart Koselleck (Hrsg.), Geschichtliche Grundbegriffe. Historisches Lexikon zur politisch-sozialen Sprache in Deutschland, Bd. 7, Stuttgart: Klett-Cotta 1992, S. 380-431.

–, Staat und Souveränität. In: Otto Brunner, Werner Conze, Reinhart Koselleck (Hrsg.), Geschichtliche Grundbegriffe. Historisches Lexikon zur politisch-sozialen Sprache in Deutschland, Bd. 6, Stuttgart: Klett-Cotta 1990, S. 1-64.

Kreher, Alexander (Hrsg.), The EC Agencies between Community Institutions and Constituents: Autonomy, Control and Accountability, The Robert Schuman Centre, European University Institute, Florence 1998.

Ladeur, Karl-Heinz, Proceduralization and the Management of complexity in public organizations: The case of the European Environment Agency. In: Alexander Kreher (Hrsg.), The EC Agencies between Community Institutions and Constituents: Autonomy, Control and Accountability, The Robert Schuman Centre, European University Institute, Florence 1998, S. 143-163.

–, Post-Modern Constitutional Theory: A Prospect for the Self-Organising Society. In: The Modern Law Review 60 (1997), S. 617-629.

Landfried, Christine, Das Entstehen einer europäischen Öffentlichkeit. In: Claudio Franzius, Ulrich K. Preuß (Hrsg.), Europäische Öffentlichkeit, Baden-Baden: Nomos 2004, S. 121-135 (im Erscheinen).

–, Die Stunde der EU-Verfassung. In: Süddeutsche Zeitung vom 23.4.2004, S. 17.

–, Im Streitfall soll ein Parlamentsparlament entscheiden. Fremde Federn. In: Frankfurter Allgemeine Zeitung vom 10.5.2003, S. 10.

–, Auf dem Weg zu einem europäischen Verfassungsstaat? In: Thomas Bruha, Joachim Jens Hesse, Carsten Nowak (Hrsg.), Welche Verfassung für Europa? Baden-Baden: Nomos 2001, S. 265-279.

–, Beyond Technocratic Governance: The Case of Biotechnology. In: European Law Journal 3 (1997), S. 255-272.

Lang, Jochen, Frieder Naschold, Bernd Reissert, Management der EU-Strukturpolitik. Steuerungsprobleme und Reformperspektiven, Berlin: Edition Sigma 1998.

Lecher, Wolfgang, Bernhard Nagel, Hans-Wolfgang Platzer, Die Konstituierung europäischer Betriebsräte – Vom Informationsforum zum Akteur? Baden-Baden: Nomos 1998.

Leibfried, Stephan, Paul Pierson (Hrsg.), Standort Europa. Sozialpolitik zwischen Nationalstaat und Europäischer Integration, Frankfurt: Suhrkamp 1998.

Lepenies, Wolf, Benimm und Erkenntnis. Über die notwendige Rückkehr der Werte in die Wissenschaften. In: ders., Benimm und Erkenntnis. Zwei Vorträge, Frankfurt: Suhrkamp 1997, S. 9-49.

Lepsius, M. Rainer, Die Europäische Union. Ökonomisch-politische Integration und kulturelle Pluralität. In: Reinhold Viehoff, Rien T. Segers (Hrsg.), Kultur, Identität, Europa, Frankfurt: Suhrkamp 1999, S. 201-222.

–, Institutionenanalyse und Institutionenpolitik. In: Brigitta Nedelmann (Hrsg.), Politische Institutionen im Wandel, Sonderheft 35 (1995) der KZfSS, S. 392-403.

Lewin, Roger, Die Komplexitätstheorie. Wissenschaft nach der Chaosforschung, Hamburg: Hoffmann und Campe 1993.

Liebert, Ulrike et al. (Hrsg.), Verfassungsexperiment. Europa auf dem Weg zur transnationalen Demokratie? Münster: Lit Verlag 2003.

Loth, Wilfried, Entwürfe einer europäischen Verfassung. Eine historische Bilanz, Bonn: Europa Union Verlag 2002.

Luhmann, Niklas, Die Politik der Gesellschaft, Frankfurt: Suhrkamp 2000.

–, Politische Steuerung: Ein Diskussionsbeitrag. In: PVS 30 (1989), S. 4-9.

MacMullen, Andrew, European Commissioners : National Routes to a European Elite. In: Neill Nugent (Hrsg.), At the Heart of the Union. Studies of the European Commission, New York: St. Martin's Press 2. Aufl. 2000, S. 28-50.

–, Political Responsibility for the Administration of Europe: The Commission's Resignation March 1999. In: Parliamentary Affairs 52 (1999), S. 703-718.

Paul Magnette, Deliberation or bargaining? Coping with constitutional conflicts in the Convention on the Future of Europe. In: Erik Oddvar Eriksen, John Erik Fossum, Agustín José Menendéz (Hrsg.), Developing a Constitution for Europe, London: Routledge 2004, S. 207-225 (im Erscheinen).

Mair, Peter, Jan Zielonka (Hrsg.), Special Issue on: The Enlarged European Union. Diversity and Adaptation. In: West European Politics 25 (2002).

Majone, Giandomenico, The European Community between Social Policy and Social Regulation. In: Journal of Common Market Studies 31 (1993), S. 153-170.

Martinsen, Renate (Hrsg.), Politik und Biotechnologie. Die Zumutung der Zukunft, Baden-Baden: Nomos 1997.

Maurer, Andreas, Parlamentarische Demokratie in der Europäischen Union. Der Beitrag des Europäischen Parlaments und der nationalen Parlamente, Baden-Baden: Nomos 2002.

Mayntz, Renate, Politikwissenschaft in einer entgrenzten Welt. In: Christine Landfried (Hrsg.), Politik in einer entgrenzten Welt. 21. Wissenschaftlicher Kongreß der Deutschen Vereinigung für Politische Wissenschaft, Köln: Verlag Wissenschaft und Politik 2002, S. 29-47.

–, New Challenges to Governance Theory, European University Institute, Jean Monnet Chair Paper, Robert Schuman Centre, No. 98/50, Florence 1998.

–, Politische Steuerung: Aufstieg, Niedergang und Transformation einer Theorie. In: Klaus von Beyme, Claus Offe (Hrsg.), Politische Theorien in der Ära der Transformation, Sonderheft 26/1995 der PVS, Opladen: Westdeutscher Verlag 1996, S. 148-168.

–, Steuerung und Selbstorganisation in staatsnahen Sektoren. In: dies., Fritz W. Scharpf (Hrsg.), Gesellschaftliche Selbstregelung und politische Steuerung, Frankfurt, New York: Campus 1995, S. 9-38.

–, Politische Steuerung und gesellschaftliche Steuerungsprobleme – Anmerkungen zu einem theoretischen Paradigma. In: Jahrbuch zur Staats- und Verwaltungswissenschaft 1 (1987), S. 89-110.

Meier, Christian, Die Entstehung des Politischen bei den Griechen, Frankfurt: Suhrkamp 1983.

Mény, Yves, De la démocratie en Europe: Old Concepts and New Challenges. In: Journal of Common Market Studies 41 (2002), S. 1-13.

–, Pierre Muller, Jean-Louis Quermonne (Hrsg.), Adjusting to Europe. The Impact of the European Union on national institutions and policies, London, New York: Routledge 1996.

Meyer, Christoph O., Konstitutionalisierung ohne Öffentlichkeit? Die Konventsmethode als Testfall deliberativen Regierens. In: Ulrike Liebert et al. (Hrsg.), Verfassungsexperiment, Münster: Lit Verlag 2003, S. 241-253.

–, Towards a European Public Sphere? Transnational Investigative Journalism and the European Commission's Resignation. In: Barbara Baerns, Juliane Raupp (Hrsg.), Information and Transnational Communication in Europa, Berlin: Vistas 2000, S. 107-127.

Meyer, Jürgen und Sven Hölscheidt, Die Europäische Verfassung aus Sicht des Deutschen Bundestages. In: Integration 26 (2003), S. 345-350.

Meyer, Thomas, Die Politisierung kultureller Differenz. Fundamentalismus, Kultur und Politik. In: Heiner Bielefeldt und Wilhelm Heitmeyer (Hrsg.), Politisierte Religion. Ursachen und Erscheinungsformen des modernen Fundamentalismus, Frankfurt: Suhrkamp 1998, S. 37-66.

Middlemas, Keith, Orchestrating Europe. The Informal Politics of the European Union, London: Fontana Press 1995.

Miller, Max, Some Theoretical Aspects of Systemic Learning. In: Sozialer Sinn 3 (2003), S. 379-421.

Moravcsik, Andrew, The Choice for Europe. Social Purpose and State Power from Messina to Maastricht, London: University College London Press 1999.

–, Negotiating the Single European Act: national interests and conventional statecraft in the European Community. In: International Organization 45 (1991), S. 19-56.

Neidhardt, Friedhelm, Ruud Koopmans, Barbara Pfetsch, Konstitutionsbedingungen politischer Öffentlichkeit: Der Fall Europa. In: Hans-Dieter Klingemann, Friedhelm Neidhardt (Hrsg.), Zur Zukunft der Demokratie. Herausforderungen im Zeitalter der Globalisierung, WZB-Jahrbuch 2000, Berlin: Edition Sigma 2000, S. 263-293.

Neyer, Jürgen, Postnationale politische Herrschaft. Vergesellschaftung und Verrechtlichung jenseits des Staates, Baden-Baden: Nomos 2004.

–, Demokratisches Regieren in einem post-pathetischen Europa. In: Osteuropa 54 (2004), S. 106-117.

–, Discourse and Order in the EU: A Deliberative Approach to Multi-Level Governance. In: Journal of Common Market Studies 41 (2003), S. 687-706.

Nowak, Carsten, Perspektiven einer umweltverfassungskonformen Auslegung der europäischen Wirtschaftsverfassung. In: Thomas Bruha, Joachim Jens Hesse, Carsten Nowak (Hrsg.), Welche Verfassung für Europa? Baden-Baden: Nomos 2001, S. 215-239.

Nugent, Neill, The European Commission, New York: Palgrave 2001.

Offe, Claus, Demokratie und Wohlfahrtsstaat: Eine europäische Regimeform unter dem Streß der europäischen Integration. In: Wolfgang Streeck (Hrsg.), Internationale Wirtschaft, Nationale Demokratie. Herausforderungen für die Demokratietheorie, Frankfurt, New York: Campus 1998, S. 99-136.

Oppermann, Thomas, Der europäische Traum zur Jahrhundertwende. Tübinger Universitätsreden, Neue Folge Bd. 32, Tübingen 2001.

Page, Edward C., People Who Run Europe, Oxford: Clarendon Press 1997.

–, Linda Wouters, Bureaucratic Politics and Political Leadership in Brussels. In: Public Administration 72 (1994), S. 445-459.

Peters, Anne, Europäische Öffentlichkeit im europäischen Verfassungsprozeß. In: Europarecht 39 (2004), S. 375-392.

–, Elemente einer Theorie der Verfassung Europas, Berlin: Duncker & Humblot 2001.

Pitschas, Rainer, Soziale Integration Europas durch Institutionenentwicklung: Die EG auf dem Weg zum Europäischen Sozialstaat. In: Detlef Merten, Rainer Pitschas (Hrsg.), Der Europäische Sozialstaat und seine Institutionen, Berlin: Duncker & Humblot 1993, S. 91-118.

Preuß, Ulrich K., Auf der Suche nach Europas Verfassung. Europa hat noch keine Verfassung. In: Transit. Europäische Revue 17 (1999), S. 154-174.

–, Wo bleibt das Volk? Erwartungen an demokratische Repräsentation. In: Margarete Fabricius-Brand, Bertram Börner (Hrsg.), 4. Alternativer Juristinnen- und Juristentag, Baden-Baden: Nomos 1996, S. 89-99.

Prigogine, Ilya, Isabelle Stengers, Dialog mit der Natur. Neue Wege naturwissenschaftlichen Denkens, München, Zürich: Piper 5. Aufl. 1986.

Prigogine, Ilya, Vom Sein zum Werden. Zeit und Komplexität in den Naturwissenschaften, München, Zürich: Piper 1979.

Pryce, Roy, The Treaty Negotiations. In: Andrew Duff, John Pinder, Roy Pryce (Hrsg.), Maastricht and Beyond, London, New York: Routledge 1994, S. 36-52.

Puntscher Riekmann, Sonja, Die kommissarische Neuordnung Europas, Wien, New York: Springer 1998.

Rhodes, Martin, Das Verwirrspiel der „Regulierung“: Industrielle Beziehungen und „soziale Dimension“. In: Stephan Leibfried, Paul Pierson (Hrsg.), Standort Europa. Europäische Sozialpolitik, Frankfurt: Suhrkamp 1998, S. 100-154.

Richter, Emanuel, Das republikanische Europa. Aspekte einer nachholenden Zivilisierung, Opladen: Leske + Budrich 1999.

Rifkin, Jeremy, Der europäische Traum. Die Vision einer leisen Supermacht, Frankfurt, New York: Campus 2004.

Risse, Thomas, A European Identity? Europeanization and the Evolution of Nation-State Identities. In: Maria Green Cowles, James Caporaso, Thomas Risse (Hrsg.), Transforming Europe. Europeanization and domestic change, Ithaca and London: Cornell University Press 2001, S. 198-216.

–, „Let's argue!“: Communicative Action in World Politics. In: International Organization 54 (2000), S.1-39.

Ross, George, Jacques Delors and European Integration. Cambridge: Polity Press 1995.

Rudzio, Kolja, Funktionswandel der Kohäsionspolitik unter dem Einfluß des Europäischen Parlaments, Baden-Baden: Nomos 2000.

Ruyt, Jean de, L'Acte Unique Européen, Brüssel: Editions de l'Université de Bruxelles, 2. Aufl. 1989.

Sandholtz, Wayne, Alec Stone Sweet (Hrsg.), European Integration and Supranational Governance, Oxford: Oxford University Press 1998.

Sartori, Giovanni, Demokratietheorie, Darmstadt: Wissenschaftliche Buchgesellschaft 1997.

Sbragia, Alberta, Environmental Policy. Economic Constraints and External Pressures. In: Helen Wallace, William Wallace (Hrsg.), Policy-Making in the European Union, Oxford: Oxford University Press 4. Aufl. 2000, S. 293-316.

Scharpf, Fritz W., Was man von einer europäischen Verfassung erwarten und nicht erwarten sollte. In: Blätter für deutsche und internationale Politik 48 (2003), S. 49-59.

–, Legitimate Diversity: The New Challenge of European Integration. In: Tanja A. Börzel, Rachel A. Cichowski (Hrsg.), The State of the European Union. Law, Politics, and Society, Oxford: Oxford University Press 2003, S. 79-104.

–, Interaktionsformen. Akteurzentrierter Institutionalismus in der Politikforschung; Opladen: Leske + Budrich 2000.

–, Regieren in Europa. Effektiv und demokratisch? Frankfurt: Campus 1999.

–, Demokratieprobleme in der euopäischen Mehrebenenpolitik. In:Wolfgang Merkel, Andreas Busch (Hrsg.), Demokratie in Ost und West. Festschrift für Klaus von Beyme, Frankfurt: Suhrkamp 1999, S. 672-694.

–, Demokratie in der transnationalen Politik. In: Wolfgang Streeck (Hrsg.), Internationale Wirtschaft, Nationale Demokratie. Herausforderungen für die Demokratietheorie, Frankfurt, New York: Campus 1998, S. 151-174.

–, Politische Steuerung und politische Institutionen. In: PVS 30 (1989), S. 10-21.

–, Plädoyer für einen aufgeklärten Institutionalismus. In: Hans-Hermann Hartwich (Hrsg.), Policy-Forschung in der Bundesrepublik Deutschland, Opladen: Westdeutscher Verlag 1985, S. 164-170.

Schmidt, Manfred G., Der konsoziative Staat. Hypothesen zur politischen Struktur und zum politischen Leistungsprofil der Europäischen Union. In: Edgar Grande, Markus Jachtenfuchs (Hrsg.), Wie problemlösungsfähig ist die EU? Regieren im europäischen Mehrebenensystem, Baden-Baden: Nomos 2000, S. 33-58.

–, Das politische Leistungsprofil der Demokratien. In: Michael Th. Greven (Hrsg.), Demokratie – Eine Kultur des Westens? 20. Wissenschaftlicher Kongreß der Deutschen Vereinigung für Politische Wissenschaft, Opladen: Leske + Budrich 1998, S. 181-199.

Schmidt, Susanne K., Die Einflußmöglichkeiten der Europäischen Kommission auf die europäische Politik. In: PVS 42 (2001), S. 175-192.

Schmidt, Vivien A., The Futures of European Capitalism, Oxford: Oxford University Press 2002.

Schmitt, Carl, Der Begriff des Politischen. Berlin: Duncker & Humblot 1963.

Schmitter, Philippe C., How to Democratize the European Union ... and Why Bother? Lanham, Boulder, New York, Oxford: Rowman & Littlefield Publishers 2000.

–, Imagining the Future of the Euro-Polity with the Help of New Concepts. In: Gary Marks et al.(Hrsg.), Governance in the European Union, London, Thousand Oaks, New Delhi: Sage Publications 1996, S. 121-165.

–, The Single European Act, the Maastricht Accord and the Emerging European Polity. In: Berhanu Abegaz et al. (Hrsg.), The Challenge of European Integration, Boulder, San Francisco, Oxford: Westview Press 1994, S. 255-308.

Schulz, Otto, Maastricht und die Grundlagen einer Europäischen Sozialpolitik, Köln, Berlin, Bonn, München: Carl Heymanns 1996.

Schuppert, Gunnar Folke, Anforderungen an eine europäische Verfassung. Gründe und Grenzen europäischer Verfassungserwartungen. In: Hans-Dieter Klingemann, Friedhelm Neidhardt (Hrsg.), Zur Zukunft der Demokratie. Herausforderungen im Zeitalter der Globalisierung. WZB-Jahrbuch 2000, Berlin: Edition Sigma 2000, S. 237-262.

Schwan, Gesine, Politik und Vertrauen. In: Frankfurter Allgemeine Zeitung vom 14.5.2004, S. 8.

–, Entgrenzungen des Politischen? Die liberale Demokratietheorie und -praxis muß feministisch erweitert werden. In: Eva Kreisky, Birgit Sauer (Hrsg.), Geschlechterverhältnisse im Kontext politischer Transformation, Sonderheft 28/1997 der PVS, Opladen: Westdeutscher Verlag 1998, S. 69-82.

Shaw, Jo, Process, Responsibility and Inclusion in EU Constitutionalism. In: European Law Journal 9 (2003), S. 45-68.

Simon, Herbert A., Die Architektur der Komplexität. In: Kommunikation 3 (1967), S. 55-73.

Simonis, Udo Ernst, Weltumweltpolitik. In: Handwörterbuch Internationale Politik, Opladen: Leske + Budrich 8. Aufl. 2000, S. 525-537.

Slaughter, Anne-Marie, A New World Order, Princeton and Oxford: Princeton University Press 2004.

Spinner, Helmut F., Die Wissensordnung. Ein Leitkonzept für die dritte Grundordnung des Informationszeitalters, Opladen: Leske + Budrich 1994.

Stiglitz, Joseph E., Quis Custodiet Ipsos Custodes? Corporate Governance Failures in the Transition. In: Joseph E. Stiglitz, Pierre-Alain Muet (Hrsg.), Governance, Equity, and Global Markets, Oxford: Oxford University Press 2001, S. 22-54.

Stone Sweet, Alec, The Judicial Construction of Europe, Oxford: Oxford University Press 2004 (im Erscheinen).

–, Wayne Sandholtz, European Integration and Supranational Governance. In: Journal of European Public Policy 4 (1997), S. 297-317.

–, Ratifying Maastricht. France Debates European Union. In: French Politics & Society 11 (1993), S. 70-88.

Streeck, Wolfgang, Vom Binnenmarkt zum Bundesstaat? Überlegungen zur politischen Ökonomie der europäischen Sozialpolitik. In: Stephan Leibfried, Paul Pierson (Hrsg.), Standort Europa. Europäische Sozialpolitik, Frankfurt: Suhrkamp 1998, S. 369-421.

–, Neo-Voluntarism: A New European Social Policy Regime? In: European Law Journal 1 (1995), S. 31-59.

Supiot, Alain, Cinq questions pour la Constitution d'une société européenne, Nantes, Manuskript vom 27.11.2002.

Taylor, Charles, Multikulturalismus und die Politik der Anerkennung, Frankfurt: Fischer Taschenbuch 1997.

Tetzlaff, Rainer (Hrsg.), Weltkulturen unter Globalisierungsdruck. Erfahrungen und Antworten aus den Kontinenten, Bonn: Dietz 2000.

Tidow, Stefan, Benchmarking als Leitidee. Zum Verlust des Politischen in der europäischen Perspektive. In: Blätter für deutsche und internationale Politik 44 (1999), S. 301-309.

Trenz, Hans-Jörg, Klaus Eder, The Democratizing Dynamics of a European Public Sphere. In: European Journal of Social Theory 7 (2004), S. 5-25.

–, Zur Konstitution politischer Öffentlichkeit in der Europäischen Union, Baden-Baden: Nomos 2002.

Tsatsos, Dimitris Th., Die Europäische Unionsgrundordnung im Schatten der Effektivitätsdiskussion. Prolegomena zur Regierungskonferenz 2000 und die Verfassungsfrage. In: EuGRZ 27 (2000), S. 517-524.

–, (Hrsg.), Verstärkte Zusammenarbeit. Flexible Institutionen oder Gefährdung der Integration? Baden-Baden: Nomos 1999.

–, Gerold Deinzer (Hrsg.), Europäische Politische Parteien. Dokumentation einer Hoffnung, Baden-Baden: Nomos 1998.

Tsebelis, George, Geoffrey Garrett, The Institutional Foundations of Intergovernmentalism and Supranationalism in the European Union. In: International Organization 55 (2001), S. 357-390.

Walker, Neil, Constitutionalising Enlargement, Enlarging Constitutionalism. In: European Law Journal 9 (2003), S. 365-385.

–, The Idea of Constitutional Pluralism. In: The Modern Law Review 65 (2002), S. 317-359.

Wallace, Helen, Designing Institutions for an Enlarging European Union. In: Bruno de Witte (Hrsg.), Ten Reflections on the Constitutional Treaty for Europe, European University Institute. Robert Schuman Centre for Advanced Studies and Academy of European Law, Florence 2003, S. 85-105.

–, Die Dynamik des EU-Institutionengefüges. In: Markus Jachtenfuchs, Beate Kohler-Koch (Hrsg.), Europäische Integration, Opladen: Leske + Budrich 2. Aufl. 2003, S. 255-285.

–, Alasdair R. Young, The Single Market: A New Approach to Policy. In: Helen Wallace, William Wallace (Hrsg.), Policy-Making in the European Union, Oxford: Oxford University Press, 4. Aufl.2000, S. 85-114.

–, (Hrsg.), Participation and Policy-Making in the European Union, Oxford: Clarendon Press 1997.

Ward, David, The Democratic Deficit and European Union Communication Policy. In: The Public 8 (2001), S. 75-94.

Weber, Max, Wirtschaft und Gesellschaft. Grundriss der verstehenden Soziologie. Hrsg. von Johannes Winckelmann, Köln, Berlin: Kiepenheuer & Witsch 1964.

Weidenfeld, Werner (Hrsg.), Die EU-Verfassung in der Analyse, Gütersloh: Bertelsmann Stiftung 2004 (im Erscheinen).

–, Europas neues Gesicht. In: Internationale Politik 7 (2004), S. 82-86.

–, Nizza in der Analyse. Strategien für Europa, Gütersloh: Bertelsmann Stiftung 2001.

–, Europa, 96. Reformprogramm für die Europäische Union. Strategien und Optionen für Europa, Gütersloh: Bertelsmann Stiftung 1994.

Weidner, Helmut, Umweltpolitik: Entwicklungslinien, Kapazitäten und Effekte. In: Max Kaase, Günther Schmid, Eine lernende Demokratie. 50 Jahre Bundesrepublik Deutschland, WZB-Jahrbuch 1999, Berlin: Edition Sigma 1999, S. 425-460.

Weiler, Joseph H. H., A Constitution for Europe? Some Hard Choices. In: Journal of Common Market Studies 40 (2002), S.563-580.

–, To be a European Citizen – Eros and Civilization. In: ders., The Constitution of Europe, Cambridge: Cambridge University Press 1999, S. 324-357.

–, The Transformation of Europe. In: ders., The Constitution of Europe, Cambridge: Cambridge University Press 1999, S. 10-101. Der Aufsatz erschien zuerst im Yale Law Journal 100 (1991), S. 2403-2483.

–, Does Europe Need a Constitution? Reflections on Demos, Telos and the German Maastricht Decision. In: European Law Journal 1 (1995), S. 219-258.

Weizsäcker, Richard von, Jean-Luc Dehaene, David Simon, Die institutionellen Auswirkungen der Erweiterung. Bericht an die Europäische Kommission, Brüssel 18.10.1999.

Wessels, Wolfgang, Die Vertragsreformen von Nizza – Zur institutionellen Erweiterungsreife. In: Integration 24 (2001), S. 8-25.

–, The Growth and Differentiation of Multi-Level Networks: A Corporatist Mega-Bureaucracy or an Open City? In: Helen Wallace, Alasdair R.

Young (Hrsg.), Participation and Policy-Making in the European Union, Oxford: Oxford University Press 1997, S. 17-41.

Westlake, Martin, The Commission and the Parliament. In: Geoffrey Edwards, David Spence (Hrsg), The European Commission, London: Longman 1994, S. 225-248.

Wiener, Antje, and Thomas Diez (Hrsg.), European Integration Theory, Oxford: Oxford University Press 2004.

–, Institutionen. In: Armin von Bogdandy (Hrsg.), Europäisches Verfassungsrecht, Heidelberg, New York: Springer 2003, S. 121-147.

–, Editorial: Evolving Norms of Constitutionalism. In: European Law Journal 9 (2003), S. 1-13.

–, Zur Verfassungspolitik jenseits des Staates. In: Zeitschrift für internationale Beziehungen 8 (2001), S. 73-104.

Willke, Helmut, Supervision des Staates, Frankfurt: Suhrkamp 1997.

–, Ironie des Staates, Frankfurt: Suhrkamp 1996.

Winkelmann, Ingo, Das Maastricht-Urteil des Bundesverfassungsgerichtes vom 12. Oktober 1993. Dokumentation des Verfahrens mit Einführung, Berlin: Duncker & Humblot 1994.

Zellentin, Gerda, Der Funktionalismus – eine Strategie gesamteuropäischer Integration? In: Michael Kreile (Hrsg.), Die Integration Europas. Sonderheft 23/1992 der PVS, Opladen: Westdeutscher Verlag 1992, S. 62-77.

Zürn, Michael, Regieren jenseits des Nationalstaates, Frankfurt: Suhrkamp 1998.

–, Über den Staat und die Demokratie im europäischen Mehrebenensystem. In: Politische Vierteljahresschrift 37 (1996), S. 27-55.

Personen- und Sachregister

Personenregister

Sachregister

(Anders als in der ersten Auflage werden Ländernamen nicht in das Register aufgenommen. Auch Begriffe aus den Überschriften der Hauptkapitel wie z. B. politische Steuerung, Binnenmarkt, Sozialpolitik, Demokratie, Differenz und Kommunikation werden nicht in das Register aufgenommen, weil diese Begriffe so häufig vorkommen, daß ein Hinweis im Register wenig hilfreich ist.)